モンゴル帝国と大元ウルス

東洋史研究叢刊之六十五

杉山 正明 著

京都大学学術出版会

口絵1　『集史』パリ本に描かれるチンギス・カンの即位式

口絵2　『混一疆理歴代国都之図』全図（龍谷大学図書館蔵）
写真は90°左に向けてあり、左が北、上が東、右が南、下が西。以下口絵7までおなじ。

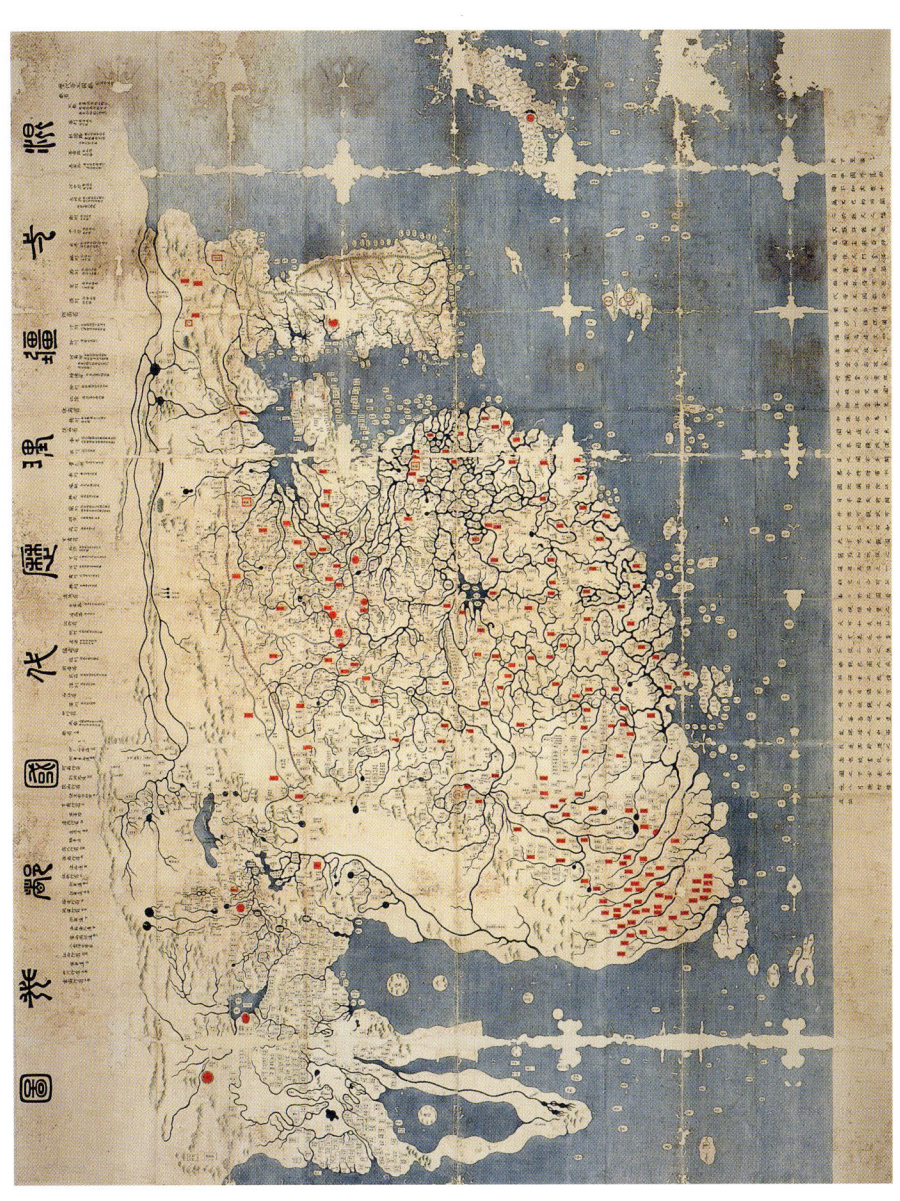

口絵3 『混一疆理歴代国都之図』全図（島原市・本光寺蔵）

口絵4　龍谷図に描かれる日本列島とその周辺

口絵5　本光寺図に描かれる日本列島と琉球

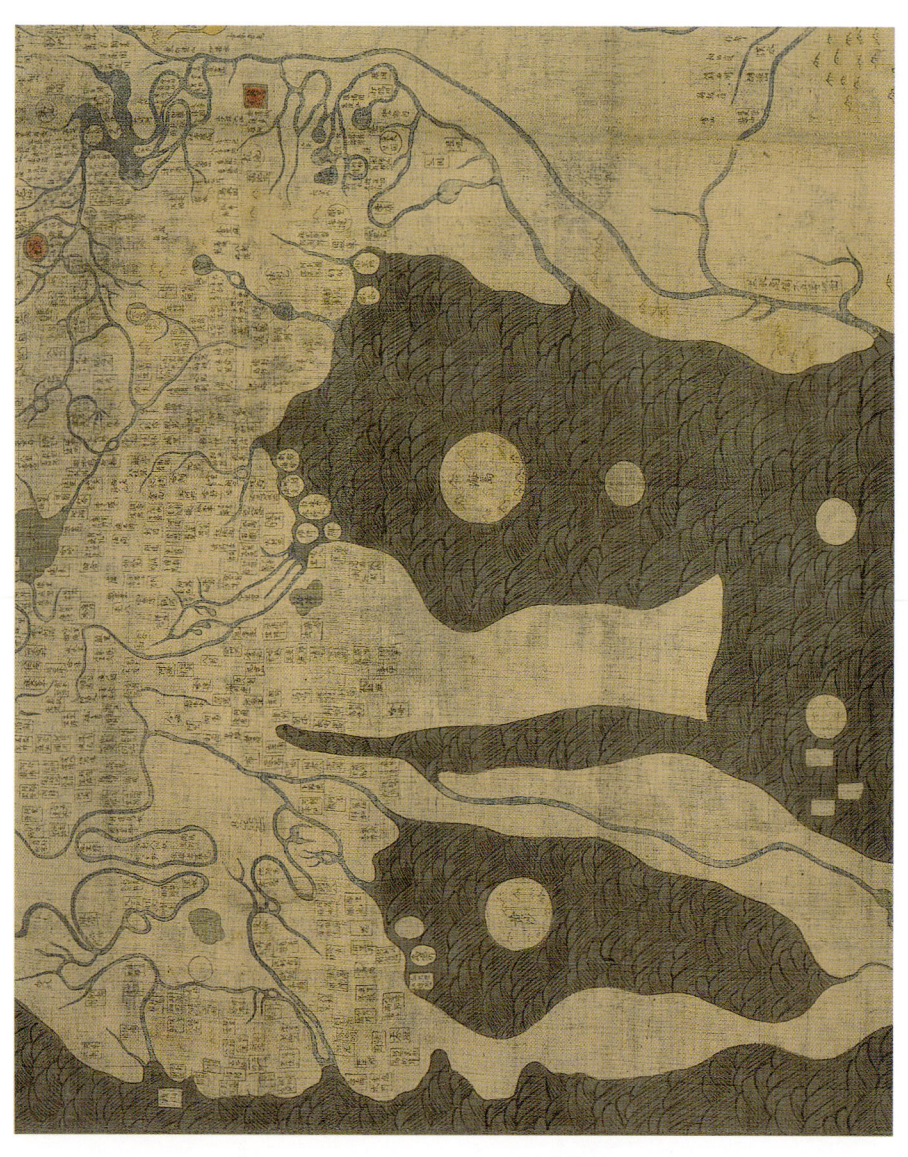

口絵6　龍谷図のなかのインド亜大陸・中東・地中海域・ヨーロッパ・アフリカ

口絵7　本光寺図のなかのインド亜大陸・中東・地中海域・ヨーロッパ・アフリカ

口絵8　クビライとフレグの指に脂を塗るチンギス・カン（『集史』パリ本より）

口絵9　西征に進みゆくフレグとその親衛隊（『集史』パリ本より）

口絵10　バグダードを攻囲するモンゴル軍（『集史』パリ本より）

口絵11　チンギス・カンの聖旨牌　左：正面　右：背面（京都大学総合博物館蔵）

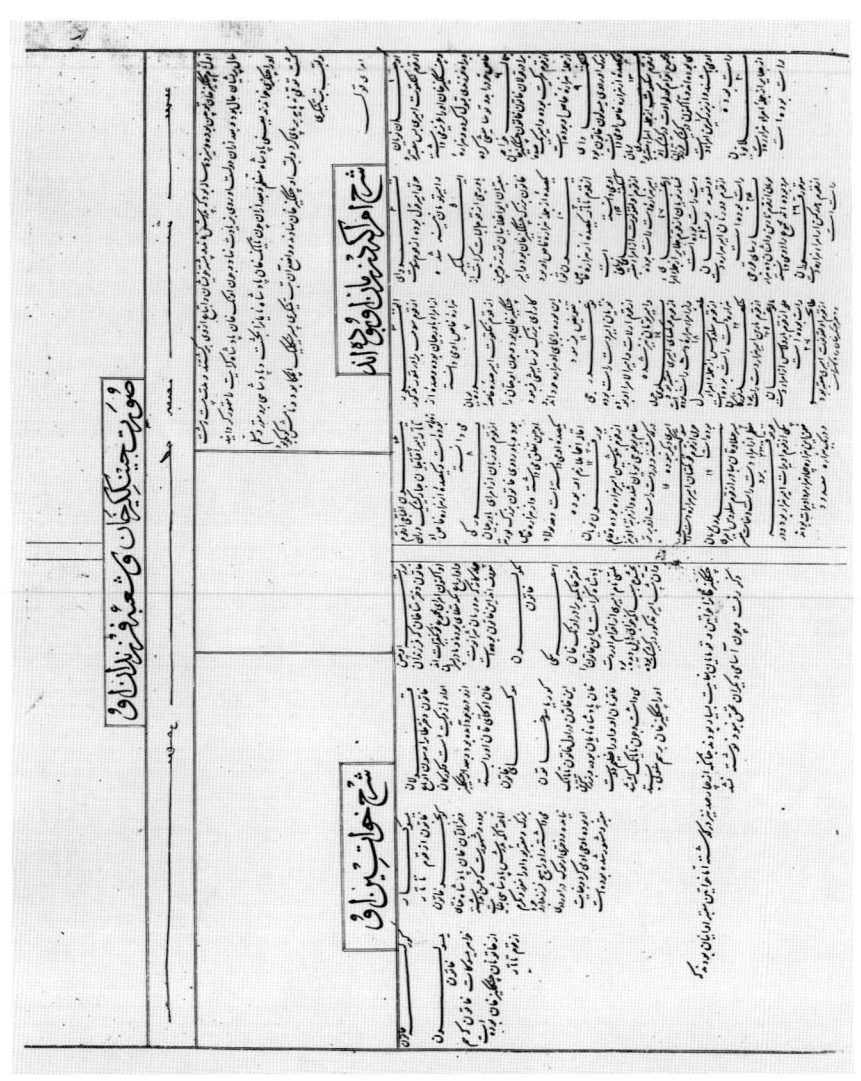

口絵12 『五分枝』モンゴルの部分、チンギス・カンの項の冒頭 f.105b。口絵12と13のように、『五分枝』は見開いて使うかたちで仕立てられている。諸将や諸后妃が番号付きで列挙される。写真は90°左に向けてある。口絵14・15もおなじ。

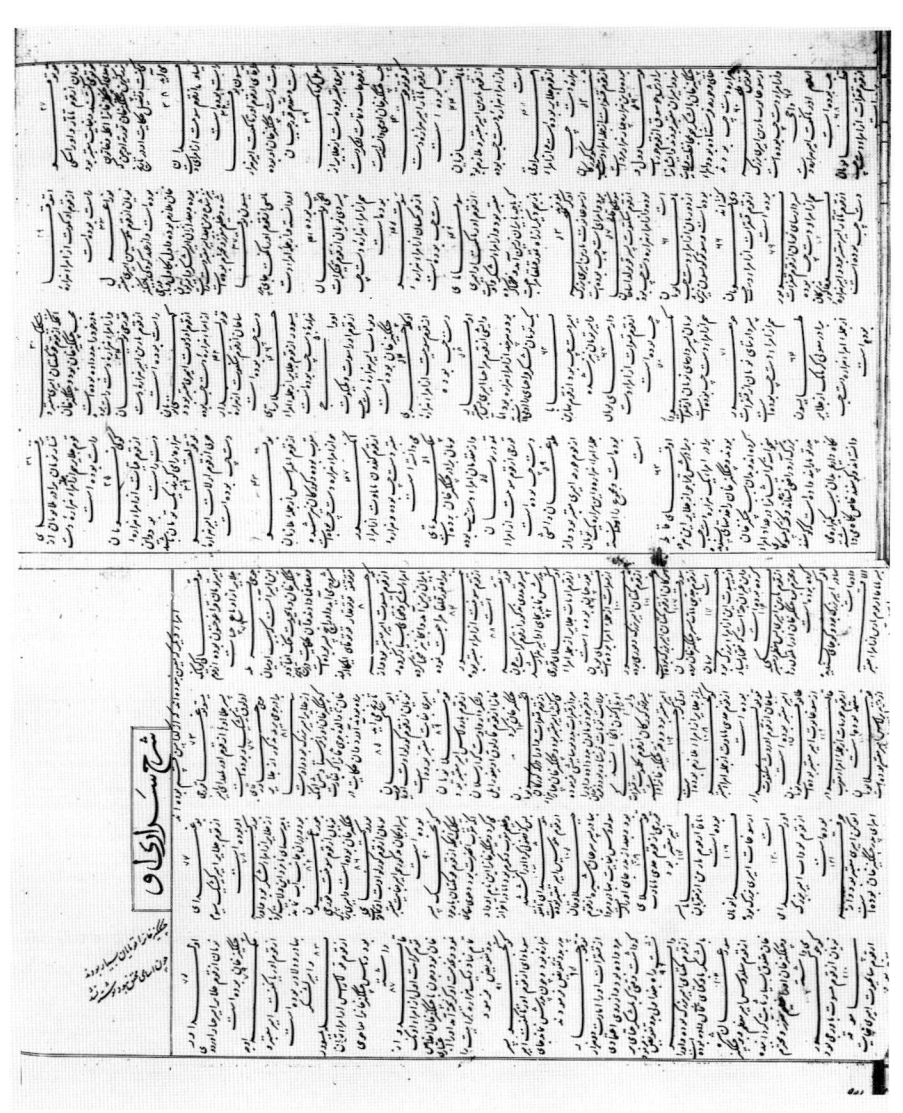

口絵13　口絵12に続く　f.106a

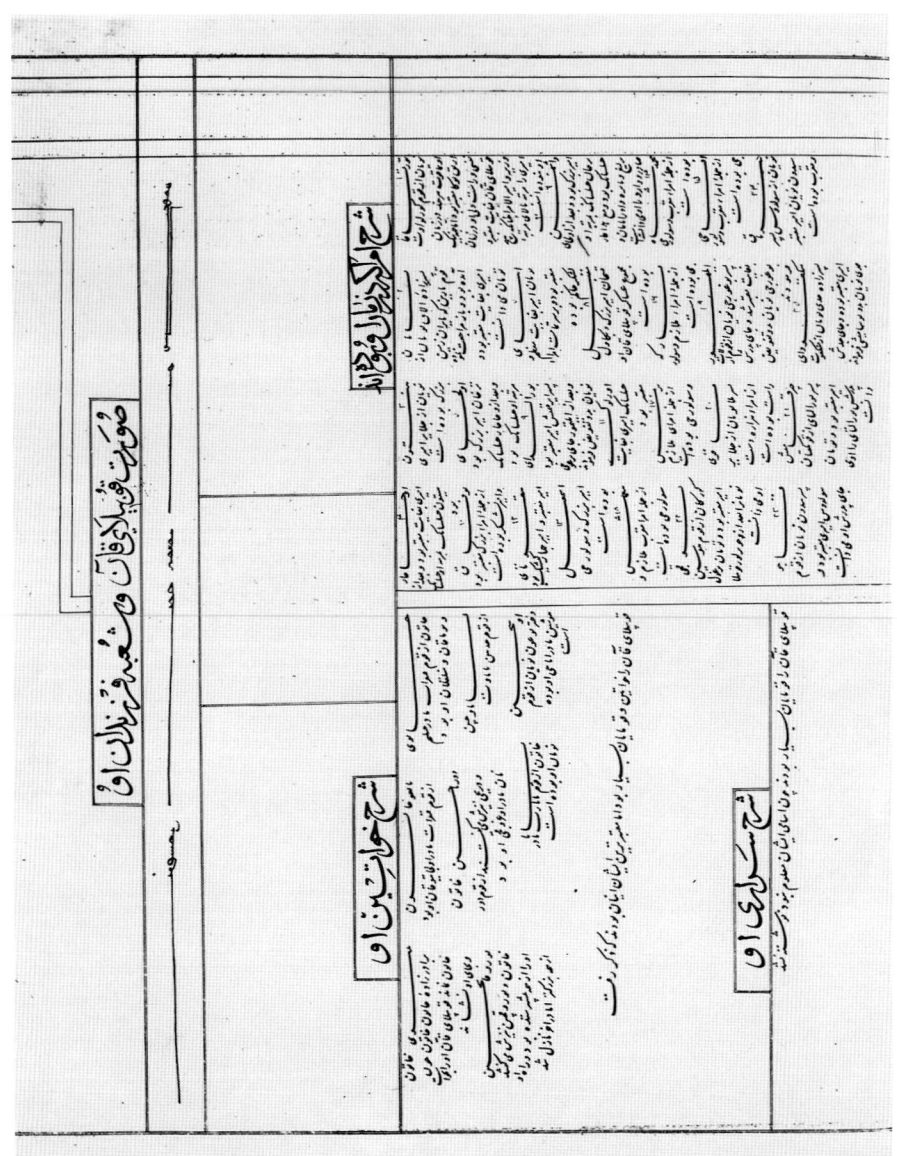

口絵14 『五分枝』モンゴルの部分、クビライ・カアンの項の冒頭
f.132b

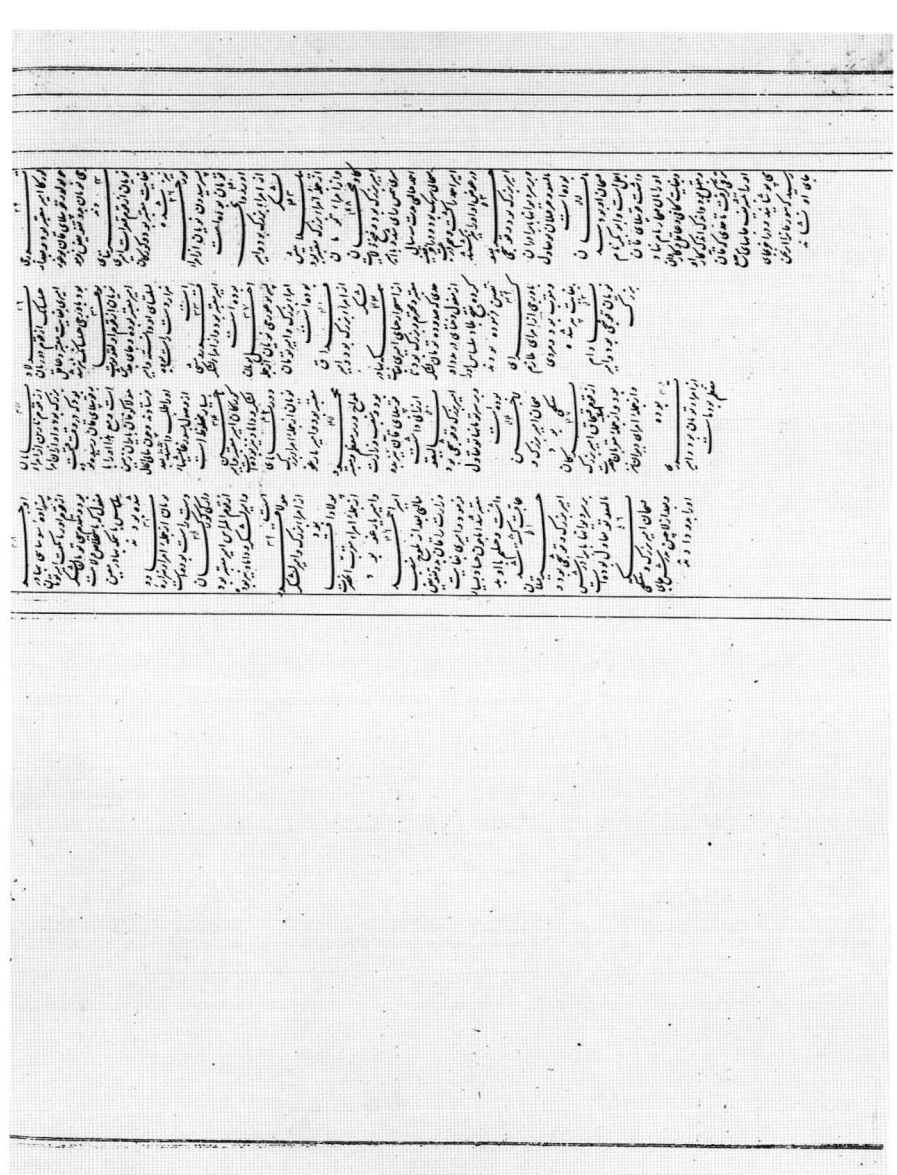

口絵15　口絵14に続く　　f.133a

۱۹٦

سوم از داستان منکو قاآن در سیر و اخلاق پسندیدهٔ
او و میلهای و مثلها و حکمهای نیکو کیکفته و فرموده و حکایات و حوادث
که در عهد او واقع کشت از اینج در دو قسم سابق اخلاص شده و متفرق در هر کتاب
و هر کس معلوم شده

داستان
قوبیلای قاآن بن تولوی خان بن چنگیز خان
و آن بر سه قسم است

و چون ابق بوکا بدلخواه خواست که قاآن شود و با ارادهٔ مستوفی قوبیلای قاآن مخالفت و رزید مدد و معاونت
فرزندان منکو قاآن اسوای او و دو کتاش و او و دیگر فرزندان ایشان و عامهٔ لشکر کشانی به سید و مطیع قوبیلای قاآن شدند
بدان سبب تاریخ و حکایات ایشان در ضمن این داستان گفته میشود ان شاء الله تعالی

قسم   قسم   قسم
اول در تقریر نسب و شرح | دوم در مقدمهٔ جلوس او و صورت تخت و | سوم در سیر و اخلاق پسندیدهٔ او و میلهای
و تفصیل خواتین و شعب فرزندان او | تمیز او ذکات و امرا و حال او بر سر تخت خانی | و حکمهای نیکو کرده و فرموده و
کیفیات منشعب کشته او در صورت | و تاریخ و حکایات مان اوضاع و وقایع و حکایات | حوادث که در عهد او واقع شد از اینج
او و جدول شعب فرزندان او | ارهٔ بوکا و نیز اینکه با بوبیفرستند و مصافها | قسم سابق اخلاص شده و متفرق در
| که داد و قتحیکها و راستی شده و ذکر احوال او | از هر کتاب و هر کس معلوم شده

اول از داستان غیبای قاآن در تقریر نسب و شرح خواتین و تفصیل
خواتین و شعب فرزندان او و کیفیت غایت منشعب شده اند و صورت او و جدول شعب
فرزندان او

口絵16 『集史』イスタンブル本、クビライ・カアン紀の冒頭
f.196a

口絵17 『集史』イスタンブル本、クビライ・カアン紀の有名な12のシン（省）の箇処
f.207b

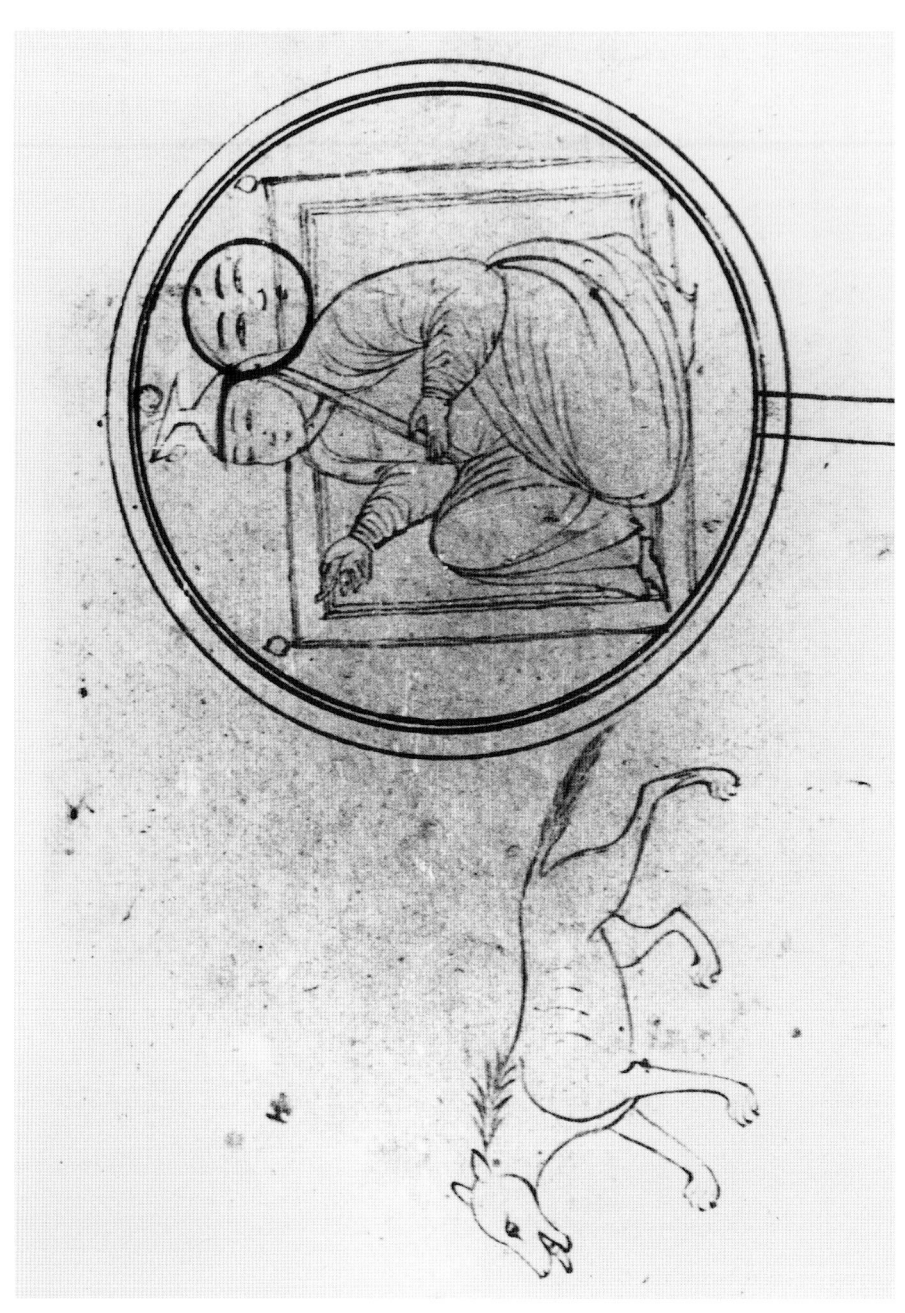

口絵18 『バーイ・スングル・アルバム』に描かれた蒼き狼と光につつまれたアラン・ゴア

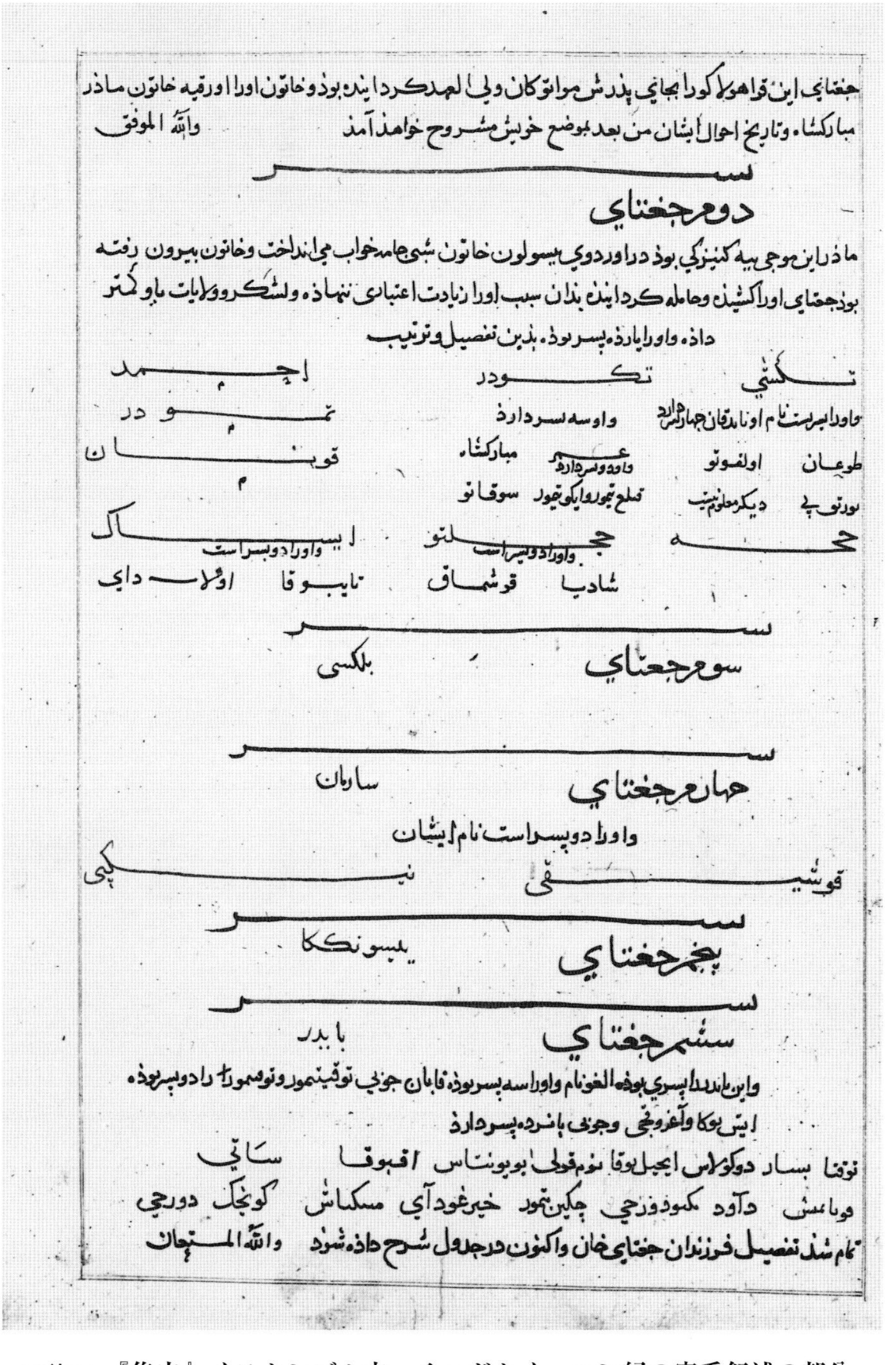

جغتاي اين قراهولاكو را بجاي پدرش موااتوكان ولي العهد كرده بود و خاتون او را اورقيه خاتون ماذر
مباركشاه و تاريخ احوال ايشان من بعد بموضع خويش مشروح خواهد آمد والله الموفق

پسر دوم جغتاي

ماذر اين موجي يه كنيزكي بود در اوردوي بيسولون خاتون شبي جامه خواب مي انداخت و خاتون بيرون رفته
بود جغتاي او را كشيد و حامله كرد اينده بدان سبب او را زيادت اعتباري ننهاده و لشكر و ولايات با او كمتر
داده و او را يازده پسر بوده بدين تفصيل و ترتيب

تكشي تكودر احمد
و او را پسريست نام او نايدقان چهار پسر دارد و او سه پسر دارد تمودر
طوغان اولقوتو مباركشاه عمر و او دو پسر دارد قوبان
نورتوبي ديگر معلوم نيست تغلق تيمور و ايكو تيمور سوقانو
چچاك ايسلتو و او را دو پسر است جبجه و او را دو پسر است
شاديا قوشماق نايبوقا اولاداي

پسر سوم جغتاي بلكسي

پسر چهارم جغتاي سارمان

و او را دو پسر است نام ايشان
قوشيقي نيكپي

پسر پنجم جغتاي يسونتكا

پسر ششم جغتاي بايدر

و اين بايدر يك پسري بوده الغو نام و او را سه پسر بوده قابان چوبي توقتيمور و توقتيمور را دو پسر بوده
ايتي بوكا و آغروقچي و چوبي پانزده پسر دارد
نوقا بسار دوكولاس ايجيل بوقا نوم قولي بويوناس اقبوقا ساتي
ويابش داود مكودورچي چكين تيمور خيرغود آي مسكماش كوبجك دورچي
تمام شد تفصيل فرزندان جغتاي خان و اكنون در جدول شرح داده شود والله المستعان

口絵19　『集史』イスタンブル本、チャガタイ・ハン紀の家系叙述の部分
下方がチュベイ家。f.170a

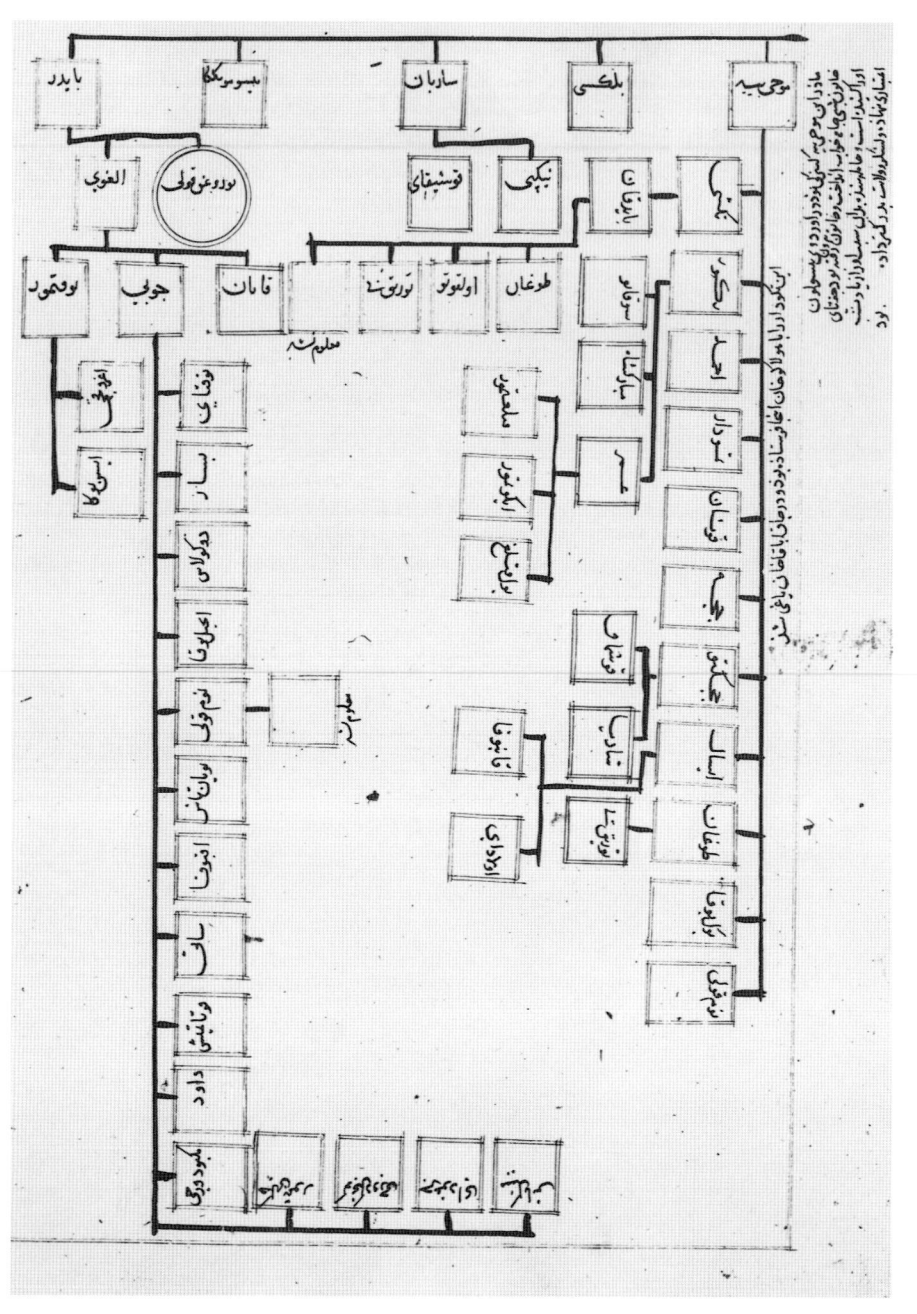

口絵20 『集史』イスタンブル本、チャガタイ・ハン紀の図化された系譜。
左側に長くチュベイ一門がつらなる。f.171b

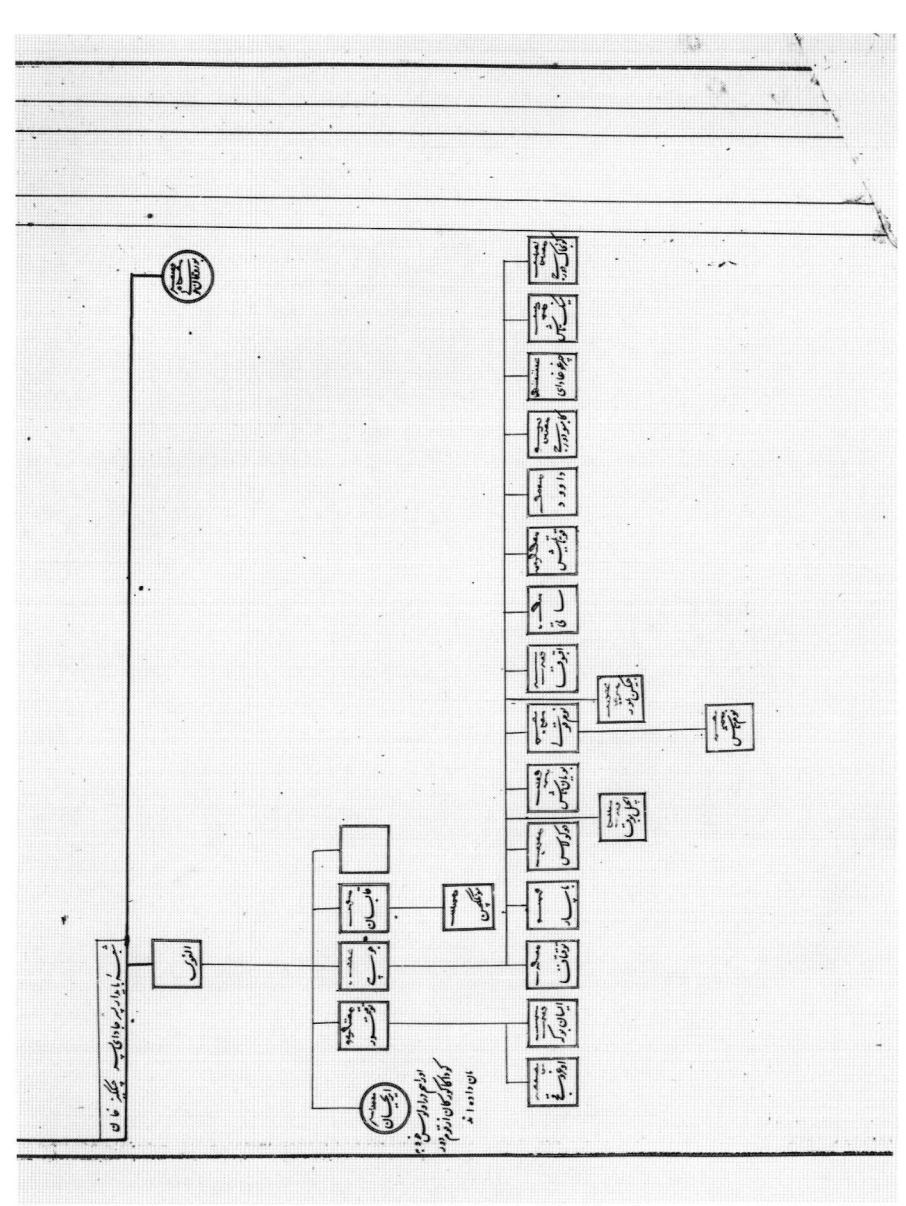

口絵21 『五分枝』モンゴルの部分、チャガタイの項。アルグ以下、チュベイ一門がしるされる。f.122a（写真は90°左に向けてある）

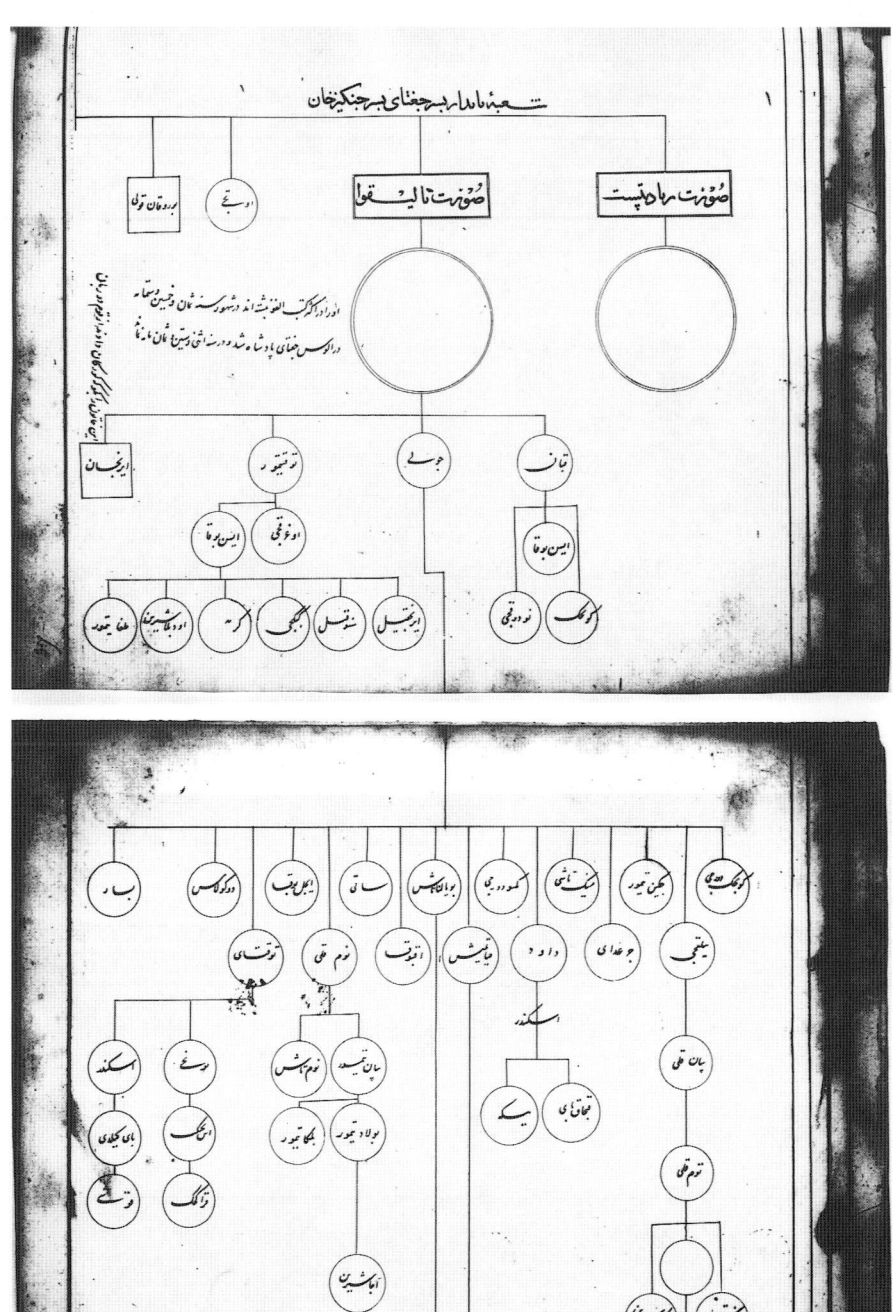

口絵22 『高貴系譜』パリ本、チャガタイの項　アルグ以下、チュベイ一門が3頁（本頁上・下、口絵23）にわたって詳細にしるされる。ff.37a-38a

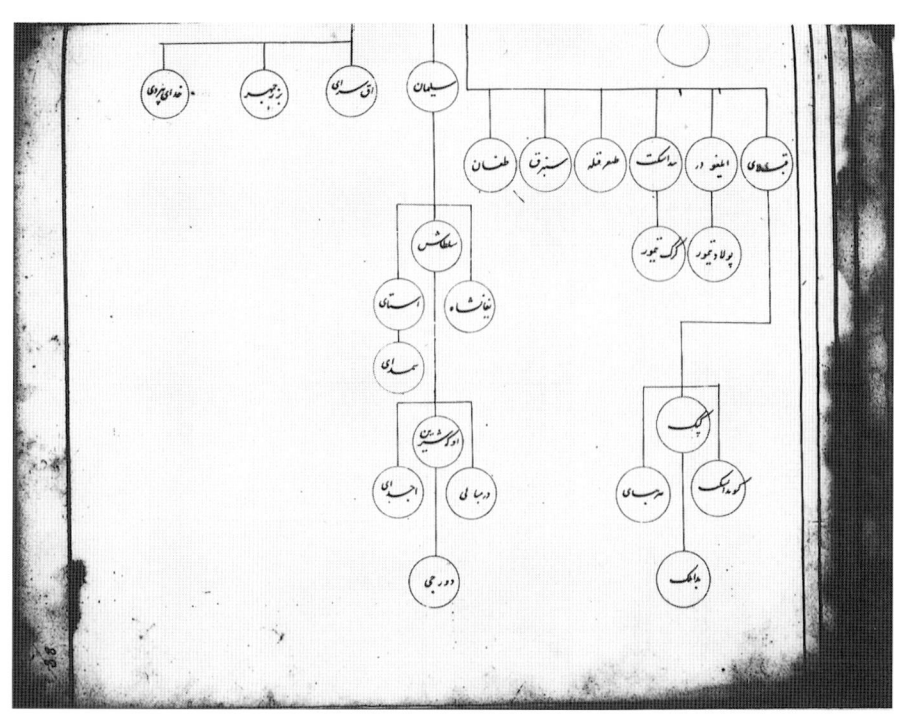

口絵23　口絵22に続く

口絵24 『オルジェイト史』イスタンブル本のf.224a

口絵25　山東鄒県嶧山仙人万寿宮碑旨碑の正面拓本（京都大学人文科学研究所蔵）

口絵26　真宗院元応開化寺滅目録の正圓抹本（京都大学人文科学研究所蔵）

口絵27　**原武県孔子廟碑陰の拓本**　上：上半　下：下半　（大阪外国語大学図書館・石濱文庫蔵）

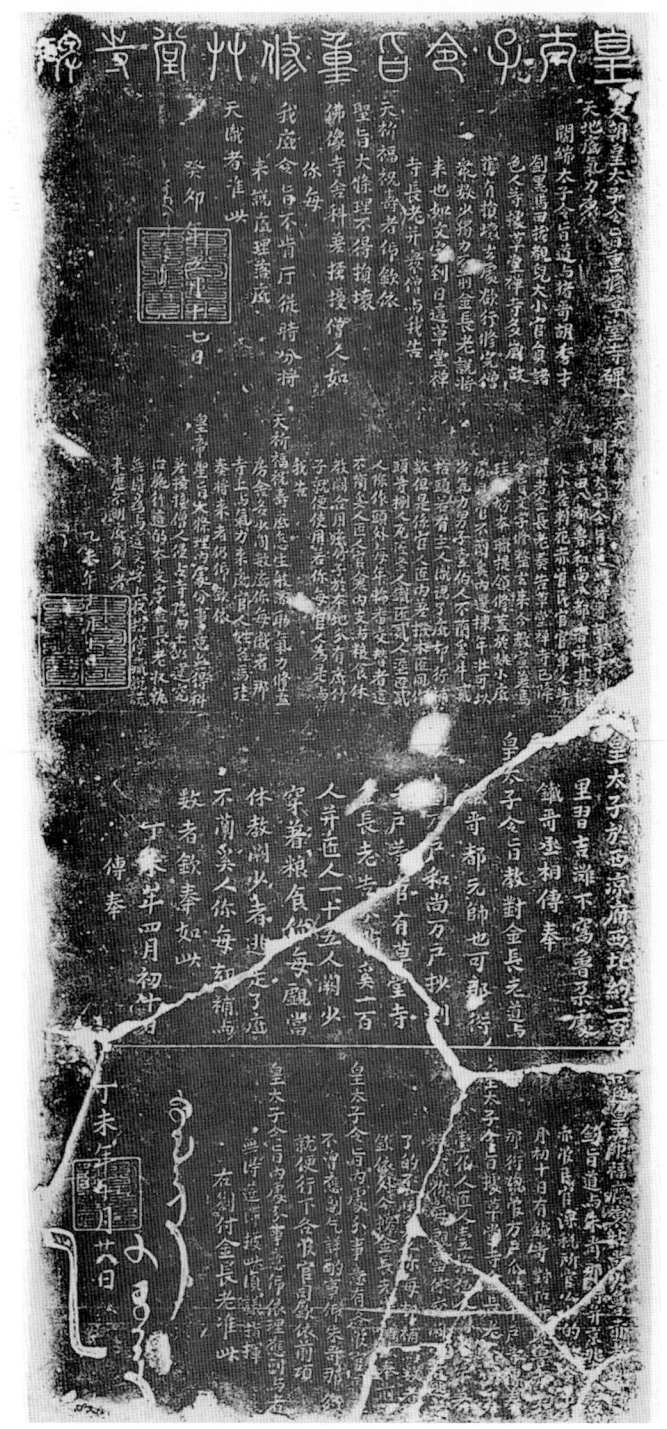

口絵28　草堂寺闊端太子令旨碑の拓本

口絵29　草堂寺闊端太子令旨碑第一截の印とウイグル文字

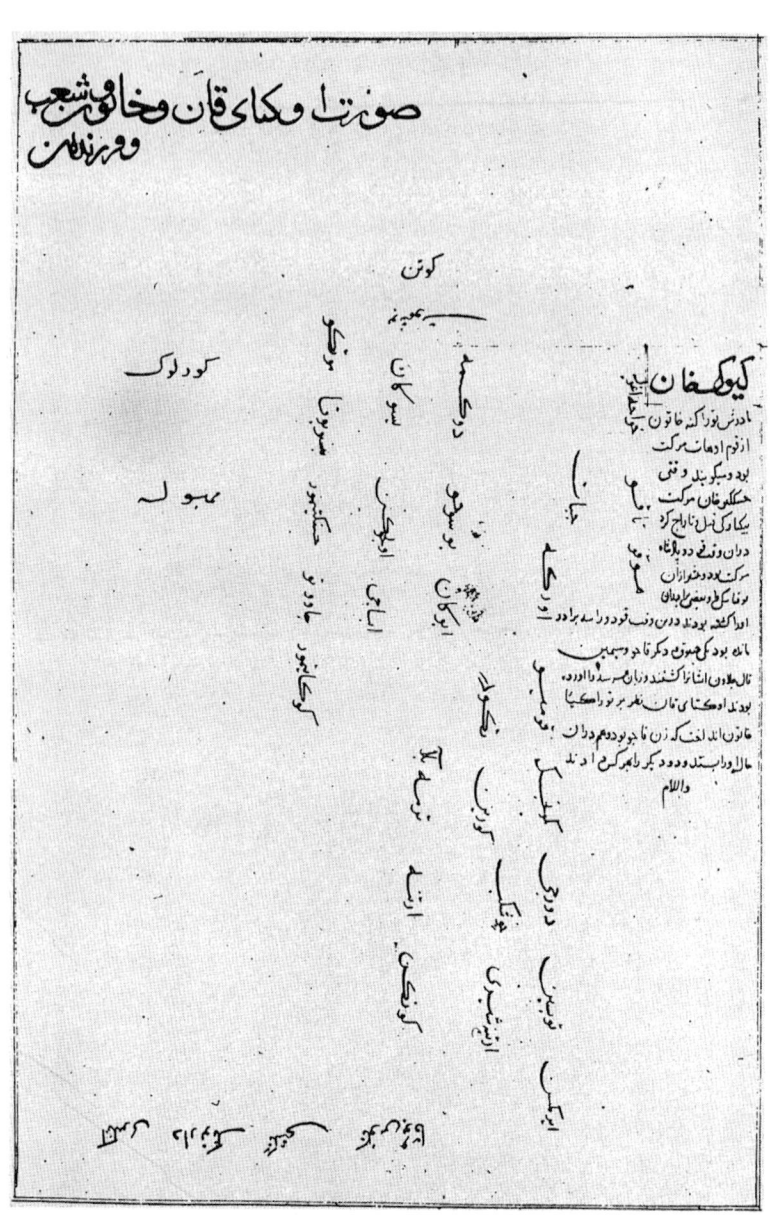

口絵30 『集史』イスタンブル本、オゴデイ・カアン紀の図化された一門の系譜　f. 137b

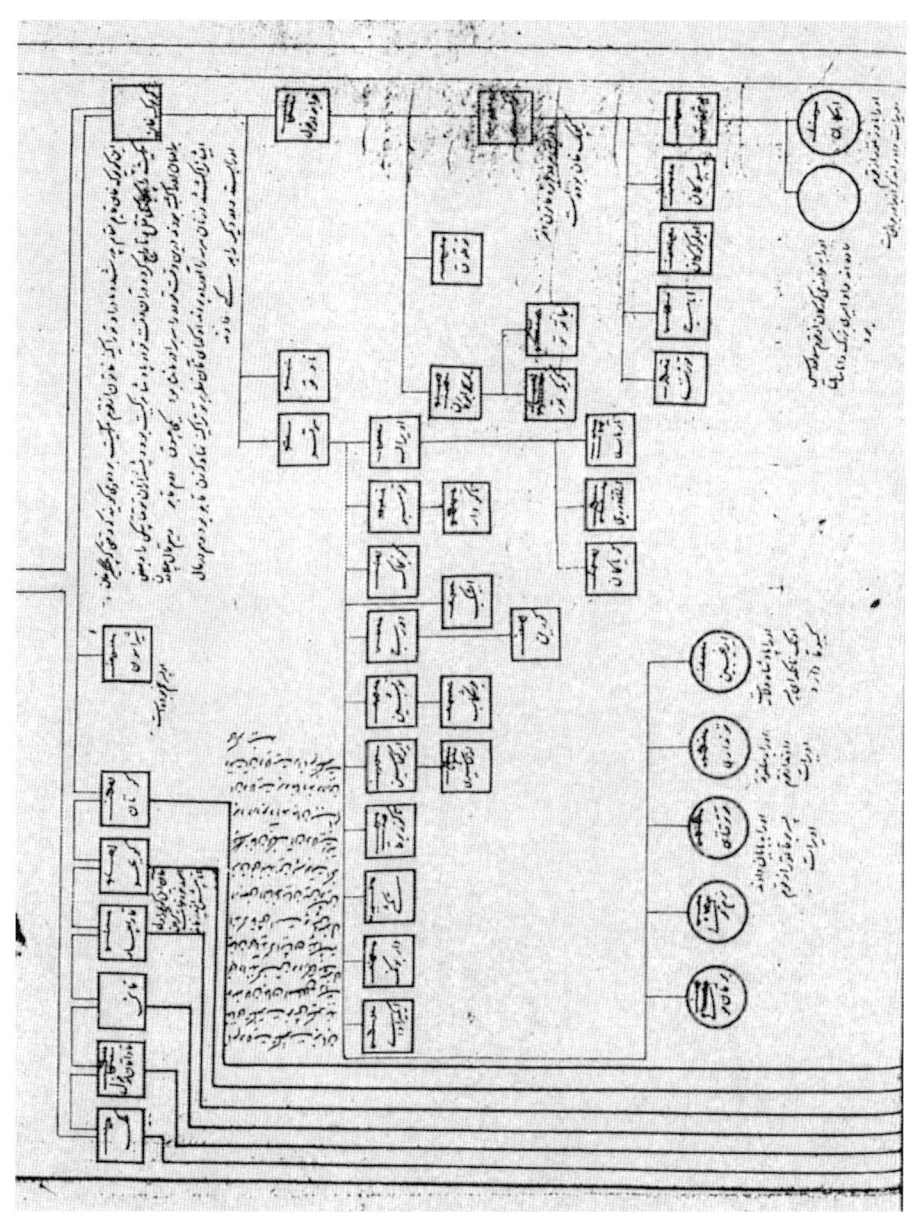

口絵31 『五分枝』モンゴルの部分、オゴデイの項
f. 124b

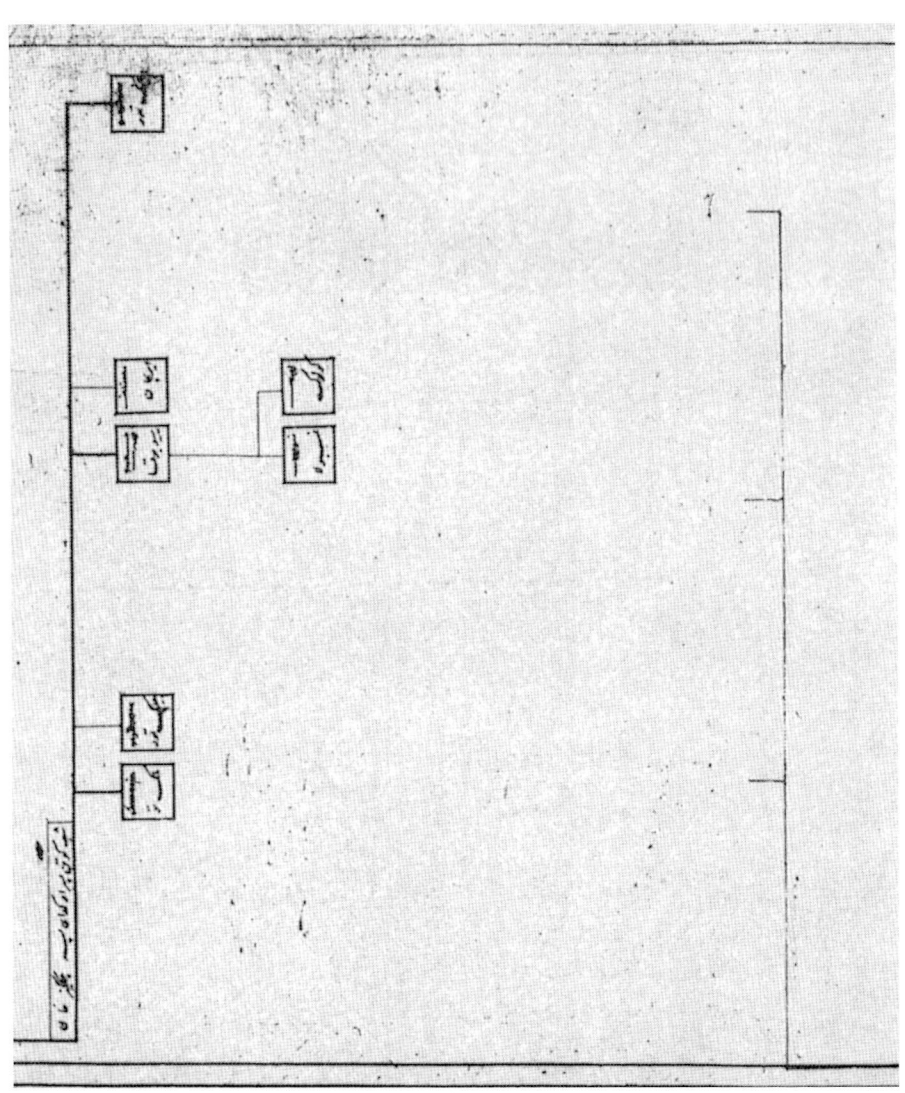

口絵32 『五分枝』モンゴルの部分、オゴデイの項のつづき　コデン家の箇処。
f. 125a

口絵解説

口絵1　『集史』パリ本に描かれるチンギス・カンの即位式（$\bar{G}TP$, f.44b）

　モンゴル国家の誕生を告げるもっとも象徴的な場面。玉座にすわるチンギス・カンを中央に、野外での儀式の様子を必要最低限の主要人物だけを配して描く。チンギスの左側には遊牧君主権力の標識であるトク（漢字では纛）がさしかけられている。ここでは6本だけしか見えないが、9本であったことは東西文献に明記される。頁の上辺にしるされるペルシア語の文章によって、トラの年（1206年）に大クリルタイ qūrīltāī-yi buzurg が開かれ、そこでチンギス・カンという大称号 laqab-i buzurg が定められたと記述される。『集史』パリ本は、15世紀末から16世紀初の書写ながら、モンゴル時代を偲ばせる美麗な細密画が数多く挿入されていることで名高い。ちなみに、現在までに伝存している『集史』のさまざまな写本のうち、イスタンブル本やテヘラン本をはじめとして、原本からそう遠くない時期の古写本には細密画が載せられていない。たとえば、質量ともにすぐれ、現在もっとも依拠すべき写本であるイスタンブル本の場合、挿絵が入るはずのスペースを枠線できちんと指定しており、かつは文章そのものもそこに人物像 sūrat が描かれていることを前提としてつづられているにもかかわらず、結局のところ細密画は載せられていない。ロンドン本などもそうである。ただし、やはり屈指に重要な古写本であるタシュケント本にあっては、例外的に数枚ながら細密画が見られるが、それらはいずれもあらかじめ指定された枠線のなかに、まったく別に作成した細密画をあとから張りつけている。このことから、イスタンブル本の場合も、なんらかの事情で予定された細密画が張られないままになってしまったものか、もしくは張られる以前の段階のものと考えられる。ようするに、あくまで写本なのである。

　ひるがえって、人類史上で屈指の世界史である『集史』原本そのものは、本来は文章と挿絵の両方からなる「絵解き本」なのであった。モンゴル時代において、イスラーム中東では絵画表現が復活し、いっぽう中華地域においては刊本のなかに挿絵が出現する。ヨーロッパも含めて、文章と画像が一体化した「絵解き本」の出現・普及は、モンゴル時代のユーラシア東西に見られる共通の時代現象であったことになる。それを如実に示すパリ本の意味はきわめて大きく、また合計111枚にのぼるそれぞれの挿絵も、モンゴル時代からティムール朝にかけてのまたとない貴重なビ

口絵解説

ジュアル史料となる。すなわち、遊牧的なさまざまなシステム・制度・習慣・風俗をはじめ、当時の宮廷・軍事・儀礼・出来事・場面・衣装・建築・施設・武器・武具・用器・用具・工芸品などにいたるまで、美術的な分析対象であるのみならず、歴史学的なデータの宝庫でもあり、今後よりいっそう文字史料との連動に目を配りつつ史料としての活用をはかるべくつとめたい。

口絵2 『混一疆理歴代国都之図』全図（龍谷大学図書館蔵、絹本、縦：150cm ×横：163cm）

モンゴル時代の末期にあたる14世紀なかばすぎころ、大元ウルス治下の中華地域において、あくまで民間用のものとして作られた2種の原図をもとに、誕生して間もない朝鮮王朝で合成・増補された。地図の下辺につづられる権近の跋文には、明の年号で建文四年（1402年）としるされている。2種の原図とは、李沢民『声教光被図』と清濬『混一疆理図』であり、いわゆる元明交替、そして高麗・朝鮮王朝交替にかかわる複雑な事情も含めて、それぞれの製作者と地図について数多くの新事実が判明しつつある。ここに掲げる現存の龍谷図もおなじくつぎの本光寺図も、いずれも1402年成立図のままではなく、いくらかの改変を加えたうえでのややのちの写し本ではあるが、たがいに極めて近似し、本来の図の面目をよく伝えていると考えられる。結果としてこの地図は、図の成立過程でかかわった中華と朝鮮とが異様に大きくなってはいるものの、一見してあきらかなように陸と海のアフロ・ユーラシア世界が描かれている。

ここに示される大地平は、人類史上かつてないものであった。まずは、中華地域における華夷図の流れをうけつぎつつ、いっぽうでプトレマイオス以来、とくにイスラーム中東地域において蓄積されてきた知識・知見が踏まえられている。そのうえに、モンゴルによる超広域支配とそれを中心にユーラシアと北アフリカとを海陸でゆるやかにつつみこむ大交流圏の出現が投影されている。たとえば、この地図に記入されるイスラーム地域や地中海域についての情報は、、モンゴル時代以前のアジア東方では考えられないものであった。海に囲まれたアフリカが1488年のバルトロメウ・ディアスに先立つことかなりまえ、すでにアジアでは知られていたという西欧中心史観を簡単にくつがえす"衝撃的"なことがらにとどまらず、ボーダレスなモンゴル時代という大きな画期が人類史に訪れていたことが歴然と見てとれる。

なお、大量の地名をはじめ、この地図に盛られたかずかずの情報については、次掲の本光寺図はもとより、熊本・本妙寺蔵の『大明国地図』や天理大学付属図書館蔵の『大明国図』、さらには北京の中国第一歴史檔案館蔵の『大明混一図』など、

口絵解説

この系統に属する一連の「アジア発の世界図」との比較・検討を現在すすめつつあり、近い将来その結果を公刊して世界史理解への一助としたい。

口絵3　『混一疆理歴代国都之図』全図（島原市・本光寺蔵、紙本、縦：220cm ×横：280cm）

　龍谷図は古くから知られていたが、1987年に本光寺に別の地図が蔵されていることが報告された。こちらは紙製で、二回りほど大きく、海についても龍谷図が緑色で彩色されているのに対し、本光寺図は青色である。とはいえ、全体としては後述する朝鮮半島と日本列島周辺を除き、大半の地域は地形・地名ともに龍谷図と大きくは変わらない。アフリカのなかに巨大な湖水を描き、かつそれとして明確に彩色するいっぽう、地中海についてはあきらかに海としての彩色を忘れていることも共通する。朝鮮半島における地名や琉球の描き方などから、龍谷図よりややくだった時期の状況を伝えていることがわかる。であれば、朝鮮王朝においては外的世界は変えることなく、自国とその周辺についてのみ、その時々の状況や知見であらためた「世界図」がつくられたことになる。ともかく、龍谷図だけの時点にくらべ、本光寺図の出現の意味は大きい。

　現在、本光寺図そのものについても、はたしていつ、どこにおける筆写本であったかなど、多角的な分析・検討をおこないつつある。なお、図の名称について、末尾から2字目を従来は「地」の異体字と見ていたが、宮紀子の研究により龍谷図とおなじ「之」であることが判明した。

口絵4　龍谷図に描かれる日本列島とその周辺（部分図）

　龍谷図のひとつの大きな特徴は、日本列島が倒立していることである。この点をとらえて、かって日本の学界では、いわゆる邪馬台国論争のなかで賑やかに使われたりもした。すなわち、『三国志』魏志の倭人の条にいう「南行」は、この図の日本が示すように、実は90°方向が違った「東行」のことだと主張せんとしたのである。しかし、そもそもこの地図は原図でも14世紀のものであり、そのデータをもって3世紀のことがらの傍証とすること自体が奇妙ではあった。そうした独特の注目がつづいた反面、この地図を真正面から考察する試みは乏しく、結果としてその世界史上における意義についても長い間ほとんど言及されることがないままであった。

口絵解説

口絵5　本光寺図に描かれる日本列島と琉球（部分図）

　日本列島を本来の方向で描く本光寺図の出現によって、『混一疆理歴代国都之図』を邪馬台国論争の一証とすることはむつかしくなった。龍谷図の日本列島が倒立している理由は、龍谷図に固有のなんらかの事情、たとえば地図の大きさが決まっていて、そのなかで日本列島を収めようとすると、朝鮮半島に近邇する九州を北にして、列島全体はその下方すなわち南へと垂れさがる姿にするほかはなかったとの解釈もありえるだろう。それとは別に、本光寺図で目を引くのは、琉球が格段に詳しくなっていることである。ここに示される琉球は、あきらかに申叔舟『海東諸国記』を踏まえている。つまり、すくなくとも地形描写の面では本光寺図は1471年以降の状況を伝えており、その他の地名表記などから16世紀の書写かと考えられている。

口絵6　龍谷図のなかのインド亜大陸・中東・地中海・ヨーロッパ・アフリカ（部分図）

　地図成立にかかわる中華地域と朝鮮半島の巨大さにひきくらべ、アフロ・ユーラシアの西半分はまことに小じんまりとして対照的である。インド亜大陸はひときわ小さく、三角形のイメージをからくもとどめつつも、中華の西につづく大地のなかに呑み込まれるかのように描かれている。この点について、應地利明より口頭にて次のような教示を賜った。インドにいたるまでの巨大な東方は、基本的に中華伝統の華夷図のパターンを踏襲していると解釈しうる。であれば、インド地域が中華世界の西辺に張りつくかたちで処理されていても、それはそれで仕方がない。また、図ではそのインド地域の東側に沿って、実在しない2本の大河が画面を斜めに貫き、しかもその一帯は地名もなにもしるされないまま、広大きわまりない空隙地がひろがっているかのごとくに描かれている。この不自然な空白地帯こそ、中華中心の華夷図の世界とインド以西のアフロ・ユーラシア世界という、まったく別箇のふたつ（の地図）を無理矢理に接合させるためのやむなきスペースではなかったか——。まことに肯ける説明であり、筆者もそれに従いたい。

口絵7　本光寺図のなかのインド亜大陸・中東・地中海域・ヨーロッパ・アフリカ（部分図）

　アフロ・ユーラシアの西半については、地域ごとに地名・地形などの情報に精粗がある。モンゴルにとってフレグ・ウルス治下のイラン方面を含む中東の東半に関しては、八合打 Baġdād バグダード、馬喝 Makka メッカ、達剌不羅 Tarābulus トリポリ、失剌思 Šīrāz シーラーズ、麻那（剌の誤写）哈 Marāġa マラーガ、麻魯

Marv メルヴ、伱沙七（不の誤字）魯 Nīsāpūr ニューシャープールなどをはじめ、かなり詳細に地名がしるされ、表記も正確なものが多く、かつ音写方法もあきらかにモンゴル時代を示している。しかし、地中海域からヨーロッパやアフリカについては地名解読に苦しむ場合が過半である。現在のマルセイユを古名 Massilia マッシリアであらわす麻里（里は衍字）昔里那などは、むしろわかりやすい例外である。

アレクサンドリアにあたる位置に塔が図示され、史上に名高い灯台をあらわしている。また、アフリカ大陸の内側にひろがる巨大な湖水については、雨期に大氾濫するニジェール川のイメージが投影されているとの説がある。その湖水の東側を北流する大河は、ふたつの河源の描き方などから、ナイル川のことだとわかる。なお、以上の状況は、龍谷図・本光寺図ともにほぼ共通している。

口絵8　クビライとフレグの指に脂を塗るチンギス・カン（『集史』パリ本より、Ǧ TP, f.85b）

1225年、中央アジア・イラン遠征からモンゴル本土の西端に帰着したチンギス・カンは、盛大な祝いの宴会（tūī>toi）と遠矢競技などのイヴェントを催し、足かけ7年にわたる遠征の成功と無事の帰還をともに喜びあった。そのおりの巻狩で祖父を出迎えにきていた11歳のクビライは兎を、9歳のフレグは鹿を射とめた。モンゴルの伝統とならわしにのっとり、チンギスはふたりの孫がよき狩人となるよう、初の獲物の脂をそれぞれの指に塗ってやった。口絵1の即位式より20年、玉座にすわるチンギスのひげはすっかり白くなり、順番に祖父のいつくしみをうけるクビライとフレグの少年らしさと対照的な姿で描かれる。

この図は、チンギスの王権がいずれこのふたりの孫によってになわれてゆくことを示すとともに、クビライ家とフレグ家の友好と連帯を象徴するものでもあると考えられる。

口絵9　西征に進みゆくフレグとその親衛隊（『集史』パリ本より、Ǧ TP, f.177a）

フレグは兄の皇帝モンケの命をうけ、1253年モンゴル本土をたって中央アジア経由でイラン・中東方面へとむかった。この遠征が結局はフレグ・ウルスの出現にむすびつく。そのためもあってか、『集史』パリ本の挿絵のなかでも、とくに動きのある構図となっている。白馬にまたがるフレグの頭上に、シュクルチ šükürči（天蓋もち）が天蓋をさしかけ、そのすこし前を権力の象徴たるトクをもつトクチ tuqči が護衛する。フレグのすぐうしろにつづく黄色の色服をまとう人物も、その身なりや乗馬から見てフレグに準ずる王族であり、やはりそのまわりを近従たちがよりそ

口絵解説

う。さらに、フレグの馬の口をとらえて先導する馬引き（コテルチ kötelči）も、金糸いりの色服をまとっているように、しかるべき処遇をうける近臣のひとりであった。こうした貴人のまわりをかため親近する人間たちが、権力中枢を構成する親衛隊であり、本来はこうした遊牧的な人間組織に起源するあり方が、モンゴル帝国などを通じてユーラシアの諸帝国・諸国家に共有の軍事・政治システムと化してゆく。なお、フレグのかたわらを駆ける犬や画面の上方へと突きだして描かれる天蓋・トクなども含め、この絵のなかに盛られている図像データだけでも、モンゴル時代の東西諸語文献との連動のもとに分析すると、さまざまなことがわかる。『集史』パリ本の挿絵全体の史料的価値は、まことに大きいものがあるといわざるをえない。

口絵10　バグダードを攻囲するモンゴル軍（『集史』パリ本より、GTP, ff.180b-181a）

1258年、アッバース朝500年の都であるバグダードは、フレグひきいるモンゴル軍とそれに与する中東諸勢力によって包囲され、結局はほどんど実戦のないままに開城する。見開き2頁にわたって描かれるこの絵は、『集史』パリ本の挿絵のなかでも屈指にすぐれた堂々たる一幅の歴史画であるばかりでなく、史料としてもじつに多量の情報を含んでいる。

城外のモンゴル軍は投石器も用意していた。また、バグダード城内の様子も、伝書鳩が飛んで、外交駆け引きがさかんに重ねられたことが示されるいっぽう、画面中央部の右上には第37代カリフのムスタースィムたちがモンゴル軍にいまや降伏しにゆかんとする場面も描かれ、この一枚の絵のなかにことの顛末の全体が扱われていることがわかる。

口絵11　チンギス・カンの聖旨牌

京都大学総合博物館に蔵せられるこのパイザは、鍍金をほどこしたいわゆる「金牌」。片面に契丹文字、片面に漢字で「天賜成吉思帝聖旨疾」としるされ、モンゴルに名高い駅伝パイザとしては最初期のチンギス・カン時代のものとわかる。モンゴルの駅伝制は、他の多くの諸制度とおなじく、直接にはキタイ帝国におけるシステムを踏襲する。それを雄弁に語るこのパイザは、まことに貴重な歴史資料である。

口絵解説

口絵18　『バーイ・スングル・アルバム』に描かれた蒼き狼と光につつまれたアラン・ゴア

　イスタンブルのトプカプ・サライ博物館の図書館には、モンゴル時代からティムール朝期の絵や図などを収める画帳がいくつか伝存している。そのひとつに『バーイ・スングル・アルバム』と呼ばれる画帳には、モンゴルの開祖伝承として名高い蒼き狼とアラン・ゴアとがともに描かれている頁がある。アラン・ゴアの顔に寄り添うかの如きもうひとつの円形の顔は「光」をあらわす。寡婦となったアラン・ゴアは、ゲルの上からさしこむ「光」に感じて3人の子を産み、それがチンギスにいたる系譜となったとされる。

　もともと、ユーラシアにおいて狼祖伝承と光臨生誕説話とは別のものであったが、モンゴルでは両者が合体して二重構造の神話化がなされ、『元朝秘史』などで有名な話となって語られひろまった。

以下、口絵11〜17、19〜32については、原則として本書の史料として使用しているので、ここでの説明は省略する。関係する各章をご覧いただきたい。

　口絵12・13　　　第1章
　口絵14・15　　　第2・3章
　口絵16・17　　　第2・3・4章
　口絵19・20・21・22・23　　第6・7・8章
　口絵24　　　第8章
　口絵25　　　第10章
　口絵26・27　　第9章
　口絵28・29　　第11章
　口絵30・31・32　　　第11・12・13章

目　次

序　章　世界史の時代と研究の展望……………………3
　　1　アジア史と世界史の画期　3
　　2　研究史のあらまし――ファースト・ステージ　4
　　3　研究史のあらまし――セカンド・ステージ　7
　　4　東西の棲みわけと近年の新事態　10
　　5　モンゴル時代史研究における二重構造もしくはふたつのまなざし　14
　　6　本書のねらいと構成　16

第1部　モンゴル帝国の原像と変容

第1章　モンゴル帝国の原像
　　　　　――チンギス・カン王国の出現……………………28
　　はじめに　28
　　1　分封なるもの　30
　　2　分封の時期　33
　　3　分民の内容　34
　　4　諸弟の分封地　40
　　5　諸子の分封地　48
　　まとめ　53

第2章　モンゴル帝国の変容
　　　　　――クビライの奪権と大元ウルスの成立……………………62
　　はじめに　62
　　1　モンケ南征軍の構成問題　64
　　2　襄陽撤退事件――モンケとタガチャル　72
　　3　クビライ南征軍――モンケとクビライ　83
　　4　鄂州の役――クビライとタガチャル　95
　　5　開平クリルタイと対アリク・ブケ戦　105
　　6　ゆるやかな分立への道――むすびにかえて　116

i

第2部　大元ウルスの首都と諸王領

第3章　クビライと大都——モンゴル型「首都圏」と世界帝都…128

1　大都と杭州　128
2　なぜクビライは燕京地区を首都としたか——政治史から　131
3　大都皇城の謎——平面プランの問題　139
4　大都はなんのために築かれたか——特徴と機能　154

第4章　大都と上都の間——居庸南北口をめぐる小事件より…168

はじめに　168
1　『元典章』の原文と粗訳　169
2　「来呈」はどこからのものか　172
3　事件のあらましと先行する案件　174
4　居庸の南北口とその周辺　180

第5章　八不沙大王の令旨碑より
　　　　——モンゴル諸王領の実態……………………………187

はじめに　187
1　石刻書の記載　190
2　令旨の釈読　197
3　八不沙大王と発令年次　203
4　北の本領アルグン河畔　210
5　南の華北投下領の山東般陽路　215
おわりに　225

第3部　大元ウルスと中央アジア

第6章　豳王チュベイとその系譜——元明史料と『ムー
　　　　イッズル・アンサーブ』の比較を通じて………………242

はじめに　242
1　『ムーイッズ』と問題点の所在　244
2　豳王家ノム・クリ系　252
3　西寧王家スレイマン系　269
今後にむけて　283

目 次

第7章 ふたつのチャガタイ家——チュベイ王家の興亡……288
 はじめに 288
 1 チュベイ前史 290
 2 大元ウルス来到事情 293
 3 大元ウルス治下のチャガタイ諸裔 302
 4 「チュベイ領」の形成へ 312
 まとめとその後 322

第8章 西暦1314年前後の大元ウルス西境
 ——『オルジェイト史』より……………………………334
 はじめに 334
 Ⅰ 336
 Ⅱ 355
 おわりに 362

第4部　モンゴル時代をめぐる文献学研究への道
  ——命令文・碑刻・系譜・刊本・写本

第9章 モンゴル命令文研究導論
 ——真定路元氏県開化寺聖旨碑の呈示をかねて……………372
 はじめに 372
 1 蒙漢合璧命令文をめぐる概況 375
 2 実例の提示 378

第10章 山東鄒県嶧山仙人宮の聖旨碑……………………………403
 はじめに 403
 1 本碑の特徴と注目点 404
 2 聖旨の蒙漢両文 413

第11章 草堂寺闊端太子令旨碑の訳注……………………………425
 はじめに 425
 1 碑石の簡介と試訳 426
 2 碑に刻された文書としての分析 447

第12章　東西文献によるコデン王家の系譜……………457
　　　　はじめに　457
　　　　1　東方の系譜史料　458
　　　　2　西方の系譜史料　465
　　　　3　碑刻などの関連記事　473
　　　　おわりに　488

第13章　西夏人儒者高智耀の実像………………………490
　　　　はじめに　490
　　　　1　『廟学典礼』冒頭のヒツジ年の聖旨　491
　　　　2　『廟学典礼』割注の高智耀の伝記　495
　　　　おわりに　505

第14章　ヌール・オスマニイェ所蔵ペルシア語古写本…508

　　　索　引　515

―――― 本書で使用する主要なペルシア語史料の略号 ――――

Anonym?
　Šu'ab-i Panǧgāna, MS. İstanbul, Topkapı Sarayı Müzesi, Kütüphanesi, Ahmet 2937. [Šu'ab]
Ḥāfiẓ-i Abrū, & Anonym.
　Mu'izz al-Ansāb, MS. Paris, Bibliothèque Nationale, Ancien fond persan 67. [Mu'izz P] ; London, British Library, Or. 467. [Mu'izz L] ; Aligarh, Aligarh Muslim Univ., Maulana Azad Library, No.41 & 42. [Mu'izz A-41]　[Mu'izz A-42]
Ǧuvainī, 'Alā' al-Dīn 'Aṭā-Malik
　Ta'rīḫ-i Ǧahān-Gušā, Mírzá Muḥammad Qazwíní ed., The Ta'ríkh-i-Jahán-Gushá of 'Alá' u'd-Dín 'Atá Malik-i-Juwayní, 3 vols, Gibb Memorial Series, X VI/1, 2, 3, Leyden and London. 1912, 1916, 1937. [Qazvíní]
Qāšānī, 'Abd-Allāh b. Muḥammad al-
　Ta'rīḫ-i Ūlǧāītū, MS. İstanbul, Aya-Sofya Cami, Kütüphanesi, 3019/3, ff. 135-240. [TUS] ; Paris, Bibliothèque Nationale, MS. Supplément persan 1419. [TUP]
Rašīd al-Dīn, Fażl-Allāh Hamadānī.
　Ǧāmi' al-Tavārīḫ, MS. İstanbul, Topkapı Sarayı Müzesi, Kütüphanesi, Revan 1518. [ǦTS] ; London, British Library, Or. Add. 16688. [ǦTLa] ; British Library, Or. Add. 7628. [ǦTL] ; Paris, Biblithèque Nationale, Persan 254 (Supplément 1113) [ǦTP] ; Tehran, Kitābḫāne-yi Maǧlis-i Šūrā-yi Millī, 2131. [ǦTTm]
Šāmī, Niẓām al-Dīn.
　Ẓafar-nāma, F. Tauer ed., Histoire des conquêtes de Tamerlan intitulée Zafarnāma, I, Praha, 1937. [Tauer]
Vaṣṣāf, Šihāb al-Dīn 'Abd-Allāh Šaraf Šīrāzī.
　Taǧzīyat al-Amṣār va Tazǧīyat al-A'ṣār, MS. İstanbul, Nuruosmaniye 32. [TVN] ; Topkapı Sarayı Müzesi, Kütüphanesi, Ahmet 3040. [TVTS] ; facsimiles from 1853 Bombey Text. Ta'rīḫ-i Vaṣṣāf al-Ḥaẓrat dar Aḥṛāl-i Salāṭīn-i Muǧūl, Tehran, A. H. 1338. [TVB]
Yazdī, Šaraf al-Dīn 'Alī.
　Ẓafar-nāma, facsimile texts. ed. A. Urunbayev, Taškent, 1973. [Yazdī]

- アラビア文字の翻字（transliteration）

  Ā A B P Ṣ Ğ Č Ḥ Ḫ D Ẕ S Š Ṣ Z Ṭ Ẓ
  ʿ Ġ F Q K G M N H W Y ʾ

  ただし、モンゴル時代にはＰ Č Ｇはほとんど出現せず、Ｂ Ğ Ｋであらわしている。

- ペルシア語の転写（transcription）

  ā a (i, u) b p ṣ ğ č ḥ ḫ d ẕ r z s š ṣ z ṭ ẓ
  ʿ ġ f q k g m n h v(ū) y(ī) ʾ

- モンゴル語・トルコ語の転写

  母音：a ä e ï i o ö u ü
  子音：b č d g h j k l m n p q r s š t v y γ ʾ

モンゴル帝国と大元ウルス

序章

世界史の時代と研究の展望

1　アジア史と世界史の画期

　西暦13・14世紀、アジア史そして世界史は、かつてない時代をむかえた。アジアの大半とヨーロッパの一部分を領有する超広域のユーラシア帝国、いわゆるモンゴル帝国が出現し、直接の版図としなかったのこるユーラシアの諸地域および北アフリカをもふくめ、ユーラシア世界もしくはアフロユーラシア世界をゆるやかながらもひとつにつなぎとめる状況が形成される。それは、アジア史上においても、世界史上においても、空前の事態であった。
　かえりみて、それまで人類は大きく見れば複数の文化世界に分かれ、より現実に密着していえばそれぞれがさらに中小規模の地域・社会に分かれあって暮らしていた。それらの文化世界や地域・社会の間では、程度の差こそあれ、たがいにそれなりの交渉・関係・連結はもとよりあったものの、なお大局から眺めれば、ほぼ別々の生活圏を形成して、固有の歴史過程を歩んでいたといっていい。ところが、そうしたじつに長い歴史時代とは、大きな段差を人類の歴史の上に刻みつける画期がここに出現した。
　いま、わたくしたちが世界史なるものを考えようとするとき、部分史と部分史のよせあつめとしてではなく、ともかくもユーラシア・サイズ、もしくはアフロユーラシア・サイズでのひとつにまとまった全体像として、それをとらえられるようになるのは、この時代からのことである。そしてさらに、この画期は、そのほぼ1世紀のちに始まる西欧の外洋進出とそれによるグローバル・サ

イズの時代の幕開きを導く前提条件をも準備することになる。アジア史と世界史の画期となったこの時代を、モンゴル時代 the Mongol Period と呼ぶ。

2 研究史のあらまし
—— ファースト・ステージ

さて、モンゴル帝国およびモンゴル時代の歴史研究については、すでに筆者はこれまで幾度か触れたことがある[1]。詳細はそれらにゆずり、ここでは最低限やはり必要かとおもわれる事柄についてのみ、簡述するにとどめたい。

モンゴル帝国とその時代についての研究の歩みは、ある意味ではその後の歴史の分だけ存在するといえる面がある。まず、研究史のファースト・ステージは、モンゴル時代が過ぎ去ったのちのユーラシアの各地域、いいかえれば「ポスト・モンゴル時代」のユーラシアの動向・展開と密接にかかわるかたちでなされたものであった。すなわち東から朝鮮王朝治下の韓半島、明代・清代の中華地域、モンゴル系の政治勢力が離散集合をくりかえした内陸アジア、いわゆるティムール朝治下の中央アジア西半、フレグ・ウルス Hülegü ulus（通称はイル・カン国、イル・ハン朝など）解体後のイラン高原・アナトリア方面を中心とする中東地域の東半、そして分立する複数のモンゴル系の諸権力との長い共存のなかでゆったりとすすんだモスクワ勃興期からロシア帝国治下の西北ユーラシアなどにおいて、それぞれ独自のスタンスと思惑から、さまざまな仕方でなされたものであった[2]。それらを逐一とりあげて述べるならば、それはそれで時代と地域をこえた文明現象とその分析として、興味深い研究対象となりうるものではあるだろう。だが、それはおそらく厖大な時間と紙幅を要する。そこで、研究史のあらましを辿るため、ここではあえてとくに重要と思われる東西ふたつの地域の例を取りあげて要点のみを述べることとする。

まず、明代の中華地域にあっては、国家・政権の建前では「胡元」などと否定的立場を標榜したものの、国家システムとしては、政治・軍事・宮廷などの諸制度をはじめ、省という大単位による地方行政や、一連の『華夷訳語』（いわゆる甲種本・乙種本・丙種本すべてを含む）に明示される対外関係・外交文書機構など、多面にわたってモンゴル時代のあり方を踏襲した。というよりも、現

実に踏襲せざるをえなかったというほうが正確だろう。率直にいって、中華というもののありかたが、内と外の両面から大きく激しく変化していたからである。そもそも、中華本土をはるかにこえる大地平の出現と、好むと好まざるとにかかわらず、それなりに継承せざるえない広域支配の枠組み、そしてそれに必然的にともなう首都問題や多種族政策など、正負の評価をこえて客観的にモンゴルの遺産といわざるをえない側面を明帝国は濃密に帯びている。そうした結果、学者や文人官僚たちの間においては、胡粹中『元史続編』や葉盛『水東日記』を筆頭とする"モンゴル時代研究"の流れを生むいっぽう、まことに多彩な出版文化活動が典型的に示すように、社会・文化・産業・経済の全般にわたってモンゴル治下中華の諸相を明代の人びととはおおむね無意識のうちながらも多角的かつ広汎に学習・摂取したといっていい。

　逆に、清代においては、大清グルン Daicin gurun すなわち清朝政権そのものは、片方で「伝国の璽」の奉呈というシンボリクな出来事が示すようなモンゴル帝国の後継国家としての側面と、他方では現実における満漢連合権力という根源的な政権体質と、その双方が絡みあってモンゴル帝国を積極的に肯定するスタンスを採った。その反面、学術・思想面においては、統制・検閲の異様にきびしい清朝への内心の反発が多分に影響して、モンゴル帝国とその時代についての研究は久しく忌避される傾向にあったが[3]、乾嘉時代のとびぬけた大学者である銭大昕の出現で一変する。モンゴルとその治下のアジア東方にかかわる諸事象についての銭大昕の偉大な研究業績は、質量ともに圧倒的なものがあり、清朝考証学の精華というだけではなく、じつのところ後述する近代学術における幾多のモンゴル帝国史研究とくらべても遜色がないどころか、依然として現在でも常にふりかえるべき存在でありつづけている。また清朝末期、いわゆるウェスタン・インパクトの波のなかで「西北問題」がかまびすしくなると、とくに国境・国防問題を焦点として、モンゴル治下の中華は時代をこえて多くの警世家たちの関心を呼ぶ現実的な研究課題となり、たとえば魏源はその晩年をモンゴル時代研究に没頭して『元史新編』ほかの著作をのこした。この流れは19世紀末から20世紀になってもひきつづき、才・学・識に溢れた屠寄の『蒙兀児史記』や外交官でもあった洪鈞の『元史訳文証補』を生み、柯紹忞『新元史』に至ることになる。

序章　世界史の時代と研究の展望

かたや、中央アジアや中東方面にあっては、国家編纂物としての『集史』Ğāmiʿ al-Tavārīh をはじめとするフレグ・ウルスにおける活発な修史事業の伝統をひきついだかたちで、シャー・ルフ Šāh-Ruh 以後のティムール朝においてモンゴルに端を発する歴史書や系譜集がさかんにつくられ、それは第2次ティムール朝たるムガル朝にも持ち込まれた。ティムール朝での歴史書や王統譜たる系譜集を検討すると、モンゴル時代の歴史書や系譜集では見えなかった人名や事柄が補充・追加され[4]、またたとえばある同一の文献について写本レヴェルで比較分析した場合、モンゴル時代の写本では空欄のままにされていたところにティムール朝期の写本ではしかるべき固有名詞が記入され、文章表現もより洗練さが加えられたりしている。シャー・ルフの本拠ヘラト Herat を中心とする歴史編纂活動のなかで[5]、前代のモンゴル帝国とその時代に関する研究がさまざまな関連資料を使って熱心におこなわれていたことが窺われる。また、現在のカザフ草原からロシア草原にかけての一帯は、モンゴル時代とその後、「キプチャク草原」Dašt-i Qïpčāq の名で呼ばれていたが、そこにおける歴史編纂もモンゴル時代を起点として筆をおこすことが多く、後世の辻褄あわせや後知恵・捏造の類いもふくめて「新情報」がしばしばつけ加えられもした[6]。

そもそも、これらの諸地域では、モンゴル時代以来の王権が現実に生きつづけていたり、もしくはモンゴルの王権イメージを自己の権力の正統化や権威の裏付けとして用いることがごくふつうのことであった[7]。たとえば、本書の第9・10章で扱う「モンゴル命令文」の方式と習慣は、ポスト・モンゴル時代のユーラシアのかなりな地域で踏襲されつづけたが、とくにそれは中央アジア以西の地で顕著であって、じつのところオスマン朝でさえも使われた[8]。そのオスマン帝国の宮廷図書館である現トプカプ・サライ博物館の図書館に、質量両面において『集史』諸写本のなかで随一のいわゆるイスタンブル本をはじめ、相当量のモンゴル時代の書物・文献およびそれにかかわる古写本が蔵せられるのも、ゆえなしとしない。オスマン朝も含め、"モンゴル時代の研究"が意味あるものとしておこなわれていた証左である。モンゴル時代につくられたペルシア語の歴史書のうち、特に『ヴァッサーフ史』Taʾrīh-i Vaṣṣāf の場合に際立っているが、のちのちにいたるまで東方イスラーム世界の各地で相当量の写本がつくられつづけたこと自体が、注目さるべきことであるだろう。

3 研究史のあらまし
——セカンド・ステージ

　モンゴル帝国とその時代史研究のセカンド・ステージは、19世紀はじめの西欧、ついでロシアなどにおいて近代学術のひとつとして歴史学が成立してからのことと見なしていいだろう。とりわけ、1810年のベルリン大学をひとまずの皮切りにして、近代大学における学術研究が開始されてゆくなか、ほとんど時をおくことなく、モンゴル帝国に関する歴史研究がヨーロッパにおけるアジア史研究のひとつの焦点もしくは先導役として急速に展開していったことは、特筆に値することだといっていい。

　ひるがえって、こうした動きにいたる前史として、ヨーロッパにおけるモンゴル帝国史研究の濫觴をもとめるならば、デイヴィド・モーガン David Morgan がいうように、ある意味でプラノ・カルピニのジョヴァンニ Giovanni de Plano Carpini とマシュー・パリス Matthew Paris とともに始まったといえるものかもしれない[9]。とはいえ、近代精神にもとづく歴史研究あるいは歴史編纂という観点でいえば、それなりのめばえは18世紀に遡る。チンギス・カン Činggis-qan に関する最初の近代的研究といっていいだろうプチ・ドラクロワ Petis de la Croix の『大ジャンギズカンの歴史』 *Histoire du Grand Genghizcan* は、その大半をラシードゥッディーン Rašīd al-Dīn の『集史』やミールホーンド Mīrhvānd の『清浄の園』 Rauẓat al-Ṣafā などのペルシア語の歴史書の写本にもとづくが、それがフランスで出版されたのは1710年というまことに早い時期であったことは、あらためて驚かざるをえない。つまり、各種の漢文史料を駆使して精緻な考証と見事な洞察を披瀝した東方の銭大昕と、ともかくもペルシア語史書にもとづいて独自の歴史観を盛った著作をヨーロッパではじめて世に問うたプチ・ドラクロワとは、同時代人どころか、むしろプチ・ドラクロワのほうが1世代以上も年長であったのである。ただしここに、後述するようなモンゴル帝国とその時代の歴史研究における東西学者の棲みわけ現象というか、それぞれが得意とする東方文献と西方文献にわかれあって互いに異なる歴史像を描くという、つい近年まで久しく（いや、じつは現在でもまだ、おおむねはその

とおりに)つづいてきた研究状況の原型がすでに明確に見てとれるのである。

　1824年、最終的に4巻本構成となりゆくドーソンAbraham Constantin Muraja d' Ohssonの『モンゴル人の歴史』Histoire des Mongols（日本語訳としては、田中萃一郎訳補『蒙古史』上下、岩波文庫、1936・38年初版、1997年復刊がまずあり、佐口透による完訳・注『モンゴル帝国史』全6巻、平凡社東洋文庫、1968-79年が提供された）の第1巻目が出版されたことは、モンゴル帝国史研究のひとつの画期となった。ドーソンよりまえに、モンゴル帝国の全史を扱った著作は存在しなかった。同書は、ドーソンが外交官としての立場と稀に見る多言語能力を生かして、ペルシア語史書をはじめとする豊富なイスラーム史料をおもに駆使しつつ、漢文史料については先行する1739年刊のゴービル『ジャンチスカンの歴史』A. Gaubil, Histoire de Gentchiscanと1777-85年刊のド・マイヤ『中国全史』Joseph-Anne-Marie de Moyriac de Mailla, Histoire générale de la Chineを参考にして成ったものであった。したがって、もとよりいわくはあるといわざるをえないものの、一応は東西史料を踏まえたかたちにはなっており、イスラーム史料に依拠する部分は今日でも通用するところがある。ともかく、この大部の総合的著作によって、モンゴル帝国史の全体がひとまずは見渡せるようにはなった。そしてなによりも、ドーソンのこの書物は英仏両国を筆頭に、いまやアジア進出に本格的に乗りだそうとしていたヨーロッパで大変に歓迎された。その結果、学術界をはるかにこえて、またモンゴル帝国史という枠をもこえて、よくもわるくも19世紀ヨーロッパにおけるアジア・イメージに多大な影響をあたえることになってしまった。なお、ドーソンの功罪もふくめて、彼とその著作をめぐる多様な事柄・問題点については、すでに述べたことがあり、それを参考いただければ幸いである[10]。

　ドーソンの4巻本がヨーロッパの江湖から絶賛されつつあったころ、ほぼ時をおなじくして、フランスのカトルメールE. Quatremèreがラシードゥッディーン『集史』のうち、フレグ・ハン紀Dāstān-i Hūlākū-ḫānの部分の校訂・訳注書である『ラシードゥッディーンによってペルシア語でしるされたペルシアのモンゴル人の歴史』Histoire des Mongols de la Perse, écrite en persan par Rashid-Eldinを1836年に刊行した。浩瀚な『集史』全体から見れば、ほんの一部分にすぎないとはいえ、時代と環境を考えればすぐれた校訂・翻訳といわざ

3 研究史のあらまし——セカンド・ステージ

るをえず、あわせて厖大な注記は今もなお常に参照しなければならないものである。ようするに、ドーソンの総述、カトルメールの高質な『集史』校訂・訳注書というふたつの異なる研究業績のあいつぐ出現によって、モンゴル帝国史研究は一気に高水準にひきあげられ、ヨーロッパにおけるアジア史研究・世界史研究のなかで確固たる地歩をきずくことになった。

このうち、幾多の学者がさまざまなテーマ・視角・方法で研究を展開した。そのなかで19世紀においてとくに目につくのは、『集史』のテュルク・モンゴル諸部族志とチンギス紀の校訂テキストをともかくも公刊したロシアのベレジン И. Н. Березин と、マルコ・ポーロ Marco Polo 旅行記の校訂書を出版したヘンリー・ユール Henry Yule のふたりである。このうちロシアでは、ベレジンの仕事がひとつの基礎となって、有名な遊牧封建制の議論が生まれてくる。じつはその議論は、『集史』に見える幾つかのテクニカル・タームの誤読・誤解にもとづいているのだが、現在になっても政治学・人類学・社会学などで過去の亡霊にすぎない遊牧封建制の議論が健在であったりするのを目にするとき、根本原典の校訂・翻訳・研究はゆるがせにできないことをあらためて痛感せざるをえない。また、ともすればユールの校訂書について、もはやはるか過去の仕事だとする意見があるが、けっしてそういいきれるものではなく、とくに1903年版の注解は今も十分に重要である。

時は移って20世紀になると、事態はさらに変化した。その要点としてひとつには、日本と中国の学者が大挙してモンゴル帝国史研究に参入してきたこと、そしてもうひとつには、ロシアのバルトリド В. В. Бартольд、フランスのペリオ Paul Pelliot というアジア史研究・世界史研究の全体のなかでも頭抜けたふたりの大学者を先頭に、数多くのすぐれた学者が世界各国で一斉に出現し、きちんとした史料上の根拠にもとづくより確実な研究がふえていったことである。つまり、モンゴル帝国とその時代の研究は、歴史研究としてはきわめてめずらしいことに世界規模でひろがる多様な研究者たちの角逐・競争の分野となったのである。それはどこか、帝国主義列強とそれをとりまく諸国の間における熾烈な争いという時代状況とも似かようものがあった。そうした結果、20世紀のおもだった研究者をいま指折り数え挙げるだけでも、相当な数となることだろう。じつのところ、それらの人びとによる先行研究をきっちりと踏まえる

ことさえ、今となってはそう容易なことではない。ともかく、近代学術・近代歴史学のひとつとして、モンゴル帝国とその時代の研究は、現在にいたるまでほぼ2世紀にわたり、アジア史研究全体のなかで屈指にぶ厚い蓄積をかさね、世界全体で眺めれば有数の学的伝統を背負っている。誤解をおそれずにいえば、モンゴル時代史の研究は、その国の歴史研究がどの程度までユーラシア世界史とでもいった広域の歴史展開について目を向けていたか、ひとつの指標となる。逆に、日本にのみ焦点を絞っていうならば、日本の文化伝統にとって容易な分野と容易ならざる分野とが誰の目にも歴然たるものとしてあり、そのさいモンゴル時代史研究がもつ意味は他のそれとはおのずから別の様相を帯びざるをえないことだけは否定できない事実である。そして現在の世界にあっては、むしろ日本をもっとも有力な可能性をもつ先導役[11]として世界各国の研究が総合化されるべく、さらなるステージを待っている状況にあるといっていい。

4　東西の棲みわけと近年の新事態

　ひるがえって、モンゴル帝国とその時代にかかわる文献史料は、ペルシア語と漢語の二大史料群をはじめ、モンゴル語、テュルク語・ティベット語・女真語・契丹語・西夏語・アラビア語・シリア語・古代ロシア語・ラテン語・中世フランス語・イタリア語・アルメニア語・グルジア語・カタルーニャ語・クマン語・ギリシア語・サンスクリット語・東南アジア諸語・朝鮮語・日本語など、20数箇の言語にわたる。概していえば、欧米・ロシア・イラン・トルコ・イスラエルなど「西方」の研究者は、おおむねペルシア語史料を中心にラテン語などのヨーロッパ史料もふくめた「西方文献」をおもに扱い、日本・中国などの「東方」の研究者は「東方文献」の最たるものである漢文史料を主武器として利用してきた。蒙漢合璧の文献である『元朝秘史』などは、ちょうど両者の接点にあったといえる。

　もちろん、東西の史料をそれなりに扱う研究者は、たとえばペリオをはじめある程度いたし、とくに近年は日本・中国・韓国においてそうした研究者が生まれつつある。とはいえ、主要な典拠史料が東西の研究者の間でほぼ両分され

てきた傾向は否定できない。その結果、研究の方法・関心・成果のうえでも、かなりはっきりとした方向や見解のちがいが認められる。すなわち、大勢からいうならば、西方文献に拠る西方の研究者たちは、この時代の歴史をユーラシア史の立場から眺めようとすることが多く、逆に漢文史料を主力とする東方文献に拠る東方の研究者は、おのずから中国史ないし東アジア史の立場から元朝（正確には後述するように大元ウルス）という特殊な政権とその支配を中心に究明しようとしてきた。こうした状況を一種の国際分業とみなすならば、世界のモンゴル時代史研究は、東西両群の研究者たちがそれぞれ得意とする言語文献に拠って棲みわけてきたともいえるかもしれない。ただし双方の立場と見解には、じつはそう簡単に接合・合体することはできないへだたりがある。

　ふりかえって、日本における研究は、モンゴル襲来についての関心もあり、随分と長い歴史がある。近代歴史学研究としても、那珂通世・桑原隲蔵・白鳥庫吉以来、ほぼ100年にわたって、漢文史料をおもな典拠とし、それを縦横に駆使して顕著な業績をあげてきた。数多くの研究者を擁する点、その成果も中華地域を中心とするアジア東方に傾いてはいるものの広汎・詳備である点で、世界屈指であるといえる。さらに近年では、本田實信という東西両文献群をつらぬいて扱う先達をえたうえ、その具体的な精華である『モンゴル時代史研究』（東京大学出版会、1991年）というまたとない指針をあたえられたこと、研究環境としてもここ30年来イスラーム研究が日本でも急展開して、かつてにくらべればペルシア語やアラビア語の文献史料への接近が困難ではなくなったことなどから、とくに若年層を中心にともかくも東西の文献群をある程度は扱える人が相当数あらわれてはいる。その点、いまでも欧米においては、どうしても東西どちらかを選ばざるをえず、またイスラーム圏の研究者はイスラーム文献の枠にとどまらざるをえないのとは事情が異なる。先述のように中国・韓国でも、東西両群を扱う人が出現しており、むしろ両群兼通は今後の日・中・韓三国の特徴のひとつとなる可能性さえありえる。

　ただし、東西両文献群をともどもに扱うことができたうえで、全体を押し眺めるという研究スタンスは、口でいうのは簡単だが、現実には大変困難な「茨の道」である。一個の人間のなかに、複数の文化体系・言語体系を併存させたうえで、その状態・能力を保持しつつ、たえず異種の文献史料をさまざまに博

捜して、その成果の全体をひとつの歴史像として立ちあげるという作業は、ただ複数の言語文献を読めるといったものとは、根本的に異なる難事といわなければならない。そのいっぽう、ここ十数年の間に中華人民共和国の改革・開放政策の継続とソ連の解体、東欧の民主化という事態がおこり、それを皮切りに国際情勢は大きく変化した。その結果、中華人民共和国からはさまざまなかたちで新史料が奔出しつづけ、旧ソ連圏においては史料の収集・閲覧の便が一気に開かれた。これは歴史研究の全体に影響する大変化であるが、とりわけモンゴル時代の研究においていちじるしい。モンゴル時代史という超広域サイズでの歴史の全体像を考えるうえで、長いあいだ阻害要因となってきた政治の壁、史料の壁、さらには心の壁は、ほぼ取りはずされたといえる。モンゴル時代史研究の新地平が眼前に開けつつある。状況としては、まさに、これからということもできるだろう。

とはいうものの、そうした新事態の結果、なかば当然のことではあるが、かえってある問題が浮上してくる。それは、程度の差はあれ、東西両方の文献群ともに厖大な新出史料の大波が押しよせて、モンゴル時代の各地域ごとに、それぞれ新しい史料状況に対応するだけでも容易ならない有様となったことである。具体的には、東方文献の雄たる漢文史料については、典籍文献における元刊本など良質のヴァージョンの大量出現もふくめて、新出の文集・類書のたぐいから厖大な碑刻史料や各種の文書文献などにいたるまで、筆者の感覚でいえばその総量はつい15年ほどまえにくらべてほぼ5割ほど増加した印象がある。既知の文献でも、たとえば従来は清刻本を利用するほかなかったものが、元刻本ないしその遺風をしばしば伝えている明刻本で眺められるようになった。これは、清朝での改字・改文の問題を克服するだけでなく、抬頭・改行などもあわせ、書物や文書を本来の姿のままで検討できる場合が随分とふえたことを意味する。「モノ」としての原物・原形というか、より「原典」的な史料研究ないしは文書学的な検討が展開可能となっている。また、これまでは数量がきわめて限られていたモンゴル語もしくは蒙漢合璧の命令文の原文書・碑刻をはじめとして、各種の非漢語文献・文書・碑刻の増量もいちじるしい。こうした東方文献の激変にくわえ、西方文献の主軸であるペルシア語史料についても、かつてにくらべれば閲覧や写真化など、アクセスの便がはるかに良化した。旧ソ

連圏の蒐蔵文献も、利用の道が開けた。その結果、これまた当然のことながら、ペルシア語史料について、より良質の写本にもとづく根本的な文献学的アプローチが厳しくもとめられるようになった。ひとつの文献についても、それにかかわる複数の写本をうち眺め、一語一字にいたるまで徹底照合のうえで利用することが当たりまえのこととなりつつある。

　おもしろいことに、モンゴル時代はユーラシアをつらぬいて、原刊本・原写本・原文書のレヴェルで文献研究の展開がはかりうる世界史上で最初の時代である。ひらたくいえば、文献を具体的な「モノ」としての側面からおさえることが十分に可能な条件下にある。いわゆる中国学における刊本学、イスラーム学・西洋学における写本学、さらには各地域ごとに独自の書誌学・文書学──それぞれの分野においてはその基礎的素養と技術とを修得・理解していなければ、文献研究者としては通用しがたいのは当然のことである。だが、それらすべてを一人の身をもってそれなりに身につけ、できるならばすべてを知悉するとなれば、これは異様なことといわざるをえない。だが、モンゴル時代史という領域横断型の構えをとるならば、それはなかば以上に不可欠のこととなる。

　ようするに、質と量の両面において、史料研究への負荷は従来よりはるかに重くなったといわざるをえない。東西をつらぬく研究スタンスの困難さは、むしろ一層はげしくなっているのである。現実面で考えれば、今後は以前にもまして東は東、西は西と、それぞれの文献群に専念するベクトルが強力になっていく可能性が高い。そのほうが着実で、かつ稔りが多いと判断する人が大多数でも仕方がないだろう。あふれるほどの史料の量、そして個々の史料研究にもとめられる高い質、この２点を勘案するならば、ふたたび東西ふたつの文献群への棲みわけ状態にむしろはっきりと回帰してゆくのが、あるいは今後の大勢かもしれない。ただし、その場合、東西いずれを選択するかは、かつてのような文明圏にもとづく集団選択ではなく、おそらくは個々人の資質・タイプにもとづくものとなるではあろうが。

序章　世界史の時代と研究の展望

5　モンゴル時代史研究における二重構造 もしくはふたつのまなざし

　では、そうした各種の要因が錯綜するなかで、モンゴル時代史という全体像を模索する道は、どのようでありうるか。
　アプローチの方法や分析の視角は、さまざまにありえる。だが、結局のところ最大のポイントとなるのは、ようするにモンゴル帝国という超広域の国家とそのシステムをまずは解明することである。ただし、モンゴル帝国は二段階で拡大・発展した。すなわち、前半は1206年のチンギス・カンのモンゴル高原の制覇と「大モンゴル国」（イェケ・モンゴル・ウルス Yeke mongγol ulus）の成立を皮切りに、人類史上で最大の陸上帝国として拡大した第四代の大カアン qa'an モンケ Möngke の治世までの時期、そして後半は1260年から5年間の帝位継承戦争をへてクビライ Qubilai が権力を握り、国号に「大元」の名をかぶせて「大元大モンゴル国」（ダイオン・イェケ・モンゴル・ウルス Dai-ŏn yeke mongγol ulus）と称し、みずからの政権は全モンゴルの宗主国となる一方、海上に進出してユーラシア大交流圏を形成し、モンゴル全体は陸と海でゆるやかにつながれた世界帝国もしくは世界連邦となりゆく時期――このふたつの状態がある。とくに1260年以降は、モンゴル帝国としての全体と大元ウルスという宗主国の二重構造になっていたわけである。
　つまり、当初の半世紀あまりについては一本化したかたちで展開するモンゴル帝国の形成過程を眺め、クビライ登場後は大元ウルスそのものとそれを中心に多元的構造となったモンゴル世界連邦全体をともどもに押し眺める必要がある。モンゴル帝国としての基本構造がまずどんなものであり、ついでその後の歴史展開がもたらした変容・偏差がいかなるものであったかを見つめることがもっとも肝要なことである。いいかえれば、時期としては大きくふたつの段階ごとに、モンゴル帝国として一貫する要素とそうでない部分とを克明に検討・分析することである。とりわけ、1260年以降については、大元ウルスとモンゴル世界帝国という二重構造のあり方にこそ研究・分析の要点があるに相違ない。そして、以上のことがらは、モンゴル帝国とその時代を考えるうえで、あらゆ

5　モンゴル時代史研究における二重構造もしくはふたつのまなざし

ることの基礎とも出発点ともなるものだろう。ところが、研究史のファースト・ステージはいうまでもなく、ほぼ2世紀にわたる近代歴史学としての歩みにおいても、このもっとも肝心で基本的な問題について、真正面からとりあげられることはほとんどないままに現在にいたっているといわざるをえない。

　それには、それなりの理由と背景がある。すでに述べたように、モンゴル時代史にかかわる原典文献史料は20数箇の言語にわたるが、なかでも質量ともにペルシア語史料と漢文史料が双璧の二大史料群である。だが、率直にいって、膨大な量のある漢文史料にモンゴル国家そのものについての直接の記述はきわめて乏しい。それはそれなりにモンゴルとその国家システムに触れているとおぼしき記述も、いわば外側から間接に眺めたものが多く、また個別の断片的な記事や特定の局面・話題についてのみ詳しいのがむしろ普通である。もちろん、クビライ以後の大元ウルスについては、漢文史料のもつ比重は大きいが、ではそうしたさまざまな記事をよりあわせて、国家・政権の全体像を再構成しようとしても、肝心のモンゴル支配層や他のモンゴル諸ウルスとの関係など、中核的な部分に関して埋めがたい史料上の空白が目につく。

　つまり、漢文史料を主軸とする東方文献だけでは、モンゴル帝国の全体像はもとより、大元ウルスの輪郭・実態を描くことさえきわめて困難なのである。史料としての量の多さの反面、記述の内容もしくは体質のうえで、モンゴル政権そのものの分析にはやや不向きな特徴が漢文史料の全般にわたってあることは否定しがたい。かたや、ペルシア語史料は、その対極にある。モンゴル政権はイラン系の人間を重用し、その結果ラシードゥッディーンの『集史』をはじめとするペルシア語史書にはモンゴルとその国家そのものに関する直接的な記事が豊富にしるされている。1260年以後の、それも東方情勢についてさえも、フレグ・ウルスでつくられたペルシア語史書はきわめて有用である。つまり、1260年以前についてはもちろん、クビライ以後に関しても、大局を把握するにはまずはペルシア語史書が語るデータを基本におき、そのうえで量の面では厖大で、個別の局面には詳細な漢文史料を重ねあわせてゆくやり方を採ることが必要となる。

　ところが、いわば当たりまえといっていいこうした研究の方法・スタンスを、真正面から採ることは長らく不可能であった。今かえりみて、言語の壁、史料

の壁、さらに文献解読におけるディスィプリンの壁は、じつに大きかったといわざるをえない。世界レヴェルでその壁をつきぬけた道を切り開いたのは、故・本田實信であった。その主著『モンゴル時代史研究』のもつ意味はきわめて大きい。逆説的ないい方になるが、厖大・多様な漢文文献を熟知したうえで適宜にそのデータを駆使できなければ、実はモンゴル帝国の全体像を描くのはむつかしい。反対に、モンゴル権力の根幹を述べるペルシア語史料を活用しなければ、東方の宗主国である大元ウルスの実像を十分に理解することはできない。さらにあえて別のいい方をするならば、モンゴル帝国の全体がわからなければ大元ウルスのあり方も見えてこないし、大元ウルスの実態がわからなければモンゴル帝国の全体像を再構成することはできないのである。歴史上における二重構造は、同時に研究における二重構造を不可避とする。かつはまた、東西における歴史展開を同時に押し眺めることは、東西の原典文献をともどもに扱うことを必須の前提とする。つまり、モンゴル帝国と大元ウルスの研究いずれにおいても、つねにふたつのまなざしが不可欠であるといわざるをえない。

6　本書のねらいと構成

　さて、本書において筆者が呈示しようとすることは、モンゴル帝国史もしくはモンゴル時代史の研究にとって、最低限度の柱とも骨格ともなるものである。そのささやかないくらかを、今後にむけての共通項としてともどもに保持したいと考える。呈示する内容は、歴史分析の結果と方法の両方にかかわる。すでに述べたように、モンゴル時代史の研究はそれだけにとどまらない人類史上で屈指の意義をもつ。それはモンゴル時代が客観の事実において世界史なるものの大きな画期であるだけでなく、よくもわるくも西欧中心に述作されてきた人類史のストーリーへのもっとも有効な見直し、もしくは再検討への糸口とも材料ともなるからである。21世紀のいま、わたくしたちは未知なる海へと乗り出そうとしている。地球化時代の人類に、定かな航海図はない。あるのは、現在にいたるまでの過去の歩みの経験とそれにもとづくさまざまな知恵だろう。人類の将来図は、過去の歴史への正確で率直な理解と洞察から生まれ出ずるもの

と考える。世界史への問いは、今こそもとめられる。重ねていうが、モンゴル時代はユーラシア世界史のひとつの頂点に位置する。その研究のもつ意味は当然ながらに大きいものがあるが、課題もまた山積している。モンゴル時代史の全貌解明への挑戦というはるかなる目標にむけて、ささやかな一歩を重ねてゆきたい。

　以上のような理解のもとに、本書ではモンゴル帝国と大元ウルスについて、もっとも基本的かつ根本的な問題をとりあげた。すなわち、モンゴル国家の基本構造、大元ウルスの出現による帝国の変容、世界帝国のかなめとなる首都と首都圏の問題、モンゴル帝国の全域で展開する諸王領の実態、モンゴル帝国史の東西展開上の鍵でありながら多くが闇につつまれていた中央アジア情勢、さらにモンゴル支配をつらぬく一大特徴であるモンゴル命令文をはじめ、モンゴル時代史をめぐる文献学研究にとって不可欠というべき碑刻・系譜・刊本・写本などについてのアプローチである。

　それらを検討・分析するさい、既述のように東西を眺めるまなざしは当然の前提であるが、その一方ですべての文献史料について、できるかぎりもとの状態で扱うよう努めた。ペルシア語史料であれば原写本、漢文史料であれば元刻本などの原刊本、碑刻史料であれば原石ないしは原拓本、そして数は多くないが屈指の重要さをもつモンゴル語史料であれば原文書・原拓本といった具合で。実のところ、こうしたすべて文字どおりの「原典」史料、いいかえれば「モノ」としてその実物から徹底把握するというやり方は、当該分野ではせいぜいここ10年ほどでようやく可能となりつつある。ペルシア語史料については、筆者はほぼ20年前より海外調査をおこない、各種の根本写本をマイクロ・フィルムの形で蒐集し、漢文史料については元刻本などを国内外からやはり写真・コピーの形で把握すべく努めてきた。また、碑刻史料・モンゴル語文書などに関しては中国などでの現地調査にて「発見」したものもふくめ、ひとまず現時点で望みうる限りの状況が手もとでほぼ実現しつつある。もとより、こうした史料蒐集には、十数年来の世界情勢の変化にともなう史料状況の劇的な好転の恩恵も大きい。本田實信が理想として追いもとめたすべての原典にもとづくモンゴル時代史研究は、じつはようやく今、実現化への一歩を踏みだそうとしているのである。とはいえ、東西の多言語原典史料による歴史研究は、いっぽうで精密

序章　世界史の時代と研究の展望

な言語的把握と、もういっぽうで堅牢な文献学的知見を不可欠のものとして要求する。そのうえで、歴史の全体像把握への強いこころざしとひろい視野・知見が必要である。これら三者を一体のものとしてすすみゆく道は、きわめて険しいものとならざるをえないが、それへむかっての牛歩をたゆみなくつづけるほかはないだろう。

　本書には、14篇の論考を集載する。かえりみて、筆者は、ここ10年あまり各種の通史・概説書を公刊し、モンゴル帝国や大元ウルスそしてモンゴル時代のユーラシアなどについて全体状況を呈示しつつ、かつは個々のテーマ・局面についても論及してきたが、それらのもとのもとにあるのは、本書におさめるこれらの論文であった。個々の文章については、筆者自身がその後さらなる展開をはかっているものも当然あるほか、他の関連研究者がこれらを起点とも転回点ともしつつ利用・応用・展開されているものも少なくない。いわばモンゴル帝国と大元ウルスの歴史を取り扱い、かつは考察するうえでの扉となる基礎作業のかたまりであり、それらのひとまずのとりまとめである。本書を編むにあたり、2004年という時点に立って、各論考を全面改訂することも考えた。たとえば、本書の第１章の原載論文は1978年に公刊したものである。それ以外の諸篇についても、むしろ筆者の論考が契機となって内外の研究や調査が進展したケースも少なくない。また、ここ十数年間の史料状況の激変によって、個々の関連データは増加している。しかしながら、逆に現在の知見で過去に溯って改訂することは、各論考が公刊のそのおりにもっていた意味と実寸を失わせ、あと知恵による壮飾過多の「つくりもの」を創作することにもなりかねない。むしろ、そのおりおりの拙論が、モンゴル時代史研究におけるひとつの道程というか里程標識の如き意味あいを帯びる面もあったことを考え、ほとんどそのままに呈示することのほうが適当であると判断した。そこで、余程の例外といくらかのやむなき微修正を除き、根本的にはほとんど改めなかった。余程の例外とは、本書の第１・２・３・６・７の各章において、根本史料として使っている『集史』をはじめとするペルシア語史料の多くを、各論考公刊後の海外調査で利用可能となった根本写本に切り換えたことである。それ以前は、西洋人史家による校訂本を利用していたのである。それを想うと、筆者についても日本についても正直に隔世の感がある。ちなみに、日本におけるモンゴル時代史研

究で今やふつうに利用されている『集史』イスタンブル本や『五分枝』をはじめとする根本写本は、1986年の筆者の海外調査をひとつのきっかけとして研究展開が急速にはかられる結果となった。ようするに、本書は筆者の25年の歩みの一端であるとともに、ある意味において日本の当該分野の展開の一面を映すものでもある。筆者は、本書を次なるステップへの足掛りとして、内外のこころざしをおなじくする幾多の研究者[12]とともに世界史上の画期たるモンゴル時代の全面解明へむかいたいと考える。

　本書を構成する4部14章のねらいを簡単にとりまとめると、次のようである。
　第1部は、モンゴル帝国史のすべての原点となるチンギス・カン王国の国家構造、およびクビライによる大元ウルスの成立とそれにともなうモンゴル帝国の変容という政治史上で最重要のふたつの問題を扱う。第1章は、チンギス・カンの王国成立期におこなわれた諸子・諸弟への分封をとりあげ、それが左翼（東方）に諸弟3ウルス、右翼（西方）に諸子の3ウルスという東西均衡の配置をとったものであったことを明らかにするとともに、両者の間にあったチンギス直轄の中央ウルスとあわせた全体が草創期のチンギス・カン王国を構成し、この3極構造がのちのモンゴル帝国のすべての原像となったこと、そしてこのことを基礎において考えない限り、のちの大元ウルスをはじめ、ジョチ・ウルス、フレグ・ウルス、チャガタイ・ウルスの展開やその国家構造もわからないことを述べる。さらに、じつはこのかたちは、匈奴国家以来、ながらくユーラシアに展開した遊牧系の諸国家に共通の基本パターンであって、むしろここで判明したモンゴル国家のあり方をもって古今東西の類似の国家を眺め渡すことが可能となる。また、直接にはモンゴル帝国以後のユーラシアに並立した諸帝国の構造分析にも有効な視座となるものである。第2章は、1260年に始まるクビライとアリク・ブケの帝位継承戦争の実態を兄の皇帝モンケ時代からの葛藤にまでさかのぼって分析し、最終の勝利者となったクビライは実は叛乱者にちかいものであって、左翼（東方）三王家を中心とする東方勢力の支持のもとに成立したクビライの政権＝大元ウルスは、モンゴル帝国としては東に重心の傾いたものであり、これ以後のモンゴル帝国は大元ウルスを宗主国とするゆるやかな多元複合の世界連邦に移りゆかざるをえなかったことを述べる。この結論と観点は、従来のモンゴル帝国史研究には全くなかったものであった。モンゴ

序章　世界史の時代と研究の展望

ル帝国史の展開上、もっとも大きな画期となる変動とその後のあり方について、この論考以前は大きく誤っていたといわざるをえない。なお、今でも時おり従来型の理解でモンゴル帝国史を叙述する例が見られるが、それは実証レヴェルでまことに根拠のない中華王朝史観の残影といわざるをえない。なお、クビライ派の勝利とそれによる大元ウルスの成立、そしてモンゴル帝国の変容が、結果として現在に直結する巨大な中華を生み出す直接の転回点になったことは見逃せない。

　第２部では、その大元ウルスについて、権力中枢たる首都と首都圏を分析し、あわせてモンゴル帝国と大元ウルスをつらぬいて顕著な現象であるモンゴル諸王たちの分領支配の問題を考える。まず第３章では、現在の北京の直接の前身である大都がいかなる経緯で造営され、それはクビライの新国家建設事業のなかでどのような意味をもったのか、そして結果として大都はいかなる機能を有する都市となったのかなど、モンゴル型の「首都圏」とのからみのなかで巨大帝都たる大都をめぐる諸問題を多角的に検討する。ついで、第４章では、その大都とそこを中心とする「首都圏」との関連で、夏の都である上都と冬の都の大都をつなぐ居庸関一帯がどのような機能をはたしたのか、『元典章』にしるされる具体的な案件の解読を通じて分析する。筆者は仕事のひとつとして『元典章』の訳注をすすめつつあるが、この論考はその成果の一端でもある。第５章においては、かつて日本・中国・欧米の史家の間で激しい議論のあった「投下」および「投下領」の問題がさしたる実りのないまま終了していることを踏まえ、その原因は結局、モンゴル諸王領についての具体的で確実な実例がじつはひとつも呈示されていないためであるとして、ジョチ・カサル王家の所領展開をバブシャ大王の令旨の分析を通じて再構成する。率直にいって、さまざまな「投下領」の全般的な把握は過去・現在ともに内外でなされているが、筆者個人はその作業を1980年にひとまず終了し（ただし未公刊）、それを踏まえて確実な具体像の呈示こそ、より有益で歴史上も意味が深いと判断した。モンゴリア・華北・江南をつらぬいたカサル王家の分領支配の実態は、大元ウルス治下のみならず、モンゴル帝国全域におけるモンゴル王族による分有支配という大問題解明への確実な定点となるものであろう。

　第３部は、これまでモンゴル帝国史の研究上もっとも謎とされてきたチャガ

タイ・ウルスと中央アジア情勢について、チュベイ王家およびその"ウルス"の存在という従来まったく気づかれていなかった新見解を呈示する。すなわち、第6章においては、ティムール朝で編纂されたペルシア語による系譜集『ムーイッズル・アンサーブ（高貴系譜）』をもとに、元明時代の典籍・碑刻・文書などのさまざまな漢文史料とつきあわせ、複数に枝分れした各王統とそれに属する各個人ごとの徹底的な分析・把握をおこない、チャガタイ系チュベイ王家の存在とそれが明代ハミ王家につながることを指摘する。ちなみに、その副産物として敦煌莫高窟の掉尾を飾る有名な二つの碑刻が、じつはチュベイ系の一王家によるものであり、莫高窟はその王家のもとで最後の重修がおこなわれて、現在わたくしたちはそれを目にしていることも判明した。ついで、第7章ではそれを踏まえ、モンゴル時代の初期にまで溯ってチュベイ王家成立の由来を検討し、じつは13世紀末からチャガタイ一門は東のチュベイ家と西のドゥア家のふたつが分立していたことを明らかにする。従来、チャガタイ・ウルスについては、1320年から1340年にいたるいずれかの時点でパミールをはさんで東西分裂したという名高い大テーゼがバルトリド以来くりかえされてきたが、じつはそれどころではなく、すでに13世紀末の時点で、より根本的な「東西分立」があったのであった。チュベイ家の当主は、みずからの地位を「チャガタイの金位」と称する。1306〜08年ころのドゥア家の権力掌握をもって、中央アジアにおける「チャガタイ・ウルス」の成立とする見方は誤りではないが、それと同時にもうひとつの「チャガタイ・ウルス」も天山東部から甘粛にかけて出現していたのである。さらに、以上の2論考を踏まえつつ、第8章ではフレグ・ウルスでつくられたペルシア語の歴史書『オルジェイト史』にしるされる中央アジア情勢の記事をとりあげ、それに徹底的な歴史・言語・文献学的分析をほどこし、1314年前後における大元ウルス西境の実態、すなわち甘粛のチュベイ家を先頭とする大元ウルス側と天山方面に拠るドゥア家のいわゆるチャガタイ・ウルス側との展開・配置のありさまを解明・呈示する。東方のチュベイ一門も、『集史』『オルジェイト史』ともに12万と称する大兵団を擁しており、ドゥア一門とそう大きくは遜色がないばかりか、バルトリドのいう「東西分裂」がおきたのちは、中央アジアに東からチュベイ家、モグーリスターン王国、そしてやがてティムール朝となるマー・ワラー・アンナフルのチャガタイ家西方部分が

序章　世界史の時代と研究の展望

並び立つかたちとなったことになる。

　最後に第4部においては、モンゴル時代史研究に不可欠の文献学研究として、モンゴル命令文、碑刻研究、モンゴル王族の系譜分析、清刻本による元代漢文史料の利用法、そしてペルシア語史書古写本の把握という五つの局面をとりあげて、個々の具体的な歴史検討とからませつつ述べる。まず第9・10章は、従来はおもに言語学者の研究対象にとどまりがちであったモンゴル命令文をモンゴル帝国の歴史分析における最重要史料のひとつとして見直し活用するねらいから、モンゴル命令文の全体像とその利用法を述べ、具体的な蒙漢合璧命令文の2件を初めて紹介・解読する。モンゴル命令文は、モンゴル時代の大元ウルスや各ウルスの分析にさまざまなかたちで利用できるだけでなく、完全対訳された諸言語との稀有の根本資料ともなる。つまり、それ自体が多言語辞書の意味をもつ。そればかりか、モンゴル時代に確立されたモンゴル命令文のシステムは、つづくポスト・モンゴル時代の諸帝国・諸国家にひきつがれて、ユーラシアにおける外交文書・国際関係のあり方にも濃密に影響した。ヨーロッパがヴェストファーレン条約以降の状況をとらえて、そうしたことは他の地域にはなかったとするのははたしてどうか。この点は、筆者は今後のモンゴル命令文研究のなかで明確にしてゆくつもりだが、ここでの2件の蒙漢合璧命令文は、その糸口と示唆を筆者に与えてくれたものである。第11章は、モンゴル語命令文の漢訳体として、いわゆるモンゴル語直訳体白話風漢文がクビライ政権下で成立する以前に、前期直訳体とでもいうべきものが存在していたことを、西安の西郊、草堂寺に現存するオゴデイ系コデン太子の令旨碑をもとに呈示する。これは同時にモンゴル命令文研究の一環をなすとともに、これまで重要視されながら謎の多かったコデン王家の歴史分析への重要な手掛りともなる。ついで第12章においては、そのコデン王家の系譜と血統について、西のペルシア語の歴史書・系譜集と東の石刻史料を活用して、現在可能な限りの再構成をはかったもの。モンゴル帝国史において、政治史の展開上で鍵となる存在であるだけでなく、旧西夏国やウイグル王家、さらにはティベット支配ともかかわるコデン家について、全面解明への確実な一歩を提供するとともに、碑刻研究・系譜分析のふたつの面における実例呈示の意味もこめている。また、別のいい方をするならば、今やモンゴル時代史の研究は、利用しうる限りの多言語のさまざ

まな原物史料を駆使して歴史の再構成に挑戦するのが当然の時期にきている。第13章は、清朝での四庫全書本しか伝わらない元代漢文史料『廟学典礼』に記載される元代儒者にかかわる重要命令文をとりあげ、改字・改文という障害をはねのけて元代文献としていかに読みかえ読みこんでゆくか、その具体例を示すとともに、歴史的には高智耀という西夏人にしてモンゴル支配の諸面にかかわった重要人物の実像を解明する。この論文もまた、一面でモンゴル命令文研究の性格も兼備し、別の面ではコデン家による河西支配・ティベット問題ともかかわるものである。末尾の第14章は、モンゴル時代ペルシア語史書古写本の多くが蔵せられるトルコ共和国イスタンブルのうち、とくにヌール・オスマニィェに伝存するNo.3721写本の重要性を指摘する。筆者のペルシア語史書古写本調査の一端である。こうした作業は、研究の基礎固めのためにも今後もたゆみなくつづけたい。第4部は以上の6篇をもって、モンゴル時代史研究には、いかに原典・実物による把握が不可欠であり、またそれがいかに有効であるかを示すものである。同時に、それぞれの文章が今後の大きな研究展開への扉を開くものとなるならば、まことに幸いである。

　なお、全14章の注記は、あえてスタイルの統一をはからず、巻末に一括統合する方式も採らなかった。各論考は、しばしば論文としてのねらいや構成が相互に全く異なる場合があり、それぞれにふさわしい注記のあり方を採らざるをえなかったためである。この点、なにとぞ御了解いただきたい。また、9〜12章においては、碑刻からの漢字の文字おこしの場合と関連する漢文原典からの引用・引拠に限って、旧漢字を使用した。さらに、当初は巻末にモンゴル時代研究にかかわる書目を挙げようかとも考えたが、結局は見送った。ひとつには本田實信『モンゴル時代史研究』で、それなりのものがすでに提供されており、しかもそのデータ作成には多分に筆者がかかわっていること、また近年は情報検索がすこぶる便利となり、現時点で新規のものがはたして必要か疑問であること、その2点の判断にもとづく。

　本篇の計14章に先立ち、32頁にわたる口絵を掲げた。カラー写真11頁のうち、『集史』パリ本の挿絵を4頁、『混一疆理歴代国都之図』に関連して6頁をあてる。『集史』パリ本の挿絵は、史料としてもっと有効利用したい。また、『混一疆理歴代国都之図』は、ともかくもモンゴルとその時代がもたらした大地平を

序章　世界史の時代と研究の展望

端的に示してくれる。人類史上の大きな画期が、そこに訪れていたことを否応なく物語る。のこるカラー1頁は、有名なチンギス・カンの聖旨牌である。モンゴル時代のジャムチの存在はまことによく知られてはいるが、その実、システム全体から具体的な運用の仕方にいたるまでほとんど究明されていないのが実情である。モンゴル時代史には、既知と未知のさまざまな課題がふんだんにのこされていることの象徴として掲げた。のこる21頁は白黒写真であり、本篇各論にかかわる『集史』『五分枝』『ムーイッズ』および2件の碑刻、そしてモンゴル族祖伝承に名高い蒼き狼とアラン・ゴアの図である。筆者がこの分野にこころざしたころ、こうした生(なま)の史料を直接に扱って歴史研究をすることははるかに遠く感じられた。時代は、いまや既存の領域をこえたチャレンジを誘ってくれているかのようである。広域の歴史研究は、そして世界史への挑戦は、これからなのだろう。

　本書の刊行にあたっては、日本学術振興会から平成十五年度科学研究費補助金（研究成果公開促進費）の交付を受けた。関係各位に深甚の感謝とともに御礼申し上げたい。

原載論文初出一覧

第1章　モンゴル帝国の原像――チンギス・カンの一族分封をめぐって、『東洋史研究』37―1、1978年。

第2章　クビライ政権と東方三王家――鄂州の役前後再論、『東方学報』54、1982年。

第3章　クビライと大都、『中国近世の都市と文化』京都大学人文科学研究所研究班報告書、1984年。

第4章　大都と上都の間――居庸南北口をめぐる小事件より、『中国歴代王朝の都市管理に関する総合的研究』科学研究費補助金研究成果報告書（代表；礪波護）、1999年。

第5章　八不沙大王の令旨碑より、『東洋史研究』52-3、1993年。

第6章　闊王チュベイとその系譜――元明史料と『ムイッズル-アンサーブ』の比較を通じて、『史林』 65-1、1982年。

第7章　ふたつのチャガタイ家、『明清時代の政治と社会』京都大学人文科学研究所研究班報告書、1983年。

第 8 章　西暦1314年前後大元ウルス西境をめぐる小札記、『西南アジア研究』27、1987年。
第 9 章　元代蒙漢合璧命令文の研究（一）、『内陸アジア言語の研究』Ⅴ、1990年。
第10章　元代蒙漢合璧命令文の研究（二）、『内陸アジア言語の研究』Ⅵ、1991年。
第11章　草堂寺闊端太子令旨碑の訳注、『史窓』47、1990年。
第12章　東西文献によるコデン王家の系譜、『史窓』48、1991年。
第13章　西夏人儒者高智耀の実像、『清朝治下の民族問題と国際関係』科学研究費補助金研究成果報告書（代表：河内良弘）、1991年。
第14章　イスタンブールのヌール＝オスマニィェ所蔵No.3721ペルシア語古写本、『史窓』46、1989年。

注——————————————

1)「日本におけるモンゴル時代史研究」『中国史学』1、1991年。"New Developments in Mongol Studies: A Brief and Selective Overview", *Journal of Sung-Yuan Studies* 26, 1996.「モンゴル時代史研究の現状と課題」『宋元時代史の基本問題』汲古書院、1996年。「日本における遼金元時代史研究」『中国——社会と文化』12、1997年。および以上をひとまずとりまとめたかたちでの『世界史を変貌させたモンゴル—時代史のデッサン』角川書店、2000年の第三章「モンゴル時代史の研究——過去・現在・将来」。

2) ちなみに、日本列島や東南アジア・南アジア、さらにヨーロッパにおいては、それぞれそのありようは異なるものの、結果としてじつはモンゴル時代の影響を多面で被りながらも、みずからはそれとして意識的にモンゴル時代のことがらそのものを考察・分析・回顧するということは稀であった。ただし、日本にあっては、モンゴル時代に相当する鎌倉時代から南北朝・室町前期にかけて、大陸から直接に導入された朱子学・禅文化・芸能・風習などの日本化といわゆる神国思想の発生などをへて、江戸時代に入り国学の展開とも連動しつつ国家意識の表現・発露としてモンゴル襲来が論じられるようになった。「元寇」の語が生まれ、やがてロシアの南下と蝦夷地問題にはじまるさまざまな「外圧」のなかで、世界と日本、ないし世界のなかの日本を考えざるをえないときに、モンゴル襲来の記憶が特別なイメージと価値観をもって語られることとなった。

3) 清朝考証学の祖とされる顧炎武は、ややエクセントリクなほどにモンゴル時代を嫌った。彼の感情の凄まじさは、しばしばほほえましい論難の文章を生んだ。それは、あきらかに清朝への嫌悪を背景にしている。顧炎武の反元、その実の反清の闡明が、清朝考証学の前半におけるひとつの体質となった。

序章　世界史の時代と研究の展望

4）モンゴル時代に原本がつくられたと考えられる『五分枝』Šuʻab-i Panǧgāna のモンゴルの項と、ティムール朝シャー・ルフ治下でつくられ、のち補遺された『高貴系譜』Muʻizz al-Ansāb のモンゴルの部分とをひきくらべてみると、後者の充実ぶりはあざやかである。なおここでいう『高貴系譜』はティムール朝自身に関しては、もっとも良質で原本に近いとおもわれるパリのフランス国立図書館所蔵の写本（いわゆるパリ本）にもとづく。ムガル朝での改変・追加を問題にする場合は、他の3種の写本が意味をもつ。

5）これについての代表的な先行研究としては John E. Woods, "The Rize of Tīmūrid Historiography", *Journal of Near Eastern Studies,* 46-2, 1987.

6）たとえばジョチ家の人名が大量にしるされている *Tavārīḫ-i Guzīda Nusrat-nāma*（MS: BL, Or. 3222）はきわめて注目に値する。

7）杉山正明「チンギス・カンのイメージ形成──時をこえた権威と神聖化への道程」『天皇と王権を考える9　生活世界とフォークロア』岩波書店、2003年。

8）小野浩「メフメトⅡ世の『ヤルリグ』──バシュケントの戦いに関する一史料」『京都橘女子大学研究紀要』26、2000年。

9）David Morgan, *The Mongols,* Oxford, Blackwell 1986, p. 27.（杉山正明・大島淳子訳『モンゴル帝国の歴史』角川書店、1993年、269頁）

10）『世界史を変貌させたモンゴル』第三章のうち、155-159頁。

11）たとえば、志茂碩敏をはじめとする年齢・世代の異なる多彩な研究者たちが、さまざまな角度と関心から研究を展開している。

12）韓国の金浩東とそのスクールは、大きな可能性をもつ。

第 1 部　モンゴル帝国の原像と変容

第1章

モンゴル帝国の原像
—— チンギス・カン王国の出現

はじめに

　13世紀初頭、モンゴリアを征覇したチンギス・カン Činggis-qan は、麾下の全遊牧民を総計95の千人隊集団に再編成し、その一部を「黄金の氏族」Altan uruq と称する自分の一族に分与した。長子ジョチ Joči、次子チャガタイ Čaɣatai、第三子オゴデイ Ögödei ら諸皇子は、カンみずからが統べる「中央ウルス」Qol-un ulus の西方に、次弟ジョチ・カサル Joči-Qasar、第三弟カチウン Qači'un（分封当時、彼はすでに他界していた）の嗣子アルチダイ Alčidai（もしくはイルチダイ Ilčidai）、末弟テムゲ・オッチギン Temüge-Otčigin ら諸皇弟は東方に、それぞれ若干の千人隊を与えられて、ウルス ulus を形成した。これらの人物を創祖とする一族諸ウルスは、以後のモンゴルの爆発的な膨脹・拡大の一翼をにないながら、大カアン qa'an の統令下にひとつの巨大な政治的連合体を構成することになる。いわゆるモンゴル帝国なるものは、こうしたチンギス・カン一族による分有支配の総体にほかならず、その淵源は草創期の一族分封に溯る。
　このチンギス・カンの一族分封・遊牧ウルスの形成については、古くウラジーミルツォフ、あるいは日本の箭内亙をはじめとして、これまでに幾人かの

はじめに

先学が研究しており、通史・概説書などの類をも含めれば、論及は内外かなりの数にのぼる[1]。しかしながら、分封の時期をはじめ、賜与された部民の数、遊牧地の所在、などといった具体的内容にいたるまで、じつは多く未解決のままであり、肝心の受封者の顔触れでさえ、研究者によってまちまちで定かとはいいがたい。モンゴル帝国史の展開上、いわば出発点に位置するであろうこの基礎的問題に関して、これまで確たる定論はない、といってよいとおもわれる。

そこで、チンギス・カンの一族分封をめぐる一連の問題をできる限りトータルな形で検討し、筆者の見解を呈示してみたい。なお、論をすすめるにあたり、注意したいのは次の問題である。

分封後に誕生した、かの数箇のウルスのうち、弟たちは東方に、子どもたちは西方に配置された。そのため、以後それにちなんで、前者は「左翼」J̌e'ün γar、すなわち東方の諸王、後者は「右翼」Bara'un γar、すなわち西方の諸王、と並び称せられた。ところが従来、東方の諸弟ウルスの存在は研究者の関心を喚起することがきわめて少なく、帝国史の展開を語るさいにも、もっぱら西方の諸子ウルスのみに重きが置かれるのが常であった[2]。

しかし、こうした両者のはなはだしい落差は、どれほど事実を反映しているものであろうか。もし、あまりにも西方諸子ウルスのみに力点が傾いた従来のあり方が、いくらかでもとらえなおされるものならば、われわれのイメージのなかにあるモンゴル帝国の姿も、おのずから別の相貌を帯びて立ちあらわれてくることであろう。

はたして、東方の諸弟ウルスは本源的に西方の諸子ウルスよりも劣位にあったのだろうか。またもし、両者の間に事実、落差があったとするならば、それは如何なるものであり、また何に由来するのか。——それらに答えるためには、モンゴルの国家草創の時、つまりチンギス・カンの一族分封、にまで溯って、左右両翼ウルスが如何なる立場・力関係にあったのか探っていかねばなるまい。それはまた、モンゴル帝国の原点を求めることにもなるであろう。

第1章　モンゴル帝国の原像

1　分封なるもの

　従来、分封はどうとらえられているか。もとより、定論はないのだが、ここでは、分封の経緯のあらましと問題点の呈示とを兼ねて、便宜上、もっとも代表的な見解とおぼしき佐口透の所説に拠りつつ[3]、従来の見解のおおよそをまとめてみると、次のようである。
　西暦1206年春、オノン河畔に即位の式を挙げたチンギス・カンは、まず新王国の政治・社会・軍事の基盤となる軍事行政組織、いわゆる千戸制を樹立した（なお、これまで便利な歴史用語として「千戸制」の語を慣用してきたが、これは中華式の「戸」の概念を前提としており、「人」を基礎単位とする遊牧民については適切な表現とはいいがたい。あくまで千人隊制度と呼ぶべきものだろう）。ついで、彼自身の絶対権力の拠りどころとなる宮廷機構（オルド）の整備に努め、彼と麾下の領袖たちとの結びつきを人的に具現化した親衛隊組織、いわゆるケシクテイ kešigtei を設置した。かくて、誕生間もないモンゴル遊牧国家の基礎をすえたのち、一族の分封に着手した。おそらく、それは1211年に始まる金国への大侵入に先立つ時期のことで、諸子弟および生母ホエルン Hö'elün に対し、それぞれ一箇から数箇の千人隊集団から成る遊牧所領民を分与した。また遊牧所領地として、王国の中心的政治基地と見なされるモンゴリア本土を除く、周辺の草原地帯を彼らに授けた。ここに、カンが直轄する中央ウルスとはひとまず別箇の、一族おのおのが個別的に支配する、いわゆるウルスが誕生することになった。ただこの時、遊牧地の分配は、チンギス・カンの四人の弟たち、すなわち同母弟カサル、カチウン、オッチギン、異母弟ベルグテイ Belgütei に対してのみおこなわれ、彼らはオノン・ケルレン両河地帯から東モンゴリア一帯にかけて配置された。一方、四人の子には部民の賜与のみおこなわれ、遊牧地の分配は実施されなかった。なぜなら、末子トルイ Tolui を除く、のこりの三人の子の所領は、やがて挙行さるべき遠征の結果、新たに王国の版図に加わるであろうトルキスタン以西の地において、あてがわれることになっていたからで、彼ら三子のウルス

30

は1219-24年の西方遠征の過程にしたがって、形成されていったのである——。

さて、上記では直接言及しなかったが、これにはなお幾つかの確定しがたい問題点、つまり分封の実施はいつか定かでなく、見方によって数種の可能性がありえること、受封者の顔触れが、あるいは四弟・四子といい、あるいは四弟・三子といい、はなはだ曖昧であること、などが含まれていることに留意したい。

しかし、それらはひとまずさておき、今もっとも問題としたいのは、遊牧ウルスの形成において、最大の眼目であるべき遊牧部民の分与と遊牧地の設定とが、上記では別のこととして扱われていることである。本来、この二つは、両者そろってはじめて意味をもつ、一対のものである。はたして切り離すことができるものかどうか。もしかりに上記に従って、分民においては諸子弟すべて同時であったが、分地においては諸子のみ後回しにされたとしよう。諸弟の場合はよい。問題は諸子の場合である。彼らは、分民後、配属された遊牧部民をかかえこんで、分地までの数年間、確たる遊牧地をもたぬまま、他の諸集団のあいだをさすらっていたことになってしまうであろう。

しかし、こうした事態は実際上、ほとんどありうべくもなかった。たしかに、遊牧生活を営むうえで、土地は定着農耕社会がもつような第一義的意味をかならずしももたない。したがって、当然のことながら、ウルス形成上でも土地的側面のもつ意義は、人的側面にくらべてともすれば小さく、かつ希薄ではあったろう——事実、「ウルス」という言葉それ自体、本来は人々の集団を指しているように。しかし、とはいうものの、なお、遊牧地の裏付けをまったくもたない遊牧集団というものも、また考えられはしないのも事実なのである。遊牧生活といえども、土地から絶縁しては成り立たない。冬には、積雪の少ない比較的に温暖な山の南麓や河谷に一定の越冬キャンプ（冬営地。いわゆるテュルク語のキシュラク qïšlaq）を設営して冬を凌ぎ、夏には、広々とした草原（夏営地。いわゆるヤイラク yaylaq）に散開し、家畜を放って牧畜生産にたずさわる。遊牧集団にはそれぞれ固有の、こうした冬営地・夏営地があり、その間の移動経路もほぼ一定しているのが、モンゴリアのみならず、ユーラシアの草原地域における常態というか、普通のことである。

ところで、モンゴリアとその周辺には、かならずしも良好な牧地ばかりがあ

るのではない。好適な牧地の領有支配をめぐって、古来より、この高原に興亡した遊牧諸勢力のあいだで、幾多の激闘が繰りかえされたのは、周知のことである。時に、モンゴリアに割拠する部族集団間の角逐状態を平定して、いまや新秩序を打ち立てんとしていたチンギス・カンであった。その彼にとって、麾下の全遊牧集団に対し、おおよその遊牧移動圏（ヌトゥク、あるいはヌントクnutuγ～nuntuγ）を指定し、牧地の所有・使用をめぐる確執を未然に防止することは、国造りの要諦であったはずである。それはまた、当然ながら彼に期待され、課せられた責務でもあったであろう。すでにこの一族分封に先立って、千人隊制を根幹とする遊牧国家の骨組みをあらかたつくりおえていた、ほかならぬその彼が、仕上げ作業にあたる一族分封にさいして、たとえそれが一時期にすぎないこととはいえ、遊牧地をもたない、いわば根無し草のような存在をみずからの手でつくり出すであろうか。一族分封を、千人隊集団の編成に始まる一連の施策と同一線上においてとらえようとする限り、諸子の場合も諸弟の場合と同様、分民に並行して分地もおこなわれた、と考えるほうが自然であり、無理なく理解できるようにおもわれるのだが。

　諸子の分封に関して、従来前述のような見解がとられてきたのは、もとより理由がなかったわけではない。普通、ジョチ・ウルス、チャガタイ・ウルス、オゴデイ・ウルスの所領といえば、誰しも連想するのは、イルティシュ河以西～キプチャク草原、イリ渓谷～マー・ワラー・アンナフル、タルバガタイ～エミル河流域、といった地域である。これらの広大な地域は、いま問題としているチンギス・カン時代の初期においては、いまだモンゴルの版図の彼方にあって、モンゴルの支配が及ぶようになるのは、1219年から始まる西方遠征以降のことだからである。諸子の所領地を上述の方面にのみ固定してしまうならば、結局、従来のような見解に落ち着いてしまうのも、またやむをえないものかもしれない。しかし、分民・分地を切り離すという苦しい解釈をあえてしてまで、これらの諸地域にとらわれる必要はあるまい。西征以前における諸子の分封そのものを否定する材料はないのだから。

　ようするに、諸子については、著名な前述の諸地域とはおのずから別箇の「初封地」があった、ということになるわけである。そこで、その所在を尋ね

出し、この予想を裏づける必要があろうが、この検討はひとまず後にあずけて、ここではまず一族分封を考える前提として、諸子・諸弟いずれの場合も分地・分民は同時であった、とだけ定めておきたい。

2　分封の時期

　では、分封はいつおこなわれたのか。一応のめやすとしては、チンギス・カンが即位した1206年あたりか、あるいは1211年から始まる金国遠征のころ、または1219-24年の西方遠征の直前か直後、といったところであろう。しかし、どの文献にも明確な年次は示されておらず、これといった確かな決め手は見当らない。したがって、断定はしかねるのだが、
かつて佐口が指摘したように[4]、

> チンギス・カハンには聖旨を下され、「母上にも王子たちにも、弟らにも国民を分かちてやろうぞ」[5]

とした時期は、ほぼ1207-11年のことと考えてあやまりないようである。
　『元朝秘史』によれば「兎の年」、すなわち1207年丁卯のこと、チンギス・カンは長子ジョチをつかわして、当時のモンゴル王国の北陲、バイカル湖西方にあって蠢動していたオイラト、キルギズなどの森林狩猟民を討たしめ、後顧の憂いなきを期した。『秘史』では、この記事の直後に、上に引いた一節に始まる一族への分民のくだりが語られている。チンギス・カンの即位が1206年、その後、千人隊集団の編成が、ひとしきりつづいたとして、『秘史』が分封を1207年以降に置いているのはうなづける。
　次に下限1211年について。現行『元朝秘史』一二巻本のうち、正集一〇巻は、分民の記事につづいて、シャーマン、テブ・テンゲリ Teb-Tenggeri の有名な叛逆未遂事件——チンギス・カンが神聖的権威を完全に屈服させ、モンゴル部内における自己の政治権力を最終的に確固たるものにした事件。即位以来つづいた内治の時期も、これをもってひとまず終了する——を語って完結する。続

集二巻に入ると、まったく趣きが変わり、周辺地域への怒涛のような進撃の数々が矢継ぎ早に語られる。その劈頭の遠征行が金国遠征で、この時モンゴル軍が漠北を旅立ったのは、「羊の年」(辛未)、1211年春3月のことであった。

連年四次にわたるこの遠征には、新興モンゴル王国のほとんど全勢力が参加し、本格の軍事行動となった第二次・第三次の侵入では、ほぼ華北全域を蹂躙した。そのさい、全モンゴル軍は次のように、三つの軍団にわかれていた——チンギス・カンおよび末子トルイは中央軍団を率い、それをはさんで、東にカサル以下の諸弟を主軸とする左翼軍団、西にジョチ・チャガタイ・オゴデイの三人の子が共同指揮する右翼軍団という具合に[6]。遊牧国家というものが、本質的に戦争——ないし戦争による戦利品の獲得——をひとつの重要な存立基盤としている以上、その国家体制とは、つきつめれば軍事組織である。とりわけ、こうした国を挙げておこなう軍事行動の場合、その軍隊編成にこそ、端的に国家の枠組みはあらわれるものであろう。ここに見られる左翼・中央・右翼という大区分は、戦時・平時を問わず、つねにモンゴル遊牧国家の基本的な枠組みとなるもので、以後もずっと踏襲されている。カン=中央、諸弟=左翼、諸子=右翼という構図が見事に示されているからには、金国遠征に出立する1211年以前、すでに分封事業は完了していたと見てさしつかえないであろう。つまり、分封の実施は、上限が1207年、下限は1211年春、その間ほぼ3年間のいずれかの年、となるわけである。

3 分民の内容

諸子弟および生母ホエルンに対する部民の分与については、『秘史』とラシードゥッディーン Rašīd al-Dīn の『集史』 *Ğāmi' al-Tavārīḥ* とに詳細な記載が見える。その内容を表に示す (表1-1)[7]。

なお、『秘史』が1207-11年の分民を直接に叙述しているのに対して、ラシードの『集史』はチンギス・カン他界 (1227年) ののち、一族諸子弟に伝えられた軍隊の記述であって、時間的に、あきらかに『秘史』の記載内容が『集史』

3 分民の内容

表1 分民内容

		秘　　　史		集　　　史	
母・弟	母・訶額赤斤 　17. 古出　　18. 闊闊出 　19. 蓄児合孫　33. 種賽		10,000	オッチギン	5,000
				オルン・エケ	3,000
	合撒児 　　　　　↓ 　44. 者卜客		4,000 1,400	ジョチ・カサルの三子 イェグ、トク、イェスンゲ	1,000
	阿勒赤歹 　58. 察兀児孩		2,000	アルチダイ（イルチダイ）	3,000
	別勒古台		1,500	───	
		合　計	14,900	合　計	12,000
子	拙　赤 　7. 忽難　39. 蒙客兀児 　50. 客帖		9,000	ジョチ	4,000
	察阿歹 　29. 合喇察児　37. 蒙客 　66. 亦多忽歹　30. 闊客朔思		8,000	チャガタイ	4,000
	斡歌歹 　5. 亦魯格　11. 迭該		5,000	オゴデイ	4,000
	拖　雷 　23. 哲歹　35. 巴剌		5,000		
	───			コルゲン	4,000
		合　計	27,000	合　計	16,000

＊『秘史』の項で，番号すなわち千人隊長の順位を付している人物は，「王傅」に任命されたというものたちである。

のそれに先行することは注意を要する。

　ところが、表から明らかなように、両史料の伝えるところには、かなり大きな喰い違いが見られる。たとえば、異母弟ベルグテイは、『秘史』にあって、『集史』に見えず、逆に庶子コルゲン Kölgen は『集史』にあって、『秘史』に見えない。また、末子トルイは、『集史』によれば、チンギス・カンの軍隊、総勢129,000人（129の千人隊 hazāra の意。以下同様）のうち、諸子弟への分与分28,000人を除く、101,000人を父の遺産として継承したというが、『秘史』では他の諸子弟と同列に扱われ、5,000の部民を与えられたことになっている。の

第1章　モンゴル帝国の原像

こる三弟・三子と母ホエルンとは、どちらの史料にもその名が見出せるものの、分民の数はかなり喰い違っている。

『秘史』の史料価値、なかんずく年代記としての側面に対して疑念が提出されているとはいえ[8]、ともかくこの両史料はいずれも分民の詳細を伝える根本史料である。両者の記載を適宜取捨するという態度は当然慎むべきとしても、このへだたりは軽々に判断をくだしえる性格のものではない。しかし、『秘史』の記述には、ある種の作為がかなり濃厚に認められるのに対して、『集史』のそれは、前後の事情によく符合する。

たとえば、まずトルイである。末子の彼は父チンギス・カンの在世中はつねにその許にあって父を輔け、チンギスが殁すると、末子が亡父の遺した家産――家督ではない――を相続するというモンゴルの旧慣にもとづいて、父の遺領を引き継いだ。『秘史』が、チンギス・カン生前の分民に彼の名を列ねるのは、もとより不自然である。

次に異母弟ベルグテイの場合。『秘史』によれば、ベルグテイは他の諸子弟と同格に、1,500の部民を分与されたという。一方、『集史』では諸子弟への軍隊分与の条には見えず、トルイが相続したモンゴル基幹部隊のうち、左翼軍の第16番目に千人隊長の一人として記されているに過ぎない。従来の諸家の説を見てみると、ベルグテイについては『秘史』に従って分封対象者の一人に数え、何ら異論がないようである。しかし、筆者は、彼の受封を否定する『集史』の記述のほうに、より首肯すべき点を見出す。そこで、これについて少し詳しく考えてみたい。

ベルグテイの家系を、彼から元末の後裔たちまで洗ってみると、どうやら異母弟である彼の血統は、チンギス・カンと同腹の三人の弟の血統とくらべ、明らかに数等、劣位に置かれていたようで、皇族というよりはむしろ、カアン家に親近するもっとも忠良な家系、といった印象が強い。また『秘史』に描き出される家祖ベルグテイの姿には、一族内部における、彼および彼の一門の微妙な立場が色濃く影を落としている。そうした彼が、国家草創の時、他の同母三弟と同等に「皇弟」の資格で受封したとは考えにくいのである。今ここで縷述しないが、ベルグテイの分封が実現したのは実は、チンギス・カンの最晩年、な

3 分民の内容

いしは第二代オゴデイの治世の極く初期のこと、それも場所はモンゴル本土内ではない、遼西地方の広寧一帯であったようである[9]。

　また『秘史』みずから、1207-11年におけるベルグテイのウルス形成がなかったことを匂わせているふしがある。『秘史』は、分民の際、各受封者に対して部民の分与とあわせて、ウルスの政治顧問ともいうべき「王傅」がそれぞれ若干名ずつ補任されたことをいい、表1に示した人物の名をあげる。ところが、ベルグテイに限っては、口を噤んで何も語っていない[10]。この時、他の受封者に付けられた面々を『集史』などと照合してみると、彼らはおおむね諸子弟に分与された千人隊集団おのおのの領袖であったことがわかる。ラシードが伝えるように、ベルグテイ自身が千人隊長に過ぎなかったのであれば、もとよりこうした王傅、すなわち千人隊長が付けられていないのは至極当然のことであろう。

　また『秘史』が語る1,500という部民数も、『集史』が伝える千人隊長としての所属部民と解しても、あながち不適当な数字ではあるまい。いずれにせよ、ラシード『集史』に従って、チンギス・カン時代、ベルグテイは左翼軍団に所属する一介の千人隊長たるに止った、と見るのが妥当なところかと思われる。

　各人に分与された部民の数についても、両史料間の逕庭はいちじるしい[11]。しかし、幾つかの傍証材料から判断すると、やはりラシード『集史』の記載に信憑性があるようである。

　実例を一つ。『元史』巻九五、食貨志歳賜の条には、オゴデイ時代のいわゆる丙申年（1236年）の分撥の分民戸数が事細かに記載されている。これは、金朝覆滅後、その故土「漢地」の戸口約110万のうち、76万戸を一族功臣に分けたもので、その配分数はチンギス・カン時代の保有兵数を基準としていたという[12]。そこに挙げられた数字を『秘史』、『集史』両史料の分民数とつきあわせてみると、ジョチ、チャガタイ、コルゲンなどの諸王家およびオッチギンの場合は『集史』の数値のほぼ10倍、カサル、カチウン二王家と当時の大カアン、オゴデイの長子グユク Güyüg（オゴデイの即位前の所領を引き継いでいた）とは、特別な恩典が加味されたらしく、比率が撥ねあがって20倍前後、いずれにせよ『集史』の記載との間には一定の相関関係が見られるが、一方『秘史』のそれ

37

第1章　モンゴル帝国の原像

とはまったく相応しない。諸子・諸弟どちらの場合も年齢順に分民数を逓減させる『秘史』の叙述には、どうやら後代の物語り的粉飾が加わっているようである。

では、1207-11年において分封の対象になったのは誰々だったのか。前述のトルイ、ベルグテイは省くとして、他の人物はどうであろう。

『集史』のみにその名が見える庶子コルゲンは、彼の年齢から推し測ってその分民はチンギス・カンの最晩年のころと見られるから、ここでは除外すべきである。また、母ホエルンの名目で分与された部民は、実際上、彼女の末子にあたる末弟テムゲ・オッチギンが継承したので、実質的にひとつと見てよい。

つまり、分封を受けたのは、結局両史料とも一致してその名を挙げているカサル、カチウン、オッチギンの三弟、ジョチ、チャガタイ、オゴデイの三子であって、一族分封によって誕生したウルスは合計6箇であったわけである。この6人の分民内容を、『集史』に従い、あらためて表に示せば表2のようになる。

さて、冒頭に触れたように、本章での主要な課題の一つは、東西両ウルス勢力の力関係を探ることであった。この表をもとに、両者を比較しつつ、しばらく考えてみたい。

まず、一つの大きな特徴に気づく。東方の諸弟三ウルスの部民数と西方の諸子三ウルスのそれとをそれぞれ合計してみると、いずれも12,000となり、まったく一致するのである。

もちろん、末子トルイの厖大な受領分があるので、これを諸子・諸弟という形で対置して論ずることはできない。しかし草創期において、少なくとも東方の諸弟ウルスが西方の諸子ウルスにくらべて決して見劣りする存在ではなかった、といってさしつかえないであろう。諸子弟六ウルスの創設が、チンギス・カンが即位後に矢継ぎ早におこなってきた国家体制整備の総仕上げであったことを想い起こすならば、この左右両翼ウルスの対等関係は、偶然の一致と見るよりは、むしろ王国の東西両面の力の均衡を考えた周到な政治的配慮の所産であったと見なすべきであろうか。

ただ、各ウルスの規模について見た場合、両者はまったく対照的である。右

3 分民の内容

表2　チンギス・カンの分民内容

	集　　　　史		秘史にいう王傅	
諸弟三ウルス	テムゲ・オッチギン	5,000	17.	古　　出 Gücü
	Kalankqūt-Ūranār 部	2,000	18.	闊闊出 Kököčü
	Yisūt（Besūt ?）	1,000		
	Ğağirāt 族　その他			
	オルン・エケ	3,000	19.	豁児合孫 Qorqosun
	Qūrlās 族		33.	種　賽 Jūsüg ?
	Ūlqūnūt 族			
	アルチダイ	3,000		
	Nāimān 部		58.	察兀児孩 Ca'urqai
	長は Āq-Sūdāi-Ūrğaqāš			
	Ūryānkqāt 部，Tātār 部			
	カサルの三子		44.	者卜客 Jebke
	Yīkū, Tūqū, Yīsūnkka			
	合　　計	12,000		
諸子三ウルス	ジョチ	4,000	39.	蒙客兀児 Mönggür
	Mūnkkūr		7.	忽　難 Qunan
	Qūnān-Nūyān			
	Hūšitāī		50.	客　帖 Kete
	Bāiqū			
	チャガタイ	4,000	29.	合喇察児 Qaračar
	Barūlātāī-Qārāğar		37.	蒙　客 Müge
	Mūka-Nūyān			
	欠		66.	亦多忽歹 Iduqudai
	欠		30.	闊客朔思 Kököčüs
	オゴデイ	4,000	5.	亦魯格 Ilügei
	Ilūkāī-Nūyān			
	Ilğīkītāī		11.	迭　該 Degei
	Daīr			
	欠			
	合　　計	12,000		

＊なお，ラシードにいう千人隊長と，『秘史』の王傅とは一致する者もあるが，矛盾する者，不明な者もかなり多い。検討を要する問題である。

　翼諸子三ウルスは均しく4,000ずつであるが、左翼諸弟三ウルスは大小まちまちで不揃いである。ことに末弟オッチギンは、所属部民8,000とずぬけて大きく、全ウルス中、最大規模である。配属された王傅も4名と最も多い。その威容は、同じく東方に配置された比較的小型のカサル（部衆1,000）、カチウン

(部衆3,000)の両ウルスを完全に圧倒し去っている。

かつて箭内亙はこうしたオッチギンの殊遇に言及し、モンゴルの旧慣である末弟愛重のためばかりではなく、おそらくは来るべき東方経略に備えての布石であったと評したが[13]、まさしくそのとおりであったろう。

ところで、後年モンケ Möngke 、そしてクビライ Qubilai の即位をめぐって宗室間の紛争が勃発したさい、西方の諸子ウルスは直接の当事者となったこともあってか、各ウルスはそれぞれ独自の行動をとり、チャガタイ、オゴデイ両ウルスなどは四分五裂する。ところが、東方の諸弟ウルスは、これとはまったく反対に、若干の例外的人物を除いて、見事なまでに整然とした一体的行動をとり、その政治的発言力をより効果的ならしめた。彼らの結束力は、時代が降って、クビライの晩年、東方諸弟三ウルス全体が、オッチギンの後裔ナヤンNayan を盟主に叛旗を翻し、大元ウルスを一大政治危機に陥れた時にも発揮されている。しかも、そのさい注目すべきことは、いずれの場合においても、オッチギン家の歴代当主が東方諸弟ウルス全体の盟主となっているのである。

そうしたことの背景に、ウルス創設のさい、オッチギンが授かった大封があったろうことはほぼ間違いないところであろう。東方諸弟ウルスの間にみられるまとまりのよさは、西方諸子ウルスと比較した時、いちじるしい特質ということができようが、そうした傾向は、ひとつには、一族分封のおりに措定された力のバランスのちがい——オッチギン家のみ巨大な東方諸弟ウルス、各王家均等の実力をもつ西方諸子ウルス——に起因するかとおもわれる。

4 諸弟の分封地

分封のもうひとつのファクター、分封地について以下、考えたい。まず諸弟の分封地について。

すでに、箭内亙の名篇「元代の東蒙古」に詳細な考証があり[14]、それによると次のようである（図1参照）。

次弟カサル————————興安嶺以西、クレゲル山以南、ハルハ

4　諸弟の分封地

　　　　　　　　　　　　河以北。
第三弟カチウンの嗣子アルチダイ――興安嶺以西、ブユル・ノール南方、ウ
　　　　　　　　　　　　ルクゥイ・カラカルジト流域。
末弟オッチギン――――――――――興安嶺以東、洮児河・嫩江流域。
　（なお、箭内は、これらのほかに異母弟ベルグテイの分封地としてオノン・ケ
　レン両河の間の地を挙げているが、前に述べたように、モンゴル王国成立当初の
　時点における彼の分封は認められないので、省略する）

　管見の及ぶ限りでは、上の考定はこれまで異論なく受け容れられているようである。ところが、カサル、オッチギンの分封地に関して、いささか賛成しがたいところがあり、それ如何では、モンゴル帝国における諸子弟ウルスの配置に関して、通説とは異なる立場に身を置くことにもなる。半世紀という時をへだてた今、先業をあげつらうのはけっして潔しとしないが、あえてここに再検討を試みてみたい。

　まずカサルの分封地について、箭内は次のように考証している。

　　証補に曰く、〔……〕
　Berezinの原訳には「IsunkeとDjuchi xasarの家族との分地は、蒙古の地
　域中、東北面に位し、Argun、Kula-nor及びxailar等の境に及び、Utdji-
　noyanの孫にてTagadjarの子なるDjibuの幕庭ある地に接す」とあれば、
　ここに所謂分地はDjuchi xasarの子Isunkeの時のものなれども、xassar
　の分地そのま丶と解して然るべし。さてArgun、xailarは共に河名、Ku-
　lun-norは即ちxulanorにて湖名、皆興安嶺西の著名なる地なれば、今更
　説明を要せず。xailar河の北にてArgun河に入るGan、Dorbur両河の流
　域は既述の如くOngirat部Alchi-noyonの分地にして、Ulxui河流域は
　xassarの従子Alchidaiの分地なること後に言うが如きを以て、xassarの
　分地は餘りに狭小なるの感あり、想ふにBor-nor、xalxa河の流域も亦彼
　の所封に外ならざるべし。此くてxassarの分地は北はAlchi-noyonの分
　地に接し、南はAlchidaiの分地に連なり、而して東は興安嶺を隔て丶
　Temüge Otchikin（帖木格斡惕赤斤）の分地に隣りしなるべし[15]。（傍点は筆

第1章　モンゴル帝国の原像

者）

　しかし、次の疑問を抱く。第一に、ラシード『集史』によれば、カサルの分封地はいわゆるフルン・ブユル地方を含まない。ところが、箭内は「xassarの分地は餘りに狭小なるの感あり、想ふにBör-nor、xalxa河の流域も亦彼の所封に外ならざるべし」（傍点箇所）と判断し、カサルの分封地のなかにつけ加えた。しかしながら、けっして十分な裏づけがあっての修正とは思われない。
　第二に、前述のように、カサル・ウルスは僅か1,000の部衆を保有するに過ぎない小型ウルスであって、箭内が定めた地域では、あまりにも広大すぎ、かえってその分封地たるには、ふさわしくないのではないか、という疑念。
　いわゆるフルン・ブユル地方は、広闊・豊沃、絶好の牧草地帯を形成しており、古来より東モンゴリア方面における遊牧勢力の一大根拠地であった。たとえば元明交替期、明軍に追われて北走した大元ウルス宮廷が遷転のすえに腰を据えたのがこの地方で、洪武二一年（1388年）藍玉麾下の明軍の急襲をうけて潰滅した時、皇帝トグス・テムル Tögüs-Temür のもとには十万余の部衆がいたといわれる[16]。そのすべてが同地方に集住していたわけではないであろうし、多少は割り引かねばならないとしても、相当な収容能力をもった草原であることは間違いない。
　元来が使用する土地の面積に比して生産性の低い遊牧生活のこと、遊牧地は見かけの広狭よりも、遊牧条件の良悪こそ肝心である。土地の肥痩という点から眺めれば、箭内が「狭小なるの感あり」としたラシード所伝の地もまた同様に好適な草原地帯であって、弱少なカサル・ウルスにはなお十分すぎるほど十分である、とさえいえる。ともかく、フルン・ブユル全域にわたって、千人隊集団一箇にすぎないカサル・ウルスが領有したとはきわめて考えにくいのである。
　次に、オッチギンの分封地について、次のように考定している。やや長文にわたるので、要点のみ引用する。

　　訂補に曰く、〔……〕
　　Berezinの原訳には「彼の国と幕庭とは東北面に位し、蒙古の極端に在り

き、随って其の方面には、もはや蒙古人の如何なる他の種族も居らざりき」とあれば、其の分地は興安嶺東に位し、満蒙接壌地なりしこと、先づ推測せらるべし。

然るに長春真人の西游記によれば、彼は太祖の十六年四月朔、Kerülen 河の東南に於いて斡辰大王帳下に達せりといふ。斡辰大王は即ち帖木格斡惕赤斤にして、太祖の征西中、彼が代って蒙古を監治せしことは、D'Ohsson の蒙古史に明文あるのみならず、元史巻一四九耶律留哥伝に「庚辰（十五年）留哥卒、年五十六、妻姚里氏入奏、会帝征西域、皇太弟承制、以姚里氏佩虎符、権領其衆者七年」といひ、高麗史巻二二高宗世家に、八年（太祖一六年）八月高麗に来れる蒙古の使者著古与が「伝蒙古皇太弟鈞旨、索獺皮一万領……」と見え、十一年（太祖一九年）東真国の高麗に与へたる牒文に「蒙古成吉思老絶域、不知所存、訛赤忻（斡惕赤斤）貪暴不仁、已絶旧好」とあるによりて疑を容れず、随って Kerulen 河の東南に居りしは蒙古の監国として臨時に帳殿を此処に設けしに過ぎず、即ち実はDjuchi xassar の分地の南境か、Alchidai の分地の北境かに居りしものにして、Temüge-Otchikin 自身の分地は決して此の地方にはあらざるなり。然らば彼の分地は如何といふに、そは Rashid-uddin の伝ふる所によりて推測せらるゝが如く、実に蒙古の東境より更に蒙古人の住せざる地方に及びしなりき。〔……〕始封の際には単に興安嶺東、満蒙接壌の地方を分地とし、爾後年を逐うて経略し、殊に乃顔の時に至りて Sira-müren 以北の諸部を蚕食し、嫩江下流域は勿論、吉林以北の松花江流域をも管轄せしものなるべし[17]。（傍点は筆者）

しかし、これについても、次の三つの疑問を抱く。

第一。ラシードでは、確かにオッチギンの分封地に限って、カサル、カチウンの条に見える「モグーリスタンの内部」という一文が見えない[18]。なるほどその口吻からは、あたかも独りオッチギンの分封地のみが東方に突出しているように感じられよう。しかしさりとて、ただちにオッチギンの分封地を興安嶺以東の地域にのみ限定してしまうのもまた、早計ではなかろうか。三弟の分封

地に関するラシード『集史』の記載は、たとえばカサル・ウルスの場合、モンケ時代からクビライ時代の初期にかけて活躍した第三代の当主イェスンゲ Yesüngge の頃の状況を叙べているように、クビライ即位（1260年）前後のころの伝聞にもとづいているらしく、厳密にいえば、1207-11年の始封当時の様子を伝えたものではない。この間、およそ50年、諸弟の三ウルス、とりわけその主軸たるオッチギン・ウルスは漸次その勢力を東方へと伸張させていったと考えられるから、『集史』の記載は、当然、ウルス形成以降東方へ拡大した状況——この場合、興安嶺を東に越えたマンチュリアへの進出——を含んでいる、と見るべきであろう。

第二。『長春真人西遊記』によれば、1221年4月、当地を旅していた長春真人丘処機一行は、ケルレン河の東南、フルン・ノール近傍とおぼしき地に至った時、そこに帳幕を構えるオッチギンに行き逢い、これを訪れて歓談した[19]。箭内はどういうわけか、オッチギンが当時西方遠征中であったチンギス・カンに代わってモンゴル本土を監国していた事実を縷々述べて、長春一行が出会ったというオッチギンの帳幕は臨時の設営であって、彼の所領地を意味するものではない、と断定した。しかしながら、いま見る限り、箭内がそこで挙げている根拠は、いずれもオッチギンの「監国」という事実を物語るものではあっても、けっして彼の帳幕が「臨時」の設置であったことを立証するものではない。臨時の設置としえないならば、オッチギン本来の遊牧地内での設営と見るのが妥当なところであろう。『長春真人西遊記』の記事は、むしろ素直に、フルン・ブユル地方がオッチギンの所封地であったことを物語る、有力な現地報告と考えてよいのではなかろうか。

第三。いま、かりに箭内の考定に従ってみたとしよう。オッチギン・ウルスの場合、分封当初（1207-11年）から興安嶺以東の地域のみにおいて、8,000もの大部衆を擁していたことになるわけである。しかし、はたして、1211年春から開始される金国遠征以前の時期において、興安嶺以東のみでこれだけの大集団に見合う広大な地域がモンゴルの版図に入っていたであろうか。遺憾ながら、その可能性はきわめて少ない。なぜなら、同方面が確実にモンゴルの手中に墜ちるのは、どれほど早くとも1213年から翌14年にわたる第二次金国侵入におい

て、カサル指揮下の左翼軍団がマンチュリア中央部以西の地を席巻してよりのちのことと考えられるからである[20]。

ようするに、箭内の考定と筆者の見解との相違は、いわゆるフルン・ブユル地方をカサルの所封地に含めるか、あるいは余人——すなわちオッチギン——の所領とするか、の一点にかかっている（図1）。結論から先にいえば、このフルン・ブユル地方こそ、一族分封のさい、末弟テムゲ・オッチギンがその大部衆とともに封ぜられた遊牧地にほかならないとおもわれるのである。その根拠を以下に列挙する。

その一。前述したように、『長春真人西遊記』の記事は、1221年当時（分封より10〜14年のちになる）、同地方がオッチギンの所領であったことを示す有力な証左である。

その二。いま、諸弟の三ウルスの遊牧地に関するラシード『集史』の記述を、順に並べて俯瞰してみると、三ウルスは興安嶺の山麓に沿って北から、カサル・ウルス、オッチギン・ウルス、カチウン・ウルスの順に展開していたようにおもわれる（繁雑を避けて、引用を省略する。当該の注を参照いただきたい）[21]。

その三。カサルの分封地について、ラシードは「オッチギン・ノヤンの子ジブゲンとその孫タガチャルの牧地のある地方に近接している」と伝える[22]。これを箭内の考定に従えば、モンゴリア東部に聳立する大山系＝興安嶺を隔てて、カサル・ウルスとオッチギン・ウルスとが隣り合っている意、と解するほかはない。しかし、それは如何にも奇異である。『集史』の記述を無理なく理解しようとするならば、平坦なフルン・ブユル草原の北方、ラシードがカサル・ウルス南面の疆界と伝えるカイラル河あたりにて、両ウルスが境を接している意、と解するほうが文脈上、自然ではなかろうか。

その四。そして、同地方がオッチギン・ウルスの遊牧地であったことを裏づけるなによりの証左は、『元史』巻一三四、撒吉思伝に見える次なる一文である。

> 斡真薨ずるや、長子の只不干蚤世し、適孫の塔察児幼し。庶兄の脱迭狂恣にして、適を廃して自ら立たんと欲す。撒吉思は火魯和孫と馳せて皇后に

第1章　モンゴル帝国の原像

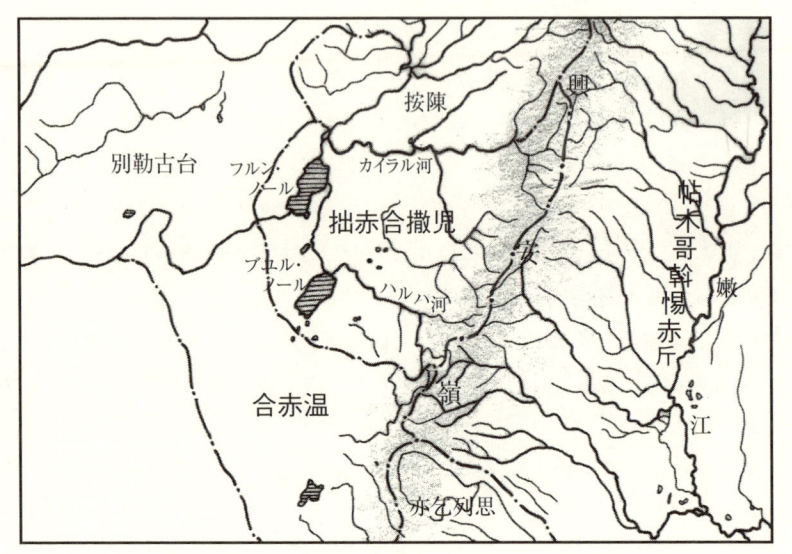

箭内説

杉山説

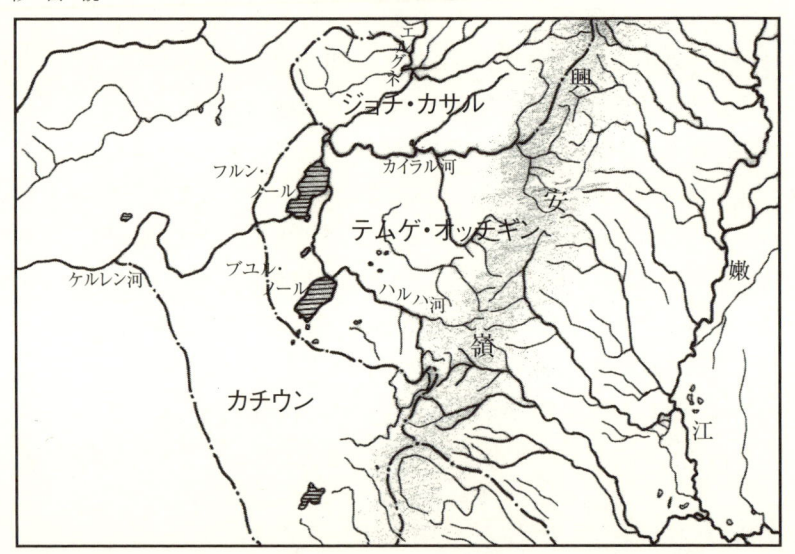

図1　諸弟3ウルスの初封地

4　諸弟の分封地

白す。乃ち塔察児に授くるに皇太弟の宝を以てし、襲爵して王と為す。撒吉思は功を以て火魯和孫と分治し、黒山以南は撒吉思が之を理め、其の北は火魯和孫が之を理む。

オッチギンが他界したとき（1246～48年と思われる）、彼の長子ジブゲン Jibügen はすでに亡く、嫡孫のタガチャル Taγačar～Ta'ačar はいまだ幼年であった。そのため、家督争いがおこり、傍系のトデ Töde[23] なる人物が簒奪を企てた。そのとき重臣のサルギス Sargïs～Särgïs（ウイグル名族の出。チンギス・カンからオッチギン・ウルスへと派遣されていた人物。政治顧問といったところか）とコルコスン Qorqosun（モンゴル人に多く見られる名前で、カサル家第二代イェグ Yegü の子に同名の人物がおり、可能性としては十分に考えられるが、那珂通世は、かつて、ここに見える火魯和孫を『秘史』88功臣の第19番目にその名を列ね、一族分封にさいして、王傅の一人としてオッチギンの許に遣された千人隊長コルコスンに比定した[24]。けだし卓見であり、これに従いたい）の二人が、グユク・カン崩後実権を握っていたグユクの母后ドレゲネ Döregene に直訴した。かくてタガチャルは無事祖父オッチギンの王封を相続することができ、擁立の功臣サルギスとコルコスンの両人は、幼少の主君を輔翼して、「黒山」の南北にわたるオッチギン家の所領を折半して分割管理することになった——というのである。

問題は、文中の「黒山」である。「黒山」なる呼称が、当時モンゴルたちによってカラウン・ジドゥン（Qara'un Jidün 哈剌温只敦「暗き山嶺」の意）と呼ばれていた興安嶺をさすことは、那珂以来、ほぼ定説となっている[25]。すると、上の一文はまさしく、オッチギン他界当時（1246-48年？）、オッチギン家の所領が興安嶺の南北にわたっていたことを示すものにほかならないではないか。興安嶺以北（もしくは以西）の地としては、ラシード『集史』において一見すると空白になっているかに見えたフルン・ブユル地方こそ、もっともふさわしいであろう。くわえて、上の引用文では「黒山」以北は生粋の遊牧モンゴル人コルコスンが管轄し、以南はウイグル出身の政治顧問サルギスが管轄したというのである。「黒山」以北、すなわち興安嶺の北のフルン・ブユル地方——その広闊・豊沃な遊牧草原こそ、オッチギン家にとって始封以来の遊牧所領地であ

第1章　モンゴル帝国の原像

ったろうことは、もはや容易に想定されるところであろう。

　フルン・ブユル地方が、カサルの分封地ではなく、じつはオッチギンの分封地であったことはほぼ疑いない、とおもわれる。そこで、あらためて諸弟の分封地を整理してみると、次のようになる。

　　　　次弟カサル——————————興安嶺以西。エルグネ（いわゆるアルグン）、カイラル両河、およびクルン山によって囲繞される地域。
　　　　第三弟カチウンの嗣子アルチダイ—興安嶺以西。ブユル・ノール南方、ウルクゥイ・カラカルジト流域。
　　　　末弟テムゲ・オッチギン————興安嶺以西（?）。フルン・ブユル地方、ハルハ河流域。

　一族分封＝ウルスの創設にあたって、諸弟の三ウルスは、モンゴリアの東方、興安嶺の西麓一帯に連鎖的に形成されたわけである。ただし、上はあくまで分封当初の状況で、その後の東方経略の進展にともない、各ウルス、とりわけオッチギン・ウルスの勢力が興安嶺を越えてマンチュリアへと伸びていったのは言うまでもない。

5　諸子の分封地

　先ほど、分民・分地は同時であるとの観点から、諸子の分封地設定を諸弟のそれより後年であるとする従来の見解に疑問を提出し、1207-11年における諸子の「初封地」の存在が予想される旨を述べた。以下、順次ジョチ、チャガタイ、オゴデイ三子の分封地について検討を加えてみたい。

ジョチの分封地

　ラシード『集史』ジョチ・ハン紀第2章の冒頭に、ジョチの所領について次のように見える。

5 諸子の分封地

　チンギス・ハンは、エルディシュ Ardīš＞Erdiš 河の地方とアルタイ諸山とにあるすべての地と民 vilāyāt va ūlūs、およびその近隣のもろもろの夏営地 yāīlāqhā と冬営地 qišlāqhā をジョチ・ハンに委付なされ、キプチャク草原の邦土とその方面の〔すでに〕解放された国々を領有するよう、おおせ yarlīġ がしかとなされた。彼〔＝ジョチ〕の幕営地 yūrt はエルディシュ地方にあり、その王国の王座の所在地 maqarr-i sarīr もそこにあった〔……〕[26]

　ジョチはキプチャク草原以西に所領を開拓するようチンギス・カンの命令を受けていたが（上文の中段はそれに相当する）、それを成就しないうちに、1227年のはじめ、父チンギス・カンに先立って他界した。したがって、ジョチの初封地としては、上文の前段および後段の、王座＝帳殿があったという、イルティシュ（モンゴル語では Erdiš）河流域からアルタイ山脈にわたる地域に求められるであろう。

　『秘史』によれば、ジョチは「兎の年」（1207年丁卯）、チンギス・カンの命令で「右手の軍」を率いて王国北方の「森の民」の地方へ始めて出征し、オイラト、キルギスなどの諸部族を服属させ、帰還後恩賞としてそれらの民を与えられた、という[27]。『秘史』ではこの記事の直後に分民の次第が語られていることでもあり（すでに見たように、この討伐行が分封年次の上限を画するものである）、またラシードの伝えるジョチの分封地、アルタイ・イルティシュ地方は、この遠征で達したイェニセイ河上流地方とは隣接する地であることからも推し測ると、アルタイ・イルティシュ方面へのジョチの分封と、それに先立つ1207年の遠征行とは、あるいはなんらかの関連があるものかもしれない。

　後年、当地を通過したカルピニ Giovannni de Plano Carpini の報告によれば、1246年当時、イルティシュ河流域には、ジョチの長子オルダ Orda が居住しており、そこには彼の「父の本営(オルド)」があったという[28]。どうやら、ジョチの初封地は、彼の死後、長子オルダが相続したようで、少なくともグユク時代（1246-48年）までは──この間、ジョチの次子バトゥ Batu を総帥とするいわゆる「ロシア・ヨーロッパ遠征」が挙行された結果、ジョチ家一門の領域は西方へ

第1章　モンゴル帝国の原像

巨大な成長を遂げることになるのだが——ジョチ家発祥の地として、一族の長上オルダが創祖ジョチのオルドとともにその旧封を守っていたわけである。

チャガタイの分封地

チャガタイが、イリ渓谷のアルマリク近傍にオルドを置き、それ以西のフェルガーナ盆地、ザラフシャン流域の草原に部民を遊牧させたことは、周知の事実であるが、ラシード『集史』チャガタイ・ハン紀の第2章には次のように見える。

〔チンギス・ハンが、〕諸軍を賜与した時、チンギス・ハン紀の軍隊分配の条において詳細にしるされているように、4,000人を彼に与えた。そして諸将のうちより、バルラス部のカラチャルとジャライル部のイェスン・ノヤンの父ムケと、ナイマン諸部族の牧地 yūrt であったアルタイ〔イスタンブル本は Albān と誤写するが、他の写本で Altāī とする〕の地にあるもろもろの邦土と牧地 vilāyāt va yūrthā の一部とを与えた[29]。

軍隊の分配（分民と同義）と並記されていることより見て、ここにいう旧ナイマン領の「アルタイの地にあるもろもろの邦土と牧地の一部」が、チャガタイの初封地を意味していることはうたがいを容れない。しかも『集史』は、上文に引きつづき、「羊の年 qūnīn yīl」（1211年辛未）の紀年を冠して、金国遠征の次第を語る[30]。つまり、上の『集史』の記事は、チャガタイの初封地の存在を伝えるだけでなく、分民・分地の同時実施と分封時期の下限を画するデートとを一挙に語ってくれる貴重な記録なのである。ただ残念ながら、記述が簡略すぎるため、チャガタイの初封地は漠然とアルタイ地方とのみ知れるだけで、正確な位置は闡明にしがたい。

なお、ジュヴァイニー 'Alā' al-Dīn 'Aṭā-Malik Ǧuvainī, *Ta'rīḫ-i Ǧahān-Gušā* などには、チンギス・カン生前のチャガタイの幕営地として、しきりにイリ渓谷中のクネース（アルマリク東方、天山山中の優良な草地）が挙げられているが[31]、イリ地方が確実にモンゴルの支配下に入るのは、1218年、部将ジェベ Jebe 率いるモンゴル軍が当時いわゆるカラ・キタイの王位を簒奪していた

ナイマンのグチュルク Güčülüg を征討してよりのちのこととおもわれるので、イリの帳幕は当然それ以降の設営と見なければならず、チャガタイの初封地としては不適当である。ただ、チャガタイのイリ進出が、アルタイ地方の初封地を基点としてなされたであろうことは十分に考えられるところである。

オゴデイの分封地

　ジュヴァイニーはチンギス・カン晩年の諸子弟の所領に触れて次のようにいう。

> 後継者オゴデイの王庭は、父の治世の間はエミルおよびコバーク地方にある彼の幕営地 yūrt であったが、彼は玉座に即くと、ヒタイとウイグル地方との間にある根幹の地に移した。そしてその居処を息子グユクに与えた[32]。

エミル・コボク[33]地方が、即位前のオゴデイの所領であったことは、オゴデイの登臨が実現した1229年のクリルタイのさい、「オゴデイはエミルとコバーク Qubāq から[34]」来会したという記事からも裏づけられる。この所領はオゴデイが大カアン位に即いたあと、彼の長子グユクが引き継ぎ、後年カイドゥ Qaidu の根拠地になるなど、オゴデイ一門にゆかりの深い土地としてよく知られている。

　しかし、問題は同地方がはたしてオゴデイの初封地であったかどうかである。ところが、エミル・コボク地方がいつモンゴルの支配下に入ったものか、すこぶる曖昧なのである。一族分封がおこなわれた1207-11年前後、同方面は東方のモンゴル、西南方のいわゆるカラ・キタイ、西方のカルルクなどの間にはさまれ、さらにナイマン覆滅後の混乱も手伝って混沌たる情勢下にあった。ジュヴァイニーによれば、1208-12年頃、エミル方面にはナイマンの残存勢力が活動していた形跡も見られ[35]、モンゴルの統治力がどこまで確実に同地方に及んでいたか、きわめて疑わしいといわざるをえない。もしカラ・キタイの支配下にあったのならば、モンゴルの領有は、前に述べた1218年のジェベによるグチュルク討伐までまたねばならない。ともかく、エミル・コボク地方がオゴデイ

第1章　モンゴル帝国の原像

の初封地でありえたかどうかは、否定的な印象が強いものの、かといって他に拠るべき材料はなく、断定ははばかられる。

結局、最終的な判断は、同時に設置されたジョチ、チャガタイ両ウルスとの比較に委ねるほかあるまい。

そこで、ひるがえってこの両者を眺めてみると、先に見たとおり、ジョチとチャガタイの初封地は、どちらもアルタイ方面にあって、キプチャク草原やイリ渓谷といった、チンギス・カン晩年以降の彼ら一門の領域とは一致しなかった。1219-24年の西方遠征による帝国全体の西方拡大という新事態を間にはさんで、それぞれ西方への進出が見られたのである。

ところで、もし実際にエミル・コボク地方がオゴデイの初封地であったとすれば、彼のウルスに限っては、まったく西方へ伸張することはなかったのであろうか。アルタイ山麓のジョチ、チャガタイ両ウルスにくらべ、エミル・コボク地方であれば、オゴデイ・ウルスは随分と西方に位置することになるのに。

当初、もっとも西辺に在ったオゴデイ・ウルスが、同等の力量をもつ他の二つのウルスの西方進出をむざむざと手をこまねいて傍観していたとは考えにくい。諸子の三ウルス相互の位置関係から眺める限り、エミル・コボク地方は分封以後、進出・領有したものと見るほうが妥当ではあるまいか。

そこで、オゴデイの初封地を新たに求めなければならないが、先にも触れたように、エミル・コボク地方以外の所領を伝える記録はまったくない。ただ『長春真人西遊記』に、西方遠征に先立って、行軍の便をはかるため、「三太子」、すなわちオゴデイが兵を出してアルタイ山中の隘路――そのルートは、アルタイ西麓のウルングゥ Ürünggü 河畔に通じる――を切り拓いた、という記事が見えること[36]、また一族分封にさいして、諸子の三ウルスのうち、オゴデイ・ウルスのみが孤立する位置に配置されたとは考えにくいこと、さらにチンギス・カンの晩年以降、オゴデイ一門の固有領となる前記のエミル・コボク地方と所在不明の初封地とは、相互の位置関係において、おそらく無縁ではないと想像されること――以上の三点から、筆者はオゴデイの初封地を、他の二子と同じアルタイ山麓の、ジョチの所領の南面あたり、エミルすなわち後世のタルバガダイ地方を貫いて東西に走るルートがアルタイの高みにぶつかって、そこ

から山中へわけ入る、ウルングゥ河流域周辺に措定したい。

　もとより、根拠はきわめて薄弱、証拠不十分の謗りは免れがたいであろう。しかし、周囲の状況や前後関係から、できる限り整合的に考えようとする時、前記のような結論に到達せざるをえないのである。

　ここで、以上をまとめてみよう。諸子の分封地は、こうなる。
　　　長子ジョチ————————アルタイ山麓～イルティシュ河流域。
　　　次子チャガタイ——————アルタイ山方面の一地方。
　　　第三子オゴデイ——————アルタイ山麓～ウルングゥ河流域あたり？
　このうち、チャガタイの分封地の厳密な所在はわからない。しかし、後年の幕営地であるイリ渓谷との位置関係、あるいは「チャガタイはビシュ・バリク地方で王座に即いた」というラシードの所伝[37]などから窺われるチャガタイ家と南方ウィグリスタンとの密接な結びつき、等々から推し測って、諸子の三ウルスのうち、もっとも南方に位置していたかとおもわれる。イリ、ビシュ・バリク、そしてアルタイと、右の三つの場所をつないだ時、そのラインはちょうど、東西交通の主要幹線の一つ——イリ河沿いの渓谷を東方に溯って、いったんトゥルファン盆地（当時のウィグリスタン）に出たあと、天山の東方支脈ボグド・オーラを越えて、ビシュ・バリクからいわゆるジュンガリアの沙漠を縦断してアルタイ山麓に達し、モンゴリアに入るルート——に重なり合う。名高いチャガタイのイリの幕営は、アルタイ南辺の初封地を基点に、右のルートを西に辿って到達したものかとおもわれる。

まとめ

　さて、これまで述べてきたところを踏まえ、チンギス・カンの一族分封とその結果完成した初期モンゴル帝国について、もう一度見直してみたい。
　まず、諸子弟の六ウルスをそれぞれ図上に据えて、俯瞰してみよう（図２）。すると、東の興安嶺に沿って諸弟の三ウルス、西のアルタイ山に沿っては諸子

第1章　モンゴル帝国の原像

図2　6ウルス形成後のモンゴル初期王国

の三ウルス、いずれも南北に連鎖状につらなっている様子がみてとれるであろう。この二つの大山系は、モンゴリアの東西を画する自然的境界線であると同時に、成立当初のモンゴル王国にとっては政治的境界線でもあった。つまり、諸弟三ウルスと諸子三ウルスとは、まさしく王国の東西両辺境に相対して置かれたわけである。

　両者の対等関係は、前に述べた分民数の一致からも窺い知れたが、こうした両者の地理的対蹠性は一層それを際立たせる。

　モンゴル帝国時代、東方の諸弟王家は「左翼諸王」「東道諸王」と呼ばれ、いっぽう西方の諸子王家は「右翼諸王」「西道諸王」と呼ばれて並び称せられたことは著名な事実であるが、従来これについて、帝国の領域全般より見て、ごくおおまかに振り分けたものにすぎないと解されてきた。しかし、上記から明らかなように、この表現はけっしてそうした曖昧なものではない。モンゴル国家の誕生期において、東西両ウルス勢力が実力的にも地理的にもまったくパラレルな存在であったことを表わした実質的表現にほかならないのである。

　こうしたことから見て、モンゴル帝国の草創期、東方諸弟ウルスが西方諸子ウルスより劣位であることはまったくなかった、と判断してもはやかまわないであろう。両者の間に落差が生じたとすれば、それは分封以後にもたらされたものにほかならない。

まとめ

　ところで「左翼」「右翼」の字面からわれわれが想い浮べるのは、『元朝秘史』に名高い「左手のカラウン・ジドンに枕せる万戸[38]」「右手のアルタイ山に拠れる万戸[39]」であろう。『秘史』によれば、1206年チンギス・カンは即位と同時に麾下の全遊牧民を95箇の千人隊集団に改編し、そのうち、東方興安嶺方面に散開する千人隊群、いわゆる「左翼の万戸」はムカリ Muqali に委ね、一方、西方アルタイ山方面の千人隊群、いわゆる「右翼の万戸」はボオルチュ Bo'orču に委ねた。諸子弟六ウルスの興安嶺、アルタイ山への配置は、まったくこれと軌を一にしている。全モンゴル軍団の左右両翼への展開・配備という雄大な構想のもとに、チンギス・カンの国造りが推進されていったらしいことが推測されよう。

　ここに、初期モンゴル王国の全体像がおぼろげながら浮かびあがってくる。すなわち、千人隊制の樹立に始まり、一族分封によって一応の完成をみたその国家は、まず王国の東西両縁に諸子弟の左右両翼六ウルスが位置し、その間の、チンギス・カンが直轄する「中央ウルス（コルン）」が、さらに１万の近衛軍団 tümen kešigten を中心にはさんで、ムカリ所轄の左翼軍、ボオルチュ所轄の右翼軍に分かれる——という仕組みになっていたのである。そして、千人隊軍団を根幹とするこれらの各部分が、すべてチンギス・カンという遊牧君主一個人を唯一の結び目として、有機的に結合する。その意味でこの国家は、原初的ながらも、それだけにまた純粋な、もっとも見事に仕立てられた遊牧国家であったといえるであろう。

　国造りが完了した直後に挙行された金国遠征では、すでに触れたように、全モンゴル軍は、諸弟主軸の左翼軍団、チンギスとトルイ麾下の中央軍団、諸子共同指揮下の右翼軍団に三分され、経略地域も東方、中央、西方とはっきり分担が定まっていた。こうした左・中・右の三軍団方式は以後の遠征でもしばしば踏襲され、モンゴル軍の伝統的軍団編成となった。そのさい、中央軍は大カアンみずから、ないしはそれに準ずる人物が率い、左軍は左翼の諸王・諸将、右軍は右翼の諸王・諸将が、それぞれ指揮するのが一般的であった。この軍団編成、人的配置は、まさに前記の国家構造と符合している。周知のように、モンゴル語では左 je'ün、右 bara'un は、東、西と同義であって、モンゴリアに

第1章　モンゴル帝国の原像

立って南面した場合、左翼は東方に、右翼は西方に当たる。つまり左軍・中軍・右軍というパターンは、モンゴル国家を構成する三つの部分が軍事体制に適用されて、そっくりそのまま南下した形なのである。つまり、モンゴル遊牧国家においては、国家体制とは、すなわち、軍事体制であり、軍事体制イコール国家体制の変化形、であったといえよう。

　こうしてみると、諸子弟ウルスの創設は、国家体制整備の一環であると同時に、やがて決行さるべき周辺地域に対する侵略の軍事的基礎づくりとしての意味も兼ねもっていたといえるであろう。それはまた、次の注目すべき事実からも窺われる。

　すなわち、諸子弟六ウルスはいずれもモンゴリアを東西に貫いて周辺地域に通ずる主要な交通路の上に乗っており[40]、しかもその出入口を扼する形になっているのである。

　想えば、ジョチ・ウルスがキプチャク草原からロシアに至る大版図を獲得するのも、イルティシュ流域に連結する、いわゆる「草原の道」をひたすら西方に辿った結果であろうし、またチャガタイ・ウルスがイリ渓谷からマー・ワラー・アンナフルに進出するのも、いわゆる「天山北路」を制圧していた当然の帰結であったと見ることも可能であろう。ひるがえって、東方オッチギン・ウルスのマンチェリアへの拡大にしても、その強盛によるところが大きいとはいえ、興安嶺沿いの南北ルートと、モンゴリア中央部からケルレン河沿いにくだってきてマンチュリアに至る東西ルートとが交会する要衝、フルン・ブユル地方を占有していたことと無縁ではあるまい。同地をたって東進すれば、マンチュリアの嫩江・松花江・洮児河各流域に出られるほか、カサル・ウルスの境内を経由して、エルグネ（アルグン）河沿いに北東進すれば、アムール方面に通じ、またカチウン・ウルスの境内を縦断して、興安嶺西麓を南進すれば、遼河方面からさらに中華本土へと到達することができる（この点、カサル・カチウン両ウルスは、実力的にもそうであったが、位置関係の上から見ても、巨大なオッチギン・ウルスの「脇侍」的印象を免れがたい）。ともかく、こうした主要幹線上への諸子弟ウルスの配備が、すでに対外戦争を意図したうえでの布石であったことは間違いなく、その意味で各ウルスの初封地は前進基地的色彩が濃いともいえ

まとめ

よう。

　このモンゴル王国はたびかさなる遠征の成功によって、一躍大帝国にふくれあがる。しかし、それは、厖大なひろがりをもつ定住地帯というまったく別種の要素がつけ加わったのであって、それを除くと、構造的に見るならば、前述の草創期の原初形態と基本的に変わらなかったと思われる。たとえば、『秘史』は第二代オゴデイ・カアン践祚のさい（1229年）、帝国の各地から参集してきた面々を次のように列挙する。

　　鼠の年、（1）チャアダイ、バトゥ〔ら〕を頭とせる右手の王子たち、（2）オッチギン・ノヤン、〔ジョチ・カサルの遺子〕イェクゥ、イェスンゲ〔ら〕を頭とせる左手の王子たち、（3）トルイを頭とせる内地の王子たち、王女たち、万〔戸〕の、千〔戸〕のノヤンたちは[41]、〔……〕（文中の番号は筆者）

（1）は右翼諸子ウルスの諸王、（2）は左翼諸弟ウルスの諸王、（3）は末子トルイ麾下の中央ウルス（コルン）の各領袖——これこそまさにモンゴル帝国の基本構造であって、草創期、チンギス・カンによって措定された枠組みそのままである。
　つまり、モンゴル国家が、中央ウルス（コルン）とそれを取りまく六つの一族ウルスという形で創始された時、そこにはすでにチンギス・カン一族による共同領有の原理が作動していたのである。いいかえれば、モンゴル帝国の分有支配体制の淵源は1207-11年の一族分封にあり、その結果できあがった国家体制こそ、のちのモンゴル帝国——そしておそらくは、13・14世紀以降の「ポスト・モンゴル時代」のユーラシア史上に興亡する幾多のモンゴル的伝統をひく諸国家——のプロト・タイプとなるものであった。
　チンギス・カンによってつくられたモンゴル国家は、異常なまでの領土拡張とそれにともなって起きるさまざまな政治的経緯とによって、当初の形態から大きな変質・改変を被らざるをえなかった。しかし、モンゴル政権が遊牧国家としての本質を捨て去らない限り、そしてチンギス・カン一族の血の神聖と彼らによる帝国の分有支配という原理が生きつづける限り、この大枠は創祖チンギス・カンの名とともに尊重され、生命を保ちつづけたのである。

第1章　モンゴル帝国の原像

注───────────────

1）Б. Я. Владимирцов；Общественный строй Монголов, Ленинград, 1934.（外務省調査部訳『蒙古社会制度史』生活社、1941年）。箭内亙「元代の東蒙古」『蒙古史研究』刀江書院、1930年。村上正二「チンギス汗帝国成立の過程」『歴史学研究』154、1951年など。その他、後注3）の佐口の論稿を始め、多くの研究のなかで論じられ、また各種の歴史概説書でも触れられているが、省略する。

2）ただし、海老沢哲雄「モンゴル帝国の東方三王家に関する諸問題」『埼玉大学紀要』（教育学部、人文・社会科学）21、1972年によって、その活動の概要はほぼわかるようになった。

3）佐口透「チャガタイ・ハンとその時代（上）──十三・四世紀トルケスタン史序説として」『東洋学報』29-1、1942年。とくに後半の叙述は、その82頁に拠る。

4）佐口前掲論文、81-82頁。

5）『元朝秘史』第242節（巻一〇）。なお小稿中の訳文は、村上正二訳注『モンゴル秘史──チンギス・カン物語──』3巻、平凡社、1970、72、76年に拠った。本処はその3、104-105頁。

6）『元史』巻一、太祖本紀。なお、『集史』、『聖武親征録』にもほぼ同様の記事がみえる。

7）本田實信「チンギス・ハンの千戸──元朝秘史とラシード集史との比較を通じて」『史学雑誌』62-8、1953年。のち『モンゴル時代史研究』東京大学出版会、1991年に再録。

8）吉田順一「元朝秘史の歴史性──その年代記的側面の検討──」『史観』78、1968年。

9）この立証には、かなり煩瑣な手続きを要する。稿を改めて論じたい。

10）『秘史』243節（巻一〇）。村上訳注書3、106-107頁。

11）箭内は、かつて『秘史』の記載を分民、『集史』のそれを分兵と解し、両者を別ものとして扱われたが（箭内前掲書、622-630頁）、遊牧国家において遊牧部民＝軍人であるのは当然のことであって、両者をことさらに区別するのはおかしい。文献的に見ても、例えばラシード『集史』ではモンゴル部族軍のことをしばしば laškar va ūlūs、あるいは逆に ūlūs va laškar の語で表わす。この、二語を連ねて或る一つの概念を表わすやり方は、ペルシア語に常套的な表現方法で、この場合、イラン人の耳にややなじみが薄いウルスという外来語を、実質的に同内容である laškar（軍隊の意）というペルシア語にもう一度置き換えて補足しているのである。つまり、モンゴル部民＝軍人を示すものにほかならない。

12）これについては松田孝一「モンゴルの漢地統治制度──分地分民制度を中心として」『待兼山論叢』11、史学篇、1978年。氏が示した考定と筆者の考えとは、おおむね同じである。

13）箭内前掲書、629-630頁。

注

14) 同上、607-622頁。
15) 同上、609-610頁。
16) 『大明実録』洪武二一年四月丙辰の条。この間の事情については、和田清「明初の蒙古経略」『東亜史研究』蒙古篇、東洋文庫、1959年に詳しい。
17) 箭内前掲書、611-621。
18) 後注21) 参照。
19) このオッチギンの帳幕の位置比定には諸説がある。王国維「長春真人西遊記校注」(『蒙古史料校注四種』所収　上、第20葉 b)、王汝棠「長春真人西遊記地理箋釈」巻二 (『国学叢刊』第 5 冊、1941年、28頁) など。ただ、フルン・ノール近傍とする点では、おおむね一致している。
20) この軍事行動に関しては『秘史』の記事と『元史』太祖本紀・『聖武親征録』のそれとは一致しない。那珂通世・箭内亙の先学がこれを比較検討しているが、箭内説にはやや無理があり、那珂説に従いたい。詳細は那珂通世訳註『成吉思汗実録』大日本図書、1907年、458-459頁、箭内前掲書、659-661頁参照。
21) 三弟の所領に関するラシード『集史』の記述を以下に列挙する。
（1）カサル
イェスンゲとジョチ・カサルのウルク〔一族〕の牧地と住地 yūrt va muqām は、モグーリスターンの内部、その東方の北寄りにあって、エルグネ Arkūna＞Ergüne、クレ・ノール Kūla-nāūūr〔フルン・ノールのこと〕およびカイラル Qaīlār の境域にあり、オッチギン・ノヤンの子ジブと孫のタガチャルの牧地のある地に近い。
(Rašīd al-Dīn, Ǧāmiʿ al-Tavārīḫ. MS : Istanbul, Topkapı Sarayı Müzesi Kütüphanesi, Revan 1518, f.59b.)
（2）オッチギン
彼〔＝オッチギン〕の邦土と牧地 vilāyat va yūrt は東北にあり、モグーリスターンの極辺 aqāsī にあたるので、その方面のかなたには、モンゴルのその他のどの部族も存在しなかった。[ǦTS, f.60a]
（3）カチウン
〔イルチダイの〕民と牧地 ūlūs va yūrt は、モグーリスターンの内部、東部方面の真東の方向にあって、中国人たち ḫitāīyān が黄河 Qarāmūrān から女真の海 Daryā-yi Ǧūrǧa まで伸ばした長城 dīvār の境域、および女真の邦土 vilāyat-i Ǧūrǧa に近い。その地に近接する諸地といえば、イキレスの旧牧地、カラアルジン・エレト Qalālǧīn-alt の地、およびウルクゥイ alqūī 河の境域である。[ǦTS, f.60a]
22) 前注参照。
23) この人物は、他には見えず、いかなる血縁関係にあるのか不明。
24) 那珂前掲書、319頁。

第1章　モンゴル帝国の原像

25) 那珂前掲書、341頁。津田左右吉「金代北辺考」『満鮮地理歴史報告』4、1914年、16頁。箭内前掲書、591頁。和田清「兀良哈三衛に関する研究（一）」『東亜史研究』蒙古篇、東洋文庫、1959年、181頁など。

26) [$\check{G}TS$, f.164a]

27) 『集史』・『聖武親征録』とも1218年戊寅の条に記しているが、この軍事行動は『秘史』の1207年が正しい。

28) C. Dawson (ed.) ; *The Mongol Mission*, The Makers of Christendom Series, New York, 1955.（護雅夫訳『カルピニ、ルブルク中央アジア・蒙古旅行記』桃源社、1965年、75頁）。

　カルピニ一行は、「黒キタイ人の土地」を出立して、「余り大きくない一つの湖」を「左手に見おくって」東行し、ジョチの長子オルダが住む国に至った。その国は「沢山の河川があり、これら両岸には森林がしげって」いて、オルダの「父の本営つまり宮廷がそこにあって、その夫人の一人がこれを支配してい」たという。護雅夫によれば、上の「湖」とは、タルバガタイ地方のアラ・クル湖に比定されるというから（前掲書、112-113頁、注57）、その東方のオルダの国とはイルティシュ方面に相当するわけである。事実、カルピニの描写はイルティシュ地方の景観によく符合している。その上、オルダの「父の本営」があったというのだから、この地方がイルティシュ流域であることは、ほぼ間違いないであろう。

29) [$\check{G}TS$, f.172a]

30) [$\check{G}TS$, f.172a]

　ヘジラの607年のシャバーン月にあたる qūnīn yīl すなわち羊の年の秋、チンギス・ハンがヒタイの国へと出御した時、チャガタイは、オゴデイ、トルイ〔明らかにジョチの誤り〕とともに、五つの城郭都市、雲内、東勝、武州、朔州、豊州を攻略した。

31) [*Qazvíní*, vol.1.p.21, p.31, p.145]

32) [*Qazvíní*, vol.1, p.31]

33) コバーク Qubāq は、ペリオによれば、エミル河東方のコボク Qoboq なる一流であるという。P. Pelliot, *Les Mongols et la Popauté*. Revue de l'Olient Chrétien, XXIV, 1924, pp.206-207, n.2.

34) [*Qazvíní*, vol.1,p.145]

35) [*Qazvíní*, vol.1,p.46]

36) 王国維『長春真人西遊記校注』上、31葉 b 。

37) [$\check{G}TS$, f.172b]

38) 『秘史』206節（巻八）。村上訳注書2、406頁。

39) 同上、205節（巻八）。村上訳注書2、402頁。

40) この点に関して、佐藤長から貴重な示唆をいただいた。

注

41)『秘史』269節（巻一二）。村上訳注書3、287頁。

第2章

モンゴル帝国の変容
―― クビライの奪権と大元ウルスの成立

はじめに

　西暦1259年8月、南宋攻略のため、みずから遠征軍本隊を率いて四川に入っていたモンゴル帝国第4代の大カアンであるモンケ Möngke は、おりから軍中に猛威をふるう伝染病におかされ、合州付近、釣魚山の軍営に急死した。モンケの突然の死により、当時モンゴル帝国の首都カラ・コルムにて留守する末弟アリク・ブケ Ariq-Böke と、遠征軍東方部隊を率いて中華本土の中央部、河南方面を南下しつつあった次弟クビライとが、後継者として浮かび上る。両者を大カアンに戴こうとする2派の争いは、平和的解決の糸口が見いだせないまま、武力対決に発展し、帝国全体を巻き込んで足かけ5年におよぶ内戦を繰りひろげることになる。
　時に、始祖チンギス・カンの国家草創よりほぼ半世紀。人類史上かつてない異常なまでの急激な膨脹のかたわらで、次第に醸成されてきていた帝国の分裂傾向は、この帝位継承戦争を契機に一気に表面化し、モンゴル帝国は分立と多極化の時代へと大きく旋回しはじめる。
　つづくクビライ時代の30余年間を、すべてその巨大な変容過程ととらえるならば、モンケの死はまさしくその幕開きであった。

はじめに

　さて、従来いわゆるアリク・ブケの乱という名で呼ばれることの多かったこの紛争とその前後の経緯とについては、すでに幾多の先学たちによって論じられ[1]、一見ほとんど語り尽くされたかのような感がある。しかし、たとえばひとたび左右両翼ウルスと中央ウルス(コルン)という帝国全体の構成を念頭に想い浮かべるならば[2]、その一半を占める東方諸弟ウルスの存在がほとんど無視されているのは一体どういうことか。それはおそらく、彼らの存在そのものに対する否定的印象もあずかっているとおもわれるが、いっぽうクビライ即位に東方諸王家が重要な役割を果たしたという海老沢哲雄の指摘もあらわれた[3]。そして私見によれば、チンギス・カン同母弟のカサル、カチウン、オッチギンを創祖とするこの東方三王家こそ、クビライ政権を生みだす最大の推進力であり、この紛争とモンゴル帝国の行方を左右し、ひいてはユーラシア世界史の進路をも大きく変化せしめる決定的な役割を演じたと考えられるのである。

　そこで、モンケの南宋遠征からクビライ政権の樹立、すなわち大元ウルスの成立にいたるまでの前後およそ10年にわたる一連の政治過程を、クビライと東方三王家を中心にできる限り詳細に跡づけ、この紛乱とその結果とが従来のような図式で理解できるものでは決してなく、モンゴル帝国の歴史においてはもとより、大局的には世界史にも重大かつ深甚な影響をあたえるものであったことを呈示してみたい。

　ところで、かつて宮崎市定は「鄂(がく)州之役前後」と名づけた論文にて[4]、西暦1260年・鄂州という時と場所に焦点をあて、いわゆる宋元交代劇の主役となる二人の大立物、クビライと賈似道の登場を見事に活写した。宮崎は賈似道専権時代の序幕として、この戦役の意義を見出したのであったが、もう一人の人物であるクビライにとってもまた、鄂州は政権樹立への重大な契機をなした地であり、当然ながら本章もこの戦役を中心の論点として述べることになるであろう。

第2章　モンゴル帝国の変容

1　モンケ南征軍の構成問題

　1257年秋、モンケ・カアンはモンゴル本土を末弟アリク・ブケに託し、南宋遠征に出発する。ふつう、モンケの南征軍は次のような構成になっていたといわれる。

　（中軍）モンケ直属軍——六盤山→四川

　（左軍）クビライ軍——汝南→鄂州

　（右軍）ウリャンカダイ Uriyangqadai 軍——雲南→ヴェトナム→鄂州

モンケの本隊は、四川に入って南宋の左臂を断つ。クビライの東軍は敵正面を南下、鄂州付近にて、南宋の背後を衝いて北上してくるウリャンカダイの軍と合体し、長江中流域を制圧する。このほか、中央軍の別働隊として、オッチギン家のタガチャル Taγačar 率いる一隊が、六盤山から別れて襄陽方面にむかい、全部で三軍団、4コース方式をとっていた、という[5]。

　ところが、ラシードゥッディーン Rašīd al-Dīn の『集史』*Ǧāmi' al-Tavārīḫ* モンケ・カアン紀には、まったく別の記録が伝わる。長文ではあるが、重要な箇所なので、該当部分をそっくり引用する[6]。

　　653年ムハッラム月〔西暦1255年2-3月〕にあたる兎の年、その幸いなる即位より6年目、〔モンケ・カアンは〕ヒタイの皇帝 Čāūkān〔=「趙官」の音訳。すなわち趙氏の政権、この場合は南宋をさす〕との戦いに出かけた。その地にとどまった諸オルドとモンゴル諸軍の長として末弟アリク・ブケをのこし、ウルスを彼に託して、自分の息子ウルン・タシュを彼の許にとどめた。みずからとともに引具する諸軍は、次の王子たち、駙馬たち、大アミールたちの下に定められた。

　　右翼——王子たち。〔オゴデイ・〕カアンのウルク〔一族のこと〕の支派はカダン〔イェケ・カダンのこと〕、トタク。チャガタイのウルクの支派はクシカと他の息子たち。トルイ・ハンの息子たちの支派はモゲ、アス

1 モンケ南征軍の構成問題

タイ。いとこたちの支派はジャウトゥと別の息子たち。アミールたち。コルチ・ノヤン〔バーリン部の首帥として名高いコルチ・ウスンのこと〕のウルクのアミールたちのなかからバルジク。

　左翼——王子たち。オッチギン・ノヤンの子タガチャル、ジョチ・カサルの子イェスンゲ、イルチタイ・ノヤンの子チャクラ。アミールたち。ムカリ国王の子クルムシ、コンクラトのアルチ・ノヤン、コンクラト部のナチン駙馬、イキレス部のデレケイ駙馬、ウルウト族のケフテイとブジル、マングトのモンコ・カルジャとチャガン・ノヤン。

　これら諸部族のモンゴル軍すべてが出陣した。右翼に属するものは、ジャウクトの軍とともに、モンケ・カアンに従って進発した。それらふたつの軍団の総数は60万(トゥマン)であった。ジャウクトは、ヒタイ、タングト、ジュルジャ、ソランカから成り、その境域をモンゴルたちはジャウクトと呼んでいる。左翼の諸軍は、前述の王子タガチャルに従って別のルートへ派遣された。彼らの総数は30万(トゥマン)であり、その主将は前述のタガチャルであった。その会議(ケンケジュ)において、ベルグテイ・ノヤンは次のように上奏した。「クビライはひとたび軍に臨み、そのつとめを果たした。いま、痛風 dard-i pāī〔本来の意味は「足の痛み」〕をわずらっている。おおせがなされれば、家路におもむくだろう」。モンケ・カアンはそれを是とした。ベルグデイ・ノヤンは110歳であって、その年に逝去した[7]。

　モンケ南伐軍は、漢文史料の具体性を欠く曖昧でおおまかな記述とはちがい、左右両翼の2軍にわかれており、それぞれにしかるべき諸王・臣将たちがきちんと配されていた。そのうち、右翼軍団はモンケに属し、これにはジャウクトと総称される北中国・タングト・女直・高麗の非モンゴル人部隊がついて、総計60万。のこりの左翼軍団はオッチギン家第二代当主のタガチャルが主帥となって総計30万（なおここにいう左翼、右翼とはいうまでもなく、モンゴル国制上の左右両翼制のことである）。クビライは、どうやら当時まだ存命であったらしいチンギス・カンの異母弟ベルグテイの多分にふくみのある進言によって、この遠征からはずされる。その理由は、彼にはそれ以前に軍事的功績（1252-54年に行

第2章　モンゴル帝国の変容

なった雲南・大理遠征のこと)[8]があり、そのうえ「痛風」だから、という。──ラシードは同じ理由をクビライ・カアン紀でも繰りかえす。クビライの遠征不参加はやむをえない仕儀であったことを、ことさら強調するかのように。

　文中の60万、30万という数字は、ベルグテイの110歳という年齢とともに、あてにはならない（ちなみに、1227年に他界したチンギス没年のうち最高齢の75歳とする『集史』を採ったとしても、30年ほどのちにあたるこのときにチンギスの弟であるベルグテイは仮に存命であっても110歳にはならない）。しかし、そこに挙げられた人名には、当時のモンゴル帝国の構造展開からみて、それなりに妥当なものが多い[9]。なお、前掲の引用文において、左翼の将領のうち「コンクラト部のナチン駙馬、イキレス部のデレケイ駙馬」については『集史』イスタンブル本には見えないが、イスタンブル本に準ずるロンドン本ａ（大英図書館蔵 Add.16688 写本。14世紀なかばころの写本か）f.43b によって補った。イスタンブル本は当該箇所でちょうど頁が移り、おそらくそのため明らかに書写が乱れている。

　ラシードの記事が大筋において信頼に足るものであるとすれば、モンケの南伐軍は、通説とはまったく異なる構成であったと考えざるをえなくなる。というよりも、通説が依拠する漢文史料は、下位の立場で従軍した漢族系の人間には触れるものの、肝心の主力をなすモンゴル将領たちの配置・構成どころか、その顔触れさえほとんど伝えていない。もっとも、そうしたことはほとんどの場合に同様であって、そこに東西史料の双方の特徴があるとともに、両史料群をその性格に応じて使い分けつつ総合利用する必要がでてくるわけでもあるのだが。ラシードは、さらにクビライ・カアン紀でこう語る[10]。

　　その後、モンケ・カアンはナンキヤス〔南宋〕征服を決意した時、クビライは痛風であり、これよりさきに軍に臨み、敵たる国々を仲間となしたのであるから、このたびは居処にて休め、とおおせられた。指示に従って、〔クビライは〕モグーリスターンのカラウン・ジドゥンの地にあるみずからの諸オルドにて休養をなした。1年後、ナンキヤス方面に赴いていたタガチャル・ノヤンと左翼の王子たちが益なく帰還した時、モンケ・カアンは彼らを問責するためにおおせ yarlīg を送り、叱責なされた〔qāqimīšī

1 モンケ南征軍の構成問題

farmūd。イスタンブル本では qāmlamīšī と誤記するがロンドン本 a, f.51a にてあらためる〕。おおせは、つまるところかくなる次第となった。クビライ・カアンは、「わたくしは痛風がやわらぎました。モンケ・カアンが軍に臨まれ、わたくしが居処に居るのは、いかがなものでしょうか」と伝言を送ってきたのであるから、タガチャル・ノヤンが擁していたかの諸軍(チェリク)を受け取り、ナンキヤスの境域へ出立せよと。おおせに従って、〔クビライは、〕親近の軍1万とタガチャル・ノヤンとともにあって〔クビライが〕彼から受け取った数万のジャウクトとを率いて進発した。

もともとクビライはモンケの南伐に参加する予定はなく、「モグーリスターンのカラウン・ジドゥンの地にあるみずからの諸オルド[11]」に引きこもっていたが、1年後タガチャル軍団が敗退したため、モンケは怒ってタガチャルを更迭し、クビライを起用することになった——というのである。

ラシードが伝えるこの主将交代説は、はたして事実であろうか。もし事実ならば、通説は当初のプランと変更後の構成とを、ごっちゃにしていることになる。そこで中国側の史料——とりわけここでは紀年のはっきりした『元史』憲宗(モンケのこと)本紀および世祖(クビライのこと)本紀から関係記事を抜き出して、以下順に並べ、つきあわせてみることにしたい。

(1) 七年丁巳春、忽蘭也児吉に幸す。諸王に詔して、師を出し宋を征せしむ。〔……〕夏六月、太祖の行宮に謁し、旗鼓を祭る。復た怯魯連の地に会す。〔……〕秋、軍脳児に駐蹕し、馬乳を醴ぎて天を祭る。九月、師を出して南征す。〔……〕宗王塔察児(タガチャル)、諸軍を率いて南征し、樊城を囲む。霖雨連月、乃ち師を班す。〔……〕冬十一月、兀良合台(ウリャンカダイ)、交趾を伐ちて、これを敗る[12]。〔憲宗本紀〕

(2) 〔七年〕冬、帝、漠南に度り、玉龍棧に至る。忽必烈および諸王阿里不哥・八里土・出木哈児・玉龍塔失・昔烈吉・公主脱滅干等、来迎し、大いに燕す。既にして各おの所部に帰らしむ[13]。(憲宗本紀)

(3) 〔歳丁巳〕冬十二月、也可迭烈孫の地に入覲す。道を分ちて宋を攻めんことを議し、明年を以て期と為す[14]。〔世祖本紀〕

67

第2章　モンゴル帝国の変容

(4)〔八年戊午二月〕師、南征し、河に次る。適たま冰合す。土を以てこれを覆いて渡る。帝、自ら将に宋を伐ち西蜀よりして以て入らんとす。張柔に命じて忽必烈に従い鄂を征し、杭州に趣かしめんとす。塔察(タガチャル)に命じて荊山を攻め、宋の兵力を分かたしむ。〔……〕帝、東勝より河を渡る[15)]。〔憲宗本紀〕

(5) 夏四月、六盤山に駐蹕す。〔……〕是の時、軍四万、十万と号し、三道に分かちて進む。帝、隴州由り散関に入り、諸王莫哥(モゲ)、洋州由り米倉関に入り、孛里叉(ボルチャ)万戸、漁関由り洮州に入る[16)]。〔憲宗本紀〕

(6)〔八年十一月〕忽必烈に命じて諸路蒙古・漢軍を統べて宋を伐たしむ[17)]。〔憲宗本紀〕

(7)〔歳戊午〕冬十一月戊申、開平の東北に禡牙す。是の日、啓行す[18)]。〔世祖本紀〕

これらの記事は、それだけで見れば、方針がしきりに変更されているようで、なかなか筋の通った解釈をくだしがたい。しかし、ラシードが伝える主将交代説を念頭に置いて右の記事をもう一度眺めてみると、じつに無理なくすっきりとおさまり、南宋遠征のおおよその真相が浮かび上ってくるかのようである。以下、重複になるが、上の(1)～(7)の各文にそれぞれ解説を加え、具体的に検証してみたい。なお【　】でくくった部分は、(1)～(7)の本文に対する筆者の推論である。

(1) モンケは1257年の春、南宋遠征の詔を発し、夏から初秋に親征のための儀式に日をすごし、暑気がおさまった九月(10-11月)、南征に出発する。そのころ、すでにタガチャル麾下の南征部隊は、中国内地に入っており、漢水中流域の樊城を囲むが、「霖雨」すなわち秋の長雨のため、やむなく退却する。【ラシードがいう、タガチャル左翼軍団の敗退とは、まさしくこれにあたるにちがいない。】一一月(12月-翌年1月)には、ウリャンカダイもヴェトナムに侵攻する。【ここに見えるモンケ、タガチャル、ウリャンカダイの動きが、互いに連動した一連のものであることは明白である。この三軍団が、当初に予定されていた南伐軍の全部隊であることは、まず間違いあるまい。】

1 モンケ南征軍の構成問題

(2) 同年冬、モンケはゴビをわたって内蒙に入り、玉龍桟 (Ürüng 桟か。所在不明) なる地に至る。そこには、クビライ、アリク・ブケ、モンケの諸子らが出迎えていた。【問題はクビライが出迎えメンバーに入っていることである。彼は何のためにこの地にモンケを来迎したのであろうか。それを解く鍵のひとつは、彼以外の人物がどうしてこの地に参会しているのか、ということである。アリク・ブケ以下の面々は、すべてカラ・コルム留守部隊のものばかりである。かれらは長城ラインを越える一歩手前のこの地まで、ずっとモンケにつき随ってきていたのであろうか。あるいは、モンケはなんらかの必要があって、麾下に従軍する諸王以外にも、周辺でただちに召集できるこれらトルイ家の王族たちを呼び寄せたのであろうか。】

(3) 同年一二月 (1258年1-2月)、クビライはイェケ・デレスン Yeke Deresün なる地 (やはり所在ははっきりしない[19]) でモンケにまみえ、翌年の南宋攻撃を約束する。【この記事が、前文 (2) の内容と対応することは、一見して明らかである。イェケ・デレスンは、前出の玉龍桟附近のいずこかである。となれば、前文 (2) でいうクビライの来迎は、モンケと会見するためのものであったことになる。そして、この会談でタガチャルの更迭、クビライの起用が決定したのであろうことは、前後関係から見てまず間違いない。されば、来迎後の「大いに燕す」の記事もまた、ふたりの約定がなったのち、互いに別れて南征に旅立つ両者への壮行と別離の意をこめて、この地で盛大な宴会が開かれたことを意味することになる。そしてそう解すれば、アリク・ブケ以下のトルイ家諸王が、わざわざこの地まで扈従、ないしは来迎してきた理由も、おのずから判然としてくる。】

(4) 明けて憲宗八年 (1258年) 二月、黄河渡河の最中、モンケは南宋遠征の担当地域を発表する。それは、次のような図式であった。

　　　モンケ直属軍——四川方面
　　　クビライ・張柔軍——鄂州→杭州
　　　タガチャル軍——荊山 (淮東方面)

【これが、まさしく前年のモンケ・クビライ会談を踏まえ、手直しされた新遠征計画の大綱にちがいない。】

（5）モンケはその夏を六盤山に幕営し、ここを南伐への根拠地とする。四月、その軍4万、公称10万は、3隊にわかれて四川に侵攻する。【これは、モンケ本隊の行動を述べたものにすぎない。通説に、タガチャル軍が六盤山よりわかれて襄陽方面にむかったというのは、時間的に見てまったくありえない、前後関係を無視した解釈といわざるをえない。】

　（6）（7）一一月戊申（1258年12月26日）、クビライは、モンゴル軍・漢軍を率いて開平を出発する。【ラシードの「親近の軍1万とタガチャル・ノヤンとともにあって〔クビライが〕彼から受け取った数万のジャウクト」にあたる。】

　以上、このようにみてくると、ラシードが伝える主将交代説はたしかに事実であり、通説は誤りといわざるをえない。ではひるがえって、当初の作戦計画はどうであったのだろうか。それを図示すれば、図1のようになる。

　タガチャル軍が敵正面に相い対し、ウリャンカダイ軍がその背後を衝く。モンケ軍は遥か後方に控えるかたちである。ラシードがいうモンケ麾下の右翼軍団を中軍、タガチャル麾下の左翼軍団を左軍とみなせば、ウリャンカダイの第三軍は右軍にあたり、モンゴルに伝統的な三軍団方式が一応は踏襲されている。タガチャル軍は、襄陽・樊城の攻囲を手始めに、そのまま漢水流域を南下して、鄂州あたりにてウリャンカダイ軍と会同する手はずであったと考えられる。いわゆる鄂州の役は、本来はタガチャルの手によって果たされるはずのものであった。

　かたや、モンケ本軍の出立は、南宋領を南北から両断しようとする左・右両軍にくらべ、いちじるしく遅れている。進撃ルートもじつのところ、はっきりしていない。厳密にいえば、モンケ本隊は、はたして最初から四川に入るつもりであったかどうかさえ疑わしい。モンケがようやく漠北を旅立ったころ、タガチャル麾下の左翼軍団はすでに最初の攻撃目標である樊城の攻囲にとりかかっていた。あるいは、モンケ本隊には当初、戦闘の前面に立つ予定はなかったのかもしれない。形のうえからだけで見れば、左翼軍団は湖北平原を南侵し、長江中流域に取りつこうとする姿勢を見せているのに対して、本隊はそれを後方から眺めつつ、おもむろに南下する、といった具合なのだから。

1 モンケ南征軍の構成問題

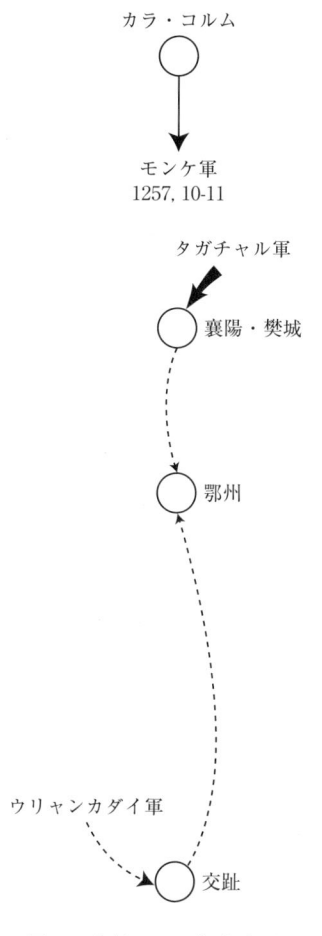

```
         カラ・コルム
            ○
            ↓
          モンケ軍
         1257, 10-11

              タガチャル軍
           ○ ← 襄陽・樊城
           ⋮
           ○ 鄂州
           ⋮
  ウリャンカダイ軍
           ⋮
         → ○ 交趾
```

図1　南征三軍の作戦計画図

　この形は、これより二十数年前、第二代大カアンのオゴデイがおこなった金国親征を連想させる。黄河以南、開封に逼塞して余喘を保つ金朝政権にとどめを刺さんとしたこの遠征では、例によって三軍団方式がとられてはいた。しかし実際の戦闘はモンケら兄弟の父、トルイが率いる右翼軍団がほとんど一手に引き受け、オゴデイは親征とはいうものの、あらかた片づいたあとを、まるで物見遊山のように悠々と黄河を渡るのである。みずから戦陣に立って指揮する

第2章　モンゴル帝国の変容

のが常であったチンギス・カンの他界後では、大カアンの親征はこのふたつだけである。モンケの時点で、モンゴルはすでに人類史上で最大の陸上帝国の域に達していた。その大カアンの親征としては、むしろオゴデイの先例に似たモンケの当初計画のほうが自然であって、結果として出現することになってしまったモンケの四川侵入が異例なのかもしれない。

　それはともかく、タガチャル軍の予期せぬ撤退のために、モンケの思惑は初手からすっかり狂ってしまった。本来その予定でなかったクビライを起用せざるをえなくなり、おまけに突然の起用のためか、クビライ軍は編制に手間取って、南下は大幅に遅れた。——当初の作戦計画では、前線のタガチャル軍と後発のモンケ本隊とは、時間にしてちょうど1年のひらきがあった。おそらくその差は、行動日程上あらかじめ設定されていたものとおもわれる。ところが思いがけない計画変更によって、当初とはまったく逆に、モンケ本隊が先行し、そのあとやはり1年の行程差をおいてクビライ軍が後続するという格好になってしまった——。そのため結局のところ、モンケはみずからが率いる本隊のみで当面戦わざるをえないはめに追い込まれる。そのことが、四川におけるモンケ軍団の苦戦から、ひいてはモンケ自身の死へもつながる伏線になるのである。

2　襄陽撤退事件——モンケとタガチャル

　では、モンケを苦況に追いこむ結果をもたらしたタガチャル軍団の退却はどうしておこったのか。後述するように、この事件をひきおこしたタガチャルと、それにより再起用されたクビライとが、結局は手を組んで、クビライ政権を生み出すことになる。その意味で、タガチャル軍の後退は、モンケ死後の帝国内乱の鍵を握る重大な事件であった。

　すでに見たように、『元史』憲宗本紀によれば、それは降りつづく「霖雨」のためであった。ところが、ラシードはモンケ・カアン紀にてこう語る[20]。

　　タガチャル・ノヤンといえば、大都市 Sānk Yānk Fū（襄陽府）と Fānk

2　襄陽撤退事件──モンケとタガチャル

Čīnk（樊城）を包囲し仲間となすため、10万の騎兵を率いて大河カーン・キン Qān Kīnk〔「漢江」の音写と見て漢水の意とするか、もしくはカアンたる江、すなわち「皇江」の意で長江のこととするか、両案がありえるが、いずれにしても漢水ないし長江方面をさすことは変わらない〕の方面へ派遣されていたが、そこに着くと軍をもって一週間包囲した。しかし、容易に攻略できなかったので退却し、みずからの居処に下馬した。モンケ・カアンはこの行動に立腹し、彼らを叱責なされた。そして「汝らが戻った折には、しかるべき懲罰をくだそうぞ」と伝言を送った。

タガチャル軍は、わずか1週間の攻撃で、簡単に襄陽・樊城の攻略をあきらめ、任務を放棄して後方に撤退してしまったのである。文中の「みずからの居処」とは、左翼諸将の遊牧本領がひろがる東部モンゴリア興安嶺一帯をさすのか、あるいはタガチャルのオッチギン家投下領であった益都路をはじめ、左翼諸集団が集中的に所領を形成する山東周辺をさすのか、ここだけでははっきりしない。ともあれ、タガチャル軍の戦線放棄は作戦構想を根本からゆるがすものであり、局面に重大な影響をあたえずにはおかなかった。単純な事実の展開だけで眺めるならば、モンケの激怒ももっともといわざるをえない。

元来、漢水右岸の襄陽、およびその対岸の樊城は、陝西・河南両方面から漢水沿いに長江中流域に出るルートの咽喉もとを占め、古来より、中国が南北に対立する時にはかならずといっていいほど係争の地となる湖北平原最大の要衝であった。すでにモンゴルはオゴデイ時代、金朝覆滅ののち、オゴデイの三子で、当時おそらくは後継者に擬せられていたクチュ Küčü を総帥として、大規模な軍事行動をおこし、南宋と全面対決していた[21]。ところがこの時は、肝腎の主将クチュが開戦まもなく急死し、いったんは長江ライン近くまで南宋を押し込んでいたモンゴル軍は南宋軍の反撃をうけてずるずると後退する。南宋側は逆に、名将といわれることになる孟珙などの活躍もあって、次々と失地を回復して、漢水流域では襄陽までも奪取していた。その後、オゴデイの死去をきっかけにモンゴル側の政治的混乱がつづいたため、両者の本格的な軍事衝突は見られず、20年後にモンケの南伐を迎えるにいたる。当時の南宋にとって、襄

第2章　モンゴル帝国の変容

陽・樊城は鄂州を肩、漢水を腕とすれば、北方モンゴル領にむかって突きだした握りこぶしにあたる、前線最大の軍事拠点であった。

したがって実際のところ、この両都市の攻略はたしかに容易なものではなかったろう。とはいえ、タガチャル軍のじつにあっけない退却も不可解といわざるをえない。なぜなら、攻めるタガチャル軍もまた相当に強力な軍団であり、その顔触れを見る限り、多少のつまづきであっさり軍を引いてしまう陣容とはおもえないからである。先に引いた『集史』モンケ・カアン紀の記載によれば、タガチャル麾下の左翼軍団の面々は、次のようである。

　　（諸王）
　　オッチギン王家　　タガチャル Tagāgār＞Taγačar
　　カサル王家　　　　イェスンゲ Yīsūnkah＞Yesüngge
　　カチウン王家　　　チャクラ Ǧāyūlah（y は q の誤記）＞Čaqula
　　（諸将）
　　ジャライル国王家　クルムシ Qūrmušī＞Qurmuši
　　コンギラト駙馬家　ナチン駙馬 Nağīn-kūrkān＞Način-güregen（コンギラト家の事実上の初代アルチ・ノヤン Alči-noyan はすでに他界していた。チンギス時代の著名人として名が挙げられたのだろう）
　　イキレス駙馬家　　デレケイ駙馬 Dārākah-kūrkān＞Derekei-güregen
　　ウルウト郡王家　　ケフテイ Kihtī＞Kehtei、ブジル Būğir＞Bujir
　　マングト郡王家　　チャガン・ノヤン Ǧagān-nūyān＞Čaγan-noyan（モンコ・カルジャ Möngkö-Qalja についても、アルチ・ノヤンの場合とおなじだろう）

このうち、諸王層は筆者が「東方三王家」と総称するきわめて一体性の強い左翼諸弟ウルスの当主たちであり、かたやノヤン層はこれまた元代史料に「五投下」として強固な団結を見せながら頻見する、ジャライル以下の有名な左翼の五大部族集団の代表的な人物たちである。東方三王家といい、五投下といい、それぞれの家が強力な軍事集団を擁するうえ、東方三王家はオッチギン家、五投下はジャライル国王家が首領格になってひろやかな連合組織を結成する点、

2 襄陽撤退事件——モンケとタガチャル

他のモンゴル集団ではまったくみられない特殊性を有する。全モンゴル族のなかで、もっとも特殊にして最強の軍事集団と見てよい。しかも上掲の面々のおのおのが各集団の首長であることから察すれば、問題となるタガチャル軍団には、モンゴル帝国の左翼に屹立するこの二大勢力がほぼ全面的に参加していたと見てさしつかえないであろう。

ひるがえって、ではモンケ直属軍の顔触れはどのようであったか。上記と同様に、ラシードの記述を列挙すると次のようである。

（右翼諸王）

オゴデイ王家　　イェケ・カダアン Qadāq～Qadān＞Qada'an、トタク Tūtāq＞Totaq

チャガタイ王家　クシカ Qūšiqā＞Qušiqa
（中央ウルス コルン）

トルイ王家　　　モゲ Mūkā＞Möge

モンケ王家　　　アスタイ Asūtāī＞Asutai

（左翼諸王）

ベルグテイ王家　ジャウドゥ Ğāūtū＞Ja'udu

（諸将）

バーリン族長家　バルジク Bālğīq＞Baljiq

ここには、右翼といいながら、西北ユーラシアに巨大な半独立のウルスをつくっていたジョチ家の名はまったく見えない。モンケの即位を強力に支援したジョチ一門は、モンケ中央政権ときわめて良好な関係にあったが、所領の位置からこれと同時におこなわれていたフレグ Hülegü の西征軍に兵団を送っており、東方作戦には不参加でかまわなかったものと了解できる。問題は、オゴデイ・チャガタイ両家である。オゴデイ家からは傍流のカダアン（『集史』でも『元史』巻一〇七、宗室世系表でもオゴデイの第六子。庶出）、トタク（オゴデイの第4子カラチャル Qaračar の子。『元史』宗室世系表の脱脱大王。これも庶系）のみ挙がる。モンケ即位に反対して徹底的にたたかれたグユク系などから名が挙がらないのは、それなりにうなづけるとして、注目されるのはトルイ家対オゴデイ家という困難な政治状況をうまく生きのびて、モンケ時代には、むしろオゴデイ・ウルス

第2章　モンゴル帝国の変容

の本宗を引き継いでいたとおもわれるオゴデイの次子コデン Köden の家からは誰の名も挙がっていないことである。じつは、『元史』によって、第三代当主モンゲドゥ Mönggedü の参加が確認されるのではあるが、後述するように引きつづく帝位継承戦争においてコデン家はクビライ派にたったので、ここでモンケ親征軍への参陣が明言されないのはそのためかもしれない。

　チャガタイ家からは、クシカをはじめ幾人かの諸王が参加した。当時、チャガタイ家では第二代当主でグユクの治世のときにいったん強制失脚させられたうえ、モンケによって復権を遂げていたカラ・フレグ Qara-Hülegü がみまかり、その妻オルグナ・カトゥン Orɤuna-qatun（もしくはオルクナ Orqīna）がひきつづきモンケの支持のもとでいわば当主を代行していた時期であったから、クシカ以下をもって当主の参加に代えたと見ることもできる。しかし、クシカは実のところ、『集史』の全篇を通じて、事件史の展開のなかでは、ここ1箇処にしか登場しない。その血統上の位置づけとしては、『集史』チャガタイ・ハン紀の第1章の文章による系譜と図化したものとのそれぞれにおいて、綴りが若干ことなるものの、チャガタイの第4子サルバン Sarban の2子中に見える Qūšīqī＞Qušiqi もしくは Qūšīqāī＞Qušiqai に相当し、クシカないしはクシカイという名であったことがわかるだけである。サルバンの他の1子、すなわち兄弟たるニクベイ Nigbei が1271-72年の間、ほんのしばらくとはいえ、チャガタイ家当主の地位についているのにくらべると、はなはだ影の薄い人物といえる。

　ところで、ブロシェ E.Blochet の『集史』刊本を見ると、クシカないしはクシカイにつづく「他の息子たち」として、アビシュカ Abīšgah＞Abišqa、ナリン・カダアン Nārīn-Qadān＞Narin-Qada'an、カダクチ・セチェン Qadāqčī-Sāčān が挙げられ、ボイル J.A.Boyle による英訳書もそれに従う。しかし、これら3人の名は、イスタンブル本はもとよりロンドン本、ロンドン本 a、サンクトペテルブルグ本などの参照すべき諸写本には見えない。それに、そもそもナリン・カダアンは東方三王家のひとつカチウン家の諸王である。写本校訂の点でいえば、依拠するに足りない。これに限らず、ブロシェ刊本は全般にわたって安易な改訂と創作が目につき、校訂本としてはきわめて危ういといわざる

2　襄陽撤退事件——モンケとタガチャル

をえない。ところが、すくなくとも当該箇所に関する限り、ブロシェが追加したカダキ・セチェン（カダクチはブロシェの誤り）についてはモンケ親征への参加と途上の他界が確認され［Šu'ab, f.118b］、事実においては採るべき点があるのである。そこで、アビシュカも含めて触れておくならば、この両人は、ここに挙がらぬアジキ Ajiqi とともに、有力者ブリ Büri の遺児たちであった。そのうち、長兄らしきカダキ・セチェンは、『集史』にここを含め2度しか現われず、履歴ははっきりしない。逆に、アビシュカのほうは、つづく帝位継承戦争のさいアジキとともにクビライ派につき、きたるべきチャガタイ家当主となるべくクビライから送り込まれるが、その途次アリク・ブケ派によって捕えられ殺害される人物である。ラシードによれば、アビシュカはこの南征行より4年前のクビライの雲南・大理遠征にも同行しており[22]、かたやアジキはクビライ時代を通じて終始、大元ウルス側にあって重要な役割をはたしている。チャガタイ一門のなかでもブリの系統は、いわゆるロシア・東欧遠征のおり、バトゥ Batu と対立したブリがモンケの命令でバトゥに引渡されて殺されるということがあったためか[23]、反モンケ的傾向が強く、結局はチャガタイ家中枢部の意向に反して徹底的なクビライ派となった。この前後、女ながらもチャガタイ家を取りしきっていたオルグナ・カトゥンが亡夫カラ・フレグがモンケの力によって復位しえたことをおそらく徳として、無条件の親モンケ（したがって、親アリク・ブケともなるわけである）であったことからすると、クシカ（イ）やカダキ・セチェン、さらにはひょっとしてアビシュカも含め、非主流派ないしは潜在的反モンケ派の人物が名を連ねるチャガタイ家の南征参加は、はたしてどの程度のものだったのか、かなり疑わしくなってくる。

　このほか、左翼からベルグテイ家の当主ジャウドゥが挙がる。この家は諸弟王家のひとつとして、国制上では一応は左翼に属するものの、チンギス・カン同母弟3人から発する前出の東方三王家とはことなり、始祖ベルグテイの異母弟という出自が決定的に作用して、独立の諸弟ウルスというよりも、大カアン家に所属の千人隊長、すなわち諸将のランクに限りなく近い家柄、といった色合いが濃い。したがって、トルイ系の王族であるモゲやアスタイらとともに、コルン・ウルス勢力のなかに数えてさしつかえない。以上こうしてみると、モ

ンケ本隊は「右翼」とラシードは称するが、右翼勢力、とりわけ右翼諸子ウルスの参加はじつのところあまりたいしたことはなく[24]、トルイ家以下のコルン・ウルス勢力を主体に、若干の右翼に属する諸王たちが協賛するといったほうが、実態に近いとおもわれる。

　両軍の数は正確には把握できない。同程度か、あるいはモンケ軍が多少多いか、といったところであろう[25]。しかし、構成メンバーからすれば、大カアンのモンケ自身をのぞき、他にこれといった中心となるべき人物を欠いているように見えるモンケ本軍に対し、タガチャル軍は少なくとも軍事集団としてのまとまりと実戦経験という点では、はるかにモンケ軍を凌駕していた。東方三王家は、つい4年前にはカサル家先代当主イェグゥ Yegü を総帥に高麗に遠征したばかりであり、いっぽう五投下は1217年のムカリ Muqali の中華地域への派遣以来、華北の経略・経営に関与すること40年、全モンゴル軍団中で中華地域についてはもっとも経験豊富な軍団であったからである。

　とすると、タガチャル軍の敗退は、ますます不可解となってくる。『集史』は前引の文章につづいて、カサル家当主イェスンゲの兄弟コルクチ Qūrïqǧï ＞ Qorïqči なる人物が伝言を送ってタガチャルに浴びせた言葉として次のようにいう[26]。

　　クビライ・カアンは多くの都市と城塞を取ったが〔雲南・大理遠征のこと〕、汝は諸戦をなしたとたばかって戻ってきた。すなわち、酒食に耽っていたのだ。

モンケ南征軍の成否を握るといってもいい左翼軍団の不可解な退却の原因は、主将タガチャル自身の不熱心さ、やる気のなさにあったというわけである。ここに見えるコルクチというモンゴル諸王は、筆者が知る限り、モンゴル時代の東西諸語文献にここ以外には登場しない。しかし、コルクチはタガチャルが統領する東方三王家のひとつジョチ・カサル家の歴とした一員で、かつはこの当時モンゴル王族のなかでも屈指の長老として、帝国の東西にわたって声望の高かったイェスンゲの兄弟という「老王」なのであった。そうであるからには、影響力も相応にそなわり、後述のようにまだ年若かったはずのタガチャルにと

2　襄陽撤退事件——モンケとタガチャル

っては強烈な痛手となる発言たらざるをえなかったことになる。いいかえれば、ごく身近の年長者による重大な「内部告発」であったわけである。すくなくとも、『集史』はそのつもりで、このくだりを述べていると見るべきだろう。ではなぜ、タガチャルは不熱心であったのか。もしくはどうして、不熱心たらざるをえなかったのか。

　その真相はわからない。関連史料のなかで、ただひとつ、あるいはその一端をうかがわせるものかもしれないとおもえるのは、『元史』憲宗本紀に見える次の記事である[27]。

　〔憲宗六年〕六月、鯷亦児阿塔に幸す。諸王の亦孫哥（イェスンゲ）、駙馬の也速児（イェスル）等、宋を伐たんことを請う。帝もまた宋人の命に違い使を囚うるを以て、会してこれを伐たんことを議す。秋七月、諸王に命じて各おの所部に還りて以て居らしむ。諸王の塔察児（タガチャル）、駙馬帖里垓（デレケイ）の軍、東平諸処を過ぎるに、民の羊豕を掠む。帝聞くや、使を遣わして罪を問わしむ。是由り諸軍犯す者無し。

　上文の前段にあるように、憲宗六年（1256年）六月、カサル家当主のイェスンゲ、駙馬イェスル（この人物の出自はわからない）らが南宋征討を請い、モンケもまた、オゴデイの末年に送った講和の使者が拘禁されたままになっていることを理由に南征を決議した。そして秋七月、会同していた諸王に命じてそれぞれの根拠地にかえらせる。南伐に備えさせるためであった。モンケの南征は、実質的にこの時にはじまった。問題は上文の後段である。遠征決定後、タガチャルはイキレス部長デレケイ駙馬をともなって東平一帯に立寄った。そのとき、かれの軍兵が民の羊豕を掠奪するということがあった。モンケはそれを聞くと使者を出して罪を責め、そのため諸軍は粛然となった、という。

　タガチャルは翌年の九月には問題の襄陽撤退事件をひきおこしているのであるから、上にいう「東平」云々は、翌年の南伐に備え山東一帯に領する投下領——タガチャルら三王家は海寄りの益都・済南等の方面、五投下は内陸側の東平路。ほぼかつての山東東路・山東西路にあたる——に赴いたことを意味する。イキレス部長デレケイを同伴させていることから類推すれば、この南下は、単

にタガチャルのオッチギン家軍団、デレケイのイキレス部族軍だけのものではなく、彼らを含めた三王家、五投下の大部隊が続々と中華内地へ繰りこみつつあった状況が想定される。記録上、彼らの行動として、この秋冬期の移動後に確認できるのは、翌年秋のくだんの襄陽攻撃である。であればその間、これらの諸軍団は山東地域一帯に駐営していた可能性が高く、一時的な通過とはおそらくはなしえない。とくに、東平地方の処々には、広大な黄河の退灘地が茫々たる草原となってひろがっていた。わけても、南流する黄河にほど近い曹州とその周辺は、大規模な兵団の駐留に好適な条件をつくりだしており、たとえばそのひとつの結果として大元ウルス時代を通じて「河北山東蒙古軍都元帥府」の本拠たる駐営地が置かれつづけている。

　この当時、東平一帯は強力な漢人軍閥厳氏の根拠地であった。厳氏は初代厳実のころより独立指向が強く、しばしばモンゴルに反抗的で、厳実をついだ当主の厳忠済はいっそうその傾向を露わにしていた。「東平五十四城」と総称される厳氏の勢力圏全体が、事実上の地方政権と化していたと見ていい。オゴデイ時代の投下領の設定以来、この地に領王権を振おうとする五投下など（たとえば前掲の記事で当事者として名のあがるデレケイがひきいるイキレス部の投下領は、東平地方の北西部にあたる冠州にあった）とはかねてより対立しがちであった。そのうえ、その五投下のさらに上位に立って、モンゴル左翼の全体をとりしきるタガチャル麾下の遊牧集団が、おそらくは駐冬・駐夏を目的に大挙して到来したのであるから、同地方での混乱と緊張は容易に推測される。

　もともと東方担当にわりあてたはずの弟クビライをあえてはずし、皇帝みずから指揮するかたちで南宋制圧作戦に乗りだしたモンケとしては、南進への前線基地とも後背地ともなる東平地方に確固たる地盤をきづく厳氏幕府の協力は、作戦展開の重要な前提となるものであった。このころ華北の在地勢力のなかで、東平の厳忠済と益都の李璮とが突出した存在であり、ことに東平軍閥の実力と安定ぶりは際立っていた。その東平厳氏が非協力か、さらには反抗ということになれば、南宋作戦は困難となる。モンケは、おそらくそれを憚って、前記の処置に出た。——なお、モンケは、息子のうちでただ一人この南伐行に同行させていたアスタイを同様の事件にて処罰している[28]。軍規の引締めと統制にか

2 襄陽撤退事件——モンケとタガチャル

なり気を配っていたと考えざるをえない——。

しかし、タガチャルやデレケイにしてみれば、羊家の掠奪程度は軍律の乱れともいえぬ、ある意味ではやむをえない、ごく日常的なものであったはずである。まずは、東平地方のなかに投下領を構えるデレケイにとって、モンケの態度はほとんど私領支配への干渉に類し、論外といってよかった。この時期、モンゴル族長たちの分領は、それぞれの自儘にまかされていた。しかも、『集史』モンケ・カアン紀によれば、そもそもナンキヤス、すなわち南宋への進撃を上言したのは、ほかならぬデレケイなのであった [ĞTS, f: 193a]。デレケイにとって、モンケの南宋作戦への合意を演出してやったうえに、タガチャルとともに南征軍の事実上の主力をなす戦闘部隊を指揮して、自分の属領も存在する東平地区に先頭を切って乗りこんできていたのであるから、モンケへの反撥は必至であったろう。まして、左翼諸弟ウルス第一の名門の当主で、かつ左翼全軍の主将に擬せられていた若きタガチャル（彼は1246年から48年に祖父オッチギンが他界したころにはまだ幼年で、そのため家督を奪われそうになる[29]。かりにその時10歳ならば、タガチャルはこの時20歳、たとえ20歳であったとしても、せいぜい30歳にしかならない）にとって、このようなささいなことからともかく処分を受けるかたちになったのは、まったく心外なことであっただろう。

もちろん、この事件をただちに襄陽撤退事件にむすびつけるのには慎重でなければならない。とはいえ、タガチャルとデレケイ麾下軍へのモンケのとがめだても、当時のモンゴル帝国における常態からすれば、やはりやりすぎであったことは否めない。モンケにとっては、行軍経路の在地勢力の離反を防止しつつ、遠征軍をひきしめ、作戦全体をみずからの手で確実に掌握するための当然の措置ではあったが、第二代の大カアンたるオゴデイ他界後からほぼ10年つづいた弛緩の時代になれていた人間たちにとっては、強引で強圧的に映らざるをえず、反感をまねきやすいやり方ではあった。では、ひるがえって、この事件までのモンケとタガチャルの関係はどうであったか。史料のうえで確認できるのは、次のふたつの事例である。

その一。タガチャルは前述の家督相続が危機に陥ったさい、グユク Güyüg の母后で、グユクの没後に権勢を振っていたドレゲネ Döregene に授封を認め

第2章　モンゴル帝国の変容

られる恩顧を蒙った。ところが、そのわずか2年ほどのち、モンケの即位をめぐって、ドレゲネらオゴデイ家を中心とする反モンケ派が激しく抵抗したとき、彼はドレゲネらに与することなく、他の諸弟王家の首長たちと協同してモンケ即位推進派にくわわっている。

その二。ただしこちらは、もうひとつ定かでない事例。モンケ即位の翌年（憲宗二年、1252年）左翼諸勢力はカサル家の第二代当主イェグゥを総帥として高麗に遠征した。そのさいのこと、『元史』憲宗本紀に次のような記事がみえる。

〔憲宗三年癸丑春正月〕諸王の也古（イェグ）、怨みを以て諸王の塔剌児の営を襲う。

『新元史』の撰者の柯劭忞は文中の「諸王の塔剌児」を「諸王の塔察児」の誤りとみなし[30)]、那珂通世もまた同意見で[31)]、現行の二十四史点校本もこれを襲ってそう注記する[32)]。筆者としては、可能性のみでこうした重要な字句を訂正することには、躊躇を憶えざるをえない。したがって、あくまで留保条件つきなのではあるが、もしこの読みかえが正しいとするならば、遠征先で総帥イェグゥ Yegü とタガチャルの私闘があったにもかかわらず、イェグゥのみモンケにより処罰され（箭内亙がすでに考証したように[33)]、イェグゥはこれがもとで失脚したらしく、カサル家の家督は、こののち弟イェスンゲの手に渡る）、タガチャルは──上文では彼が被害者のような書きぶりではあるが──処罰をうけるどころか、この事件から3年後の南宋遠征には、イェスンゲらのはるかな年長者をさしおいて、左翼全軍の主将に任ぜられたことになる（イェグゥとイェスンゲはチンギス・カンの次弟カサルの子、かたやタガチャルは末弟オッチギンの孫で、一世代ちがう。そのうえ、『集史』によればクビライの即位後にイェスンゲが没したとき、彼は75歳の高齢であったというから[34)]、タガチャルとは年齢的にもかなり大きなひらきがあったと考えざるをえない）。

上記の2例でみる限り、モンケとタガチャルの間に、どこにも悪い材料はない。すくなくとも、主将任命の時点までは、二人の不仲は想定できない。クビライの起用を避けた以上、モンケとしてはやや若いとはいえ、すべてのモンゴル一族ウルスのなかで、最大の勢力を擁する東方の巨藩、オッチギン家の当主

タガチャルを、南征軍の左軍の主将に起用するのは当然のことであったろう。タガチャルもまた、襲封後はじめて祖父オッチギン以来の東方勢力の盟主にふさわしい処遇をあたえられたのであるから、勇み立ちこそすれ、ぶざまに退却するとは、ふつうには想いもよらない。そうしてみると、やはりそこに前述の処分事件が影を落としている気配が漂う。

ひるがえって、こうした国家・政権の根本にかかわることがらについて、その国家・政権が述作した記録によって再構成することは、時代・地域の別なくきわめて困難といわざるをえない部分がある。ただし、モンゴル時代については、文明圏をことにするかたちでの複数の史料群が伝わる。そうであるからこそ、事態を見つめ、かつ見極めることが可能な局面が存在する。反対に、ひとつの文明体系や国家の枠内にとどまる史料状況ならば、こうした試みは、じつは史料の手のなかで浮遊することになりかねない。ここに、モンゴル時代史の史料研究としてのささやかな、しかし他のアジア史分野ではふつうにはほとんどありえないだろう立場と可能性がある。

いずれにせよ、タガチャルはモンケの南伐に対し不熱心にならざるをえないところがあり、それが懲罰覚悟の襄陽戦放棄となってあらわれたといえるだろう。モンケの南征はふたりの中心人物、モンケとタガチャルの軋轢によって、発足早々に空中分解してしまう危機を迎えたわけである。モンケは急遽その予定を変更し、南下途中の玉龍桟にクビライを召喚し、おそらくそのときアリク・ブケらを含め、緊急の一族会議を開いてクビライの再起用を決定する。史上に名高いクビライの南征軍は、ここに誕生することになったのである。

3　クビライ南征軍――モンケとクビライ

クビライは、「明年」という約束の期限ぎりぎりの、憲宗八年冬一一月戊申（1258年12月26日）、開平府をたつ。そのころ、モンケはすでにその夏をすごした六盤山に輜重隊を残し、4万の軍を率いて四川に入っていた。明けて憲宗九年（1259年）春二月、『元史』世祖本紀によればクビライは「諸王と邢州に会」

した。この「諸王」とは誰か。右翼諸王はモンケ本隊に従軍し、トルイ家諸王はアリク・ブケとともにカラ・コルムにある。となれば、のこる諸王、すなわち左翼諸王のこと。つまり、襄陽撤退事件より1年半、タガチャル麾下の左翼軍団は、あらたな主将クビライと合体するため、その所領地の邢州に会合したのである。タガチャルの統帥権は、ここにクビライに委譲された。

『元史』世祖本紀によれば、邢州会同の記事につづいて、「夏五月、小濮州に駐す。東平の宋子貞・李昶を徴して得失を訪問す[35]」と見える。小濮州は厳忠済が制圧する東平地方のなかの地。五投下の大勢力コンギラト族長家の傍流で、当時のタングト地方、現在の青海省西寧を中心に遊牧本領をかまえるチグゥ Čigü 駙馬家の投下領である濮州に属し、南隣には先述の曹州が位置して、ようするにあたり一帯が坦々たる大草地となっていた。『元史』世祖本紀には、この記事のすぐあとに「秋七月甲寅〔8月9日〕、汝南に次る」とあるから、クビライ南伐軍は黄河の渡河（なお、金代における決壊ののち、当時にあっては黄河は南流していた）を前にして、東平地区の南縁一帯に駐夏したと考えられる。厳氏の東平幕府から見れば、前々年につづく再度の大規模な遊牧軍団の駐営であった。

先掲の文中に見える宋子貞といえば、当時の厳氏地方権力の中枢部の一人であった。この時なされたクビライと宋子貞の会談は、その内容が『元史』巻一五九の宋子貞伝に載るが、そこでは宋子貞は南宋平定策について原則論めいた見解を述べるにすぎない。しかし、表面の字句どおり、あたりさわりのないやりとりであったかどうかはともかく、この会談がなされたこと自体、モンケの南伐に非協力的であった東平軍閥と再起用されたクビライとの調節・談合がはかられたものとして、十分に意味をもつものであった。漢人軍閥を代表する厳氏地方政権との連携は、クビライの南進にとって不可欠の条件であったのはいうまでもない。この後の歴史展開のなかで見逃せないのは、宋子貞を頂点とする厳氏権力の頭脳集団は権力者への道を駆けあがるクビライのもとに参じ、結局のところ主人である厳忠済をふりすてて、そっくりそのままクビライ新政権の漢人政策スタッフにすりかわってしまうことである。大元ウルスの出現とかつてない新世界国家建設事業を考えるとき、1259年の夏における小濮州駐営は、

3 クビライ南征軍――モンケとクビライ

じつは歴史上で大きなターニング・ポイントをなしたといっていいだろう。

さて、大兵団をひきいて小濮州に集団野営する間、クビライは頻繁に南征策を諮問する。『元史』列伝などに散見するそうした幾つかのやりとりのなかで、もっとも注目にあたいするのは、次の商挺伝（巻一五九）の記事である[36]。

> 憲宗〔モンケのこと〕、蜀に親征す。世祖まさに鄂・漢に趣かんとして小濮に軍す。召して軍事を問う。挺、対えて曰く「蜀道険遠なり。万乗、豈に宜しく軽動すべけんや」と。世祖黙然たることこれを久くす。曰く、「卿の言、正に吾が心に契す」と。憲宗崩ず。

商挺の口振りは、モンケの親征に批判的なだけでなく、その死さえ予期するかのようである。クビライも暗黙裡にその言を肯定する。

もともと商挺もまた、東平の厳氏幕府に仕えていた。モンケ政権のもとで東方担当となったクビライは1253年に京兆（現在の西安）地区に分地を与えられると、ただちに商挺を招聘し側近に加えた。東平幕府出身者で、最初期のクビライへの臣従であった。翌々年、クビライの側近中の側近として名高いウイグル人の廉希憲が宣撫使、挺は宣撫副使とされ、ともどもにクビライ王府の私領となった関中・河南の経営にあたった。ところが、前引の商挺伝からの引用文の直前にこう見える[37]。

> 丁巳〔1257年〕、憲宗、阿藍答児（アラムダル）に命じて河南・陝右に会計せしむ。戊午〔1258年〕、宣撫司を罷む。挺、東平に還る。

皇帝モンケによりクビライ私領の経営権を剥奪された商挺は、故地の東平に引きあげて、そのまま主人クビライの南来を待っていたのである。

上引の文章はなにを意味するのか。これはまさしく、生粋の遊牧武人たらんとする兄モンケと漢人文化にただならぬ理解を示す弟クビライとが、中華地域の経営をめぐって一時期ぬきさしならぬ対立関係におちいったという、有名な事件をさすものにほかならない。ここでは繁雑を避けて、『元史』の姚枢・趙良弼・廉希憲・馬亨・史天沢などの各伝に見える事件の概容を取りまとめると、次のとおり[38]である。

第2章　モンゴル帝国の変容

　　　かねてよりクビライの中華地域に対する姿勢に疑念を抱いていたモンケは、
　　　讒言もあって、1257年の春、腹心のアラムダル'Alamdarと劉太平をクビ
　　　ライが私領経営する陝西と河南に派遣し、その行政権を接収させた。アラ
　　　ムダルは鉤考局を設置、徹底的な会計監査をおこなって、クビライ側の行
　　　政処理官庁である宣撫司の属僚をはげしく締めあげる。クビライはこのモ
　　　ンケ中央政府の態度に動揺するが、姚枢の進言によって意を決し、誤解を
　　　とくため、みずから兄モンケのもとに来投する。両者は直接まみえると、
　　　たがいのわだかまりが消え、和解する。結局、モンケは鉤考局を廃止する。

　この事件は、これまでしばしばエピソード風に語られてきたが、南宋作戦との
直接の因果関係について言及されることはなかった。ところが、この事件がお
きたのが、西暦1256-57年。いっぽう、モンケの南征が決定したのが1256年7
月（陰暦六月）。そして、かの襄陽撤退事件が1257年10-11月――。つまり、第
1次南征計画が進行している間、モンケとクビライは対立のさなかにあったの
である。中華方面の経営を委任されたはずのクビライが、いったんはまず南宋
遠征に参加しないというはなはだ不自然な事態が生じたのはまさしくこのため
だったことになる。ようするに、クビライは参加しなかったのではなく、意図
的にはずされたのであった。『集史』が述べたている「痛風」などの理由は、
つまるところ、モンケとクビライ両者の対立を覆わんがための頓辞にすぎない
ことになる。結局は最終の勝者となり、モンゴル帝国全体を大きく変えること
になるクビライが、じつは兄たる皇帝モンケとの不仲もしくは不首尾から立ち
あがって、いわば大逆転のかたちで帝位をえたと率直に書きにくいのは当然の
ことだろう。『元史』以下の漢文史料がそれとしてしるすことがほとんどない
のは、漢文文献というものの一面を示している。むしろ、ペルシア語の『集史』
だからこそ、まだしもそれなりに帝国紛乱の機微に言及するのだろう。とはい
えもとより、『集史』はつまるところはクビライ側に立って（現実には、情勢な
がめではあった）ウルス形成をはたすことになるフレグ家の政治上の立場を代
弁する。クビライに対し、非難めいた叙述は直截にはなしがたい。

　モンケとクビライ両人の対立が、はたして現実にどれほどのものであったの

3 クビライ南征軍――モンケとクビライ

か、残念ながらいま明瞭にするだけの材料はのこされていない。事件の一連の顚末のうち、それぞれにかかわることがらの小さな局面や断片だけを、しかもきわめて婉曲かつ曖昧に述べるにとどまる漢文史料を通読してみても、所詮はささやかな記事にすぎないにもかかわらず、それでさえも内容・表現とも微妙に食い違い、事件の一端なりとも正確に究明・把握することはむつかしい。ただしそのさい、いずれの場合にあっても、アラムダルなど脇役にすぎない人物をことさら表面に押し立て、その悪役ぶりを強調しようとするいっぽう、主役のふたりそのものの対立には、できるだけ触れまいとする態度がはっきり見てとれるのである。

すくなくとも、両者の対立は結局のところ兄弟の血の論理によってすべてが水に流される、といった美談仕立てでは済まされないものがあったことは確実である。両者が熾烈な対立のなかにあり、それによってクビライの遠征不参加も生まれ、さらに偶発めいた事件も重なって、モンケ-アリク・ブケのラインからクビライの政権奪取という事態を産んだのであっても、クビライが政権掌握後にみずからを正統の大カアンと主張せんとするならば、実の兄であり先代の大カアンでもあるモンケとの確執はあってはならぬものであり、モンケからクビライへの代がわりは正当なる継承でなければならなかった。クビライを奉じなければならないフレグ家の立場、ことに第七代フレグ・ウルス君主ガザン Ġāzān＞Γazan の政治的主張や歴史的見解が強く投影されている『集史』において、ことの概容・大流をしるしながらも、そこに見えるクビライ弁護がいかにも見え透いたあざといものであるだけに、かえってこの対立が容易ならぬものであったと考えざるをえなくなる。

では、さきに触れたクビライのモンケ宮廷への来投と和解（たとえば姚枢伝）とは、一体いつのことであったのか。時間関係からみて、それはすでに述べた『元史』世祖本紀にいう、「〔憲宗七年、1257年〕冬十二月、也可迭烈孫の地に入覲す。道を分ちて宋を攻めんことを議し、明年を以て期と為す」にほかならないだろう。この記事は、『元史』世祖本紀ではアラムダル・劉太平派遣の記事の直後にしるされているから、対立後にはじめてモンケとクビライの両者が直接にまみえたのは、すなわちこのときと考えざるをえまい。つまり、モンケ

の南下をアリク・ブケ以下の諸王たちとともに来迎したクビライの目的は、じつは兄モンケとの和解にあったということになる。そしてそのさい、クビライは中華経営をめぐる対立事件について一応の了承をうけるとともに、おそらくその見返りとして、タガチャル更迭にともなう南征参加をもとめられ、かくて翌年の出立を約束したわけである。そのおりの出征の合意についても、これは推量ではなく、『元史』姚枢伝がもとづく姚燧撰「中書左丞姚文献公神道碑」には、この会見のありさまが精写され、「帝〔＝モンケ〕、自ら将に南伐せんことを覩り、上〔＝クビライ〕と地図を閲し〔……〕[39]」と、地図をひろげて遠征計画を練っている様子が伝えられる。そもそも、クビライの来投を述べる記録自体が姚枢伝なのであって、さらにそれがもとづく神道碑においては、じつはきちんと来投・和解・南征参加という一連のことがらが同じ会談で果たされたことがうかがい知れるのである。

さて、本章は以上の経緯を『集史』の記述にもとづきつつ辿ってきた。ところが、その目でよくよく克明に眺めると、じつは漢文史料のなかにも、ことのおおよそをきわめておぼろげではあるものの述べる記録があることに気づく。『元史』巻一三〇、不忽木伝に見える次の一節がそれである[40]。

> 世祖の威名、日々に盛んなり。憲宗、将に宋を伐たんとして、命じて以て居守せしむ。燕真曰く、「主上、素と疑志あり。今、乗輿は遠く危難の地に渉る。殿下、皇弟なるを以てして、独り安全に処るは可ならんや」と。世祖これを然りとし、因りて南征に従わんことを請う。憲宗喜び、即ち兵を分ち、命じて鄂州に趨かしめ、而して自ら将に蜀の釣魚山を攻めんとす。阿里不哥をして居守せしむ。

クビライとモンケの不和を、美談めいて巧妙にぼかしてはいるが、既述のことを踏まえて一皮めくるならば、両者に対立のあったこと、モンケの「疑志」によってクビライが南征からはずされたこと、そしてモンケの出征の途上でクビライの南征参加が決まったこと、さらにその結果、モンケ、クビライ、アリク・ブケの役割分担が確定したこと、以上の事柄がそれなりにそれとなくは盛り込まれている。もちろん、この記事だけでは、とてもそこまで読みとり、かつは

3　クビライ南征軍──モンケとクビライ

了解しきるべくもまたないのではあるけれども。文中、クビライの請願によって南征参加が決定したようにいうのは、文飾というほかはない。両者の対立は、そのままには書けるはずもない。

とはいえ、ともかくも東西史料に一致して見えるのであるから、これまでに述べてきた一連の経緯が事実であったことはもはや動かないだろう。したがって、タガチャルの襄陽撤退事件もまた、漢文史料にはそのいきさつのすべてを直接に詳述する記録はないが、もしこの事件を取り去ってしまうと、（1）モンケ・クビライの不和、（2）それにもとづくクビライの不参加、（3）緊急の作戦変更とクビライの起用──ということの展開のうち、（2）と（3）との脈絡がはっきりとした事実背景を失ってしまう。モンケがいったん排除したクビライを、あえて左軍の主将に起用し協力させようというのだから、そこに余程そうせざるをえないだけの事件が介在していなければならない。前後の事情から判断しても、また『集史』がクビライ派の重鎮として当然擁護しなければならぬはずのタガチャルの不始末をあえて記述している点においても、襄陽撤退事件とモンケの激怒は事実であったと判断せざるをえない。

ところで、クビライにとって南征参加はどんなものであったのか。もとより、クビライの胸中には複雑なものがあったと考えざるをえない。南征参加の代償に関中・河南の問題は、一応のところは棚上げにされはした。鉤考局は廃止され、アラムダルはカラ・コルムに戻った。しかし、もうひとりの劉太平は依然、陝西行省として実権を握ったまま居すわっている［『元史』趙良弼伝］。1258年には宣撫司は廃止され、廉希憲や商挺ら関中経営グループは総引きあげをしている。つまり、南征に参加したからといって、クビライが陝西・河南に有した権限まで回復されることはなかったのである。そもそも、モンケ本隊の南下経路そのものが、ちょうどクビライの関中経営を接収するかたちで進んでいる。クビライが関中支配にあたり、夏営地兼軍事拠点とした六盤山には、モンケ自身が乗り込んで南征の策源地としているし、おなじく冬営地兼王国行政の中心であったはずの京兆には劉太平が四川に侵入するモンケ親征軍の後方支援のかたちをとっている[41]。さらには、モンケ本隊が担当する遠征先の四川方面についても、これに先立つこと3年前、クビライが自領を根拠地に雲南・大理へと、

第2章　モンゴル帝国の変容

ティベット高原の東縁を経由しつつ長征していることから考えると、本来であれば、クビライにこそ割り当てられてしかるべき地域であった。モンケ南征のねらいのひとつは、あきらかにこのクビライ関中王国の接収もあった。ともかくも、かくてモンケ本隊の南下にあわせ、いまや関中地区からクビライ色は一掃されたのである。

　こうしてみると、モンケ中央政府のクビライに対する強硬姿勢は、両者の和解後も実質上ではほとんどゆるめられていなかった。はたしてそれがたまたまかどうか、ともかくタガチャルの不祥事によってクビライは左軍総帥に起用されたものの、それもモンケ側の一方的な都合にすぎないものであった。モンケ、クビライ、フレグ Hülegü（彼は中東方面への遠征に主将として出むいていた）、アリク・ブケ、同腹の4兄弟の協力を軸に出発したモンケの帝国支配と世界戦略は、発足後わずか5年あまりにしてきしみはじめ、モンケはそれを強権と独裁で押し切ろうとしていた。南宋親征はそこに実現したのである。南征終了後、モンケがはたしてクビライをどう処遇しようとしていたかは、その死とともに永遠の謎となったが、当時のクビライからすれば、将来の見通しはけっして楽観的ではありえなかった。南征が成功すれば、中華地域も含めて東方に対する自分の権限はモンケ政府に吸収されてしまう。だが、南征が破綻すれば、自分も含めたトルイ家の帝国支配そのものがゆらぐ。クビライ軍団の異常にゆっくりとした南下、そして東平地方でのやたらな南征策の諮問。それらは、タガチャル軍団の吸収による軍団再編制と南征準備だけでは解し切れない、クビライの複雑・微妙な立場、あるいはディレンマと心の迷いを象徴する。

　では、もうひとりの主役、タガチャルはクビライとの邢州会同までどうしていたか。彼は襄陽撤退事件をひきおこしたあと、第2次計画では淮水流域の荊山（安徽省懐遠県）攻撃を割り当てられる。すべての南征諸軍のなかで、もっとも東方にあたる。ところが、この前後タガチャルとその麾下の軍団の足どりは必ずしもはっきりしない。「〔八年十一月〕諸王莫哥都〔先述のオゴデイ系コデン王家のモンゲドゥ〕、礼義山を攻めて克たず、諸王塔察児〔タガチャル〕、地を略し江に至りて還る。並びに行在所に会す」〔憲宗本紀〕とあるのが唯一の記録である。「地

3　クビライ南征軍——モンケとクビライ

を略し江に至」った先が、第２次計画に指定する荊山であるとすれば、この間のタガチャルの行動はこうなろう。

①1257年10-11月〈襄陽〉——②〈みずからの居処〉——③58年秋冬期〈荊山〉——④〈長江〉——⑤58年12月-59年１月〈四川モンケ行在所〉——⑥59年３-４月〈邢州〉

しかし、③～⑥まで、わずか半年たらずの間に、淮水から長江へ、それから遥か西行して四川へ、さらに北転して邢州へとは、いかにも行程が長すぎる。これではほとんど絶えず、それもかなりな速度と迅速さで移動しなければならず、遊牧軍団といえどもまことに苦しい。たとえタガチャルが供回りのみを従えて、四川のモンケの行在所に赴いたとしてもそうである。なお、モンケは四川に討ち入ってから一度も引くことはなかった。後述するように、邢州会同後にタガチャル軍の荊山進攻が確認されるから、第２次計画の割り当てはそのさいになされたと見られる。であれば、前引の一文は四川のモンケ行在所からさして遠くないところ——ひとつの可能性は漢水流域を再び南下したか（ただし、襄陽が落ちていないのだからこれはむつかしい）、もしくはモンケ本隊とおなじく四川に入っていたか、どちらかであろう。ともかくも、タガチャル軍団は襄陽を撤退したのちそのまま自領に引き籠っていたわけではなく、いったんは南下して長江ラインまで侵入し、その後に反転してモンケと会したのである。

ここで重要なのは、モンケ本隊といったん合流したあとで、クビライとの会同の地、邢州に赴いていることである。どうしてタガチャルはすぐにクビライのもとに北上しなかったのか。記録の表面だけで眺めるならば、モンケ本営での新年の儀式に参加するためであった。しかし、筆者はそれとは別に次のふたつの理由を考える。

第一。タガチャルはこのとき、モンケから直々に第２次計画への変更と協力を念押しされたのではないか。第２次計画はあくまでモンケ側のプランである。主要人物は、四川へ入るモンケ、鄂州に赴くクビライ、荊山にむかうタガチャル。なお、南宋の背後を衝くウリャンカダイは第１次計画のままである。そのうち、直接にモンケと談合して南征参加を了承したクビライはよいとして、タ

ガチャルの場合、前引の記事よりまえにモンケとの会見を伝える記録はない。前引の憲宗本紀が、コデン家のモンゲドゥと並んでタガチャルの合流を明記するのは、それだけこの両者の存在と来会がモンケの南征作戦にとって重要であったからである。つまり、この合流は襄陽撤退事件以後、モンケとタガチャルがあいまみえる最初にして最後の機会となった。タガチャルは、第2次計画への作戦変更そのものについては使臣(イルチ)もしくは伝令などを通じてすでに知っていたではあろうが、直接に口頭で申し渡され、あわせてもろもろの打ち合わせをおこなったわけではない。変更の眼目は、タガチャルからクビライへの主将交代である。タガチャルが拒否ないしは十分に納得することがなかったならば、彼には拒否しかねぬ実力をもつだけに、南征はふたたび頓挫してしまう。それどころか、一気に帝国体制が崩れてしまうこともありえた。主将交代と麾下軍団のかなりな部分のクビライへの委譲、そしてタガチャル自身の荊山への進攻を確約させるために、モンケはタガチャルを是非とも呼び寄せねばならなかった。

　第二。もうひとつのねらい。それはタガチャル麾下の左翼軍団のうち、とくに五投下の兵団を切り離して、モンケ本隊に組み込むことではなかったか。いいかえれば、モンケはみずからの本隊を肥大化させるいっぽう、当初は同程度の規模を擁していたタガチャル軍団の戦力を削ぎ、東方三王家の軍団のみにして、彼の影響力を実質的に低下させようとしたのではなかろうか。

　記録のうえでは、五投下の切り離しは、はっきりとは出てこない。『集史』はまったく触れず、漢文史料もまた、この間の五投下の行動の多くについて、なぜかあまり言及しようとはしない。管見の限りでは、史料で確認できるのは3例だけである。コンギラト部族長ナチン駙馬が釣魚山の軍営にいたとしるされ[42]、ジャライル族傍流の2例についても同様のことが確認される[43]。ただジャライル国王家の当主クルムシの場合、クビライ側近で活躍した兄弟のバアトル Ba'atur やナヤン Nayan にくらべると記録のうえでの影が薄く、彼について直接に言及した碑伝はないが、どうやらクビライ軍と行動をともにし、鄂州に赴いたらしい[44]。つまり、ジャライル部については二手にわかれたことになる。しかし、他の三部族、イキレス、ウルウト、マングトについては、それぞれ『元史』に立伝され、そのもととなった神道碑なども存在するにもかかわら

ず[45]、奇妙なことにモンケ南征時の行動については、どれも口を噤んで一言も語らない。この三部族の場合、モンケの南征にはどうやら触れられたくない事情があったらしい。それはいったいなにか。

　これら三部族について、その碑伝類は、こののちの対アリク・ブケ戦における活躍を特筆大書する。コンギラト駙馬家とジャライル国王家の両家も含め、彼ら五投下は、大元ウルス時代を通じて、クビライ家のもとで最高の貴族層を形成して、その繁栄は天下を覆った。したがって、そのもといたる勲業をいいたてるのは当然としても、モンケの南征にまったく触れないのは、クビライ派として自己宣伝をするにはふさわしくない行動を採ったからではないか。というのは、ジャライル国王家のクルムシはさておき、コンギラト族長家のナチン駙馬の場合については「釣魚山」からクビライのもとへ赴いたと明記されているからである。つまり、ナチンとその麾下のコンギラト軍は、いったん四川の釣魚山を攻囲するモンケ本営に合流し、そののちモンケが急死すると、いち早くクビライ支持を明確に打ち出して鄂州のクビライ陣営に駆けつけたのであった。その背景には、クビライの正室チャブイČabuiがじつは彼の妹であり、くわえてコンギラト本家の根拠地であるのちの応昌一帯が、クビライの本拠の開平（のちの上都）と隣り合わせであった、という血縁・地縁がらみの密接な結びつきが想定される。これに対し、他の３集団の部族長たちは、そうまではっきりと行動できなかったのではないか。彼らは、コンギラトとおなじく「釣魚山」、すなわちモンケ本営にあったのかもしれない。だが、反クビライ的傾向の強い本隊のなかで、モンケの没後、周囲との兼ね合いもあって、すぐさま態度を表明することができず、しばらく情勢を観望したうえで、クビライ派参加に踏み切った可能性は十分にあるだろう。かの襄陽撤退事件には、これら３部族は結果としてタガチャルの不始末の片棒をかつがされた。くわえて、モンケ没後にはただちにクビライ支持を表明できなかった負い目があったのかもしれない。であれば、彼らの碑伝類から、「釣魚山」の言葉だけでなく、南征参加そのものが削除されてしまったこともありえるだろう。もとより、以上は推測にすぎない。だが、いまにのこる記録は、東西両史料ともに最終の勝利者であるクビライとその政権の立場に沿って作為されている。また、この帝位継承戦

第2章　モンゴル帝国の変容

争は、実際にそれほどにモンゴル帝国のゆくえを決定する重大事であり、各部族と各個人ともに運命をかけた選択・行動とならざるをえなかったのである。

こうしてみると、憲宗九年初頭の新年の儀式は、はなはだ重要な色合いを帯びてくる。『元史』憲宗本紀によれば、元旦後に御前会議が開かれ、夏期の炎暑をこのまま四川に居坐って待つべきかどうかをめぐって激論が交されたという[46]。結局は、北還を潔しとせず戦闘継続を決意するモンケの判断が、結果的に裏目に出て、その半年後におそらくは伝染病によるモンケ自身の急死という一大事を招来する。だが、要はなぜモンケはそこまで無理な行動をあえてとったのか、いやとらざるをえなかったかが問題となる。この作戦会議には、タガチャルのみならず、東方三王家の諸王たちも列席していた可能性が高い。彼らこそ、襄陽撤退事件をひきおこし、モンケの陣頭指揮という事態を招いた責任者たちであった。くわえて、左翼軍の新主将とされたクビライがまたモンケに忠順かといえば、けっしてそうではない。開平出発も遅延して、はたしてどこまで本気に戦う気があるのかわからない。そうした彼らをともに前線に立たせるためにはどうするべきか。

モンケの心理状況をあえて推測すれば、こんな具合であったのではないか。タガチャルの襄陽撤退後、次々におこる齟齬と変更とによって、当初の名目的な親征から実戦参加へ、さらに四川不退転の決意表明へと、モンケは次第に追いつめられていった。それは、この南宋親征を契機に、帝国体制をよりモンケ自身に引きつけたかたちで再編しようとする、モンケの心意気を示すものではあったが、そのじつクビライ、タガチャルなど不満分子をかかえこみ、ひとつ誤れば一挙に空中分解せざるをえない危うさを内包していた。そしてそれは、唯一の強制力であるモンケ自身を失うことによって帝国動乱というかたちをとって噴出するのである。

こうして、1259年夏、黄河渡河を前に軍団編制を完了したクビライ麾下の左軍は、主将のクビライ、副将格のタガチャル、そのいずれもが、大カアンのモンケに対して平静ではいられぬなにがしかの想いをかかえた奇妙な軍団であった。そして、同年初秋、四川にある本隊の動きを横目で睨みつつ、クビライは鄂州へと重い腰をあげるのである。

4 鄂州の役——クビライとタガチャル

　鄂州の役をめぐる南宋・モンゴル双方のやりとりのなかから、クビライと賈似道のふたりの人物が歴史の表舞台に登場し、以後13世紀後半を彩る宋元交代劇のそれぞれの主役となっていったことは、宮崎市定が述べるとおりである。ただ宮崎の論述は、より南宋側の対応に力点が置かれ、モンゴル側の分析には当然ながら手薄かった。だが、モンゴル側の複雑に錯綜する経緯からクビライの鄂州攻撃は生まれ、さらに大カアンのモンケの急死による激動のなかでこの戦役は特別な意味をもって展開された。すくなくともモンゴル側からする限り、戦役はそれ自体が意味をもつものではなく、そこにつどう顔触れとそれに対抗しようとする北方の面々、さらにその帰趨を見きわめんと固唾を呑んで見詰める圧倒的に多数の人間たち——そうした衆人注視のなかで、敵方の南宋には顔を向けることなく、もっぱら北方のモンゴリアなどと睨み合わせながら事態は進行した。主役はクビライとタガチャル。両者を導く糸は、鄂州でふたりを結びつけ、そこに結集された力がクビライ政権樹立へとむかってゆく。その意味で、鄂州の役は賈似道のみならず、クビライにとっても跳躍台の役目をはたした。そこで、クビライ・タガチャル両人の動きに論点を絞り、両者提携までの経緯を明らかにしてみたい。

　まず手順として、開平出発以降、燕京帰着までのクビライの行動を表に示す。

1258年	12月 6日	開平出発
1259年	3 - 4月	邢州会同
	4 - 7月	東平地区にて夏営
	8月 9日	汝南に駐営
	8月18日	モンケ死去
	9月10日	渡淮

第 2 章　モンゴル帝国の変容

    9月25日　　　長江北岸に至る
    9月26日　　　モゲの知らせ
    9月29日　　　渡江
    　　　　　　　鄂州攻撃
    12月23日　　 青山磯より北還

 1260年　1月10日　　　燕京帰着　　（以上すべて西暦）

 モンケ死去の報は、世祖本紀によれば 9 月26日、四川本営にある庶弟モゲからもたらされた。しかし宮崎は『郝文忠公集』巻三二「班師の議」により、それより早く、すでに淮水渡河を前にした汝南の陣営で耳にしたとされ[47]、それは次の『集史』クビライ・カアン紀の記事からも裏付けられる[48]。

 〔クビライは〕ナンキヤスの辺境に達すると、多くの都市・地方を征服した。その間、モンケ・カアンは Dū lī Šānk[49] の城塞の攻囲に専念していた。不健康な風土のために、疫病〔vabā' ロンドン本 a の f. 51a でおぎなう〕がおこり、モンケ・カアンは病いとなって死去した。彼の死の知らせは、クイカ・ムレン〔Qūīqa Mūrān　淮水のこと〕の川のほとりにてクビライに届いた。

モゲの通報は、モンケ本隊からの公式な通達にすぎない。実際にはすくなくともそれより半月以上も前に、クビライは独自の情報源から入手していた。郝経が知り、『集史』が語るように、モンケの急死は完全に秘匿されたわけでもなさそうで、漢人側近グループもまじえ、北還か南進かが諮られた。ただそれに直接にくわしく言及する史料はなく、『集史』が次のように副官バアトルの口を借りて、もっともらしい言葉を吐かせるのみである[50]。

 〔クビライは〕ジャライル族のムカリ国王の孫でハントム・ノヤンの父であるバハードル・ノヤンに諮った。「軍を率いて、蟻かイナゴの如く、われらはこの地へやってまいりました。噂のために、ことをなさず、どうし

て戻れましょうか」。

しかし、クビライの南進策が『集史』がいうごとき義務感からの行為とは到底おもえないことは後述するとおりである。ともかく、南進に決したクビライ軍は、これまでの緩慢な動きとは打って変わって、一気に南宋領に侵攻する。淮水渡河が9月10日、それから僅か半月後の9月25日にはもう長江北岸に達している。漢人歩兵部隊を含むクビライ軍団としては、考えられる最高の速度である。その翌日、モゲからの使者が到着するが、クビライは委細かまわず、3日後の29日には長江を押し渡り、ただちに鄂州攻撃にとりかかる。以後約3ヶ月、クビライは鄂州付近に腰を据えたまま動かない。

モンケの他界を知りながら、なおかつクビライが南進策をとり、鄂州攻撃を敢行した理由について、宮崎はこう述べる[51]。

> 当時なお形勢混沌として輿論が何れに帰趨するや計り難く、暫く重兵を己が手に握って放散せしめず、徐ろに形勢の推移を眺めんとする政策的意味もあったであろうが、彼が無用と思われる迄深入したのは、実に猶政変を知らずして宋の背後より侵入した兀良合台の消息を知らんが為であった。

この点、もう少し補足を加えたい。モンケの死後、急に南下を開始するクビライ軍とは対照的に、四川の本隊は、モンケの子アスタイが遺骸を奉じて北還したのを皮切りに、諸将は三々五々北へ退却を始めた。そのうち「秦蜀に散屯」[52]する部隊もかなりあったらしいが、結局、これを強力にまとめあげる人物がおらず、モンケ本隊は事実上で解体した。その結果、南征軍中の左軍を握るクビライの政治的立場は、一挙に有利になった。西方はるか遠くシリアに侵攻しつつあったフレグはこのさい別として、帝国全体を見渡してクビライほどの大兵団を擁する人物は一人もいなかった。とはいうものの、当の軍団そのものは、ほんの半年前、手中にしたばかりであった。情勢次第では、どう転ぶかはわからない。本当に信頼できるのは、開平から連れてきた「1万」[『集史』]ばかりの手勢にすぎない。となれば、宮崎が推論したように、情勢の推移を見守りながら南下をつづけ、麾下の軍団を確実に把握するのが先決と踏んだのだ

第2章　モンゴル帝国の変容

ろう。情勢が許せば、むしろ鄂州でひとあたり戦って、実戦経験を積ませておくほうが得策であった。それはクビライの将来にも利点がある。もし戦わずに北還すれば、無戦とそしられるのは目に見えている。北還が予想されるなか、モンゴルたちが恐れる長江を渡り、モンケ南征の遺志を継承せんとする態度を天下に標榜することは、後継者として名分上で弱味のあるクビライにとって、むしろ最善の策であった。そのさい、北上してくるウリャンカダイとその軍団を回収できれば、戦力強化とともに、友軍救出の美名もえられ、これにまさるものはない。ただし、この点に関しては、このあとクビライは北方情勢の緊迫化にともない、ウリャンカダイ軍の到着を待たずに北還しているから、こちらはあくまで二の次であった。こうしてみると、鄂州の役は次代のカアン位を狙うクビライが、おのれに注がれる多くの目を意識しつつ、それに対する精一杯の演技と、実際的な裏付けとなる軍団把握のため、あえてひきおこした戦役であったといえるのである。

　この間、タガチャルはどうしていたか。邢州会同以後、タガチャルはひとまずクビライの指揮下に入ってはいたが、実際には別箇の一隊を形成し、荊山方面に進んでいたらしい。欧陽玄『圭斎文集』巻一一「高昌偰氏家伝」に、次のように見える[53]。

　　〔撒吉思〕憲宗に従いて釣魚山を攻む。建言すらく、勢いに乗じて江南を定めれば、必ず駿功あらんと。上〔モンケのこと〕、これを嘉納せらる。世祖〔クビライのこと〕に命じて武昌を取り、王〔タガチャルのこと〕をして、淮安を取り、東西並び進ましむ。

文中にいう、クビライの武昌、タガチャルの淮安は、第2次計画に指定する鄂州、荊山に相当する。『元史』の列伝中にも、タガチャルの荊山侵攻の記事がみえるから、クビライとタガチャルの両軍は、兵站基地となった開封地区あたりから別れ、東西ならびあうかたちで南下していたと考えられる。タガチャルの麾下にあったのは、文献上の明証はないが、前後関係からまず間違いなく東方三王家の軍団であった。このとき他の左翼諸王たちの記録がないことは、逆にそれを立証する。モンケの急死は、クビライだけでなく、タガチャルの立場

　　　　　　　　　　　　　　　　　　　　4　鄂州の役――クビライとタガチャル

も一変させた。東方三王家軍をそっくり擁する彼の動向は、いまや天下注視の
的となったのである。

　鄂州攻撃中のクビライ陣営では、11月24日（陰暦一一月二日）、郝経が北転を
請う上奏文をたてまつった。『郝文忠公集』巻三二に載るこの「班師の議」は、
この時点におけるモンゴル帝国の全般にわたる情勢について、クビライ陣営で
はどう把握していたかを伝えてくれる生の声である。長文で綴られた「同議」
のうち、郝経は当時の諸勢力の動向に触れてこう語る[54]。

　　ただ吾が国内、空虚なり。塔察（タガチヤル）国王、李行省と肱脾あい依りて背脅に在
　　り。西域諸胡、関隴を窺覗し、旭烈（フレグ）大王を隔絶す。病民諸姦、おのおの両
　　端を持し、立つるところを観望す。神器を覬覦して指を染め涎を垂れざる
　　は莫し。

文中の塔察国王とはタガチャルのこと。「国王」なる称号は、ジャライル家の
歴代当主もそう称するが、オッチギン家も初代オッチギン、第二代タガチャル
とも、しばしばこう呼ばれる。そのタガチャルと互いに連携するように、鄂州
のクビライ軍にとって背面の脅威となっていた「李行省」とは、山東益都に盤
踞する大軍閥の李璮のことである。李璮はこれよりわずか3年後、クビライと
アリク・ブケが帝位を争っていたさなかの1262年、南宋と通謀し、大叛乱をひ
きおこすことになる人物である[55]。

　では、その李璮が、どうしてタガチャルと連動しているのであろうか。『元
史』憲宗本紀によれば、李璮はモンケがまだ六盤山にあった憲宗八年（1258年）
夏四月、勅令でその軍兵が調発されそうになると、みずから六盤山に赴いて益
都は南北の要衝であるから徴兵には応じられない旨を上言し、モンケの了承を
うけた。そこから帰還後は、モンケの承認のもとに益都路から海沿いに打って
出て、漣水などの四城を連破し、気勢おおいに揚っていた[56]。モンケとしては、
南征を成功させることが先決であったため、厳氏の東平軍閥とおなじく、モン
ゴル中央部の影響力の薄い李氏の益都軍閥には、あたらずさわらず反抗さえし
なければそれでよいとして、放任したのであろう。

　ところで『元史及北方民族研究叢刊』第4号紙上において、周良霄は明代の

第2章　モンゴル帝国の変容

『紀録彙編』に載る李璮関係の記事を紹介している[57]。その一節によれば、李璮の2番目の妻はタガチャルの妹であった。のち李璮の乱が鎮定されると、皇帝クビライが李璮の嫡子をひきとり、タガチャルは妹が産んだ次子をひきとったという。じつはこうしたふたりの関係は『紀録彙編』をまつまでもなく、『郝文忠公集』巻三七「再び宋国両淮制置使に与うるの書」のなかで郝経も言及し[58]、

> 且つ青斉は塔察(タガチヤル)国王の分土、しかも李公は王の妹婿なり。伯姫歿すと雖も、叔姫復た来れり。

と述べていることからも裏付けられる。つまり、タガチャルと李璮は、オッチギン家の華北における投下領が、すなわち李璮が制圧する益都路という関係があったうえ、タガチャルはたてつづけに二人の妹を李璮の妻に送り込んでそれを強化していたのであった。こうした投下領主と在地軍閥との結びつきは他にも例が見られるが[59]、前引の郝経の書簡がそれを楯に南宋側の両淮制置使の李庭芝を半ばおどして自分の釈放を要求しているように[60]、郝経の目には相当に強固な関係と映ずるほどであった。されば、先掲文の「肱脾相い依りて背脅に在り」とは、まさしく荊山―淮安方面のタガチャル軍とそのやや海寄りの漣水あたりまで出張る李璮軍とが、互いに連動しており、それより西南方の鄂州に居坐るクビライ軍にとって直接の脅威になっていた状況をいうものにほかならない。郝経の上奏が11月24日。ちょうど1ヶ月後の12月23日にはクビライは北還を開始する。タガチャルが鄂州のクビライのもとへ赴いたとするならば、この1ヶ月間のことになる。

クビライからすれば、まずこのタガチャル軍団を何とかしなければならない。味方につければ頼もしいが、敵にまわせば一大事である。だがなによりも、きたるべき大カアン位争いを考える時、クビライはタガチャル以下の東方三王家の諸王侯を、是が非でも自分の陣営に引き入れたかった。彼らを味方につければ、クリルタイでの重要な発言権をもつ一族諸王のうち、左翼諸弟グループのほとんどを一挙にして手中におさめることになる。そもそも兄モンケの即位自体が、バトゥを始めとするジョチ家諸王の強力な支援を背景に、トルイ家につ

4　鄂州の役──クビライとタガチャル

ながる諸勢力が結集して旧グユク派を政権中枢から駆逐したものであったが、そこには二度にわたるモンケ派クリルタイに一致して参加した左翼諸弟ウルスの諸王たちの存在が、モンケの即位を正当化し、全モンゴル的なものとするうえで大きな裏づけをなしていた。もともと彼ら諸弟グループは、ウルス草創の時点において、各家均等の実力をもつ諸子グループとは異なり[61]、オッチギン家のみ巨大で（八つの千人隊）、他の二王家は比較的小型のウルス（カサル家は一つの千人隊、カチウン家は三つの千人隊[62]）であったため、オッチギン家を中心に一体的傾向が強く、実際にこのときもタガチャルの指揮下に荊山─淮安方面にあった。したがって、クビライ側からすればタガチャルさえ引き込めば、オッチギン家のみならず他の二王家もおのずと協同歩調をとる。つまりはタガチャルである。

いっぽう、タガチャルはどうであったか。襄陽撤退事件によって危うくなりかけていたモンケおよびモンケ中央政府との仲は、モンケ自身の急死によって、ひとまず不安を解消した。しかし、淮水に臨んでモンケ死後の形勢を眺めると、北に旧モンケ取り巻きグループを中心にアリク・ブケ推戴の気配が伝えられ、南に一方の雄クビライがいる。もう一人の後継候補フレグは重兵を擁するものの、これは西方はるかに遠い。まずはこのさい埒外である。では北につくか、南につくか。おのれと麾下の東方三王家の命運をかけた選択に、やはり彼は迷った。先掲「高昌偰氏家伝」に次のようにみえる[63]。

　　いまだ幾ばくならずして上〔モンケのこと〕崩ず。師を班して闕に集う。
　　阿里博哥（アリクブケ）、神器を睥睨し、諸王、多くこれに附す。王〔タガチャルのこと〕、
　　また進退に首鼠す。撒吉思（サルギス）、これを聞くや、馳せて王に見ゆ。力言すらく、
　　「世祖は寛仁神武、中外、心を属す。宜しく意を推戴に専らにすべし。も
　　し猶予して決せざれば、則ち機を失わん。計に非ざるなり」と。王、これ
　　に従う。

カラ・コルム朝廷におけるアリク・ブケ擁立の動きにタガチャルが去就を決しかねたとは、はたして正確にいつ、どこでのことかわからない。しかし後述のように、結局タガチャルは鄂州に赴き、それ以降は完全にクビライ派として行

第2章　モンゴル帝国の変容

動している。ここは荊山―淮安にあった時のことと考えて、さしつかえあるまい。かねてモンケに従い、釣魚山にあったサルギス Sargis～Särgis は、タガチャルの動揺を伝え聞くと、すぐさま取って返し、早急にクビライを擁立すべきことを進言したのであった。

サルギスは、「高昌偰氏」として史上名高いウイグル有力氏族の出身であった[64]。ウイグルの国家をあげての帰附とともに、チンギス・カンのもとに質子として送り込まれた彼は、いとこの岳璘帖木児ともども、末弟オッチギンのウルスに派遣され、政治顧問的な立場から、さらに内政を取り仕切った。すでに再三言及してきたタガチャルの家督相続が危うかったさいには、ドレゲネに直訴して襲封を無事実現させるなど、タガチャルにとって無二の宿老といえる。

そのサルギスの進言であるからには、タガチャルに与えた影響は大きい。これまでの経緯から判断して、おそらくタガチャルは心中モンケ色の濃厚なアリク・ブケ派には加担したくない気持が強かったにちがいない。しかし、アリク・ブケはトルイの末子として、モンケら四兄弟のうち特別な立場にいるのも事実であり、現に南征中の首都カラ・コルムをあずかって、名義上も実際にももっとも有力な後継候補である。モンケの葬儀もその後の大カアン選出も、現状のままでは彼の手で主催されることは間違いない。アリク・ブケ政権が実現した場合、旧モンケ政府の面々が、そのまま新政権中枢部に横滑りすることは目に見えている。となれば、モンケの南征に非協力的で、その死の遠因を作ったともいえるタガチャルの立場は、むしろモンケ存命中よりも苦しくなる。とはいえ、クビライに与した場合、大勢がアリク・ブケに傾くならば、まったくの反乱者となって、その末路は知れたものである。現にわずか10年前、モンケは即位後に反対勢力を根こそぎたたいている。

迷うタガチャルに、サルギスはみずから目にしたモンケ本軍のありさまから、途々に実際に目にし、もしくは伝え聞いた四川・陝西・河南の様子、さらにおそらく同族ウイグル人たちを通じて、掻きあつめさせた帝国全般の形勢を語り、それらを踏まえたうえで、クビライへの合力を強く勧めた。そこには、現に東方三王家をそっくり擁するタガチャルがこの時点でもつ、政治的重要性が十分計算されていたのであろう。クビライへ与することはカラ・コルム朝廷への反

4 鄂州の役——クビライとタガチャル

逆であり大きな賭けではあるが、それはまた十分に勝算のある賭けである。成功すれば、アリク・ブケ政権の実現を阻めるうえ、タガチャル以下の立場は従来にくらべ遥かに有利なものとなる。そして、それは見事に図に当るのである。

ここでもう一度、以上をまとめなおすと、タガチャル以下東方三王家がこぞってクビライ擁立に動いた背景には、すでに述べたふたつの理由、すなわち（1）先代モンケとの軋轢、およびそれにもとづくアリク・ブケ周辺への嫌悪、（2）当時の情勢を踏まえた政治的判断、が考えられるほか、いまひとつの理由を見逃すことはできない。それは、クビライと東方三王家の間には、それまでにかなり緊密な関係ができあがっていたらしいことである。

クビライが本拠の幕営地として使用する開平府の周辺は、東方三王家が根拠する東部モンゴリア興安嶺地区の南端であることのほか[65]、既述のクビライの雲南・大理遠征に、これら王家の諸王侯が参加しているのである。『元史』世祖本紀、憲宗三年癸丑の条には、遠征軍の構成に触れて次のように見える[66]。

九月壬寅、師、忒剌に次る。三道に分れて以て進む。大将兀良合帯（ウリヤンカダイ）、西道の兵を率い、晏当路由（よ）りす。諸王抄合、也只烈、東道の兵を帥いて白蛮由りす。帝［＝クビライ］、中道由りす。

文中の「諸王抄合、也只烈」について、洪鈞は『元史訳文証補』［巻1下、附太祖諸弟世系、哈準の条］で、抄合を『元史』宗室世系表カチウン家の項に見える察忽剌（＝チャクラ、既出）に、也只烈を同じく同表にチャクラの子として見える済南王也只里（＝エジル Ejil）にあてる。この同定は無理がない。既述の『集史』の記事によって、カチウン家の第二代当主チャクラはタガチャル麾下に襄陽攻撃に参加したことが確認されるから、カチウン家は1253年にまずクビライの雲南遠征に同行し、おそらくは翌54年に平定戦なかばで北還したクビライとともに帰還、翌々年には南征を決定したモンケ主催のクリルタイに参加して、タガチャルとともに中華本土を南下したことになる。また前引の文中にいう「東道の兵」も、ここだけでははたしてモンゴル国制としての左翼をも意味するかどうか定かでないが、『集史』クビライ・カアン紀によれば、モンケ南伐軍のうちウリヤンカダイ率いる第3軍には、「チャガタイの孫アビシュカと

第2章　モンゴル帝国の変容

50人の左翼の王子たち」がいたという[67]。50人は眉唾としても、第3軍が「左翼の王子たち」を主力にしていたことは十分にありえる。ウリャンカダイは、クビライが早々に帰還してしまったあとも、残余の部隊をひきいて同地にとどまり、モンケの南征にはそのまま所部軍をひきいてヴェトナム経由で大迂回しつつ北上した。第3軍とは、この雲南残留部隊にほかならない。『元史』巻一二一、兀良合台伝には、「四王の騎兵三千、蛮僰万人」と第3軍の構成を述べるが、この「四王」が『集史』にいう「左翼の王子たち」にあたり、さらにそれが世祖本紀の「東道の兵」につながる可能性は十分にある[68]。つまり、クビライの雲南・大理遠征に、東方三王家はカチウン家当主チャクラとおぼしき人物を主将として、すくなくとも一部の勢力は参加した。そのうち、翌年クビライとともに帰還したものもあったが、幾人かの左翼諸王はそのまま残留して、1259年のこの当時は、ウリャンカダイとともに鄂州にむけ南宋領内を一路北上していたことになる。もしそうであれば、鄂州のクビライが第3軍の安否を気遣う姿勢の裏には、トルイ家の宿老ウリャンカダイの身を案じる気持はもとよりながらも、そのじつ、是が非でも味方につけたいタガチャル以下の東方三王家の諸王・諸将に対する一種のポーズも含まれていたことになる。

　ともあれ、クビライの中華方面への派遣と並行してイランに派遣されたフレグの軍団が右翼諸子ウルスからの選抜派遣軍を含むいっぽうで、左翼諸弟ウルスからの参加はまったく見られないことから考えあわせると、クビライと同じく興安嶺地区に根拠し、すでに長きにわたって中華地域とその周辺の経営に参画してきた東方三王家は、モンケ体制発足後、東方担当のクビライへの協力を割り当てられていたと見て、まず間違いないだろう。

　かくて、タガチャル以下の東方三王家軍はクビライ擁立に決する。クビライはここに政権樹立への重大な端緒をつかんだのである。さて、その合流と時期であるが、じつは明確な記録がなく、『元史』巻一六六、張均伝に「親王塔察児(タガチャル)に従い鄂州を攻む」と見えるのみである。この記事ひとつで心許ないが、前後の事情から判断して、タガチャル以下が鄂州のクビライ陣営に赴いたのは確実であるから、既述のように11月24日から12月23日までの間に合流したことにならざるをえない。モンケ他界後の混沌とした情勢下、多くの勢力は旗幟を

鮮明にすることなく、形勢を観望していたが、こうしたタガチャル以下の東方三王家のはっきりしたクビライへの肩入れは、去就に迷う諸勢力に大きな影響を与えたことであろう。時流はクビライにむけ、流れはじめたのである。

　首尾よく東方三王家を傘下に収めたクビライは、北方情勢の緊迫化をつげる正室チャブイの伝言を受け取ると［『集史』[69]］、12月23日、謀将バアトルに後事を託し、軽騎をひきいて鄂州をあとにする。途中、襄陽で高麗国の世子である倎（のちの元宗）の出迎えをうけ[70]、開封では徴兵に来ていたアリク・ブケ側の要人に対し、抗議声明を送る[71]などの余裕を示しながらも、なおかつ、鄂州―燕京間（直線距離にしても約1,100km ある）を、わずか18日という猛スピードで走破したのであった。

5　開平クリルタイと対アリク・ブケ戦

　明けて1260年、クビライとアリク・ブケ両派は真向うから対立する。この紛争については、すでに田村実造に論考がある[72]。ただし『元史』を筆頭とする漢文史料のいう中華王朝史観のままに「アリク・ブケの乱」とするのは、純然たる誤りといわざるをえない。ここではとくに、東方三王家を中心にこの帝位継承戦争を眺めてみたい。

　クビライが燕京に帰着したのは、1260年1月10日（陰暦閏一一月二〇日）。その間タガチャル以下の諸王は、クビライを追うように北上していた。『集史』には、タガチャル、イェスンゲ、ナリン・カダアンの3人の名で東方三王家を代表させ、「中都」Gūndū にて彼らが再合流したことをいう[73]。クビライは燕京に腰を据えて、カラ・コルム朝廷の度重なる参集命令を受け流しながら、自派への参加を呼びかける。帝国の両都市間の睨み合いは約3ヶ月間つづき、『元史』世祖本紀によれば、三月戊辰朔（4月19日）、クビライは、モンゴリアにわずかばかり入った自分の根拠地である開平にクリルタイを開催、お手盛りで大カアン位につく。アリク・ブケもこれにあい前後して即位する。ただし『元史』はアリク・ブケの即位について「和林城の西の按坦河に僭号す」と、

第2章　モンゴル帝国の変容

カラ・コルム西方のアルタン河畔での即位のみを述べるにとどめる。かたや、『集史』もまた、クビライ派の行為を、対抗上やむをえない措置であったとして擁護する。両書、とりわけ『元史』にあっては、この紛争はあくまで「アリク・ブケの乱」であり、「クビライの乱」ではなかった。

開平クリルタイについて、『集史』クビライ・カアン紀はこう語る[74]。やや長文ではあるが全文を引用する。

> そののち、タガチャル、イェスンゲ、イェケ・カダアン、ナリン・カダアン、ジビク・テムル、ジャウドゥ、その他の王子たち、アミールたちからは、クルムシ、ナチン駙馬、デレケイ駙馬、左翼のアミールたちからスドゥン・ノヤンの子ボルチャ Burğah＞Borča、コルチの子イェジル、両ダルハン、右翼のすべてのアミールたちがみなつどって協議した。「フレグ・ハンはタジークの国へ赴いており、チャガタイのウルクは遠く、ジョチのウルクも遥かに遠い。アリク・ブケとともにいるかのものたちは無知をなした。フレグとベルケ Barkāī＞Berke がやってくるまでに、チャガタイの方からオルグナ姫がアミールたちの言葉でアリク・ブケの方へいってしまった。もしわれらがこのときに誰かをカアン位に即けなければ、われらはいかにありえようや」。このように協議してすべて同意し、658年〔1259-60年〕にあたる猿の年、夏季のなかばころ、開平府 Kai Mīnk Fū の町にてクビライ・カアンを皇帝 pādšāhī の玉座に即けた。その時、彼の年齢は46歳に達していた。さだめとならいのとおりに、上述のすべての王子たちとアミールたちは誓詞 mūğalkā＞möčelge をさし出し、膝まづいた。

ここに挙がる面々は、みな大元ウルス時代に、クビライ家の覇権のもとで繁栄を極めたものたちばかりである。もちろん以上の顔触れがすべてでなく、話題性のある人名のみ挙げたにすぎまいが、それにしても東方三王家や五投下が大挙参加する左翼にくらべ、右翼は諸王と諸将ともいかにも手薄である。ウルスの首長としてはコデン家のジビク・テムルくらいである。しかも、この時点でのジビク・テムルの参会と当主襲任は多分に疑わしい。かたや、『元史』世祖本紀は参会者をごく簡単に述べ、カダアンとアジキが「西道諸王」を、タガチ

ャル以下イェスンゲ、フラクル、ジャウドゥが「東道諸王」をひきいたと伝える[75]。『集史』にくらべ、カチウン家代表が入れかわり、ジビク・テムルが消えてチャガタイ家傍流のアジキが登場しているが、ベルグテイ家を含め諸弟の四つの王家の当主がずらりと顔を揃える左翼に対し、右翼はオゴデイ家の傍流のカダアン、おなじくチャガタイ家の傍流アジキを代表に挙げざるをえないほど微弱であったことは率直に伝えている。想えば、開催地の開平という場所そのものが、その北に東方三王家、周辺には五投下がそれぞれ盤踞し、その真只中でのクリルタイであった。つまり、クビライ派とはようするに、左翼二大勢力を主体に多少の右翼勢力が相い乗りする、きわめて左翼色、東方色の濃厚な集団であった。たとえば、『集史』によれば、アリク・ブケは即位後に勅命を発して次のような噂を流したという[76]。

> フレグ・ハン、ベルケ、そして王子たちは一致して余をカアン位につけた。汝らはクビライやタガチャル、イェスンゲ、イェケ・カダアン、ナリン・カダアンの言葉に気をとられてはならぬ。彼らの命令を聞いてはならぬ。

これは、アリク・ブケを貶しめんとする『集史』の創作との解釈ももとよりありえるが、反面たしかに事実においてクビライ派の主力が東方三王家であり、カラ・コルム側からすれば開平クリルタイとは結局のところ左翼軍団の反乱と見えたに相違ないことをよく示している。

幽閉中の郝経は賈似道に宛てた書簡である「復た宋国丞相に与えて本朝の兵乱を論ずる書」のなかでクビライ派の主要人物3人を挙げて次のよう[77]に語る。

> 故に属籍の尊にして賢なる者、合丹(カダアン)大王、先帝の終るや、率先推戴す。摩歌(モゲ)大王、主上の庶弟なり。諸王の中に在りて、英賢なること主上に亜す。嘗て大事に処して声色を動かさず。先帝臨終に、昪くるに後事を以てす。先帰して推戴す。塔察(タガチヤル)国王、士馬精強、嘗て主上に代りて東諸侯を帥い、また先んじて推戴す。

郝経は、クビライ即位後の四月丁未(5月28日)、国信使として南宋に派遣され、九月、南宋領に入ったばかりの真州に幽閉される。したがって、郝経が知りえ

たのはクビライとアリク・ブケの両派開戦以前の状況、いいかえれば開平クリルタイ前後のことである。文中の合丹大王はオゴデイ傍流のカダアン、摩歌大王はクビライの庶弟モゲ。既述の前者はさておき、後者について一言すれば、『集史』によると彼はクビライと異腹の兄弟であるだけでなく、乳兄弟（当時のトルコ語・モンゴル語で kökeldaš。乳兄弟はしばしば実の兄弟よりも親しく、一身同体となるのは洋の東西で変わらないが、遊牧民においてはとくに目につき、歴史上あまたの事例がある）でもあった。彼の母はナイマン Naiman 出身の侍女で、トルイの正室ソルコクタニ Sorqoqtani がクビライを生むとその乳母となり、その2ケ月後、彼女自身からモゲが生まれた。彼女はクビライを成年まで養育し、クビライもそれを徳として、その没後も彼女を思い出しては、墓前に供物をそなえたという[78]。モゲは既述のように、モンケ本軍に従軍し、その急死後はモンケの子のアスタイが遺骸を奉じてモンゴリアへと北還したため、ただひとりのモンケ血縁者として残留諸隊を取り仕切った。モンケの死を公式にクビライに通達したのも、彼であった。クビライにとって分身ともいうべき親縁者のモゲがモンケ本軍の後事を委ねられたことは、大変な幸運であった。クビライはモゲを通じて本軍、ことに右翼軍団にもかなりの影響力を行使しえたのであろうから、その存在と役割は無視できない〔補注〕。ただし、モゲはクビライ即位を見届けると間もなく急逝してしまったらしく、王惲『秋澗先生大全文集』巻八一に載る「中堂事記」上によれば、クビライは同年五月九日、息子の昌童 Šangtung を永寧王に封じてその功に報いている。なお、モゲの急死もまた、自然死ではない可能性が十分にあるだろう。クビライやアリク・ブケ両派のどちらか、さらにはトルイ系のなかの誰かによる殺害、それぞれいずれもありえるが、史料はもとより黙して語らない。

　さて、タガチャルである。上引の郝経の書は「士馬精強、嘗て主上に代りて東諸侯を帥う」と、漢文史料ではゆいいつ、タガチャルとクビライの主将交代に言及する。郝経は書簡の後続箇処で、「縦い彼〔アリク・ブケのこと〕、小しく侵軼あるも、則ち塔察国王ひとたび旆せば、以て平燙するに足らん。其の余の三十余王、猶お甲を巻き馬を牧し、従容として衛を営む[79]」とも述べる。多少の誇張はあるにしても、タガチャルの強盛は他の「三十余王」を従えつつ、

5 開平クリルタイと対アリク・ブケ戦

かつは圧倒して、クビライ陣営に屹立していた。郝経が「率先推戴」などとして挙げる以上の3人は、ひとまずカダアンが右翼、モゲが中央ウルス（コルン）、タガチャルが左翼と、帝国の基本形である三大部分をそれぞれ代表するかたちになっており、クビライのブレインのひとりである郝経はさすがにこうしたことをきちんと理解していたことがわかるが、その郝経自身が明言しているように、実際上は誰よりもまずタガチャルが最大の後楯であった。そもそも、開平クリルタイそのものが、クビライとタガチャル両人による大芝居であったようなのである。元明善は次のようにいう[80]。

> 宗王塔察児（タガチャル）、東諸侯の長なり。上〔クビライのこと〕これと好（よしみ）せんと欲するも、その使いするところを難しとす。王〔＝廉希憲〕、行かんことを請う。すでに饗するや、語りて渡江に及ぶ。王、大いに上の成徳労烈を称慕して、乃ち曰く、「大王〔タガチャルのこと〕、属尊く、義重し。推戴を発言すれば、誰か敢えて協わざらんや」と。宗王〔タガチャル〕、悦び従う。還りて語るところを奏す。上、驚きて曰く、〔……〕歳の庚申の春、上、開平に至り、諸王宗戚、咸な会す。塔察児（タガチャル）、率先勧進す。

この記事にいうやりとりがあった時期は正確にいつかわからないが、状況から見て燕京一帯で集団越冬している最中のことかとおもわれる。有名なウイグル人の謀臣廉希憲が、タガチャルとの交渉役を買って出て、クビライ推戴へのとりまとめを依頼したというのである。左翼集団を主体とするクビライ派としては、その総帥タガチャルにさえ確実に根まわししておけば十分であった。廉希憲をはじめとするクビライ側近らによる台本、タガチャルによる演出、そしてそのうえでのクビライの主演——これが開平クリルタイの内幕であった。

かたや、旧モンケ政府の要人たちが担ぐアリク・ブケ派には、チャガタイ家のオルグナ、モンケの諸子、ジョチ家東方部分のオルダOrda一族など、おもに右翼諸王が参加した。箭内亙より以来、この両クリルタイの比較は一種の「正閏論」めいた趣きをもって言及されている。それらによれば、名分はアリク・ブケにあったが、実際の参加者ではクビライ派の方が優勢で、クビライは実力をもってこれを押し切った、という。たしかにそうではある。念のため、『元

109

第2章　モンゴル帝国の変容

史』『集史』等に見える両派の顔触れをウルスごとに表1に示す。クビライの優勢は一見して明らかで、ことに左翼諸弟四王家の連帯は他を圧倒している。しかし、この表を鵜呑みにすることはできない。なぜなら、表がもとづく史料はすべて勝者となったクビライ側での情報であり、しかも結果論の寄せ集めにすぎないからである。名分上、誰の目にもクビライに非がある以上、その政権奪取を正当化しようとすれば、抗弁の道はただひとつ、輿望が彼に傾いていたとするよりほかはない。アリク・ブケ派についてはどうしても書かざるをえない人物以外、書くはずはないだろうし、クビライ派としるされる人物についても、すべて当初からそのとおりであったかどうかはわからない。では、クビライ派が左翼軍団の反乱であったのは確かとして、アリク・ブケ派は実際どうであったろうか。

表1　開平クリルタイの参加者

	左翼				中央		右翼		オゴデイ系		
	オッチギン家	カチウン家	カサル家	ベルグテイ家	モンケ家	フレグ家	ジョチ家	チャガタイ家	コデン家	その他	コルゲン家
クビライ派	◎	◎	◎	◎	×	○	×	アジキ アビシュカ	◎	カダアン	×
アリク・ブケ派	ナイマタイ	×	×	一王	◎	ジュムクル	○	◎	イェス	○	○

◎は、当主など主流が積極的に参加したもの。
○は、間接的な支援。×はまったく参加・支援が認められないもの。

『集史』はアリク・ブケ派として前記の人物以外に「チャガタイの孫アルグ、タガチャルの子ナイマタイ Nāīmatāī＞Naimatai、ジビク・テムルの弟イェス Yīsū＞Yesü〔Yesü-Buqa 也速不花のこと〕、カダアンの子クルムシ〔イェケ・カダアンの弟6子〕、〔……〕ベルグテイ・ノヤンの一子」を挙げる[81]。アルグ Alγu はこのあと、前述のオルグナからチャガタイ家の実権を奪い、逆にクビライ側に寝返って、この帝国内戦をひとまずクビライ勝利に終結させる決定的役割を演じる。したがって、彼は、アリク・ブケの与党であることが明白な先掲の面々とともに、話の展開上で書かざるをえないから書いたまでである。問題は、それ以外の4例。これらは、各家の当主がクビライ派の重要人物なのであった。

とりわけ、ナイマタイ。『集史』がいうように、彼が本当にタガチャルの子であるかどうか、タガチャル自身が若すぎるので疑わしいが、ともかくクビライ治世の後半期において『元史』『高麗史』等に乃蛮台あるいは乃馬台なるモンゴル王が頻見し、これと同一人物であるとおもわれる。彼は帝位継承戦争より二十数年後、1287年オッチギン家の当主ナヤン Nayan（おそらくタガチャルの嫡孫）を盟主に、東方三王家がクビライ政権に対し大叛乱を起こしたさい、オッチギン家からはただひとり老帝クビライがひきいる大元ウルス側に内応し、当主ナヤンの捕殺後は一時期ながらオッチギン家を牛耳ることになる。つまり、クビライ時代の幕開きとその末期を彩る二大内戦において、ナイマタイは二度ともオッチギン家の主流に逆らって相手方についているのである。もっとも、別の見方をするならば、クビライに対しては一度目はさからい、二度目は与したともいえるし、あるいはじつのところは二回とも、その時点での中央権力と見なされるほうに通じたとも見ることができるのではあるが。とはいえ、ことの深刻さにおいて、半独立にちかい大勢力のオッチギン・ウルスの内部で、ウルスの命運を賭けた奪権戦争のさいに、二度とも時の当主の意向に反して敵方に走るというのは尋常ではない。だからこそ、『集史』はこの特異な人物の名をあえて書きとめたともいえそうであるが、こうした彼の履歴から考えると、現体制下では各ウルス内でのいわば冷飯喰いが、帝国体制そのものがゆらぐ時、ウルス内での覇権すなわち具体的には当主の座を狙って主流派とは逆の政治勢力に身を投ずるといった、しばしば見られる行動パターンの一例ではないか。

もともと、モンゴル時代においてウルスといっても、必ずしも一枚岩とは限らなかった。モンゴル国家の草創から50年ほど経たこのころになると、各王家が把握する交通路上に沿って一門同族（＝ウルク uruq）の遊牧幕営地（＝ユルト yurt）が点在し、その所領全体をひっくるめて、一種の「惣領」的な立場の当主が統轄する、というしくみになっているのが通常であった。したがって構造面でも、また血の同一を紐帯の原理とする点でも、モンゴル帝国と各ウルスとは基本的に同工同質のもので、ウルスはただその縮小形にすぎなかった。かたや、チンギス・カンが定めた左右両翼6ウルスの大枠は、のち若干の追加があったものの、祖法として厳守された。それらの諸ウルスは、歴代大カアンとい

第 2 章　モンゴル帝国の変容

えども取り潰すことはできず、ときどきの大カアンの容喙・干渉も、実際のところはせいぜい当主の首をすげかえる程度にとどまった。その結果、大カアンの交代にさいしては、あらたな大カアンとなりうる人物と結んで各ウルス当主の地位を狙う人間が出てくるのも当然のことで、大カアン側もたえず自分の親派で各ウルスを固めようとする。その極端な例がチャガタイ家であった。

　帝国内乱にあたっては、タガチャル率いるオッチギン家でさえそうであったように、どの王家・族長家も多少の分裂と混乱は免れなかった。分裂かとも見える前述の『集史』の3例は、当主以下の大半がクビライに与しており、たとえ少々の離反者に言及しても大勢に影響がないから、『集史』はあえて言及したのだろう。アリク・ブケ派はもっと広汎にいたかもしれない。たとえばコルゲン家の場合、『ヴァッサーフ史』には当主と目されるウルクダイ Uruqdāī-uġūl＞Uruqdai-oγul がアリク・ブケ派として記される一方[82]『元史』世祖本紀、中統元年一二月乙巳には兀魯忽帯（ウルクダイ）がウルスあて賜与の定額たる5,000両をうけている。だが、このときオゴデイ家のカイドゥも賜与対象となっており、クビライ側は切り崩しをねらってウルクダイを自派へと誘ったと解される。つまり、『集史』等がはっきりクビライ派と述べる面々を除き、他は日和見かアリク・ブケ派であり、日和見は結局のところ消極的な現体制支持であることを考えれば、所詮は勝利者となった側がつくった史料の表面をなぞって、当初から大勢はクビライに傾いていたと断ずるのははたしてどうか。反乱者クビライの勝利の要因は、彼が擁する左翼軍団そのものにこそもとめられるであろう。

　両派の武力対決の経緯は、すでに先学たちにより詳論されており、ここでは簡単に触れるにとどめたい。クビライ派とアリク・ブケ派の直接の戦闘の舞台は、大きく二つにわかれた。ひとつは、カラ・コルム–開平間を中心とするモンゴリア争奪戦。もうひとつは、陝西・甘粛の争覇戦である。

　まず、後者について。こちらは両派の側近同士による宿縁の関中をめぐる争いから始まった。廉希憲・商挺らクビライ側の旧関中経営グループの活躍で、旧モンケ政府軍のうち京兆の劉太平は殺され、六盤山のクンドカイは西走し、いったんクビライ派が関隴を握る。ついでアリク・ブケ派の巨魁アラムダルが奪回を狙ってモンゴル高原から南下し、クンドカイ軍をあわせ西涼府を根城に

5 開平クリルタイと対アリク・ブケ戦

河西を制圧する。このとき、くだんのコデン家のジビク・テムルは、「西土の親王、執畢帖木児、輜重は皆な空しく、秦雍に就食す[83]」といわれるほどの大打撃を受け、本拠の西涼府を奪われて関中に東避する。おそらくジビク・テムルの抱き込みに失敗したアリク・ブケ陣営は、逆にこれを追って東西をつなぐ要地の河西を奪ったのであろうが、そのためジビク・テムルはかえってこれ以降はっきりとクビライ側に立ち、その制覇に協力することになったと考えられる。結局、西部戦線については、オゴデイ庶子のカダアン、鞏昌24城を握るオングト Önggüd 系の軍事勢力の汪良臣、そして史料の表面に大きくはでてこないが、コデン家のジビク・テムルなど、タングト地方にかかわる諸種の勢力が結束してコデン家の所領を奪回し、クビライ派の関隴・河西の確保が決定する。こののち大元ウルス時代、関中にはクビライの第３子マンガラ Mangγala が封ぜられて大元ウルスの西面を大きくおさえ、いっぽう河西には、たとえば「河西は諸王の列地[84]」の一句からも明らかなように大元ウルスの傘下に入った右翼諸王家が集中的に所領を形成し、西方諸ウルスの変動・分立後も、大元ウルスはそれ自体のみでもかたちのうえでは左右両翼ウルス体制の体面を保持しつづける。クビライ政権の成立と以後のモンゴル帝国内における諸ウルスのゆるやかな分立という事態のなかで、関隴・河西確保がもつ意味は大きい。

いっぽう、東部戦線ではおなじ1260年秋、両軍主力が衝突する。『集史』によれば、アリク・ブケはジュムクル Ğūmqūr＞Ĵumqur、カラチャル Qarāġār＞Qaračar 両人に軍を授け、クビライ征討にさしむけるが、イェスンゲやナリン・カダアンひきいるクビライ軍の前衛部隊と Baski の地に戦い敗れる[85]。この敗戦によってアリク・ブケ陣営はいったん瓦解し、カラ・コルムを放棄して、アリク・ブケ自身はキルギズ地方に遁入する。クビライはモンゴリア本土を獲得、大カアンたる実質を力でもぎとった。いったん、カラ・コルムまで進んだクビライは、モンゴル本土の確保のため、カサル家の老王イェスンゲに「10万」[『集史』]の軍をさずけてここにとどめ、みずからは開平府に帰還する。王惲がしるす『中堂事記』において、捷報に燕京（金の故都、中都）のクビライ臨時政庁がどっと湧きかえったというは、まさにこの時のことである[86]。

ところが翌1261年、アリク・ブケは再び東進を開始する。まず、投降すると

第2章 モンゴル帝国の変容

偽ってイェスンゲの駐屯軍をカラ・コルムに急襲し、これを潰走させる。ついで、逆にゴビを横断して、クビライの本拠地である開平への奇襲を試みる。『集史』によれば、クビライ軍は武装解除をしており、最大のピンチであったが、急遽クビライは軍を召集、開平府北方のシムルトゥ・ノール Simültü Naγur 付近でこれを邀撃した。両軍は前後2度の戦闘を交え、結局アリク・ブケは戦果なく後退し、以後は再び立って攻勢に出ることはなくなる。『集史』は、会戦の模様をこう伝える[87]。

> カアンは使者をタガチャルの許へ送り、軍隊を召集した。彼自身、そしてタガチャル、イルチダイの子フラクル、ナリン・カダアンは麾下の諸軍を率いて先陣にあった。フラクル、ナチン駙馬、イキレス部のデレケイ駙馬、オラダイ、カダアンはそれぞれ一万人隊を率いて先鋒として目ざましい働きをなし (kīğāmīšī karda)、立派な戦いをした。イェスンゲは彼の軍が散っていたのでこの戦いには加わらなかった。かくて、カアンは前述の諸軍を率いて沙漠のはじで相いまみえた。クチャ・ブルダクという名の丘とシムルトゥという湖の前にあるアブジア・コテゲルの地にて戦いを交えた。アリク・ブケの軍は敗れ、オイラト諸部族の多くは殺された。

タガチャルおよびフラクル、ナリン・カダアンの活躍とともに、タガチャルがこれら諸軍の統帥権を握っていたことがよくわかる。これにくわえ『元史』などの記載から、このおりのクビライ軍の編成を再構成してみると、表2のようである。左軍は東方三王家とベルグテイ家、右軍は五投下、すなわちクビライ軍は戦闘能力においてもこの左翼の2大勢力にほとんど依存していたことがわかる。

　従来、クビライが勝利をおさめた原因について、クビライ側は巨大な物的・人的資源をもつ漢地を制圧していたが、これに反してアリク・ブケ側はしかるべき補給基地をもたなかったからであると説明される。しかしながら、両派主力の戦場となったモンゴリアにおいては、どれほど大規模な漢人軍団を投入してもさして通用するとはおもわれない。遮蔽物のない平坦な草原での戦闘では、機動性に富む遊牧騎馬軍団こそ戦力としての意味をもつ。またもし、実際にク

5 開平クリルタイと対アリク・ブケ戦

表2 シムトゥ・ノールの戦闘におけるクビライ軍の編成

左 軍	タガチャル（オッチギン王家当主） フラクル（カチウン王家当主） ナリン・カダアン（カチウン王家） ジャウドゥ（ベルグテイ王家当主） 太 丑 台（『集史』の Tāigūtai か）
中 軍	クビライ、カビチュ（合必赤『元史』巻一二〇、朮赤台傳、カサルの子?）
右 軍	コンギラト一族——ナチン駙馬（Način-güregen）族長 （Qonggirad）　　ガカイ（Γaqai 哈海） 　　　　　　　　　ト　ゴ　ン（Toγōn 脱歓） 　　　　　　　　　オロチン（Oločin 斡羅陳） デレケイ駙馬（Derekei-güregen）——イキレス部族長 クルムシ（Qurumši, ジャライル国王忽林失、頭輦哥国王ともいう） カ ダ ク（Qadaq, 哈荅）——ウルウト部族長 クトゥクゥ（Qutuqu, 忽都忽）——マングト部族長

ビライ派＝漢地派、アリク・ブケ派＝遊牧派などと截然と区別できるものならば、アリク・ブケ側は物量では劣っても、戦闘能力のうえでは、むしろ優位に立ってしかるべきではなかったか。両派のモンゴリア争奪戦においてクビライ側がつねに優勢でありつづけたのは、やはり純粋遊牧勢力である東方三王家や五投下などの強力な軍団がおればこそである。これに対してアリク・ブケは、不特定多数の支持を受け、カラ・コルム中央政府を握ったものの、結局はこれといった強力な軍団を手もとにもたなかった。モンケ他界後まもないころ、アリク・ブケの擁立をはかるアラムダルやドルジらは兵力増強のため、しきりに東奔西走していた。前述のアラムダル軍の甘粛への南下も、関中・四川各地に駐屯する旧モンケ本軍を吸収することが、おそらく重要目的のひとつであった。これに反し、クビライ側はさしたる徴兵策を講じていない。すでに強力な軍団を掌握していたクビライ側には、とりたててその必要がなかったのだろう。

　このように見てくると、タガチャル以下の東方三王家のクビライ擁立は、形式的にも実質上も大きな意味をもち、クビライの政権掌握は彼らをひきこんだ時点ですでにそのなかばを達成していたともいえるほどであった。ともかく、クビライ側が根幹の地たるモンゴリア本土を確保したことで、帝国全土に波及した帝位継承戦争の大勢は決した。アリク・ブケは、中央アジアを制圧したア

ルグに裏切られてまったく孤立し、1264年にわずかな側近たちとともにクビライに投降する。モンケの南征とその死に端を発したモンゴル帝国内乱は、ここにひとまず幕をおろしたのである。

6　ゆるやかな分立への道——むすびにかえて

　クビライの制覇はまさしく、タガチャル以下の左翼軍団による軍事的勝利の産物であった。しかしいっぽうで、この紛争を通じ中央アジアをおさえたアルグ、おなじくイラン方面を握ったフレグ、両者との提携が、クビライ新政権を全モンゴル的なものに押しあげた。紛争がひとまずおさまったとき、帝国内にはその東半を直接おさえたクビライ以外、三つの政治勢力が西半部に鼎立する状況が生まれていた。すなわち、前述のアルグとフレグ、それにジョチ家のベルケ Berke である。彼らはその政治的立場からこの紛争に、それぞれ異なる対応を見せた。アルグとフレグは、反アリク・ブケの立場に立たざるをえない事情をかかえ、反対にベルケはモンケ体制の持続を望んでいた。

　まずアルグ。彼は紛争勃発の当初、『集史』が伝えるように、アリク・ブケ推戴にくわわった。というよりも、チャガタイ家を握るオルグナがモンケ政権の当然の継承者としてアリク・ブケの即位に協力したため、あくまで傍系諸王のひとりにすぎず、おなじく傍系といつてもブリ系統のアビシュカとアジキの兄弟のように、ことさらにクビライ側に身を投ずるほどの理由も実力ももたなかった彼としては、チャガタイ家の大勢に従ったまでのことであった。ところが、アリク・ブケの命令で軍糧調達のため、イリ渓谷のチャガタイ家の本営に乗り込んだアルグは、それを機に同家の実権を強奪し、アリク・ブケに叛旗を翻すのである。アルグの簒奪は、アリク・ブケ体制下では、けっして容認されないものであった。先代のモンケ以来、モンゴル中央政府は、オルグナの亡夫カラ・フレグをチャガタイ家の正統と承認、夫の忘れ形見ムバーラク・シャー Mubārak-šāh の襲封の日まで当主を代行していたオルグナは、当然のようにアリク・ブケを支持したのである。アリク・ブケとしては、オルグナをかかえ

6 ゆるやかな分立への道――むすびにかえて

込む限り、アルグを承認できない。アルグとして採るべき道は、クビライと結び、その新政権によって承認される以外になかった。それはクビライの利害とも一致した。いわゆる天山北路を中心に、中央アジア最大の政治勢力であるチャガタイ家を取り込まない限り、帝国西方部分との連絡はとれず、クビライの全面勝利は覚束ない。そのため、クビライは即位早々、与党のアビシュカをチャガタイ家の当主に即けるべく送り込んだが、彼は途上アリク・ブケ側に捕縛され、殺害されてしまった。チャガタイ家掌握の手だてを失いかけていたクビライにとって、アルグとの提携はまさに渡りに船であった。こののち、アルグは熱心なクビライ派として積極的にアリク・ブケ打倒に動き出し、その後方を攪乱する。それが、結局アリク・ブケにとって致命傷になったのは先述したとおりである。

次にフレグ。シリアのアレッポ付近で長兄モンケの訃報に接した彼は、ただちにモンゴル本土への帰還を決意する。おそらくは、彼もまた帝位を狙っていたが[88]、西北イランのタブリーズあたりまで引き返したとき、兄クビライ即位の知らせを受け、本土帰還を諦めてイランにとどまり遠征軍をもってそのまま自立する。フレグの自立は、彼からすれば、モンケ時代に授けられたイラン方面の独占的管理権にもとづくものであったが、かたや帝国をチンギス一族の共有財産と見なす立場からいえば、あきらかにモンケ体制からの逸脱であった。ことにアゼルバイジャンとホラーサーンをめぐって[89]、既得権の侵害を主張するジョチ家のベルケとは次第に対立が尖鋭化し、1262年には全面開戦に至る。つまり、帝国西半では帝位継承争いとコインの表裏のかたちで、ジョチ家対フレグ家の紛争が展開し、フレグとベルケはそれぞれイラン管理権に関して自己に有利な裁断がくだされることを期待して前者はクビライ、後者はアリク・ブケを支援したのである。

最後にベルケ。先代バトゥがモンケと組んで宿敵グユク一派を打倒して以来、ジョチ家は完全なモンケ体制支持であった。当時、ジョチ家一門はモンケ擁立の功を背景に、オゴデイ没後、事実上で占拠していたロシア-キプチャク草原の領有を正式に承認させ、東はイルティシュから西はヴォルガ、ドンの彼方に至るまで、巨大な半独立ウルスを形成していた。バトゥを継いだ弟ベルケとし

ても現体制こそもっとも望ましく、アリク・ブケ政権を嫌う理由はどこにもなかった。『集史』は、ベルケについてクビライに好意的であったように取繕うが、ピーター・ジャクソン Peter Jackson が指摘したように[90]、ベルケはアリク・ブケの名を刻んだコインを発行するなど、アリク・ブケを正統の大カアンとして承認していたことはあきらかである。

ようするに、帝国紛争を一口でいえば、モンケ体制を忌避するタガチャル、アルグ、フレグがクビライを押し立て、逆に旧体制を継承・温存せんとするベルケ、オルグナらがアリク・ブケを支持したのである。しかし、1264年のアリク・ブケの全面降伏で、いまやクビライの帝位継承を承服しないのは、中央アジアに若干のこる態度不鮮明な反トルイ派諸王を除いて、ジョチ家のベルケのみとなった。

ここで筆者は『集史』が伝える次のような報道に注目したい。すなわち軍事法廷でアリク・ブケ以下の処置を決定したクビライやタガチャルらは、その了解を取りつけるため使者を西方の三人の巨頭のもとに送った。それに対し、アルグは自己のチャガタイ家襲封の承認も含め、統一クリルタイの開催を提案、ついでフレグはベルケの参会を条件にそれに同意、最後にベルケも不承不承ながらフレグとともに翌々年（1266年）のクリルタイ着到を約した、という[91]。

これははたして事実であろうか。他に明確な材料はなく、史料上では孤証というほかはない。しかし、当時の状況から判断すると、帝国東半を制圧したクビライが、西方の実力者三人をくわえて、帝国の再統一のためクリルタイを開くというのは、政治日程上、もっともありうべき事柄であった。いまや露骨に反クビライの姿勢を示す有力勢力が帝国内から消えうせた以上、クビライ側にこれをためらう要因はどこにもない。ベルケとしても、クビライの覇権が確定したからには、大勢に靡かざるをえない。また、『集史』の文脈のなかで、このとき統一クリルタイの開催をことさら捏造しなければならない特別な理由もこれといって見当らない。新帝クビライのもとでの統合クリルタイの企画は、事実と見てよいとおもわれる。

もし、このクリルタイが実現していれば、モンゴル帝国史の展開も、いま知られているものとは、だいぶ色合いのちがったものになったのは確かである。

6 ゆるやかな分立への道——むすびにかえて

 当然、フレグとベルクの間の争いも議題にのぼり、ユーラシア西半をゆるがす宿縁の南北対立は回避されたかもしれない。帝国全体は幾人かの有力者による数箇の政治ブロックにわかれながらも、左右両翼ウルス体制はひとまず維持されて、大カアンのクビライのもとに、大型の新しい強力な統一体が生まれたかもしれないのである。そうであれば、まだ接収・征服されていないユーラシア諸地域や北アフリカは、あらたなモンゴル統合軍による侵攻をを味わうことになったのかもしれないし、いわゆる世界史はいまわれわれが知っているようなものでは必ずしもなかったかもしれない。しかし、その機会はまったくの偶然事によってクビライの手から永遠に滑り落ちてしまう。すなわち、西方の三人の巨頭の相次ぐ死去である。1265年、まずフレグが死ぬと、翌66年、フレグ家の混乱につけ込もうとしたベルケもまた南下途上の軍営で急死、さらに同年アルグまでもが病死してしまう。三人の巨頭の死によって、各ウルスの内部では後継者選出をめぐって混乱が生じ、統一クリルタイどころではなくなった。

 とりわけ、クビライにとって痛手となったのは同盟者アルグの死去である。すなわち中央アジアは、これ以後ゆらぎつづけるのである。もっとも、ことのなりゆきはかつて植村清二が断定したほどに単純ではないが[92]、ともかくこれをひとつの契機として、カイドゥの抬頭が徐々にはじまりゆく。ちなみに、カイドゥの「叛乱」については、これまであまりにも固定的なイメージで語られすぎている。現実に、カイドゥが中央アジアにそれなりの勢力圏をつくるのは、せいぜい1280年代以後のことである。しかも、多くの歴史家たちの先入観とはことなり、カイドゥ自身は皇帝クビライの権威を正面から否定することはなかった。彼は、あくまで「カイドゥの王国」Mamlakat-i Qāīdū'ī の盟主であり、アカ Aqa にすぎなかった。しかも、クビライ存命中は、クビライと直接に衝突することをつとめて回避した。じつのところは、クビライ政権とカイドゥ側との戦闘は、数えるほどしかなかったのである。とはいえ、ともかくも不服従のスタンスを採りつづけるカイドゥの存在が、政治上で実際にそれなりの意味をもちはじめるのは、アルグの死以降である。

 アルグの死の重大性をいち早く察知したクビライは、自廷にいたバラク Baraq を第二のアルグとして送り込むが、バラクは期待に反し、クビライのい

いなりにはならなかった。しかし、バラクも完全にチャガタイ家の内部をまとめきることができず、当主相続を潜在的に主張するオルグナとムバーラク・シャー母子やアルグの遺児たちの思惑が錯綜したまま、チャガタイ・ウルスはフレグ・ウルス領への侵攻作戦に失敗して大混乱をきたす。その混乱をついてカイドゥは次第にチャガタイ家の内部を蚕食し、オゴデイ系の西半とチャガタイ系の諸派が錯居する中央アジアを「カイドゥ王国」という名のきわめてゆるやかなまとまりへとすりかえていく[93]。モンケの死に始まった帝国内乱は、1264-66年、クビライの手によっていったん完全に収拾されるかに見えたが、別のかたちでのモンゴル帝室間の内訌を生む結果ともなった。これ以後、モンゴル帝国は大カアンのクビライが直接にひきいる大元ウルスを中心に、西北ユーラシアのジョチ・ウルス、イラン中東のフレグ・ウルス、そして中央アジアのオゴデイ・チャガタイ勢力がそれぞれ権力の核となる多元複合の世界連邦状況へと旋回してゆく。モンゴル帝国という枠のなかで、ゆるやかな分立の時代が始まるのである。その意味で、クビライとアリク・ブケ両派の政権争いは、モンゴル帝国の巨大な変容の序曲にすぎなかったといえよう。

　クビライの全帝国にわたる直接支配のもくろみは、西方三人の巨頭の死によってついえた。その結果、彼の政権が直接におさえる領域としては、大カアンたることを保証する根幹の地モンゴリアと、モンケ時代の任地である中華地域とその周辺、そしてタガチャルが握る東モンゴリア以東とジビク・テムルが抑える河西一帯などの、ユーラシア東半に限定されることになった。モンゴル帝国の全般からこれを見れば、はなはだ東方、すなわち左翼に重心の傾いたかたちである。中央アジアのゆらぎにより、帝国西半、すなわちユーラシア西部への直接統治がむつかしくなったクビライ新政権が、旧都カラ・コルムに乗り込もうとせず、根拠地の開平を上都とし、かつての燕京行省を取り込んで新しい世界国家の帝都たる大都を建設するのは、もはやほとんど必然のなりゆきであった。そしてその政権は、タガチャル以下の東方三王家との提携によって実現へ重要な一歩を踏みだしたように、いわば左翼勢力との合体政権であり、東方三王家を抜きにしては、ほとんどその存立すら危うい側面をかかえていたのである。それは、以後の大元ウルス史の展開のうえでも、見逃しえない重要な要

因として作用してゆく。こうしたクビライ政権と東方三王家の友好関係は、クビライとタガチャルの個人的な結びつきを軸に、タガチャルが死去する至元一五年（1278年）前後まで[94]維持される。それはちょうどクビライ時代の三十余年間の前半にあたるのである。

注

1）愛宕松男『忽必烈汗』支那歴史地理叢書、冨山房、1941年。勝藤猛『忽必烈汗』中国人物叢書、人物往来社、1966年。田村実造「アリブカの乱について——モンゴル帝国から元朝へ」『東洋史研究』14-3、1955年（のち『中国征服王朝の研究』中、同朋舎、1971年に再録）。安部健夫『西ウィグル国史の研究』彙文堂、1955年など。

2）杉山正明「モンゴル帝国の原像——チンギス・カンの一族分封をめぐって」『東洋史研究』37-1、1978年（本書第1章）。

3）海老沢哲雄「モンゴル帝国の東方三王家に関する諸問題」『埼玉大学紀要』（教育学部、人文・社会科学）21、1972年。

4）宮崎市定「鄂州之役前後」『内藤博士頌寿記念史学論叢』1930年。のち『アジア史研究』1、同朋舎、1957年、および『宮崎市定全集』11、岩波書店、1992年に再録。

5）愛宕前掲書、58-59頁、114-116頁。勝藤前掲書、117-119頁。

6）[ĜTS, f.193a-b]

7）なお、ラシードの紀年は、『元史』等中国側史料にくらべ、この間たえず1・2年ずつ前へずれこむ。ヘジラ暦653年兎の年ならば、西暦1255年乙卯であり、『元史』憲宗本紀にいう、南伐の会議決定がなされた憲宗六年丙辰六月（1256年6-7月）にも、あるいはモンケが実際にモンゴリアを旅立った翌七年丁巳九月（1257年9-10月）にも、いずれも妥当しない。しかし、この文が内容的に見て、モンケ南伐軍の編制経緯と主要な人員構成とを述べた唯一の記録であることには変わりない。

8）夏光南『元代雲南史地叢考』中華書局、1935年、台湾中華書局、1968年。松田孝一「雲南行省の成立」『立命館文学』418〜421、三田村博士古稀記念東洋史論叢、1980年参照。

9）訂正を要するものは以下の若干の例。本来、左翼王子たちの項にしるされるべきナリン・カダアン Narin-Qada'an が、なぜか右翼のチャガタイ家のなかに名を列ね、その兄弟チャクラ Čaqula が、これまた左翼は正しいのだが、王子ではなく、アミールの項に入っている。そのほか、『元史』巻一一八、特薛禅伝によって、明らかに死亡が確認されるコンギラトのアルチ・ノヤン Alči-noyan、同様に、『元文類』巻五九、姚燧撰「平章忙兀公神道碑」（『牧菴集』巻一四の同文に相当する）によって、その死亡時期は確定できないものの、他界がほぼ確実なマングトのモンコ・カルジャ Möngkö Qalja が

第2章　モンゴル帝国の変容

目につく。なお、この二人のほか、ウルウトのケフテイ Kehtei とブジル Bujir についても、その可能性が強い。しかし、このことをもって、この文全体の有効性まで疑う必要はないであろう。これら4人の人物は、いずれも、チンギス・カンの対外戦争期に各集団のリーダーとなり、モンゴル創業譚の後半を彩る重要な面々ばかりであるから、ラシードは、モンケの南伐を叙述するにあたっても、史上に名高い彼らの名をもって各集団を代表させようとしたに過ぎまい。それは逆にいえば、各集団の全面参加を証するものであろう。しかし、それ以外の人物は、まずは自然な、それなりに納得のいく顔触れであり、他の史料によって、遠征参加が確認できる場合も多い。

10) [$\check{G}$TS, f.198b]
11) 中華経営を委任されたクビライが最初に根拠した内蒙古、灤河上流の金蓮川一帯。
12) 『元史』巻三、憲宗本紀、「七年丁巳春、幸忽蘭也児吉。詔諸王出師征宋。……夏六月、謁太祖行宮、祭旗鼓、復会于怯魯連之地。……秋、駐蹕于軍脳児、醸馬乳祭天。九月、出師南征。……宗王塔察児率諸軍南征、囲樊城、霖雨連月、乃班師。……冬十一月、兀良合台伐交趾、敗之。」
13) 同上、「冬、帝度漠南、至於王龍棧。忽必烈及諸王阿里不哥、八里土、出木哈児、玉龍塔失、昔烈吉、公主脱滅干等来迎、大燕。既而各遣帰所部。」
14) 『元史』巻四、世祖本紀、「冬十二月、入覲于也可送烈孫之地、議分道攻宋、以明年為期。」
15) 『元史』巻三、憲宗本紀、「師南征、次于河。適冰合。以土覆之而渡。帝自将伐宋、由西蜀以入。命張柔従忽必烈征鄂、趨杭州。命塔察攻荊山、分宋兵力。……帝由東勝渡河。」
16) 同上、「夏四月、駐蹕六盤山。……是時、軍四万、号十万、分三道而進。帝由隴州入散関、諸王莫哥由洋州入米倉関、孛里叉万戸由漁関入沔州。」
17) 同上、「命忽必烈統諸路蒙古、漢軍伐宋。」
18) 『元史』巻四、世祖本紀、「歳戊午、冬十一月戊申、禡牙于開平東北。是日啓行。」
19) Yeke-Deresün については、Rašīd / Boyle, p.103, f. n. 25 を見よ。
20) [$\check{G}$TS, f.193b]
21) バトゥを総帥とする「ロシア・ヨーロッパ遠征」とこのクチュの南宋遠征とは、前者のみあまりにも史上に名高く、後者は時として見過されがちであるが、金朝吸収後の同じクリルタイで企画された一対のものである。
22) [$\check{G}$TS, f.199b]
23) [$\check{G}$TS, f.168b]
24) もちろん、右翼諸ウルスについてはこの時、フレグの麾下に一部勢力を供出、イラン方面に西征中であったことを勘案しなければならない。
25) 『集史』モンケ・カアン紀では、モンケ軍60万、タガチャル軍30万と2対1の比率でしるす。『元史』憲宗本紀では、モンケ軍4万、公称10万。『集史』モンケ・カアン紀の

注

襄陽攻撃の箇処では、タガチャル軍10万。『集史』の数は大袈裟で信用できないが、憲宗本紀にいう程度の規模と見るのが妥当だから、両軍とも、せいぜい4万内外くらいか。

26) [ǦTS, f.193b]
27) 『元史』巻三、憲宗本紀、「幸燤亦児阿塔。諸王亦孫哥、駙馬也速児等請伐宋。帝亦以宋人違命囚使、会議伐之。秋七月、命諸王各還所部以居。諸王塔察児、駙馬帖里垓軍過東平諸処、掠民羊豕。帝聞、遣使問罪。由是諸軍無犯者。」
28) 同上、憲宗八年五月の条、「皇子阿速帯因猟独騎傷民稼、帝児譲之、遂撻近侍数人。」
29) 前掲拙稿、18-20頁（本書第1章47頁）。
30) 『新元史』巻六、憲宗本紀、憲宗三年春正月の条。
31) 那珂通世『那珂通世遺書』「成吉思汗実録続編」55頁。
32) 二十四史点校本『元史』第1冊、55頁、注7。
33) 箭内亙「蒙古の高麗経略」『蒙古史研究』刀江書院、1930年。なお原載は『満鮮地理歴史研究報告』4、1917年、483頁。注3。
34) [ǦTS, f.59b]
35) 『元史』巻四、世祖本紀、己未年五月の条、「駐小濮州。徴東平宋子貞、李昶、訪問得失。」
36) 『元史』巻一五九、商挺伝、「憲宗親征蜀。世祖将趨鄂漢、軍于小濮。召問軍事。挺対曰、蜀道険遠、万乗豈宜軽動。世祖黙然久之、曰、卿言正契吾心。憲宗崩。」
37) 同上、「丁巳、憲宗命阿藍荅兒会計河南・陝右。戊午、罷宜撫司、挺還東平。」
38) 愛宕前掲書、117頁、勝藤前掲書、108-110頁等。
39) 『元文類』（四部叢刊本）巻六〇下（『牧菴集』巻一五、『中州金石考』巻四下にも同文あり）、「帝規自将南伐、与上閲地図、俾公跽指瀬江州郡津歩要地可舟越者。遂復上兵、遣由鄂入。」
40) 『元史』巻一三〇、不忽木伝、「世祖威名日盛。憲宗将伐宋、命以居守。燕真曰、主上素有疑志。今乗輿遠渉危難之地。殿下以皇弟独処安全、可乎。世祖然之、因請従南征。憲宗喜。即分兵命趨鄂州、而自将攻釣魚山。令阿里不哥居守。」
41) クビライの第三子マンガラが創始した「安西王国」が、京兆を冬営地とし、六盤山を夏営地として季節移動したのは、クビライ潜邸時代のシステムに因んだもの。
42) 『元史』巻一一八、特薛禅伝、「弟納陳、歳丁巳、襲万戸、奉旨伐宋、攻釣魚山、又従世祖南渉淮甸。」
43) 『元史』巻一一九、木華黎伝附塔塔児台伝に、「歳己未、攻合州。会憲宗崩、命塔塔児台護霊駕赴北。」とジャライル家のタイスンTaisun（ムカリの弟）系のタタルダイTatardaiの例がみえる。また同、憲宗本紀には、憲宗九年正月の御前会議の席上、ジャライル族の脱歓Toγonなる人物が北還説を代表して発言している。後注46) 参照。
44) 『元史』巻一二〇、抹兀荅児伝に、「抹兀荅児、歳戊戌（午の誤り）、従国王忽林赤行

第2章 モンゴル帝国の変容

省于襄陽、略地両淮。己未、従渡江攻鄂州」とあり、ジャライル家当主クルムシ国王が鄂州攻撃に参加しているように記す。

45)『元史』巻一一八、李禿伝、巻一二〇、尤赤台伝、巻一二一、畏答児伝。『元文類』巻二五、張士観撰「駙馬昌王世徳碑」、同、巻五九、姚燧撰「平章忙兀公神道碑」。

46)『元史』巻三、憲宗本紀、憲宗九年己未春正月乙巳朔の条、「駐蹕重貴山北、置酒大会、因問諸王・駙馬・百官曰、今在宋境、夏暑且至、汝等其謂可居否乎。札剌亦児部人脱歓曰。南土瘴癘、上宜北還。所獲人民、委吏治之、便。阿児剌部人八里赤曰、脱歓怯、臣願往居焉。帝善之。」。

47) 宮崎全集11、326頁及び336頁の注1。

48)［ǦTS, f.198b］

49) Rašīd / Boyle, p.226, f. n. 112.

50)［ǦTS, f.199a］

51) 宮崎全集11、327頁。

52) 元明善『清河集』（藕香零拾所収本）巻五、平章政事廉文正王神道碑、（なお、『元史』巻一二六、廉希憲伝はこれをふまえる）「征南之師、散屯秦蜀。」

53) 欧陽玄『圭斎文集』（四部叢刊本）巻一一、高昌偰氏家伝「従憲宗攻釣魚山、建言乗勢定江南、必有駿功。上嘉納之。命世祖取武昌、王取淮安、東西並進。」

54) 郝経『郝文忠公陵川文集』（明正徳二年李瀚刻本、北京図書館古籍珍本叢刊91）巻三二、班師議、（なお『元史』巻一五七、郝経伝はこの文を引く）「第吾国内空虚、塔察国王、与李行省、肱脾相依、在於背膂。西域諸胡、窺覦関隴、隔絶旭烈大王。病民諸姦、各持両端、観望所立、莫不覬覦神器、染指垂涎。」

55) 愛宕松男「李璮の叛乱と其の政治的意義」『東洋史研究』6-4、1941年。のち『東洋史学論集』4、元朝史、三一書房、1988年に再録。

56)『元史』巻三、憲宗本紀、憲宗八年四月の条、「詔徴益都行省李璮兵、璮来言、益都南北要衝、兵不可撤。従之。璮還、撃海州・連水等処。」

57) 周良霄「李璮之乱与元初政治」『元史及北方民族史研究叢刊』4、1981年。

58)『郝文忠公集』巻三七、再与宋国両淮制置使書、「且青斉塔察国王之分土、而李公王之妹壻也。伯姫雖歿、叔姫復来。」

59) たとえば、済南路（元代）の投下領主たるカチウン家と同地方の在地勢力、いわゆる済南の張氏の場合。

60) 周知のように、郝経はクビライ即位後、宋に使いして真州に幽閉される。そのおり、郝経は、李庭芝、あるいは賈似道にあて、幾通かの書簡をしたため、モンゴル国内の情勢に言い及ぶとともに、みずからの幽閉の不利と即刻の釈放を説いた。それらの書簡は、彼の文集『郝文忠公集』におさめられ、本稿にとってまたとない材料を提供してくれる。これはそのうちの一通である。

注

61) チンギス・カンの一族分封において、ジョチ、チャガタイ、オゴデイの諸子三王家はそれぞれ4,000の分民をうけた。その後、チンギス・カンの末年に、その庶子コルゲンKölgenが、オゴデイ時代には既述のコデンが、新ウルスを形成したが、ラシードによれば、やはりいずれも4,000であった。どうやら4,000という分民数が、標準的ウルスの規模であったらしい。

62) なお、ベルグテイ家は、ウルスというには余りにも独自性に欠け、一応除外したが、この家もせいぜい1,000程度。

63) 『圭斎文集』巻一一、高昌偰氏家伝、「未幾、上崩、班師集闕。阿里博哥睥睨神器、諸王多附之。王亦首鼠進退。撒吉思聞之、馳見王、力言世祖寛仁神武、中外属心、宜専意推戴。若猶豫不決、則失機、非計也。王従之。」

64) これよりほぼ半世紀前、長年にわたるカラ・キタイの圧政を逃れるためチンギス・カンに帰附することを決意した時、危ぶむ周囲の声を押し切って、成長途上にあった新興モンゴル王国に自国の命運を賭けた名宰相、ビルゲ・ブカ Bilgä-Buqa はサルギスのいとこにあたる。サルギスはビルゲ・ブカの弟岳璘帖木児とともに、オッチギン家では「師傅」あるいは「王傅」(いわゆるアタベク Atabeg、アタリク Ataliq にあたる) となったという。また、ビチクチ Bičiqči とも記されるから、庶政機関を取り仕切って草創期のオッチギン・ウルスを内側から支える役割を果たした。

65) たとえば、ラシードはクビライのユルトを「カラウン・ジドゥンにある」と表現する。Qara'un Jidun は興安嶺のこと。

66) 『元史』巻四、世祖本紀、憲宗三年癸丑、「九月壬寅、師次式剌。分三道以進。大将兀良合帯率西道兵、由晏当路。諸王抄合・也只烈帥東道兵、由白蛮。帝由中道。」

67) [ǦTS, f.199b]

68) 松田前掲論文、254頁及び266頁の注17。なお、松田は兀良合台伝の「四王」を、オッチギン家以下、諸弟四主家の意にとる。興味深い着想ではあるが、『集史』の、「左翼の王子たち50人」と、『元史』の「四王」だけからここまで断定できるかどうか。たとえば「四王」のなかに、『集史』がいうアビシュカが含まれていることもありえるわけで、ここは、ひとまず、両書の記事から、ウリャンカダイ軍のなかに左翼諸王が参加していた可能性だけを指摘しておくのが無難かと思われる。

69) [ǦTS, f.199a]

70) 『高麗史』巻二五、元宗世家一、庚申元年三月丁亥「皇弟適在襄陽、班師北上、王……迎謁道。」

71) [ǦTS, f.199a]

72) 注1)。

73) [ǦTS, f.199a]

74) [ǦTS, f.199b]

75)『元史』巻四、世祖本紀、「中統元年春三月戊辰朔、車駕至開平。親王合丹・阿只吉率西道諸王、塔察児・也先哥・忽剌忽児・爪都率東道諸王、皆来会、与諸大臣勧進。」

76)［ǦTS, f.199b］

77)『郝文忠公集』巻三八、復与宋国丞相論本朝兵乱書、「故属籍之尊而賢者、合丹大王、先帝之終、率先推戴。摩歌大王、主上庶弟也。在諸王中、英賢亜於主上、嘗処大事、不動声色。先帝臨終、畀以後事、先帰推戴。塔察国王、士馬精強、嘗代主上帥東諸侯、亦先推戴。」

78)［ǦTS, f.199b］

79)『郝文忠公集』、「縦彼小有侵軼、則塔察国王一旅、足以平盪。其余三十余王、猶巻甲牧馬、従容営衛。」

80)『清河集』巻五、「宗王塔察児、東諸侯之長也。上欲好之、難其所使。王請行。既饗、語及渡江。王大称慕上之威徳労烈、乃曰、大王属尊義重、発言推戴、誰敢不協。宗王悦従。還奏所語、上驚曰、……歳庚申春、上至開平、諸王宗戚咸会、塔察児率先勧進。」

81)［ǦTS, f.199b］

82)［TVTS, f.14b］

83)『元史』巻一二六、廉希憲傅、「西土親王執畢帖木児、輜重皆空、就食秦雍。」

84)『清河集』巻五、平章政事廉文正王神道碑。

85)［ǦTS, f.200b］

86) 安部前掲書、83頁。

87)［ǦTS, f.201a］

88) ドーソンは、当該注にヘトゥムの『東方史』をひいてこう述べる。佐口訳註『モンゴル帝国史』4、東洋文庫235、平凡社、1973年、325頁、原注1参照。

89) 北川誠一「ニクーダーリヤーンの成立」『オリエント』22-2、1980年

90) P. Jackson, The Accession of Qubilai Qa'an, *Journal of the Angro-Mongolian Society*, vol. II, 1975.

91)［ǦTS, f.202b］

92) 植村清二「察合台汗国の興亡」1『蒙古』112、1941年

93) 加藤和秀「チャガタイ＝ハン国の成立」『足利惇氏博士喜寿記念オリエント学・インド学論集』日本オリエント学会編、1978年。のち『ティームール朝成立史の研究』北海道大学図書刊行会、1999年に再録。

94)［ǦTS, f.60a］

〔補注〕『元史』巻一五九、趙良弼伝によれば、クビライは北還の途次、趙良弼を京兆に派遣、陝西・四川方面の情勢を探査させた。帰還後、良弼は、敵性軍事勢力として、六盤山を握るクンドカイ、「秦・川の蒙古諸軍」を総轄する紐隣(ネウリン)をあげるとともに、「宗王穆哥(モゲ)、他心なし。宜しく西南六盤をもって悉くこれに委属すべし」と報告する。

第 2 部　大元ウルスの首都と諸王領

第3章

クビライと大都
―― モンゴル型「首都圏」と世界帝都

1　大都と杭州

マルコ・ポーロという誰かは語る

　マルコ・ポーロという名に仮託された誰か（もしくは誰々か）は、『世界の叙述』*Devisement du Monde* とも、『百万の書』*Il Milione* ともよばれる旅行記のなかで、東方におけるふたつの巨大都市について詳しい観察記録をのこしている。ひとつは大元ウルスの首都、大都。もうひとつはモンゴルによって接収されて間もない旧南宋の国都の杭州である。当時の発音のままに、大都はダイドゥ、杭州はヒンサイ（行在、もしくは京師の音写とされる）としるされる。

　そのころのヨーロッパでは、最大級のパリ、ヴェネツィアでも人口20万をこえなかったと推算されている。ブハーラーなど中央アジアの諸都市でもそうであった。コンスタンティノポリスでさえ、40万とするのは過大評価だろう。いずれも50万から100万をこえたと目される大都と杭州[1]が、ただそのことだけでも、マルコ・ポーロという名の誰かにとって驚異であったのは当然である。

　しかしそのいっぽう、彼はこの両都市が内容・性格において、まったく異種の都市であったことを冷静に見わけている。いまその記録をひと通り眺めただけでも、大都は他に例を見ない完璧な都市計画と統制美によって、杭州は逆に

そうした人為上の枠のうすい、都市としての自然さと自由さにあふれたモダンな町として、彼の目に強く印象づけられたことがよく伝わってくる。

事実、この両都市は対照をなす存在であった。クビライの大元ウルスは至元一三年（1276年）南宋を接収し、金・南宋の南北対立から約160年、遼と北宋のそれをふくめれば唐末よりじつに三百数十年ぶりに中華を政治統一したが、それはかならずしも中華地域をひとつの社会統一体にしたことを意味するものではなかった。近隣の諸種族がヒタト、ハタイ（もしくはヒタイ）とよびならわした北中国と、マンジ、ナンキヤスとよんで明確に区別した南中国とは、言語・文化・習俗そして人種構成にいたるまで、いぜん異なる様相をみせた。その南北ふたつの中華のそれぞれの核となる巨大都市が、大都と杭州であった。以後約90年間、1368年にモンゴルが中華本土より退去し、明がはるか六朝時代の古都である南京に都を定めるまで、大都は内モンゴリアと華北を「腹裏」（中心地域のこと。モンゴル語「コルン・ウルス」の意訳）とするクビライとその子孫の政治力の象徴として、杭州は江南のさかんな経済・文化活動の中心として、モンゴル治下の中華本土の南北に並び立った。

なお、ここで蛇足をひとつつけくわえると、明が南京を選んだ理由として、ふるくからの王城の地というえにしもさることながら、モンゴルが江南全域を統轄する江南行御史台を、杭州ではなくあえて金陵、すなわち南京においていたことが大きいだろう。その結果、モンゴル時代の金陵には、官庁・図書・情報・人間組織など、長江以南地域の全体（四川を含まない）をとりしきる行政機能がひとそろいととのっており、明はそれをそのまま使えばよかった。モンゴルとしては、杭州に重心がかかりすぎるのを避けたのだろう。

こうしたいちじるしい対照は、両都市を中華歴代の国都変遷史の上においてひきくらべてみると、いっそうきわだってくる。大都はまったくのペーパー・プランを大地にひきうつし建設した点において、北斉の鄴都、隋唐時代の長安城と肩を並べる。そして、その都市設計が、『周礼』考工記に指定する中華独特の理想上の国都プランをそっくり忠実にトレイスした点では、じつは中国史上ただひとつといってもよい実例であった。いっぽう、杭州はすでにあった地方都市に、あとから政府が乗り込んできたものである。しかも、南宋は杭州を

第3章　クビライと大都

臨時の政庁所在地と見なす態度を堅持して、南中国に多い不整形の囲郭・町割りをもつ杭州城を根本から改造する意志をもたなかったから、中華文明の国都としては異例な、かなり自然状態に近いままの都市となった。

　中華地域の都市、とりわけ国都は、古代以来の伝統のノルムに対する配慮から、囲郭は四角にこだわるなどの強い方向性を帯びている。ところが実際の街づくりにおいては、あらかじめ都市プランを作成してのち、一切を初手からつくりだすなどということはむしろ稀であった。着工後まもなく放棄されたため、完成した町とはならず、そのためまた当然のことながら、その存在さえあまり知られてもいないが、明初の中都などは、そのめずらしい例に属する[2]。その結果、北宋の国都開封のように[3]、幾度かの増築と改造をへて次第に理想形に近いように調節されていく例もある。

　いっぽうに、古代のノルムへの尊重を伝統としてひきつぎ、そのたてまえに規制されながらも、他方、現実を巧みにそれにすりあわせ、ふたつながらに満足すべきかたちを見出していくパターンが認められるのである。その意味からいえば、大都はたてまえに極度に接近した例外であり、杭州は現実に大きく傾いた例外であったといえよう。マルコ・ポーロという名の誰かの記述は、細部の描写の正確さはともかく、"印象記"として読めば、こうした対極に位置する両都市の姿をかなりストレートにとらえているとおもわれる。

クビライ政権の脈絡のなかで

　さて、以下しばらく、このうちモンゴルの帝都である大都について、いくらかの論及をこころみたい。大都については古くから内外で多くの蓄積がある[4]。けっして豊富とはいえない史料ののこりかたからすれば、細部は別として、究明することができる主要な問題はおおむねすでに論及・検討されてきたようにもみえる。しかし、それは視野を狭い意味での中国史の枠のなかだけに限った場合のことである。モンゴル側の事情、とくに大都建設当時の状況との関連で考えるならば、いぜん未解決の問題が大きくのこされている。

　いうまでもなく、大都は13世紀の後半期、中華を包み込むユーラシア・サイズの新型の世界国家を構想したクビライによって、まったくゼロから造営され

た首都であった。その造営は、クビライが権力掌握（1264-66年ころ）ののち、矢つぎ早におこなった元号制定、中央政府機構の確立、地方制度の改編、基本となる戸籍の作成（至元七年籍）、国字国号の制定、立后・立太子制の導入など、一連の国制整備事業のなかでも最大の眼目となるものであり、至元二九年（1292年）にひとまずの完成（通恵河という海と連結した運河の開通）をみるまでる四半世紀、ほぼクビライ一代をついやした大事業であった。大都の位置選定、企画・構成、建設の経緯、都市機能と運用、いずれをとっても、そこに建設者であるクビライの意図と彼をとりまく当時の諸状況とが色濃く影を落している。そうしたいわばつくる側のありようを明確に把握することによって、つくられたものとしての大都に関するわたくしたちの既存の知識もまた、よりいっそう鮮明な映像をとりむすぶことが可能になってくるだろう。そこで、大都を考えるうえで、むしろもっとも当たりまえであるために、かえって論及が不十分であったとおもわれる三つの問題に焦点を絞って、しばらく考えてみたい。

2　なぜクビライは燕京地区を首都としたか
　　——政治史から

本当の理由

　大都についてまず最初に抱く疑問は、クビライはなぜ1264-72年の中都、1272年以降は大都と、一貫して燕京地区を首都としたかということである。その理由として、これまでに考えられ、常識のうえからも妥当なのは、ほぼつぎの3点である。

　（1）燕京地区には、遼代に南京、金代に中都が営まれ、すでに10世紀初頭から南北に分裂した中華のうち、南の宋朝に対抗する北側の非漢族政権の中核都市であったこと（なお、さらに遡れば8世紀なかばの安禄山の新国家運動以来、燕京地区は中華の辺境都市からアジア東方で屈指の多種族が共生する政治・経済・文化の中心として浮上しはじめていたといえる）。

　（2）モンゴル自体が1215年に中都を攻略して以来、すでにクビライまでのおよそ45年間、この地を華北経営の最重要拠点として使用していたこと。モ

第3章　クビライと大都

ンゴルは、オゴデイ時代の1235年ころ、ジャルグチ（断事官）をおもな構成員とする属領統治のための出先機関（金代の呼称法の連想から、燕京行省、燕京行台、中都行台などと漢文史料ではしるされる）を燕京においたのを手始めに、クビライに先立つモンケの時代（1251-59年）には、マフムード・ヤラワチ、ブジルらを中央から派遣して、燕京等処行尚書省と漢文ではしるされる華北統治機関を設けた。これはトルキスタン地区（別失八里等処行尚書省）、イラン地区（阿母河等処行尚書省）と並ぶ帝国属領の三大管区官庁を構成した。

（3）モンゴリアと中華地域の全体を包み込む新型の政治統一体を構想する場合、燕京地区はほぼその中央に位置し、地勢上、最適とおもわれること。

しかし、こうした条件の好悪をかぞえたてるだけならば、たとえば陝西の京兆地区も十分に帝都たりうる条件を備えていたことは後述するとおりである。ここでは、さきの三つの条件面以上に、燕京地区奠都を決定づけるよりはっきりとした理由をもうひとつ考えたい。

結論から先にいえば、1260-64年の帝国の内戦において、クビライ新政権を生みだす母胎となった三大勢力、すなわちモンゴル左翼のチンギス・カン諸弟王家、おなじく左翼のジャライル国王家麾下の五投下、そしてクビライ自身が率いる軍団は、いずれものちの上都周辺から興安嶺一帯の内モンゴリアに根拠していた勢力であったことである。これらの遊牧軍事力のうえに乗るかたちで成立したクビライ政権としては、夏都にドロン・ノール地区（のちの上都）、冬都に燕京地区（のちの大都）を選択するのは、ほとんど必然であったと考えられる。

大都建設前後の足どり

問題の輪郭をはっきりさせるため、大都建設前後の状況を整理してみよう。まず、クビライ政権の首都変遷の足どりをまとめると次のようである。

①	1260-63年（中統年間）	首都を明確にしない時期	
②	1264-67年（以下は至元年間）	上都（ドロン・ノール地区） ⟷ 中都（燕京地区）	
③	1267-72年	上都 ⟷ 中都と建設中の新城	

④　1272-88年　　　　　　　上都←―――――→大都と旧中都
　⑤　1288年以降　　　　　　 上都←―――――→大都

　①は、末弟アリク・ブケとの間で帝位継承戦争をおこなっていた時期（この間の年号が中統）。戦時下でもあり、また両派の勝敗が確定していない段階で遷都（すなわちカラ・コルム廃都）を宣言することは政治上で得策でないと踏んだためか、クビライはどこを首都とも明確にしていない。

　しかし、アリク・ブケ派の敗勢が濃厚となった中統四年（1263年）五月、かねてドロン・ノール地区に築城してあった開平府を上都と名づけ、ついで翌1264年アリク・ブケ以下が上都に投降してくると（七月庚子）、その18日後（八月乙卯）に金の故都の燕京を、名も同じ中都と命名する（至元と改元するのは、さらにこの2日後のこと）。クビライ政権が正式に燕京地区に都を置くのは、このときからである。

　ところが、クビライは至元四年（1267年）正月になって、中都の東北に新城建設を発令する。五年後の至元九年（1272年）二月、宮城部分がほぼ完成に近づくと、中都を大都と改称する（この前後、大元の国号を定め〈至元八年一一月〉、立后・立太子をおこなう〈至元一〇年三月〉など、形式面での「漢化」が目につく）。さらに至元二〇年（1283年）にいたって外城郭内があらかた出来あがると、旧中都城にあった主要官庁の移転を開始し、同二二年（1285年）二月には、旧中都の住民を資産制限つきでなかば強制して新城へ入居させる。そして3年後の同二五年（1288年）、旧城の城濠を破却して、ここに名実ともに上都と大都の両京制が完成する。

　さて、上の①～⑤のうち、③④の前後20年あまりは、燕京地区に中都旧城と大都新城のふたつの巨大な方形城郭（大都は周囲28.6km、中都は18.7km）がわずか3里（約1.5km）をへだてて隣りあう、いわゆる双子方形都市の形態を呈していた（なお、城濠を撤去したあとの旧中都地区は、大都の郭外の西南一帯にひろがる"下町"となり、明清時代をへて現在まで生きつづける。北京のいわゆる前門一帯がそれである）。しかし、ようするに、生きた都市としては両者はひとつのものであり、③④の移行期間をはさんで、冬都が帝国の実質上の首都にふさわしいようにドレス・アップして、やや東北寄りに移動したと見ればいい。つまり、

第3章 クビライと大都

クビライ政権が燕京地区に首都を置く基本姿勢は、1264年の覇権獲得いらい、首尾一貫していることになる。

クビライの夏営地と冬営地

そこでひるがえって、1264年以前のクビライの主要な行動と居処を、『元史』世祖本紀より、とくに夏営地と冬営地に注意して抜き出してみると表1のようである。

表1　クビライの夏営地と冬営地

		夏　営　地	冬　営　地
即位以前	1251	中華方面の軍事を委任され「爪忽都の地」に駐す。	
	52	（桓・撫の間）　　　雲南大理遠征に出発―――――→	
	53	→（六盤山）―――――雲南大理遠征―――――――→	
	54	→（六盤山）→（桓・撫の間）	（爪忽都の地）
	55	（桓・撫の間）	（奉聖州の北）
	56	（桓・撫の間？）開平府築城	（合剌八剌合孫の地）
	57	（桓・撫の間？）モンケと対立	（　？　）
	58	（桓・撫の間？）モンケと和解。開平府から南征へ―――→	
	59	→（曹・濮の間）――鄂州攻撃―――――→	（燕京近郊）
中統年間	60	（開平府周辺）――カラコルム進撃―――→	（燕京近郊）
	61	（開平府周辺）――シムルトゥ・ノールの戰→	（燕京近郊）
	62	（開平府周辺）	（燕京近郊？）
	63	（開平府周辺）上都命名	（燕京近郊）
	64	（上都周辺）　中都命名	（中都近郊）

　即位以前、クビライは灤河上流の金蓮川という名の草原に幕営を置いた。モンゴル時代が生んだ人類最初の世界史といっていいペルシア語の歴史書、ラシードゥッディーン『集史』クビライ・カアン紀に見える「カラウン・ジドゥンにある諸オルド」[5]という記事や、あるいは漢文の正史である『元史』世祖本紀にいう「桓・撫の間」などの表現は、いずれもこの地のことである。モンゴルに仕えた行政官僚で、中国史上でも有数の記録魔であったといっていい王惲は、その日記『中堂事記』に、「沙草靃に茂り、極めて畜牧に利あり。地志

2　なぜクビライは燕京地区を首都としたか──政治史から

を按ずるに、灤の野は蓋し金人の駐夏せる金蓮・涼陘の一帯にして、遼人の王国崖と曰うは是なり」と、同地方が遼金以来の夏営地・放牧地であったことを伝えている。

いっぽう、冬営地については、世祖本紀に、「爪忽都の地」「奉聖州の北」「合刺八刺合孫の地」の三つがあがる。「爪忽都」は、あきらかに『集史』モンケ・カアン紀に、「Ğāūqūt はヒタイ、タングト、ジュルジャ、ソランカから成り、その境域をモンゴルたちは Ğāūqūt と呼んでいる」[6]と見えるモンゴル語ジャウクトである。ただし、フランスの東洋学者P・ペリオもいうように、この語の意味・語源ともかならずしもよくはわからない[7]。

『集史』に北中国、河西、女直、朝鮮の総合名称というからには、この「爪忽都の地」をどこだと絞っては特定しにくい。おなじように「合剌八剌合孫の地」Qara-balaqasun＜Qara-balγasun、すなわちモンゴル語で「黒い城」もしくは「古い城」「旧城」といわれる地が実際にはどこを指すのか、徴証が見あたらない[8]。確実なのは、現在の内長城線北側の涿鹿にあたる奉聖州だけである。したがって、厳密さを欠くのではあるが、即位以前のクビライの移動圏は、ひとまず北はドロン・ノールあたりから南は居庸関のまぢかまで（大元ウルスの行政区画でいえば上都路と興和路）──つまり問題の燕京地区にはおそらく直接に踏み込んではいない[9]。

記録のうえで、クビライが燕京地区を居処とする最初は1260年の初頭のことである。このとき、兄モンケの急死によって弟アリク・ブケと帝位を争うことになったクビライは、南宋攻撃中の鄂州（現在の武漢）より軽騎をひきいて反転し、モンケの九年一一月己丑（1260年1月10日）、「燕に至」り、「燕京近郊」に野営した[10]。クビライはここで自派の結集をはかったのち、春三月、本拠地の開平府に北上してお手盛りのクリルタイを開き即位する。

いご中統の4年間、夏期は開平府周辺の従来からの遊牧地、冬期は文献上、中統三年の明証を欠くものの、「燕京近郊」の野営地を定期に往返する。つまり、大元ウルスの王室が、上都と大都の間を宮廷・軍団ごと時期をさだめて季節移動するパターンは、すでに挙兵の当初から採られているのであり、大都建設の淵源もつまるところ、1260年劈頭の「燕京近郊」のキャンプにまでさかの

ぼることになる。鄂州より北還するクビライには、燕京―開平府のかたちで奠都する腹案がすでに蔵されていたと見て、まずまちがいない。

京兆府もありえた

　ようするに、問題はこのときなぜ、クビライは燕京地区を選んだのかである。本当に他の選択肢はなかったのだろうか。いや、たとえば陝西の京兆地区でも、十分に可能性はありえたはずである。

　当時、モンゴルやテュルク系の人びとには「キンジャンフ」とよばれた京兆府、すなわち現在の西安市は、かつての漢唐の都の長安。当時すでに広大な外城は崩れ、往昔の皇城ほどの規模の周壁をもつ州城クラスの都市となってはいたが[11]、「陝西四路」(あるいは五路) の地域首府たる地位は保っていた。

　その西北300kmほどのところには、大遊牧地の六盤山があった。チンギス・カンの西夏遠征いらい、モンゴルは六盤山を黄河より西の地域で最大の軍事拠点として使用してきた。軍事力をほとんど唯一の存立基盤とする遊牧政権が、その政治支配力の根源を失わずに農耕地域に進出して国を維持する場合、官僚・行政機構や物流の中枢組織などの"政治装置"を収容する拠点都市と、軍事支配の裏付けとなる遊牧軍団を収容する大遊牧地とを、ある程度の近距離のうちに (ふつう250-350kmくらい) 兼ねもつ必要がある。その候補地として、燕京―開平地区と京兆―六盤山地区は、中華地域全体のなかでずぬけた好条件をそなえている。

　しかし、こうした自然条件以上に、より重い意味をもつとおもわれるのは、京兆地区の8州12県の地は、即位以前のクビライの私領であったことである[12]。ただし、これには少し留保条件がつく。なぜなら、1257年、クビライと不和となったモンケは、クビライ私領の会計監査を名目に京兆地区を実質上、召しあげてしまっていた可能性が高いからである。しかも同年にはじまった南宋親征では、京兆を補給基地、六盤山を作戦基地として、モンケはみずからの遠征軍本隊で制圧してしまった。

　さらに1259年の暮、クビライが鄂州より反転する時点では、京兆は劉太平、六盤山はクンドカイと、明らかに反クビライ派のモンケの重臣ふたりがおさえ

ていた。とはいうものの、その点では燕京も大差はなく、アリク・ブケ派の中心人物のひとりドルジが乗り込んで、当地の軍事・行政を掌握していた。そうであるからには、敵対勢力の有無が主因となって、燕京地区を選択したとは考えにくい。

モンゴル左翼軍団

つまりは、燕京地区には、京兆地区以上にクビライを引きつける既述の諸点以外のなにかがあったことになる。つぎに引用するのは、即位以前、兄モンケに回鶻（天山東部地方にあたるウイグリスタンをさすのか、もしくはパミール以西なのか。当時は両義あり、この表現だけでは決められない）への移動をすすめようかと漏らすクビライに、謀将のバアトルが語ったということばである。

> 幽燕の地、竜蟠虎踞、形勢雄偉なり。南のかた江淮を控え、北のかた朔漠に連なる。且つ天子は必ず中に居りて、以て四方の朝覲を受く。大王、果たして天下を経営せんと欲すれば、駐蹕の所、燕に非ざれば不可なり。
>
> ［『元史』巻一一九、木華黎伝］

この文章は、即位以前からクビライに燕京奠都をすすめる意見があった一証として、従来からよく引かれる記録ではあるが、ここでは語った人物とその時期にとくに注目したい。

バアトルは、左翼の総帥ジャライル国王（なお、ここでいう「国王」とは、キングを意味する普通名詞ではなく、キタイ＝遼以来の伝統をもつ「国王」という名の一種の称号である。ラシードゥッディーン『集史』でも、当時における発音のままにアラビア文字で「グーヤーンク」kūyānk～gūyānk、すなわち「グイ・ワン」gui-wangと綴られる）ムカリの子ボゴルの第三子である。よく知られているように、ジャライル国王家は1217年、ムカリがチンギス・カンより中華方面の経営を委任されて以来、中華地域の北辺一帯に配備されたモンゴル諸軍団の頂点に立ち、バアトルの次兄で第4代国王をついだスグンチャクの時代には、のちの上都の西方、阿児查禿の地に帳幕を置き、そこから燕京をふくむ華北の軍事を総攬していた[13]。さきに見た即位以前のクビライの遊牧地、および中華地域に対する立場

第3章　クビライと大都

は、まったくこれと一致する。

　しかも、バアトルは、スグンチャクの長子で第五代国王をついだ甥のクルムシが無能であったため、実質上のジャライル国王家の代表者となっていたが、なんとその夫人テムルンはクビライの正后チャブイの同母姉であった[14]。つまり、バアトルはクビライの義兄なのである。さらにテムルン、チャブイの長兄が、ジャライル国王家と並ぶもうひとつの左翼の大勢力、コンギラト駙馬家の首長ナチンという具合であった。

　コンギラト駙馬家の遊牧地は、開平府の東北に隣接するのちの応昌そして全寧両路の一帯である。であれば、即位以前のクビライはふたりの義兄ナチンとバアトルの協力を前提に、両者の勢力の上にそっくり乗っていたことになる。さらに、ジャライル国王家、コンギラト駙馬家がそうだとなれば、近隣のウルウト郡王家、マングト郡王家、イキレス駙馬家（以上を五投下という）も当然クビライの属下に入ったのであろう。

　部族としてのジャライル、コンギラト、イキレス、ウルウト、マングトは、『集史』のトルコ・モンゴル諸部族志にあきらかなように、それぞれいくつかの分族をもち、それらは帝国各地に配属・移住していたが、上の諸家はいずれもそれらの本家筋にあたり、もともと各部族内で最有力であったうえ、クビライ擁立によって大元ウルス最高の貴族層となることに成功する。バアトルが、モンケの治世に「大王、果たして天下を経営せんと欲すれば」と、クビライの登極を期待する科白をはき、みずからの影響下にある燕京に奠都する構想を語るのは十分にうなずける。

　実際にクビライに政権獲得のチャンスがまわってきたとき、五投下はいずれもクビライ派の主力となった[15]。とりわけバアトルは、クビライの副官として鄂州まで同道し（『集史』クビライ・カアン紀では、モンケ急死の報をうけたクビライに鄂州進撃をすすめるのは彼である[16]）、さらに開平府のチャブイから事態の切迫を告げる伝令がとどくと、急遽クビライを送り出し、みずからは鄂州にとどまって南宋軍にそなえた。

　またナチンは、道光『鉅野県志』巻二〇所載の「武略将軍済寧路総管府達魯花赤先瑩神道碑」によれば、コンギラト軍を率いて山東・河南をおさえ、
　　　ダルガチ

鄂州のクビライ軍の後ろ備えの役をはたした。つまり、ほとんど徒手空拳で南下・北上したかに見えるクビライではあったが、じつはその背後には、興安嶺の南半に根拠する五投下の精強な軍団が控えていたのである。そして、クビライが鄂州を離れる直前、もうひとつの強力な軍団がクビライ支援を取り決めていた。それは当時、クビライ軍とナチン軍のちょうど中間、淮水流域の荊山に陣取っていたオッチギン王家のタガチャルひきいる左翼諸弟王家の諸軍団である。彼らの根拠地は、遼河(シラムレン)以北の興安嶺の北半全域であった。当初は、遠征からはずされたクビライに代わって、左翼全軍をひきいて南征する予定であったタガチャルの動向は、クビライ派の命運を左右する力をもった。

そうであれば、順次北上していくクビライと五投下、そして左翼諸王の会同の地として、いずれの本拠地にも近く、従来からもなじみがあり、しかも途中の山東・河南には三者それぞれの投下領（モンゴル諸王・貴族の分領のこと）がある燕京地区が選ばれるのは、もはや当然のことであった。彼らは1260年初頭の冬を「燕京近郊」に共同野営し、ここで結成された集団がクビライ政権をつくっていく。つまり、燕京奠都、ひいては大都造営は、まず1260年前後の特殊事情に発端がもとめられ、内モンゴリアに根拠するモンゴル左翼系諸集団の合体政権ともいえるクビライ政権であればこそ、実現を見ることになる。

3 大都皇城の謎——平面プランの問題

破格な皇城のありかた

大都の平面プランが、『周礼』考工記、匠人営国の条に見える「方九里、旁三門、国中九経九緯、経涂九軌、左祖右社、面朝後市」という都城構造の理想型を忠実に踏襲していることはよく知られている（図1参照）。しかも、外郭周囲は60里という整数、また坊制を復活させ、その数は大衍の数たる50と、色濃い象徴性を帯びて設計されている（なお、モンゴルたちは、この坊を「ホトン」qota～qotanとよび、それが現在の横丁・路地・裏通りを意味する胡同(フートン)となった）。

クビライの国家建設は、その内実では嫡子三人による帝国の軍事・行政の三

第3章　クビライと大都

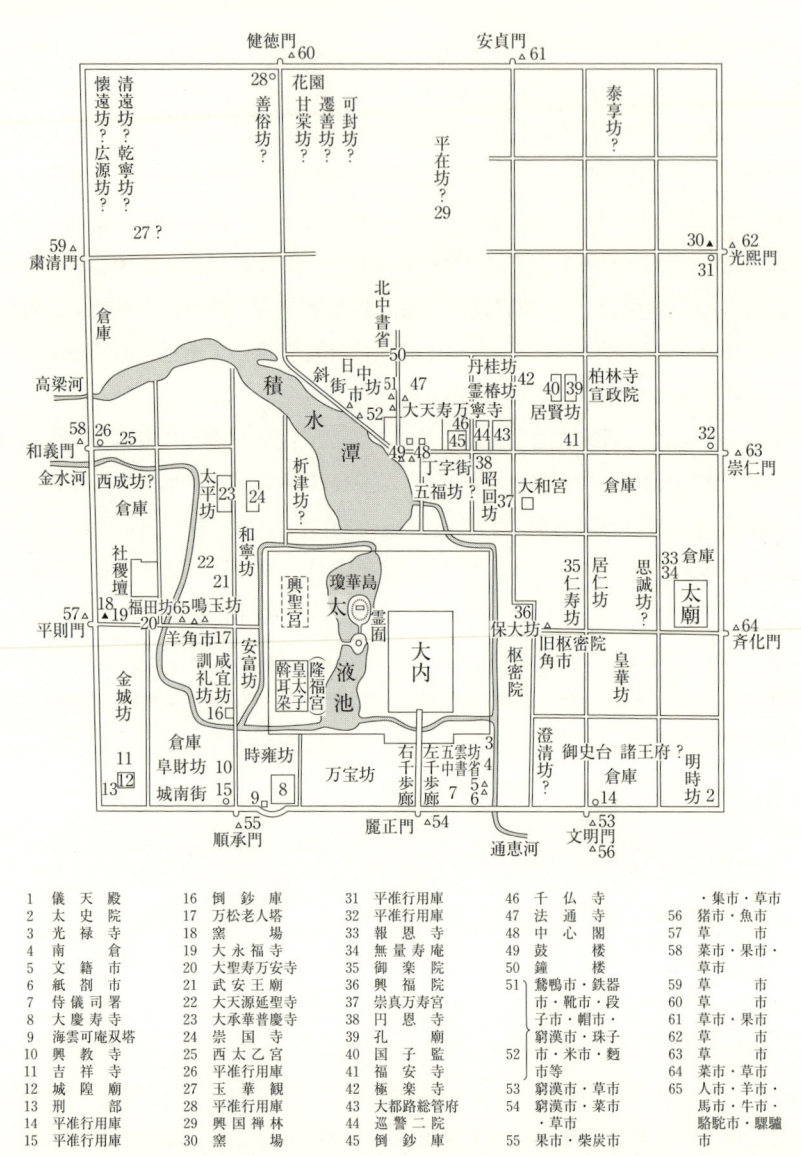

1	儀天殿	16	倒鈔庫	31	平准行用庫	46	千仏寺		・集市・草市
2	太史院	17	万松老人塔	32	平准行用庫	47	法通寺	56	猪市・魚市
3	光禄寺	18	窯場	33	報恩寺	48	中心閣	57	草市
4	大永福寺	19	大永福寺	34	無量寿庵	49	鼓楼	58	草市・果市
5	文籍市	20	大聖寿万安寺	35	御楽院	50	鐘楼	59	草市
6	紙割市	21	武安王廟	36	興福寺	51	鵞鴨市・鉄器市・靴市・段子市・帽市	60	草市・果市
7	侍儀司署	22	大天源延聖寺	37	崇真寿寿宮			61	草市・果市
8	大慶寿寺	23	大承華普慶寺	38	円恩寺	52	窮漢市・珠子市・米市・麺市等	62	草市
9	海雲可庵双塔	24	崇国寺	39	孔廟			63	草市
10	興教寺	25	西太乙宮	40	国子監	53	窮漢市・菜市	64	菜市・草市
11	吉祥寺	26	平准行用庫	41	福安寺	54	窮漢市・菜市	65	人市・羊市・馬市・牛市・駱駝市・驢驤市
12	城隍廟	27	玉華観	42	大聖寿万安寺				
13	刑部	28	平准行用庫	43	大都路総管府				
14	平准行用庫	29	興国禅林	44	巡警二院	55	果市・柴炭市		
15	平准行用庫	30	倒鈔庫	45	倒鈔庫				

本図は、侯仁之・陳高華等の諸氏の著作に附せられた地図をベースに、既存の研究を参考にしつつ作成したもの。しかし、位置の厳密な比定はむつかしいものが多く、あくまで便宜的な参考図にとどまる。

図1　大都の平面図

3 大都皇城の謎——平面プランの問題

大分割など強固な軍事政権づくりを根幹としていたが、形式上の国家の体裁の面では、この大都の形態といい、立后・立太子制の導入といい、中華の伝統パターンを取り込んで、それにできるかぎり沿おうとする姿勢が明瞭である。この点をとらえて、伝統と切れているモンゴルだからこそ、それ以前の中華王朝では、建前においてはつねにかえりみられるべき国都の理想型とされながら、現実にはただの一度も実現しなかった理念化されたプランを、文字どおり大胆率直に実行に移しえたということもできるかもしれない。

ところが、大都にはあきらかに『周礼』のパターンから逸脱と見られるところがふたつある。

（1）城門の数がちがうこと。『周礼』では各面の城壁に3門ずつ、計12門であるが、大都の場合、外城北壁には2門しかなく、計11門にしかならないこと。

（2）皇城は『周礼』では都城中央に位置しなければならないが、大都の皇城は南に寄りすぎていること。

（1）の理由について、筆者は、いまのところ確実な成案をもっていない[17]。大都の造営に関してより重大な意味をもつのは、（2）のほうである。かつて、村田治郎はこの点に注目して、モンゴルのオルド（帳幕、宮殿）になぞらえた可能性を唱えた[18]。これに対し、駒井和愛は上都と比較して、上都を唐の長安型、大都はやはり従来どおり『周礼』型にふくまれるとされ、村田説を否定した[19]。いっぽう、最近の、とくに中国を中心とする論調では、大都の淵源を金代すでに離宮があった太液池中の瓊華島にもとめ、都市用水や水運の問題解決の二点から積水潭・太液池などの高梁河水系を中心とする自然条件を活用したため、大都の都城自体は西南まぢかに迫る中都の北城壁に規制されて、そこから北側に市域を構えざるをえなくなり、瓊華島を含む皇城は、自然と南寄りのかたちとなったとする意見が主流を占めている。

たしかに、瓊華島が大都の位置選定の一因であったことは疑いをいれない。村田治郎のオルド起源説も、モンゴルを含む北アジア遊牧民に共通のオルドや宿営地の設営法、軍団の配列法からすれば[20]、大元ウルスの大都よりもむしろ、宮城が北壁にはりつき、市街は東西に左右対称にひろがる隋唐の長安型の

第3章　クビライと大都

都城のほうに、より妥当するようにおもわれる。だからといって、瓊華島起源説に従ったとしても、問題のすべてが解決するともまたおもわれない。

　大都皇城は、瓊華島をふくむ太液池の縦長の水面を中央にして、その東西両側の広大な緑地全体を取りかこんでいる点に大きな特徴がある。とくに首都に限定しなくても、このような大都市の心臓部に大都皇城のような巨大な湖水・緑地が建設の当初から設定されているというようなことは、中国史上・世界史上ともにまず類例を見ない。つまり、大都皇城のありようそのものが異例であり、謎なのである。

　さらに、この問題は、大都がなぜ中都の東北郊外の現在地に造営されたのかという、位置選定上の問題ともからんでくる。破格な大都皇城の形態に関して、いまのところ十分に説得力のある解答はあたえられていないと判断せざるをえない。

燕京近郊の冬営地

　さて、こうした問題を、前節でみた中統時代の「燕京近郊」の野営地との関係から考えたい。

　『集史』クビライ・カアン紀には、「〔クビライは〕ヒタイ人によって中都（チュンドゥ）とよばれ、その地の帝王たちの都であったカン・バリクの町を冬営地に定めた[21]」とするされる。この燕京冬営地説は、前節の表1にあげたように、漢文史料でも確認できる。

　それが軍団をひきいたかたちでの冬営であったことは、『元典章』巻三六、兵部三、使臣、「使臣に禁ずる条画」に、「阿里不哥（アリクブケ）を殺退せるが為（1261年のシムルトゥ・ノールの戦）、大軍、燕京に回程し住冬す」『永楽大典』巻一九四二四所引「站赤（ジャムチ）」九、中統三年三月にも同文〕とあることからもまちがいない。ちなみに、「住冬」というあまり見なれない漢語は、冬季の集団越冬を意味するモンゴル時代に独特の用語である。反対語としての夏季の用語は、「駐夏」という。こうした事情をこころえない漢文史料研究者が、「住冬」を「往冬」、すなわち「昨年の冬」の誤字だと述べたりするのは、ほほえましい。

　クビライ軍団が、中都の城内に屯営するわけではないので（もともと「某市を

3 大都皇城の謎——平面プランの問題

冬営地とした」という場合、具体状況としては都市郊外に野営したことをいい、都市内居住をさすわけではないだろう)、『集史』の「冬営地」は中都近郊のどこか、すなわち『元史』にいう「燕京近郊」に相違ない。ところが、耶律鑄の『双渓酔隠集』巻一、「雪賦」の序にはこうしるされる。

> 聖上御極の元年の春、国蠹、釁を開き、梟獍を鳩合し、職として乱階を為す。余、遂に朔方より挺身東邁するも、驚塵の為に大いに閼られ、窮野に周流して、僅かに天闕に達せり。聖上北征し、還りて瓊華島の広寒宮に幸せらる。時に余、員に侍従に備わり、会たま清宴に侍す。……

耶律楚材の子である耶律鑄が、妻子を捨てて単身アリク・ブケ派の軍営より脱出し、クビライ派に身を投じたのは有名な話である。問題は傍点をつけた箇所。

中統元年、カラ・コルム進撃作戦(「聖上北征」)を終えて帰還したクビライは、その冬、瓊華島の広寒宮に出むいて酒宴をもよおし、それには鑄も参列したというのである。クビライは広寒宮に「幸」したのであって、居住したとは読めない。中都改称にさきだつ半年前の中統五年(1264年)二月には、クビライは広寒宮の改修に着手していることからもあきらかなように、大都建設までの間、瓊華島の山頂にある広寒宮は、上のような酒宴や、あるいは『高麗史』巻二六、元宗世家に、至元元年(1264年)冬の一〇月己未、高麗国王の元宗が、「万寿山殿(万寿山は瓊華島のこと)」にてクビライに会見したと見えるような接見・儀式の会場として使用されていたとおもわれる。

いっぽう、この間、耶律鑄などの非モンゴル人官吏は、ふだんは燕京城内に居住していたのであろう。では、肝心のクビライ以下のモンゴル軍団はどこにいたのか。

遊牧民の越冬キャンプは、飼料としての草がたえず期待できる水辺に設営するのがふつうである。「燕京近郊」で水辺となれば、瓊華島が浮かぶ太液池である。大都築城のおり、北側の積水潭とは切り離されて別の湖となるが、まだこのころはひとつづきで、長さ5km以上にもわたって茫々と湖水がひろがっていた。

第3章　クビライと大都

　鳥獣も多く、狩猟の好適地である。その位置も、中都から2 kmたらずと近便で、城内の監視にも、また万一、城中より攻撃があった場合、北の開平方面に退くにも好都合であったはずである。中国の研究では、クビライが金の万寧故宮か、その一部の広寒宮に居住したかのような論調が目立つが、これは誤解というか、無理だろう。

　モンゴルに限らず、遊牧君主はふつう城郭内には入らない。オゴデイのカラ・コルム、バトゥ家のサライ、フレグ・ウルスのタブリーズやスルターニヤ、そして後世のティムールのサマルカンドと、たしかに首都を構えはした。しかしいずれの場合も、特別な必要がないかぎり城内に立ち入ることはなく、郊外に簡単な施設をつくって天幕生活をするのがふつうである。その場合、とくに水辺で要害の地が選定されることが多い。

　たとえば、間野英二の大訳『バーブル・ナーマ』に描かれるティムール朝の最末期のサマルカンド周辺の情景[22]は、こうした状況を示してあますところがない。なお、間野訳注『バーブル・ナーマ』（Ⅰ・Ⅱ・Ⅲ、京都松香堂、1995・96・98年）は、校訂本・総索引も別冊でつき、日本のイスラーム学・中央アジア学を代表する精華である。その紹介の意もこめて、関連箇所をつぎに引用する。

　　〔サマルカンドの〕周囲によい牧地がある。有名な牧地の一つはカーニ・ギル牧地である。サマルカンドの町の東方にあり、やや北寄りである。1シャルイー程であろうか。「めぐみの川」ともよばれる澄んだ流れがその中央を流れている。七～八基の水車を動かせるほどの水量の川である。この川の周囲は、全て湿地である。この牧地のもともとの名はカーニ・アーブギールであったろうと云う者もある。しかし史書には全てカーニ・ギルと書かれている。非常に良い牧地である。サマルカンドのスルターンたちはつねにこの牧地を禁地にしていた。そして毎年この牧地に来て1～2カ月滞在した。

　　この牧地より上流の、東南の方角に、もう一つの牧地がある。ハーン・ユルトゥとよばれている。サマルカンドの東方にある。サマルカンドから1ユガチであろう。先述の澄んだ流れがこの間をよぎってカーニ・ギル方

3　大都皇城の謎——平面プランの問題

面へと流れている。ハーン・ユルトゥの所でこの川は大いに蛇行している。そのため、その内側にオルドゥ〔幕庭〕を設置するのに丁度都合のよい土地である。そこからの出口は非常に狭くなっている。この土地の〔戦略的な〕長所を眼にして、サマルカンドを包囲した際に、私はしばらくここに滞留した。

　もう一つの牧地はボデネ禁地で、「よろこびの園」とサマルカンドの間にある。さらに、キョリ・マガーク牧地があり、サマルカンドからおよそ2シャルイー西にある。やや北寄りである。これもよい牧地である。一隅に大きな池があるためキョリ・マガーク牧地とよばれる。サマルカンド包囲の際、私がハーン・ユルトゥにいた時に、この牧地にはスルターン・アリー・ミールザーが滞留した。

　もう一つはコルバ牧地で、やや小さな牧地である。北はコルバ村とコーハク川、南は「広場の園」とダルヴィーシュ・ムハンマド・タルハンのチャール・バーグ、東はコーハクの丘である。

　サマルカンド周辺に、牧地がいろいろとあること、そこには川や湿地・池などがかならずあり、君主たちの封禁地（ゴルクという）・幕営地・巡遊地・駐営地であったことなどがよくわかる。こうした記録は、中央ユーラシア各地で類例がみとめられる。首都や拠点都市は、都市という「点」のみで存在するわけではなく、郊外一帯の牧地や園遊地もふくめた「面」としてあったのである。
　さて、本題に立ちかえって、むしろクビライ以下の大元ウルスの皇帝が、たとえ冬期の3ヶ月間（12月-2月）にときおりながらも、大都城内に入ったことのほうが異様なのである。しかし、その大元ウルス宮廷といえども、その3ヶ月間と両京往返のさい若干の日、大都・上都に立ち寄ったのを除くと、両京の間を季節移動したとはいいながら、そのじつほとんど大都・上都にさえ入城しなかった。夏期は上都路に散在する狩猟地・宿営地、湖畔の行邸や亭などを巡歴し、冬期は大都東方の柳林の大狩猟地に大天幕群をしつらえて、日をすごすのが常であった。
　このようにしてみると、情況証拠ばかりで直接の文献による立証を欠くのが

145

第3章　クビライと大都

残念であるが、まずは儀式・接待用の宮殿を中央に浮かばせる太液池周辺こそ、「燕京近郊」の「冬営地」と比定するにふさわしいだろう。

クビライ政権における冬営地のパターン

　ところで、こうした既存の城郭都市に寄りそう郊外の宿営地というパターンは、大元ウルスにもうひとつ有名な例がある。それは、大元ウルス西面全域（陝西・四川・甘粛・ティベット）を統轄した安西王の冬都、京兆である。

　至元九年（1272年）、15万のモンゴル軍団とともに父の旧領に封じられたクビライの第三子マンガラ Mangγala は、夏期は六盤山、冬期は京兆地区を季節移動した。大元ウルス中央政権の縮小形ともいえる性格・組織をもった「安西王国」は、首都と夏営地の間の定期移動の点でも同様であった。事実、六盤山に構えた王宮の開成を上都になぞらえて、「上路」とよんだという[23]。マンガラがはじめて京兆地区に入封したときのありさまを、姚燧はこう描く[24]。ちなみに、クビライの有名なブレイン姚枢の甥である姚燧は、大元ウルス治下で特別な待遇をうけ、当時の漢文文献としてはめずらしいほど、モンゴル政権の内部事情を書きとめている。ただし、彼の文章そのものは、うまくはない。

　　明年〔至元一〇年〕、長安に至り、素・滻の西に営す。氈殿、中に峙し、衛
　　士環列す。車間に車を容れ、帳間に帳を容れ、原を包み野に絡すること、
　　周四十里。中に牙門を為（つく）り、其の入出を護（しら）ぶ。……〔『元文類』巻二二、延
　　釐寺碑〕

　滻水の西、京兆城の東北郊外に遊牧軍団の大駐屯地が出現したのである。唐のころ、宮城の北側にあたるこの一帯は、泉地も多く、有名な大明宮のほか、西は漢の故長安城あたりから東は滻水のほとりまで、広大な苑地となっていた。この水草豊かな郊外をマンガラは冬営地に選んだのである。

　しかも、実際の入封に先立ち、父の京兆私領時代いらいの旧臣でマンガラにつけられた趙炳に命じて、この駐屯地の中央に小型の城（安西王府）を築いた[25]。発掘報告によれば、東西二面の城壁は、一辺がともに603m、南壁は542m、北壁534mで、ほぼ長方形の板築の城壁をもち、四隅に半円形の突出部分（直

3 大都皇城の謎──平面プランの問題

径29-30m）があり、門は東南西の三面の中央にひとつずつ、城内中央部に南北に長く（南北185m、東西90m）、あきらかに宮殿の遺趾と見られる土台（地高2-3m）があるという[26]。

以上の文献・現況は、マルコ・ポーロという名の誰かが京兆府について語る次のような光景と、じつによく符合する。なお、いわゆるマルコ・ポーロ旅行記については、これまで、モンゴル時代よりも後世の述作・想像をさまざまにふくんだ諸写本をも校合してなった各種の校訂書、およびそれらに依拠する翻訳書によって、じつに数多くの誤解や誤読が生みだされてきた。そこで、既存のそうしたものは利用せず、所詮は、もっとも基本の「原典」として直接それに立ちかえるべきと考えるパリ・フランス国立図書館蔵の中世フランス語による最古・最良の写本（図2。ただし、これとて、その成立がこれまでのように1298年と写本の冒頭にいうがままに信じることはもとよりできないが）の記述をもって示すことにしたい。

〔ケンジャンフ＝京兆府の〕町の外には、マンガライ王の王宮(パレ)があり、いうにいわれぬほど美しい。それは、流れや湖水、淀み、泉のある大きな平原にある。それには、およそ5ミル〔英語のマイル〕にわたるぶ厚く高い城壁がぐるりとめぐらされており、すべて女牆(メルレ)がたくみに施されている。そして、城壁内の真中に宮殿があり、それ以上のものはどこにもないほど大きく美しい。……〔Fr.1116, fol.49c, ll.15-25 / Luigi Foscolo Benedetto, *Marco Polo ; Il Milione,* Firenze 1928, p.107〕

城壁の周囲が5マイルとは、誇大であるが（実際は2282m）、安西王府と周囲の屯営地のありさまは広寒宮と太液池周辺の情況を彷彿させる。両者を図化すれば図3のようになるだろう（なお、安西王府をふくむ京兆城の内外のありさまは、大元ウルスに仕えた文人官僚である李好文の『長安志図』上巻にかかげられる図を見られたい）。

ここで注意されるのは、安西王の受封と安西王府の建設が至元九年（1272年）、すなわち大都命名とおなじ年であったことである。つまり、「安西王国」の創設そのものは、大都造営や立后・立太子制の導入などと一連の脈絡のなかにあ

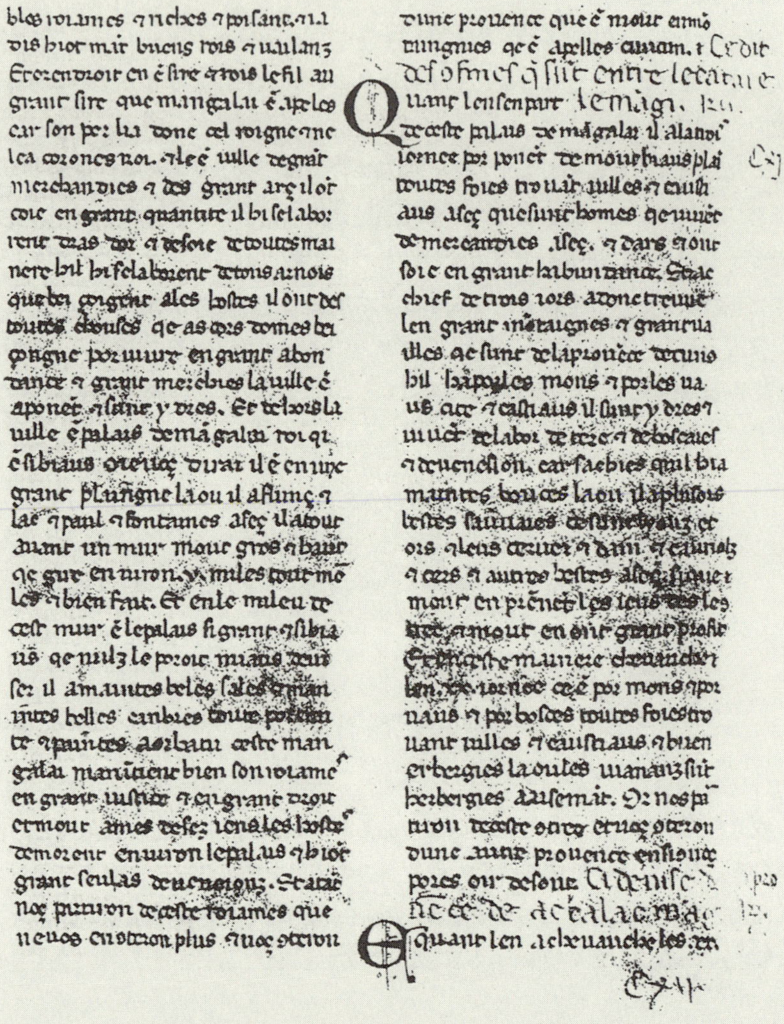

第3章　クビライと大都

図2　Fr. 1116写本49葉の裏（前引のマンガライ王云々の箇処は、左側の15-25行目）

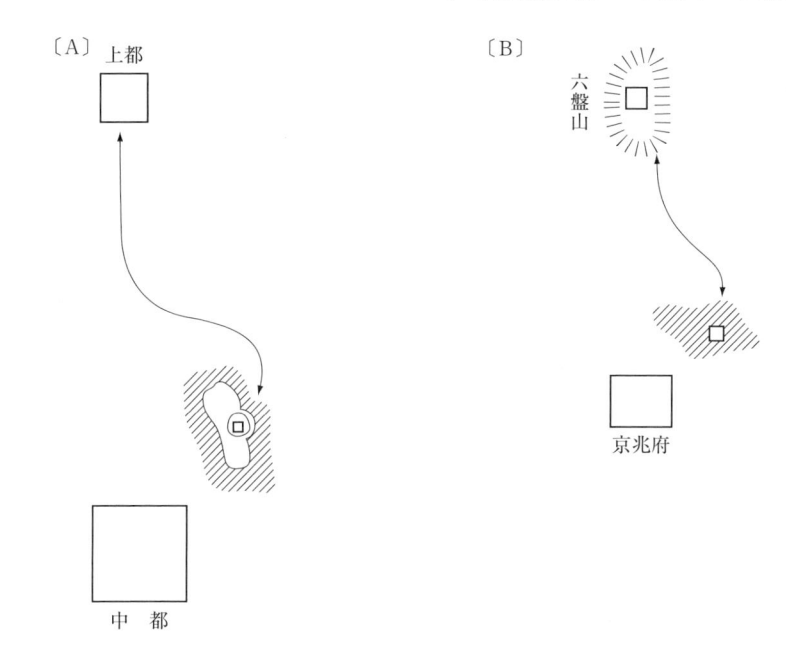

3 大都皇城の謎——平面プランの問題

〔A〕上都

〔B〕六盤山

京兆府

中都

図3　中都・京兆府の配置図

りながら、しかもその冬都には大都着工以前のクビライの冬都のパターンが踏襲されたことになる。

　安西王は、マンガラの子アーナンダĀnandaが武宗カイシャンQaišanとの帝位争奪に敗死して除封される（1307年）まで、ついに京兆のほかに大都のような本式の都城をあらたに営むことなく、図3の〔B〕の形態をつづけた（コンギラト嫡統家の冬都の全寧も、同様の可能性がある）。モンゴル集団としては、それで十分であったのだろう。その意味からいえば、むしろ大都建設のほうが異例に属するといえるかもしれない。

同一プランの夏都・冬都

　ところでこの前後、内モンゴリアから河西に根拠するクビライ政権下の有力集団では、その冬営地ないしは夏営地に、つぎつぎと小型の城郭が営まれた。その詳細と平面プランは図4のようである。

149

第3章　クビライと大都

　これらは規模・形態のうえで、あきらかに同型の城である（規模は一辺600ｍ内外。いずれも正方形ないしはそれにちかい縦長の方形で、ほぼ南北方向に沿い、かつほぼ南向する）。しかも、いずれも水辺に立地し、あるいは内部に湖水・泉池を取りこむ。城壁内はといえば、宮殿のほかに、いくらかの行政・宗教・文教施設などをのぞいて、家屋がない。おそらく、本来ほとんどは空地のままであった。こうした状況はクビライの大都造営と並行して（あるいは直接それに刺激されて）クビライ系列の集団で、当時、宿営地の一部を首長の宮殿兼園地として囲い込むことが流行した可能性を示唆する。

　これに関連して注目されるのは、これらの諸城にさきだつこと15年ほどまえ、即位以前のクビライによってその夏営地の一画に建てられた開平府（上都）の内城が、まったく上のパターンと同一であることである。調査報告から、上都内城には数多くの独立した宮殿趾が存在するではないかとの反論が予想される。しかし、上都の諸宮殿は、石田幹之助の文献考証にあきらかなように[27]、至元年間以降の造営である。建設当初の開平府城内は、せいぜい井泉・池水などが点在するだけで、およそガランとしたものではなかったか。

　『集史』によれば、上都の北・西両面にひろく張り出す外苑部分は、大都着工以降に付設されたものと判断せざるをえない[28]。つまり、本来の開平府城は、塼甃と石造の内城・外城という二重囲郭部分だけであった。その点、賈洲傑「元上都調査報告」［『文物』1977年5号］が内城を宮城、外城を皇城、外苑を外城と称しているのは、文献上でも不適当であり、東方考古学叢刊乙種第二冊『上都』(1941年）の呼称がふさわしい。さきにあげた諸城とおなじ規模・形態の内城に、居民区である外城が囲繞するかたちである。

　であればむしろ、開平府内城がモデル・プランとなって、一連の発想のもとにさきの諸城がつぎつぎと営まれたのではないか。さらには、大都も規模こそ大きことなるとはいえ（帝国全体の首都であるから当然のこと）、これらとまったく無縁ではない可能性がでてくる。ことに、大都と上都の基本設計者はおなじ劉秉忠なのだから。

　ところで、現存するパクパ文字表記のモンゴル語とその直訳体白話風漢文による合璧の命令文書・碑刻によれば、漢語「園林」に相当するモンゴル語はバ

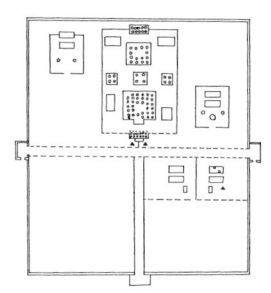

3 大都皇城の謎——平面プランの問題

(1)応昌城
約650×600m。至元七年（1270）建。コンギラト駙馬家の夏都。李逸友「元応昌路故城調査記」考古1960-10。
別称、魯王宮、ルーワン・ホトン

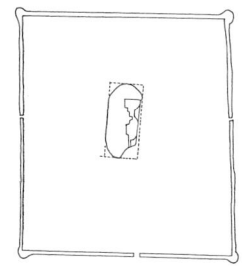

(2)安西王府
東西壁603、南壁542、北壁534m。至元九年（1272）建。安西王の冬宮。
馬得志「西安元代安西王府勘査記」考古1960-5。
別称、安西故宮、達王殿、斡耳朶城

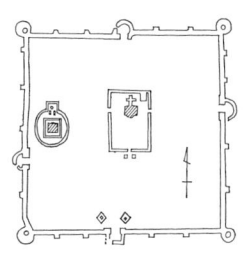

(3)黒山頭古城または成吉思汗城
一辺585mの正方形。建設年次不明。カサル王家の冬宮（この比定については、本書第5章にて言及する）。
三上次男「フルン・ブイル地方の考古学的遺跡」蒙古學1、1937。

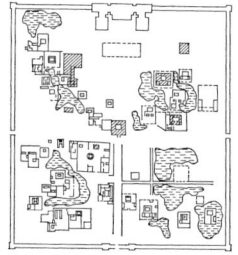

(4)上都内城
約620×570m。モンケ六年（1256）建。大カアンの夏都。賈洲傑「元上都調査報告」文物1977-5。

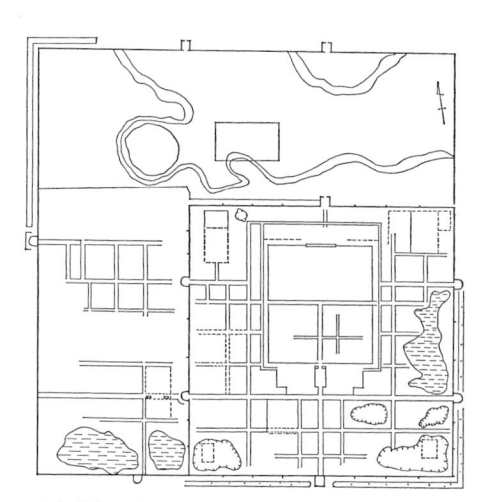

なお、オングト系の諸城は、おそらく大元ウルス以前どころかモンゴル時代以前の造営と推測されるので、除外する。このほか、未調査のため、プランはわからないが、クビライ系列の政治集団が建設したとの文献上の明証のあるものとして以下の三つがある。

(5)六盤山開成宮
安西王の夏宮（出典：延釐寺碑等）

(6)永昌王府
コデン家ジビク・テムルの造営（至元九年、1272）にかかる。永昌王家の本拠。
別称、斡兒朶故城、永昌王牧馬場
（出典：五涼考治六徳集巻三、永昌縣志、古蹟等）
この城は、創建者といい、その年次から見ても(1)・(2)の場合と同様、明らかに大都の造営との関連が推測される。中国での正式な本格調査が期待される。

(7)雲南梁王離宮
雲南の梁王家のオルド（出典：続雲南通志稿、巻一九一、雑志、古蹟、昆明県）

上都全体の平面プラン（賈洲傑論文より）

図4　諸城の平面図

151

グ bag である[29]。これはあきらかにペルシア語のバーグ bāg（庭園）からきている。本来、土壁をもって園地を囲い込む習慣のなかったと推測されるモンゴルは、バーグという用語とともに、その習慣そのものをイラン文化圏から移入した可能性も考えられる。

　もちろん、上都以下の諸城を用語のみならず実態上の起源としてバーグと直接むすびつけて結論づけるのは、なお慎重さを要する。モンゴリアでは匈奴時代から、城塞が営まれたことが確認されている[30]。それらはやはり、水辺に立地することが多かった。また、北魏時代の北辺諸鎮も、ほぼおなじ文脈で留意される。さらに、遼金時代の現長城ライン以北におけるさかんな城郭建設が目につく。おそらく直接には、遼からの延長線上でとらえるほうが説得力をもつかもしれない。とはいえ、やはりその立地条件、城内の様子が、きわめてバーグに類似するのは否定しがたい事実である。このあたり、時間と空間をこえた歴史考察のむつかしさがある。

　そこでひるがえって、問題の大都の皇城地区はどうであったか。

　図1でわかるように、太液池をはさんでその両側に並存するふたつの宮殿群、すなわち大内と太子府（のち武宗カイシャン時代に、皇太弟アユルバルワダ Ayurbarwada、のちの仁宗の居処となり、隆福宮と改称する）以外、湖上の瓊華島の広寒宮と、おなじくその南の小島につくられた儀天殿をのぞけば、あとはまったく建造物は存在しない（太子府の北側に、生母ダギ Dagi 皇太后の居処として興聖宮が営まれ、大内とあわせ三宮となるのは三皇鼎立した武宗時代のことである）。のこるは、大内の北の御苑、一種の動物園である霊囿、湖水西側の西苑など、要するに園林、草地、湖水だけがひろがっている。

　この点、唐の長安城のように皇城に官衙を集中させる方式とはまったく様相を異にする。こうした皇城内の有様について、マルコ・ポーロという名の誰かは、立ち木のある見事な草地のなかを各種の鹿などの動物が群遊していると述べている[31]。まさに狩猟地兼園池である。

聖なる空間としての大都皇城

　さて、以上のことから、こう結論しても、もはやさしつかえないのではなか

3　大都皇城の謎——平面プランの問題

ろうか。すなわち、1260-66年までの「燕京近郊」冬営地を、カアンのプライヴェートな空間としてすっぽり囲い込んだのが大都皇城であった。いいかえれば、大都の位置選定と設計にあたっては、ふつういう瓊華島起源説ではなく、瓊華島をもふくめた太液池周辺全体の囲い込みが最優先の要因であり、まず"バーグ"風な皇城区が設定されたあと、その広大な緑を内懐に抱く格好で、大都の市街区プランが定められていった可能性が高いと。そして、その市街区の大綱こそが「国中九経九緯、経涂九軌、左祖右社、面朝後市」なのであった。

皇城区をカアンの聖なる空間とする設計姿勢は、太液池を「後市」の港に予定された積水潭と完全に分離し、あまつさえ積水潭の"庶民の下水"が太液池に流れ込むのを避けるため、わざわざ両湖別々の水源をもとめるという大工事をあえておこなった点にも明瞭にあらわれている。されば、たんなる高梁河水系の利用という自然条件からだけではなく、モンゴル王権からの要請こそが主因となって、破格の大都皇城が誕生したといえるのではなかろうか。

こうしてみると、皇城区の南への偏在をとらえて『周礼』型都城の是非をうんぬんするのは無意味にちかい。

ただし、皇城区に浮かぶ大内と太子府が、文献上でオルドともよばれ、また先述の諸城のうち安西王府・永昌城（河西コデン王家の本拠の城）・雲南昆明の梁王離宮（クビライ系梁王家の王宮）が、いずれもそれぞれ「斡児朶城」、すなわちオルド・バリクと呼称されていたことから推測すると（ちなみに、カラ・コルムも建設当初は、そうよばれた）、モンゴル王権からすれば大都皇城・上都もふくめて先述の諸城のなかにかまえられた宮殿は、もともと冬営地・夏営地に設営されたオルド（天幕・帳殿）をその発想の根底にもち、宮殿はその固定化した一変形であって、結果として城全体はオルド城と見なされることとなったのではないかとおもわれる。その意味で、村田治郎のオルド起源説という着想には、多くの傾聴すべき点がある。

であれば、その城内（大都の場合は皇城、上都の場合は内城）が、おおむね空地なのは当然のことであった。厳冬期や集会・宴会などで入城したさい、各首長はそこに天幕をしつらえたのであろう。上都開平府は、このいわば"オルド城"に官僚・従者用の外郭をめぐらした都市化への試作品であったと見ることもで

153

第3章　クビライと大都

きる（内城の諸宮殿や外苑などは、国都となってのち順次増築されていったもので、モンケ時代の開平城は内・外二郭で十分であったろう）。

それはちょうど10年後、巨大な帝都造営計画に発展する。すなわち、クビライが代表するモンゴル国家の側面と、儒仏道の三教を兼通する謀臣劉秉忠が代表する中華伝統の国都イメージ、および世界帝国の首都としての現実の要請、以上の三つの要素が合体して誕生したのが大都であったと考えられる。

4　大都はなんのために築かれたか
──特徴と機能

新造する理由

さて、大都に関して抱くもうひとつの疑問は、実際ほとんど城中で生活することのなかったクビライが、すでに中都という国都がありながら、なんの必要があって、ことあらためて大都のような巨大都市を造営したのかという点である。問題を中都から大都への移転だけにかぎってみると、従来つぎの2点が考えられている。

（1）中都城はすでにチンギス・カン時代のモンゴルの攻撃でかなり破壊され、とくに宮殿は1217年丁丑3月の大火で（『燕京春秋』所載の陳高華「元大都史事雑考」125頁の注（2）で指摘）あとかたもない状態になっていたこと。

（2）そもそも西山地区より引いてあった水路の水量自体が不足していたうえに、遼代以来、長期間の都市化で中都城内の井戸水に塩分が吹き出し、飲用に耐えぬ状態になっていたこと（（1）（2）を挙げるのは主に侯仁之）。

いま、さらにこれに次の2点が追加できよう。

（3）滅亡した前王朝の故都を使用するのは、ふつう不吉と考えられること。

（4）マルコ・ポーロという誰かが伝える漢人警戒論。

しかし、すでに見たように、クビライは至元三年（1266年）までは中都を国都と定め、宮殿の修築にもとりかかっているのだから、上のうち（1）〜（3）については、少なくとも移転理由の決定打として主張するのはやや色あせてくる。

4 大都はなんのために築かれたか──特徴と機能

むしろまったく平凡な解答であるが、『集史』が伝える「クビライはおのれの名声のために、その〔中都〕そばにもうひとつの町を建てた。その名はダイドゥである[32]」ということばに真相を見いだす。

すでに述べたように、みずからは太液池周辺を冬営地とし、首都機能はまがりなりにも既存の中都によって果たされていた以上、あえてそれを振り捨てて新都建設を思い立つ理由は、その新都そのものにこそあったと考える方が自然に近いからである。

政治状況からもこのころ好条件がととのう。大都造営を発令する前年の至元三年（1266年）、夏から秋にかけて、まず邪魔者のアリク・ブケが死去する。アルタイ地区のアリク・ブケ領は、クビライの指令でアリク・ブケの諸子に分割相続される。これと前後して、クビライは第四子ノムガン Nomuγan を北平王に封じ、モンゴリアの全土・全軍馬を彼にゆだねた。つまり、帝国内乱の終結より2年後、クビライ政権は根幹の地モンゴル本土も完全に掌中におさめ、ゆるぎない地歩を固めたかに見えた。

しかも、大都造営を発令した至元四年（1267年）は、帝国西半の三人の巨頭フレグ、アルグ、ベルケも一堂に会する久方ぶりの真のクリルタイが開催される予定であった[33]。現実には三人のあいつぐ死去でこの企画は流れた。さらにこれを機に、中央アジアはふたたびクビライ政権から距離をおきはじめ[34]、長期の内戦状態におちいって、クビライが帝国の全版図を直接におさえる夢は消え去る。

しかし、中央アジアの不服従が明確となるのは、至元六年（1269年）春のタラス会盟からである。問題の至元三・四年ころは、クビライは自信に満ちて新国家建設に邁進していた幸福な時期であった。

1264年のアリク・ブケの全面降伏以来、クビライが次々に実行に移していった一連の国制整備事業の周到な手配り・手順をおもい、あわせて当時の情勢がこの前後、クビライへと滔々と流れはじめていた点を考えると、至元四年正月、新年の朝儀に参集した一族諸王の面前で新首都建設を発表するのは、客観状況としてよく筋が通る。建設の槌音を、ときあたかも参集するはずであった西半の三巨頭にきかせ、即位にまつわる不分明さを、かつてない富力・能力・権力

第3章 クビライと大都

の誇示で圧倒しさろうとクビライが考えたとしても、あながち推測に過ぎるとはいえまい。

大都の首都機能

移転の動機・理由はそうだとしても、ではそもそも大都はモンゴルにとってどんな意味をもったのであろうか。

大都が果たしたさまざまな機能、とくに首都機能については、すでに多くの論及があり、陳高華『元大都』が手際よく整理している。ここではそれらを踏まえつつも、支配者・建設者であるモンゴルの立場から検討をこころみたい。

大都のきわだった特徴は、次の4点にまとめられる。

（1）軍事都市の要素がうすいこと。
（2）文書庫としての側面。
（3）経済機能の集中。
（4）文化宗教都市。

以下、順番に説明を加える。

第一の軍事都市の要素のうすさだが、既述のように、クビライ以下の歴代の大元ウルス皇帝は、宮廷・軍団ごと移動した。移動のさきざきの宿営がすなわち、中央政府であった。つまり、首都城内に禁軍が常駐するなどということは、そもそもない。大都の市街区のうち、北側三分の一が文献・発掘資料とともに人が居住した形跡がすくなく、明代の北京城では放棄されてしまったことはよく知られている。

これを冬営期間の軍隊駐留区に比定するのは容易である。しかし、文献上の証拠もなく現実の問題としても考えにくい。試みに、『元史』兵志にしるされる近衛軍団の営地を地図上におとすと、それらは、大都周囲の東・南両面一帯を固めていることがわかる。しかしこれらはいずれも漢人軍団。屯田部隊なのである。

大元ウルスの軍事力の根幹たる遊牧軍団については、『元史』以下の漢文献はまったく沈黙をまもり、実数・野営地とも推測は困難である。しかし、わずかに大都以南の固安がカアン直属の帖麦赤（テメチ）（ラクダ飼い）集団の、河間路の清

4 大都はなんのために築かれたか――特徴と機能

池・南皮両県がオロス軍団のそれぞれ冬営地となった徴証がある[35] (ルースィ、すなわちロシアのことをモンゴルは「オロス」とよんだ。すなわち、ロシア方面の人々によって編成された軍団が、大都の南方そうほど遠くない地に駐屯していたのである)。それに大都路北半は漢人軍団の配備がみられない。そうであれば、大都東南辺に集中する漢人屯田部隊を避けるように、大都路一帯の空隙地が上都路方面から南下する遊牧系諸軍団 (モンゴル以外に、キプチャク、アス、カンクリ、オロス、タングトなど) の冬営地となったのであろう。

文献上でも、大都北郊の順州の拝郊台・羔麋店・咸寧荘一帯が「苜蓿の禁地」、すなわち馬ごやしなどの飼葉用の草場がひろがる御料地となっていた明証がある[36]。平原・田野に孤立する大都をこれらの諸軍団で周囲から監視すればよく、大都城内に軍隊を入れる必然性はうすい (大都北半市街区は、いわば石灰をひいたまま、結局は人が入居しなかったと見ていいのではないか。大都は都市機能が南半に集中していて、北半はすこぶる市民生活に不便である)。

第二に、大都の外城壁は土城であった。本来、モンゴルに市民区を防衛する意志は稀薄なうえ、城壁を強力にすることは、万一の反乱を考えるとかえって命取りである。カアンの個人空間となった皇城さえ、その壁は塼甃(せんしゅう)とはいえ、わずかに高さ３mである。つまり防衛の意志はあまりない。せいぜい間仕切りである。外城壁に周濠が掘られ、各城門に巨大な甕城(おうじょう)が付設されるのは、元末の順帝トゴン・テムル Toγon-Temür のときである。順帝は、白蓮教軍によって上都が破壊されると、夏期巡幸をとりやめてしまうほど、漢化・弱体化していた。

第三に、そのトゴン・テムルでさえ、明の北伐軍が迫ると、さっさと大都を逃げ出して、北の上都・応昌方面に走った。大都の防衛能力などまったく期待していない。なお、大都城内に常駐した大都兵馬司2,000人は、首都警察であって、各城門に配置された八剌哈赤(バラカチ) (balaqačiは城守の意。実際には門番) ともども軍事力とよべる代物ではなかった。

文書庫としての側面

大都城内には、皇城正面地区を中心に、各種の官庁が建てられたといわれ

157

第3章　クビライと大都

（図1の大都全体図を参照いただきたい）。ただし、どこそこと建設地点を特定できないものも多い。また、『元史』百官志が挙げる廃置めまぐるしい無数の衙門（役所のこと）が、すべて建物をもったわけでもないであろう。なぜなら、あきらかにカアンに従って移動するのを常としたオルド関係者（『元史』巻九〇、百官志六の「大都留守司」のもとに列挙される諸職）や一族諸王家の各種使用人までもが、『元史』『元典章』では、あたかも独立の部門・官庁を形成したかのごとくにリスト・アップされているからである。

　これらは実際には、せいぜい身分上の高下を中華風の官職・位階になぞらえて表現したにすぎない場合が多いと考えられる。現実に官庁・部局として固定建築物をもったと確認されるのは、いまのところ中書省・枢密院・御史台・宣政院を筆頭に、意外に数すくない。そのうち、大都路総管府（首都行政庁）、大都兵馬司（首都警察）、左右巡警二院（城内民政）、大都宣課提挙司（首都税務署）、印造宝鈔庫（造幣局）などは、職務柄、大都地区にはりついている官庁である。問題は、これらを除く主要官庁の長官以下の高級官僚は、いずれもカアンに扈従して大都路と上都路の両路からなる「首都圏」を中心に諸方を巡歴していたことである。これらの人びとが官庁・部局ごとにうちそろって大都の「本庁」内に勤務するのは、厳冬期の3ヶ月間にすぎない。

　いっぽう、大元ウルスの行政システムは、発令者がカアン以外にも、皇后・皇太子・皇子・一族諸王・有力族長と多元であるうえ、ともすれば政策や方針も変更されやすく、くわえて行政ミスはしばしば血の決済に発展することも避けられなかった（ただし死刑は宋代・明代などの酷烈さとは対照的に極端に少ないことは注意される）。そのため、どうしても命令の信頼度が低く、モンゴル側の漢族官吏への不信感とあわせ、結果として異様なまでの文書行政を招来した。

　すでに、大元ウルス以前よりその傾向は指摘されているが、大元ウルスにいたって、むしろもっとも文書行政は完備したともいえる。ささいな案件にも、どの官庁もめったに決定をくださず、つぎつぎに上級官庁に指示を仰いで、結局はしばしばカアンの裁決にまでおよぶことも稀ではなかった。そのさい、逐次上申する各官庁が、みな文書を作成し、送達される的本（原本）以外、つねに副本を保管したから、とくに中央官庁の場合は厖大な文書群が蓄積されたこ

4 大都はなんのために築かれたか——特徴と機能

とが想定される。
　されば、大都にある各中央官庁は実際のところ、文書とそれを作成・整理・保管する事務職・文書係（経歴や令史と呼ばれた事務長のもとに、訳史、知印、宣使、奏差、提控案牘、照磨、管勾、架閣庫管勾などの職掌があった）の場所となった。まさに文書庫である。実際の行政処理にあたっては、とくに夏期については大カアンに従って上都地区におもむいている各官庁のトップから、大都の「伴当」（この語は『元朝秘史』の傍訳では、しばしば遊牧君主のネケル nökör（僚友）の訳語として使用される。この場合は属僚・属吏の意）のもとへ問い合わせの使者が送られ、折り返し回答・上申が返送されるといった具合であった[37]。

経済機能の集中
　大元ウルスが大都に徹底して物資を集めたことは、よく知られている。大都の内外には、「京師二十二倉」と総称される多数の穀物倉が存在した。これはもちろん首都人口を支えるほか、各種の天災で糧秣を大カアンのもとへ求めてやってくるモンゴリアの遊牧集団への賑恤用の役目も果たしたであろう[38]。とりわけ、上都地区の倉の場合、とくにその性格が強い。『元史』に頻見する当該記録の多さからしても、モンゴリアがクビライ家の支配下に結局ふみとどまった一因には、不時の、しかも避けがたく頻発するモンゴリアにおける災害への糧秣保障の意味が、意外に大きいのではないか。
　大都という城の内外や、さらに南に隣接する旧市街には、王璧文が「元大都城坊考」[『中国営造学社彙刊』6-3、1936年]のなかで列挙した数多くの市場が立った。このうち商業・金融・情報のセンターとなったのは、皇城の正北、丁字街・鼓楼大街・斜街の一帯である。大都設計上の中心部にあたるこの地区には、至元二九年（1292年）の通恵河の開通によって直沽（現天津市）で海船から江南の物資を積みかえた河船が直接乗りいれてくる都市内部の港となった積水潭があり、東西・南北の都市内交通網もここに集まるように仕組まれている。丁字街の東西通りに面しては、大都路総管府・左右警巡二院・倒鈔庫（古紙幣交換所）などの首都行政・経済官庁が立ち並ぶ。名実ともに「面朝後市」にふさわしく、物流の中枢と経済・都市行政機能をこの一画に集中させたのである。

第3章　クビライと大都

本図は1913年実測の10万分の1の地形図をベースに、元代の大都諸門から発する交通路の名残りを探ったもの。東西両壁の北寄りの門、すなわち光熙門・粛清門については、さしたる痕跡がなく、あまり実際性がなかったことを窺わせる。

図5　大都周辺の陸路・水路図

　城内ではこのほか、皇城の西の羊角市が、羊・馬・牛・駱駝・驢騾などの取引商品からもわかるように、西・北方の陸路から入いる物品を集めて賑った。外城門外には、それぞれ必ず市が立ち、「草市は門門にこれ有り」(『日下旧聞考』巻三八、京城総記所引『析津志』)と主燃料の柴草が集められた。また、城南の旧中都の市街区は、依然として繁華な庶民区・商業区でありつづけた(大都新市街に入居するさい、1区画およそ1,500坪を単位にその倍数で居住区を分譲したから、

160

4 大都はなんのために築かれたか——特徴と機能

大邸宅建設が不可能な中・低資産層は旧市街にとどまる結果となった)。

　図5は、大都に集まる水路・陸路の交通網を大縮尺地図よりさぐったものである。大元ウルス政府は、軍事支配のねらいもふくめて、こうした大都を発着点とする水陸の交通体系を整備するいっぽう、これを利用して活発な物流促進政策を推しすすめた。それまで中華では、商人が一州を通過するごとに通過税が徴収され、遠距離交易ほど不利となっていた。ところが、大元ウルスは税率を低くおさえ（三十分の一税）、かつ通過税をやめて販売地での納税のみとした。

　当面の商税収入の減少もかえりみず、こうした遠隔地商人優遇政策を採ったねらいのひとつは、大都への商品流通の促進にあった[39]。大元ウルスの場合、モンゴル諸王家が一種の金融資本家であった。彼らは莫大な賜与でえた金銀を、出入りのウイグルやムスリムの組合大商人（斡脱(オルトク)）に貸しつける。オルトク商人は、それをもとに各種の営利事業（高利貸や泉州などでの南方海上貿易もふくむ）をおこない、利潤の一部を王家に還元する。前述の遠隔地商人は、結果として、政治力を背景に資本も巨大なオルトク商人がその多くを占めたと推測される。

　つまり、モンゴル王権と結託した商業資本家が、武力を楯に各地に出向いて時に強制的に商売をおこない、公権力が整備維持している輸送機関によって、首都の大都に物資を送り込む。その大都のバザールを管理し課税するのが、モンゴル王権の総元締であるカアンという図式である。

　しかも、クビライが登用した西方系経済官僚は、アフマドをはじめ、これらの商人とおそらく一体化していたとみられる。つまりは、通過税撤廃は当然の施策であった。

　クビライは、紙幣政策の徹底もあわせ、これら第三勢力の商業運営能力を利用して、大都を集散地とする大きな物流システムをつくりだし、最終局面ではとくに金銀（これが諸王への賜与となる）を自分の手許にかき集めたのである。大元ウルスの財政運営は、きわだって重商主義（なお、これは西欧史でいうマーカンティリズムとは異なる）であり、点と点の支配ではあったが中央と各拠点都市との結びつきはかえって緊密で、その経済コントロールのかなめが大都であった。

　『元史』巻九四に記載される天暦年間（1328-29年）の商税額統計によれば、

大都宣課提挙司は年額103,006錠で、全国の約10％強である。また、ペルシア語史書の『ヴァッサーフ史』には、カン・バリク（中都）に隣接するダイドゥの町では、「塩のタムガ税は日に700バーリシュに達する」としるされている[40]。当時、モンゴル人は商税をタムガとよんだので[41]、これは当時の国家収入の80％以上を占めた塩の専売収入（とくに引換券である塩引の売却費）のことである。こうした歳入・賜与用品・宮廷用品を納める財庫として、大都には『元史』などに名高い「万億四庫」、すなわち万億宝源庫（金銀交鈔玉器専用）・万億広源庫（香薬紙筍）・万億綺源庫（諸種の織物）・万億賦源庫（糸綿布帛）や宝鈔総庫（金銀交鈔）が設置された。それぞれの位置は不明だが、おそらくは皇城内だろうか。なお、マルコ・ポーロという名の誰かの旅行記には、延春閣に相当する宮殿が、カアン個人の宝物庫であったともいう。

　ようするに、大都はモンゴルにとって食糧基地、財庫、そしてさらに糧秣庫でもあり、あらゆる経済機能はここに集中するよう計画・実施されたのである。

文化宗教都市

　大都には、太廟・社稷壇・孔廟・国子監・司天台（天文台）など中華の国都につきものの各種施設のほか、司天台付属の図書館や霊囿（動物園）などの文化施設が名高い。また、王璧文「元大都寺観廟宇建置沿革表」[『中国営造学社彙刊』6-4、1937年］が関係資料から抽出・確認したものだけでも、60の仏寺、30の道観をかぞえる宗教都市でもあった。

　このほか、キリスト教の教会堂、ムスリムのモスク（現牛街の清真寺はそのひとつ）も営まれた。ことに、歴代皇帝ごとにその御容を納めるため建立された勅建の大仏教寺院は、大元ウルス王族の宗教となったティベット仏教様式の大建築であり、大都をティベット密教独特の雰囲気に包んだと想像される。北京にゆいいつ現存し、いまも異様なかたちで人目を引く妙応寺（元代の大聖寿万安寺）の白塔のようなストゥーパが[42]、往時は大都城内外に見られたはずである。

　モンゴルは、文化・宗教を支配の一手段と考える傾向が強い。文化モニュメントを数多く造営して文化センターとし、視覚面でも世界都市にふさわしく装飾したのである。

4 大都はなんのために築かれたか──特徴と機能

モニュメンタル・シティー

さて、以上からわかるように、大都は基本スタンスとしてモンゴルたちが住むための城ではない。ひろい意味での首都たる大都は、囲郭・宮殿・官庁があるニュー・シティ（北城・大都新城）と、囲郭もなく公共機関もすくないオールド・シティ（南城・中都旧城）にわかれた。ペルシア語年代記もふくむ西方人の記録は、多く新市をダイドゥまたはタイドゥ、旧市をチュンドゥまたはカン・バリクとはっきり別物としてよびわけている。

しかし、新旧両市街の住民には、資産の違いこそあれ、清初の北京のように、内城（大都新城の後身）が満洲旗人の町（タタル シティ）となり、外城（中都旧市街の後身。旧市街は元明時代を通じて庶民区として生きつづけた。明の外城はこの町とやはり元代に起源をもつ南郊の壇──現在の天壇──とを囲い込んだもの）が漢族の町（チャイニーズシティ）といったアパルトヘイトの側面は認められない。大都の中央やや南寄りの皇城区も、いちおうカアンの居処とはいえ、ふだんはカアン専属オルドのうち、少数の使用人が居残るだけ（大都留守司）であったから、大都という巨大都市は、居住者の側面だけで見れば、圧倒多数を占める漢人たちのための街といっても過言ではない。もちろん、かのマルコ・ポーロという名の誰かが、大都の各城門外を異邦人の居留民区と伝える混住都市の側面も、もちろんあったにせよ。

ようするに、一面ではたしかに"住まわせる城"なのである。中華文明が理想とする（と考えた）国都を現実に築き、そこに軍事を除く人と物の交流する一切の機能を集め、これを一挙に把握・管理する。それが遊牧君主でありながら、巨大な新型国家の建設を構想したクビライの都、大都であった。

そのさい、本来モンゴルには不要なはずの宮殿もふくめ、大都新城全体がいわばひとつの壮大なモニュメントであり、多分に見せるための都市の要素が色濃い点が注目される。

それはたとえば、大都の南の正門たる麗正門から北を臨めば、大内の諸宮殿の甍が一直線にかさなりあい、東西の玄関口となった斉化門、平則門からは、まっすぐに寝殿たる延春閣が目に映るなどの視覚上の配慮がなされていること、また都城中央の十字街路のうえに、国都としてははじめて鼓楼・鐘楼が設置されるという新機軸が導入されたこと、一般市民の大都入居のさい資産制限をつ

第3章 クビライと大都

け、江南接収後は「兼併戸」を大都に移住せしめ[43]、新城を宏壮な邸宅のみで埋めつくそうとしたことなどに顕著である。それも大都が世界支配の象徴として、衝撃をあたえる意図でつくられた城市であった当然の帰結であろう。マルコ・ポーロという名の誰かは、それゆえにこそ驚いたのである。

ときをこえて、長いタイム・スパンで眺めれば、現在の北京市は、遼代以来ほぼ1,000年間にわたって、中華の首都ないし副都でありつづけ、クビライがそこに奠都したのも、一見、当然のようにもおもわれがちである。しかし、既述の3点だけをみても、むしろクビライの強烈な国家建設への理念と、彼をとりまく特殊な諸状況とが主因となって、大都＝北京という、政治・行政要因の優先が顕著な中華都市のなかでもとりわけてそれが極端な都市が実現したのだと考える。つまり、かたちのうえでは中華都市であって、いっぽう実際の機能としてはモンゴル帝国の首都であった。それは、まさに大都が、世界の中心たるべく構想され、そのとおりにつくられたからであった。

ここにもまた、世界史の歩みの変貌が凝縮してあらわれている。ながらくつづいた陸上帝国だけの時代は、皮肉にも、もともとは遊牧民の国家としてスタートしたモンゴル自身の手によって終焉を告げさせられた。陸海の両方を見渡す時代が、アジアでもヨーロッパでもこれ以後、本式に幕をあける。内陸の帝都カラ・コルムから、陸海交通網の中心として仕立てられた大都へのステップは、世界史のステップでもあった。

注——————————————
1) 大都の人口については、『元史』地理志、至元七年（1270年）の中都路147,590戸、401,350口という戸口統計があり、陳高華（『元大都』北京出版社、1982年、43-44頁。なお、本書には佐竹靖彦訳の中公新書版がある）や愛宕松男（「元の大都」『歴史教育』14-12、64頁）はこれにもとづいて40～50万と計算している。この数字は、歴代の中華の国都にくらべるとむしろ少ないが、その主因は本章第4節で述べるように大元ウルス皇帝は宮廷・軍団ごと移動しているので、ふつう国都につきものの厖大な官僚・禁軍を定常人口として加算しえぬためである。とはいえ、モンゴル時代も後半になると、「京師の人煙は百万」といわれるようになるので、百万程度はやはりあったのだろう。

注

2）同済大学城市規画教研室編『中国城市建設史』中国建築工業出版社、1982年、75頁。
3）梅原郁「宋代の開封と都市制度」『鷹陵史学』3・4合併号、1977年。
4）近年の論著のうち、陳高華の前掲書は従来の研究を取りまとめ、現時点において最良の専著である。史料上、検討可能な主要な論点はほぼ尽くされており、中国を中心とする大都研究の一応の到達点と思われる。またナンシー・シャツマン女史のハーヴァード大学へ提出した博士論文「モンゴル庇護下の帝制建築——クビライの帝都ダイドゥ——」Nancy Riva Shatzman Steinhart, *Imperial Architecture under Mongolian Patronage : Khubilai's Imperial City of Daidu*, a doctoral dissertation to the Department of Fine Arts of Harvard University, 1981. は、建築を中心に時間上には開封以後、空間上にはモンゴル、中央アジアまで目を配ろうとしており、網羅的である。また侯仁之「元大都城与明清北京城」「北京旧城平面設計的改造」（いずれも『歴史地理学的理論与実践』上海人民出版社、1979年に再録）、「北京城：歴史発展的特点及其改造」（『歴史地理』2、1982年）など一連の歴史地理学的北京研究、王璞子「元大都城平面規画述略」（『故宮博物院院刊』2、1960年）、中国科学院考古研究所北京市文物管理処元大都考古隊「元大都的勘査和発掘」『考古』1970-71年）などの復元研究が有益である。さらに、北京史研究会編『燕京春秋』（北京出版社、1982年）の出版や、また侯仁之主編『北京歴史地図集』（北京出版社、1988年）の27-28頁に載せる「元大都」の図など、中国では現首都たる関心からも厚い研究層があり、今後より綿密な研究の公表が期待されるが、詳細は省略する。
5）［ĜTS, f.198b］
6）［ĜTS, f.193b］
7）Paul Pelliot, *Notes on Marco Polo*, vol. I , Paris, 1959, pp.225-229. 可能性としては「乣」の転訛と見て、金国ないし北中国一帯を指したとも考えられるが、確証がない。
8）各種の旅行記によれば清代・民国時代、金代の桓州の遺趾をモンゴル人は Qara-balγasun と呼んでいたらしいが、元代すでにそう呼んでいたかは定かでない。
9）『元史』世祖本紀には、即位前のクビライが燕京行省の裁決に介入した記事が特別なこととして載る。しかし、これは逆に平生は現在の内長城線以南の庶政がカアンに直隷する燕京行省の手中にあったことを示すであろう。
10）杉山正明「クビライ政権と東方三王家」『東方学報』54、1982年、296頁（本書第2章105頁）。
11）斯波義信「宋代の都市城郭」『中嶋敏先生古稀記念論集』1982年。
12）松田孝一「元朝期の分封制——安西王の事例を中心として」『史学雑誌』88-8、1979年。
13）『元史』巻一一九、木華黎伝に「歳己亥、塔思甍。速渾察襲爵、即上京之西阿兒査禿置営、総中都行省蒙古・漢軍」とある。
14）同上、同伝。

第3章　クビライと大都

15) 前掲拙稿（本書第2章）。
16) 同上、287頁（本書第2章96-97頁）。
17) すでに愛宕松男・陳高華両氏も指摘するように、元代の記録で「那吒太子」と関係づけて説明されている。筆者はこれをシヴァ神の変身Naṭarāja（踊る王）との関連の可能性で考えている。
18) 村田治郎「元大都の都市計画に関する一考察」『満洲学報』3、1934。のち『中国の帝都』綜藝舍、1981年に再録。
19) 駒井和愛「元の上都並びに大都の平面について」『東亜論叢』5、1940年。のち『中国都城・渤海研究』雄山閣、1957年に再録。
20) 村田治郎が挙げるバトゥのオルドの設営法（カルピニ）、また彭大雅『黒韃事略』の両例も、首長のオルドが南に設置される意味ではなく、南面する首長のオルドを中心に、その左右両側に諸将・官僚の帳幕が順次設営されたこと（首長の妃たちは首長のオルドの背後に設営する）を意味する。その他、各種の諸史料から総合して、基本的な宿営法を図式化すれば、次のようである。

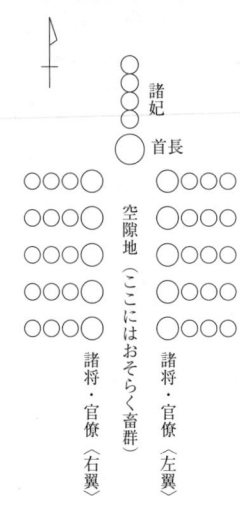

これはモンゴル国制・軍制上の左右両翼制にも対応し、宮廷内での座席配列ともパラレルであったらしい。こうした宿営のありさまについては、アブー・サーイードのそれを実見したイブン・バットゥータの報告がもっともくわしい（*Voyages d'Ibn Batoutah,* texte arabe, accompagné d'une traduction par C. Defrémery et B. R. Sanguinetti, Ⅱ, Paris 1914, pp.125-128. *The Travels of Ibn Baṭṭūta,* tr. H. A. R. Gibb, Ⅱ, Cambridge 1962, pp.342-344.）。また、本田實信が訳出したジャライル朝の『書記規範』（Muhammad ibn Hindūshāh Nakhchivānī, *Dastūr al-Kātib fī Ta'yīn al-Marātib*）第二部第一章第一一節の宿営官の任命の条の文面は、支配者モンゴル人の立場から宿営法を語る（本田實信「モンゴルの遊牧的官制――ユルトチとブラルグチ――」『小野勝年先生頌寿記念東方学論集』、1982年、362-365頁。のち『モンゴル時代史研究』に再録。

21) ［*GTS*, f.210b］
22) 間野英二「『バーブル・ナーマ』の研究（Ⅰ）「フェルガーナ章」日本語訳『京都大学文学部研究紀要』22、1983年、253-258頁。のち間野英二訳注『バーブル・ナーマ』京都、松香堂、1998年、90-91頁。
23) 『元史』巻六〇、地理志三、開成州の条に「至元十年、皇子安西王分治秦蜀、遂立開成府、仍視上都、号為上路」とある。

24)『元文類』(四部叢刊本)巻二二、姚燧撰「延釐寺碑」。なお、四部叢刊本『牧菴集』にも同文があるが、清朝での改字が多く使用を避ける。
25)『元史』巻一六三、趙炳伝。
26) 馬得志「西安元代安西王府勘査記」『考古』1960年5号。
27) 石田幹之助「元の上都に就いて」『考古学雑誌』28-2・8・12号、1938年。のち『東亜文化史叢考』東洋文庫、1973年に再録。
28) [ĜTS, f.210b]
29) 用例は多いが、参照しやすい例では、Louis Ligeti, *Monuments en Écriture 'Phags-pa ; Piéces de Chancellerie en Transcription Chinoise,* Budapest, 1972, p.45, l. 3. 蔡美彪『元代白話碑集録』北京科学出版社、1955年、68頁17行目。
30) 林俊雄「匈奴における農耕と定着集落」『内陸アジア・西アジアの社会と文化』山川出版社、1983年、13-25頁。
31) L. F. Benedetto, *Il Milione,* p.75.
32) [ĜTS, f. 210b]
33) 前掲拙稿、308頁(本書第2章118-119頁)。
34) 杉山正明「ふたつのチャガタイ家」『明清時代の政治と社会』京都大学人文科学研究所、1983年(本書第7章)。
35)『永楽大典』所引「大元馬政記」成宗皇帝元貞元年一〇月の条。『元史』巻三五、文宗本紀、至順二年一二月癸丑。
36)『牆東類稿』(武林掌故叢編本)巻一二、中奉大夫広東道宣慰使都元帥墓志銘。
37)『通制条格』巻六、15 a - b、20 a -21 a、26 b -27 a。
38) 原山煌「モンゴル遊牧経済の脆弱性についての覚書」『東洋史研究』41-2、1982年。
39) 宮沢知之「元朝の商業政策」『史林』64-2、1981年。のち『宋代中国の国家と経済』創文社、1998年に再録。
40) [*TVB*, p.500]
41) 本田實信「タムガ税(TAMΓA)について」『和田博士古稀記念東洋史論叢』1961年。のち『モンゴル時代史研究』に再録。
42) 村田治郎「北京・妙応寺ラマ塔の創建年代」『建築史論叢』1、1948年。
43)『元史』巻一六、世祖本紀、至元二七年四月癸未の条。

第4章

大都と上都の間
――居庸南北口をめぐる小事件より

はじめに

　中国史でふつう元朝とよびならわされている大元ウルスには、大都（当時のモンゴル語やペルシア語などでは「ダイドゥ」と発音されていた）と上都というふたつの首都があり、クビライをはじめとする歴代の皇帝たちは、冬期には華北平原の東北隅にあたる大都路の一帯（ここでいう路は、元代中国に独特の地方行政区画としての路のこと。元代にあっては省、すなわち行省は、あくまで中央政府の中書省もしくは尚書省の出張機関であり、明代以降のような行政区画とはなりきっていない。したがって、路は元代で最上位の地方行政区画といっていい）、夏期にはモンゴル高原の東南隅にあたる上都路の一帯へと、宮廷・政府・軍団をひきつれながら1年のうちを季節移動してすごした。大元ウルスという独特の政治・軍事権力は、長径さしわたし300kmにおよぶ移動圏の全域を、いわば「面」として使い、大都と上都という両京は、その「面」のなかに点在する大小・各種の都市・施設・行営地よりもひときわ抜きんでて特別な意味をもつ「点」なのであった。したがって、大都もしくは上都について考えようとすると、おのずから両都市をつつみこむ「面」についても、密接不離のものとして検討する必要がでてくる。

さて、かねてより筆者は、冬都の大都、夏都の上都というふたつの「点」をふくめた「面」の全体が、大元ウルスにおける「首都圏」と呼べるものではないかと考え、かつは、こうしたありかたは大元ウルスばかりでなく、ジョチ・ウルス、フレグ・ウルス、チャガタイ・ウルスなどのモンゴル諸政権にも共通してみられるパターンであるとして、いくつかの口頭報告や拙文を呈示してきた[1]。本章では、大元ウルスの「首都圏」に関する諸問題のなかでも、ポイントのひとつとなる大都と上都の「間」について、『元典章』に載るある案件を取りあげ、いささかの論述をこころみたい。

それは、居庸の南北口をめぐる小事件である。事件そのものは、まことにささやかなものではあったが、その背景には大元ウルスという国家の根本にもかかわることがらが潜んでいた。それは、大元ウルスにおける「南北問題」の象徴とさえいっていい。すなわち、モンゴル高原を中心に展開する遊牧世界、かたや華北からはじまる農耕世界。その仕切り線は、いったいどのあたりにあり、遊牧と農耕の両世界を接合するかたちで立国した大元ウルス政権は、それをどのように線引きし、管理しようとしたのか。そこにおいて、居庸の南北口こそは、文字どおり両世界の接点であり、同時に「首都圏」という観点から見ても、遊牧を中心とする上都路一帯と農耕を主体とする大都路一帯との接合点であったのである。

1 『元典章』の原文と粗訳

取りあげたいのは、『元典章』巻一六、戸部二、分例、雑例に載る「禁治久食分例」（久しく分例を食するを禁治す）の項である。やや長文であるが、まず全文を示し、つぎに訳出をこころみる。

> 延祐二年正月、江南行台准　御史台咨、承奉　中書省箚付、来呈、備監察御史呈、余林駅申、奉兵部別里哥該、有宣徽院節次差委和尚・買得用等一十一、起一十七人到駅、抽分羊馬、日給鋪馬、関支分例。験

得、軽齎
聖旨、南北口・白羊等処、抽分羊馬。各人輒赴本駅住頓、趁食分例半年、才行住罷。累申兵部、未蒙明降。追回元食首思、給付本站、各人罪犯、就便懲戒。其余站赤、有似此人数、擬合一体禁治相応。具呈照詳。得此。送拠兵部呈、行拠宣徽院経歴司呈、奉本院箚付、照得、都省承〔欽〕奉
聖旨節該、抽分頭疋羊口、自前是宣徽院管来。如今、迤北蒙古百姓毎、各千戸并各処口子裏、交它毎委人抽分者。城子裏、交本処官司就便提調抽分者。欽此。委令和尚等充南北口等処抽分羊馬官勾当、不見充定置司去処。各人不応於余林駅置司、貪飲食首思、常行坐鋪馬一節、合従兵部体例定奪。具呈照詳。得此。照得、欽奉
詔書内一款節該、延祐元年正月二十二日已前、除謀反・大逆・謀殺祖父母父母・妻妾殺夫・奴婢殺主・故殺致命、但犯強盗・偽造宝鈔、及官吏取受・侵盗係官銭粮、不在原免、其余一切罪犯、已未発覚、並従釈免。欽此。本部議得、宣徽院所差抽分羊馬官和尚・買得用各人、止於所替南北口等処、抽分羊馬、速奉〔誤字、脱文？〕、却於楡林駅置司聚集、常川騎坐鋪馬、支請分例、係延祐元年正月二十二日已前事理、似難追給。今後、抽分羊馬官、即従都省箚付、宣徽院厳加分揀擡節応差人数、欽依
聖旨事意、於南北口等処、趁時依例抽分羊馬、毋致似前於楡林駅聚集、坐食首思、長騎鋪馬、搔擾站赤違錯。切恐其余站赤、行省所轄去処、如有似此人数、擬一体禁治相応。開坐具呈照詳。得此。都省已札付宣徽院、移咨各省、依上施行。

延祐二年〔1315年〕正月、江南行台が准けた御史台の咨に、承奉した中書省の箚付に、〔戸部の〕来呈に、《備した監察御史の呈に、「余〔＝楡〕林駅の申に、「兵部の証明書をいただきましたところ、その該略に、宣徽院はホシャン・買得用ら11名を順番につかわし、〔そのたびに〕17人をひきつれて楡林駅にやってきて羊と馬を抽分させている。毎日、駅馬をあた

え、あてがいぶちを支給すること、とありました。調査したところ、むやみにジャルリク〔=モンゴル皇帝のおおせ、およびそれを文書化したもの〕をたずさえて、南口・北口・白羊口などのところで羊と馬を抽分しています。各人は、勝手にこの駅にやってきて滞留し、あてがいぶちを食らうこと半年にして、やっとやめます。かさねて兵部に上申しましたが、いまだにはっきりした判断をいただいていません」と。食らってしまったシュス〔=供応物〕は返還させて楡林站にあたえ、それぞれの人間のつみは、しかるべく懲戒する。その他のジャムチ〔=駅伝〕で、このような人間がいたら、同様に禁治されたならばよろしいかと存じます。具呈ス照詳アレ。此レヲ得ラレヨ」と。

　〔戸部が〕送って拠けた兵部の呈に、くだし文をして拠けた宣徽院の経歴司からの呈に、「本院〔=宣徽院〕の箚付をいただきましたところ、照シ得タルニ、都省〔ここでは中書省〕がつつしんで頂戴しましたジャルリクでは、その節略に、「頭疋〔=牛・馬〕や羊口を抽分するのは、まえから宣徽院が管した。いま〔でも?〕、迤北のモンゴル人たちについては、それぞれの千戸や各所の口子で、彼ら〔=宣徽院の人間たち〕に人を委任させて抽分させよ。城子では、そのところの官司にしかるべく取り仕切らせて抽分させよ。此レヲ欽メ」と。ホシャンらにまかせて南北口等処抽分羊馬官に充て仕事をさせたが、定員どおりに役所を置く地もわきまえず、各人はふとどきにも余〔=楡〕林駅に役所を置いて、ほしいままにシュスを飲食し、いつも駅馬を乗りまわした——との一件は、兵部のきまりに従って処置されたし。具呈ス照詳アレ。此レヲ得ラレヨ」と。

　さて、つつしんで頂戴しました詔書のうちの一項によれば、その節略に、「延祐元年〔1314年〕正月二十二日以前、謀反、大逆、祖父母・父母を謀殺し、妻妾が夫を殺し、奴婢が主を殺し、故殺して命に到らしめ、但そ強盗を犯し、宝鈔を偽造し、及び官吏が取受し、係官の銭粮を侵盗するは、原免に在らざるを除き、其の余の一切の罪犯は、已未の発覚も、並びに釈免に従う。此レヲ欽メ」と。本部〔=戸部〕議シ得タルニ、宣徽院がつかわした抽分羊馬官のホシャン・買得用・各人は、ただ所替〔?〕の南口・北

第4章　大都と上都の間

口などのところで羊・馬を抽分〔すべきであるのに〕、速奉〔誤字、脱文?〕かえって楡林駅にたむろして、いつも駅馬を乗りまわし、あてがいぶちをもらったのは、延祐元年正月二十二日以前のことがらなので、楡林駅への返還給付はさせにくい。今後、抽分羊馬官は、都省の箚付に従って、宣徽院が派遣すべき人間を厳重にえらんでしぼりこみ、つつしんでジャルリクのおこころによって、南口・北口などのところで時期がきたら、きまりどおりに羊・馬を抽分し、これまでのように楡林駅にたむろして、なにもせずにシュスを食らい、駅馬を乗りつづけ、ジャムチをさわがせてこまらせてはならない。懸念されるのは、その他のジャムチで行省の管轄のところにあるもので、もしこのような人間がいたならば、同様に禁治されたならばよろしいかと存じます。開坐シテ具呈ス照詳アレ。此レヲ得ラレヨ》と。都省はすでに宣徽院に箚付した。各省に咨文を送る。上ニ依リテ施行セラレヨ。

2　「来呈」はどこからのものか

　この案件は、『元典章』のなかでも、かなり解読がむつかしい部類に入る。事情がすこし入り組んでいるうえに、文書のやりとりの経緯を完全に把握しきれるほど十全なかたちで文章がつづられているわけではない。かかわる各文書ごとに、相当な省略が感じられるほか、どう見ても脱文を想定せざるをえないところもある。上記の粗訳は、あくまで行論の便宜上ほどこした試案にとどまる。

　文書のやりとりで鍵を握るのは、冒頭の「来呈」が、いったいどこから中書省に出された呈文だったかである。ありそうなのは、この案件は戸部に分類されているのだから、中書戸部から出されたとする考え。もうひとつは、案件のなかに二度あらわれる兵部とする考え。ただし、兵部であるとすると、監察御史の呈文が終わったあとに見える「送って拠けた兵部の呈」のすわりが悪くな

る。兵部の呈を「送って拠けた」相手が、兵部であるはずはない。全体の文脈上、兵部の呈をうけた相手が、ほぼこの案件全体を覆っているくだんの「来呈」（《　》でくくった部分）を出した機関であり、同時に後半で中書の原案となる「議得」をした「本部」でもある。すくなくとも、兵部ではないとなると、「来呈」を出したところ、いいかえれば本案件にかかわって中書省の結論の原案をつくったのは、戸部と考えざるをえなくなる。

　羊・馬の抽分に、戸部と兵部は深いかかわりをもつ（戸部は抽分した畜類・物品の会計・財務上の把握のため、兵部はジャムチの監督官庁として抽分に赴くものたちの駅伝使用と供応物の支給に、それぞれかかわる）。そのもっともよい実例として、この案件そのものとも直接に関係がある12年前の大徳七年（1303年）一〇月五日の案件をあげたい。この案件については、ほぼおなじ文書が、『大元馬政記』抽分羊馬の条と『通制条格』巻一五、廐牧、抽分羊馬の両方に記載されている。そのことは、すでに60年まえ青木富太郎が気づき、「元代の抽分羊馬制度に就いて——特に馬を主として——」[『蒙古』84、1939年] なる論文の注8と注9でそれぞれの原文を転載している。ところが、相互の文章にいくらか出入りがあることとは別に、おもしろいことに気づく。じつは、同一の案件が、『大元馬政記』では中書兵部の記録として、『通制条格』では中書省戸部の呈文として記載されている。一見、まことに奇妙なことといわざるをえないのだが、よくよく双方を見くらべてみると、もともと戸部の呈文として出されていたものが、中書に裁許されたあと、あらためて中書から兵部に下されて施行されていることがわかる。しかも、興味深いのは、戸部の呈文において、「本部が参詳するに」と書かれている文章が、兵部の記録のかたちをとる『大元馬政記』にもそのままのかたちでしるされ、こちらだけ見ていると、あたかもこの呈文は兵部が出したものであり、「参詳」した「本部」とは兵部であるかのようにおもえることである[2]。兵部と戸部の微妙な関係がしのばれるいっぽう、こうした案件の解読のむつかしさも、あらためて痛感せざるをえない。

　なお、本案件について語釈や解説、疑問箇処の呈示など、説明をほどこすべき点もすくなくない。ただ、ここでは2点についてのみ触れ、のこりはあえて割愛する。

第4章　大都と上都の間

　文章の解釈のうえで微妙なのは、案件の前段「兵部の別里哥を奉じたるに、該に」のあとにつづく一文、「節次差委和尚・買得用等一十一、起一十七人到駅」である。とくに、「起」をどう考えるかである。「節次」は「順次」の意だから、たとえば、粗訳とは別に、「宣徽院は順次ホシャン・買得用らを差委すること一十一起、〔都合〕一十七人を駅に到らしめ」と解釈することもできる。「起」を回数・度数をあらわすと考えるわけである。あるいは、そうかもしれない。ただ、粗訳でそうしなかったのは、ひとつには回数が先にきて合計人数があとにくるというのは、句作り上、いかにも不自然であること、ふたつめにはホシャンや買得用はあくまで「抽分羊馬官」であって、「官」たる人間が「人」で数えられるのは気になること、三番目に「起」は「起鋪馬」（「鋪馬を起す」、つまり「駅馬を使う」）のように、ジャムチ制度にからんで頻用される動詞であり、しかもたとえば『站赤』四〔『永楽大典』一九四一九〕、大徳七年（1301年）一二月の条に、「愛祖丁〔イッズッディーン、'Izz al-Dīn〕等の使四、正従三十五名を起こして刁吉児の地に前往し、豹子・希奇の物を取る」と見えるごとく、正使と副使4人が正従35名をひきつれるとの文脈で鋪馬だけでなく随員・従者についても「起」の動詞が使われること、以上の3点にもとづく。

　また、後段の「本部議得」のあとに見える「速奉」については、このままでは前後の文脈にうまくおさまらない。すくなくとも「速やかに……を奉ずる」といったように、なんらかの目的語（または句）が必要だろう。あるいは、「速奉」が「相応」などの誤写かもしれない。今のところ適当な解決案がおもい浮かばず、この案件の文書作成者のダイジェスト・ミスかなにかの原因で、誤字か、ないしは「速奉」の直後になんらかの脱文があるとしておきたい。

3　事件のあらましと先行する案件

　さて、案件の読みとりのむつかしさとは反対に、そこで語られている事件そのものは、そう複雑ではない。事態を把握するため、多少の状況説明と関連事項の検討をくわえつつ、そのあらましをまとめてみると、こうである。

3　事件のあらましと先行する案件

　羊・馬・牛などの抽分業務をも所管のひとつとする宣徽院が、ホシャン・買得用らを抽分官に任命して南口・北口・白羊口などの「口子(くち)」、すなわち関門へゆかせ、羊馬の抽分をおこなわせたが、ホシャンらは大元皇帝からもらったジャルリク（ここではもとより口頭での「おおせ」ではなく、それを文書化した叙任状・特許状としてのそれ。宣徽院およびホシャンらには、至上の権威者であるモンゴル大カアンの後楯があったことに留意する必要がある）を振り回して楡林站にいすわり、ひきつれてきたものたちとともに、本来ならばジャムチに使われる駅馬を乗りまわし、ジャムチの公式利用者に給される供応物（酒・食・肉など）を飲食しつづけ、半年いつづけて、やっともどってゆく有様であった。ホシャンらに対する駅馬使用と供応物支給そのものについては、楡林站はあらかじめ駅站業務をとりしきる兵部から発給依頼の証明書をうけてはいたものの、あまりに長期で法外な状況なので兵部に上申して善処をもとめたが回答がなかった。そこで、楡林站をふくむ地域の監察・弾劾を担当する監察御史は、おそらくは実地調査のうえでこれに介入・摘発し、ホシャンらや従者たちがむやみに飲み食いしてしまった供応物については、本人たちに弁償させて楡林站にかえしてやること、ホシャンたち当人自身についても、懲戒処分をもとめることを主張し、あわせて楡林站以外のジャムチでも同様のことがあれば禁治するよう、呈文をさしだしてきた。──これが、前段。

　この監察御史の意見に対し、兵部が呈文をさしだして意見を述べた。それは、抽分業務の当該官庁である宣徽院の、その所属事務局にあたる経歴司からの呈文を踏まえたものであった。宣徽院そのものの見解は、まず以前に中書省が皇帝からうけていたジャルリク（ここでは口頭の「おおせ」。モンゴル語で語られたから、いわゆるモンゴル語直訳体白話風漢文になっている）をひきあいにだして、主張のよりどころとし、そもそも牛・馬・羊の抽分は皇帝からまかされた古くからの宣徽院の専権事項であることを確認して自分たちの立場をまもったうえで、モンゴル牧民たちについては所属の千戸か通過地の関門かどちらかにおいて宣徽院が派遣した人間が抽分を実施し、いっぽう城市がある地域では所轄の州県官が抽分業務をとりしきるというのが既定の方針だとした。つまり、楡林站における今度の事件そのものは、モンゴル牧民を対象とするケースであって、城

第4章　大都と上都の間

市の地域のケースではないとの語気が、ここに籠められている。そして今回、ホシャンたちを、「南北口等処抽分羊馬官」に任命して仕事をさせたのも、皇帝がじきじきに命じたとおりの所定の権限内のことであって、それ自体非難されるすじあいのものではなく、またかれらが楡林站にいすわってしまったことについても、役所を置く場所がきまっていない地域だから、やはりそのこと自体は仕方がない面があると、それとなくホシャンたちをかばってやった。ただし、ホシャンたちが楡林站にいすわって供応物と駅馬を使い放題にしたことは、ジャムチの所轄官庁である兵部の判断にまかせたいとした。まことに巧妙ない方であり、監察御史の主張をやんわり押し返している。なお、「具呈ス照詳アレ。此レヲ得ラレヨ」までが宣徽院経歴司の呈だが、兵部の呈もここで終わっていると見てよいのだろう。もちろん、「照得」からはじまる詔書の引用文までが兵部の呈である可能性もまったくないわけではないが、ただしそのいずれにしても兵部の見解もおそらく宣徽院とおなじであって、ホシャンらの擁護だったのだろう。兵部と宣徽院の立場は、きわめて近いところにあったのである。――これが、中段。

　以上をふまえて、おそらく戸部が関連のことがらについてチェックをしたところ、延祐元年、すなわち本案件の前年に出されていた「詔書」が浮かんだ。これは正月二十二日という日付から、『元史』巻二五、仁宗本紀、延祐元年正月丁未の条に見える「詔して延祐と改元す。天下の流以下の罪囚を釈し、上都・大都の差税を免ずること一年、其の余の被災して曽て賑済を経る人戸は、差税を免ずること一年」にあたることがわかる。この詔の文章は、『元典章』巻一、詔令に「延祐改元の詔」として載る（ちなみに、程鉅夫『程雪楼文集』巻一にも同文が見えることから、詔文そのものは程鉅夫の起草であることが判明する）[3]。ただし、そこでは詔書の本文だけを記載し、詔にしばしば付記される赦罪・免税などの恩典事項については、「所有合に行うべき事理は、后に条列す」として、「后の聖政各類に見ゆ」と注記するにとどまる。たしかに、その注記のとおり、『元典章』巻三、聖政二、「需恩宥」に、「延祐元年正月　日、欽奉せる改元詔書の節文に、延祐元年正月二十二日昧爽自り以前」で始まる文章が載り、その末尾が「並びに釈免を行う」とあるほかは、本案件で引用されているのとまったく

3 事件のあらましと先行する案件

同一である。
　ようするに、延祐改元にともなう「詔赦」があり、ホシャンたちは恩赦対象だったのである。ということは、この事件そのものは、延祐元年正月二二日の昧爽よりまえにおきており、そのご問題化されて、ほぼ１年たった翌延祐二年正月某日に御史台経由で江南行台にもたらされた中書省の箚付が、いま検討している本案件の文面ということになる。とにかく、ここで引用された詔書は、監察御史がもとめる懲戒処分を簡単にはねかえす効力があった。その前提のうえに、「本部議得」、すなわちおそらく戸部の検討・原案が提出された。それは、はなはだ穏和なものであった。とにかく、詔赦の対象であるからには、懲戒処分の免除だけでなく、飲み食いしてしまった供応物についても「追給」（前段に見える「追回」「給付」の略だろう）、すなわち当人たちからの返還と楡林站への給付はしがたいとの判断になった。ただし、それだけではホシャンたちに甘すぎるだけではなく、宣徽院や兵部に対してもしめしがつかないので、宣徽院の完全な自随にまかせるのではなく、中書省からの箚付を仰がせるという条件をつけ、抽分業務に派遣する人間の質と数、抽分にゆかせる時期をきちんとさせ、ジャムチを混乱させることのないよう釘をさした。ただし、実際にはせいぜい念押しをした程度のことでしかなかっただろう。また、とくに中書省が直轄する腹裏以外の地域において、こうしたジャムチへの違法行為がないように中書省から指令をだすべきだと付言した。監察御史、すなわち御史台系統の顔が立つように配慮したのである。結局、中書省は戸部の呈文のままに宣徽院へ箚付し、各行省にも咨文を送ることで本案件は片づいた。ちなみに、本案件の文書そのものは、御史台経由による江南行台の受領文書となっている。中書省は、ホシャンらへの弾劾呈文を提出した監察御史の上部機関である御史台にも箚付を出したのであり、腹裏を直接の所轄とする御史台は、そのまま江南全域を所轄とする江南行御史台へ転付したことがわかる。――以上が、後段である。

　さて、事件そのものは尻すぼみの結果に終わった。ホシャンたちを野放しにした責任があるはずの宣徽院と兵部は、ほとんどなにも制肘されなかったに等しい。また、そのいっぽう案件全体を通じて、ジャムチの維持管理がすべての

177

第4章 大都と上都の間

政府関係者を通じて、すくなくとも建前上ではなによりもの至上命題であったことも、よくうかがわれる。

ところで、本案件にかかわって、先行する案件文書が、『通制条格』巻一五、廐牧、抽分羊馬の項に三つ、『大元馬政記』抽分羊馬の項に四つ、収録されている。うち、最初のものは、既述のように『通制条格』と『大元馬政記』とに、ほぼ同文が載る。したがって、合計６件である。本案件との関係では、『通制条格』の３件が、より重要性が高い。『通制条格』については、訳注書もあることであり、必要事項だけを以下に書きだすだけにとどめる。

①大徳七年（1303年）一〇月、中書省戸部の呈。[『通制条格』、『大元馬政記』]
②大徳八年（1304年）三月一六日、中書省の奏。[『大元馬政記』]
③至大四年（1311年）閏七月、中書省の奏。[『通制条格』]
④皇慶元年（1312年）五月、中書省の奏。[『通制条格』]
⑤皇慶元年（1312年）八月四日、枢密院の奏。[『大元馬政記』]
⑥延祐元年（1314年）六月一六日、中書省の奏。[『大元馬政記』]

じつは、これら６件を微細に検討すると、本案件を取り巻く事情がよりわかってくる。以下、やはり要点だけを挙げる。まず、①において、「各処の隘口」で羊馬を抽分するのは７・８月から10月以内のことで、ところが抽分羊馬官たちは駅馬・供応物を乱用・乱費して州県をさわがしている。戸部の意見は、宣徽院にきちんと法規をつくらせ、ジャムチを直接に担当する通政院と連携してシステム化する。違法行為があれば、その地域の粛政廉訪司が厳重に実地検分するというもので、中書省はそれを許准して（『大元馬政記』にしるされるように）兵部にくだした。②も、①の方向のままである。③になると、「北口等処」での抽分でトラブルがあるため、中書省は、州県官にとりしきらせるようもとめ、御史台に命じて監察御史・粛政廉訪司に監視させたいと上奏して皇帝に承認された。さらに翌年の④では、宣徽院が任命した抽分官にトラブルが多いとの中書省の上奏に対し、１年の試験期間として監察御史・廉訪司に検分させるとの皇帝の命令があり、中書省が抽分官を任命しておこなわせたところ、宣徽院の前年実績より税収が多かった。そこで、中書省は宣徽院が前から抽分業務を担

3 事件のあらましと先行する案件

当していたことに配慮して、モンゴル牧民については宣徽院にまかせ、そのほか、城市のある地域では所轄の州県官にとりしきらせたうえで、抽分した現物は宣徽院に納入させ、その数量を中書省と戸部に報告させたいと上奏して、皇帝の裁可をえた。なお、⑤は、特殊なケースを扱い、⑥は中書省と宣徽院から各一人ずつつかわして互いに監視させあって抽分させる新方式を中書省が上奏し、皇帝の裁可をえたという注目すべき内容ではあるが、じつはホシャンらの事件そのものは、この案件よりまえにおきている。

すでに述べたように、ホシャンらの事件がおきたのは、延祐元年（1314年）正月二二日の昧爽以前のことであった。しかも、延祐二年の本案件文書の中段で宣徽院が切札のようにひきあいに出している「聖旨」、すなわちジャルリクとは、じつは④のなかで中書省が上奏して皇帝の裁可をえたものに相違ない[4]。本案件のなかで、宣徽院がわざわざ「都省が承〔欽〕奉した聖旨の節該に」と、ことさらに中書省に言及する不自然な句作りをしているわけがこれでわかる。宣徽院は、この事件より2年まえに、おまえたち自身が上奏していることを自分たちは根拠にしているのだぞと、なかば中書省をおどしているのである。つまり、この事件は、①～⑤の前史があったうえで、しかも事件がおきた上限は④の皇慶元年（1312年）五月以降、下限は延祐元年（1314年）正月までの期間のこととなる。

さらに、ここで重大なことに気づかざるをえない。①からこの事件にいたるまでの一連の脈絡のなかで、①②だけが成宗テムル時代のことで、③から本案件まではいずれも仁宗アユルバルワダ登極後のことである。しかも③以降、にわかに事態は紛糾・混乱し、皇帝・中書の対応も一貫性を欠いて、その都度はなはだ錯乱していることである。監察御史による弾劾・摘発は②③を通じて、仁宗と中書省自身が定めたことであるにもかかわらず、本案件であっさりとひっこめてしまっている。結局のところ、宣徽院はほとんど無傷である。これは、いったいどういうことか。

その回答は、本案件のなかにある。仁宗アユルバルワダによる頻繁な詔書とそれにともなう恩赦である。本案件のなかでホシャンたちの無罪の切札となった「延祐改元の詔赦」は、そのひとつにすぎない。至大四年（1311年）正月、

第4章　大都と上都の間

実兄の武宗カイシャンの突然の不自然な他界後（実母ダギと実弟アユルバルワダ周辺による毒殺の疑いが濃厚である）、兄の旧政府要人を粛清して権力者の地位についたアユルバルワダは、まず同年の至大四年三月一八日に即位して「宝位に登る詔」[『元典章』巻一、および『元文類』巻九、「即位の詔」。後者から姚燧の起草とわかる]を発して大赦した。ついで、同年九月一四日に「皇慶改元の詔」（『元典章』巻一、『元史』巻二四、仁宗紀）、翌年の皇慶元年（1312年）一〇月二九日に「諸王入覲の詔」による赦[『元典章』巻三、聖政二、「需恩宥」。『元史』巻二四、仁宗紀。なお『程雪楼文集』巻一、「皇慶元年赦制」や『聖元名賢播芳続集』巻六、「皇慶元年赦」も関係あるか]、さらに翌年の皇慶二年三月一六日には「后を立つる詔」（『元典章』巻一）、そしてその翌年の延祐元年の「改元の詔赦」となる。この間、カイシャン派の排斥と追いおとし工作をおしすすめている。

奪権闘争にやたら熱心で、かつ自分の政権への人気とりを気にしている皇帝アユルバルワダと中書省。宣徽院に限らず、少々の勝手や放辣をしてもカイシャン派でなければ大丈夫だったのである。もし、弾劾されたところで、恩赦がしきりにあった（上述のように、本案件までにすくなくとも3回の赦があったうえ、本案件のあとでも、同年の一一月二七日にまずあり、ついで2年後の延祐四年正月一〇日の「赦罪の詔」でも大赦がなされている。即位から延祐四年まで、6年間に5回であるから尋常ではない）。アユルバルワダとその政府は、完全に足許を見られている。本案件の宣徽院・兵部の態度は、その一証である。

じつは、『元典章』や『通制条格』の多くを占める仁宗アユルバルワダ時代の案件は、とりわけて、そのときどきの微妙な政治動向を背景に深読みしないと、よくわからないことがすくなくない。表面の字づらだけを追うのは、危険である。その意味でも、本案件は興味深い点がある。

4　居庸の南北口とその周辺

案件の解読・説明に、紙幅を使いすぎた。ようやく、これからが本題である。さて、この案件がわれわれに伝えてくれることとして、仁宗アユルバルワダ

政権下における中書省・宣徽院・戸部・兵部・監察御史といった政府関係者の間の微妙な駆け引きのほか、ホシャン・買得用らがひきおこした事件そのものに、ふたつの注目される事実がある。ひとつは、羊馬の抽分の場所が「南北口・白羊等処」であったこと、もうひとつはホシャンら抽分官がいすわったのは楡林站であったことである。

「南北口」とは、すでに粗訳でも示したように、居庸の南口と北口のことである。居庸関過街塔で名高い居庸地区は、大都、すなわち現在の北京の西北郊に位置し、華北平原から宣府・大同方面の台地に出る峠道である。およそ18kmにわたり、両側から山崖がせまる峡谷に隘路が走り、天然の関門・要害となっている。大都＝北京の市街から見て、峡谷部の入口にあたるところが南口、そこから峠道の頂点にあたる現在の八達嶺のところが北口である。いわゆる居庸関とは、南口から北口にいたる関隘部の全体をさす。

繆荃孫が『永楽大典』より抄写した『順天府志』は、元代の大都地区に関する貴重な史料源のひとつで、1983年に北京大学出版社により影印出版されて利用が便利になったが、その巻一四、昌平県、関隘の項に、居庸関について『析津志』を引いて、「西北四十里に在り」というほか、白羊口についても『元一統志』を引いて「口は昌平県の西北三十里に在り」という。白羊口も、居庸関のごく近くなわけである。であれば、ホシャンらが抽分の場所とした「南北口・白羊等処」とは、白羊口などの小隘口もふくめた広義の居庸関地区をさすと考えていいのだろう。また、『元史』巻八六、百官志二には、キプチャク、アスなどからなる隆鎮衛親軍都指揮司が、次のように大都路周辺の主要関口に11の千戸所を分置して首都防衛にあたっていたことがしるされる。

　　　北口千戸所　　治所：上都路龍慶州の東口
　　　南口千戸所　　治所：大都路昌平県の居庸関
　　　白羊口千戸所　治所：大都路昌平県の東口
　　　隆鎮千戸所　　治所：龍慶州の北口
　　　蘆児嶺千戸所　治所：昌平県の本口
　　　黄花鎮千戸所　治所：昌平県の東口
　　　古北口千戸所　治所：檀州の北面東口

第4章　大都と上都の間

　　遷民鎮千戸所　　治所:大寧路の東口
　　碑楼口千戸所　　治所:大同路応州金城県の東口
　　太和嶺千戸所　　治所:大同路馬邑県の太和嶺の隘
　　紫荊関千戸所　　治所:保定路易州易県の紫荊関の隘口

　このうち、古北口までの7箇処は、大都の北のまもりといっていい（遷民鎮は、いわゆる山海関）。南口・北口・白羊口には、いずれも千戸所が置かれていた。とりわけ、軍団全体の名をとる隆鎮千戸所は、治所も北口千戸所とほぼおなじであり、事実上ひとつと見ていいのだろう。その治所の龍慶州は、居庸の北口を出たいわゆる「口北」の地にあり、居庸関のまもりという点で眺めれば、居庸北口のすぐ口外に隆鎮千戸所と北口千戸所の二つがあり、山嶺の南側に南口千戸所と白羊口千戸所の二つが置かれていたことになる。全体で四つの千戸所を置く居庸関地区が隆鎮衛都指揮司の中心であり、かつ大都の北のまもりの中心でもあったのはあきらかである。それは、大都と上都というふたつの帝都をつなぐ4本の幹線道路のうち、もっともメインの正道は、居庸関地区を通る道であり、歴代の大元ウルス皇帝たちの両京往還もこの道をたどった。だからこそ、居庸関過街塔のようなモニュメンタルな建造物もたてられたのだ。

　では、羊・馬・牛の抽分という点で見ると、居庸関地区はどうだったか。すでに、青木富大郎が注意したように、『元文類』巻四一、経世大典序録、故典、馬政の条に、成宗テムルの時のこととして、抽分のやりかたをコンパクトにまとめて次のようにいう。なお、文字はまったく同文が載る『大元馬政記』、和買馬の項にもとづく。

　　成宗の時、毎年七・八月の間に、人に委ねて聖旨を齎して、駅に乗りて所該の州県に赴き、民官と眼同に抽分し、十月内に都に赴いて宣徽院に交納せしむ。群の上は百に及び、下は三十に及ぶ者は、一頭を抽分し、三十に及ばざる者は免ず。共に十五処。虎北口・南口・駱駝嶺・白馬甸・遷民鎮・紫荊関・丁寧口・鉄門関・渾源口・沙静州・忙安倉・庫坊・興和等処・遼陽等処・察罕脳児。

　毎年の7月から8月の間に抽分官を委任してジャルリクをもたせ、ジャムチ

4 居庸の南北口とその周辺

を利用して当該地方に行き、そこの州県官とともに抽分し、十月以内に都（この場合は大都）に赴いて宣徽院に納めるという方式は、すでに言及した『通制条格』『大元馬政記』がともに載せる大徳七年（1303年）一〇月五日の案件と重複する。ただし、ここでは州県のある地方、すなわち「城市」でのケースを述べている。そのためか、居庸関地区のなかでは南口だけが抽分地としてあげられるにとどまる。ところが、既述の『通制条格』所引の至大四年（1311年）閏七月の中書省の奏、『大元馬政記』の皇慶元年（1312年）八月四日の枢密院の奏、同じく延祐元年（1314年）六月一六日の中書省の奏という抽分地の具体名があがる都合3件については、いずれも「北口等処」なのである。この3件のうち、至大四年についてはモンゴル牧民と「城市」でのケースの両方をふくむが、のこる2件はモンゴル牧民を対象にしていることも注意される。ここにいう「北口等処」とは「古北口〔もしくは虎北口〕等処」の意味ではなく、もとより居庸北口のことである。つまり、羊・馬・牛の抽分においても、居庸関地区は最重要地となる「口子」だったのである。

　ひるがえって、ホシャンたちがいすわった楡林站は、どういうところか。『永楽大典』所引の『站赤』の諸処で述べられているように、居庸北口を出た最初の駅站が、この楡林站であった。たとえば、『站赤』四［『永楽大典』一九四一九］、至元三〇年（1293年）五月二一日、ジャムチ担当の通政院の上言のなかに、「切かに見るに、口北楡林站は、路が通道に当たるを以て、故に脱脱禾孫二員を設け、繆偽を詰験す」と見える。楡林站から北行する道は二手に分岐する。楡林站は、まさに通道の要地であって、現在でいうハイウェイ・パトロールの隊長にもあたるトトカスン tutqasun（関門・渡津などの要地に配され、ルート全体を看守する。トルコ語の tutqa'ul）が2名も置かれたのは当然であった。『站赤』七［『永楽大典』一九四二二］には、『経世大典』編纂時にあたる至順元年（1330年）のデータとして各地の駅站の詳細が逐一列挙されるが、上都路所轄の陸站18処のひとつとして楡林站があがり、馬250匹・車40輌・驢400頭が配されている。これは、上都路の18站のなかでとびぬけて大きい数字であるだけでなく、大都路所轄の陸站13処のどれよりも上回る。ちなみに、大都路と上都路の全陸站31処のなかで、楡林站についで大きいのは昌平站で、馬127匹・車53輌・

第4章　大都と上都の間

驢424頭である。じつは、楡林站と昌平站の2つが突出している。居庸関地区の南側と北側の両站が大きいのは、もとより居庸関地区の重要性を示す。

　ホシャンたちが楡林站にいすわったのは、おそらく皇慶二年（1313年）の初夏から晩秋・初冬でのことである。7-8月から抽分を開始して10月には大都へ赴き、宣徽院に抽分した成果を納めなければならないのだから、「半年」いすわったとなると、せいぜい4月前後に楡林站に赴いたことになる。初夏4月は、大都路以南の畜群も上都路方面へあがって夏牧に入る時期である。そして、初秋から中秋にあたる7-8月になると、上都路方面ではめっきり冷え、そろそろ大都路へ南下を準備する畜群もいれば、上都路方面の本営で住冬に入る集団もいる。7-8月から10月にかけて抽分するのは当然のことであり、とくにモンゴル牧民の家畜を対象とするならば居庸関地区はもっともふさわしく、また抽分時期には繁忙をきわめることにもなっただろう。そして、そもそも初夏の4月前後の北上、初秋から中秋の7-8月の南下という季節移動は、まさに大元ウルスの皇帝・宮廷・政府・近衛軍団の年間サイクルでもあった。

　ホシャンたちは、初夏から中秋・晩秋にかけての抽分時期にいたるまでの間、口北の楡林站で快適な夏営というか、避暑生活を楽しんだのである。皇帝以下、宮廷・政府・近衛軍団といった権威筋は、おなじ上都路とはいっても、はるかはなれた上都周辺にあがってしまっている。大都―上都間で最大の楡林站は、250頭の駅馬だけでなく、供応物としての酒・食・肉の備えも多かっただろう。楡林站で待ってさえいれば、秋になると居庸関を通過する牧民・畜群は必ずここを通るのである。ホシャンたちにとって、よほど気楽な半年間であったろう。

　ひるがえって、居庸関地区を中心に大都周辺の諸関口を守備する既述の隆鎮衛軍団は、仁宗アユルバルワダが即位した至大四年（1311年）閏七月に枢密院の上奏をうけて上万戸府として設置されたものであった［『元史』巻二四、仁宗紀］。翌皇慶元年（1312年）に隆鎮衛親軍都指揮使司と改められて近衛軍団となり、さらに延祐二年（1315年）にはもともと居庸北口を守備していたカルルク軍も隆鎮衛に統合された。本案件をふくめ、居庸関地区を中心に抽分業務をめぐって関係官庁どおしでやりとりがつづいていたのとちょうどおなじころ、居庸関地区の警備体制も変わりつつあった。居庸関地区をめぐる政治・軍事・経

済上の線引きは、より明確化しつつあったのである。

 ようするに、ホシャンたちの事件は、居庸関地区をさかいに、北は遊牧経済、南は農耕経済という大枠の把握法が大元ウルスでなされていたことを示す。「線」としてのそのさかいめは居庸関をふくむ「諸隘口」であり、そのうちで最大の「接点」が居庸関なのであった。そうした「境界」意識は、秋の南下のときを迎えた大元ウルス皇帝が大都路の収穫が終わっているかどうかを気にして、ときには寒気がつのっているにもかかわらず、居庸地区に駐留しつづけたり、口北の畜群が8月以内に「北口諸隘」を南下して大都路に入り禾稼をふみつぶすのを禁じたりすることにも、シンボリックにあらわれている[5]。居庸関地区こそは、遊牧世界と農耕世界という二大世界の接着点でもあったのである。なお、元代の羊馬の抽分にかかわって、管見の限り、本章で取りあげた案件ほど具体性の高い記録を知らない。また、『元典章』のなかで、居庸関地区と確実に特定できる記事や案件は、じつはこれひとつである。抽分業務が急に問題化した仁宗アユルバルワダ政権にとって、よほど本案件は特別な意味をもっていたのだろう。そして、おそらくは現行の『元典章』をとりまとめた英宗シディバラ政権にとっても、そうであったのではないか。

注————————

1) まず、「大元ウルスの首都圏」（京都大学文学部羽田記念館講演会、於楽友会館、1985年11月19日）の標題のもとに基本の史料と構想の骨子を述べ、ついでモンゴル帝国全体にわたる比較の見地から、"The Metropolitan Area in the Mongol Empire"（「イスラムの都市性」国際会議、於中近東文化センター、1989年10月24日。*The Proceeding of International Conference on Urbanism in Islam*, vol.4, Tokyo 1989 に収録）を英語にて、ややくわしく立ち入ったかたちで「モンゴル帝国における首都と首都圏」（イスラムの都市性・分科会「前近代東方イスラム世界における都市とその社会」、於京都橘女子大学、1989年1月21日。報告後の質疑応答・討論を含めて、『イスラムの都市性研究報告編』34号、1989年5月に収録）を日本語にて、それぞれ口頭発表した。また、それとは別に、巨大な計画都市としての大都そのものについては「クビライと大都」（共同研究班報告書『中国近世の都市と文化』、京都大学人文科学研究所、1984年。本書第4章）なる小論をつづり、とくにクビライ時代における大都の創建とその性格・意義に焦点を

第4章　大都と上都の間

しぼって愚考の一端を示した。

　しかしながら、今日にいたるまでについに、もとづく史料を逐一あげつつ、事柄の全体をまとまったかたちで総合分析・論述することのないままにうちすぎた。それにもかかわらず、構想の結論めいた部分だけは、ここ数年の間に公刊したいくつかの小著のなかで触れ、しばしば大都や「首都圏」の関係地図さえ示し、さらには大都とその周辺についてはコンピューター・グラフィックスによるテレビ映像化（NHK スペシャル「大モンゴル」1-5。大都の CG は、田中淡との協同にて大成建設 CG 企画室の作成）をも試みた。かえりみて、まことに恥しいことといわなければならない。筆者が漫然と目を送る間、大都と上都およびその周辺地域に関して、いくつかのすぐれた論者が公刊された。なかでも、筆者に先行する陳高華『元大都』（北京出版社、1982年。佐竹靖彦訳『元の大都』中公新書、1984年）はもとより、陳高華・史衛民『元上都』（吉林教育出版社、1988年）や近刊の葉新民『元上都研究』（内蒙古大学出版社、1998年）は注目すべき業績であった。すくなくとも、大都と上都に関する限り、総合研究への足掛りはある程度まであたえられたといってさしつかえない。筆者も、こうした先学たちに学びつつ、そう遠くない将来に大元ウルスとモンゴル帝国の「首都圏」について、鄙見の全体を総述したいと考えている。

2）『大元馬政記』の末尾の部分は、「如し呈を准すを蒙りて、遍く合属に行して照会すれば、擾民・欺詐の弊を革むるに庶からん、と。都省、呈准して兵部に下し、遍く合属に行し、上に依りて施行せしむ」。『通制条格』は、「大徳七年十月、中書省戸部の呈、〔……〕擾民・欺詐の弊を革むるに庶からん、と。都省、呈を准す」。

3）元代において、皇帝が発したものではあるが、「聖旨」と「詔」は、まったく別のものとして認識され、別の扱いをうけた。「聖旨」とあれば、モンゴル語で発したジャルリクをいい、「詔」は雅文の漢文でしるされ、この「延祐改元の詔」のように起草者が代わって文章をつづる。その結果、「聖旨」は二字抬頭であるのに対し、「詔」は一字抬頭と一段階ひくく扱われている。

4）原文の要点は、次のとおり。「皇慶元年五月、中書省奏、〔……〕自前是宣徽院家管的勾当来。如今、進北蒙古百姓毎、各千戸并各処口子裏、教他毎委人抽分者。城子裏、不教他毎委人、依去年例、教本処官司、就便提調抽分、宣徽院裏納者。省部裏報数目呵、怎生、商量来、奏呵、那般者、廃道、聖旨了也。欽此」。

5）『元史』巻二七、英宗紀一、至治元年八月壬戌の条に、「車駕駐蹕興和。左右以寒甚、請還京師。帝曰、兵以牛馬為重。民以稼穡為本。朕遅留、蓋欲馬得芻牧、民得刈穫、一挙両得、何計乎寒」。『元史』巻九、世祖紀三、至元一四年七月戊申の条に、「申禁羊馬群之在北者、八月内毋縦北口諸隘、踐食京畿之禾。犯者没其畜」。

第 5 章

八不沙大王の令旨碑より
——モンゴル諸王領の実態

はじめに

　チンギス・カンCinggis-qan によってつくりだされたモンゴル国家は、チンギス一族を頂点に、さまざまなレヴェルで展開する諸ウルス ulus や諸集団の集合体、ないし連合体の一面を色濃くもつ。ユーラシア史上、もっとも突出した歴史現象といえるモンゴル帝国について、その支配の根源となる国家の構造や政権の基盤を分析・把握しようとすると、どうしてもこうした分有・分権諸勢力のありようを、できればしらみつぶしに、それぞれがはたしてどの程度まで文献・物証でなぞれるのか、その限界まで徹底してあきらかにする必要がある。しかし、現実には、それぞれの集団のおおまかな輪郭さえ十分にはたどることができない史料状況である。
　研究対象を中華をふくめたモンゴル東方地域にかぎった場合でも、かつて「投下」の問題が一時期、日中の学者からさらには欧米の学者もまきこんで熱心に論議されたが、結局はこれといったはっきりした結論と映像とをとりむすべないまま尻すぼみにおわっている。モンゴル時代の漢文文献にみえる「投下」という漢語は、モンゴル王族・貴族・族長などの遊牧首長・領袖自身、もしくはその麾下の遊牧集団、さらには時にその所領と属民をもさし、少なくともそ

第5章　八不沙大王の令旨碑より

のうちの集団や所領・属民についてはモンゴル語のアイマクaimaqに相当するとみられる。ようするに、「投下」は、東方におけるモンゴル支配を解明する鍵となるものであり、だからこそいろいろと論議されもしたのではあったが、にもかかわらず少なくとも日本においては研究が事実上たち消えになってしまった理由のひとつは、あきらかに実態論への糸口を見いだせなかったためである。

「投下」の論議もふくめて、モンゴル集団とその所領にかかわるこれまでの研究をふりかえると、全体をつらぬく特徴として、おもな検討の対象となったのは史料上まだしもそれなりに記録のありそうな華北とその周辺にほぼかぎられていることに気づく。モンゴル帝国にとって「根幹の地」であるモンゴル高原に存続・展開した遊牧諸集団については、いまにいたるまで、ほとんど闇のなかといってもさしつかえない状況である。しかし、当時の現実では、「投下」とよばれたそれぞれの分権勢力は、たいていの場合、モンゴル高原に本領を維持しつつ、旧金領の華北と旧南宋領の江南に分領をもつのがふつうであった。模式化していえば、集団ごとに北から南へ遊牧本領、華北投下領、江南采邑の三つの部分がいわば「串だんご」状につらなっていた。それらすべてをたばねたものが、大カアン治下の東方におけるモンゴル権力の基本骨格とみることもできる。

当然のことながら、この3ヶ所での所領のありかたと意味あいはまったくことなっていた。しかも、そうでありながら、それら三つはひとつの集団の所属地・権益地として相互にむすびつけられていた。少なくとも、文献全般からうける印象ではそうみえる。ただし、それぞれの所領の実態や3ヶ所の分領がたがいにどのように連関し、全体でどんな機能をはたしていたかという肝心な点は、まったくといってよいほどわかっていない。

この問題へのアプローチ方法として、ひとつにはかつての投下研究がおおむねそうだったように、さまざまな事実の断片をひろいあつめ、それらを適宜によりあわせてひとつのトータルな姿をおもいえがくというやりかたももちろんありえる。しかし、本来は別々の集団に関することがらの、しかもしばしばモンゴル高原・華北・江南と地域もまったくことなることも多い事例や記述をひ

はじめに

らたくのばして総合するには、それぞれの集団・地域がかかえる事情はあまりにも多様すぎ、それにたいして既存の知見はあまりにも浅薄すぎる[1]。無理に総合化をいそぐと、現実には存在しなかったイメージの世界に飛翔したり、あるいは不用意な論断にかたむきかねない。そうした不幸な先例は、けっして少なくない。現時点で有効なことは、厖大な東西諸語文献のなかから、たとえささやかであっても確実な個別事例を抽出し、少なくともこれだけはうたがいないといえる具体像をひとつずつつみかさねていくことではなかろうか。

本章では、中国地方志に移録されたジョチ・カサル Joči-Qasar 王家にかかわるある令旨碑刻をてがかりに、元代モンゴル王家とその属領支配について、とくに遊牧本領と華北投下領に焦点をあてて、ひとつのサンプルを呈示してみたい。幸い、カサル王家の場合、もとより少量ではあるけれども、それでもきわめて珍しいほどに具体性のある文献上・考古上の情報がひととおりそろう。それらのデータを前述の令旨を縦糸としてよりあわせて整序すれば、西暦13・14世紀にモンゴル高原と華北の両方にまたがって機能した南北モンゴル王領の実態について、小さな一歩がふみだせそうである。その結果、これまでことばでは頻繁にくりかえされてきたものの、その実たしかな裏付けをあまりもたなかった「モンゴルの中国支配」についても、一小局面ではあるが、述作や推測ではなく本当にあったことを呈示することになれば幸甚である。

以下、まことにささやかながら、ひとつには筆者がここ数年来おこなっているモンゴル時代命令文研究の一環として、また明清・民国期の中国地方志に収載される元代石刻資料利用の事例研究の意もこめて、まずこの令旨碑刻に必要最低限度の解読と分析をほどこし、ついで南北カサル王家領の素描をこころみる。なお、そのさい、カサル王家とその所領に直接かかわる情報だけを使用し、それ以外の関連づけようとすれば有益な点の多い各種の記事については、ことさらに利用を回避することをあえて本章への首枷としてはめたい。

第5章　八不沙大王の令旨碑より

1　石刻書の記載

　康熙『淄川県志』巻二、寺観、三〇葉表裏には、山東淄川の町より西へ50里に位置する王村店といふ小邑に、炳霊王廟があることを伝える記事がみえる。炳霊王とは、泰山の主神東嶽大帝の第三子とされる神である。淄川一帯は、泰山を中心とする山塊の北麓にあたる。同県志はそこで、至元二九年（1292年）に当地の般陽路儒学教授であった張德翥の撰になる炳霊王を頌称する碑銘を移録するほか、「廟内に又た一巨碑あり。八不砂大王の令旨四、謁裏大王の令旨二を載す。今、其の一を録す」（傍点は筆者。以下おなじ）とのべて、八不砂大王という人物が発した4通の令旨のうち1通全文を移録する。そして、末尾に「按ずるに、元史に大徳十一年（1307年）、八不砂を封じて斉王と為す、と。其の令旨は、辞は文ならずと雖も、然れども一代の制なり。泯（ほろ）ぶ可からざる也」との按語をそえる[2]。

　モンゴル語を直訳したかたちの白話風漢文でつづられるこの令旨は、同文体による聖旨・令旨・懿旨・鈞旨などのモンゴル時代命令文を集載するシャヴァンヌ Éd. Chavannes、馮承鈞、蔡美彪、およびそれらにもとづき言語文献学解析をこころみるゾグラフ И. Т. Зограф などの諸著作にはみえない[3]。近年、中国よりモンゴル時代のモンゴル語直訳体漢文による碑刻についての報告がいくつか発表されたが、そのなかにもみえない。また、『北京図書館蔵中国歴代石刻拓本彙編』をはじめとする拓影をのせる諸書にもみあたらない。もとより、パクパ文字モンゴル語、ウイグル文字モンゴル語による碑刻・文書を対象とする各種の先行研究にはみえるはずもない。ただし、清代に編纂されたいくつかの石刻書や石刻目録類には、つぎにのべるように、同碑の存在そのものは著録されていた。しかし、概していえば、元碑は顧炎武の志向もあって王昶をはじめとする石刻研究家から忌避されることが多かったことが影響しているのか、この碑についても他のほとんどの元碑の場合とおなじように、いずれの石刻書でも碑の本文は移録されていない。それが、これまでこの令旨が注目されなか

った主因であろうし、またそれだけに康熙『淄川県志』の移録文は貴重といえる。

　さて、本論にはいるまえに、碑文にまつわる状況を確認しておきたい。各種の石刻書のうち、学政として山東にあった阮元が、乾隆五八年から六〇年(1793-95)に組織力をもって山東全域にわたる現地悉皆調査をこころみた成果である『山左金石志』巻二二、一二葉表には、「炳霊王廟八不沙令旨碑。元貞四年二月に立つ。正書。碑は高さ三尺七寸、広二尺九寸。淄川県王邨店の本廟に在り。右の碑、已に残欠す。文は約三十余行、字は径六分。撰・書の人の姓名無し」としるされている。乾隆末年にあたる当時、原石はすでに毀損していた。

　ところが、この記事には奇妙な点が目立つ。まず、碑石の大きさである。清代の一尺をかりに32cmとすれば、『山左金石志』では縦118.4cm×横92.8cmの大きさとなり、康熙『淄川県志』が伝える「巨碑」にはほど遠い。また、立石の年次として「元貞四年」とあるが、元貞は二年までで大徳と改元されている。さらに、「謁裏大王」や令旨6通の合刻碑であることなどにもまったく言及していないのも不可解である。

　年次については後述するとして、『山左金石志』が「文は約三十餘行」とだけ切りすてるようにのべ、複数の令旨が刻されている気配すらみせないことから推測すると、あるいは八不沙大王の発令にかかる令旨1通分ほどの碑石しか当時すでに残存していなかったのかもしれない。それにしても、康熙二六年(1687年)刊刻の康熙『淄川県志』から『山左金石志』まで、100年以上をへだてるとはいえ、両書のくいちがいは大きすぎる。

　そこで、『山左金石志』と完全同時代の段松苓『山左碑目』をみると、その巻一、九葉裏、「已見」[4]の項に、「元八不砂大王・謁里大王の令旨。大徳の間。炳霊王廟に在り」と、短いけれども『山左金石志』と見事なほどにくいちがう記事がのる。『山左碑目』自叙によれば、阮元の委嘱によって『山左金石志』の編輯スタッフが組織されたさい、既存の山東地方志からのデータ蒐集、搨工をひきいての現地採拓など、実際の編輯主力となったのは、なんとほかならぬ段松苓そのひとであったという。阮元が浙江学政として山東を去ることになり

第5章　八不沙大王の令旨碑より

(阮元の年譜『雷塘盦主弟子記』によれば、乾隆六〇年八月二四日のこと)、阮元に招聘されたのこる二人の編輯協力者である武億と朱文藻による著録作業がはかばかしくはかどらないのをみて、段松苓は既存の地方志からの抜粋など、彼自身の手もとにのこる編輯用資料の散佚をおそれ、すでに実地に踏査したものについては「已見」、まだ実見していないものについては「待訪」と、2種類にわけて県ごとに整理した、というのである。

本碑は「已見」であるから、段松苓は実見しているわけである。現場で採拓・調査の指揮をしたのも、段自身であった可能性さえある。いっぽう、『山左金石志』の書きぶりからみても、最終著録者である武億・朱文藻らのほうも、なんらかの具体性のある情報源をもっていたことは疑いない。それが、段松苓をはじめとするフィールド・グループの報告であったかもしれないし、あるいは段らが製作してきた拓本にもとづいて、武・朱らが採寸・著録などをあらためておこなったことも十分にありえる。しかし、ではなぜこれほどまでにくいちがうのか。

段松苓の『山左碑目』が康熙『淄川県志』をふまえていることは、まずまちがいない。しかも、年次を「大徳の間」としているのは、段は康熙『淄川県志』とは別の情報をもっていたことをしめすものだろう。素直にかんがえれば、それは段自身が目睹した可能性の高い原石、もしくはその拓本にもとづくものであっただろう。段の『山左碑目』自叙によれば、武・朱が著録作業をおえていないものについては、たとえ「已見」であっても「僅かに其の目を登す」にとどめたというから、本碑はまさにそれにあたる。段の『山左碑目』に、本碑の碑状・字様・行数・字数・撰書者姓名などの詳しいデータが記載されていないからといって、段の記載そのものまで疑う必要はないことになる。逆にいえば、武・朱らが著録した『山左金石志』の記載が、段があえて記述しなかった具体細目ということになる。おそらく、段は『山左金石志』に使われたデータを知りながら、それを採用しなかった。では、それはなぜなのか。

『山左金石志』と『山左碑目』の最大の相違点は、前者は八不沙大王ひとりの令旨碑とし、後者は八不砂と謁里というふたりのモンゴル王の令旨合刻碑と解していることである。もともと、康熙『淄川県志』にいう「謁裏大王令旨二」

1　石刻書の記載

の7字については、文字どおり「謁裏という名の大王が発した令旨2通」と解してよいのか、あるいは「謁」を「碣」の誤字とみて、「碣裏、すなわち碑陰にも〔八不砂〕大王の令旨2通がある」の意とするべきか、両方の解釈がありえた。元代や清代において「碣」と「碑」を互用する例はほとんどみられないが、だからといってこの7字だけでは後者の可能性を完全には消し去れない。

しかし、後述するように、この碑にその令旨が合刻されてもけっしておかしくないエジル Ejil という名のモンゴル王が当時たしかにおり、その名の漢字音写として「謁〔只〕裏」ないし「謁〔只〕里」の表記も十分にありえるかたちである。いわば状況としては、「謁裏大王の令旨二」と読んでもさしつかえない蓋然性はそなえている。また、二人の発令者による六通の令旨の合刻という点については、元代碑刻の全般をつうじて、聖旨・令旨・懿旨・鈞旨などの命令文の場合、単一の命令文を刻石・立碑するほうがむしろ少数であり（その場合はパクパ文字モンゴル語原文と合璧であることが多い）、碑を上下・左右に仕切って複数の命令文を一挙に刻するほうが目につく。つまり、『山左碑目』の書き方は十分に納得できるものである。

にもかかわらず、『山左金石志』が八不沙大王ひとりの名しかあげていないのは、前述のような「謁裏」から「碣裏」への読みかえもかんがえられるが、ごく単純に康熙『淄川県志』を武・朱らがみなかったためではなかろうか。もし直接にみていれば、本稿が対象としている蛇児年の令旨に言及しないはずはないからである。そうすると、ほぼまちがいなく康熙『淄川県志』をみているはずの段のデータが、『山左金石志』にはとりいれられなかったことになる。それはなぜなのか。

青州出身の段松苓は、いわば地元の人間である。『授堂金石跋』の武億、『校訂隷釈存疑』等の朱文藻ほどの著名人ではないけれども、故郷の金石に関して詳備をつくす『益都金石記』の編者でもあり、同書にみられる蒐集の徹底ぶり、記載の周到さをみると、金石家として十分に信頼できそうである。

『山左碑目』自叙にいう段のことばが嘘偽や誇張でないことは、じつは阮元サイドの情報が証明する。たとえば、先掲の阮元の年譜『雷塘盦主弟子記』巻一、乾隆五九年（1794年）五月二九日の条をみると、阮元が山東金石の調査

193

第5章　八不沙大王の令旨碑より

をおもいたったとき、まず手はじめに彼がしたことは、「青州の廩膳の生員段松苓、金石の学に長ず。先生〔阮元のこと〕、其れに命じて碑を各嶽鎮に訪ぜしむ」ことであった。また、嘉慶二年（1797年）一〇月の『山左金石志』阮元の序では、4人のおもだった助力者として、朱文藻・何元錫・武億のあとに段松苓をあげながら、そのすぐあとで段の『益都金石記』の稿本を利用したこと（だから、『山左金石志』と『益都金石記』におなじ記載がみえるからといって驚くにはあたらない）、段が山野を跋渉して苦労したことなどを縷述し、彼の功績が最大であったことをみとめる書きぶりとなっている。『山左金石志』の編纂にあたって、阮元がもっとも頼りにしていたのは段松苓であったらしい。

ところが、その段が『山左碑目』自叙で『山左金石志』の刊行に懸念を表明しているのが、もしそのいうとおりならば、嘉慶元年（1796年）三月。ところが、『弟子記』によれば、同年五月に『山左金石志』は刻成している。そして、翌年には阮元の序とともに公刊されているのである。

ここで、段松苓と阮元以下の人たちとの間柄、とりわけ武・朱らとの間になんらかの不仲・確執を想定し、あれこれ穿鑿することは本稿には無用である。ただし、結果として、『山左金石志』はこののち阮元の名声ともあいまって石刻研究の白眉とたたえられ、いっぽう『山左碑目』は草稿のままうずもれて、100年以上もへた光緒三四年（1908年）、青州に赴任した李祖年によってその価値をみいだされ刊行されるまで、ながく日の目をみることはなかった。しかし、いまわれわれは、少なくとも本碑に関するかぎり、康熙『淄川県志』と原石ないし原拓に接したらしい段の記述を信頼せざるをえない。とはいうものの、では『山左金石志』がまったくあやまりかというと、そうとばかりもいえないようである。

浙江巡撫時代の阮元に招かれた孫星衍の『寰宇訪碑録』巻一一、三一葉表では、「王村店炳霊王廟八不沙令旨碑。正書。元貞四年三月。山東淄川」と、『山左金石志』をそのままひきうつしたうえ、月を誤写する。馮雲鵷『済南金石志』巻三、五五葉裏は月をしるさないほかは前者とおなじ。法容叔『山左訪碑録』は巻一、一四葉表に、「八不沙令旨碑。正書。元貞四年二月。山左碑目に大徳の間と云う。王村店炳霊王廟」といい、『山左金石志』と『山左碑目』の不一

致に留意する。民国『山東通志』巻一五二、藝文志一〇、石四は、「元炳霊王廟八不沙令旨碑。大德□年。淄川」と、碑名は『山左金石志』に、年次は『山左碑目』にしたがう折衷案。以上の４書は、後２書から『山左金石志』と『山左碑目』の不一致がすでに知られていたことがわかるほかは、あまり有益な点がない。

　注目されるのは、呉式芬『攈古録』巻一八、四葉裏に、「王村店炳霊王廟八不砂大王令旨碑。正書。山東淄川。元貞四年二月」とあげられたうえ、次項に別に１項をたてて「令旨の碑陰。各荘戸の姓名。正書。大徳五年又十月」としるされていることである。道光・咸豊期に高官を歴任した山東海豊出身の呉式芬は、たいへんな金石研究家で、私蔵する厖大な量の拓本をもとに、不備な点の多い孫星衍『寰宇訪碑録』の補訂をおこなった。その没後、彼がのこした草稿をもとに、おなじ山東出身の許瀚の校訂をへて出版された年次順配列の『攈古録』は、地域別に仕立てなおされた『金石彙目分編』とともに［『許瀚年譜』二六九-二七一、二八〇-二八六］、筆者が知るかぎり、もっとも周到かつ有益な石刻目録である。呉式芬は、自分が所蔵しない拓本に依拠した場合、かならずその旨を明記するので、なにも附記していない本碑については、拓本を所有していたことになる。前記の『攈古録』の記載は、拓本にもとづくデータであった可能性が高い。

　そこで、『攈古録』の記載を定点に、『山左金石志』と『山左碑目』のくいちがいをかんがえなおすと、さきにみてきた疑問はほぼ解決する。まず、碑石には『山左金石志』の「八不沙」ではなく、康熙『淄川県志』や『山左碑目』の「八不砂」と刻されていたのだろう。『山左金石志』以下の諸書がいう「元貞四年二月」という年次は奇妙ではあるが、おそらくそのとおりに刻されていた。ただし、『山左金石志』が立石の年月のようにいうのはあやまりで、碑陽に刻されているからには、たぶんはこの日付を発令日とする八不砂大王の令旨（おそらく１通分ほど）が残存していたのだろう。『山左金石志』の最終とりまとめと著録作業をおこなった武億・朱文藻らは、残缺した碑石の正面の拓本ないしそのデータしか利用せず（あるいは利用できず）、碑陰の拓本ないしそのデータはもちろん、康熙『淄川県志』さえ、まずはまちがいなくみていない。

第5章　八不沙大王の令旨碑より

　いっぽう、『山左碑目』が「大徳の間」というのは、おそらく碑陰に依拠するのだろう。原石ないし原拓をみているとかんがえられる段松苓は、碑正面に「元貞四年二月」と刻されているのを承知のうえで、あえてより遅い碑陰の年次を採用したのだろう。段の『山左碑目』が「大徳五年」とせずに、「大徳の間」と曖昧な表現になっているのは完全には了解しがたいが、民国『山東通志』が「大徳□年」としているように、あるいは「五」が判読しにくかったためかもしれない。もしくはそれとも、段が調査した当時すでに本碑は残缺碑であったのだから、碑陰にのこる「大徳五年」も所詮は残缺部分の刻字にすぎず、本碑全体の刻石ないし立石の年次とすることはできないと、段が慎重にかんがえたためかもしれない（というのは、八不沙は大徳末年の一一年に斉王を受号しているわけだから、逆に斉王という王号をともなわずにただの「大王」のままで登場するこの碑は、大徳末年よりまえのもの、すなわち早ければ「元貞四年」以後、遅ければ「大徳五年」以降という推理は、理屈としてはなりたつからである）。

　また、碑陰には荘戸の名が刻されているのだから、荘戸の名と令旨とがおなじ碑面に刻されることは実際上ありえず、これで康熙『淄川県志』にいう「謁裏」をわざわざ「碣裏」と読みかえるべき理由はなくなったといっていい。それに、そもそも人の目にふれてこそ刻石の意味があるモンゴル王の保護特許状が碑石の裏面に刻されるということ自体が、あまりかんがえられる事態ではないのだが。

　いいかえれば、本碑は段松苓『山左碑目』がのべるとおり、八不沙と謁裏という二人のモンゴル王の令旨合刻碑であったことはもはやうごかしがたい。康熙『淄川県志』にいう合計6通の令旨は、すべて碑陽に刻されていたはずである。しかし、『山左金石志』スタッフの調査時点では謁裏大王の令旨はうしなわれており、康熙『淄川県志』をみないかぎり、知るよしはなかった。なお、呉式芬『攗古録』が碑陽に関しては『山左金石志』とほぼおなじデータを記載しているのは、あるいは呉式芬も康熙『淄川県志』をみていないのかもしれない。

　ようするに、段松苓と武億・朱文藻らとの間、さらにはひょっとして阮元との間にも、なんらかの隔意があり、その結果、一見するとまったくことなる記

載が生まれたのだろう。実地踏査にもとづく『山左金石志』は、たしかに有用な石刻書ではあるけれども、その記載を鵜呑みにはできない場合がかなりある。その一因に、こうした編纂当時の内情もあるのかもしれない。やはり、当然のことながら、逐一、関連する他の石刻書や地方志、もしくはそれがゆるされるならば現在の状況などで確認し、裏付をえながら利用する必要がある。

　ここで本稿にとって肝心なことは、つぎに釈読・分析をこころみる康熙『淄川県志』移録の蛇児年令旨と、残欠した碑石におそらくただひとつのこっていたであろう元貞四年二月の令旨とは、別ものとせざるをえないことである。成宗テムル Temür の最初の年号である元貞は、アリク・ブケ Ariq-Böke の長子ヨブクル Yobuqur 以下の降附を慶祝する意から、同三年二月に中途改元されて大徳とかわり、元貞四年は存在しない。いっぽう、この前後、蛇児年すなわち巳歳は、至元三〇年癸巳（1293年）、大徳九年乙巳（1305年）である。「元貞四年」の4字のうち、「元貞」もしくは「四年」のどちらかを誤写としたとしても、蛇児年にはならない。つまり、もしいまここに『山左金石志』が依拠し、呉式芬が家蔵していたものとおなじ拓本が出現したとしても、康熙『淄川県志』に移録された令旨の字句をそれによって校訂できるわけではないことになる。なお、直訳体白話風漢文に対応するモンゴル語原文の有無については、康熙『淄川県志』以下、すべての関係記録が沈黙しているからには、モンゴル語原文は刻されていなかったとせざるをえない。

2　令旨の釈読

　康熙『淄川県志』に移録された令旨は、すべて215字。同県志の1行19字のなかに、本来はなされていたはずの改行・抬頭などをまったく顧慮しないまま、つづけて録文されている。また、その文章にも、あきらかに誤写ないし誤脱とせざるをえないところが、少なくとも7ヶ所はみとめられる。そのほか、全般にわたってやや舌足らずで、そのままでは読みにくく、やはりいく字かおぎなったほうが自然ではないかとおもえるところがある。周到な移録とはいいがた

い。歴然たるあやまりのほかにも、おそらくはかなりな誤脱をふくんでいる可能性が感じられるが、いまは明白な2字の誤写のほかは疑問を別記するにとどめる。

　もともとの令旨の行数、1行ごとの字数が、ともにわからないからには、令旨の正確な原形を復元することはできない。ただし、ここでは、ひとつには作業上の便宜から、もうひとつには命令文の理解には内容そのものとは別に、体式上の把握も欠かせないとの判断から、かりにモンゴル語直訳体白話漢文によるモンゴル時代命令文の体式のひとつの典型ともいえるふたつの碑刻の1行12字、2字抬頭の体例に準拠して[5]、全体を23行に仕立てなおしてしめす。そのふたつの碑刻とは、まずクビライ Qubilai 政権成立以前の代表例として西安西郊の鄠県の有名な草堂寺に現存する闊端太子（モンゴル第二代皇帝オゴデイ Ögödei の第二子コデン Köden）令旨碑の第3截に刻されている丁未年（1247年）四月初一〇日付の令旨［蔡録13°/14、杉山1990：91、本書第11章］、および即位後のクビライの聖旨（ジャルリク jarliq の漢語表現）としては現在知られているかぎりでは（なお、ここでいう現在とは本章の原載論文が公刊された1993年12月をさす）もっとも早い時期の例である河南鹿邑老子太清宮に現存する中統二年（1261年）四月二七日付の聖旨［Chavannes 1908：planche 17，蔡録20°/21］である。

　くわえて、すでになんらかのかたちで釈読されたモンゴル時代の蒙漢完全対訳命令文19件とパクパ字モンゴル語原文のみで漢文対訳をともなわない命令文13件、およびウイグル文字モンゴル語命令文25件（ペルシア語との対訳のものもふくむ）の合計57件における知見（ちなみに、57件という数も1993年12月の時点でのことである。本稿原載論文ののち、モンゴル命令文の公表数は年を逐って急速に増加した）から想定されるモンゴル語原文の再構案を作業仮説として呈示する。ひとくちにモンゴル語直訳体白話風漢文といっても、『元典章』『通制条格』『廟学典礼』などの元代漢文典籍やさまざまな碑刻・文書などにみられるいくつかの段階での節略型とはことなり、モンゴル語原文からの完全対訳に相違ないこの令旨のような場合について、従来の研究では、まま漢訳の字句にこだわるあまり、本来のモンゴル語ではうけいれられない文脈・語義を創造してしまうことがありがちであった。そこで、そうした事態を避けるためにも、モンゴル時代

2　令旨の釈読

　命令文と漢語訳もふくむ各種対訳全般における語法上の特徴や体例上の約束事や、さらにある種の慣例上の「くせ」などについて、まだけっして十分な解析や理解がなされていない現在、まずはいったんモンゴル語へひきもどしてみる手つづきもまったく無益ではないだろう。モンゴル語原文がくまなく仮構しきれるかどうかが判明することによって、漢語訳文がはらむ問題点や有用性も逆に純粋に漢語面での検討材料としてその輪郭がいっそう鮮明にたちあらわれてくるはずと考えるからである。

　なお、モンゴル語原文の再構にあたっては、13・14世紀の完全同時代の既知資料からえられる知見を使用し、ある程度可能な推測による作文はなるべく排除する。また、漢字音については、おもに『蒙古字韻』にしたがう。モンゴル語の表記にあたっては、パクパ字で表現された場合を想定する。したがって、通常γであらわされるものもqとなる。紙幅の限りから、令旨の釈読に関する註記は、本文の末尾に一括して示す。

【令旨の仮想原型】

1　皇帝福蔭裏。
2　　八不砂大王令旨。這禿忽赤
3　　李総管奏有。咱毎般陽路
4　　淄川県王村店。有一座炳
5　　霊王廟有。恁般陽路達魯
5　　花赤総管府官人毎。司県
7　　官人毎。往来的宣使毎。本
8　　地面官人毎。管軍官人毎。①
9　　蒙古探馬赤毎。這炳霊王
10　　廟裏。随処諸来。焼香火送
11　　供呵。今後都不得常騒擾
12　　者。廟裏軍器官糧。休頓放
13　　者。休断公事者。廟裏応有
14　　的。不揀甚麼稀罕件物等。

199

第5章　八不沙大王の令旨碑より

15　　休強使気力奪要者。但有
16　　的献之。休得損壊者。上頭
17　　這劉伯源廟主根底。
18　　令旨与了也。但有別了的人
19　　毎。奏将上来呵。他毎
20　大扎撒裏射②。不怕那甚麼。
21　　令旨俺的。
22　　蛇児年十一月十八日。
23　　也魯古那有時分写来。

①原文は官　　②原文は射裏

【モンゴル語原文再構案】

1　Qa'an-u su-dur
2　　Babuša kö'ün üge manu 〔Ede〕 Tuqči
3　　Li ʒuṅ-gôn öčirün bidan-u Ban-yaṅ čölge
4　　J̌hi-čuen-huen uan-cun-dėm-dür niken Biṅ-
5　　liṅ uaṅ-mėw bui 〔ke'ebei〕 Ta Ban-yaṅ čölge-yin daru-
6　　qa ʒuṅ- gôn -fu-yin noyad〔-da〕 shi-huen-ün
7　　noyad〔-da〕 yorčiqun yabuqun ėlčin〔-e〕 ene
8　　qaǰar-un noyad〔-da〕 čeri'üd-ün noyad〔-da〕
9　　moṅqol tamačin〔-a du'ulqaqui üge〕 ene Biṅ-liṅ uan-
10　mėw-de ……qaǰar-ača ele irejü……
11　takilatala ………………
12　mėw-dür …… qan-u 〔čaṅ〕 amu bu čidqutuqai
13　haran bu ǰarqulatuqai mėw-dür bükün
14　ya'ud ……………………ked ki'ed
15　küčüdejü bu abutuqai ya'ud ked 〔anu〕……
16　henlejü bu ebderetügei 〔tere〕 tula
17　ene Liw-bay-uen mėw-čeu-de

18　bičig〔or linji〕ögbei bürün büši bolqaqun haran
19　　öčijü bariju ileküi-dür teden-i
20yeke jasaq-a kürged-je ülü'ü ayuqun mün
21　bičig〔or linji〕manu
22　　moqai jil übül-ün dumdadu zara-yin harban naiman-a
23　　Ergüne-de büküi-dür bičibei

【現代日本語訳】
カアンの威霊にて、バブシャ大王なるわれらがことば。トクチ、李総管が奏するには、「われら般陽路淄川県王村店にひとつの炳霊王廟がある」と〔いった〕。なんじら般陽路ダルガチ総管府のやくにんたち、淄川の録事司と県のやくにんたち、ゆきゆく使者たち、当地のやくにんたち、諸軍のやくにんたち、モンゴル・タマ兵たちは、この炳霊王廟に各地からやってきて香をたいておそなえをするので、これからは誰もけっして騒ぎをおこすな。廟に武器やおかみの倉糧をおくな。裁判をするな。廟にあるすべてのものは、どんな珍しいものなどでも、力づくでとるな。およそ献上したものがあれば、こわすな。〔その〕ために廟主劉伯源に令旨をあたえた。およそそむいた人がいれば、奏上してきたら、かれらを大ヤサにあてる〔ぞ〕。おそれずにいられようか。われらが令旨は、ヘビの年の冬の真中の月の一八日に、エルグネにいるときにしるした。

さて、この令旨原文とモンゴル語再構案の双方全体を見くらべると、現在までの知見では再構しきれない文脈がいくつかあることが歴然とわかる。その分だけ、ユニークな命令文であることが、まず第一にいえるだろう。また、モンゴル語が再構できる文脈についても、別注で述べるように、「あらゆる、すべての」の意味で5種の、「～するな」の意味で3種の、それぞれ類似の漢訳表現を意図して使いわけている。こうしたことは、同一の文脈では同一のモンゴル語表現とその漢訳字句に固定したがる強い方向性をもつクビライ政権下での蒙漢命令文の全般状況のなかでは、かなり特異なことである。しかも、「都不得～」や「随処諸来」「但有的献之」などの表現は、もとより誤写・誤脱・錯

201

第5章　八不沙大王の令旨碑より

誤などの書写上・校訂上の問題をふくむとはいえ、逆に多少の文字の入れかえではとても追いつかないほど、クビライ政権成立後の大元ウルス治下の直訳体白話風漢文の定型表現とは遠いものであり、むしろ、文言にちかい表現も含む。さらに、形式面を見ても、別注で示すように、命令対象者（宛名）をまず連記してから内容に入る定型パターンを採らず、命令対象者が発令内容に組み込まれる形となっているのは、かなり特異といわざるをえない。しかし、そうであるにもかかわらず、その一方で、この令旨はモンゴル語としても、その漢訳としても、クビライ期以降の命令文の基本線は、やはりそれなりに色濃く備えている。こうしたことを一体どう考えたらよいのだろうか。

　モンゴル時代の少なくとも東方における蒙漢両体の命令文は、クビライ政権の成立をさかいに、それまでの時期とそれ以後では大きく様相を異にする。高橋文治は克明にそれを指摘し［高橋：419-422］、筆者はクビライ期までの漢訳体の命令文を「前期直訳体」と呼び［杉山1990ｂ：104］、松川節と中村淳はクビライ時代以後の蒙漢両体のそれを「大元ウルス書式」と名づけた［中村・松川：22］。これら一連の主張は、傾向全般から見れば、おそらく有効であろう。ただし、ではクビライ政権成立後の東方における蒙漢両体の命令文のすべてがすべて、くまなく一律に定型化してとらえられるかどうかとなると、それはまた当然ながら別の問題である。この令旨に見える偏差は、別注に挙げる莱州掖県神山長生万寿宮の勢都児(シクドゥル)大王令旨碑にもほぼ共通している。同碑が特権賦与の先例として「蒙哥(モンケ)皇帝」の名をあげるのも、クビライ政権成立後の命令文としては異例のことである。こうした「揺れ」は、クビライ期の一族諸王家が発した令旨にはしばしば見られるが、成宗テムル時代以後になると、字句の細部までかなり画一化が貫徹されている。クビライ政権による命令文とその漢訳版の画一化・定式化にかかわって、中央政府機構をなんらかの形で経由した命令文については当初から厳重に遵守されたが、一族諸王家の令旨については、少なくともクビライ時代では逐一の語句表現の隅々までは十分に統制しきることはできなかったのだろう。命令文の画一化という点に限っていえば、成宗テムル時代以後になって大元ウルス中央の規制力がほぼいきわたったことになる。以上をようするに、この令旨は次項以下で述べる内容上の重要さはもとよりのこ

と、令旨そのものの形式・表現などの文書面においても、きわめて特異な注目すべきものといえるだろう。

3　八不沙大王と発令年次

　この令旨の発令者である八不砂大王とは誰か。漢文文献より同名ないし類似の名の人物を拾うと、検索の限り、①ジョチ・カサル王家の八不沙、②延祐年間（1314-20年）に平江路総管であった八不沙、③明宗コシラ Qošila の正后の八不沙、④太宗オゴデイの息女で高昌王家の紐林的斤 Ne'ürin-tegin に嫁した八不乂、の４人がいる。②は王族でなく、③④は女性で、いずれも該当しない。①は斉王八不沙、諸王八不〔卜〕沙という表現でこの令旨碑をのぞく『元史』以下の漢文の同時代原典史料に19ヶ所あらわれる[6]。この碑が立てられた般陽路はカサル王家歴世の投下領であり、そもそも「斉王」という王号はこれに因む。ラシードゥッディーン Rašīd al-Dīn『集史』Ǧāmi' al-Tavārīh 以下のペルシア語史料もふくめ、管見の限り、モンゴル時代の東西文献にこうした名のモンゴル王族は、カサル王家のこの人物しか見えない。元代の公記録における人名音写上の通例では、この令旨の「八不砂」の「砂」はまず使われないが、既述のように、複数の石刻書が「砂」とする以上、この令旨碑では異例な音訳字が使われたといわざるをえない（ただし、『定襄金石攷』巻三、亮公孝行之碑では、「八不砂□□金宝令旨二道」とあるから、「砂」の使用例はある）。

　八不沙にいたるカサル王家の系譜については、『元史』巻一〇七、宗室世系表、搠只哈〔撒〕児大王位に、「移相哥大王―勢都児王―斉王八不沙」と縦一列にあらわされている。この形は、ふつう直系の父・子・孫の関係か、または直接の相続関係を示す。移相哥大王はカサル嫡出の三男で有名なイェスンゲ Yesüngge、勢都児王は、ナヤンに呼応してクビライ打倒にたったシクドゥルである。一方、『集史』イェスゲイ・バハードゥル紀の第一章では、カサル王家の当主の地位はイェスンゲのあと、その子エムゲン AMKAN＞Amukān＞Emügen、その子シクドゥル ŠYKTWR＞Šīktūr＞Šigtür～Šigdür と継承され

第5章 八不沙大王の令旨碑より

たと記され、『元史』宗室世系表には見えないエムゲンの襲封を伝える一方、シクドゥルまでで記述がおわっている［ĞTS, 57a］。虞集『道園類稿』巻四六、「靖州路総管捏古台公墓誌銘」によれば、カサル王家の当主として「親王邪相哥」「親王愛仙阿木干」「親王勢都児」がつづけて現われており、それぞれイェスンゲ、エセン・エムゲン Esen-Emügen、シクドゥルであるから、ラシード『集史』の情報が正しいことになる。ところが、『集史』イェスゲイ・バハードゥル紀の第二章末尾には、写本によりイェスゲイの子孫の図表化した系譜があるものとないものがあり、そのこと自体が注目すべきことであるが［杉山1991：187］、質量ともにすぐれた写本であるイスタンブル本では図化した系譜があって、シクドゥルの直後に MAMYŠA と見え、しかも彼をもってカサル王家の記事をおえている。ようするに、イスタンブル本では、文章で綴られた系譜と図表化した系譜と二種の情報が盛られているわけである。こうしたことはイスタンブル本の全般にわたって顕著であり、編者ラシードゥッディーン自身がそれぞれ別の典拠があっての処置であることを明示している箇所さえある［ĞTS, 134b. 杉山1991：187。本書第12章、467頁］。

　カサル家については、ラシードゥッディーンが『集史』第一部モンゴル史の編纂事業を推進している時点、いいかえれば、1305年前後の時点で、MAMYŠA なる人物の情報がイランに届いていたわけである。『集史』を踏まえる『五分枝』Šu'ab-i Panggāna では、シクドゥルのあとにウイグル文字・アラビア文字の両方で MAMYŠA と記され、しかも注目されるのは欄外に、「ジョチ・カサルのウルス ALWS＞ulūs＞ulus は彼がもっており、カアンのもとにいる」と注記されている［Šu'ab, 104a］。テヘランの旧国民議会附属図書館所蔵の『集史』でも、イェスゲイ・バハードゥル紀の第二章に図化した系譜があり、欄外の注記も含めて『五分枝』と全く同一であるのは［ĞTT, 56a］、双方の写本成立に関しても示唆するところがある。ティムール朝期に成立した『高貴系譜』Mu'izz al-Ansāb も状況は同じであり、フランス国立図書館蔵本では BAMYŠA、大英図書館蔵本およびアリーガル・ムスリム大学所蔵の２本ではともに MAMYŠAH と綴られる。MAMYŠA、MAMYŠAH、BAMYŠA＞Māmīšā、Māmīšāh、Bāmīšā はたがいにきわめて近い表記であり、m 音と b 音は交替し

やすいので、漢字表記の「八不沙」から期待される Babuša との連関は疑いない。いま、厳密な名の確定はひかえたいが、本稿では以下かりに暫定案としてアンビスとペリオの考定に従い［Hambis et Pelliot : 26］、バブシャと呼ぶことにする。

『元史』巻二二、武宗本紀、および巻一〇八、諸王表、斉王の項によれば、八不沙すなわちバブシャが斉王号を与えられたのは、大徳一一年（1307年）七月丁丑、カサル家としては最初の斉王受号であった。ただし、これはクー・デタ即位した武宗カイシャン Qaišan が生来の人のよさと人気取り政策の二点から、従来クビライ嫡統の超一級王家にしか許されていなかった最高ランクの一字王号（金印獣紐）を乱発した結果にすぎない。カイシャンの実弟アユルバルワダ Ayurbarwada がいったん大元ウルスを掌握したさい、宮廷内闘争に立ち働いた禿剌 Turā-uǧūl＞Töre-oγul？がチャガタイ系の傍流にもかかわらず越王を受封した以外、二字王号の雲南王より営王に進んだクビライ庶系の也先帖木児 Esen-Temür、同様に寧遠王より寧王に進んだクビライ庶子の闊闊出 Kökečü、威武西寧王より豳王とされたチャガタイ系の出伯 Čübei など、10ないしは11を数える同様の事例は、どれももともと大元ウルス治下の有力集団の長であるほかに特別の理由は見当らない。いわゆる東方三王家の一であるカチウン Qačiʾun 王家当主の朶列納 Dörene が、やはりこの時に済王（カチウン家の華北投下領は山東の済南路である）を受号していることから見ても、バブシャの斉王受号に特別の事情や背景を読みとることはできない。あえていえば、既述の『五分枝』が欄外注でいうように、バブシャがジョチ・カサルのウルスを保有していること、すなわち彼がカサル王家の当主であったことを裏付ける以外に格別の意味は見出せない。ただし、それこそが本稿にとっては意味をもつ。

問題は、この令旨の発令年次にからんで、バブシャが一体いつからカサル家の当主であったのか、という点である。彼の当主在位時期の上限を推定せしめる有力な記事として民国『昌楽県続志』巻一七、「劉氏先塋之記」に、「至元二十四年（1287年）、本投下都達魯花〔赤？〕の禿忽赤、睹てこれを奇とし、檄して捕鷹提領を命ず。越えて明年、祇んで勢都児大王の令旨を受け、名忙古歹 Mangγutai を睍う。二十八年、復た八不沙斉王の令旨を受く」と見える。同

第5章　八不沙大王の令旨碑より

　碑は皇慶元年（1312年）の立石にかかるので、文中でバブシャに斉王号がつけられているのは振り返っての表現であり、『元史』がいう斉王受号の年次を動かす必要はない。同碑に素直に従うならば、バブシャは遅くとも至元二八年（1291年）には当主となっていたことになる。

　ただし、『元史』巻一七、世祖本紀、至元二九年（1292年）正月乙巳に、「諸王失都児に金千両を賜う」とあるのが気にかかる。この「失都児」がシクドゥルの音写であることはまちがいない。諸王失都児は『元史』巻一四、世祖本紀、至元二四年（1287年）六月壬申に「諸王失都児の所部の鉄哥Teke、其の党を率いて咸平府を取り、遼を渡りて豪・懿州を劫取せんと欲す」、同年秋七月癸巳に「乃顔の党の失都児、咸平を犯す。宣慰の塔出 *Taču*、皇子愛牙赤 *Ayači* に従い、兵を合して瀋州を出でて進討す。宣慰の亦児撒合、兵を分ちて懿州に趣く。其の党、悉く平ぐ」とナヤンの挙兵にからんで二度あらわれる。ナヤン自身は、この年の6月にクビライ親征軍と決戦し、敗れて捕殺された。諸王失都児の部隊は、ナヤン本隊とは別行動をとり、東方の遼寧平原に兵を展開して南下の態勢に入りつつあった。遼河以北は従来から東方三王家の勢力圏であったから、現在の開原にあたる咸平より渡遼しようとしたというのは、まさに開戦を意味した。ところが、ナヤン本隊が興安嶺方面の主力決戦で呆気なく解体してしまったため、失都児の部隊は翌7月そうそうには、「其の党、悉く平ぐ」ことになったのだろう。

　従来から、ここに見える失都児をカサル王家の当主シクドゥルと見て疑っていない。それは『集史』にシクドゥルがナヤンの挙兵に加わったとあるのと符合するからである。それはおそらく誤りない。そうであるならば、『元史』宗室世系表および『南村輟耕録』巻一、大元宗室世系に見える勢都児王と同一人物ということになるし、また先掲の至元二九年正月に金千両を賜与された諸王失都児とも時間関係の近さ、表記の一致からして、同一人物である可能性が高い。しかるに、既述のように「劉氏先塋之記」によれば、至元二八年には叙任状としての令旨を発出したのはバブシャに変わっている。この行為はカサル王家を代表したものと見られるから、ふつうには当主はバブシャに移っていると考えざるをえない。

3　八不沙大王と発令年次

　解釈は、①至元二九年（1292年）正月の時点でシクドゥルは依然として当主位にあった、②当主位は息子バブシャに譲りながらも有力者でありつづけた、③「劉氏先塋之記」に誤りがある、④金千両を賜与された諸王失都児は別人である、の四つのどれかである。シクドゥルという名は、バブシャとちがい、フレグ・ウルスに同名の名高い武将がいたり、大元ウルス治下でも大司農の失都児やケシクとなった失都児がいるなど、珍しい名ではない。しかし、ナヤンの挙兵前後で反クビライ側の一方の主将となるモンゴル王族シクドゥルといえば、既存の文献からする限り、余人は考えにくい。金千両という賜与額も、カサル王家をふくむ第一ランクの諸王家について、毎年うけることになっている定例賜与の規定額が銀5,000両（100錠）、段300匹であったことから勘案すると、単発のものとしてはかなりな高額といわざるをえない。そうした臨時賜与に相当する政治上の重要人物となると、カサル家のシクドゥルをおいて考えにくい。また、カサル家のシクドゥル自身が発した令旨では、「勢都児」［蔡録24°/26、25°/27、道略六二四、六三一、六六九、八二三］もしくは「実都而」［虞集『道園学古録』巻五〇、「真大道教第八代崇玄広化真人岳公之碑」。道略八三〇-三一にも収録］と美字が使われているのに対し、前引『元史』世祖本紀に見える3ヶ所の記事ではいずれも「失都児」と写されている。そのことも、ナヤン挙兵後の貶黜の意が加味されていると考えれば、かえって問題の至元二九年正月乙巳の記事の「諸王失都児」はナヤンに呼応した人物と同一であることを『元史』が示しているとも考えられる[7]。

　④は否定され、①③を採る積極理由がないとなると、②のバブシャが当主位につく一方、その父シクドゥルも有力者としてクビライ政権から遇されたとする可能性がのこる。シクドゥルはほとんど実戦におよばずに降伏したようであるし、ナヤンの覆滅後もカチウン家のカダアンが反クビライ闘争を継続して、東モンゴリアをはじめマンチュリア全域から朝鮮半島の高麗国内の深くまで転戦していた。これに呼応するかのように、東進の構えを見せはじめたカイドゥ対策のためもあって、クビライ側はオッチギン家についてはナイマダイ（乃蛮台、乃馬歹 Naimadai）、カチウン家についてはエジルを新しい当主に指名し、すみやかな東方三王家との和解と事態の収拾・鎮静化をあきらかにはかっていた。

第5章　八不沙大王の令旨碑より

　カダアンとその子ラオディ（老的 Laodi）が本拠を遠くはなれた朝鮮半島方面でナイマダイらの鎮定軍に追われて姿を消すのは、至元二九年はじめのことであった。そうした情勢の推移を考慮すると、同年正月の臨時賜与の意味は無視できない。オッチギン、カチウン両家とも当主は交替しているのだから、カサル家についても、バブシャの当主襲封をもってクビライとシクドゥルの妥協が成立したことはありえる。『集史』はシクドゥル処刑と軍の分配をいうが、これは疑問である。「劉氏先塋之記」もふくめ、現在あたえられている確度の高いすべての東方文献の情報をどれも否定することなく理解しようとすると、こう考えざるをえない。

　では、この令旨が発令された「蛇児年」とはいつか。バブシャの活動時期からすると、①至元三〇年（1293年）癸巳、②大徳九年（1305年）乙巳、③延祐四年（1317年）丁巳の三つが考えられる。この令旨の碑陰に刻されていたという「大徳五年」が立石ないしはそれに近い年次を意味するならば、②③は排除される。これをさらに、バブシャをとりまく歴史状況から考えると、まず②について『元史』成宗本紀に載る次の三つの記事から、やはり否定に傾かざるをえない。

　　(a) 元貞二年〔1296年〕三月〔……〕甲戌、諸王亦只里 Ejil、八不沙、亦憐真 Irinčin、也里憨 Eligen、甕吉剌帯 Onggiradai を遣して並びに晋王の怯魯剌 Kerülen? の地に駐夏せしむ。

　　(b) 大徳六年〔1302年〕十一月〔……〕庚戌、和林 Qorum の軍の酒を醸すを禁ず。惟だ安西王阿難答 Ānanda、諸王忽剌出 Hulaču、脱脱 Toqto〔-γa〕、〔八〕不沙、也只里 Ejil、駙馬蛮子台 Manjitai、弘吉剌帯 Qonggiradai、燕里干 Eligen は、醸すを許す。

　　(c) 大徳七年〔1303年〕五月壬辰〔……〕大徳五年の戦功を以て北師に賞すること銀二十万両、鈔二十万錠、幣帛五万九千匹。皇姪海山 Qaišan、及び安西王阿難答、諸王脱脱、八不沙、駙馬蛮子台等に賜うこと各おの金五十両、銀・珠・錦・幣等の物は差あり。

　バブシャは元貞二年春より、他の東方系諸王ともども対カイドゥ戦へ出陣し、

3 八不沙大王と発令年次

カイドゥがそのおりの負傷がもとで死去する大徳五年（1301年）の大会戦にも加わっていたことになる。ふつう、1303年ころには、ドゥア Du'a の主唱により史上名高い東西停戦へ動きだしたといわれる。しかし、机上の計算のように、ただちにそうなったわけではなく、例えば和平の使節団がフレグ・ウルス宮廷に到着したのはヘジラ暦704年サファル月17日、すなわち西暦1304年10月19日のことであったし［*TUS*, 149a］、虞集「句容郡王世績碑」『道園学古録』巻二三、『道園類稿』巻三七、『元文類』巻二六］によれば、大徳七年秋までの間、大元ウルス軍は安西王アーナンダ、晋王イェスン・テムル Yesün-Temür、懐寧王カイシャンが赤納思Činos の地に諸王軍を聚め、戦勝の大集会を催している。『オルジェイト史』*Ta'rīh-i Ūlǧāītū* などによれば、この大決戦にさいして、モンゴリア本土をあずかる晋王家の部隊に加え、中央政府系の精鋭軍団を率いて出陣したカイシャン、安西王国軍を引具したアーナンダは、停戦後もすぐに帰還したわけではなく、依然としてアルタイからハンガイ方面に駐留して、カイドゥ以後をめぐるカイドゥ一門とドゥア一門の政治抗争に圧力をかけつつ、模様ながめをしていた［杉山1987：46-47］。アーナンダとカイシャンという両巨頭がモンゴリアを引きあげるのは、それぞれ大徳一一年（1307年）の成宗テムル崩御の前と後のことになる。②の大徳九年乙巳の場合、この令旨の発令地は後述するように東モンゴリアのカサル家本領であったから、はたしてそのときバブシャが出軍地から帰還できていたか疑わしい。この間、(a) の記事から夏期はケルレンに駐牧し、(b) の記事から冬期はカラ・コルム地区に越冬していたことがうかがわれる以上、令旨発令の年の冬期のみ（発令日は一一月一八日）、本拠地に帰還していたとも考えにくい。ようするに、大徳九年の時点でバブシャをふくむ大元ウルス連合軍が軍事解散していたとはおもえないのである。

③の場合、否定の度合いはより強い。バブシャにかかわる記事のうち、明確な年次と日付をもつ最後は、後引の『通制条格』巻六に見える皇慶元年（1312年）一二月二七日の記事である。その5年後にあたる延祐四年丁巳まで、バブシャが在世ないし在位していたかどうか疑わしい。『元史』宗室世系表ではバブシャの甥の位置に記される玉龍鉄木児 Ürüng-Temür が延祐三年七月乙卯に斉王より2段階下位の保恩王に封ぜられたという仁宗本紀の記事の評価次第で

は、屠寄『蒙兀児史記』のように、バブシャは武宗カイシャン時代の末に誣告されて他界し[8]、王爵は剥奪されて、このウルン・テムルの受号まで、カサル家の当主は空位であったとする大胆な想念も生まれる余地がある。それに、世系表ではウルン・テムルは斉王号を附して記されているのも留意される。少なくとも、甥筋の人物が受号した後もバブシャが当主でありつづけたという事態を想定するのは、初封時わずかに1千戸という最小のウルスでしかないカサル家の場合、同時に二人の王号保持者がいたとは考えにくいから、説得力をもちえない。

現在のところ、考定を阻げる要素の見あたらない①を採るのが無理がない。至元三〇年癸巳一一月一八日の発令となれば、この令旨はクビライ政権にとっても、カサル王家をふくむ東方三王家にとっても、最大の事件であったナヤンとカダアンのクビライ打倒活動の終束直後という、歴史上はなはだ注目すべき時期のものとなる。そして、発令の2ヶ月後にはクビライが長逝するのである。

4 北の本領アルグン河畔

さて、令旨の中身の検討に移る。内容上、注目される第一点は、発令地「也魯古那」である。『秘史』では額児古捏木嗹、『元史』では也里古納河、也児古納、『集史』ではArkūnaと綴られ、原音はErgüne、現アルグンArγun河のことである。このわずか四文字は、カサル王家本領について、次の4点を雄弁に語ってくれる。

（1）カサル王家は、元代中期でもひきつづきチンギス時代以来の初封地を維持していたこと。カサル・ウルスの牧地については、『集史』イェスゲイ・バハードゥル紀の第一章に、「イェスンゲとジョチ・カサルのウルクの牧地と住地 yūrt va muqām はモグーリスターンの内部、その東方の北寄りにあって、エルグネ Arkūna、フルン・ノール Kūla-nāūūr およびカイラル Qaīlār の境域にあり、オッチギン・ノヤン Ūtgī nūyān の子のジブ ǦYBW＞Ǧībū＞Ǧibü～Ǧibügen と孫のタガチャル Taḡāḡār＞Taγačar の牧地のある地に近い」[ǦTS,

4 北の本領アルグン河畔

59b] とあるのが唯一の文献情報で、洪鈞が引用して以来、屠寄、パンザーロフ、箭内亘をはじめとする内外の先学が言及し、典拠としてきた。しかし、『集史』の記事は、クビライ政権成立期のイェスンゲ当主時代のこととして述べられている。初封時までに溯る約半世紀間については、他のオッチギン王家、カチウン王家、およびコンギラト駙馬家らの牧地との兼ね合いから、ひとまずその記述どおりであったとすることはできても、イェスンゲ以降、すなわちクビライ政権の確立以後もひきつづき同地方がカサル王家が専有する牧地であったのかどうか、じつはまったく証拠がなかった。また、そもそも厳密にいえば、前引の『集史』の記事自体が、他に裏付けとなる材料がなければ、しょせんは伝聞史料とさえいいえるものである。この令旨が元代中期にかかろうとするクビライの最晩年に、王家の当主であるバブシャ自身の名において、しかも『集史』がその曽祖父イェスンゲの所領と伝えるエルグネの地より発せられていることは、またとない史料価値をもつ。

（2）ナヤン、カダアンの反クビライ活動の鎮定後も、カサル家の初封地に根本からの変更はなかったこと。ナヤン覆滅後の処置に関して、ナヤン自身の処刑は漢文諸史料、『集史』、そしてあくまで参考史料にとどめるべきではあるもののマルコ・ポーロという名の誰かによる旅行記などの東西文献で一致して確認されるが、『集史』がシクドゥルについても「ヤサにいたらしめた」（すなわち「軍律にかけた」の意から、「処刑した」ことをさす）と述べるのは、既述のように疑問がある。ただし、直接の反乱活動の主役をだしたオッチギン家とカチウン家については、ラシードが語る軍隊の分割は、捕虜兵士の属籍変更と南中国への配流、および水軍への転用という形で小規模ながらも実施されたことが確認される[9]。また、挙兵に参加した王族を耽羅（済州島）へ配流するなど、いくつかの処置がとられてもいる［葉：93-94］。さらには、この両王家の遊牧本領はもとより、三王家のうち最北に位置するカサル・ウルスの所領内にも、カダアンを追って北伐したクビライ側の軍団が踏み込んだ気配である。しかし、その一方、ナヤンが当主であったオッチギン王家でさえ、一時期、非ナヤン系の傍流と見られるナイマダイに主導権が移ったらしいものの、間もなくナヤン直系とおぼしきトクトが結局は当主となり、『集史』にクビライ晩年の有力諸

王の筆頭に挙げられるほどの実力を回復した（本書111頁参照）。トクトの権力が巨大すぎるあまり、警戒論や勢力削減がとくに漢族官僚から上奏され、大元ウルス廷内で論議されたことは漢文文献にしばしば見える。許有壬『至正集』に収められた「遼王」の議論はその典型である。しかし、歴代の大カアンはまったくこれに耳を貸さなかった。なお、ナヤンとカダアンの反乱後の血統と地位の保全は、カサル家はもとよりカチウン家でも文献上、疑いをいれない。

　では、各王家の遊牧本領はどうなったのか。この点に関して、従来はこれといった明証を欠き、状況からだけでは判断に苦しむところであった。しかし、この令旨により、少なくともカサル家については本領没収などはなかったことが確定した。このことは、モンゴル帝国において、創祖チンギス・カンが定めた一族ウルスと所領配置などの大枠は、たとえどんな政治変動があろうとも、そしてまた最晩期のクビライという歴代大カアンのなかで飛びぬけた強権者をもってしても、動かすことのできない祖法であり帝国体制の主柱であったことを推知せしめる有力な例証の一となる。成宗テムル以後の大カアンがトクト率いるオッチギン家の削減案に対し、まったく顧慮しなかったはずである。

　（３）アルグン河畔がカサル王家の冬営地であることが判明したこと。発令の日付は一一月一八日であるから、もはや厳冬期に近い。つまり、この令旨は冬営地から発せられている。歴史時代において、モンゴル高原の牧民たちは、冬を迎えると所属ごとに定まった越冬地に集結し、集団で長期の冬に耐えた。チャガン・ゾド Čaγan jud（ラシードも yūt＞jud に言及する）、すなわち「白い災厄」と呼ばれるドカ雪や異常な寒波などの激しい気象変動をしのぐことが肝要であり、そのため越冬地として寒さを避けやすく、かつ水がえやすい山並・丘陵の南側や渓谷、河川の岸辺、渓流のほとり、湖の周辺などを選び、そこに畜舎や家畜囲い、まぐさや各種飼料を用意し、さらにしばしばそれら全体に囲壁をめぐらせた。アルグン河畔は、『集史』がいうカサル家の遊牧本領のなかで冬営地にふさわしい自然条件を備えている。冬営地に集住する集団が牧民社会において最大の社会単位であり、モンゴル時代では、しばしばそれが「千戸」でさえあったといわれる。初封時、わずかに１個の千人隊で出発したカサル・ウルスにとって、もとよりその後は当然ウルスの規模は拡大したではあろうが、

4 北の本領アルグン河畔

アルグン河畔がウルスの中心となる場所であったことは疑いない。

（4）黒山頭古城がカサル王家の冬宮であった可能性が高まること。アルグン河の右岸にほど近く、ガン河とドルブル河の合流点に位置する黒山の南麓に、かつて日本人やロシア人によって成吉思汗城と呼ばれ、中国大陸では黒山頭古城と呼びならわしてきた有名な城趾がある。第二次世界大戦前、大連博物館に掲げられていた平面図によれば[10]、城趾は各辺585mの正方形を呈し、南北軸にほぼ正しく沿う。四壁に各1門ずつ開き、うち東西北3門には半円状の、南門のみには矩形の、それぞれかなり大型の甕城（月城、甕城ともいう。日本でいう枡形ないし馬出しにあたる）が設けられている。城壁には約120～130mごとに雉堞が備えられ、四隅には円形突角、いわゆる稜堡がある。城内中央部にはやや縦長の矩形を呈する土壁で囲まれた主建築趾があり、西門附近には大きな貯水池のようなものが残存するほか、城内の所々に井戸の跡が見られるという［三上　1937］。この城趾を遼金時代以降の造営と見る点は従来だれも異論がなく、ただ城主の同定に諸案あった。

近年、景愛はこれを元代カサル王家の城と特定した。主な根拠は、①形態上の特徴が元代の上都・大都・応昌路城に類似すること、②出土した竜紋瓦当などの建築装飾が上の諸城からの出土品に類似すること、③文献上、『集史』にいうカサル家の所領内にあること、都合三点である［景愛：六九-七四］。筆者も基本において同じ意見である。①の平面プランの類似という点についていえば、応昌路城と安西王府との歴然たる同一性に着目すれば、景愛の主張はより説得力をますだろう。また、元代における造営が文献上で裏付けられるモンゴル王族の諸城に関する情報を整理すると、大都造営と前後してクビライ政権下の有力なモンゴル諸集団で、その冬営地と夏営地に黒山頭古城とほとんど同型ないしは相似形の諸城が一斉に建設されたことが十分に想定される［杉山1984：503］。黒山頭古城が、カサル家の王宮、とりわけ冬宮として、イェスンゲかエムゲンの当主時代、いいかえれば元代初期に建設された可能性は大いにありうるだろう。

ただ、景愛の論拠もふくめ、以上はどれもいわば状況証拠にすぎない。同城趾をカサル家の王宮と特定する直接の根拠は、しょせん『集史』の記事しかな

第5章　八不沙大王の令旨碑より

い。もちろん、この令旨も「也魯古那城」と書かれているわけではないのだから、なお完全な立証を果たしたことにはならない。とはいえ、自然の地勢上から見ても、也魯古那、すなわちアルグン河の一帯で、カサル家が冬営地を設定するならば、ガン、ドルブル両河の合流点にあたり、陸運・水運どちらでも交通上の最要衝といえる同城趾周辺は、もっともそれにふさわしい。また、固定施設を結果として必要とする冬営地が、ラシードが伝える有名な環状の宿営クリエン kūrān > küriyen から発展して、ついには本式の囲郭を備える城郭、城市に成長する類例は歴史上で少なくない。アルグン河とそれに流入するガン、ドルブルの一帯は「三河地方」とも呼ばれ、東モンゴリアのなかでも肥沃を唱われる土地柄である。その三河地方を遊牧本領とするカサル家が、アルグン河畔の、前方は沼沢にのぞみ、背後には山を負う三河交会地という稀に見る好条件の地に、ウルスの中心となる冬宮を建設した可能性は、この令旨によって格段に高まったといえるだろう。

同城趾の西方およそ40 km、アルグン左岸に注ぐウルルング北岸のヒルヒラ河に沿って、一群の古城趾が存する。その北側丘陵上から有名ないわゆるチンギス・カン碑石が発見され、イェスンゲの紀功碑であることが判明している。さらにこの城趾群より西北へ約50 km、同じくウルルング北畔にクンドゥイ古城趾がある。キセリョフ С. В. Киселев は、詳細な報告のなかで両城をカサル家の王宮と推測する ［Киселев, 23-53, 325-369］。主な決め手は、イェスンゲ紀功碑の近在である。『中国歴史地図集』第七冊、元明、11・12頁の所掲図が、ヒルヒラ城趾群を斉王府、クンドゥイ城趾を斉王宮とするのは、明らかにキセリョフを踏まえる。ただし、斉王府・斉王宮と命名する史料上の根拠は不明である。また、その図に示される巨大な「斉王部（擁只合撒児後王封地）」の領域は、少なくとも筆者の理解を超越する。

筆者が知りえないなんらかの情報がもしあるならば別として、現在の知見では、元代カサル王家の遊牧本領にかかわる城宮については、①黒山頭古城のほか、ヒルヒラ城趾群、クンドゥイ城趾もカサル家の所有であった可能性が十分にありえること、②それらのうち、低地の要衝地である黒山頭古城は冬営地として使用された可能性が高いこと、いいかえればカサル・ウルスの中心地であ

ったと見なされうること、③やや高燥な地にあるのこり2城が、もしカサル王家の所有であるならば、地勢上から春夏秋いずれかの巡歴地であったと考えることもできなくはないこと、④しかし、カサル・ウルスのなかで当主家が保有したとおぼしき黒山頭古城をのぞき、他の2城については別系の一門諸王が保有した可能性も排除できず、今のところいずれとも確定はできないこと、以上の4点しかいえないだろう。

なお、明清時代において、カサルを名祖とするホルチン Qorčin 諸部が、三河地方からさらに興安嶺東麓一帯にひろく盤踞することになるが、もしカサルの血脈ということになんらかの歴史上の由来や背景がたしかにもとめられるとすれば、その牧地展開の起源は、チンギス時代の初封時から少なくとも元代中期までは保持されたことが確実となったカサル王家遊牧本領にさかのぼることになる。

5　南の華北投下領の山東般陽路

この令旨の内容で注目されるもう一点は、カサル王家の華北投下領である般陽路の支配構造が直截に示されていることである。般陽路という行政区画は金代までには存在せず、また明代にもうけつがれず、歴史上、前後の時代にまったく脈絡のない元代独自のものである。『元史』巻五八、地理一、および元初期の山東に関して詳細な沿革と状況を述べる『斉乗』巻三によれば、中統五年(1264年) にはじめて路となった。この年のうちに画定した同路の所轄12県のうちわけは、まず路治である淄川を中心に、長山、新城、蒲台の4県が西にひとかたまりを形成し、ついで東隣の広大なオッチギン王家の投下領の益都路をとびこえて山東半島中央部の莱州と登州にそれぞれ属県が四つずつ、すなわち莱州は倚郭の掖のほか、膠水、招遠、莱陽、登州は同じく倚郭の蓬莱のほか、黄、福山、棲霞の計8県が東にもうひとかたまりを形成していた。つまり、般陽路は間に約150kmの距離をおいて、東西2ヶ所にわかれるという異様な形であった。

第5章　八不沙大王の令旨碑より

　こうした例は中国歴代を通じて目にすることはきわめて少ないが、元代の華北、とりわけ山東・河北地区については、般陽路のほか、東昌路、曹州、濮州、徳州、河間路、広平路、真定路に区画の不連続や飛び地が集中してあらわれる。これらは、モンゴル王族・族長の投下領を前提に考えると、ほとんどが解ける[11]。つまり、オゴデイの八年丙申（1236年）に実施された漢地の戸口分配、すなわち丙申年分撥で画定したモンゴル諸侯の華北分領に則り、クビライ政権が多少修正を加えつつも、ほぼその枠組に沿って新しい州県名をつけて公式化したものである。金代の行政区画は、丙申年分撥に先立つ20年間の華北の混乱でまったく現実とは遊離するものとなりはてていた。クビライ政権は、むしろ丙申年以来ほぼ30年をかけて、モンゴル諸侯の投下領がそれなりに定着し、かつはそれを前提としてそれぞれの経営を委任された漢人・女真人などの大小の在地勢力によって安定化しつつあった現実の地域区分を追認したのである。『元史』地理志だけを見れば、クビライ政権の確立とともに、区画・名称ともまったく新規の行政単位が一斉に創出されたようにおもえるが、それは元代漢文史料を扱うさいに留意しなければならないいくつかの独特の陥穽の一である。

　般陽路に立ちかえると、カサル家に分与された投下戸は、丙申年分撥の戸数を示す『元史』巻九五、食貨志、歳賜の条では2万4,493戸。一方、大元ウルス成立後の至元七年（1270年）の戸口統計にもとづくかとおもわれる地理志の般陽路戸数は、2万1,530である。差は投下領設定後の目減り分と理解できるので、戸数の上からもカサル家投下領と般陽路という行政区画は重なり合うことが予想できる。般陽路のうち、東の登莱地区については、掖県の神山長生万寿宮に存する勢都児大王の発令にかかる至元一六、一七年のふたつの令旨によって、カサル家の権益地であったことが確証される。とくに、至元一六年（1279年）の令旨の冒頭には、「今、本投下に分撥されたる莱州」の語があり、カサル領であることが明示されている［蔡録24°/26、『十駕斎養新録』巻一五、「勢都児大王令旨碑」］。かたや西の淄川地区については、この令旨の存在自体によって裏付けがえられたことになる。

　さて、令旨に示された命令対象者、すなわちカサル家の般陽路にいる行政官・軍官・軍人たちのうち、バブシャの令旨発令の発端となる上奏をした禿忽赤と

5　南の華北投下領の山東般陽路

李総管のふたりが、現地般陽路の頂点に立ち、北の本領にいる王家やそのウルスと南の華北分領の般陽路にいる官・軍・民とを取りむすぶ結接点の役目を果たしていることがよくわかる。禿忽赤は Tuqči をあらわし、同名の人物としては『憲台通紀』元貞元年一月八日の御史大夫禿忽赤、延祐三年七月一二日の脱忽赤大夫、『金華黄先生文集』巻四三、「太傅文安忠憲王家伝」の禿忽赤、「代祀紀名之記」の金復州新附軍万戸府万戸の禿忽赤［道略一〇九九］、『元典章』巻三八、兵部五、違例、「蒙古軍囲猟不断鞍馬」の脱忽赤、呉澄『呉文正集』巻三五、「安定州達魯花赤禿忽赤墓表」の禿忽赤、『馬石田文集』巻一三、「敕賜大司蘇国忠簡公神道碑」の禿忽赤など、かなりな人数が文献に見える。しかし、ここは明らかに既引の「劉氏先塋之記」に至元二四年（1287年）当時において、「本投下都達魯花〔赤？〕禿忽赤」と見えるトクチにおそらく相違ない。もしそうならば、トクチは少なくとも至元二四年から、この令旨が発せられた至元三〇年まで、6年間は般陽路全体の最高官の都ダルガ〔チ〕であったことになる。彼は投下領主たるカサル王家の利益を代表して般陽路を総攬し、直接には建前どおりならば般陽路管下の2州、12県、1録事司の各セクションの筆頭に目付役として配されているはずの合計15人のダルガチたちを率いた。彼が北の本領にいる主人のバブシャに対し、華北投下領の般陽路を代表して上奏して裁可を仰ぐのは当然のことであった。

　一方、李総管とは誰か。益都路に根拠する大軍閥でクビライ政権成立期に挙兵して敗死した李璮が『元典章』巻三六、使臣、「禁使臣条画」のなかで「李総管」と呼ばれている例があるが、ここではもとより別人である。般陽路で李氏といえば、西夏王族の李氏一族が想起される。同氏については、柳貫、呉澄など主に元代中期以降に中央進出した南中国出身の文人官僚たちによって、珍しいほどにきわめて豊富な碑誌行状類が伝えられている。それらによると[12]、西夏王子であった李惟忠はチンギス末年の西夏攻略のさい、カサル（正しくはイェスンゲ）に与えられ、イェスンゲ当主時代に「淄州都達魯花赤」［柳貫］、「益都淄莱軍民都達魯花赤」［呉澄］となった。前者ならばのちの般陽路の西地区の、後者ならば般陽路全体か、さらには東西両地区の中間の益都地区をも含めた地域の、最高監督官となったことになる。惟忠の第四子である恒は、中統

217

第5章 八不沙大王の令旨碑より

初年にカサル家の華北権益の利益代弁者として、尚書断事官に選抜されたのを皮切りに、淄莱路奥魯総管（淄莱は東西両地区の主邑の名を採った般陽路の旧名。カサル家投下領の兵站部総括者を意味する）を経て、李璮の鎮定後は旧李璮麾下から選抜・再編成された軍団の長である益都淄莱新軍万戸となって、南宋接収、両広鎮定、陳朝安南国遠征など、南方戦線で長く奮迅したことで名高い。有名な厓山の戦いのモンゴル掃討軍は、二つの軍団から成り、一軍はこの李恒が率いる部隊で、旧李璮軍団を中核に西夏族や山東在住の女真族も加わっていた。もう一軍は、河北の順天と江淮の亳州を根拠地とする有力軍閥の張柔の息子弘範が率いたが、じつはこちらも旧李璮麾下の益都兵を中心としていた〔『元史』巻一五六、張弘範伝〕。タングト王族たる李氏一族は惟忠以後、カサル家のもとにあって代々「淄川長白山の下に家し」た（柳貫。なお長白山はかつて竇建徳が拠り、范仲淹が幼年期をすごしたところとして知られる）。恒の子孫に関して、関係文献を捜羅した銭大昕『元史氏族表』および屠寄『蒙兀児史記』巻九五のまことに見事な成果を参照しつつとりまとめると、恒の長子世安（1253-1313）はモンゴル名を散朮䚟Salji'utaiといい、父の旧職の益都淄莱新軍万戸を世襲しつつ、一方で江南で高官を歴任し江西行省平章政事にいたった。次子世雄（1272-1302）はモンゴル名を曩加真 Nanggiyačin といい、兄の転出後を襲ってやはり同万戸をうけついだ。第三子世顕はモンゴル名を遜都台 Suldutai といい、旧南宋領下で同知湖南宣慰使司事となった。また、世安の子の嶼はモンゴル名を薛徹禿 Sečetü と名乗り、叔父世雄より同万戸を世襲し、同職はさらにその子の保が継承した。なお、嶼の弟の巘は般陽路の東地区にあたる登州管下の棲霞県ダルガチとなった。

ようするに、タングト王室の子孫である李氏一族は、おそらくその名声を背景としつつ、現実にはカサル王家との縁故をもとにして、その華北投下領の首邑である淄川に在地軍政官として土着し、カサル家の分領支配を支えた。そのかたわら、長らく山東から淮水にいたる沿海地域を制圧していた李璮という大型の在地軍事権力が消滅してからは、その軍事力の有効な転用をはかるクビライ政権の先兵となって淄莱軍団を私兵化した。かくて、モンゴル治下の華北にあった屈指の軍事貴族と化した李氏の総帥は、代々その軍団長の地位を世襲

して、おもに江南各地に出向して時には現地官の肩書をおびるなど、モンゴルの漢地・江南支配の一翼をになった。彼らは、山東の本拠地と江南の任地の間を絶えず往還していたらしく、多種族からなるその麾下の軍団もそうであった。たとえば、大元ウルス時代を通じて、江南における最重要地たる杭州と広東の駐留軍は益都・淄萊の軍団であった。さらに、この軍団は、日本遠征、ナヤンとカダアンの征討、対カイドゥ戦などの主要戦闘にはほとんど参加した。これらの戦役に活躍した個人として名高い武将である女真族の劉国傑、李庭、綦公直などの人物は、なんらかの形で益都・淄萊と関係をもつ場合が多い。くわえて、この地方からは、百戸長クラスで東アジア各地への従軍を生涯の記念事として故郷に凱旋したものたちの先塋碑や墓誌銘が大量に見つかり、それらは各種の地方志・石刻書に著録・移録されているほか、現在も碑刻の現物が発見されつつある。かつての西夏王家が変身した山東李氏とその軍事集団の存在、およびそれらのきわめて広汎かつ多面にわたる活動のあとは、大元ウルス政権の重層的構造を端的に示す事例のみならず、モンゴル時代という時代状況の総合的理解にも有益な視角を提供する。

　ただ、この令旨にいう李総管が李氏一族の誰にあたるのかは、特定が困難である。世雄の可能性が高いが、現在のところ確証となる記事が見つからない。李総管の「総管」についても、令旨にいう「般陽路達魯花赤総管府の官人ら」に呼応する立場ないしは職務と見るのが自然であろうが、恒の旧職の一である「奥魯総管」、ないしは有力者への尊称・美称としての「総管」の可能性も完全には排除しきれない。

　ともかく、都ダルガ〔チ〕のトクチとおそらくは路の総管である李某とが、位階上はあくまで同格で二頭立て構成になっているのが、「般陽路達魯花赤総管府」である。総管の李某は、行政をはじめ庶政・実務の総責任者であり、彼の下に州・県・録事司の行政官が列なる。つまり、元代中国の地方官庁機構の特徴をなす路の都達魯花赤総管府とは、モンゴルないしそれに準ずる人間が就任するダルガチたちの頂点に立つ都ダルガチと、非モンゴルを基本とする中華在来の州県機構の上に立つ総管とが、抱き合わせの形になっているのである。従来しばしばこれを「総管府」と略称して、あたかも総管のみが意味をもつか

のようにいうのは誤解である。また、これまでややもすると、李璮の覆滅を
さかいにモンゴル投下領主の力が後退して、これを機に州県体制に切りかわっ
たかのようにいわれている。その象徴が総管で、中央から派遣された純漢族官
僚が総管となり、遷転制に従って離着任する体制がただちに実現したかのよう
に考えられがちである。しかし、この般陽路の実例が語るように、総管が一介
の個人単位の官僚ばかりであったとするのは思い込みといわざるをえない。た
とえば、至元四年（1267年）に大名路の総管であった張弘範は前述の順天軍閥
の張柔の子であった［『元史』世祖本紀］。また、純漢族ばかりであったとするの
も早計である。かなりの間、じつは欠員も多く遷転制もあまり貫徹していない
［蘇天爵『滋渓文稿』巻二七、「山東建言三事」］。たしかに、在来の漢人軍閥たちの
幾人かは、李璮の事変後、純粋な軍職か民職、もしくはケシクへの転職をも
とめられた。しかし、たとえば済南の張氏のように、総管を名乗って変わらぬ
実権を握りつづけたものもいる［張起巖「済南路大都督張公状」『元文類』巻五〇］。
旧来の漢人在地権力が消えたとされる多くの地域でそれに代わって浮上してき
たのはむしろモンゴル投下領主の権限であった。とりわけ、クビライ政権成立
のパトロンとなったモンゴル諸侯の分領ではそうであった。李璮以後、中間
項が吹き払われた結果、とくに華北では中央権力と投下領主の二元状態に回帰
した。官制上では、都ダルガチ系列と総管系列の両人脈が、投下側と中央政府
側の立場を代弁しているように見える。しかし、現実には総管もまた現地を取
りしきるだけの背景をもたないと職務の遂行は困難である場合もあった。その
結果、李璮以後の総管が李璮以前の在地軍閥と類似することもあったのであ
る。李璮事変を契機に、投下分領制を背景とする軍閥割拠状態から中央集権
州県体制へ一挙に変身したとするのは、史料の字句の表面に振りまわされた考
えであり、過大評価といわざるをえない。

　さて、この令旨の命令対象者のうち、「司県の官人」とは路治の淄川の県と
録事司のやくにんをさし、「往来する宣使ら」は、北の本領との間を王の指令
をおびて往復する使者ilčiである。トクチと李総管の上奏をモンゴリアのバブ
シャ大王に伝え、さらにバブシャの命令である令旨を般陽路にもたらしたのは、
おそらく彼らイルチたちであった。ただし、この令旨にいうイルチは、カサル

家のイルチだけに限らず、近隣のオッチギン家、カチウン家、山東半島の東半分の寧海を投下領とするダアリタイ・オッチギン Da'aritai Otčigin 家などの所用で般陽路を通過する各王家所属のイルチのほか、大カアン以下、クビライ帝室や帝師・国師からの使者も当然ふくむだろう。「本地面の官人ら」は、「司県の官人ら」に対応し、首邑である淄川以外の般陽路の各州県の属僚たち、とりわけおそらくは西地区の属僚たちをさすのだろう。「軍を管する官人ら」は、こうしたモンゴル命令文の宛名の常套句で在地軍の将官たちをいう。ただし、これだけでは中央政府所属の軍団かカサル家のそれかはわからない。「蒙古探馬赤ら」は、もともとジャライル Jalair 国王ムカリ Muqali が華北経略に組織したタマ兵たちの子孫。オゴデイ時代に当時の最前線にあたる黄河沿辺に配置され、「山東・河北に散居」したのち、李璮事変前後の混乱で南宋治下に略取されたりしたものもいた。それをクビライ政権成立後あらためて再組織した部隊もある。『元典章』などから山東地方には「曹州探馬赤軍」「博州探馬赤軍」[『典章』巻三四、兵部、軍駆、蒙古軍駆条画]、「東平路に住坐せる探馬赤」[13][『典章』巻四二、刑部、殺奴婢娼佃、打死無罪駆] がいたことが知られていたが、般陽路についてはおそらくこの令旨だけがいまのところ唯一の記事か。ただし、「蒙古・探馬赤ら」と並列なのか、「蒙古探馬赤ら」でひとつなのかは、いまのところ決定しかねる。なお、こうした軍関係者は、都ダルガ〔チ〕であるトクチの指揮系統に属したはずである。この令旨から知られる般陽路と北のカサル家本領とをめぐる人間構成を以下に図示する（図1）。そこに示されるのは、さまざまな複数の情報をつぎあてて合成したイメージではなく、歴史の一断面にすぎないものではあるけれども、元代南北のモンゴル王領に関して、まちがいなく現実に生きていた姿を縦割りに歴史のなかから切りとってきたものである。それは所領支配の頂点にたつモンゴル王自身のことばで、しかも年次・日付・場所・人間・状況のすべてが特定されたかたちで一挙に明示されているというまたとない価値をもつ。

ところで、『通制条格』には、この令旨の内容にかかわって、バブシャ時代の般陽路について驚くほど具体性に富んだ、その意味できわめて珍貴な案件がふたつのこされている。

第5章　八不沙大王の令旨碑より

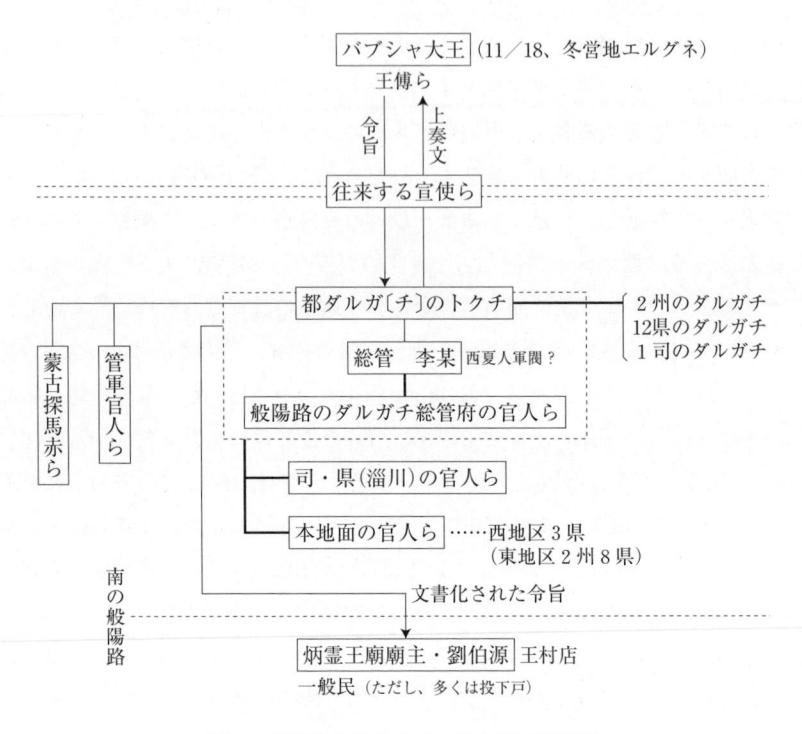

```
            バブシャ大王 (11/18、冬営地エルグネ)
              王傅ら
         令  ↓↑ 上
         旨     奏
               文
       ┌─────────────────┐
       │   往来する宣使ら   │
       └─────────────────┘
                ↓
    ┌─────────────────────────────┐
    │   都ダルガ〔チ〕のトクチ   ├─── 2州のダルガチ
    │  ┌─────────────────┐      │    12県のダルガチ
 ┌──┤  │ 総管　李某  西夏人軍閥？│      │    1司のダルガチ
 │┌─┤  └─────────────────┘      │
 ││ │  般陽路のダルガチ総管府の官人ら │
蒙管 └─────────────────────────────┘
古軍         ┌───────────────┐
探官         │ 司・県(淄川)の官人ら │
馬人         └───────────────┘
赤ら         ┌───────────────┐
ら           │ 本地面の官人ら ├──西地区3県
南           └───────────────┘   (東地区2州8県)
の              │ 文書化された令旨
般              ↓
陽         ┌─────────────────┐
路         │炳霊王廟廟主・劉伯源│ 王村店
           └─────────────────┘
            一般民 (ただし、多くは投下戸)
```

図1　般陽路と北のカサル家本領の関係図

（1）大徳七年〔1303年〕五月二十八日、中書省奏すらく、「八不沙大王に属せる一枝児の按赤（アイマク）（angči 猟戸）らは、般陽等処にて営盤〔nuntuq 営地、牧地にあたるか〕に住みて、毎年九月より始めと為して四月に至るまで、益都を頭とする州城にて村坊に沿って行営〔移動野営〕し、更に囲猟（aba いわゆる巻狩り）の時分には上司の文憑〔証明書、許可証〕がないのに百姓の処より糧食・草料・雞・猪・鶩鴨等の物を取り、好生に百姓を撹擾しているが上頭、姓が宮という県官が文書をよこしていってきたので、俺は人を差して体問〔現地調査〕に去かせた。「這の按赤ら参伯柒拾捌戸は一万一千陸伯余頃の営盤の地土を占めて、九月より始めと為して四月に至るまで村坊に沿って行営し、更に〔大元ウルス皇帝の大オルドの〕大厨房内に止だ貳伯隻の野物を納めることを名と為し、囲猟をして百姓の処より諸物を

5 南の華北投下領の山東般陽路

取要り、百姓を掻擾している」と文書をよこした。苔剌罕丞相〔Darqan čingsang オロナウル族キシリクの後裔、順徳王家のハルガスン哈剌哈孫 Rašīd, Vaṣṣāf : Arġāsūn＞Harγasun〕、大都〔に留守している中書〕の官人らは「他らが行営し、并びに囲猟する的は住罷るべきだ」と奏して将ってきた。俺〔夏期巡行にて上都地区に扈従してきた官人たち〕は完沢太傅右丞相〔Öljei-čingsang〕と一処に商量した。今後は老小を将引して村坊に沿って百姓を掻擾させるな。更に囲猟の時分に百姓の処より糧食・草料・諸物を取要してはならぬと商量した」と奏したところ、聖旨〔jarliq おおせ〕を奉ると、「そうせよ」とあった。これを欽め。〔『通制条格』巻二八、六b-七b〕

バブシャ大王所属の猟戸378戸という数字は、1個の千人隊から出発した最小のウルスであるカサル家にとっては重い数である。「益都をはじめとする州城にて」とは、益都路城をはさむ般陽路の東西両地区の間をこれらの猟戸たちが家族ぐるみで集団野営しながら移動していたことをいうのだろう。現地住民と問題をおこすのが「九月から四月まで」、すなわち冬期とその前後となれば、のこる5月から8月の夏期は、まさか直線距離でも1,600 kmも離れた本拠地アルグン河方面へ北上するわけにもいかないから、山東の半島部の山岳地帯ないしは泰山山塊で夏牧したか、あるいは大カアン麾下の諸集団と同様に上都路方面に北上したかであるが、おそらく前者だろう。山東半島地区が牧畜に適することは、古く『斉民要術』の時代からそうであり、元代でも『益都金石記』巻四、「故膠州知州董公神道之碑」によれば「寧海・登・莱、左は皆な海に瀕し、地は蓄牧に宜し。広袤千里、中に逸馬あり、蒲芦・洲渚の間に散漫す」といわれる。

　（1）の記事は、『元史』成宗本紀、大徳七年五月乙卯の「諸王八不沙の部の般陽等処にて囲猟し民を擾すを禁ず」にあたる。378戸の猟戸が遊牧系の集団であったかどうかは確言できない。しかし、営地をかまえて集団移動生活をし、囲猟を行なう点では、モンゴリアの遊牧狩猟民にきわめて類似する。般陽路の西隣りの済南路では、『元史』成宗本紀、大徳元年（1297年）一二月丙申によれば、「諸王也只里の部の忽剌帯 Huladai、済南商河県に於いて居民を侵擾し、

223

禾稼を蹂躙」した。また、同年の二月庚子には、「東部諸王の分地の蒙古戍軍に詔し、死する者はこれを補わしむ」とも見える。投下領はクビライ時代以降になると、五戸絲収入の一部を中央政府から支給されるだけの食邑になってしまったとする通論とはことなり、少なくともカサル家の般陽路などでは投下領主のモンゴル王家から部民や軍隊が送り込まれていた。東西2ヶ所に分かれる般陽路の異様な区画も、こうした集団にとっては不都合ではなかっただろう。現地の農民たちと問題をひきおこすのは当然である。逆にいえば、元代中期にあっても、カサル家の般陽路投下領は生きていたといえよう。

（2）投下の達魯花赤。皇慶元年〔1312年〕十二月二十七日、中書省奏すらく、「八不沙大王は他らの投下の般陽路に薛児帖該 Sertegei? という小名の人をダルガチに做ると文書をよこした。〔御史〕台の官人らは俺に文書をよこし、「その路にある所轄の州県では他の弟兄たちを達魯花赤にしている。このように路内の所轄の州県で弟兄たちを達魯花赤にすると、その間でたがいに護(かばいあい)向するので、勾当(こうむ)に窒碍(さしさわり)が多い」と。俺は商量(われらそうだん)した。他らの言語は是的(ウゲただしい)ようだ。委付(にんめい)すると、勾当に窒碍があり、百姓らは被擾(みだされ)る。這の薛児帖該は、八不沙大王が保〔挙〕してもってきた的(こと)によって委付するが、那の路にある所轄の州県に委付した弟兄らは、都(すべ)て革罷(やめ)させてしまい、八不沙大王に説いにいって、替頭裏(かわりに)、別に人を委付させる。這の的に因って、その余の路分で各投下がこのように委付した的は革罷させてしまい、今後、通例としてこのように委付するのをさせなければどうか」と奏したところ、「そうせよ」と聖旨があったぞ。これを欽め。[『通制条格』巻六、三二a-三二b]

般陽路管轄下の州県のダルガチは兄弟で独占されていたわけである。そこへ、さらにそれらの総括者である都ダルガチに兄弟のセルテゲイというものをバブシャが任命したいと中央政府に承認をもとめてきた。即位翌年の仁宗アユルバルワダ新政権は、これを投下ダルガチ制にくさびを打ちこむ好機としてとらえ、セルテゲイを承認する代わりに般陽路管下の州県にいる現職のダルガチたちをやめさせて、別人を任命するようバブシャに通達しようとした、というのであ

る。しかし、結果はどうなったか、じつはわからない。仁宗アユルバルワダの時代は、兄カイシャン時代の放漫財政の建てなおしのため、緊縮財政と行政の中央集権化への試みがはかられ、中央統制からはずれがちな投下領に対して中央政府がもっとも強硬姿勢に出た時期であった（仁宗時代の直後に編纂された『元典章』には、ちょうどその頃の案件が集中して収載されているため、元代全般にわたってそうであったような印象を与えがちである）。その第一弾が（2）の案件であった。しかし、アユルバルワダ政府の投下に対する強硬政策も、結局そのほとんどは撤回することになって、元どおりになる。つまり、（2）の案件に対する裁定を裏返したのが、投下領の実態であった。都ダルガチ以下の任命は、おそらく投下領主の意志のままであったし、当地のダルガチたちははとんど同族支配といってもよい状態であった（本稿が対象としている令旨でも、トクチはおそらく少なくとも6年間は都ダルガチのままであったから、三年一任の原則は無視されている）。少なくとも、般陽路では確実にそうであったのである。

おわりに

　江南の投下領については、全般に史料が異常なまでにとぼしく、分撥戸口数に見あった額の鈔が中央政府から投下領主に支給されるだけの名目上の分与であったとされるほか、投下領の配置が、華北での配置に準拠して、大きくみれば左翼（東方）・中央・右翼（西方）のかたちで展開していたことなど、ごく当たりまえに気づくことをのぞいて、従来ほとんど知られるところがない。カサル家の江南投下領に関しても、やはりこれといった関連記事がなく、概要すら知りえないが、そのなかでわずかに三つの記事が注意される。
　第一は、『元史』巻一三三、亨蘭奚伝である。それによると、亨蘭奚 Buralgi の父は斉王府司馬、すなわちカサル家の王府の軍事担当であったが、ブラルギも父の職を襲って斉王司馬となったのち、信州路ダルガチに転じ、郡中おおいに治ったという。信州路はカサル家の江南投下領であった。ブラルギは、その都ダルガチとなったのである。カサル家は、興安嶺北部の本拠地で王

府司馬の要職にあった人物を、はるか南方の新しい分領である江南の信州路に送りこんだわけである。名目だけの分領であれば、その必要があったのだろうか。

　第二は、既述の『道園類稿』巻四六、「靖州路総管捏古台公墓誌銘」である。モンゴル族のネグデイ Negüdei 氏の乞奴は、「親王邪相哥の麾帳に隷し、親王愛仙阿木干、其の才を察して命じて行人を以て四方の信を通ぜしめ」た。すなわち、イェスンゲ直属軍に入り、エセン・エムゲン（エセンエムゲン）の代にはイルチのような任務についた。注目点はその子の火失答児 Qušdar で、「親王勢都児に禿剌 Tu'u-la の河に従う。王に分地人民の淄莱に在る有り。王令を以て之が長と為る。江南信州の永豊、貢賦の納は、寔に王府に帰す。王、書を以て□朝に達せしめ、天子の命を受けて、進義副尉を以て其の邑に監たり。監邑は、国語に於いて達魯花赤と為すと云う。官に卒す」とある。クシダルはシクドゥルの令旨で淄莱、すなわち般陽路の長（江南での位階から考えて、県や司のダルガチくらいであろう）となったが、カサル家の江南投下領の信州路永豊県のダルガチに転じて、当地で他界した。永豊県の「貢賦の納は、寔に王府に帰す」以下の一節は、江南投下領については、中央政府がいわゆる江南戸鈔のみを投下領主に授与して現地の支配・徴税にはたずさわらせなかった、という従来の理解とは食いちがう。信州路には都ダルガチばかりでなく、県のダルガチもカサル王府から送りこまれていたのである。

　第三は、世祖本紀、至元一九年（1282年）一月丁卯の「信州の民四百八戸を撥して、諸王柏木児に隷せしむ」という記事である。諸王柏木児はあきらかに世系表にカサル家の傍流王として見える伯木児王に相違ない。至元一九年といえば、カサル家に江南での分領として信州路三万戸の分与がなされた6年後のことである。たった1例とはいえ、カサル家では、一門諸王にわずか408戸であっても再分割しているとなると、現実には信州路投下領はカサル一族で細分化されていた可能性がでてくる。以上の3例だけしか見つからないのが残念であるが、従来のように江南投下領をただ名目上の存在とだけ片付けてよいかどうか、カサル家をふくむ諸例を通じて、その実態と意味を検討する必要が今後あるだろう。

おわりに

　さて、アルグン河畔のカサル家の本拠から華北投下領の般陽路まで、既述のように直線距離でも約1,600kmをへだてる。そして、般陽路から江南投下領の信州路までが同じくさらに約1,000kmの距離がある。カサル王家は、華北投下領については、少なくとも都ダルガチをはじめとするダルガチたちとかなりな数の猟戸集団を送りこんでいた。しかも、般陽路にはカサル王家と親密な関係を維持する西夏王室の後裔の李氏が、カサル家の権威を背景に軍事貴族化して現地を掌握していた。さらに、カサル家と直接の関係があるかどうか不明だが、在地のモンゴル軍やタマ軍も往来ないし駐屯していた。般陽路におけるカサル家およびモンゴルの支配はかなり強力であったといっていい。これらの軍事・行政関係者は、2ヶ所にわかれた般陽路の東地区と西地区の間を往来・移動していた。そして、事があれば路の代表者の都ダルガチと総管からモンゴリアのカサル家の当主のもとへ上奏が送られ、王家当主の裁可や命令が伝達されてきた。はるばるこれを伝達するのが王家所属のイルチであった。この令旨の場合、アルグン河畔のバブシャの冬営地においてすでに文書化されており、それが般陽路では、トクチを代表とする都ダルガチ総管府を経て、保護特許をうけるべき王村店の炳霊王廟の廟主である劉伯源に授与されたのであった。

　一方、前述のように、江南投下領についてはほとんど闇のなかにある。ただし、やはり本拠モンゴリアの王府から要人が直接に都ダルガチとして送りこまれていた意味は重いだろう。北の遊牧本領から江南投下領まで、実際には片道3,000kmほどはあったであろうから、騎行しても通常の速度では1ヶ月以上は乗りつづけなければならない。交通体系と駅伝制の整備は、モンゴルにとって中華支配においても不可欠の条件であった。ただ、カサル家の関係者が本拠のアルグン河畔から江南の信州路に赴く場合、上都・大都の両京を経て華北では般陽路に短期・長期を問わず滞留できたうえ（先引の捏古台公墓誌銘のクシダルは、淄莱での職から信州路永豊県に転出している）、江南の巨大都市杭州には李氏を頂点とする益都・淄莱軍団が駐屯していた。この軍団の人々を中心に、般陽路と杭州の間の往還は頻繁だったであろう。さらに、南方の駐留地の広東方面との間を移動するものもいたであろう。般陽路から信州路までの旅程は、この人間の流れに乗ればよかった。ここには、華北のいわゆる「漢人」が、江南で

は支配層にたつという支配の重層構造が見てとれる。カサル家の南北にわたる遊牧本領・華北投下領・江南投下領のうち、意志の決定は遊牧本領にあったが、長大な「串だんご」状況の全体を考えた場合、それを成りたたせる機能上のかなめは三者の中間にある華北投下領であったといえるだろう。

　なお、この令旨碑が立石された王村店は、南北から山地が迫って済南・淄川間の交通路上の関門の位置にある。元代では般陽路と済南路の境界にあたっていた。そこに立てられたこの碑にバブシャ大王の令旨とともに謁裏大王、もしくは謁里大王、すなわち済南路を投下領とするカチウン王家の当主エジル大王の令旨が合刻されていたのは当然である[14]。モンゴル軍やタマ兵、イルチなどをはじめ、さまざまな人々が頻繁に往来する要衝にあたる炳霊王廟では、東の般陽路の主人であるカサル王家からの保護特許状とともに、西の済南路の主人カチウン王家からのそれも取りつける必要があった。炳霊王廟の関係者は、そうして得たカサル家の当主バブシャの令旨4通とカチウン家の当主エジルの令旨2通を一挙にまとめて一碑に刻し、おそらく廟門附近に建てたのである。バブシャとエジルは、ともにナヤンとカダアンの事変をめぐって、ほぼ同時期に前後してそれぞれ当主となった。複数のモンゴル命令文を合刻した碑では、しばしば歴代に授与された文書を時間順に並べている場合があるが、この碑については、バブシャとエジルがともに当主として在位している間に立石された可能性が高く、そうなれば6通の令旨すべてが現職二人の権威者の現行の命令ということになり、まことに珍しい碑刻といえる。

　筆者は1986年7月、当地の王村店を訪れた。もはや炳霊王廟は存在せず、土地の古老によれば廃墟になりかけていた関帝廟がそれであるとの話であった。もとより、令旨碑はなかった。

令旨釈読注

【移録文への疑問と最少限度の校訂案】
　3-5行目　モンゴル語直訳体白話風漢文では、「奏有」ではじまる上奏内容は、モンゴル語の「～がいうには、……と（いった）」ügülerün……ke'en（ügüle-

bei)といういいまわしに対応して、「麼道奏有」ないし「麼道奏来」とうけられるのがふつうである。その例をいくつかあげる。（a）1318年の盩厔万寿宮聖旨［孫徳彧にかかわる四截にわかれた現存碑石の最下截。蔡録73˚/76。なお、蔡録が第三截とするのはあやまり］「曲出為頭集賢院官人毎奏……麼道奏来」。（b）1334年の淇県文廟聖旨碑［蔡録80˚/84］「集賢院官人毎奏……麼道奏有」。（c）『元典章』巻四九、刑部一一、七葉表、拯治盗賊新例、「衆官人毎商量者。奏有……麼道奏来」。（d）同書同巻、一三葉表、偸頭口、達達偸頭口一箇陪九箇、禿禿哈奏有来……麼道」など。したがって、この令旨がモンゴル語原文をただしくひきうつした漢訳であるならば（碑石に命令文そのものとして刻された場合、既知のものでは筆者の知るかぎり、誤写・誤刻と考えられる若干の語例をのぞき、節略型とみられる例はない）、「奏有」をうけるべき「麼道奏有」ないし「麼道奏来」、もしくは「麼道」が脱落しているとみるのが現時点の知見では妥当だろう。

5－9行目 モンゴル命令文では、ふつう冒頭の定型句の直後に、発令の対象となる人々が一種の宛名のかたちで列挙される。とりわけ、命令文の体式・表現・用語があきらかに画一化されたクビライ時代とそれ以後では、各種の命令対象者それぞれに、-a, -e, da, de（「〜に」。漢訳は「根底」）が付き、それら一連の宛名の最後に、du'ulqaqui jarliq（or üge）（「〜に聞かせるおおせ〔ことば〕」）、漢訳では「〔道与〕……宣諭的聖旨〔もしくは令旨・懿旨・鈞旨・言語〕」でくくられる。ところが、この移録原文では、まず令旨の発令のきっかけとなった現地からの上奏内容が述べられたあとに、禁止命令の対象者たちを主語とする主文がつづく。こうした例は、蒙漢合璧、蒙文のみ、直訳体白話風漢文のみ、チベット語版などといった東方における命令文ばかりでなく、敦煌・トゥルファン発現のモンゴル語・トルコ語命令文、ジョチ・ウルス Joči ulus 領内発令のトルコ語のもの、フレグ・ウルス Hülegü ulus におけるモンゴル語の文書、ないしモンゴル語・ペルシア語合璧文書などでも、ほとんどみとめられない。管見のかぎり、漢訳命令文において、上にのべた通則からはずれるようにみえるのはつぎの２例だけである。ひとつは、大都南城（金代の旧中都）の文廟にあったという《己酉年（1249年）道士石刻詔》に刻されたうちの１通、蛇児年（オゴデイの五年、癸巳。1233年）六月初九日付の直訳体聖旨である。この聖旨は、

蒙漢バイリンガル養成機関の発足を指令する歴史上はなはだ注目すべき漢訳命令文であり、近年、高橋文治によってきわめて高水準の翻訳・語釈がなされた。その冒頭に、「皇帝聖旨。道与朶羅騂・咸得卜・綿思哥・胡土花小通事・合住・迷速門、並十投〔原文は役〕下管匠人・官人、這必闍赤二〔原文は一〕十箇孩児、教漢児田地裏学言語文書去也、不選但是可以学底公事呵、也教学者、宜諭文字／大カアンのおおせ。ドロアダイ・石抹咸得卜・耶律綿思哥・クトカ小通事・カジュ・ムスルマンおよび十投下の管匠人・官人にいいわたして、このビチクチ二十人の男児は漢人地方にことばとかきものを学ばせにゆかせるぞ、どんなことでも学ぶべきことがあれば、また学ばせよ、と宣諭する文書」と、主文に入るまえに命令趣旨が要約して示される［『析津志輯佚』一九七］。しかし、この場合でもよくみると、基本の骨格では、通例の「〔道与〕……根底宣諭聖旨」の形は備わっている。命令対象者が宛先として列挙されたあと、内容要約が挿入されただけともいえる。もうひとつは、河南鹿邑の老子太清宮にある丁巳年（モンケMöngkeの七年。1257年）の海都Qaidu太子の令旨である。まず、冒頭定型句の直後に、「張元帥俺根底奏告来……這般説有／張元帥〔張柔のこと〕が
予に上奏していったところでは……〔と〕このようにいっている」と発令の端
　われら
緒が述べられたのち、「道与黄河那□□□底把軍官毎、管民官毎、達魯花□□、□往行踏底軍毎」とつづけられる［光緒『鹿邑県志』巻一〇下、藝文。Chavannes 1908：planche 16, n°40, 368-371. 蔡録19°/20。道略五二九］。こちらは、本令旨にちかい構成だが、それでも命令対象者に「道与」するかたちはかわらない。ようするに、これまでの知見にしたがうならば、本令旨は、「道与……」「……根底」「……根底宣諭令旨」「道与……根底宣諭令旨」のいずれかの誤脱としたいところではあるものの、移録原文そのままであった可能性も排除することはできない。そこで、モンゴル語再構案では両様を並記する。

10行目　「随処諸来」は、よくわからない。直訳体漢文で「随処」の用例を知らない。とくに不可解なのは、「諸」である。字句を訂正せずに、このままであえて強読しようとすれば、「随処よりここに来たりて」と読めなくはないが、それではやはりあまりにも不自然である。誤写ないしは脱字とするのが素直だろう。その場合、つぎのような可能性がある。（1）「諸」を「請」の誤写とみ

て、「随処より請来して」と読む。(2)「諸」のあとに「人」をおぎない、「随処の〔または、より〕諸人が来たりて」と読む。(3)「随処より」の「より」と考え、「諸」を「裏」に校訂する。(4)「来」を二音節化した「□来」だと考え、「到来」もしくは「前来」に校訂する。さて、(1)では、高僧・貴人などがやってきたり、もしくは呼んでこられたりする意味になってしまう。ただ、一般に廟にささげものをする場合、庶民では「焼香裂紙」(香をそなえ紙銭を焼く)だけなのに、本碑では15-16行目に「献之」「損壊」とあって貴人が献貢しているようにみえなくもないので、これでもよいのかもしれない。(2)では、主語が明示されるので、モンゴル語の原文を想定しやすくなる。ただし、既知の直訳体漢文の命令文で「諸人」の用例をほとんどみないのが欠点である。(3)の場合、たとえば「蛮子田地裏来的官人毎／南中国地方からやってきたやくにんたち」といった用例もあるので、語法上は問題ないが、「随処」に「裏」がつくかどうかは不明。また、直前に「廟裏」とあるから、「裏」をかさねて使う可能性はうすいだろう。この令旨は、全体にわたって、類似の文脈で同一の漢訳表現をとるのを明らかに避けているからである。(4)とするならば、「前来」のほうがふつうだろう。この場合では、漢語としてはきわめて単純・自然な形となり、「随処から香をそなえ、おそなえをしにくるので」の意味となる。結局、(1)(2)(3)(4)いずれも決定案とはならないが、現時点では(2)ないし(4)が適当ではなかろうか。なお、ひきつづく「焼香火」は、ふつうでは「焼香」。ただし、元刊本雑劇三十種のなかの『小張屠焚児救母』劇の第三折《石榴花》の末句に、「何須你焼香火酸銭財」とあるから、あやまりではない。また「送供」の2字は、字義は明らかだが、用例を知らない。「供献」を使うのがふつうだろう。蒙漢合璧命令文では、「施献」の用例もある。

11-12行目 「常」は明らかにあやまり。「つねに」では意味をなさない。「つねに」の一意では、ふつう「常川」「常切」を使う。「常」を「嘗」としても、ほとんど意味をなさない。否定の強調には、「曽」は使うが、「嘗」は少ない。そのうえ、その場合、「不曽」「不嘗」と使い、この令旨のような「不得」のときには「並不得」となる。そこで、「常」と字体の似た文字を考えると「當」があるが、「不得當騒擾者」ではおかしい。「當」を使い、なおかつもう1字が脱

第5章　八不沙大王の令旨碑より

落しているとするならば、「じゃまする」の意味で「當攔」「阻當」などの熟語が想定されるが、校訂作業としては恣意にかたむく。結局、よい案はなく、日本語訳ではひとまず否定の強調の意で解しておく。

14行目　「件物」は、ふつうでは「物件」。名詞を二音節化する場合、「馬」が「馬匹」となるように、「名詞＋量詞」となるのが通例だろう。

15-16行目　「但有的献之」の句は、よくわからない。「あらゆるものはこれを献じ」と強読しても、文脈上、不自然きわまりない。そもそも、モンゴル語直訳体漢文として「之」は異様であり、類例もない。このあたり、かなり多くの脱字の可能性もある。しかし、校訂作業としては最少限度の補訂にとどめるべきであるから、つぎの四つの案を考える。そもそも、この文章は、おそらく「すべての……ささげものをこわすな」の方向の意味であることは、まずまちがいない。「但」は「凡」の意だから、「但有」は「およそ……があればみな」となる。つまり、「但有＋名詞」という型である。この形で考えるならば、「的献之」を名詞に変えなければならない。そこで、第一案は「但有所献之」ないし「但有供献的」と校訂する。前者ならば、「これに献じる所」とやや文言調の名詞句となり、これをより口語風にいうためには、後者のように「供献的」と2字は変えなければならない。第二案は、「但有的献貢」ないし「但有的献上」と校訂する。こちらは、直訳体漢文には「すべて」の意味で「但有的」という表現があったと想定するものである。ただし、「すべての」ならば「応有的」が当然であり、かなり苦しい校訂となる。「応有的」は、この令旨でも直前の13-14行目にみえ、命令文碑刻にも用例［蔡録65°/67、66°/68］が確認できて問題はないが、「但有」の場合、この令旨の直後の18-19行目にも「但有別了的人毎」とあるように「但有的」の形をとる例をみない。ただし、この令旨の全体をながめると、「都……、応有的、不揀甚麽……、但有的……、但有……」と同一の表現をもちいていない。ちなみに、禁止命令についても「不得……者、休……者（3例）、休得……者」と少しずつ表現を変えている。こうしたことは、訳者が配慮した結果だろう。その点を重視するならば、「但有的」の表現はふつうではほとんどあらわれないが、同一の表現を避けたい訳者はやむなく苦しまぎれに使ったのかもしれない。もし、この形で考えるならば、「献之」

の部分は名詞でなければならず、「献貢」ないし「献上」と校訂するゆえんである。「上」とした場合、「之」と字形は似ているから、その点はよいが、「献上」で名詞になるかどうかは疑問である。そこで、第三案として「但有的」を「応有的」に校訂する考えもなりたつ。もちろん、その場合も「献之」を名詞に変えなければならず、少なくとも2字は変える必要がある。以上の3案は漢文だけを考えたが、蒙漢合璧の1321年の易州竜興観懿旨碑に「ya'ud keJi anu／なんであれかれらのもの」のモンゴル語原文に対して「但是他毎的／およそかれらのもの」[蔡録75゜/78。パクパ文字モンゴル語面の拓影：Poppe 1957, plate 4] の漢訳がみえ、これを典拠とすれば、「但有他毎的献之」と少なくとも2字をおぎなった形も考えられる。もとより、「献之」の部分は、既述のようないくつかの可能性がのこる。これが第四案。モンゴル語原文の再構案では第四案にちかい形で示し、日本語訳ではどの場合でも適応するような訳をかかげる。

16行目 「上頭」は、このままでは前後の文脈がつづきにくい。山西永楽宮に現存する《道士潘徳冲請疏碑》の碑陽の額に刻される中統三年（1262年）二月一二日付の昌童 Sangtong 大王の令旨の冒頭定型句に「上頭天底気力裏」[『永楽宮』図版一九八] とあるように、「上頭」で「上〔の〕、上方〔の〕／degere」をあらわす場合もなくはないが、もとよりここでは『元朝秘史』に「禿刺／tula／～ため」の旁訳としてよく使われている「上頭」である [1/27a, §46, 1003；1/27b, §46, 1005 をはじめ合計46ヶ所にみえる]。いまのところ、既知の蒙漢合璧状態の命令文のなかに用例はみえないが、おそらくそれはそうした文脈が、たまたま現在知られている合璧碑刻にあらわれていないだけであろう。モンゴル語原文をともなわない直訳体白話風漢文では、碑刻資料・典籍資料を問わず、「～ため」を意味する「上頭」の用例はじつに多い。その場合、モンゴル語では「tula」のまえには、かならず「-yin, -u, -ü, -un, -ün／～の」、もしくは「ene, tere／この、その」がついて、「～のため」、もしくは「このため、そのため」となるのに対応して、漢訳も「～的上頭、～底上頭」、もしくは「這上頭、那上頭」となっている。さらに、「為」が先導して「為……上頭」とかかりむすびの形で漢訳されることもある。そこで、これらのことを実際の直訳体漢文命令文を刻する碑文の現物で確認をこころみると、たとえば、クビライ即位

第5章 八不沙大王の令旨碑より

直後の命令文で、大元ウルス Dai ön yeke mongγol ulus 成立後の発令としてはもっとも早い猴児年(中統元年庚申=1260年)六月一四日、開平府にて発令の《彰徳上清正一宮聖旨碑》第1截では、「為這般上頭、把着行踏的聖旨与来／このようなために、もってゆく聖旨をあたえた」[蔡録36˚/38：六行目。この聖旨は碑陽を上下4截に仕切って合刻された最上截に刻される。蔡録がこれを成宗テムル元貞二年丙申に繋年するのはあやまり。詳細は杉山1990ａ：37頁を参照。原碑では12-14行目]という用例がある。また、クビライ政権以前のいわゆる「前期直訳体」でしるされるモンケ時代の壬子年(1252年)四月二七日の立石にかかるモンケ発令・李志常割付の《解州安邑県長春観葡萄園保護聖旨割付碑》では、「那上頭、与聖旨来／そのために、聖旨をあたえた」[Chavannes 1908：planche 14, n°37, 356-361. 蔡録16˚/17：9行目。同碑を移録する胡聘之《山右石刻叢編》巻二四で、「那公頭」となっているのは、あきらかにあやまり]の例もある。さらに、本令旨と密接な関係にある至元一七年(1280年)莱州掖県神山長生万寿宮の勢都児大王令旨碑では、「石真人為他開洞好修行底上頭、与了令旨／石真人は、彼が洞を開いてよく修行するため、令旨をあたえた」[北図四八-八〇、道略六三二に拓影。蔡銖25˚/27、道略六三一に録文]という句がみえる。3例ともに、「〜のため、聖旨〔もしくは令旨〕をあたえた」という構造であり、「上頭」までの文章が聖旨・令旨などの命令文を降付する理由ないしは内容であることを示している。ちなみに、直訳体による『孝経直解』でも「因為這〔もしくは那〕般的上頭」「為這〔那〕上頭」「這〔那〕上頭」の諸型がみられる。さて、この令旨の当該箇処前後の文脈は、「おまえたちは、……するな。……するな。……するな。……のため、劉伯源に令旨をあたえた」の構造になっている。「上頭」の前に、最低限でも「這」もしくは「那」の1字分の脱字が確実にあったことになる。もちろん、「上頭」そのものを「那般／そのように」や「麼道／と、とて、といって」の誤写とする考えもなりたつが、1字の追加だけで済む前掲の「那上頭、聖旨与来」の実例が命令文碑刻にある以上、校訂としては妥当な態度ではないだろう。

【語注】
　この令旨に見える単語や術語、とりわけそのモンゴル語原語の再構案につい

令旨釈読注

ては、相当量の注記が不可欠であるが、紙幅の余裕がなく、次の二点をのぞいて、すべて割愛せざるをえない。さて、その第一点は、2行目の「大王」である。元代の公記録において、「大王」が「太子」の次に位置づけられるモンゴル王族の称号であったことはすでに述べたことがある［杉山1991：193］。問題は、そのモンゴル語原語である。可能性の一は漢語「大王」の不十分な音訳かとおもわれる〔D〕AY-WANK＞dāīwānk＞dai-ong の表記が、管見のかぎりラシードゥッディーン『集史』部族志にただ1ヶ所だが用例があることである［ǦTS, 27a］。しかし、その一方、より大きな可能性を感じさせるのは、モンゴル語で「子」を意味する kö'ü もしくは kö'ün である。『元朝秘史』では、可兀 kö'ü、可温 kö'ün、可兀惕 kö'üd の形があり、それぞれの旁訳として「子」「児子」「子毎」など、当然の漢語訳が添えられているほか、とくに注目されるのは、モンゴル諸王の具体名が列挙される文脈において、それらの諸王のことを「可兀惕　大王毎」「可兀的　大王行〔kö'üd-i　大王らを〕」などと表現されていることである。モンゴル語 kö'ü が一般に「子、男子」を意味する以外に、とくにモンゴル王子の意味でも使われたことがうかがわれる。いわゆる『事林広記』と通称される一連の書物には、『至元訳語』ないしは『蒙古訳語』という名の蒙漢対訳語彙集が1例をのぞいて収められていることは著名なことであるが、その「君官門」の冒頭に見える「大王口」「太子口」について、モンゴル語をあらわす位置に記されている「口」を従来のように欠字あるいは空格の意とせず、そのまま素直に kö'ü をあらわしていると解すれば、「大王」「太子」に相当するモンゴル語原語は kö'ü ということになり、またとない証拠となる。元代の漢文文献において、「口」は例えば「怯憐口」ger-ün kö'ü（家の子）のように、モンゴル語 kö'ü を表わす音訳字として使用されている例があるので、「口」を kö'ü と見なすことはおかしなことではない。そこで想起されるのは、フレグ・ウルス第九代の君主アブー・サーイード Abū Sa'īd の没後、フレグの血脈ではないのにもかかわらず推戴されたことで名高いアリク・ブケの後裔アルパ・カーウーン Arpa-kāūn である。彼の名の後半の要素 KAWN は、あきらかにモンゴル語 ke'ün〜kö'ün で、名前全体で「アルパ・ケウン」、すなわち「アルパ王子」を意味する。同様のことは、『集史』クビライ・カアン紀の

第二章、「カアンに扈従する王子たちと大将たち」の条の冒頭に挙げられているトクタ・クーン TWQTA-KWN（2字目のTは、イスタンブル本では nuqta すなわち点がなく、rasm すなわち字形のみである。なお本章ではアラビクの翻字において写本では rasm だけの場合、イタリク体で示す）についてもあてはまる。彼は、ナヤン Nayan 敗滅後の「タガチャル Taγačar のウルク uruq」、すなわち帝国東方の巨大勢力であるオッチギン Otčigin 王家の当主となった人物で、漢文文献では「脱脱大王」「諸王脱脱」「遼王脱脱」などと記される。当該部分をふくむ英訳を試みたボイル J. A. Boyle も注記しているように［Boyle 1970 : p.286, f. n. 184］、KWN はおそらくモンゴル語 kö'ün の不十分な音写なのであり、やはり「トクタ王子」の意に解される。こうした本来は「子、息子」を意味する kö'ün～ke'ün を「王子」の意味でも便うのは、ボイルも付言するように、トルコ語 oγul の用法に似る。実際にモンゴル時代の文献でも、たとえばオゴデイの庶子カダアン（Qada'an 哈丹）が『集史』や『五分枝』において「カダアン・オグル」Qadā'ān-ugūl＞Qada'an-oγul と呼ばれるのをはじめ、同様の例がペルシア語史書では頻繁にあらわれる。また、14世紀中葉、とりわけ1340年代から50年代ころの書写かと推定されている敦煌莫高窟発現の有名なウイグル語仏典の奥書で、チャガタイ系のチュベイ Čübei 一門の西寧王家の一員のアスタイが Asutai-oγul と呼ばれている［羽田：163］。モンゴル語 kö'ün とトルコ語系の oγul が、まったく同じ機能で使われたのである。さらに、当時のペルシア語史書では、「子、息子」を意味する pisar が、「皇子、王子」の意の šāhzāda と同義で使われている例さえ目にする［TUS, 223b］。こうした現象に通底するものとして、当時ひろくモンゴル諸王、王子にたいして「子、息子」を意味する kö'ün およびその同義語で呼びならわしたことが反映していることも考えられる。既述の『元朝秘史』と『事林広記』の事例から、漢語「太子」「大王」の対応語がいずれも kö'ü [n] とされていたらしいことも、モンゴル治下に通有の呼称法をあるいは逆証するのかもしれない。

第二点は、20行目の「大扎撒裏射」である。原文では「射裏」とあるが、あきらかに「裏射」の誤写であり、全体で「大ジャサ〔ク〕にあてる」の意味になる。扎撒は、いうまでもなくモンゴル語の Jasa～Jasaq で、トルコ語系では

yasa～yasaq となる。『元史』巻二に「華言は大法令」と見える。ここではジャサそのものの論議は控え、「大扎撒裏射」のモンゴル語原語を問題とする。管見のかぎり、現在までのところ完全同時代のモンゴル語諸文献では「〔ジャサ〕にあてる」の実例は意外にも見つけられない。しかし、同時代の漢語文献のほか、『集史』をはじめとするペルシア語史書では、ba-yāsā rasānīdan という表現はきわめて頻出し、「ヤサにいたらしめる、ヤサにかける」を意味する。ジャサ〔ク〕、もしくはヤサ〔ク〕は、事実上「軍律」のことであり［本田：249］、結果として上のペルシア語の表現は「死刑に処する、処刑する」の意味となるのは周知のことである。ところが、まずまちがいなくモンゴル時代のものとおもわれる2件のウイグル文書に、yasa-taqï qïn-qa tägsün「ヤサにある罰にあたるべし」、yasa-taqï qïyïn-qa tägir「ヤサにある罰に〔私は〕あたる」の表現が確認される［梅村：491］。これは、森安孝夫の示教による。ウイグル語 täg- は、「届く、至る」の意であるから、使役形 tägür- にすれば、ba-yāsā rasānīdan や「大扎撒裏射」と同一の表現となる。そこで、モンゴル語原文の再構案では、右のペルシア語、ウイグル語の表現はモンゴル語の「透写語」calque として使用されたものとの仮定に立ち、täg- に相当すると考えられるモンゴル語 kür- を kürge- と他動詞化したうえで、しかもこの「大扎撒裏射」は他の用例から推して文脈上、「大ジャサ〔ク〕にあてるぞ」の意で「大扎撒裏射也者」となるのが自然であるとの判断から、kürged-ǰe という形を示す。ただし、もちろん既知の文献には在証されない作文である。

注————————

1）本稿作成の過程で李治安より『元代分封制度研究』（天津古籍出版社、1992年）を被贈いただいた。詳細は、おそらくなされるであろう書評にゆずり、本稿との関連でいえば、投下研究の従来の水準を数段階おしすすめる内容である。氏の努力に対して、心よりの敬意と称賛をおくりたい。もとより、投下にかかわる問題は複雑多岐であり、本稿冒頭で述べるような研究状況は依然として今後の課題である。

2）乾隆『淄川県志』巻二下、寺観、三八a-三九a にもまったく同文が載る。民国『淄川県志』もまったく同じである。十数年前、乾隆『淄川県志』にこの令旨が載ることを筆

第5章　八不沙大王の令旨碑より

　者に示教されたのは森田憲司である。心より感謝の意を表したい。
3）これらの文献リストは、紙幅の節約のため、杉山1990aの末尾を参照いただきたい。ただし、中村・松川1993の文献リストのほうが、はるかに充実している。
4）じつは当該箇所に「已見」の字が誤脱しているが、他所での記述体例から「已見」であることがわかる。
5）もちろん、碑刻が原文書をそっくりそのまま再現している保証はない。漢文による同一の命令文がいくつかの別の体式で刻されている例もある。ただし、そのことをもって、すべて体式上の把握が意味をもたないかのように主張するむきがあるが、それは逆に漢語による石刻状態しか考えない偏狭な意見である。モンゴル期には、各種の言語による原文書が少なからずのこっており、それらを通じて、体式上・書式上の区別は歴然とあるのである。
6）『元史』成宗本紀、元貞二年三月甲戌。同年四月己亥朔。同、大徳六年一一月庚戌。同、大徳七年五月乙卯。同、武宗本紀、大徳一一年七月壬申。同月丁丑。同、至大元年三月丁卯。同、仁宗本紀、至大四年一一月辛亥。同、巻一〇七、宗室世系表。同、巻一〇八、諸王表。同、巻一三八、康里脱脱伝。黄溍『金華黄先生文集』巻二八、敕賜康里氏先塋碑。元明善『清河集』藕香零拾本、巻二、太師淇陽忠武王碑。『南村輟耕録』巻一、大元宗室世系。民国『昌楽県続志』巻一七、劉氏先塋之記。『通制条格』巻二八、六b-七b。同、巻六、三二a-三二b。『定襄金石攷』巻三、亮公孝行之碑。仏性慧徳円融広照大師端公碑（拓本）。
7）前注の『清河集』大師淇陽忠武王碑に、「也里干公王は、宗室失禿児の女、斉王八不沙の女兄（あね）なり」とあるのも、元明善の執筆時期はナヤン事変後であるから、貶黜の意が含意されているともいえる。
8）その根拠とするのは、『金華黄先生文集』の敕賜康里氏先塋碑とそれをそのまま使う『元史』康里脱脱 Qangli To γ to 伝にいう「宗王牙忽禿 Yaqudu、其の旧民を斉王八不沙の部中より徴す。鄰境諸王、斉王を奉じて牙忽禿を攻めんと欲す。斉王、牙忽都を奔らすを懼れて以て之を避く。遂に斉王の反を告す。脱脱、簿問して実を得、乃ち斉王を釈し、而して諸王を嶺南に徙す」であろう。その年次は、至大三年（1310年）と翌四年三月の仁宗即位までの間である。内容上は仁宗本紀、至大四年一一月、「辛亥、諸王不里牙屯 Buliyatun 等、八不沙を誣するに不法を以てす。詔して不里牙屯・禿干 Toqan を河南に、因忽乃を揚州に、納里を湖広に、太那を江西に、班出兀那を雲南に竄す」と連動するかもしれない。しかし、本文五節末尾に引用した『通制条格』巻六の案件は皇慶元年（1312年）一二月二七日のことで、仁宗時代でもババシャはカサル家当主として在世している。
9）たとえば、『元史』成宗本紀、至元三一年（1294年）九月庚申、武宗本紀、大徳一一年（1307年）七月己丑。

10) 1985年、若松寛団長のもと内蒙古を訪問しており、ハイラルの内蒙古呼倫貝爾盟展覧館にて黒山頭古城の平面図が展示されているのを目睹した。その図はこれまでのものと多少ことなり、より詳しくなっていた。その時の手写の図とメモが筆許にあるが、それを利用する権限と責任は筆者にはないと考えるので、本稿では従来のデータにとどめる。
11) この実証には厖大な手続きが必要である。ここでは結論だけを述べ、詳細は別の機会に述べたい。
12) 姚枢「李公家廟碑」(『元文類』巻一二、『牧菴集』巻一二)、呉澄「李武愍公家伝後序」(『呉文正集』巻一四)、張伯淳「李武愍公墓田記」(『養蒙集』巻三)、劉岳申「李公廟碑」(『申斎文集』巻七)、柳貫「李武愍公新廟碑銘」(『柳待制文集』巻九)、張伯淳「益都淄莱等路管軍万戸李公墓誌銘」(『養蒙集』巻四)、呉澄「江西行省平章政事李公墓誌銘」(『呉文正集』巻四二)など。
13) 山東の探馬赤軍が曹州を中心に展開するのは、もともと塔思火魯赤 Tas-qorči が駐留したのに因み、のち河北山東蒙古軍都元帥府の本拠が曹州済陰県一帯におかれた。このあたりは、1259年にクビライが南伐のおりに駐夏したところでもあり、営地に好適であったらしい。
14) エジル大王の名は、神通寺遺趾に現在も立つ「通理妙明禅師淳愚長老雲公碑銘并序」(大徳一〇年丙午の立石)のなかに、大徳三年己亥 (1299年) に同寺に対する保護特許令旨を降付した「也只里大王」として刻されている。神通寺は済南路の西南境に近い。これもやはり、カチウン家の投下領にかかわることだからこそ、エジルは令旨を与えたのである。

文献表 ([　] 内は本章中の略称をあらわす)

梅村 坦「違約罰納官文言のあるウィグル文書――とくにその作成地域と年代の決定について」『東洋学報』58-3・4、1977年。

杉山正明「クビライと大都」京都大学人文科学研究所『中国近世の都市と文化』京都、同朋舎、1984年 (本書第3章)。

　　　　「西暦一三一四年前後大元ウルス西境をめぐる小札記」『西南アジア研究』27、1987年 (本書第8章)。

　　　　「元代蒙漢合璧命令文の研究 (1)」『内陸アジア言語の研究』5、1990年 (本書第9章)。[1990a]

　　　　「草堂寺闊端太子令旨碑の訳註」『史窓』47、1990年 (本書第11章)。[1990b]

　　　　「東西文献によるコデン王家の系譜」『史窓』48、1991年 (本書第12章)。

高橋文治「大宗オゴデイ癸巳年皇帝聖旨訳註」『追手門学院大学文学部紀要』25、1991年。

中村淳・松川節「新発現の蒙漢合璧少林寺聖旨碑」『内陸アジア言語の研究』8、1993年。

第5章　八不沙大王の令旨碑より

羽田　亨「回鶻訳本安慧の倶舎論実義疏」『羽田博士史学論文集』下、京都、東洋史研究
　　会、1958年。(原載は1925年)
本田實信「フラグ・ウルスのイクター制」『モンゴル時代史研究』1991年。(原載は1959年)
三上次男「フルン・ブイル地方の考古学的遺跡」『蒙古学』1、1937年。
北京図書館金石組編『北京図書館蔵中国歴代石刻拓本彙編』48、鄭州、中州古籍出版社、
　　1990年。[北図]
蔡美彪『元代白話碑集録』北京、科学出版社、1955年。[蔡録]
陳垣編、陳智超・曽慶瑛校補『道家金石略』北京、文物出版社、1988年。[道略]
景愛「黒山頭古城考」『吉林大学学報』社会科学版、1980年6期。
山西省文物管理工作委員会編『永楽宮』北京、人民美術出版社、1964年。
熊夢祥撰、北京図書館善本組輯『析津志輯佚』北京古籍出版社、1983年。
葉新民「斡赤斤家族与蒙元朝廷的関係」『内蒙古大学学報』哲社版、1988年。
袁行雲『許瀚年譜』済南、斉魯書社出版、1983年。

Boyle, J. A., *The Successors of Genghis Khan,* Columbia Univ. Press, New York & London 1971.

Chavannes, Éd., Inscriptions et pièces de chancellerie chinoises de l'époque mongole, *T'oung Pao sér.* 2-5, 1904, 357-477 ; 2-6, 1905, 1-42 ; 2-9, 1908, 297-428＋30pls.

Hambis, L., *Le chapitre CVII du Yuan che : avec des notes supplémentaires par Paul Pelliot,* T'oung Pao supplément 38, Leiden 1945.

Киселев, С. В. Древнемонгольские города, Москва 1965.

第 3 部　大元ウルスと中央アジア

第6章

豳王チュベイとその系譜
――元明史料と『ムーイッズル・アンサーブ』の比較を通じて

はじめに

　13世紀の後半、モンゴル帝国内でクビライに対しカイドゥらが長期の内戦を断続してくりひろげたころ、東西の文献にチュベイ Cübei なる人物が登場してくる。チャガタイ家の一員であった彼は、クビライ側の有力諸王として対カイドゥ、対ドゥア戦の最前線に立ち、14世紀の初頭、帝国内に再び平和がよみがえると、そのまま河西西半の地に根拠して、大元ウルス治下有数の大勢力にのしあがる。その後、彼は大元ウルス大カアンより、豳(ひん)王なる王号を授けられ、以後代々継襲して、その後嗣は元末までおよぶ。

　ところで、研究史上、このチュベイはすでにある角度から注目されたことがあった。それは、中国史でいう明代、天山東端のハミ Hami（あるいはコムル Qāmul～Qomul）の地に形式上は明朝の封冊をうけながらも、事実上で自立したモンゴル集団、いわゆる「明代哈(ハ)密(ミ)王家」の血統が、このチャガタイ家チュベイの系統に遡りうるのではないか、というポール・ペリオ Paul Pelliot の問いかけであった。彼は、『明史』『明実録』に記載される明代ハミ王家の初代に注目し、とくに大元ウルス時代に授与されたというその王号が、『元史』にいうチュベイ系のそれと一致することなどから、系譜上、両者が連続する可能性が

あることを指摘したのである[1]。ペリオの立論は、彼独特の、ほとんど直感とまでいえる着想にもとづくものであったが、それを踏まえ、わが国では、まず最初に佐口透がこれに論及し[2]、つづいて松村潤・小田寿典がペリオの推測を補足するかたちで主に漢文史料からの裏付けを試みた[3]。このうち、松村は『元史』『明実録』の関係記事を丹念に抜粋・整理し、小田は見方を変えて、明代ハミ王家のハミ来住の由来を追究した。ふたりの試みは、いずれも元明史料の連続を求めるという観点からなされたものであり、この問題に関して、近年とはちがい質量ともに限られた当時の文献状況にあっては、中国側史料からのアプローチとしては、まずほぼ可能なかぎりの処理がなされたように見える。しかしながら、史料の欠如は何としても覆いがたく、論証上、いくつもの不確定要素を払拭するまでにはいたりえなかった。ペリオが首唱したチュベイ家と明代ハミ王家との系譜関係は、ありうべき事がらであったと推測されるものの、文献上で確実な裏付けを欠き、あくまでひとつの可能性として提示されたままになっている、というのが正確なところである。

　その原因は、もっぱら史料の側に、とりわけ『元史』巻一〇七、宗室世系表のあまりの不備によるところが多い。同表は、大元ウルスにおけるモンゴル王族の系譜と称するものの、そのじつ不十分かつ杜撰きわまりないもので、これにもとづいて、大元ウルス治下の諸王統を正確に把握することなど、ほとんど不可能事に近い。ところが、ここに、ティムール朝シャー・ルフの命によって、ヘジラ暦830/西暦1426-27年、ヘラトHeratで編纂された『ムーイッズル・アンサーブ』Mu'izzal-Ansāb（『高貴系譜』。本章では以下『ムーイッズ』と略称）なる系譜集がある。この書は、モンゴル族の祖アラン・ゴアよりティムール朝の諸君主・諸王子に至る全モンゴル王族の系譜の体裁を採る[4]。そのなかに、チュベイ一族の記載があり、そこには従来まったく知られていなかった人名・血統が列挙されている。それら新知見の情報を、既存の『元史』『明実録』などの元明史料と照らし合わせていくと、懸案の明代ハミ王家とチュベイ家との連続が確定できるばかりでなく、従来ほとんど知られることのなかった河西のチャガタイ家、すなわちチュベイ一門の実態が、元明時代を通じてかなりはっきりとした姿で浮かびあがってくるのである。

第6章 🟦王チュベイとその系譜

　ただ、同書の記載内容の検討は、1983年の現在では、間野英二がティムール朝期の部分に関して全面的に活用をはかっているものの[5]、それ以外の部分については、まだほとんど手つかずの状態であり[6]、とくにモンゴル帝国時代に関して、ティムール朝史料である同書の記載が、どれほど有効でありえるかは、あまり明らかとなってはいない[7]。しかし、管見のかぎりでは、『ムーイッズ』はチュベイ系以外の箇処についても、他書ではけっして得ることのできない有益な情報を含み、成立年代の近いことも考えあわせると、将来この書のデータを柱に、不明な点の多いモンゴル王族の系統をかなりな程度で全体にわたって再構成することも可能ではないか、と思われる。

　そこで、本章では、ペリオ、佐口、松村、小田の先業を継承しつつ、『ムーイッズ』利用のケース・スタディの意味もこめて、チュベイ一族の系譜をその一々についてできるかぎり詳細に検討してみたい。その結果、ペリオ以来の懸案に何らかの見通しがえられ、あわせて元明時代を通じた河西チュベイ家の輪郭がよりはっきりしたものになれば、東西史料のはざまのなかで歴史の闇に沈みこんでいるかに見えるモンゴル時代の末期からポスト・モンゴル時代にいたる内陸アジア東半の政治情勢について、ひとつの確実な定点を提供することになるだろう。

　なお、この一族の事実上の創祖チュベイ自身について、チャガタイ家の有力者である彼が、なぜ大元ウルス治下へ来投しているのか、あるいはその履歴の詳細や所領・勢力圏の形成過程など、クビライ登場以後のモンゴル帝国の大変動に関連して論及すべき点は多いが、これらは別の機会に譲り、本章ではまずそれらの基礎作業として、系譜上の検討に論点を絞ることにしたい。

1　『ムーイッズ』と問題点の所在

　明代ハミ王家の起源問題について、ペリオ以下の先学たちによってどこまで明らかになっており、何が不明なのか。まず、問題点の所在を明らかにする意味から、従来の見解をまとめてみると、おおよそ次のようである。

1 『ムーイッズ』と問題点の所在

『明実録』によれば、明代ハミ王家の始祖は兀納失里(グナシリ)、あるいは忽納失里(クナシリ)という。彼は、元末、威武王から粛王に改封されたと伝えられる。いっぽう、『元史』によれば、チュベイは、はじめ威武西寧王に封じられ、のち囗王に改められた。また、『元史』には、粛王寛徹(コンチェク)なる人物もいる。ラシードゥッディーンの『集史』によれば、チュベイの諸子のうちに、コンチェクなる名前が見え、おそらくこれにあたると推測される（ペリオ）。つまり、クナシリの二つの王号は、チュベイとその子コンチェクのものと一致するのである。そこで、王号を手掛りに、元明史料からチュベイ一党とおぼしき人名を抜き出してみると、『明実録』洪武二四年（1391年）八月、明軍がハミ城を急襲したさい、クナシリとともに囗王別児怯帖木児なる人物がそこに一緒におり、斬殺されたという記事が目につく。囗王はチュベイ改封後の王号であり、その後チュベイの後裔が代々世襲したものである。すると、クナシリと別児怯帖木児は同族であり、その故にこそハミ城で明軍に対し、ともに戦ったことになる。さらに、『元史』の関係記事を分析していくと、元代、チュベイ一族が関係した王号としては、結局、囗王・粛王・西寧王・威武西寧王の四つがあり、それらの事蹟を総合すると、チュベイとその後裔は河西一帯に所領を形成したことがわかる。つまり、元末に威武王、粛王の王号をもち、明代になって、明朝の封冊をうけたハミ王家初代のクナシリが、このチュベイ一門につらなる人物であることはまずまちがいない（松村）。ただし、元末・明初の形勢を眺めると、クナシリがはじめからハミに根拠していたかどうかは疑わしい。おそらく、当初カラ・コルム近辺にいたものが、1388年、元主トグス・テムルが明軍の奇襲をうけてブイル湖畔に潰滅し、モンゴリアが混乱に陥ったころ、一族・先祖の縁故によって河西に来住し、ハミに腰を据えることになったと思われる（小田）。

さて、議論の展開の大筋においては、異議をさしはさむつもりはない。たが、論証の手続きにおいて、史料の欠如・不備をそのまま反映して、実証できない空白部分があまりにも多く、結局のところ推論にとどまっているといわざるを

第6章　圏王チュベイとその系譜

えない。とくに弱点となっているのは、肝腎の明代ハミ王家の初代、クナシリからさかのぼってチュベイにいたる具体的な系譜関係が、いっさい不明であることである[8]。

　明代ハミ王家初代のクナシリが元末に保持していたのが、「威武王」と「粛王」の二つの王号。この両王号が、大元ウルス時代にチュベイとその一族とおぼしき人物たちが保持した王号と類似ないし一致する点に、この着想・立論のすべてのポイントがある。他の材料は、つまるところ状況証拠であって、あくまでこれを補強するための傍証といってよい。

　ところが、この論証の過程を図で示すと次のようになる。

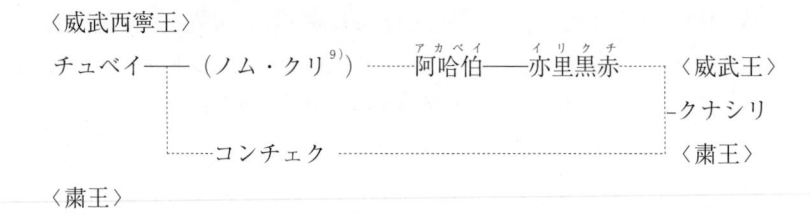

〈威武西寧王〉

チュベイ────（ノム・クリ[9]）────阿哈伯────亦里黒赤────〈威武王〉
　　　　　　　　　　　　　　　　（アカベイ）　（イリクチ）　　クナシリ
　　　　　　　　　　　　　　　　　　　　　　　　　　　　　　　〈粛王〉
　　　　　　　コンチェク

〈粛王〉

　点線は推測、実線が確実なものである。つまり、「威武王」、「粛王」、いずれから辿っていったとしても、チュベイとクナシリを実線でむすぶことはできない。チュベイと明代ハミ王家の関係が、推測の域を出ず、はなはだ歯切れの悪い論述になってしまうのはいたし方ない。

　それは、ようするに史料の性質と限界のためである。漢文史料のみに依拠した場合、先述のように『元史』宗室世系表がほとんど用をなさないため、王号をたよりに関係するであろうと推測される人物を、一般の記事のなかから拾いあげていくよりほかにてだてがない。ところが、考えてみると、王号というものは、たしかな体系だった系譜史料を与えられたうえでならば、そのなかの王統を識別し、さらにその継承順位をも推測する有力な手掛りとなりえるものであろうが、具体的な系譜史料を欠いた条件下では、所詮は個々の記事そのものはあくまで偶然にのこったものにすぎないから、どうしても点と点との把握にならざるをえず、王統を一本の連続した線として理解することはむつかしくなる。さきに述べた従来の立論にみられる弱点は、点と点とをつないだその間の

1 『ムーイッズ』と問題点の所在

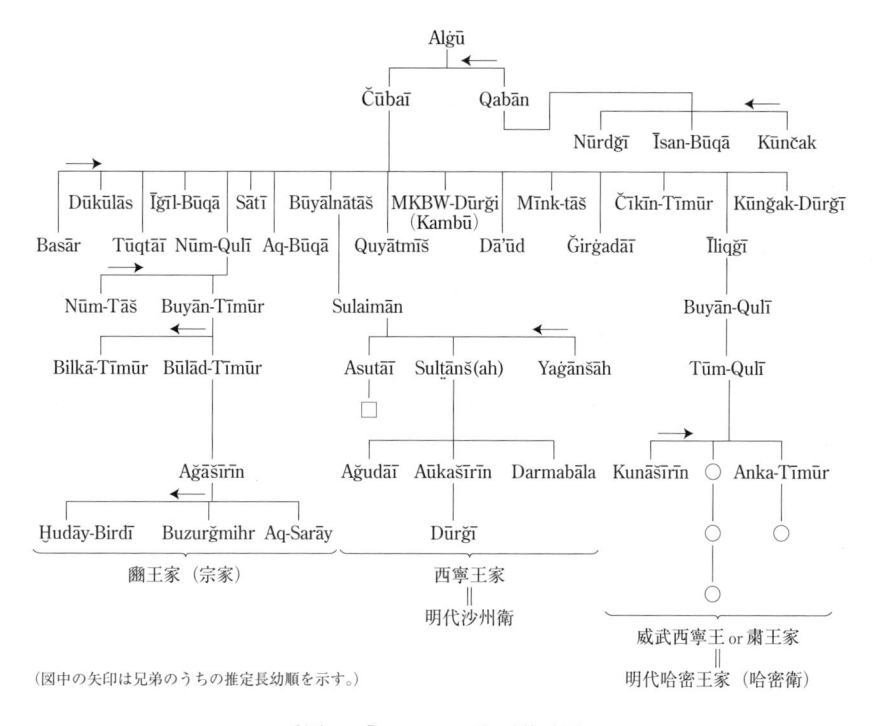

```
                                    Alġū
                                     │
                          ┌──────────┴──────┐
                        Čūbaī             Qabān
                                            │
                                  ┌─────────┼─────────┐←
                                Nūrdġī   Īsan-Būqā  Kūnčak
┌──────┬──────┬──────┬───────────┬─────────┬──────────┬──────────┐
Dūkūlās Iġīl-Būqā Sātī Būyālnātāš MKBW-Dūrġī Mīnk-tāš Čīkīn-Tīmūr Kūnġak-Dūrġī
                              (Kambū)
Basar  Tūqtāī Nūm-Qulī Aq-Būqā Quyātmīš  Dā'ūd  Ġirġadaī   Īliqġī
          →                                                    │
     ┌────┴────┐                                          Buyān-Qulī
 Nūm-Tāš  Buyān-Tīmūr     Sulaimān                             │
              ←              │                                 │
     ┌────┴────┐       ┌─────┼─────┐                      Tūm-Qulī
Bilkā-Tīmūr Būlād-Tīmūr Asutāī Sulṯānš(ah) Yaġānšāh
                          □
          Aġāšīrīn       Aġudaī Aūkašīrīn Darmabāla  Kunāšīrīn ○ Anka-Tīmūr
     ┌────┬────┐              └──────┬──────┘                  ○
Hudāy-Birdī Buzurġmihr Aq-Sarāy    Dūrġī                       ○
└─────────┬─────────┘                │                         ○
      豳王家（宗家）              西寧王家                ┌──┴──┐
                                   ‖                  威武西寧王 or 粛王家
                                 明代沙州衛                    ‖
                                                        明代哈密王家（哈密衛）
```

（図中の矢印は兄弟のうちの推定長幼順を示す。）

系図1　『ムーイッズ』所載系図

空白が、幾つかの傍証をもってしても、容易にうずめがたいほど大きく口を開けているということである。

　ここに、『ムーイッズ』を利用する意味が生まれてくる。まず、『ムーイッズ』のパリ本［*Mu'izz* P, ff.37a-38b］にもとづいて該当箇処を示す（系図1）。パリのフランス国立図書館に蔵されるこの写本は、ティムール朝シャー・ルフの治世の編纂にかかり、そのしばらくあとの補遺もふくめて、現在のところ知られている『ムーイッズ』に関する4種の写本のなかでもっともオリジナルな意味をもつものである。なお、ここに示すのがすべての内容ではなく、元明史料に対応する記事があるものを中心に、最低限、必要と思われるもののみを挙げた。このほかにも、筆者の目が行き届かず、他にも同定材料が見いだせるものがあるかもしれない。（なお、本書冒頭の口絵22-23にパリ本の該当部分を掲げる）

247

第6章　ハミ王チュベイとその系譜

　さて、『ムーイッズ』には、系図1で示したごとく、左右に大きく広がるようにチュベイ一族の系譜が記されている。その右端の下方すみに、兄弟として記される Kunāšīrīn, Anka-Tīmūr が、まず注目される。この二人こそ、『明史』『明実録』に明代ハミ王家の初代および第二代として記されている、クナシリとその弟安克帖木児(エンケテムル)に相違ない。両者の字音は、おそらく、Kunāšīrīn＜mong. Kunaširi＜skt. Gunaśrī, Anka-Tīmūr＜mong. Enke-Temür であろう。この二人の血筋は、Tūm-Qulī＜Tom-Quli, Buyān-Qulī＜Buyan-Quli, Iliqǧī＜Iliqči とさかのぼってチュベイに及ぶことが、はっきりと記されている。しかも Iliqǧī＜Iliqči が、音韻・世代が一致することから見て、『元史』に威武西寧王に封ぜられたという既出の亦里黒赤、すなわちイリクチにあたることは、まずまちがいない。とすれば、クナシリの初封の王号と記される威武王とは、まさしく三代前のイリクチの威武西寧王を継承したものにほかならないことになる。つまり、明代ハミ王家は、ペリオがその慧眼で見抜いたとおり、たしかにチャガタイ家チュベイにさかのぼることが裏付けられるのである。

　ただし、ここで注意すべき重要なことがある。それは肝賢のイリクチの名は『集史』には見えず、『ムーイッズ』ではじめて現われることである。これをやや詳しくいえば、『集史』のうち、いわば「本紀」にあたる主要な君主ごとのダースターン dāstān にはそのはじめの部分に文章で説明した系譜と図化した系譜の2種があり、チュベイ一門がその系統説明の末尾に登場するチャガタイのダースターンにおいても同様である。ここでは、もっとも根本的な写本となるイスタンブル本にもとづいて述べる。そこでは、チュベイには15人の息子があったと明記され、その順番や表記は若干ことなるものの、15人の名はまったく一致する（本書冒頭の口絵19-20。なお、同じく口絵21に掲げる『五分枝』においても15人の名はおなじである）。つまり、イリクチとその子孫たちの部分は、ティムール朝における情報ないしは"研究"にもとづく可能性が濃い。

　『集史』と『ムーイッズ』との間には百年以上の時間のへだたりがあるうえ、ティムール朝はモグーリスターン王国はもとより、ハミ王家をふくむ東トルキスタン各地に展開するチャガタイ系の諸勢力については格別のかかわりと関心をもっていた。したがって、イリクチとその子孫についての記載も、しかるべ

き根拠と現実を背景にしていると考えていいのではあろう。後述するように、イリクチ系以外のチュベイ一門の多様な子孫たちの記載も、他の関連記録によってきちんと裏付けられる場合が目につく。情報としての確度はきわめて高い。さらに、ハミ王家については、史上有名なティムール朝から明への使節団がハミを通過して当地の詳しい記述をペルシア語でのこしており、同王家の歴代などはティムール朝の熟知するところであったと考えざるをえない。

とはいえ、ともかくイリクチは『集史』が編纂された1310年代においてはチュベイの15子のうちにはふくまれておらず、のちティムール朝の欽定王統譜ともいうべき『ムーイッズ』のなかで、いわば"追加承認"される格好で、チュベイの16人目の子として出現することは厳然たる事実である。この段差をはたしてどう考えるべきか。少なくとも明代ハミ王家の直接の祖たるイリクチは、『集史』というモンゴル時代中期につくられた「モンゴル正史」にはそれとして知られることのない人物であったことは確かである。そうした無名ないしは「最年少の子」をもって、モンゴル時代に名高いチュベイの血統を引くものとして明代ハミ王家が自任し、ないしは周囲からも承認され、さらにはそのことによって当然ながら結局はチンギス・カン家につらなるものとして、明代ハミ王家のそれなりの権威化と支配の正当化がなされたであろうことは動かないところではあるだろう。

さて、ふたたび系図１に立ちかえって、その記載全体を眺めると、ハミ王家に直接かかわる系統のみにとどまらず、かずかずの有益なデータが盛られていることに気づく。すなわち４人の先学たち、ことに松村がチュベイ一党に関連するであろうとして、元明史料から拾いあげた爾王・粛王・西寧王・威武西寧王の面々が、ほとんど漏れなく顔を出し、さらに新知見の名も多く見える。そしてそれらは、『元史』にいう王号に沿って、実際にもほぼそのとおり血筋がいくつかに分かれていたことがわかるのである。

ところが、そうした単純なプラス面とは裏腹に、ここにかえって厄介な問題も浮上してくる。それは、クナシリの二番目の王号、「粛王」に関連してである。先述のごとく、『元史』で「粛王」を冠して登場する人物は、「粛王寛徹」ただ一人であった。ペリオはこれを『集史』にいうチュベイの子コンチェク

第6章　幽王チュベイとその系譜

Könčeg にあて（なお、やむなきことながら当該箇処についてペリオが利用できた『集史』といえば、きわめて粗雑といわざるをえないブロシェ Blochet の刊本しかなかった。ペリオがいうコンチェクは結果として次に述べるコンチェク・ドルジのことであった）、それが彼の推論全体のキー・ポイントになっていた。ところが、『ムーイッズ』によれば、チュベイ一門にコンチェクなる人物は二人いるのである。一人は、チュベイの子コンチェク・ドルジ Könčeg-Dorji、もう一人はチュベイの兄カバン Qaban の子コンチェク Könčeg。

　前者は、すでに『集史』に登場し、後者は、『集史』では見えず、『ムーイッズ』になってはじめて登場する人物である。チュベイ一門の部分にかぎらず、『ムーイッズ』全体の記載内容を通観してみると、明らかに『ムーイッズ』はまずは『集史』の記載を引きうつしてはいる。1310/11年に擱筆した『集史』を踏まえ、それに新情報を継ぎ足すというかたちで全体がまとめられているのである。チュベイ家の部分に関していえば、チュベイの諸子のラインまでは『集史』にほぼその名が挙がり、それ以降は『ムーイッズ』独自の記録ということになる。その意味で、前者コンチェク・ドルジの名が『集史』そのままに『ムーイッズ』にしるされているのは当然である。ところが、この両者を引きくらべてみると、どうやらカバンの子たる後者の方が、『元史』にいう「粛王寛徹」にふさわしいのである。このことについては、のちに詳しく述べる。

　しかし、さしあたり問題にすべきは、粛王寛徹がたとえどちらであったにせよ、明代ハミ王家初代のクナシリは、その直系の子孫ではなくなってしまうことである――前者ならば、クナシリ直系の祖のイリクチにとって兄弟となる。後者ならば、いとこにあたる――。この点でいえば、ペリオの予測とは相違する。もともと、漢文史料からのアプローチとしては、「威武王」と「粛王」の両面から関連を求めるやり方を採らざるをえなかった。したがって、当然そこには、なぜクナシリが「威武王」と「粛王」の二つの王号を、一人にして兼ね備えているのか、という問題が本当は潜んでいたのである。それが、いま『ムーイッズ』によって、「威武王」のラインについて、チュベイより、クナシリにいたる関係が明確になった以上、今度はのこる「粛王」のラインにおいて、直系の子孫ではないクナシリがどうして「粛王寛徹」の王号を引きついでいるの

か、という疑問が当然のごとく生じてくる。いわば事の裏面にあたるこの点の解決がつかなければ、チュベイと明代ハミ王家との系譜問題は、真に解決を見たとはいえない。

　考えられるケースとしては、『ムーイッズ』ないし『明実録』の情報が誤っているか、あるいは実際に王統継承において何らかの屈折・混乱があり、その結果、東西文献の双方にその事実の一端が仄見えることになったか、のいずれかである。ただそのさいやはり気になるのは、『ムーイッズ』に記されるチュベイの諸子16人のうち、『集史』にはあらわれず、『ムーイッズ』になってはじめて登場する唯一の例外こそ、先述のようにクナシリ直系の祖イリクチだ、という事実である。

　想えば、『元史』『明実録』などの元明史料は、中国、とくに大都＝北京の情報であり、いっぽう『ムーイッズ』は、中央アジア、とりわけヘラト Herat で蒐集・蓄積された情報である。1368年の大元ウルス政権中央部のモンゴリアへの退去と、その20年後のクビライ家の滅亡（大カアンのトグス・テムルの弑虐）とによって、モンゴル帝国という昔日の大連合が失われたあと、その旧版図の東西に、それぞれその後継たることを自称して並立した両帝国、すなわち明王朝とティムール朝での記録である。この両者はともに、支配の正統性を主張して、たがいが触れ合う東トルキスタンにおいて「帝国」たる影響力を争い、それぞれみずからの政治的な立場にふさわしい記録を否応なく述作した。そうしたまったくニュース・ソースもちがえば、もとより書き手もことなる両史料が、いまここで触れ合っている。両者が奏でる音律が和音か不協和音かを論断すれば、それで済むというものではない。両史料の性質と制約を頭に入れつつ、記載の逐一を相互に検証し合うこと、まずこれが肝要である。そして、その結果として『ムーイッズ』について、また逆に漢文史料についても、はたしてどれほどの信憑性が置けるものかどうか、判断を下すべき筋合いのものと考える。その如何によって、チュベイ家と明代ハミ王家との系譜関係も確たる裏付けを得たことになるか、あるいはやはりひとつの可能性にとどまるかが決定されるであろう。

　そこで以下、上記のごとき意をこめて、『ムーイッズ』の記載を、ひとまず

第6章　豳王チュベイとその系譜

『元史』に見える王統別に仕切り、そこに見える人名・血統が、はたしてどれほど元明史料にのこる情報と一致ないしは乖離・離齬するものか、具体的に検討してゆくことにしたい。

2　豳王家ノム・クリ系

チュベイの子ノム・クリに発する家系が、ほぼ代々の豳王に一致する。チュベイ一門が保有する王号のうち、豳王が最高位にくらいするから、この家系がどうやらチュベイ一門の嫡統家であったことは疑いない。『ムーイッズ』の該当箇処をあげると次のとおり。なお、各人物の左肩の番号は、説明の都合上、便宜的に付したものである（以下、おなじ）。

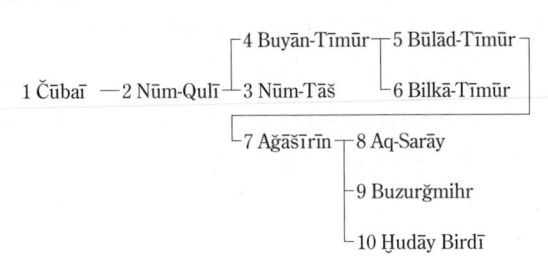

```
                         ┌4 Buyān-Tīmūr┬5 Būlād-Tīmūr
1 Čūbaī──2 Nūm-Qulī─3 Nūm-Tāš         └6 Bilkā-Tīmūr
                         └7 Ağāšīrīn┬8 Aq-Sarāy
                                    ├9 Buzurğmihr
                                    └10 Ḥudāy Birdī
```

系図2　豳王ノム・クリ系の系図

このうち、2 Nūm-Qulī までは『集史』に記載がある。『ムーイッズ』がそれ自体意味をもつのは、3 Nūm-Tāš 以降である。

まず 1 Čūbaī から。初代当主チュベイ Čūbei。元朝史料には、出伯・朮伯・朮白の文字であらわれる。チュベイ家の事実上の創始者。彼の詳しい履歴は省略する。大徳八年（1304年）一二月辛丑、第三ランクの威武西寧王に封じられ、さらに3年後の大徳一一年（1307年）には第一ランクの豳王を授与された。

2 Nūm-Qulī. 第二代当主ノム・クリ Nom-Quli。漢字音訳は、南忽里・喃忽里・納忽里・南木忽里・那木忽里・暖忽里。父チュベイの没後、1309年から1313年のあいだに豳王をついだ。1310年代には、河西西半でもっとも史料の前

2 ▉王家ノム・クリ系

面に出てくる人物である。あまたいるチュベイ諸子のうち、彼がその後継者となったことは、まずまちがいない。以上の二代は元代史料に詳しい。

　問題は、3 Nūm-Tāš 以降である。その名は、ノム・タシュ Nom-Taš、すなわち「法の〔宝〕石」ではなく、「法の友」を意味するノム・ダシュ Nom-Dāš だろう。しかし、彼は一見『元史』などには現われないかのようである。元明史料において、ノム・クリ以後で最初に▉王号を帯びてあらわれるのは、『元史』巻三三、文宗本紀、天暦二年（1329年）一二月甲申に、

　　（a）▉王忽塔忒迷失の王傅に印を給す。

と記される忽塔忒迷失、すなわちクタトミシュ Qutatmiš である。『ムーイッズ』をみるとノム・クリの弟の位置に Quyātmiš なる人物が記され（系図1）、これに相違ない。綴り上、t 音と y 音のちがいがあるが、アラビア文字において、t 音をあらわす ta' と y 音をあらわす ya' とは nuqṭa すなわち点が上に来るか下に来るかの違いにすぎない。『ムーイッズ』に先行する『集史』イスタンブル本では、図化されたチャガタイ家の系譜のうち、チュベイ15子の9番目に Qūtātmīš と明記されている（f. 171b. 本書冒頭口絵20）。さらに、『五分枝』でもチュベイ15子の10番目にウイグル文字とアラビア文字の両方で Qutatmiš と示されている（f. 122a. 本書冒頭口絵21）。漢字音と一致するクタトミシュ Qutatmiš であることは疑いない。では、ノム・クリの後目は、先掲（a）によって1329年には▉王であったことが確認される弟のクタトミシュがつぎ、『ムーイッズ』でノム・クリの長子と記されるノム・ダシュは当主位を相続することがなかったのであろうか。

　クタトミシュについては後述するとして、まずはノム・ダシュである。幸運なことに、チュベイ嫡統家の系譜について、『ムーイッズ』が伝える情報の確かさを立証する決定的な材料をわれわれは与えられている。張維『隴右金石録』巻五に載る「重修文殊寺碑」がそれである。甘粛省、粛州酒泉の西南15kmばかり、祁連山脈から伸びた山塊上に文殊山の名で呼ばれる一大石窟寺院群がある[10]。その中心的な一窟、文殊寺にこの碑は存在した。同碑みずからが語るところによれば、建立以来800年をへて荒れ果てていた「文殊聖寺の古跡」を

253

第6章 藩王チュベイとその系譜

喃答失太子なる人物が、泰定三年（1326年）、「衆の兄弟等」とともに復興し、それを記念して太子自身の名で立石したという。この喃答失太子こそ、『ムーイッズ』のノム・ダシュにほかならない。しかも同碑は、じつに驚くべき事実を語る。チンギス・カン以降、チャガタイ家の家系は、次のように伝えられたというのである。

真吉思皇帝—乂合歹—拜合里大王—阿福嵬大王—主龍大王—喃忽里大王—喃答失太子

この系譜は何か。真吉思皇帝と乂合歹は、明らかにチンギス・カンとチャガタイ。以下、拜合里はおそらく拜答里、あるいは拜答里の欠損で、チャガタイの第六子バイダル Baidar、阿福嵬はやはり阿禄嵬の誤りでアルグ Alγu、主龍は「龍」の字が腑におちず、字体の類似からたとえば「罷」の誤写とすればチュベイ、喃忽里は文字どおりノム・クリ[11]。まさしくこれは、チュベイ家嫡統をいったものにほかならない。しかも、バイダル以降、ノム・クリまでの前後四代について、「従上の諸王、皆、乂合歹の金位に坐し、のち倶に天に昇る」といい、ノム・ダシュ自身についても、「喃答失太子、見に乂合歹の金輪宝位に登る」という。つまり、現当主ノム・ダシュはみずからの家系をチャガタイ家の当主もしくは正統と誇らかに称しているのである。

これまではふつう、14世紀の初頭、中央アジアをおさえたドゥアとその後嗣に対して、「チャガタイ・カン」なる呼称を使ってきた。それは、西方史料が皆そう記し、また彼らみずからもそう称し、そして何よりもそう呼称するだけの政治的事実をもつからである。しかし、いまモンゴル帝国史全体の脈絡のなかでチャガタイ一族の顛末を振り返ってみるとき、ドゥアとその諸子を中心に中央アジアで形成された政治集団は、カイドゥ優位の三十余年を間にはさんで、それ以前の「チャガタイ・ウルス」とはほとんど無縁なかたちであらたに結成された「ドゥア王国」であったことも事実である。であれば、ほぼそれと同時期、大きくは大元ウルス版図下に含まれることとはいえ、河西西半の地をおさえていた（あるいは、おさえつつあった）チュベイ一門の総帥が、みずからチャガタイ当主ないし家正統と称するとは、いったい何を意味するのであろうか。

2　☗王家ノム・クリ系

　この「文殊寺碑」が投げかける波紋はじつに大きい。場合によっては、われわれが通念として抱いている、いわゆる「チャガタイ・ウルス」、あるいはさらにモンゴル帝国全体のイメージも、修正を要することになる。しかし、モンゴル帝国史のなかで、「チャガタイ・ウルス」史の研究は、いまにいたるまでもっとも手薄な分野であり、カイドゥ登場以後の中央アジア情勢もじつは不明な点が多い。チュベイ家当主がチャガタイ正統を称するゆえんも、それらとの関連において追究されるべき問題であり、それは別に論じたい（本書第7章）。
　なお、「重修文殊寺碑」そのものについて少し触れておく。この碑文を収録する『隴右金石録』には、民国二七年（1938年）五月の日付の入った編者張維の自序があり、それによると、「故き志の輯録せる遺文を捜羅し」、「舟車の至る所、残碑・断碣有りと聞けば、至って険遠なりと雖も、またいまだかつて山を陟り、水を厲り、塵積を披い、苔蘚を剔りて、以ってその文字を尋ね検べざるなし」といった具合で、蒐輯・編纂したものという。当該箇処に付した張維の解説文から見るかぎり、彼はこの碑を自序にいうごとく実見したものか、あるいは少なくとも拓本を所持していたらしい。彼の言によれば、「文殊寺碑」は、片面に漢文、もう一面には蒙古文という構成になっているといい、蒙古文の方は「模糊として細弁すべからず」だとして、張維は漢文しか載せていない。ところが、驚くべきことに、ペリオはこの碑文の存在を知っていたらしいのである。たとえば、彼のモンゴル時代に関する該博な知識が総結集したともいえる *Notes on Marco Polo* のなかでチュベイとその兄カバンに注記し、「Čübäi という名称の形は、1326年の未公刊のシナ・ウイグル碑文によって確認される。それには次のような系譜が伝えられる」と述べ、こういう一連の人名をあげる[12]。

　　　Čaγatai—Baidar—Aluγu—Čübäi（or Jübäi）—Nom-qulï—Nom-daš

つまり、ペリオは、すでにこの碑文を知っており、碑文中の人物名の転写案さえ示しているのである。ただ、彼は前掲書以外の既刊の著作のいくつかでも、これに触れてはいるが、いずれも上の記事程度の簡単な言及にとどまり、この碑文の具体的な内容や、それが意味する歴史背景などにはことさら論及しない

ふうである。ところが、彼には厖大な量の未発表の遺作があり、先年、弟子アンビスの死去にともない、ペリオの遺稿がミュゼ・ギメに移管されていたのを、パリに留学中の森安孝夫が閲覧し、そのなかにこの碑文の手写ノートが含まれているのを発見した。じつは、本稿作成中その由を伝え聞き、幸いに情報交換する機会をもつことができた。森安によれば、漢文とウイグル文（ウイグル文はローマナイゼイションしたもの。なお、張維が「蒙古文」というのはじつはウイグル文のことであったのである）両文の手写で、内容的に両者はかなりくいちがうという。しかしいずれにせよ、ペリオはみずから酒泉に赴いて、この碑を実見・手写しているのであり、あるいは、いつの日か、その訳注を公刊する意図を蔵していたのかもしれない。この碑のもつ重要性について言挙げするにつけても、ペリオの慧眼・先見にあらためて驚くしだいである（追記：この論文の公表後、1983年に甘粛・新疆考査旅行にて本碑の現存を知ったが実見できないままに、おそらくはわれわれの刺激により、ややあって耿世民の調査と釈読が公刊された）。

いささか脇道にそれすぎた。本論に戻る。「重修文殊寺碑」によって、さしあたり本章に有益なこととしては、1326年の時点で嫡統家第二代当主のノム・クリはすでに死去し、『ムーイッズ』にその長子と記されるノム・ダシュがその跡目をついで第三代当主となっていたことが確定できる点である。なお、「文殊寺碑」に「喃答失太子」と表現されているところから、彼の当主位襲任について疑念が提出されることも予想される。しかし、モンゴル帝国時代、ウルスの当主位にある人物が、漢文表記において「太子」という称号をつけて登場することは、他にいくつも実例があり[13]、それらはいずれも「太子」という言葉本来の意味で使用されているというよりは、彼らの特殊な地位を反映する一種の"称号"として、いったんモンゴル語化して使用されていたものが、あらためて「太子」と漢訳されたのにすぎないように見える。このノム・ダシュの場合もおそらく同断であろう。

さて、ノム・ダシュが第三代当主であることはまちがいないとして、では彼は本当に元代漢文史料に登場しないのであろうか。じつは、䵦王号を冠しないだけのことで、明らかに彼と思われる記録が『元史』に3例あるのである[14]。そのうち、とくに次の一文は短文ながら、じつに多くの事実を物語ってくれる

貴重な記録である。

　　（b）〔至治元年＝1321年〕夏四月丙午、喃答失の王府に銀印を給す。秩は
　　正三品。寛徹・忽塔迷失の王府は銅印、秩は従三品。

文中にいう喃答失はノム・ダシュであるほか、寛徹はまさしく懸案の粛王コンチェク、忽塔迷失は先述のクタトミシュである。この三人の立場と関係を窺う記事としては、これ以上の記録は望めないほどである。（b）の内容を図になおしてみると、こうなる。

　　ノム・ダシュの王府　　銀印　　正三品
　　　　コンチェクの王府　　　銅印　　従三品
　　　　クタトミシュの王府　　銅印　　従三品

つまり、コンチェクとクタトミシュを戴く王府が同格で、ノム・ダシュのそれは両王府より一段階、上位に格付けされていたことがわかる。しかも、（b）の書きぶりから見て、これら三つの王府、もしくは三つの遊牧集団――モンゴル王族を戴く遊牧集団を一種のミニチュア国家と考えれば、王の属僚が構成する王府はその政府にあたる。つまり、三つの王府とは、結局三つの遊牧集団が存在したことを意味する――が、ノム・ダシュ集団を主軸にして全体としてひとつの大きな政治集団を形成していた様子も窺える。

　ただ（b）において、三人の王は、いずれも王号を帯びていない。しかし、それは当然なのである。『元史』によるかぎり、ノム・ダシュが䲨王号を帯びてあらわれる記事はない（だからこそ、彼の存在が見落されていた）。また、コンチェク、クタトミシュも、（b）の記事より8年後の天暦二年（1329年）になって、はじめて粛王・西寧王を与えられている。（b）の1321年当時、ノム・ダシュ以下の三王は、特定の「国邑」の名がないままであったと見てまずまちがいない。ところが、それにもかかわらず、ノム・ダシュの庶政機関たる王府には「銀印、正三品」の資格（衙門、すなわち役所のランクであるとともに、その属僚の最高官の位階を示す。この場合、ノム・ダシュの王府という衙門が、銀印・正三品であるとともに、その属僚のうち最高官たる王傅筆頭が、同時に正三品の処遇をうけ

第6章　■王チュベイとその系譜

ることを意味する）が与えられ、のこる二人の王府には「銅印、従三品」の資格が与えられている。これは、いったいどういうわけか。

　王府の制度上の規定については、『元史』百官志は曖昧な記述しかのこしておらず、ひとつの目安として『元典章』巻七、吏部の冒頭に掲げられた大元ウルス官僚ランク一覧表ともいうべき「内外文武職品」から関係記事を抜き出して見ると次のとおりである。

　　　王傅（正三品）　　　王府尉（正四品）　　　王府司馬（正五品）

つまり、（b）で「正三品」というノム・ダシュの王府の場合は、その筆頭官たる王傅が正三品たることを意味するから、上の規定にちょうど妥当する。しかし、「従三品」というコンチェク、クタトミシュの王府の場合は、この規定にはそぐわない。おそらく、『元典章』の記載は、各種のランクがある王家のなかでも第一ランクの一字王号——たとえば、「■王」など——のケースだけを取りあげて、その属僚の位階を列挙したものであろう。実際には、王号のランクには五段階ある。当然のことながら、その庶政機関たる王府も、王自身のランキングに従って、「正三品」から順次繰り下げられていったと推測される。

　そうだとすると、上の推測を逆に辿っていけば、先掲（b）の記事は、ノム・ダシュは無王号ではあるものの、事実上で最高ランクの一字王号の処遇をうけており、コンチェク、クタトミシュの二人は、それ以下の、おそらく第二ランク、ないしは第三ランクの王家待遇をうけていたことを意味する、と考えてまずさしつかえないだろう。これをいいかえれば、チュベイ一門の場合、実際に「国邑」名のついた王号を授与されているかどうかに直接かかわりなく、王家の「家格」はおのずから定まっており、それに見合うかたちで、王自身にも、またその庶政機関と属僚にも、しかるべき処遇がなされていたことになろう。以上をまとめると、（b）の一文は、英宗シディバラの治世のはじめにあたる1321年当時について、以下の4点を語ってくれるのである。

　　（1）チュベイ一門には三つの王統があったこと。
　　（2）■王以下の王号はそれに沿って授与され、たとえ実際にその王がまだ名目上で受封していなくとも、王家の「家格」には変わりなかったこ

と。

（3）『ムーイッズ』に第二代当主ノム・クリの長子と記され、かつは「重修文殊寺碑」にて1326年当時においてチュベイ家当主と記されるノム・ダシュは、すでにそのとき、父祖以来の「豳王」たる「家格」を引きついでいた。つまり、ノム・クリはすでに死去し、ノム・ダシュが第三代当主に襲任していたのがわかること。

（4）さらにノム・ダシュが他の二王家の上位に格付けされ、おそらく一門の総帥としてそれら遊牧集団全体を統轄していたと推測されること。

なお、（4）の「総帥」云々とは、すでに先代のノム・クリのとき、同族のコンチェク管轄下とおぼしき事件にさいして、当主のノム・クリが一門の利益を代表して大元ウルス中央政府と折衝しているのが確認されるためである[15]。もともと、遊牧ウルスもしくは遊牧集団というものは、無限に細分化していく一門の所領・集団の総体なのであった。それらをまとめて有効な連合組織たらしめるのは、ひとえにそのときの当主たる人物の責務であり、また彼の力量次第でもあった。1290年代以降、主に河西西半に関する記事において、チュベイとその後継者ノム・クリの名前がことさらなまでに史料の前面に出てくるのは、もちろん、両人に同地方の軍事総攬者たる地位が大元ウルスより委任されていたらしいことが大きいけれども、やはりそこに彼ら両人がチュベイ家一門、ひいては河西チャガタイ系諸集団全体の、まさしく「当主」にほかならなかった事情も見逃すことはできない。（b）の短文に見事なまでに集約してあらわれるノム・ダシュの立場は、こうした祖父チュベイ、父ノム・クリの二代にわたって築かれた地位をそのまま継承したものにほかならないと思われるのである。

さて、クタトミシュ。『元史』諸王表によれば、彼は天暦二年（1329年）、西寧王に封じられ、かたやおなじく『元史』巻三三、文宗本紀においては、その天暦二年二月癸卯に、東方三王家のひとつカチウン家の当主である木楠子Munanjiらとともに西寧王忽答的迷失が金銀の賜与をうけている。すると、クタトミシュは天暦二年において、二月には確実に西寧王の封号をうけたうえ、先掲（a）ではさらに同年一二月のこと、豳王号を帯びてあらわれているわけである。1年のうちに、二度の進封という殊遇をうけ、一気に最高ランクの一

字王号に達したことになる。よほどのことといわざるをえない。ところが『ムーイッズ』ではどうかといえば、彼は第三代当主ノム・ダシュより一世代まえ、その叔父にあたる位置に記されている。いっぽう、そのノム・ダシュは、『元史』において、1328年を最後に姿を見せなくなる。もし、『元史』『ムーイッズ』いずれの記事にも誤りがなく、上に述べた事柄全体をそのまま接合してよいものならば、1328年から29年の交、チュベイ一門において第三代当主ノム・ダシュはみまかったか、もしくは失脚ないし更迭処分となり、逆にその叔父クタトミシュが、29年に第二ランクの西寧王に封じられたのを皮切りに、同年のうちには甥ノム・ダシュのあとをついでチュベイ家の第四代当主におさまったうえ、豳王をも受封したことになる。表面上では、そう考えざるをえない。叔父が甥の後目を相続することも、ときにありえることではある。しかし、それで済ましてしまうには、少しばかり腑におちない点が多い。

『元史』諸王表によれば、クタトミシュが豳王に進封されたのち、空席となった西寧王は、翌1330年に速来蛮なる人物がつぐ。ところで、この速来蛮、すなわちスレイマン Sulaiman とは、『ムーイッズ』によれば、ノム・クリの弟で、クタトミシュからは兄にあたる位置に Būyālnātāš という人物がおり、その息子に Sulaimān なる名が見える（系図1）（なお、Būyālnātāš の綴りについて、『集史』イスタンブル本ではBūyūntāš [ĞTS, f.170a]、Būyāntāš [ĞTS, f.171b] であり、『五分枝』でも Būyāntāš である [Šuʿab, f. 122a]。『ムーイッズ』の綴りのうち、LNA は本来 N とすべきところを書き損じたと見られるかたちであり、彼の名は Būyāntāš～Būyūntāš であったろう。すなわち、ブヤン・ダシュないしはブユン・ダシュ Buyan-Daš～Buyun-Daš であった）。つまり、これにちがいない。クタトミシュは嫡統家の甥ノム・ダシュのあとを継ぐとともに、それまでみずからが保有していた王号は、別系統の甥スレイマンに譲ったのである。ところが、やはり『元史』諸王表によれば、この翌年の1331年には、「不顔帖木花」なる人物が「邠王」となっている。「不顔帖木花」が不顔帖木児の誤りで、「邠王」は豳王の同音異字にすぎないことは、すでに松村が述べたとおりであろう[16]。不顔帖木児、すなわちブヤン・テムル Buyan-Temür とは、『ムーイッズ』を見ると、ノム・ダシュの弟の位置に 4 Buyān-Tīmūr なる名が見え、まさしくこれにあ

2 鬮王家ノム・クリ系

たるに相違ない。そうすると、嫡統家たるノム・クリ系は、1329年から30年のわずか2年あまり、いわば傍系のクタトミシュに一時、当主の位を譲りわたしていたが、すぐさまブヤン・テムルが兄ノム・ダシュの地位を取り戻したことになる。

しかしそれだけなら、まだふつうにありえることだといえよう。ところがどうも釈然としないのは、クタトミシュが当主位相続のさい、スレイマンに譲りわたした西寧王のほうは、スレイマンの子孫が以後代々継承して元末までおよんでいるにもかかわらず（次節参照）、当のクタトミシュの家系は以後、一切の王号とは無縁な存在となっているのである。では、クタトミシュの血筋が絶えたのかというと、けっしてそうではなく、『ムーイッズ』には、クタトミシュの子として6人の名が挙がり、その子孫もちゃんと記されている（口絵22-23頁参照）。以上をとりまとめていえば、クタトミシュ家は、1321年の時点では、おそらくチュベイ一門三王統のうちの三番手、つまり最後尾にあったものが、1328年前後、連続受封によって一気に当主家にのしあがった。ところが、それも束の間、3年後には当主の座からあたふたと退場し、そのまま少なくとも歴史の表面からはあたかも姿を消してしまうかに見えるのである。これは、いったいどういうことか。

想像をめぐらせば、いろいろなことがいえそうである。ただ、次の一点だけは見逃せないだろう。それは、このチュベイ家一門の変動が、1328年、帝国をゆるがした「天暦の内乱」と直接・間接に絡みあっているのではないか、という推測である。すなわち、この年7月、泰定帝イェスン・テムルは上都に崩じ、翌8月それを待っていたかのように大都に拠る勢力が旧泰定帝派打倒を叫んで反乱をおこした。この内乱は、帝国の両都間を主舞台に約3ヶ月つづき、大都派の勝利で幕を閉じた。この結果、泰定帝の中央政権簒奪以後、一時的に巻きかえしていたモンゴル本地勢力は、これを機に帝国中枢部から一掃され、翌1329年からは文宗トク・テムルの新政が開始される。チュベイ家の変動は、まさにこの泰定帝時代から文宗時代へという帝国そのものの大変動とまったく時期が一致するのである。

そこで、ひとつの手掛りとして、チュベイ一門の主要人物ごとに、この前後

第6章　🈳王チュベイとその系譜

の変動を一覧表にしてみると、次のようになる。

表1　「天暦の内乱」前後のチュベイ一門の変動

	〔泰定時代〕	〔1328〕	〔1329〕	〔1330〕	〔1331〕
ノム・ダシュ	当主・第一ランク待遇	〜〜〜	死去？	—	—
ブヤン・テムル		天		—	邠王
クタトミシュ	第二ランク以下の王	暦の内	西寧王→🈳王	死去？	王位なし
コンチェク	第二ランク以下の王	乱	粛王	————	————
スレイマン	王位なし	〜〜〜	王位なし	西寧王	————

　この図を見るかぎり、三代にわたってチュベイ一門の当主位を占めてきたノム・クリ系は、文宗新体制のもとで一時冷遇を余儀なくされ、逆にそれまで傍流にすぎなかった面々が一斉に浮かびあがっている。上昇気流に乗っているのは、先述のクタトミシュとスレイマンだけでなく、一気に最高ランクの一字王号「粛王」受封を果たしたコンチェクもそうである。『元史』諸王表を見ると、この前後、すべてのモンゴル諸王を通じてあらたに一字王号を受封したのは、豫王に封じられたアラトナシリ（阿剌忒納失里 Aratnaširi＜skt. Ratnaśrī）とコンチェク、クタトミシュの三人だけである。ところが、このアラトナシリこそ、エル・テムルと組んで文宗を擁立した大都派の中心人物なのである。彼の豫王受封は論功行賞以外のなにものでもない。それから類推すると、コンチェクとクタトミシュの受封も同様である可能性がでてくる。しかも、この推測を側面から援護する材料があるのである。アラトナシリは、『元史』『ヴァッサーフ史』の双方によって、チャガタイ家のブリ系アフマドの血統に属する人物だったことがわかる[17]。つまり、文宗新政によって脚光を浴びることになったアラトナシリ以下の三人は、いずれもチャガタイ系の人物だったのである。そのうえ、アラトナシリの住地は、少なくとも「天暦の内乱」以前においては、どうやらやはり河西であったらしいから[18]、これら一連の事実を合成すると、帝国動乱と陰陽複雑に絡み合いながら、河西チャガタイ勢力全体が大きく浮き沈みしたありさまがおぼろげながらに浮かんでくる。

2 豳王家ノム・クリ系

しかし、そうはいうものの、以上はあくまで推測にすぎない。厳密にいえば、ありうべき可能性をつなぐと、こうも考えられるといった程度のことである。さしあたり確実なこととしては、「天暦の内乱」前後、元代漢文史料で活躍する主要人物は、ことごとく『ムーイッズ』でも登場し、そこで記される血縁関係を信頼するならば、1328年を境に、しばらくかつての傍流派の台頭が見られたが、1331年にはノム・クリ系が当主に復活し、以後、チュベイ一門三王家の枠組みが固定する、ということである。現時点でこれ以上の検討・推理を重ねることは、史料の限度を越える。

さて、クタトミシュを第四代当主に数えれば、ブヤン・テムルが第五代になる。彼は、邠王不顔帖木児、あるいは豳王不顔帖木児として『元史』に散見する。

ところが、これ以降の人物について、元明史料と『ムーイッズ』では、データが入り乱れ、一致する人名も少なくないものの、王統とその継承をきちんと統合・整理したかたちで把握することがむつかしくなる。まず、『ムーイッズ』でブヤン・テムルの長子の位置にしるされる 5 Būlād-Tīmūr、すなわちボラド・テムル Bolad-Temür は、元代漢文典籍史料にそれとしては確認できるかたちで登場しない。いっぽう、『元史』至正一二年（1353年）七月庚寅の条には「邠王鬼鑾」なる名前が見えるが、鬼鑾（この人名はどう読むべきかわからない）に相当するような人名は、『ムーイッズ』には見当らない。

ところが、ロシア所蔵のカラ・ホト Qara-qota 発現文献のなかに、関係する諸王が複数で登場する文書がふたつある。『俄蔵黒水城文献』漢文部分4（上海古籍出版社、1997年）の208頁に載るＴＫ204文書では、7人のモンゴル王の名が見え、そのうち、孛羅帖木児大王および必立傑帖木児大王は『ムーイッズ』にブヤン・テムルの二人の子としてしるされる 5 Būlād-Tīmūr と 6 Bilkā-Tīmūr と同名である。チュベイ一門を見渡すと、クタトミシュの孫として Pūlād-Tīmūr という名があり、世代上は前記の兄弟とおなじだが、可能性としてはブヤン・テムルの二子のほうが高いだろう。この文章には、後述する西寧王家のスレイマンと同名の速来蛮大王のほか、問題となる粛王の王号をもつ怯乱なる名もあがる。さらに、前掲書の313-314頁に載るTK248文書には13人の

263

第6章　■王チュベイとその系譜

モンゴル王が登場し、索羅帖木児大王・必立傑帖木児大王・怯乱粛王のほか、嵬力■王・朶立只巴安定王の名が見える。嵬力■王は、あきらかに先掲の邠王嵬釐と同人である。TK204とTK248の両文書は、ともに甘粛行省寧夏路が支給する麺・酒・肉・米・鈔などにかかわるものであり、甘粛地域とその一帯にいるモンゴル王たちであることは確実だが、年月の記載のないのが残念である。ちなみに、李逸友編著『黒城出土文書』の漢文文書巻（科学出版社、1991年）にもチュベイ一門にかかわる文書がいくつも見られ、政治上きわめて重要なものもある[19]。カラ・ホト発現文献の公刊・調査がすすめば、さらに有益な関連情報が見つかる可能性が大いにある。

　ここで目を明代文献に移すと、このあたり和田清の研究に詳しく[20]、そのうち『明実録』にいう次の3例が注意される。

　　（1）故元■王亦憐真（洪武一三年五月壬寅）
　　（2）故元省哥失里・阿者失里王（同上七月甲寅）
　　（3）■王列〔別の誤り〕児怯帖木児（洪武二四年八月乙亥）

さて、このうち（2）の阿者失里王、（3）の■王別児怯帖木児は、『ムーイッズ』に、それぞれ前出ボラド・テムルの子と弟としてしるされているアジャシリ 7 Aɣāšīrīn＜Ajaširi、ビルゲ・テムル 6 Bilkā-Tīmūr＜Bilge-Temür に相違ない。そして、ビルゲ・テムルは、まず間違いなく前述のカラ・ホト文献に見える必立傑帖木児大王だろう。アジャシリとビルゲ・テムルは、血筋としてはチュベイ嫡統である。しかし、のこる（1）の亦憐真、（2）の省哥失里は『ムーイッズ』に見えない。ただし、省哥失里については、『黒城出土文書』漢文文書巻の128-131頁に13件の関係文書が登載される桑哥失里大王と近似する。Senggeširi～Samɣaširi は、同名異音の範囲内にあるだろう。桑哥失里大王がかかわる13件の文書群は、延祐三年・四年（1316・17年）の両年に集中する。したがって、1316年にしかるべき立場にあった人物が、1380年に活動することは年齢上ややむつかしくはあるが、80歳の皇帝クビライの例もあり、皆無というわけではない。以上の元明史料と『ムーイッズ』の出入関係を表になおすと、こうなる。

2　闍王家ノム・クリ系

表2　『ムーイッズ』『元明史料』の人名対応

『ムーイッズ』	ボラド・テムル				アジャシリ	ビルゲ・テムル
元明史料	孛羅帖木児	1353邠王 鬼鏊 (鬼力)	1380闍王 亦憐真	1380 省哥失里	1380 阿者失里	1391闍王 別児怯帖木児

　『ムーイッズ』に対し、元明史料に見える人物のうち三人が対応記事をもたないことになる。これをどう考えたらよいか。

　ひとつの簡単な代案としては、鬼鏊と亦憐真を、前出ブヤン・テムルとその子ボラド・テムルの別名と見なすことである。モンゴル時代の王侯たちが、一人で複数の名をもつことはあまたの例がある。省哥失里はさておき、チュベイ一門の当主を意味する闍王号をもつこの二人が『ムーイッズ』の二人と同一人物だとすれば、元明史料と『ムーイッズ』のズレは解消する。しかし、これではあまりにも安易で、裏付けもない。むしろ、この不一致こそ重要である。

　ここで考えねばならないのは『ムーイッズ』の性質である。チュベイ嫡統家だけにかぎっても、『ムーイッズ』の記載はけっして網羅的なものではない。たとえば、先掲（2）の省哥失里と阿者失里は、『明実録』の文脈から見てどうやら兄弟らしいのにもかかわらず、『ムーイッズ』ではアジャシリしか登場せず、センゲシリ Senggeširi の名は見えない。ところが、そのいっぽうでアジャシリの三子の名はしっかり載せている。この三人は元明史料にはその名が見えないが、父アジャシリが1380年に、そして大叔父のビルゲ・テムルが1391年にそれぞれ活動していることからすれば、当然14世紀末から15世紀初頭の人、すなわち『ムーイッズ』の編者ハーフェゼ・アブルー Ḥāfiẓ-i Abrū [21] とはさほど年月をへだてぬころの人ということになる。とすると、ティムール朝の『ムーイッズ』はチュベイ嫡統家の歴代について、むしろ現に知るところの三人から遡って、モンゴル時代の『集史』もしくは『五分枝』が伝える第二代当主ノム・クリ、ないし第三代のノム・ダシュまでつなげようとしたとはいえまいか。

　元明史料と『ムーイッズ』とに乖離する部分がでてくるのは、いずれも元末

265

第6章 ▨王チュベイとその系譜

明初の混乱期のことである。『明実録』によれば、▨王家は、1380年に粛州近辺の白城子・赤斤(チギン)站の地において明軍の征討をうけ、当主亦憐真・センゲシリ(イリンチン)・アジャシリ以下が捕殺されるという大打撃を被った(先掲(1)・(2))。91年には、ハミ城に後退していたところを明軍に急襲され、▨王ビルゲ・テムルは斬殺される(先掲(3))。これ以降、漢文史料に▨王なる人物は登場しない。つまり、中華側の情報ではひとまず▨王家はアジャシリの世代までで滅亡した恰好になっているのである(もっとも、大元ウルス体制そのものが1388年には崩壊したから、▨王も含め、王号授与という行為自体がほぼありえなくなってはいるのではあるが)。ところが、『ムーイッズ』にはアジャシリの三子がちゃんとしるされている。ただし彼らが、明軍による一連の▨王家討伐作戦以後も無事に存命していたかどうかは確かめようがない。系譜上の世代でいえば彼らより一世代前、活動時期でいえばほぼ同じころの人物と推測される、クナシリとエンケ・テムルの兄弟がハミ落城後も生きのびて活動していることからすれば、あるいは彼ら三人も生存し、ノム・クリ系は断絶していなかったのかもしれない。しかし、逆に彼ら三人も他のノム・クリ系諸王とともに死没して、そのため生き残ったイリクチ系の両兄弟が、全チュベイ一門を代表して明朝の封冊を受けることになった、との推理も成り立ちうる。つまり、▨王家ノム・クリ系の断絶云々について、現在あたえられている史料では何ともいえないであろう。ただ確実にいえるのは、元明交替の混乱期、ノム・クリ系にはどうやらほかにも血統があったことが元明史料で確認されるのにもかかわらず、結局『ムーイッズ』にはアジャシリ父子4人とビルゲ・テムルしか記載されていないということである。

そこで、『ムーイッズ』のノム・クリ系に関する記載全体をもう一度よく眺めてみると、アジャシリ父子を起点に考えた場合、チュベイ家の当主となった人物だけを挙げたものであり、いわば系図として成り立ちうる必要最低限度の面々だけをつなぐかたちで出来あがっていることに気づく。つまり、この系図はアジャシリ系の系図と見なしてさしつかえないのではないか。いいかえれば、『ムーイッズ』編纂の過程において、ノム・クリ系に関して編者ハーフェゼ・アブルーが利用しえた情報はアジャシリ系の情報だった、ということになる。

しかし、だからといって『ムーイッズ』の記載が信用できないかというと、

2 藩王家ノム・クリ系

そうではないであろう。アジャシリ以前において、『ムーイッズ』がその名を挙げながら、元明史料に対応記事を見いだせないのは、ひとりもいない。つまり、書いてあるかぎりのことについては、『ムーイッズ』はまず嘘はついていないと考えてよいのではないか。ただ、記載にある種のかたよりがあることは事実であり、それが情報蒐集のさいの何らかの事情によるのか、あるいはたんに先述のごとく、現に知りえた三人からさかのぼってつないだだけなのか、いまは定かにわからない。

考えてみれば、そもそもティムール朝史料である『ムーイッズ』に、本来は大元ウルス麾下に属するはずのチュベイ一門が、こうまで詳しく記載されていること自体、やはりひとつの謎というか、鍵となる点だろう。チュベイ家以外の『ムーイッズ』の記載を通観してみても、大元ウルス版図下の勢力については、やはりかなり手薄であるとの印象をまぬかれえない。まったく触れぬか、さもなくばきわめて簡略である場合が多い。トガン Z. V. Togan の研究によれば、すでにイラン方面のフレグ・ウルス内において同様の系譜集が編纂されており、ラシードゥッディーンの手になるとされる『五分枝』Šu'ab-i Panǧgāna は、『ムーイッズ』の編纂にも利用されたという。現在、『五分枝』については、イスタンブルのトプカプ・サライ博物館の図書館に蔵されるティムール朝期の書写かと考えられる写本のみが知られ、その点で相互の比較は慎重たらざるをえない。だが、それを承知のうえで、『五分枝』の中核をなすモンゴルの項を見ても、横長の紙面を見開きで使う仕方はもとより、系図表記の逐一まで『ムーイッズ』との連動・継承はいちじるしい。ティムール朝のヘラトにおける史学は、フレグ・ウルス以来の伝統の上にあった。『ムーイッズ』は、まさしくそうしたモンゴル帝国西半の情報を集大成したものといってよい。しかもそうであるにもかかわらず、チュベイ一門に関する記載が群を抜いて詳しく、かつ正しいのは、モンゴル帝国の遺産と記憶が脈々と生きていたことのほか、ひとつにはチュベイ家も、また『ムーイッズ』を生み出したティムール朝も、もとを辿ればチャガタイ系列に属する政治集団であったという側面も当然ながら考えられる。よく知られているように、ティムールは自分の事業の総仕上げとして、かつて大元ウルスが直接統轄していた東方、すなわちモンゴル本土の制圧も含

第6章 䥽王チュベイとその系譜

め明朝打倒をめざして遠征を企てた。しかし、大軍をひきいて出立した途端、1405年オトラルにて他界した。この遠征が実現していれば、ユーラシアの歴史は大きく変わった可能性が高い。すでにティムール軍の来襲に備えるため、3年まえに政権を奪取したばかりの永楽帝は、モンゴリアに対する国境警備線を大きく後退させ、本拠地の北平（のち北京）地区を徹底的に固めて必死の防衛態勢を採っていた。そのこと自体が、両陣営の力のちがいを率直に物語っている。ひるがえって、『ムーイッズ』が編纂されたシャー・ルフ時代になっても、明朝西端への窓口の位置を占めたチュベイ一門の動向が、ティムール朝にとって関心の的でありつづけたことはごく自然に考えられる。

それに関連して見逃すことができないのは、『ムーイッズ』が編纂される8年前、同じシャー・ルフ時代の822/1419年に、ヘラトから正式な北京遷都を2年後にひかえる永楽帝のもとへ、有名な遣明使節が派遣されていることである。正使・副使7人にくわえ、随行510人を数えたこの大使節団は、往路にハミ・河西ルートを利用し、復路はいわゆる西域南道を通って、825/1422年にヘラトに帰着した[23]。そのさい、副使の一人ホージャ・ギヤースゥッディーンが書き

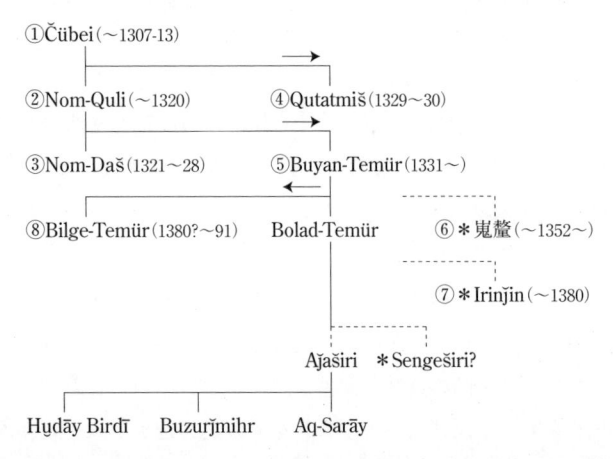

```
①Čübei(～1307-13)
   │
   ├──────────────→
   │                
②Nom-Quli(～1320)  ④Qutatmiš(1329～30)
   │
③Nom-Daš(1321～28)  ⑤Buyan-Temür(1331～)
   │              ←
⑧Bilge-Temür(1380?～91)  Bolad-Temür   ⑥*鬼鼇(～1352～)
                                        ⑦*Irinjin(～1380)
                        Aǰaširi  *Sengeširi?
            Hudāy Birdī  Buzurǰmihr  Aq-Sarāy
```

（図は『ムーイッズ』をベースにし、＊はあらたにつけ加えたもの。○印で囲んだ数字は歴代当主と推定されるもの。（ ）内の数字は、文献上で当主位にあったことが確実な年次。矢印は長幼を示す。）

系図3　ノム・クリ系の系図

3　西寧王家スレイマン系

のこした史上名高き旅行記には、コムルすなわちハミにて Manglī Tīmūr Bāīrī なる青年君主が当地を支配していたとしるしている[24]。この人物こそ、すでにペリオ・小田のふたりが言及したごとく、『明実録』に免力帖木児としるされる明代ハミ王家の第四代当主メンリ・テムル Mengli-Temür にほかならない[25]。『明実録』によれば、彼はエンケ・テムルの子であった。『ムーイッズ』において、エンケ・テムルの子の位置に人名の書かれていない丸印があるが、それはまさしく彼のことにちがいない。彼の名前がなぜ空白になっているのか、そこに別の疑問があらたに生じるものの、ともかくティムール朝の遣明使節団がその道々に蒐集した情報が5年後の『ムーイッズ』編纂に生かされていったことは充分にありえる。であれば、『ムーイッズ』がいまに伝えるチュベイ一門の系譜は、元明史料に同定材料をもたない人物も含め、かなり信頼に足る情報だと見なければならない。

　以上の結果をとりまとめ、チュベイ嫡統家たるノム・クリ系の系図をもう一度掲げる（系図3）。

3　西寧王家スレイマン系

　この系統に関する『ムーイッズ』の該当部分について、既述の議論で考訂・修正した点をくわえつつ別に示すと、次のとおりである。

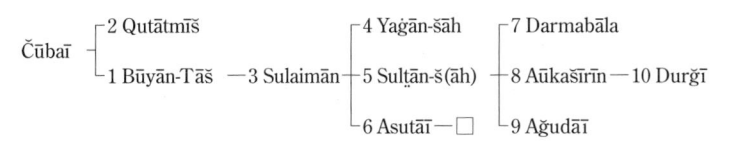

```
          ┌ 2 Qutātmīš                  ┌ 4 Yagān-šāh        ┌ 7 Darmabāla
  Čūbai ─┤                              │                    │
          └ 1 Būyān-Tāš ─ 3 Sulaimān ─┼ 5 Sultān-š(āh) ─┼ 8 Aūkašīrīn ─ 10 Durgī
                                         │                    │
                                         └ 6 Asutāī ─ □      └ 9 Aǧudāī
```

系図4　西寧王家スレイマン系の系図（1）

　すでにみたように、2 Qutātmīš がクタトミシュで、初代の西寧王ではある。しかし、どうやらこの王統の実質上の創始者とみなすべきは 3 Sulaimān らしいことも、やはりすでに述べた。ただ、その父にあたる 1 Būyān-Tāš[26]につ

第6章 闊王チュベイとその系譜

いて、『ムーイッズ』は『集史』の記載をそのままひきつぐかに見える。管見のかぎり、モンゴル時代の漢文史料には今のところこれに同定すべき記録は見つけていない。ところが、『オルジェイト史』Ta'rīḫ-i Ūlǧāītū には、1314年前後に大元ウルス西境の代表的軍事指導者として兄のノム・クリと並んで Buyān-Tāš の名が明記される（本書第8章）。この家系は、ブヤン・ダシュ Buyan-Daš の時点、すなわちクタトミシュ以前において、すでに嫡統家に準ずる立場にいたことになる。すると、漢文史料にもとづいて推測したことは必ずしも十分ではなく、のちに西寧王を名乗ることになるこの系統は、チュベイの諸子のひとりであるブヤン・ダシュの当初から有力な家柄であったことになる。であれば、ブヤン・ダシュこそ、この家系の初代とすべきであろう。クタトミシュはすぐ上の兄であるブヤン・ダシュの地位をひきついで、既述の1321年には長兄ノム・クリの後継者ノム・ダシュのもとで王府を形成したのであった。

さて、そうなるとスレイマンはこの家系としては第三代、西寧王としては二代目ということになる。そのスレイマン以下の系譜に関連して、二つの有名な碑文資料が想いあたる。第一は、「莫高窟造象記」（1348年）、第二は「重修皇慶寺記」（1351年）である。敦煌莫高窟に建てられたこの両碑文は、徐松『西域水道記』巻三に見え、のち羅振玉『西陲石刻録』にも収録されたほか、1902年にはシャヴァンヌが解説を施し、1955年には謝稚柳『敦煌芸術叙録』にも収められた[27]。松村・小田もこれに触れ、最近では梅村坦が碑文中の人物の同定を試みている[28]。碑文自体の紹介は、梅村の解説を参照していただくとして、要はそこに記された建立の発願者である。梅村方式に従って両碑文にいう顔ぶれを列挙すると、次のとおり。

「莫高窟造象記」	「重修皇慶寺記」
1 速来蛮西寧王	a 速来蛮西寧王
2 妃子屈朮	b 妃子曲朮
3 太子養阿沙	c 牙罕沙西寧王
4 　　速丹沙	d 王子速丹沙
5 　　阿速歹	e 阿速歹

270

3　西寧王家スレイマン系

6　　　結来歹
7 脱花赤大王

　　　　　　f 公主必列怯
　　　　　　g 駙馬桑哥荅思
　　　　　　h 孛羅大王

1〜5、a〜eまでは、両碑とも一致する。これらの人物を両碑のいうところに従って系図化すれば、こうなる。

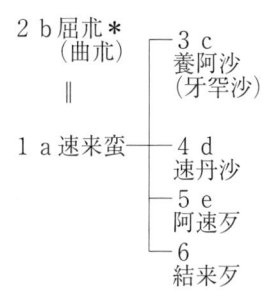

```
2 b 屈朮 *ー 3 c
　（曲朮）　　養阿沙
　　‖　　　（牙罕沙）
1 a 速来蛮ー 4 d
　　　　　　速丹沙
　　　　　ー5 e
　　　　　　阿速歹
　　　　　ー6
　　　　　　結来歹
```

（*なお、速来蛮の4子は、屈朮との間の子かもしれない。しかし両碑のかぎりでは、それは確定できない。）

ところが『ムーイッズ』を見ると、これと一致する親子関係が書かれている（系図4）。1・aの速来蛮は3 Sulaimān、3・cの養阿沙あるいは牙罕沙は4 Yagān-šāh、4・dの速丹沙は5 Sulṯān-š(āh)、5・eの阿速歹は6 Asutāīである[29]。女性である2・bの屈朮あるいは曲朮と、6の結来歹が『ムーイッズ』には見えないだけで、あとは完全に一致する。『ムーイッズ』が伝える情報の信憑性は、もはや疑う余地がない。逆にいえば、敦煌莫高窟にかかわってその掉尾を飾るものとして、シャヴァンヌ以来さまざまな同定が試みられてきた上の両碑中の人物は、ほかに確実な同定材料を見いだしえない7・f・g・hを除いて、ここにはじめてチャガタイ家チュベイ一門の傍流、スレイマン一族であることが確定できるのである。なお、既述のように『俄蔵黒水城文献』漢文部分4のTK204には、「速来蛮大王」の名が見える。世代・時期・場所いずれからも、西寧王となるこのスレイマンと考えていいのだろう。であれば逆に、

第6章　嚻王チュベイとその系譜

そのスレイマンが西寧王の称号を帯びずに登場する TK204 文書は、彼が受封した1330年以前の時期のものという推定も理窟のうえでは成り立つことになるが、封号をつけた呼称がはたしてどれほど厳密におこなわれたかどうか、その点はまた、じつは定かにいいがたい。

ひるがえって、上の事実を踏まえて考えてみると、両碑はさらに多くのことを語ってくれる。本章に関係する点だけでも、その一は、1348年当時（第1碑）、第二代西寧王スレイマンが在世していたこと。その二、1351年（第2碑）になると、スレイマンは他界しており、長子のヤガン・シャー Yagān-šāh＜Yaɣan-ša（なお、この名は象王ないし象主を意味する）が跡目を継いだこと。その三、ヤガン・シャーは『元史』巻四三、順帝本紀至正一三年（1353年）一二月丁巳の条に、「西寧王牙罕沙、四川に鎮し、沙州に還る」としるされていることから、本拠地は沙州＝敦煌であったと推測されるが、両碑の存在自体によってそれが裏付けられること、などである。なお『元史』の世系表が、西寧王初代のクタトミシュをチンギス・カンの第三弟カチウン家の項にしるし、あきらかにスレイマンのことだろうと思われる西寧王搠魯蛮を同じくテムゲ・オッチギン家の項にしるしているのは、まったくの虚妄である。明初の『元史』編纂のひどさを物語る数多い事例のひとつである。

さて、第三代スレイマンと第四代ヤガン・シャーは『元史』に散見するが、それも先掲の至正一三年の記事を最後に、この王統の記録は見えなくなる。ところが、『明史』巻三三〇、沙州衛伝を見ると、

> 洪武二四年、蒙古王子の阿魯哥失里は、国公の抹台阿巴赤・司徒の苦児蘭等を遣わして来朝せしめ、馬及び璞玉を貢ず。

との記録がある。例によって、『明史』のこの文は、『太祖実録』洪武二四年春正月戊申の条の記録をそのまま引き写したものであるが、問題は文中の「蒙古王子の阿魯哥失里」である。これは『ムーイッズ』にスルタン・シャーの子として見える 8 Aūkašīrīn と同一人物の可能性がある。『ムーイッズ』パリ本のままならば、Aūkašīrīn という綴りは、トルコ語-モンゴル語としては Ögäširi と読まざるをえない。「王子」を意味する ögä（于越）に、サンスクリット語で

3 西寧王家スレイマン系

「吉祥」をあらわす śrī>širi が付いたかたちである。しかし、『ムーイッズ』のアラビア文字で2字目のū、すなわちWは、Rにきわめて近似する。十分に書き損じの可能性をはらんでいる。もしそうならば Arkašīrīn となり、『明史』の阿魯哥失里と同一音をあらわす。エルケシリ Erkeširi がこの蒙古王子の名であったことになるのである。上掲の『明史』の記録は、沙州衛すなわち敦煌地域にあったモンゴル勢力が明に帰附して「衛」の名分をもって遇される由来を述べたものであり、洪武二四年（1391年）は、明の討伐軍がハミ城を急襲し、ハミ王家初代のクナシリを走らせ、最後の🈳王ビルゲ・テムルを殺した年でもある。つまり、チュベイ一門のうち沙州を根拠地とする西寧王スレイマン家と無縁ではありえない蒙古王子の阿魯哥失里は、国公の抹台阿巴赤（モダイ・アバチ Modai-Abači）や司徒の苦児蘭といった高官たちを使節にむかわせることができるほどの人物であった。おそらくは、西寧王家を代表する立場にいたと考えざるをえない。そして、嫡統家である🈳王とその集団とは別に、明軍の進攻を予想して、いち早く帰附の姿勢を示し、征討を回避した。その結果、敦煌地域のこの集団は、沙州衛として明代にも生き続けることになったのである。『ムーイッズ』の Aūkašīrīn が Arkašīrīn の誤写である可能性は、歴史展開のうえでも蓋然性があるだろう。

　ただ、ここでひとつの問題がある。先述の Aūkašīrīn はパリ本には登場するものの、ロンドン本など他の3種の写本のなかにはその名が見えないことである。西寧王家と明代沙州衛を結ぶ史料上の糸は、この人物ひとりである。『ムーイッズ』の Aūkašīrīn が否定されれば、両者をつなぐ糸は切れてしまう。

　既述のように、『ムーイッズ』の4写本のうち、パリ本がもっとも古く、ほとんど原本に近いとおぼしきこと、逐一の内容・綴りも、パリ本が格段に鮮明で妥当と思われる点が多いこと、チュベイ一門の部分にかぎっても、後世のムガル朝での写本であるロンドン本以下では明らかにおかしいと思われる箇所が少なくとも三つはあること、そしてとりわけスレイマンとその諸子ヤガン・シャー、スルタン・シャー、アスタイの父子関係が、パリ本では莫高窟の両碑文の内容に完全に合致するが、たとえばロンドン本ではスレイマンが他の三人の父ではなく、ヤガン・シャー、アスタイの兄弟の位置にしるされ、スルタン・

273

第6章 﨟王チュベイとその系譜

シャーだけがスレイマンの子となって（つまりスレイマンとスルタン・シャーの部分だけが、系図上そっくり一段下にさがっているのである）、上の両碑とくいちがうこと、以上の諸点から、少なくともチュベイ一門の部分については、パリ本を採りたい。

なお、先掲の系図4に示した『ムーイッズ』のうち、7・9・10の三人については、今のところ他に同定材料を見いだしえない。

以上の結果をあわせ、この王統の系譜をもう一度掲げる（系図5）。

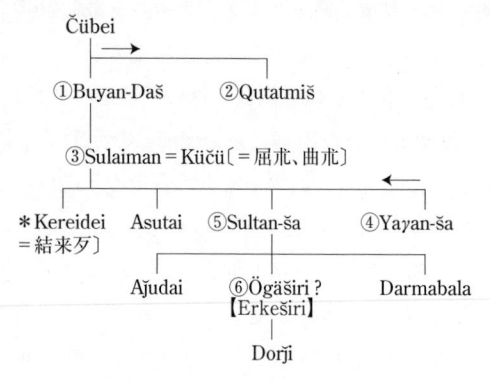

```
             Čübei
               ├────→
        ①Buyan-Daš   ②Qutatmiš
        ③Sulaiman = Kücü〔＝屈朮、曲朮〕
                                    ←────
  *Kereidei  Asutai  ⑤Sultan-ša    ④Yayan-ša
  ＝結来歹〕
        Ajudai  ⑥Ögäširi?    Darmabala
                【Erkeširi】
                  Dorji
```

（図の凡例は系図3の場合と同じ。）

系図5　西寧王家スレイマン系の系図（2）

4　粛王家あるいは威武西寧王家

さきほど、明代ハミ王家の初代クナシリがチュベイの後裔であることはまちがいないものの、系譜上は「威武西寧王」を名乗るべき彼が、「粛王」をも兼ねあわせている点について疑問を提出した。そのさい、この両王号に関連して、なおいくつかの問題があることを述べた。そこで以下、これらについて検討する。まず、関係する『ムーイッズ』の記載を掲げる。

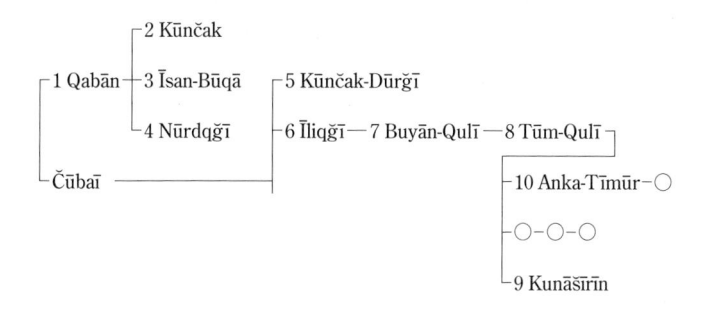

```
            ┌─ 2 Kūnčak
┌ 1 Qabān ─┤  3 Īsan-Būqā    ┌─ 5 Kūnčak-Dūrğī
│           └─ 4 Nūrdqğī     │  6 Īliqğī ─ 7 Buyān-Qulī ─ 8 Tūm-Qulī ┐
└ Čūbaī ──────────────────────┘                                      │
                                          ┌─ 10 Anka-Tīmūr ─ ○
                                          │   ○ ─ ○ ─ ○
                                          └─ 9 Kunāšīrīn
```

系図6　威武西寧王家系図

　まず、粛王寛徹の同定から。すでに述べたごとく、『ムーイッズ』には、チュベイの子コンチェク・ドルジとカバンの子コンチェクの二人がいる。結論から先にいえば、筆者は後者だと考える。その根拠は、さきに西寧王家の事実上の初代ブヤン・ダシュについて触れた『オルジェイト史』の記事である。そこでは、「チュベイの諸子ノム・クリとブヤン・ダシュおよびカバンの子コンチェクが12万人隊とともにスクチュ（粛州）の幕営地からウイグリスタン諸地方に住し……」と述べられている（本書第8章、337頁）。1314年前後、大元ウルス西境はチュベイの子ノム・クリを主帥とし、その弟のブヤン・ダシュとカバンの子コンチェクが副将格で前線に立っていたのである。ここに見えるコンチェクこそ、漢文史料に見える粛王寛徹と考えざるをえない。であれば、カバンの子であるという『オルジェイト史』の記述は決定的といわざるをえない。

　では、漢文史料に登場する粛王寛徹とは、どんな人物でいかなる活動をしていたのか。『オルジェイト史』の記事の裏付けとするため、関連記事を整理・分析してみたい。まず、注目されるのは『元史』巻二二、武宗本紀の至大元年（1308年）正月己卯の条に見える次の一節である。

　　（c）豳王出伯、玉六百一十五斤を進む。金千五百両・銀二万両・鈔万錠、
　　　　従人に四万錠、寛闍・也先孛可等に金二千三百両・銀一万七百両・鈔三
　　　　万九千一百錠を賜う。

チュベイ在世中のこと、大元ウルスの最西端にあって、「西域南道」にも手を

第6章　■王チュベイとその系譜

伸ばしていたチュベイは、有名なホタンの玉を進貢した。その見返りとして、チュベイ以下に莫大な賜与が与えられたという内容である。問題は、文中の「寛闍・也先字可」。かつて佐口透は、この両人をドゥアの子で、いわゆる「チャガタイ・カン」位を継承したコンチェク、エセン・ブカ兄弟にあてた[30]。『ヴァッサーフ史』『オルジェイト史』等のペルシア語史料、あるいは『元史』等の元代漢文史料によるかぎり、コンチェク、エセン・ブカといえば、ドゥア家の二人を連想するのは従来の知見では当然のことであったかもしれない。ところが『ムーイッズ』によれば、チュベイの兄カバンには3子があり、そのうちの二人が、2 Kūnčak、3 Īsan-Būqā、という名前なのである。つまり、14世紀初頭の同時期、西のドゥア家と東のチュベイ家には、2組のコンチェクとエセン・ブカ兄弟がいたのである。では、前掲（c）の「寛闍・也先字可」はどちらであったか。（c）の文脈から見ると、この二人は明らかにチュベイの組下に属する人物でなければならず、ドゥア家の両王とするのは無理がある。チュベイ一門中のカバン家の二人と考える方が、事実関係において無理がない。

ところで、この「寛闍」は誰かといえば、あきらかに懸案の「粛王寛徹」と同一人物である。なぜなら、元代漢文史料において寛徹あるいは寛闍なる人物は、上引の（c）の記事を皮切りに、1310年代から20年代末まで史料にあらわれ、1329年には「粛王」受封を果たす。内容上、それらはあきらかに一連のものであり、同じ人間をさしているからである。（c）の「寛闍」がカバンの子コンチェクならば、結局「粛王寛徹」とは彼のことにほかならない。

これを裏付ける材料は、ほかにいくつかある。たとえば、『永楽大典』に引く『站赤』皇慶元年（1312年）一一月一八日の条によれば、河西方面の駅站の維持に関して在地の甘粛行省と「諸王南忽里・寛徹」の二人に処置がゆだねられた。南忽里はチュベイ家第二代当主のノム・クリであるいっぽう、もうひとりの寛徹は一門の総帥たるノム・クリと並列の扱いをうけているのである。また先掲（c）にしてからがすでに、チュベイが一族を代表して玉を進貢したかたちにはなっているが、その見返りたる賜与は、チュベイとその従人でまずひとまとまり、コンチェクとエセン・ブカ兄弟らがもうひとまとまりと、実際上で二つの集団に別立てで振り分けられており、額もほぼ同じくらいである。つ

4　粛王家あるいは威武西寧王家

まり、元代漢文史料において「粛王寛徹」、あるいは王号をともなわないかたちの寛徹もしくは寛闍なる人物は、いちおうはチュベイないしその後継者ノム・クリの指揮下に入ってはいるものの、じつのところそれと肩を並べるくらいの立場にあったことがわかる。

ところで、もうひとりの候補者であるチュベイの子コンチェク・ドルジであるが、彼は『ムーイッズ』によれば第16番目の子であって、その彼がはたしてこうした立場に立ちえるものかどうか。もし、彼に若干の考慮すべき要素があるとすれば、チュベイの「末子」にあたるらしいことである。しかし、これとてもカバンの子コンチェクにくらべれば有利な条件とはなりえない。というのは、前述の「粛王寛徹」の特別な立場はまさに、カバンの子コンチェクにしてはじめて肯けるものなのである。『集史』やマルコ・ポーロという名の誰かによる旅行記のなかにおいて、カバンとチュベイの両人は並記して特筆されている。このふたりは、じつは全モンゴル帝国で屈指に名高い王侯なのであった。そうした関連の記述を総合すると、チャガタイ・ウルス第五代当主アルグの遺児であるカバンとチュベイの兄弟は、1278-82年ころ、カイドゥの支配が浸潤する中央アジアを離れ、一族集団とともに大元ウルスの版図下へ来投した。当初は兄弟二人して、対カイドゥ戦の前線に立ち奮戦したらしいが、まもなく兄カバンは死去し、その後はチュベイが一門の総帥となって活躍した。チュベイの直系たるノム・クリ系が代々一門の当主となるのは、このことに因む。しかし、そのさいカバンの遺児であるコンチェクが父の遺封をついで、叔父チュベイ、いとこのノム・クリと共動したのであろう。つまり、チュベイ集団は当初から実質上で二頭立てであったのである。以上のことは、次の第7章にて詳述する。1329年、コンチェクが最高ランクの「粛王」を受封し、「豳王」たるノム・クリ系と並立するかたちになったのも、結局もとをただせば、彼の血筋が嫡統家に対してけっして見劣りのしない家柄であったためである。チュベイの15子、ないしは16子のひとりにすぎないコンチェク・ドルジでは、なぜ彼が他の兄弟たちをおしのけて、嫡統である長兄ノム・クリと並立したのか、説明できない。

では、そのコンチェクの名跡「粛王」を、どうしてイリクチ系のクナシリが

277

引きついでいるのであろうか。それはおそらくコンチェク死後、嗣子がないなどの理由で、チュベイ傍流のイリクチがコンチェク麾下の集団を継承したためではないか。そのポイントになるのは、やはりイリクチである。

『元史』において、イリクチはわずか２ヶ所にしか登場しない。ひとつは、泰定本紀、泰定元年（1324年）六月庚申の条に、「諸王寛徹・亦里吉赤、来朝す」と見える。寛徹はくだんのコンチェクである。イリクチは、コンチェク生前から彼と行動をともにしているわけで、両者はかなり親しい間柄にあったと想像される。そしてもうひとつは順帝本紀元統二年（1334年）五月己丑の条に見える次なる一文である。

　　（d）威武西寧王阿哈伯の子、亦里黒赤に詔して、その父の封を襲わしむ。

これによればイリクチの父は阿哈伯、すなわちアカ・ベクないしアカ・ベイ Aqa-beg～Aqa-bey なる人物で、威武西寧王はアカ・ベクないしアカ・ベイからイリクチと継承されたという。ところが『ムーイッズ』では、イリクチの父はチュベイその人である。では『元史』『ムーイッズ』のいずれかが誤っているのだろうか。

『ムーイッズ』にはアカ・ベクないしアカ・ベイなる人物は見当らない。そこで以下、３通りの考え方が成立するように思われる。

ひとつは前掲（d）をそのまま受け取って、アカ・ベイが実在したとする見方。この見方に従えば、威武西寧王は、

　　チュベイ――アカ・ベクないしアカ・ベイ――イリクチ

という具合に継承されたことになる[31]。しかし管見のかぎりでは、元代史料において、アカ・ベクないしアカ・ベイなる人物はほかにあらわれず、またチュベイとノム・クリの父子二代との関係もわからない。ともかくこの見方に立てば、『ムーイッズ』はアカ・ベクないしアカ・ベイを書き漏らし、イリクチの記入位置を誤っていることになる。

そこで別案として、阿哈伯は、阿哈出伯の脱落と見ることはできまいか。阿哈は尊称としてのアカ、つまり兄(アカ)チュベイというわけである。モンゴル時代、人名に aqa をつけて呼ぶ例はかなり多くみられる。モンゴル王族にかぎって

4　粛王家あるいは威武西寧王家

も、有名なところでは、チャガタイがオゴデイ時代に文字どおり「チャガタイ・アカ」と呼ばれたことが『元朝秘史』『元史』[32]に名高い。そのほか、オゴデイの第二子コデン Köden が『元史』で「闊端阿哈」と呼ばれ[33]、チンギス・カンの次弟カサル家の第三代イェスンゲ Yesüngge が『集史』で Yīsūnkka-Aqā と呼ばれている[34]。また、カイドゥも『集史』で Qāīdū-Aqā と呼ばれていたことが確認される[35]。さらには、ドゥアもまた「アカ」と呼ばれた。このうち、チャガタイのように実際に「兄」と呼ばれるべき具体的な血縁関係をもつ場合もあるが、そのいっぽう上の 5 例はいずれもその時々の有力者であって、「兄」という言葉本来の意味でのみ使われている呼称とは思われない。もともと aqa という言葉は、たんなる親族呼称というよりは敬称的ニュアンスをたぶんに含む語である。この当時、前述のカイドゥやドゥアの用例がそうであるごとく、遊牧政治集団の「首長」ないし「盟主」の意で aqa なる語が使用されている例もある[36]。

　それからすれば、大元ウルス西端の有力者として、大元ウルス麾下モンゴル王族のなかで重きをなしたと思われるチュベイが、とくに14世紀に入ってから、帝国紛乱の修羅場を経験した数少ない生き残りとして、その実力と年功の故に<ruby>兄<rt>アカ</rt></ruby>チュベイと呼ばれたとしても不思議ではない。ただこの場合、ひとつ気になるのは、さきの 5 例はいずれも名前のあとに aqa をつけていたが、チュベイの場合は名前のはじめに aqa がきていることである。aqa に限らず、eke, ečige などの親族呼称が名前のまえにくる例はあまり目にしない。

　そこで、第三案。阿哈伯の全体を「兄君」を意味する尊称 Aqa-bey〜Aqa-beg と見なしてはどうか。このことばは、aqa と beg〜bey の合成語で、首長、主人、夫などの意にも使われる。つまり、チュベイが一門の実質上の創始者として、まさに首長のごとき地位にあり、さらに河西チャガタイ勢力全体までも総攬していたらしいから、彼らの部内においてチュベイが、「アカ・ベク」ないし「アカ・ベイ」と敬称されていた可能性はありうるであろう。ただこの場合に問題になるのは、14世紀当時において、はたして Aqa-bey〜Aqa-beg なる言い方が成立していたかどうかである。また、チュベイはあくまで王族であって、この当時「ベルグテイ・ノヤン」、「タガチャル・ノヤン」など、まれに

279

第6章　▨王チュベイとその系譜

ノヤン号をつけて呼ばれる人物はあっても、トルコ語 beg～bey を、モンゴル語「ノヤン」と同義とはいえ、モンゴル王族がつけている例はきわめて稀といわざるをえない。

　以上のように、上記の3案はいずれも弱点をかかえ決定的なものはない。ただ全体としては、第一案はやや弱く、第二・第三案いずれを採るにせよ、『元史』の「阿哈伯」はチュベイをさす可能性はそれなりにあるのではないか。そうであるならば、『元史』『ムーイッズ』双方の記述は相互に無理なくつながることになる。とはいえ、この点に関していえば、あくまで留保条件をつけざるをえない。

　ところで、『元史』によれば、「威武西寧王」は、1307年にチュベイが▨王に進んだあと、1334年の阿哈伯・イリクチ父子間の王位相続の記事まで、まったく記録がない[37]。つまり、もし「阿哈伯」が本当にチュベイのことであるとすれば、イリクチは父チュベイの進封後、長らく空席のままになっていた威武西寧王の名跡を、じつに27年ぶりに復活させたことになる。

　では、なぜ廃されて久しい威武西寧王を、このときになってわざわざ事あらためて持ち出してきたのであろうか。筆者はこの不自然さこそが、カバン系コンチェクの名跡をチュベイ系のイリクチが引き継いだ証左だと考える。その理由は以下にのべるとおり。

　コンチェクは、1332年を最後に元代史料から姿を消す。いっぽう、イリクチは、その2年後に威武西寧王を襲封している。ところで、『ムーイッズ』を見ると、コンチェクを含め、カバンの三子にはいずれも嗣子がしるされていない。であれば、カバン系は、コンチェクの没後に断絶したのではなかろうか。あるいは少なくとも適当な相続者がいなかったのではないか。ともかくそこで、本家筋のチュベイ系から誰か一人、故コンチェクの後嗣として送り込まれることになった。そのさい、もっとも適任であったのが、コンチェク生前から行動をともにしていた（と推察される）イリクチではなかったか。あるいは、コンチェクと同じ地域に居を定めるなど、特別な背景があったのかもしれない。ともかく、イリクチが後目を相続することになったものの、コンチェク生前の王号、粛王をそのまま名乗るわけにはいかない。というのは、粛王は、血筋上はむし

4　粛王家あるいは威武西寧王家

ろチュベイ系より上位にあたるカバン系だからこそ与えられた王号であり、しかもたぶんに「天暦の内乱」後の臨時措置の気配が濃厚な王号であった。チュベイ家のなかでも、チュベイの第15子で、まったくの傍流にすぎないイリクチとしては、望むべくもない王号であった。当時、チュベイ嫡統家の当主ブヤン・テムルは第一ランクの⬚王を名乗り、イリクチの兄ブヤン・ダシュの息子スレイマンは第二ランクの西寧王を名乗っていた。チュベイ系全体から見れば、イリクチの新王家は第三番手の王家であった。おそらくイリクチには、⬚王、西寧王より下位の家格、すなわち第三ランクの金印駝紐の待遇があてがわれることになったのであろう。となれば、父チュベイの初封の王号として由緒があり、しかもちょうど第三ランクの金印駝紐にあたる威武西寧王が27年ぶりに日の目を見るのは、自然の成り行きであった。実質上、カバン系の旧封を継ぎながらも、チュベイ系としては新王家を興すことになったイリクチは、かくて詔を以って（先掲 (d)）、威武西寧王を名乗ることになったとおもわれる。

さて、以上はひとつのありうべき解釈である。とにかく、このように考えると、イリクチの直系の孫クナシリが、粛王と威武王の両方を名乗っている背景も、それなりに了解点を見いだせはする。すなわち明代ハミ王家は、名儀上はカバン系コンチェクの旧封に因み、実際上の血縁としてはチュベイ系のイリクチにさかのぼるというのがひとまずの解釈である。

さらに、ここで考えるべき材料がもうひとつ現れた。それは、すでに述べたように、1997年に公刊された『俄蔵黒水城文献』漢文部分4のふたつの文書TK204とTK248のいずれにも、「怯乱粛王」なる人物が見えることである。怯乱は、ケベクKebegの音写だろう。ケベクというと、西のドゥア家に有名な人物がいるが、もちろんこれはそうではない。ところが、『ムーイッズ』のチュベイ一門を眺めると、クタトミシュの6子のうち右端の人間（つまり末子か長子）の次子がKībak＞Kebegなのである。この人物ならば、漢文の両文書でともどもに名が挙げられているボラド・テムルとビルゲ・テムルの兄弟やスレイマンなどと同時期の人間としておかしくはない。もし、怯乱粛王がこのケベクであるならば、粛王の位はカバン系のコンチェクから、いったんチュベイ第9子のクタトミシュ系のケベクに移り、さらにその後チュベイ16子の第15子に

第6章　豳王チュベイとその系譜

位置づけられるイリクチ系にひきつがれて粛王たるクナシリが出現したということにならざるをえない。その当否はいずれとも断定できないが、クナシリはこのケベクよりも一世代のちであることは勘案されてもいいだろう。

さて、『ムーイッズ』に立ち帰って、さらに検討すると、イリクチ以降、クナシリまでの 7 Buyan-Quli, 8 Tom-Quli の二代のうち、ブヤン・クリについてわれわれは決定的な材料をもっている。それは京都の藤井有鄰館に蔵せられるウイグル文字モンゴル語の文書で、ヘルベルト・フランケの釈読案[38]と日本語訳を示すと次のようである。

1　Qaγan-u ȷrlγ-iyar
2　Sultanš-a Si-ning ong-un
3　　ongvuu-yin noyad-ta
4　Buyanquli Üi-uu Sining ong-un
5　　vuu-ui Sun-g Günsi üge ögümü

1　カアンのおおせによって
2　スルタン・シャー西寧王の
3　　王府のノヤンたちに
4　ブヤン・クリ威武西寧王の
5　　府尉 Sung-Günsi ことばを与える

吐峪溝から発現したというこの文書は、二段階の抬頭をきちんとおこない、人物相互の関係が明瞭に示されている。このわずか5行で、スレイマン系のスルタン・シャーが西寧王を継いだことがわかるだけでなく、なによりも『ムーイッズ』でイリクチの子としるされるブヤン・クリがたしかに威武西寧王となっていることが判明する。イリクチ、ブヤン・クリ、そしてトム・クリをおいてクナシリと、威武西寧王家の連続が東西文献の双方で裏付けられたのである。明代ハミ王家の起源は、もはや疑いを容れない。

ハミとの関係では、先述の『オルジェイト史』に「QāmulにはQabanの息子が大軍とともに住し」と記され、さらに後掲の注15）でいう『站赤』で全く同時期にコンチェクが塔失城～答失城（「経世大典輿地図」のコムル東縁に見える

塔失八里 Taš-balïq）を管轄している。つまり、粛王を名乗る王統は、初代のコンチェクからすでにハミ地区におり、粛州-甘州のチュベイ嫡統家を中心に、沙州＝敦煌の西寧王家とともに西に対する掎角のかたちをなしていた。元末・明初になって、ハミに来住したのではなかった。

なお、『ムーイッズ』にはクナシリとエンケ・テムル兄弟以降に、四人の人物の存在を示す四つの丸印がしるされるが、いずれも人名は記載されていない。ただ、クナシリ以降の明代ハミ王家の歴代については、『明実録』等に詳細な記録があり、その外貌は、ペリオ、松村、小田らの手によってほぼあきらかになっている。それら先学の研究と、ここにいう『ムーイッズ』の系譜とをつないだとき、13世紀末から15世紀末におよぶチュベイ家200年の軌跡がおぼろげながらに浮かびあがってくるのである。それは、元・明という中国史ふうの時代史の枠にはとらわれない、もうひとつのチャガタイ王家の歴史である。

今後にむけて

以上、主にペリオ・松村ふたりの研究を発端として、『ムーイッズ』を手掛りに検証を重ねてきた。その結果、ペリオ以来の懸案に裏付けが得られたほか、モンゴル時代の史料として『ムーイッズ』を利用できるめどもたった。

しかしそのこととは別に、まったく新たな事実と課題がこれに関連して浮かびあがってきた。それを一言でいうと、14～15世紀を通じて、河西西半の地には、ドゥア集団とは別箇のもうひとつのチャガタイ系の政治勢力が存在していたという事実であり、そしてそれはどういう理由・起縁からそこにあり、実際どのような集団・王家であったのか、という課題である。そのさい、チュベイ家の第三代当主たるノム・ダシュが、1326年の時点でみずからの家系をチャガタイ家正統と称していることは、われわれが通念として抱いてきた既成のイメージをゆさぶるに充分な力をもつであろう。はたしてその言葉がどの程度の真実を含むものか。モンゴル帝国史の研究上、もっとも不明な点の多いチャガタイ・ウルス史の混迷を解くひとつの鍵が、ここに仄見える想いがする。

第6章 閥王チュベイとその系譜

注────────────

1) P. Pelliot, Le Hōja et le Sayyid Husain de l'Histoire des Ming, *T'oung Pao,* vol. XXXVIII, 1948.

2) 佐口透「河西におけるモンゴル封建王侯」『和田博士還暦記念東洋史論叢』1951年。

3) 松村潤「明代哈密王家の起原」『東洋学報』39-4、1957年。小田寿典「明初の哈密王家について──成祖のコムル経営──」『東洋史研究』22-1、1963年。

4) *Mu'izz al-Ansāb fī shajarat salātin mughūl,* MS. Bibliothèque nationale, Ancien fonds persan 67. この書については、E. Blochet, *Catalogue des manuscripts persans de la Bibliothèque Nationale,* Ⅰ, Paris, 1905, pp.292-293; C. A. Storey, *Persian Literature,* vol. Ⅰ, pt Ⅰ,1927-37,(rep. 1970), p.298. の解説が参考になるほか、A. Z. V. Togan, "The Composition of the History of the Mongols by Rashīd al-Dīn", *Central Asiatic Journal,* VII-1, 1962, pp.68-69; Ч. А. Стори, *Персидская литература. Био- библиографичес кий обзор,* Ⅱ, Москва, 1972, CTP. 818 のふたつに論及がある。また、後二者を紹介した間野英二「ティムール朝における一貴顕の系譜──Chākū Barlās 家の場合」『オリエント』20-1、1977年の58頁、注(2)(3)は参考になる点が多い。『バーブルとその時代』松香堂、2001年に再録。

5) 間野「ティムール朝の社会」『岩波講座世界歴史』8、中世2、1969年、および同氏前掲論文。『バーブルとその時代』松香堂、2001年に再録。

6) わが国では、北元の世系に関して本田實信が利用し(Honda, Minobu, "On the genealogy of the early Northern Yuan", *Ural-Altaische Jahrbucher,* XXX-314, 1958、のち『モンゴル時代史研究』に再録)、また堀川徹がウズベクとカザフの系譜問題に関して当該箇処に検討を加えた(「ウズベク族とカザフ族の『分離』について」『宋元代の社会と宗教の総合的研究』昭和五四年度科研報告書、1980年)。その後、いくつかの利用例があるが、2004年の時点でかえりみると故・安藤志朗の研究が目につく。Shiro Ando, *Timuridische Emire nach dem Mu'izz al-ansāb; Unersuchung zur Stammesaristokratie Zentralasiens im 14.und 15. Jahrhundert,* Islamkundliche Untersuchungen, Band 153, Klaus Schwarz Verlag, Berlin 1992.

7) ペリオの弟子のアンビスが『元史』巻一〇七宗室世系表の訳注のなかで、『ムーイッズ』を利用している。しかし、たんに引用しているといった程度で、豊富に引用されている『元史』『集史』などの当代史料との間で、充分な検討作業がなされているとはいいがたい。同書の価値はむしろその豊富な引用と人名のそれなりのローマ字化にこそあり、索引検索の工具としては、またとない便利な書ではあるものの、これによってモンゴル王族の系譜研究がそれなりの帰結を見たとすることはできない。L. Hambis, *Le Chapitre CVII du Yuan Che, T'oung Pao,* vol. XXXVIII, 1945.

8) この点に関して、松村はさすがに「兀納失里、及びこれを襲いだ安克帖木児が粛王寛

徹の後裔であると断ずるのは躊躇せざるを得ない」と慎重にただし書きしている。松村先掲論文、47頁。

9）松村先掲論文、41頁。

10）酒泉文殊山に関して、1983年の時点で次の二つの調査報告がある。史岩「酒泉文殊山的石窟寺院遺迹」『文物参攷資料』1956年7期、甘粛省文物工作隊「馬蹄山、文殊山、昌馬諸石窟調査簡報」『文物』1965年3号。このうち、敦煌石窟の調査で名高い史岩の報告は、有益な点が多い。

11）佐藤長より、チュベイの名の2字目は「龍」ではないかとの教示をうけた。また、森安孝夫によれば、アルグの名の2字目はペリオの手写では「示」とだけあって、右側の旁りが欠けている。『隴右金石録』の「福」は、おそらく張維の判断で加えられたものであろう。ここは当然、1音を表わす文字であったはずであり、「禄」が適当かと判断される（2004年の段階での追記として、呉景山『西北民族碑文』（甘粛人民出版社、2001年）の58-64頁に載る「粛南重修文殊寺碑」の録文では、「阿禄嵬大王」「拜答里大王」「主□大王」となっている。呉景山は、すべて実地調査をしたとのことなので、「禄」「答」は確かな情報だと考えられ、そうであれば1983年の原載時における本稿の推測はただしかったことになる。なお、チュベイの名の後半にあたる2字目はやはり相当に判読しづらいのだろう）。

12）P. Pelliot, *Notes on Marco Polo,* vol. I, Paris, 1959, pp.262-263；L. Hambis, *ibid.*, p.5, p.61 and pp.92-93；etc.

13）例えば、当時みずからの名において発した令旨にて、オゴデイ第二子コデンが「闊端太子」と名乗り、その子メルギデイも「弥里杲帯太子」と称していることが確認される（蔡美彪『元代白話碑集録』北京、新華書店、1955年、13-15頁、16頁）。コデンはコデン・ウルス初代当主。メルギデイはおそらく第二代当主である。

14）（b）が『元史』巻二七、英宗本紀。あと2ヶ所は、同巻二七、英宗本紀、至治三年三月壬辰朔、巻三一、泰定本紀、致和元年六月の条。

15）『永楽大典』所引、『站赤』によれば、延祐元年（1314年）閏三月六月六日の条で、いったん寛徹（コンチェク）が塔失城（タシュ）の駅站の維持に関して登場した直後、同年七月には答失城（タシュ）の駅站に関するもめごとがおこる。そのさい、南忽里（ナムクリ）が代表して発言し、在地の甘粛行省とともに処置が彼にゆだねられていることが確認される。この塔失城と答失城は同一である。

16）松村先掲論文、42頁、48頁。

17）『元史』巻一一七、禿剌伝および『ヴァッサーフ史』［*TVN*, f.148b］、［*TVB*, p.500］。

18）『元史』巻二九、泰定本紀、泰定元年七月庚子の条に「阿剌式納失里、沙州に出鎮す」と記され、豫王進封以前、「西安王」に封ぜられていたアラトナシリは沙州＝敦煌にかかわっていたことがわかる。

19）『黒城出土文書』漢文文書巻に載る文書のうち、136頁のＦ116：W561文書は朮伯國王・

第6章　藩王チュベイとその系譜

暖忽里藩王がかかわり、138頁のF116：W553文書および139頁のF116：W552文書は、カイシャン麾下の軍団とチュベイ集団に関連する重要な内容をもつ。とくにW552とW553は長大な文書で、豊富な情報が盛られ、W552にはチュベイの弟 Tūq‒Tīmūr＞To-q‒Temür かとおもわれる脱忽帖木児大王とチュベイの諸子のひとり Tūqtāī と同名の脱忽答大王が見える。筆者は2002年にこれらの三つの文書を中心とした分析・展開を口頭で発表しているが、あらためて文章化したいと考えている。

20) 和田清「明初の蒙古経略」『満鮮地理歴史研究報告』13、1932年。のち『東亜史研究（蒙古篇）』東京、東洋文庫、1959年に再録。

21) 間野「ティムール朝における一貫顕の系譜」58頁、注（2）および、A. Z. V. Togan, ibid., pp.68‒69.

22) A. Z. V. Togan, ibid., pp.68‒69.

23) 宮崎市定「帖木児王朝の遣明使節」『学芸』4-6、1947年。のち『アジア史研究』3、同朋舎、1957年、さらに『宮崎市定全集』19、東西交渉、岩波書店、1992年に再録。

24) K, M, Maitra, *A Persian Embassay to China, being an extract from Zubdatu't Tawarikh of Hafiz Abru,* New York, 1970 p.15. なお、この旅行記の訳書としては、1683年という早い時期、パリで発行された Thevenot 編纂の *Rekations des Divers Voyages Curieux etc.* tome Ⅱに収められた Ambassade de Scharok Fits de Tamerlan et d'autres Princes ses voisins a L'Empireur de Khatai が名高い。

25) P. Pelliot, *Le Hōja et le Sayyid Husain de l'Histoire des Ming,* p.136. 小田先掲論文、9頁、35頁。

26) この人物の名は、『集史』ではBūtūnatāshあるいはBūtūnumtāshと読めるが（Rashīd / MS : Istanbul, f.170a.）、アンビスは、これをノム・ダシュと引きくらべて考えている（アンビス前掲書、61頁）。ボイルは、おそらくこの説に引きずられたのであろう、『集史』英訳書のなかで、やはりNom-Dashと読んでいる（J. A. Boyle, *The Successors of Genghis Khan,* N.Y.-London, 1971, p.144.）。しかし、『集史』を明らかに踏まえている『ムーイッズ』でBūyālnatāshと書いてあるように、少なくとも名前の前半のBūtū-あるいはBūyāl-を落として、ことさらNom-Dashと読むのはおかしい。また、事実関係の上でもアンビス、ボイル両氏が同定したかったのだと思われる『元史』の喃荅失は、既述のごとくチュベイ嫡統家第三代のノム・ダシュなのだから、まったく別人である。本稿では『ムーイッズ』にいうBūyālnatāshという形がはたして正確な表現かどうかはさておき、とりあえずそのままの形で出しておくことにした。

27) E. Chavannes, *Dix inscriptions chinoises de l'Asie centrale d'après les estampages de M, Ch. -E.* Bonin, Paris, 1902, pp.96-99. 謝稚柳『敦煌芸術叙録』上海、1955年。

28) 梅村坦「住民の種族構成——敦煌をめぐる諸民族の動向——」講座・敦煌、第三巻『敦煌の社会』5、1980年。

29) 碑文中の阿速歹について、羽田亨は至正一〇年（1350年）の日付をもつ敦煌出土のウイグル文書のなかにみえる Asudai Oqul に同定している（「回鶻訳本安慧の倶舎論実義疏」『白鳥博士還暦記念東洋史論叢』1924年。のち『羽田博士史学論文集』下巻、言語・宗教篇、京都、同朋舎、1957年に再録。つまり、『ムーイッズ』の Asutāi（ロンドン本では Asudāi）は、この Asudai Oqul である。
30) 佐口透「十四世紀に於ける元朝大カーンと西北三王家との連帯性について」『北亜細亜学報』1、1942年、26頁。
31) 後注37) 参照。
32) 『元朝秘史』に「チャガタイ・アカ」とでてくるのは名高い。『元史』でもたとえば、巻一二四、忙哥撒児伝に、「察哈台阿哈」と見える。
33) 『元史』巻九二、百官志および同、巻四三、順帝本紀、至正一四年五月の条。なお後者では、「闊瑞阿合」とあろが、瑞は端の誤りである。
34) [ǦTS, f.211a]
35) [ǦTS, f.250a]
36) 例えば、これと同時代の『ヴァッサーフ史』のなかで、ドゥア集団の一王侯オルグは、その「首長」の意味で aqā なることばを使っている。[*TVB*, p.518] 加藤和秀「チャガタイ＝ハン国の成立」『足利惇氏博士喜寿記念オリエント学・インド学論集』1978年、154頁（『ティームール朝成立史の研究』37頁）参照。なお、aqā については G. Doerfer, *Türkische und Mongolische Elemente im Neupersischen*, Ⅰ, Wiesbaden, 1963, no. 22, aqā を参照。
37) なお松村は、諸王表の威武西寧王と同じ金印駝紐のなかの「無国邑名」の項に、
　　　南木忽里王、至大元年（1308年）。
とあるところから、チュベイ進封の翌年、彼の嫡子ノム・クリが継いだとも考えられると若干の含みをもたせつつも、推測している。年月も合い、穏当な推測と思うが、すでに述べたノム・ダシュ、コンチェク、クタトミシュ三人の場合のごとく（先掲（ｂ））、無王号のままでも、本来定まった「家格」に応じた待遇が与えられている例もある。それから類推すれば、ここは『元史』が指定するとおり、ノム・クリは、第三ランクの金印駝紐に相当する処遇は受けたが、特定の「国邑の名」がないままに、結局、威武西寧王は名乗ることなく齠王に進封した、と考えても別段さしつかえないようにもおもわれる。
38) Herbert Franke, A 14th Century Mongolian Letter Fragment, *Asia Major*, 11-2, 1965, pp.120-127.

第7章

ふたつのチャガタイ家
——チュベイ王家の興亡

はじめに

　中国甘粛省、粛州酒泉の西南15 kmばかり、祁連山から伸びた山塊の上に文殊山の名で呼ばれる300窟あまりの石窟寺院群がある。その中心の1窟、文殊寺に立つ「重修文殊寺碑」のなかで、800年ぶりに同寺の復興を果たしたノム・ダシュ・タイジなるモンゴル王は、みずからの家系をこう語る。——チンギス・カンの次子チャガタイ以来、バイダル、アルグ、チュベイ、ノム・クリとつづく彼の父祖四代は、みな「チャガタイの金位」に坐り、彼ノム・ダシュ・タイジ自身もまた、いま「チャガタイの金輪宝位」に登っている[1]と。時に西暦1326年。通念では、チャガタイ裔のドゥアとその諸子が、天山山中のイリ渓谷を本拠に、中央アジアに単独の主権を確立していた、といわれるころである[2]。もし、このことばが本当ならば、大元ウルスの版図下にもうひとつのチャガタイ家が存在し、河西と天山、東西ふたつのチャガタイ家が並存していたことになる。これは、はたして事実であろうか。

　この集団の事実上の祖となったチュベイについては、すでにポール・ペリオが魅力的な提言をしている。いわゆる「明代ハミ王家」の起源は、大元ウルス時代のチュベイにさかのぼるのではないか、というのである[3]。さきごろ、筆

者はこれに補添を試みた[4]。その結果、これまでまったく知られていなかったひとつの歴史像が浮かびあがってきた。チュベイの血脈はたしかに「明代ハミ王家」にうけつがれて、まがりなりにも元・明あわせて200年あまりのあいだ、河西の西半部、ないしのちにはハミの地に、連綿と王統を伝えていたことが判明したのである。つまり、ノム・ダシュ・タイジが述べる王統と集団それ自体は、確固として存在したのであった。しかし、ではなぜチュベイ一門がそこにいるのか。また、それはどのような規模・内容の集団・王家であったのか。その由来と実態はいぜんとして不明のままであり、従って当然のことながら、ノム・ダシュ・タイジの語ることばの根拠・当否も、いまだ定かでない。

　もともと、モンゴル帝国史の研究上、もっとも不明な点の多いのが、チャガタイ家の歴史であった。14世紀の初頭、ドゥア一族を中心に中央アジアで形成された政治集団、俗にいう「チャガタイ・ハン国」なるものも、カイドゥ優位の二十余年をあいだにはさんで、実質上それ以前の「チャガタイ・ウルス」とはほとんど別箇のものとして、あらたに結成された「ドゥア王国」であった。されば、大きくは大元ウルスの版図下に含まれることとはいえ、河西西半の地をおさえていたチュベイ一門の総帥が、「チャガタイの金位」云々を称するとは、いったい何を意味するのか。

　本当にチャガタイ家はふたつあったのか。その解答は、カイドゥ登場以後の錯綜をきわめる13世紀中央アジア情勢を、モンゴル時代の原典史料から正確にとらえ直してゆくなかで求められるべきものだろう。

　そこで本章では、モンゴル帝国紛乱の渦中を生きたチュベイとその一党の顛末を辿りながら、「重修文殊寺碑」がわれわれに投げかけている波紋について、筆者なりの解釈を呈示してみたい。かえりみて、バルトリドをはじめとする先学たちを踏まえるにつけても[5]、問題はユーラシア史上において屈指に困難であり、かたや新たに示す知見はいくつかの焦点に絞らざるをえない。これを世界史の観点から眺めれば、まことにささやかな試みにすぎないが、真正の批正をいただければ欣快である。

第7章 ふたつのチャガタイ家

1 チュベイ前史

　チュベイは、チャガタイの第六子バイダルの子であるアルグの次子として生まれた。生年は不詳。兄の名はカバン、弟はトク・テムル[6]。ただし、弟のほうは、なぜか影がうすく、表立ったかたちではほとんど記録にあらわれない。文明圏と言語圏をつらぬくかたちで、東西の記録にしるされるかぎりでは、チュベイとカバンの兄弟はふたりで一対となってでてくることが多く、その活動の時期は、ほぼ1270年以降という限定がある。

　さて、はじめに、チュベイが登場するまでのチャガタイ家とそれをとりまく情況について、以下に簡単にとりまとめておくことにしたい。チュベイの活動は、彼以前のチャガタイ家の変転と深くかかわり、その脈絡のなかにおいてこそよりよく把握できると考えるからである。

　——チュベイ登場以前の20年あまり、ほぼ10年ごとにチャガタイ一門は極端な浮き沈みの経過を辿った。それは、モンゴル帝国全体が変動する時期でもあったが、とりわけチャガタイ一門にとって、第四代大カアンのモンケの治世に相当する1250年代は、逼塞を余儀なくされた10年間であった。

　初代のチャガタイがすぐ下の弟オゴデイと結んで、末弟トルイと長兄ジョチの遺児たちをおさえ、オゴデイ政権の実現と安定に協力してより以来、チャガタイ家とオゴデイ家は親密な関係を保っていた。ところが、1251年、トルイの長男モンケがオゴデイ家を排除して大カアンの位につくと、オゴデイ家だけでなく、それと結んでモンケの即位に反対したチャガタイ家に対しても、厳しい報復が強行された。当主のイェス・モンケ、有力者のブリがバトゥの許に送られて殺害されただけでなく、モンケの推戴に加わった前当主のカラ・フレグとチャガタイの庶長子モチ・イェベ、テクデル父子をわずかな例外として[7]、チャガタイ家の成人メンバーはすべて殺害されるか流罪されるかして、幼児のみ大カアンのオルドで養育されることとなった[8]。また当主には、復位を約束されたカラ・フレグが急死したため、未亡人のオルグナの代行が命じられたが、

1 チュベイ前史

もはや彼女はモンケのまったくの傀儡にすぎなかった。そして、チャガタイ以来の所領の多くは、大カアンのモンケとその即位を推進したバトゥ以下のジョチ家とによって分割され、ウルスとしての存立すら、たぶんに疑わしいありさまとなったのである。

ところが、1260年代になると、様相は一変する。すなわち、1259年、モンケは南宋遠征の途上、四川で急死し、翌年、その弟クビライとアリク・ブケによる帝位継承戦争がおこった。これは、チャガタイ家復活の絶好機となった。このとき、軍需物資の送達の命をうけてアリク・ブケの許より送りこまれながら、オルグナより当主の位を奪い、旧主アリク・ブケに反旗をひるがえしてクビライに通じたのが、チュベイの父、アルグである。モンケの諸子と旧側近グループが中心となるアリク・ブケ政権は、当然のことながらモンケ体制の継承と目された。失われていた故領を回復し、チャガタイ家を蘇生させようとすれば、あえてクビライ派に通ずるのは自然の成り行きであった。

両派開戦の初期においてクビライ派の優勢を決定づけたカラ・コルム制圧ののち、クビライがフレグとアルグに次のようなことばを送ったと『集史』は伝えている[9]。

> 諸邦は反逆（bulgāq）している。ジャイフーン〔アム河〕の岸からメスルの門にいたるまで、モンゴル軍とタジークの諸邦とは、われらが父祖たちの名と誉を争って（tamāgāmīšī[10] karda and）、フレグよ、汝がしろしめせ。そしてよく護れ。アルタイからそのかなた、ジャイフーンまで、国・民（īl va ulūs）は、アルグがしろしめせ。護れ。こなた、アルタイから環海（daryā-yi muḥīt）の岸辺までは、余が守る。

クビライは、マー・ワラー・アンナフルが敵方の補給基地となるのを防止し、アリク・ブケを挟撃するため、アルタイからアム河までの支配権を餌に、アルグの抱きこみをはかったのである。これ以後、アルグ麾下のチャガタイ家は、転進してきたアリク・ブケ軍とのあいだに苦戦をしいられながらも、猛然とアリク・ブケの打倒に邁進する。それがそのまま、チャガタイ家再興への道だったからである。

第7章　ふたつのチャガタイ家

　こうして1264年、紛争はクビライ派の完全勝利で終わり、アリク・ブケ以下の処罰決定の承認を求める使節団がクビライのもとより送られてきたとき、アルグは自分のチャガタイ家襲封の正式承認を求めて、統一クリルタイの開催を提案、これに対し渋っていたフレグそしてジョチ家のベルケも結局は参加に同意した。チャガタイ家は、フレグ家、ジョチ家と並ぶ大勢力として復権したのである。ところが、その矢先、フレグ、ベルケがあいついで没し（1265年）、アルグもまた1266年ころ病死した。アルグの死は、チャガタイ家にとっても、クビライにとっても大きな痛手となった。これを直接の契機として、オゴデイ家のカイドゥが中央アジアで徐々に台頭してくるからである。

　クビライは、チャガタイ家の動向いかんでは新秩序が瓦壊しかねぬのをおそれ、すでにオルクナの子のムバーラク・シャーが当主の座についていたにもかかわらず、自廷にいたバラクをアルグの身代わりとして、ムバーラク・シャーが成年に達するまでとの条件つきで共同統治を命じ送りこんできた（ジュヴァイニーによれば、バラクの父イェスン・トアはマンジ地方に送られたといい、『元史』では、中統のおわり、山西の太原にバラクがいたことが確認される[11]。太原一帯は1236年、チャガタイに分与された投下領であったから、イェスン・トアとバラク父子はそこに居住したとも考えられる）。しかし、バラクはクビライの期待以上に"アルグ的"であった。彼はムバーラク・シャーを廃して当主の位を奪うと（1266年）、カイドゥと中央アジアの覇権をかけて争ういっぽう、しだいに宗主クビライから離れ、自立する姿勢をあらわにした。ついで一転、カイドゥとは和解して同盟をむすび、1269年春にはタラスとガンジャク（ゲンジェク）の草原で、カイドゥおよびそれを後援するジョチ家のモンケ・テムルと会同し（有名なタラス会盟）、協議の結果、パミール以西のオアシス地帯を分割して、バラクはその収入の三分の二を得る権利を確保した。定住地帯であるこの地は、本来大カアンに属すべき筋合いのものであったから、その分割は、クビライとの絶縁を意味した。と同時に、分割比率におけるバラクの圧倒的優位は、そのまま中央アジアにおけるチャガタイ家の政治的優越を物語っている。1260年代の前半、アルグによって再建されたチャガタイ家は、バラクのもと、独立への道を歩みはじめたのである。

ところが、そこに大きな陥穽が待っていた。タラス会盟の翌年1270年、バラクは彼の力が東方にむかうのを好まぬカイドゥの口車に乗せられ、西方拓疆を呼号し、みずから大軍を率いてアム河を越え、フレグ家領のホラーサーンへなだれこんだ。しかし、待ちうけたフレグ家当主のアバカの反撃をうけて全軍潰滅（カラ・スゥの戦い）、バラクは辛くもブハーラーへ逃げ帰った。この大敗戦の結果、もともとバラクの簒奪と圧政に不満を抱いていた麾下の諸王・諸将は多くバラクから離反し、カイドゥに身を投ずるものもあらわれた。カイドゥは、これをバラク打倒の好機と見て、来援に名を借りてバラクの居処にいたり、その天幕を囲んだ。バラクはその夜、急死を遂げた[12]（1271年）。『ヴァッサーフ史』はカイドゥの暗殺と伝える[13]。チャガタイ家の権威はかくてまったく地に墜ちて、独立から急転直下、没落と内部分裂の道を辿ってゆく。チュベイが登場する1270年代は、まさしくこうした時であった。

2　大元ウルス来到事情

　チュベイ一門が河西にいるそもそもの淵源は、始祖チュベイがクビライ時代に大元ウルス治下へ来到したことにさかのぼる。では、チャガタイ家を少なくともいったんは復興せしめたはずのアルグの子たるチュベイが、なぜ中央アジアを離れ大元ウルス治下にやってきたのか。あるいはやってこなければならなかったのか。そしてそれははたしていつのことか。まず、この点から検討をはじめたい。

　チュベイ、カバン兄弟の来到の年次・事情を直接、詳細に語る記録は見当らない。中国側の記録に兄弟の名があらわれるのは、1282年（至元一九年）以後のことである[14]。いっぽう『集史』は、間接ながらも各処で兄弟の来到にふれている。まず、クビライ・カアン紀ではこう語る[15]。

　（a）〔バラクの簒奪後〕アルグの子チュベイとカバン、および彼らの一族（アカ・イニ）は、バラクから離れ、彼らの軍隊とともにカアンの御許に赴いた。

第7章　ふたつのチャガタイ家

　チュベイ兄弟の父アルグの死後、いったんムバーラク・シャーが当主についたのは、(a)の前文によれば「オルグナ・ハトゥンは、彼女のアミールたちの賛同を得て、彼の息子ムバーラク・シャーをアルグの地位にすえた[16]」ものであった。つまり、ムバーラク・シャーの就任は、チャガタイ家の総意であって、チュベイ兄弟も異論の余地がなかった。ところが、突然バラクの簒奪がおきたため、それに反対してクビライの許に身を寄せた、というわけである。これによれば、来到の理由は、反バラク。時期は1266年直後となる。が、チャガタイ・ハン紀ではこう変わる[17]。

　　(b)〔バラクの死後〕バラクの長子ベク・テムルとアルグの息子チュベイとカバンは、〔カイドゥに対し〕反乱をおこし、カアンの御許に赴いた。

こちらでは、理由は反カイドゥ。時期はバラク死後の1271年以後である。前節で見たように、1266年と1271年では情況がまるでちがう。しかし、これは(b)のほうが正しい。(a)と同じクビライ・カアン紀自体が別の箇処で、「カバンとチュベイは、最初カイドゥとともにあったが、のちカアンに服した[18]」と述べるほか、『集史』のなかでこの前後の事件がもっとも具体的に語られているアバカ・ハン紀では、こう見えるからである[19]。

　　(c)〔バラクが死んだとき〕ムバーラク・シャーとチュベイとカバンは、バラクの死去とカイドゥの到着を知らされて、やってきて叩頭した(tikišmīšī[20] karda)。……翌日、ムバーラク・シャーとチュベイとカバンは千人隊と万人隊のアミールたちのすべてとともにやってきて、カイドゥに膝まづき、こう述べた。「今日よりのち、カイドゥ兄(アカ)がわれらのアカ(aqā)である。いかなることを命ぜられようとも、従いましょう。バラクは存命中に、われらとおのが一族(aqā va īnī)のすべてに圧迫を加え、伝来・自得の財産を奪った。もし、カイドゥ兄(アカ)が、われらを保護されるなら(asrāmīšī[21] kunad)いのちあるかぎりよろこんで力(クチュ)を効(いた)しましょう。よし、そうなされずとも、よろしいでしょう。しかし、われらはみな、狼狽してちりぢりとなりましょう」。

この申し出をカイドゥは承諾する。チュベイ、カバン兄弟は、バラクの死後、少なくとも一度はカイドゥの傘下に入ったのである。ただ（a）もまったく誤りか、というと必ずしもそうではないように思う。前後の情況からすれば、まず（a）のごとく、チュベイ兄弟は来到以前、バラク在世中からすでに離反しており、その後バラクが急死した結果、（c）のごとくチャガタイ家部内に復帰した、としてもあながちありえない話ではないからである。その当否はさておき、（c）において、ムバーラク・シャーとチュベイ兄弟が、あたかもバラク死後のチャガタイ家を代表しているように語られていることは、注目を要する。じつは、（c）と内容上、同一のくだりを、チャガタイ・ハン紀では、「バラクのオルドにいたアミールたちと主子たちはカイドゥの許にやってきて、膝まづき……[22]」と表現し、特定の固有名詞はあげていない。しかし、（c）によって、バラク在世中、その簒奪のために非主流、ないしは反主流に回らざるをえなかったムバーラク・シャーとチュベイ兄弟が、バラクの死を捉えて、ふたたび部内における指導的立場を回復し、旧バラク周辺の諸将をとりまとめて、カイドゥの庇護を求めたことがわかる。以上は、ちょうど前節の末尾でふれたところにあたる。

しかし、それも束の間、チュベイ兄弟はカイドゥと袂をわかった。『ヴァッサーフ史』はこう語っている[23]。

> バラクより４人の子がのこされた。ベク・テムル、ドゥア、ブズマ、フラダイである。その後、アルグの息子たち、チュベイとカバンは、一軍を率いて彼らと連合した。……彼らは一致してカイドゥとの抗争を開始した。そしてホージェンドの境からブハーラーまで、破壊と懲罰の手を開いた。

バラク生前の情況から考えると、チュベイ兄弟とバラクの諸子が、円滑な間柄であったとは思えない。事実、前引の（c）でも、カイドゥに臣従しようとしたのは、反バラク派のムバーラク・シャーとチュベイ兄弟であって、バラクの諸子は加わっていない。バラクの諸子としては、あるいは父の遺恨もあり、父の敗戦と急死の混乱を衝いてチャガタイ家の制圧をはかるカイドゥに身を投じるのは、潔しとしなかったと思われる。しかるに、そのバラクの諸子とチュベ

第7章　ふたつのチャガタイ家

イ兄弟が、結局合流してカイドゥ打倒に立ちあがったのはなぜであろうか。

『集史』のチャガタイ・ハン紀によれば、バラクの死後チャガタイ家を手中におさめたカイドゥは、その支配権（pādšāhī）をネグベイ、つづいてトカ・テムル（もしくはブカ・テムル）にゆだねたという。ところが、その素性からいえば、前者はチャガタイの第四子サルバンの子で、まったくの傍流にすぎないうえに、年齢の点でも、バラク、ムバーラク・シャー、チュベイ兄弟ら当時の主役級の面々がすでにチャガタイの曽孫の世代に移っていたにもかかわらず、彼だけはチャガタイの孫の世代と、かなりな年配であったことが推測される。また、有力者ブリの長子カダキ・セチェンの子である後者にしても、その兄弟にはたしかにのちドゥアとその子のコンチェクの没後、いわゆる「チャガタイ・カン国」の主権を一時掌握したナリクがおりはする。しかし、そもそも父のカダキ・セチェンはモンケの南宋遠征に従軍してそのまま病没してしまった人物である（本書第2章）。その後まきおこった帝位継承戦争でカダキ・セチェンの第四弟のアビシュカ、第三弟のアジキが活躍したのにひきくらべると、かなり見劣りのする家系であることは否めない。こうしたはなはだ影の薄い両人をあえてチャガタイ家の当主に指名したカイドゥのねらいは明白である。チュベイ兄弟にしてみれば、（c）に見た臣従の申し出は、反バラクの気持もさることながら、カイドゥ軍に乗りこまれて身動きできなくなった苦況をしばらくしのぐ意味合いもおそらく含んでいたのであろう。しかし、カイドゥのねらいが、チャガタイ家そのものであることがはっきりすれば、もはや話は別である。かくて、チュベイ兄弟とバラクの諸子は、それまでのいきがかりを捨て、反カイドゥの一点でむすんだと推測される。

なお、前引の記事で、反カイドゥの面々にドゥアの名が入っていることは注意したい。ジャマール・カルシーによれば、ドゥアがチャガタイ家の当主に就任したのは、661/1282-83年のことであった[24]。しかし、かの「高昌王世勲碑」に、至元一二年（1275年）、都哇と卜思巴（この両人の名は耿世民とハミルトン両氏のウイグル文碑面の研究によれば、tuw-a busba と転字されている[25]）が、兵12万を率いて大元ウルス側のウイグル王家をトゥルファンの火州（Qočo, 哈剌火州 カラホジョ）に囲んだという有名なくだりがある。すなわち、ドゥアとブズマである。碑文に

は、両人をカイドゥ派とは明記していないが、大元ウルス陣営を攻めたとあれば、まずはこのときすでにカイドゥに通じていたと見るのが自然であろう。されば、バラクの諸子のうち、少なくともドゥアとブズマは、父バラクが没した1271年以降、しばらくチュベイ兄弟らとともに反カイドゥの活動をつづけたが、1275年までにはカイドゥ側に寝返ったことになる。しかるに、長子のベク・テムルは、先引の（b）で見たように、その後も抗戦をつづけ、チュベイ兄弟と大元ウルス治下へ来到した[26]。つまり、バラクの諸子は結局、ふたつにわれたのである。バラクの死後、チャガタイ家のだれがカイドゥにつき、あるいはだれがチュベイ兄弟らと行動をともにしたか、記録のうえではよくわからない。しかし、バラクというそれなりに大きな存在が消えうせたあと、チャガタイ家では、各血筋ごとのみならず、各個人ごとに、それぞれがおのれ自身のために行動しはじめた、とみてよいのではなかろうか。その混迷のなか、チュベイ兄弟がまぎれもなく一方の旗頭になっていったことは、結果がそれを証明している。

　さて、カイドゥとの交戦はマー・ワラー・アンナフルを舞台におこなわれた。以下、『ヴァッサーフ史』の記述を適宜とりまとめてゆくと、「数度、彼らのあいだで戦闘がおこったが、いつも勝利の決まりにて、カイドゥ軍が勝った[27]」という。ところが、こうした両派の争いが自領ホラーサーンへも飛び火してくるのを危惧したフレグ家の当主アバカは、紛争の火種となっていたマー・ワラー・アンナフルそのものの破壊を決意、671/1272・3年、ブハーラーとホラズムへ2軍団を派遣してきた。そのうち、ニクベイ・バハードル率いる1万の軍は、671年ラジャブ月7日（1273年1月29日）、ブハーラーに着き、7日間にわたり同市を略奪して美少女・美少年5万をアム河畔まで連行し帰途につこうとした。これに対して「チュベイとカバンは一軍（『集史』アバカ・ハン紀によれば1万騎）を率いて追尾し、捕虜の半分を取り戻してブハーラーに達せしめた[28]」。ところが、それより3年後、今度は逆にチュベイ兄弟らがブハーラー市を劫略したという[29]。

　六七四年〔1275・6年〕、チュベイとカバンとバラクの裔たち（Barāqīyān）

第7章　ふたつのチャガタイ家

　がやってきて、強奪と怒りの炎を燃やし、放ち、殺し、掘り、焼き、妨害と拷問と殺戮と折檻とによって、のこる住民たちより1ディーナールの金、1マンの穀物にいたるまで奪った。

　年月から考えると、文中の「バラクの裔たち」には、さきに述べたドゥア、ブズマは含まれていないことになる。しかし、チュベイ兄弟と少なくともベク・テムルだけは、1275・6年までずっとマー・ワラー・アンナフルを舞台に、時にカイドゥ軍、時にフレグ・ウルス軍を相手に、壮絶な戦闘を繰りひろげていたわけである。ラシード、ヴァッサーフいずれも、マー・ワラー・アンナフルの荒廃の原因を、もっぱら彼らに帰しているが、彼らにしてみれば、アルグ以来の（より直接的にはタラス会盟で確保した）同地に対するチャガタイ家の権益を守るためであったろう。

　さて、前引の記事が来到以前のチュベイ兄弟に関する最後の情報である。つまり、チュベイ兄弟の履歴を通観すると、記録上、1276年から1281年までが空白となるわけである。大元ウルス治下への来到はこの間のことになる。ただ、以上の記録のほかに、じつはもうひとつの情報がある。それは、マルコ・ポーロという名の誰かによる旅行記で、1266年に大元ウルスに属する兄弟とカイドゥとの激戦がおこなわれた旨、精細に描かれている[30]。というよりも、チュベイとカバン兄弟の名は、むしろふつうこの記事によってクビライ陣営の前線に立つ有力王侯として知られてきた。もし、この記事が事実とすれば、前述の来到年次は訂正しなければならない。しかし、1266年の時点においてチュベイ兄弟がカイドゥと交戦する客観情勢はまだ生じていない。もともと、マルコ・ポーロの旅行記とされるものは、内容はともかく、年次・時間関係においてはさほどに厳密なものではもともとない。『集史』『ヴァッサーフ史』などの年代記と同列に扱うことは無理である。その記述は、内容から見て、前述の1271〜75・6年のマー・ワラー・アンナフルでの抗争に相当すると思われるが、そのおりの戦いが、ちょうどそのころアフガン・トゥルキスタンのクンドゥズからワハン渓谷経由で東行しつつあったことになるマルコ・ポーロとされるものたち一行の耳目に、クビライ派対カイドゥ派の大戦闘と映りうる可能性があった（そ

の理由は後述する)という点に留意すれば、それで充分であり、あまり拘泥する必要はないと考える。

　では、チュベイ兄弟の来到は、はっきりいつなのであろうか。筆者は、1277年以後しばらくのころと推測する。それは、この年、情勢を一変させる大事件がおきているからである。すなわち、アルマリクの大元ウルス進駐軍本営でおきた反乱事件——いわゆる「シリギの乱」である。

　『元史』によれば、1266年(至元三年)より大元ウルス北面軍総司令官としてモンゴリアに駐屯していたクビライの第四子ノムガンは、1271年(至元八年)、一挙にチャガタイ家の本拠イリ渓谷のアルマリクに進出、カイドゥをはじめとする中央アジア方面の諸勢力と対峙した[31]。1271年といえば、バラクが急死し、チャガタイ家の混乱がはじまった年である。であれば、ちょうどマー・ワラー・アンナフルにおいて、カイドゥ軍とチュベイ兄弟らの抗争が始まったころ、じつは最強の第三勢力が直接東方から介入してきていたのであった。ノムガン軍のこの西進は、あきらかにバラクのホラーサーン侵攻とその後の一連の事件の間隙を衝き、手薄となった中央アジアの要衝イリ渓谷を陥れたものにちがいない。つまり、1271年のバラクの権威失墜と急死が呼び水となって、中央アジアは、この年、内外から激変したと見ざるをえない。

　そうしてみると、既述のバラク死後の経緯も、だいぶ色合いが変わってくる。すなわち、1271年以降の中央アジアの政局は、カイドゥとノムガン軍をふたつの核として、その間にチュベイ兄弟、バラクの諸子、ムバーラク・シャーなどのチャガタイ家諸派が離合する、といった具合だったことになる。そのさい、チュベイ兄弟は、亡父アルグがクビライの同盟者であったいきさつから、いきおいノムガン軍、すなわち大元ウルス側に近く(先述のマルコ・ポーロ旅行記は、この辺の事情を伝えているのではないか)、逆にバラクの諸子は、どうしても亡父バラクが反逆したクビライ陣営には投じがたかったという事情があるのではなかろうか。いずれにせよ、バラクの没後、ただちにカイドゥの支配に移行した、というような単純な図式ではなかったことだけはたしかである。

　そのさなか、イリ渓谷のアルマリクのノムガン陣営で反乱がおこり、一方の極である大元ウルス軍が突然に内部崩壊をおこして消えうせるという事態が出

第7章 ふたつのチャガタイ家

来したのである。シリギの乱自体の経緯については、すでに安部健夫、愛宕松男、恵谷俊之に論及があり[32]、詳しくはふれない。要するに、かつての帝位継承戦争で敗者となった旧アリク・ブケ派が13年ぶりに蹶起した事件である。トルイ家傍系のトク・テムル、モンケの庶子シリギは、他の右翼系を中心とするモンゴル諸王たちとともにノムガン麾下に配されてアルマリクに従軍していたが、かねてよりクビライに不満をもつトク・テムルは、シリギを主将に押し立てることを条件に謀反を計画、夜陰、本営を襲ってノムガン以下の首脳部を捕え、そのうちノムガンと副将格のココチュ（クビライの庶子）はジョチ家のモンケ・テムルのもとへ、介添役のジャライル国王家のアントムはカイドゥのもとへ、それぞれ護送してしまった。これにはアリク・ブケ嫡出のヨブクルとメリク・テムルの兄弟、モンケの孫サルバン、チンギス庶系のコルゲン家のウルクダイなど、従軍中のその他の面々も加わって、彼らの地盤である西モンゴリアを中心にトルイ諸派を鳩合した新体制の樹立をめざしたと見られる。しかし、案に相違して西のカイドゥも東の左翼諸王も応ぜず、カラ・コルム襲撃に失敗したあとは、主導権争いをおこして自滅した。

　この間、帝国の夏都、上都の東北方にあるコンギラト族の本拠応昌では、傍系のジルワダイがクビライの甥である当主のオロチンを拉致して北走、前出のトク・テムルも進撃の構えを見せ、応昌城は一時反乱軍に囲まれて危機に陥った[33]。また、大元ウルス西面全域をあずかるクビライの第三子安西王マンガラの夏営地である六盤山でも、グユク系とおぼしき諸王土魯（トゥクルク）が、おそらくシリギの乱鎮定のためマンガラが北征した間隙を衝いて蜂起、留守居役の趙炳らと激戦を交えた[34]。さらに、クビライ即位時の最大のパトロンであった左翼諸王のうち、ベルグテイ家当主のジャウドゥが直接シリギに呼応して立った[35]。このように反乱は、帝国各地に波及したが、いずれも鎮圧されてクビライ政権をくつがえすまでには至らなかった。

　しかし、この反乱は、中途半端に終わった反乱そのものよりも、その影響の点で、じつに大きな意味をもった。すなわち、中央アジアでは、ノムガン軍という最大の軍事力が突然消滅したため、大元ウルス陣営とカイドゥらの軍事バランスがくずれ、一挙にカイドゥ側に有利の局面に傾いたのである。しかも、

2 大元ウルス来到事情

反乱軍残派のうち、アリク・ブケ家を握るヨブクルとメリク・テムルのふたりが、カイドゥ側に身を寄せたことは大きかった。『集史』によればアリク・ブケの所領は、父トルイの故領を継いだもので、アルタイを夏営地に、冬営地はアルタイ南麓のウルングゥ河とそれよりはるか北方のキルギズの地の両方であったという[36]。つまり、アルタイを中心に、その南北両側の西モンゴリア一帯を縦に貫き、その境域のうちにオイラト諸部族の住地全体をすっぽりと包みこんでしまうほど広大な所領であった可能性がある。その継承者である前記のふたりの帰属により、カイドゥ陣営はいまやハンガイ山近くまでをその勢力圏とすることとなった。『元史』等に記録されるクビライ派対カイドゥ派の戦闘は、シリギの乱の終結前後まではタリム盆地一帯に限られるが、そののち戦場がアルタイ～ハンガイの周辺地域に集中するのは、まさしくその結果にほかならない。また、こののち、イランの史書に記される「カイドゥの国」mamlakat-i Qāīdū'ī なるものは、実質上でカイドゥを長とするオゴデイ・ウルスの西半、ドゥアを代表者とするチャガタイ・ウルスのかなりな部分、そしてヨブクルとメリク・テムルが率いるアリク・ブケ・ウルスの大半（ただし、ヨブクルは1297年に大元ウルスに投降し、時の大カアンである成宗テムルはこれを祝して大徳と改元した[37]。しかし、弟のメリク・テムルはいぜんカイドゥ陣営にとどまり、その一翼をになった）の、都合三つのウルスのきわめてゆるやかな連合体となった。

これにひきかえ、大元ウルスは中央アジア経営どころか、アルタイ地方が敵陣に回ったため、大きく差しこまれて、宗主権を主張する根拠たる本土モンゴリアと旧都カラ・コルムの維持さえ一時期は危ういありさまとなった。また、天山方面では、防衛線をビシュ・バリクあたりまで引きさげ、さらにウイグリスタンもいったんは放棄せざるをえないまでに追いこまれてゆく。

こうした大元ウルス勢力の大幅な後退という新事態のなかで、チュベイ兄弟も、次第にカイドゥ派一色に塗りかえられつつあった中央アジアに踏みとどまることはできなかったのであろう。かくて兄弟は、対カイドゥ戦の盟友となったバラクの長子ベク・テムルともども、一族軍団を率いて大元ウルス治下に投ずることになったと考えられる。その時期は、シリギとサルバンが1282年ころ大元ウルスに投降し、抑留中のノムガンも同年北安王に改封されて翌々年には

第7章 ふたつのチャガタイ家

大元ウルス治下に帰着し、さらに中央アジア方面においてドゥアがチャガタイ家の当主に就任するのも1282・3年であったから、漢文史料に同じ1282・3年タリム盆地南辺にチュベイとカバンの兄弟が姿を現わすことと照合すると、1282年前後とするのが妥当か。いっぽう、かのムバーラク・シャーは、フレグ・ウルス領内へと亡命し、「格別の尊敬と丁重にあずかり、ガズニーン地区のニクーダーリヤーンの長」となった[38]。すなわち、1271年のバラクの没後、解体の道を歩んできていたチャガタイ家は、ここにはっきりと、中央アジアに残留するドゥアらの親カイドゥ派集団と、それに与するのを潔しとしないチュベイ兄弟らの東方系の諸集団とに分裂したのである。

3 大元ウルス治下のチャガタイ諸裔

ところで、この前後、大元ウルス治下に来到・帰属したのは、チュベイ兄弟やベク・テムルだけであったろうか。東西の文献を引きくらべてゆくと、彼ら以外にも数個のチャガタイ裔の家系が大元ウルス治下に確認される。以下、それらを列挙し、大元ウルス治下のチャガタイ系諸集団の輪郭をつかむこととしたい。

ブリ系アフマドの子ババ

『元史』世祖本紀には、至元二五年（1288年）、翌二六年（1289年）の両年、河西地方に「諸王八八」なる人物が活動している様子が伝えられている[39]。

『蒙兀児史記』の著著である屠寄と佐口透は、この人物をチンギス庶系のコルゲンの後裔にあて、コルゲン家が元代、河西に所領を形成した証拠とした[40]。その根拠は、『元史』巻一〇七、宗室世系表、コルゲン家の項に彼の名が見えるからであり、そのかぎりで当然の同定であった。ところが、その世系表そのものが、じつは信頼できない。同表はコルゲン家の家系を系図1のごとく伝えている。

3　大元ウルス治下のチャガタイ諸裔

		(A)				
闊列堅	河間王忽察	忽魯歹大王	也不干大王	八八大王	允禿思帖木児王	(B)
					合賓帖木児王	
			八八剌大王	安定王脱歓	安定王朶児只班	(C)
			也滅干大王	伯答罕王		

(なお、図中の（A）（B）（C）の区別は便宜上で施したものである)

系図1　コルゲン家の系図（『元史』）

　このうち、(A) の部分については、『集史』およびそれをふまえる『ムーイッズル・アンサーブ』（以下、『ムーイッズ』と略称）の内容とほぼ一致し、コルゲン家の系譜と見なしてまず問題ない。ところが、のこる (B)・(C) は、いずれもコルゲン家のものではない。(C) は後述するとして、(B) はチャガタイの孫ブリの次子アフマドの後裔に相違ない。『集史』と『ムーイッズ』は、アフマドの家系を以下のように伝えている。

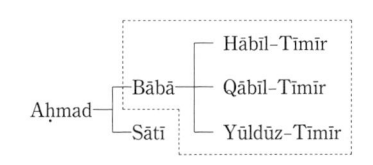

```
                    ┌─ Hābīl-Tīmūr
            ┌ Bābā ─┼─ Qābīl-Tīmūr
 Aḥmad ─────┤       └─ Yūldūz-Tīmūr
            └ Sātī
```

系図2　アフマド家の系図（『集史』および『ムーイッズ』）

　問題は破線で囲んだ部分である。宗室世系表の八八大王は、系図2の Bābā。同様に允禿思帖木児王は Yūldūz-Tīmūr。のこる合賓帖木児王は、音韻上、Hābīl-Tīmūr, Qābīl-Tīmūr いずれの可能性もあり、どちらとも決しがたいが、ともかくも Bābā の長子、あるいは次子であることは間違いない。つまり、アフマドの子ババの系譜が、『元史』世系表および『南村輟耕録』巻一、大元宗室世系では何らかの理由で、そっくりコルゲン家のなかにまぎれこんでしまったのである。ところで、『元史』諸王表の末尾に掲げる第六ランクの「無国邑名者」の項には、

第7章 ふたつのチャガタイ家

> 八八大王。延祐四年〔1317年〕、詔してまた世祖賜うところの印を以てその子の合賓帖木児王に賜う。

と記されており、クビライ時代(1260-94年)のいつか、ババに王爵が授与され、そののち仁宗期に、その子 Hābīl-Tīmūr か Qābīl-Tīmūr のどちらかに継承されたことがわかる。

では、この系統がなぜ河西にいるのか。『集史』によれば、バラクはホラーサーン遠征失敗後、自分に背いた王侯を懲罰しようとして、ビシュ・バリクに赴いていたアフマドなる人物に向け一軍を派遣して、この王を殺害した[41]。『集史』のチャガタイ・ハン紀は、この人物をチャガタイの庶長子モチ・イェベの子アフマドとする。しかるに、アバカ・ハン紀では、いま問題にしているブリの子アフマドと明記され、『ヴァッサーフ史』もまた Ahmad-Būrī とわざわざブリ系のアフマドであることを示している[42]。『集史』は記述箇処によって記述内容がしばしばゆれを見せる。この場合、執筆当事者たるフレグ家にとって本紀に相当するアバカ・ハン紀の記述のほうがより信頼度が高いであろう。つまり、ババの父アフマドは、チャガタイ家の混乱の最初の犠牲者であった。ババは父の遺恨もあって、おのずからバラク派からは遠く、父の任地に近い大元ウルス側に身を寄せることになったとおもわれる(後述するように、ブリの本拠はボラトを主邑にボロ・タラ草原一帯であった。くわえて、その長子カダキ・セチェンは南宋遠征に赴き、次子アフマドはビシュ・バリク方面に駐し、第三子アジキはともかくビシュ・バリク-河西-山西を活動圏とし、第四子アビシュカはクビライの雲南・大理遠征に参加したうえで、クビライからイリ方面へむかって送りだされた。すると、ブリ一門は、チャガタイ王家全体のなかでももともと東方よりに所領展開していたといってよいだろう)。なお、『元史』世祖本紀によれば、1272年に諸王八八なる名がみえる[43]。当時、カサル系でありながらチャガタイ集団に属した同名の人物もいるが、彼はその後もカイドゥ派として中央アジアにとどまっているから、これはアフマドの子ババのことである可能性が高い。であれば、1271年のバラクの死後まもなく、大元ウルスに来到していることになる。

3 大元ウルス治下のチャガタイ諸裔

モチ・イェベの孫バイダカン

　『元史』世祖本紀には、至元七年（1270年）、至元二五年（1288年）、至元二七年（1290年）の3ヶ所に拝荅寒なる諸王が河西からハミ周辺で活動しており[44]、民国『昌楽県続志』巻一七、金石志の「趙敦武先瑩記」にも、至元二〇年（1283年）ころ、瓜州に「大王伯荅罕」なる人物が存在したと見える。また『永楽大典』に引く『站赤』二に、至元一五年（1278年）既述の土魯と反乱をおこしたと記される伯荅罕も同人物であろう。このバイダカンは、あきらかに先掲の系図1の（C）の部分に見える伯荅罕王である。『元史』世系表は彼をコルゲンの系統と伝えるわけであるが、『集史』や『ムーイッズ』を見るかぎり、コルゲン系には彼の名はない。ところが、『集史』チャガタイ・ハン紀によれば、チャガタイの庶長子モチ・イェベの長子テクシの子に Bāīdaqān なる人物がいる。ただ、そこには人名のみで、事蹟は記されていない。しかし、このバイダカンならば、世代の点で漢文史料の伯荅罕～拝荅寒にあてるのも無理はない。念のため、『ムーイッズ』に見えるティムール朝以前の全モンゴル王族を検索したかぎりでは、バイダカンなる名は彼ひとりである（もちろん、『ムーイッズ』から漏れた人物も多く、とくに大元ウルス治下で活動した人物の場合はその傾向が強いから、断定はできないが）。要するに、1270～90年に河西方面で活動している拝荅寒～伯荅罕は、確証に欠けるもののモチ・イェベ系のバイダカンである可能性が高い、とだけはいえるだろう。

　ところで、系図1の（C）には、バイダカンの横に安定王の称号を冠して、脱歓 Toγan、朶児只班 Dorjibal の二人の名が伝わる。安定王といえば、『明史』西域伝や『明実録』に名高い安定衛の初代卜煙帖木児が大元ウルス時代に、安定王を称していたことが知られる。『元史』では、安定王を称する人物は系図1（C）のトガン、ドルジバルふたりしか見えず、ブヤン・テムルがはたしてこの後裔かどうかは定かでない。しかしまた、大元ウルス時代のふたりの安定王の住地は、明代の安定衛が置かれた撒里畏兀児 Sarïγ Uiγur の地であるから、元代の安定王家が明代の安定衛の前身であることは、まず間違いない。そして、ブヤン・テムル以下の明代の安定王は、明代の諸文献において、再三ハミ王家と「同祖」であったと記される（たとえば、本章末尾の327-328頁および注84))。

第7章 ふたつのチャガタイ家

つまり、チャガタイ系であった。すると、元代のふたりの安定王もやはりおそらくそうだということになる。なお、第6章で言及した『俄蔵黒水城文献』漢文部分4の314頁に載るTK248文書には、朶立只巴安定王の名が見える。あきらかに、このドルジバルである。さらに、208頁に載るTK204文書には朶立只巴太子が見える。おそらくはやはり、このドルジバルだろうが、太子というからには安定王の称号を正式に襲封する以前の時期のこととなる。TK204とTK248に登場するモンゴル王たちの顔触れはほぼ重なるものの、鬼力圖王の名が見えるTK248のほうがややのちのものと推測されるので、両文書の間にドルジバルは太子から安定王にすすんだのだろう。その時期は、他の諸王たちの活動からすれば、1330年代から元明交替期におよぶと考えられる。

問題は、このトガンとドルジバルの素性である。世系表はコルゲン系というわけであるが、もちろん『集史』『ムーイッズ』の当該箇所には載っていない。しかるに、先述のバイダカンの長子がトガン Ṭūgān という名なのである。ただ、『集史』『ムーイッズ』とも、バイダカンの血統に関してはṬūgānの世代で終わっており、その子にドルジバルなる人物がいたかどうかは調べようがない。また、バイダカンの場合とはちがって、トガンなる名はごくあたり前の名で、現に『ムーイッズ』全体ではじつに多くの同名の人物が存在する。しかも気になるのは、世系表の位置関係では、バイダカンとトガンは、父子ではなく兄弟の関係になることである。以上を図示すると、こうなる。

```
Bāīdaqān ──── Ṭūgān
《元の安定王》  脱歡 ───── 朶児只班……卜煙帖木児《明の安定王》
```

トガン次第では、上下2本の線が1本にもなり、だとすれば魅力的な結論となるわけだが、いまのところいずれとも決定する確証に欠ける。いまは少なくともいずれもチャガタイ裔ではあったという点に留意し、直接の系譜関係については後考に俟つことにしたい。

ひるがえって、バイダカンが大元ウルス治下にいる理由を多少なりと窺わせるのは、『元史』世祖本紀に見える3例のうち、最初の至元七年（1270年）八月己巳の記事である。

3 大元ウルス治下のチャガタイ諸裔

諸王拝荅寒(バイダカン)の部曲饑(う)ゆ。命じて車馬有る者は黄忽児玉良の地に徙居せしめ、口を計して糧を給す。車馬無き者は、粛・沙・甘州に就食せしむ。

遊牧生活が維持可能なものと不可能なものとに分け、後者は河西に収容した。問題は、前者が移住した「黄忽児玉良」である。これは、晃火児月連、黄兀児于量、とも書かれ、『西域同文志』に Yar 路のなかの一地名として見える Qongqur-ölüng (fallow sedge の意。なお、フレグ家のスルターニーヤもこう呼ばれた) とすれば、中華民国五年編『百万分一中国輿図』の「烏魯布拉克台」図中に見える「霍努尔烏連河」にあたるであろう。同河は、タルバガタイ山系の東麓を流れ、ジュンガリアの沙磧中の Dabsun-naγur に注ぐ。その渓谷一帯は、清代において北トルグト旗の遊牧地であった。ところが、「黄忽児玉良」はその意味から考えれば、耶律鋳の『双渓酔隠集』に見える「黄岬泊」(巻一、婆羅門六首、第四首)はその意訳である可能性が濃い。黄草泊なる地名は、当該箇処に付した李文田の注にもいうごとく、唐代より記録に見えている。ただし、『中国歴史地図集第七冊、元・明』では、黄草泊をエビ・ノールにあてている。モンゴル時代には、ジャムチの宿駅として黄草泊駅も存し、いまのところ、どちらとも他説を否定し去るほどの完全な決め手があるわけではない。両地は、南北200 km 強のへだたりがあるものの、いずれもジュンガリア西辺の好牧地であることはかわりない。両地よりエビ・ノールのすぐ西側、ひとつづきの地といっていいボロ・タラの草原(主邑ボラド城で名高いチャガタイ系ブリの故領。きわめてすぐれた遊牧地がひろがる。現在もエビ・ノール地区も含んだ博爾塔拉蒙古自治州の中心となっているように、歴史を通じて遊牧民の住地であった。なお、いわゆるボロ・タラ一帯には、今もボラド故城をはじめ複数の城趾がのこる)を経て、サイラム湖の東南をかすめ、タルキ山口を山越えすれば、もうそこはチャガタイ一族の本拠イリ渓谷である。つまり、バラクの権力失墜のその年、1270年には、すでにバイダカンは大元ウルス側に通じており、牧地としてはイリにほど近い土地を大元ウルス治下の地としてあてがわれていることになる。かかる年、かかる土地であることからすると、前引の記事にいう「部曲饑ゆ」との理由は、実際上、バイダカンのバラクからの離脱と大元ウルス帰附のいいかえであるかもし

れない。このわずか14日前、バイダカンが王爵を授与されていることは、この推測に力を添えよう[45]。以上ようするに、少なくともチャガタイ裔とおぼしき拝荅寒～伯荅罕が、チャガタイ家の混乱のごく初期に、大元ウルス側の人間としてジュンガリアから河西にかけて活動していたとだけは確実にいえるであろう。

ブリ系アフマドの別系トレ・オグル

『元史』には諸王の伝がほとんど立てられていず、歴代正史中にあって特異な点のひとつであるが、その数少ない例外のひとりが、巻一一七に載る諸王禿剌 Turā<Töre？である。同伝によれば、トレは武宗カイシャンのクーデタまがいの即位に協力し、その功でクビライ嫡系以外には許されていなかった一字王号の越王に封じられた。ところが、案に相違して褒賞の薄いのをうらみ、露骨に新帝カイシャンをないがしろにする言動を繰り返したため、誅殺された（本紀によれば、武宗至大二年（1309年）正月庚寅）。その息子が、天暦の内乱で、エル・テムルと組んで大都派の中心となったアラトナシリである。つまり、父子二代にわたり、帝室の政変に関与したわけで、伝に列せられたのも漢人記録者の目に届きやすかったという事情のためにほかならない。

さて、その出自について、禿剌伝は「察合台四世の孫」という。宗室世系表もチャガタイからちょうど四世目の箇処、阿只吉の孫にあたる位置に越王禿剌と書く。ただ、世系表は、本紀（ないしそのもととなった実録）等からのかなり安直な編纂物にすぎないから、これはあきらかに禿剌伝を踏まえたうえでの辻褄合せである。『集史』『ムーイッズ』ともチャガタイ家のなかにトレの名は見えないため、禿剌伝の所伝に疑念を抱きやすい。ところが、『ヴァッサーフ史』を見ると、カイシャン即位の顛末が詳細に記され、それによれば、Turā-Ugūl すなわちトレは、「Būrī の孫〔じつは子〕の Aḥmadfar の孫〔じつは子〕Šādī の子」であるという[46]。Aḥmadfar は先述のアフマド、Šādī は系図2でババの弟と見える Sātī である。Sātī～Šādī の子というのが本当ならば、トレは「察合台四世の孫」でなく、五世の孫となるが、同世代のババの子の合賓帖木児がトレの誅殺より8年後に受封している。それからすれば、世代の点でも無理はな

く、まずは事実と見なしてさしつかえあるまい。すなわち、越王トレと天暦の内乱以降、文宗時代から順帝時代にいたる元末政治史において大きな働きを示す豫王アラトナシリの父子は、まさしくチャガタイ裔であった。その来属の事情は、(1)のババと同じであろう。しかも、その住地はもとはやはり河西であったらしい（本書第6章）。参考までに、『元史』等からトレ家の系譜をまとめておく。

```
                                              ┌─豫王 Aratnaširi
                                              ├─西安王答児麻 Darma
Büri──Aḥmad──Sātī～Šādī──越王 Töre─┤
                                              ├─乞八
                                              └─亦失班
```

ブリの子アジキ

ブリの第三子アジキについては、もはや贅言する必要がないほど名高い。父ブリがモンケとバトゥによって殺害された遺恨から、帝位継承戦争のさい彼はすぐ下の弟アビシュカともどもオルグナの意向に逆らってクビライ派に積極参加し、さらに大元ウルス成立後クビライよりチャガタイ家当主に送りこまれた弟が敵手におちて落命してからは、単身クビライ側にあって河西およびビシュ・バリク方面の総司令官のごとき役割をはたした。軍馬で名高い河西の山丹州を本拠に、始祖チャガタイ時代に授与された河東太原路一帯の投下領もその管轄下に収めた。その本領の山丹州は、そもそも西夏征服後に分与されたチャガタイ家の分領を継承したものであったから、天山山中のクネースを夏営地にイリ渓谷中のアルマリクを冬営地とするチャガタイ家中央部がクビライ政権から離れなければ、「天山北路」沿いに東西に伸びたチャガタイ領の東端の一王侯としてイリ方面の指令を受けていたこともありえたであろう。つまり、アジキについては1270〜77年の「チャガタイ家の分裂」のさらに一段階まえに、イリ渓谷との連絡を断って離脱し、大元ウルス治下で生きたのであった。

さて、以上の四つの家系・集団と、チュベイ兄弟、ベク・テムルの、あわせて六つが大元ウルス治下で確認される。その他にもあったかもしれないが、記

第7章 ふたつのチャガタイ家

録には見えない。これらに共通しているのは、いずれも河西およびビシュ・バリク方面に居を構えた点である。ではなぜ河西とビシュ・バリクないしその近縁だったのか。理由は三つ考えられる。ひとつには、河西およびビシュ・バリク地域の自然環境が遊牧生活を維持するのに好適であったこと。ふたつめは、アジキに関連して触れたように河西とビシュ・バリク方面の一部はすでにチャガタイ領であったという因縁。しかし最大の理由は、クビライがこれらチャガタイ系諸集団をまとめて河西とビシュ・バリク方面の前線に配備して、対峙するカイドゥ、ドゥア集団（『集史』にいうごとく、河西・東部天山方面へは、とくにドゥア軍が侵攻した）と、同族あい闘かわしめる戦略を採ったことである。

すでに、河西一帯には、永昌を中心にオゴデイの第二子コデンの系統がオゴデイ時代より所領をひろやかに形成して、「コデン・ウルス」といった構えを見せており、いっぽう祁連山の南側、西寧からおそらく青海あたりにかけては、コンギラト家の傍流チグゥ駙馬の系統がチンギス・カンの末年ころより配備されていた。両家はクビライ政権にとって創業以来の重要なメンバーであった。しかるに、それより西の祁連山の南北両側の地域には、山丹のアジキのほか、めぼしいモンゴル王家、ないしは集団の姿は、文献上では確認できない。されば、コデン家の影響力はあるものの、このいわば無主の地に、当面は同じチャガタイ裔のアジキにたよりながらチャガタイ系諸集団があいついで来到し、そのまま同地方が彼らの住地として振りあてられてゆくのは、もっとも自然な成り行きではなかったか。また、ビシュ・バリク地域においては、もともとの牧住地を保持しつつ集団をあげてクビライ中央政権になびき、結果としてその地までが大元ウルスの治下というかたちになったチャガタイ系もあっただろう。史料が語る「来到」の内実はともかく、大カアン政権の直接の庇護下に入ることは、経済面のみにとどまらないメリットがあった。それとひきかえに、彼らは対カイドゥ、対ドゥア戦の陣頭に立つことになったのであろう。あわよくば、ドゥア派を打倒して故領に進出・復帰・拡大する希望もありえたわけである。これらチャガタイ裔の河西およびビシュ・バリク前線への集中的な配備は、彼ら自身にとっても、また大元ウルス中央政府にとっても、相互に妥協できるものであったとおもわれる。ここに、河西‐ビシュ・バリク戦線は、チャガタイ

3 大元ウルス治下のチャガタイ諸裔

裔同士の同族争いの色合いを帯びることになった。
　もっとも、こうした状況はオゴデイ裔のばあいもあてはまる。じつはオゴデイ家はすでに事実上、東西に分裂していた。7系統あるオゴデイ諸派のうち、第二子のコデン、第六子のカダアンの系統は、モンケ擁立派に加わり、つづいてクビライ擁立派に加わった。コデンの所領は、前述のごとく永昌を中心とする河西一帯、カダアンのそれはビシュ・バリク方面のどこかであった。いずれも、オゴデイ系の所領全体から見れば、東方に位置している。エミル河流域周辺からセミレチエにかけて所領を構えるその他のオゴデイ諸裔をオゴデイ家西方部分と考えれば、モンケ時代からすでに東西並立の状況は用意されていた。それが、東のコデン家のジビク・テムルおよびカダアンがクビライに付き、曲折はあったものの結局は西をとりまとめたカイドゥがクビライに対抗する姿勢をとったことで、分裂は決定的となった。チャガタイ諸裔の東西分裂に先立つこと、十数年前のことである。
　ところが、アルグの死にはじまる中央アジア政局のめまぐるしい変化は、オゴデイ一門にさらなる変動を呼びおこした。すなわち、1268年ころ、カイドゥとバラクとの仲をとりもって、両者を和解させたカイドゥ派の諸王キプチャクとは、じつは東のカダアンの次子なのであった。逆に、至元一八年（1281年）、大元ウルス版図内の沙州で叛乱をおこした火忽とは[47]、おそらくグユクの第三子ホグのことであるから、彼は西から東へ、さらにその東で叛乱をおこすといった具合であった。また、オゴデイ諸裔のうち、その生前オゴデイの後継者に擬せられたことで格別の家柄であった第三子クチュの系統では、やはりオゴデイから期待された長子シレムンの子ボラドチには4人の子がいたが、大きく二派に割れた。すなわち、次子と第四子は「クビライ・カアンのもとに」おり、長子と第三子は「カイドゥのもとにいたが、その後カアンのもとに赴いた」という［ともに『ムーイッズ』[48]］。『五分枝』によれば、その長子と第三子はアリク・ブケの子メリク・テムルとともにカアンのもとに赴いたというのだから[49]、クビライ時代はカイドゥの陣営にいたのである。くわえて、クチュの第三子のソセは、各種の元代漢文史料にも小薛大王としてよく姿をあらわす印象的な人物であるが、「オゴデイのウルクのクチュの子であるソセは、偉大な王子であ

る」[『集史』[50]]とクビライ晩年の有力者にことさら数えあげられるほどの勢威を大元ウルス治下でもった。しかも、たしかに平陽路のうち上党地区とその周辺を移牧していたことが確認される[51]。同様の混乱は、チャガタイ裔のなかで、すでに大元ウルス治下にあったアジキ一門でも認められる。既述のナリクがドゥアの諸子にかわってしばらく権力を握ったさい、ナリク打倒に蜂起したオルグなる人物は、なんとアジキの長子なのであった[52]。

 こうしてみると、中央アジアでは、チャガタイとオゴデイ両家をとりまぜて変動がつづいたのであり、王家ごとの確たるまとまりとして「チャガタイ・ウルス」「オゴデイ・ウルス」などを想定することは困難である。むしろ、クビライ、カイドゥ両陣営に、大小はあるにせよそれぞれ一揃いずつのチャガタイ集団、オゴデイ集団が存在したとみる方が実態にちかい。そして、チュベイ兄弟の大元ウルス来到は、ひとまずこれらの変動が落ち着きをみせる最後の波とみられるのである。

 クビライと距離をおいた西のチャガタイ勢力は、事実上、中央アジアに半独立の地盤を形成することとなった。14世紀の初頭に、ドゥア一族によって再編されるチャガタイ・ウルスは、結果としてこれをうけついだものにほかならない。いっぽう、大元ウルス版図下、クビライの大カアンたる権威を直接にいただくことになった東の一群は、おのずから別の道を辿ることになった。

4 「チュベイ領」の形成へ

 さて、チュベイ兄弟が大元ウルス治下へ来到してからのことである。記録は少なく断片的で、かつ偏頗でさえあるが、いまわかるだけのことを綴る。兄弟の姿は、1282-83年、大元ウルス軍のホタン進攻作戦の主将としてふたたび史料にあらわれる[53]。ただし、この作戦自体は至元一六年（1279年）ころよりつづいているから[54]、実際はもっと早く来到していたとも考えられるが、徴証がない。また、ホタンという土地は、かつて兄弟の亡父アルグがアリク・ブケ軍にイリを追われて転戦したさい、サマルカンドに赴く前にしばらく根拠した地

4　「チュベイ領」の形成へ

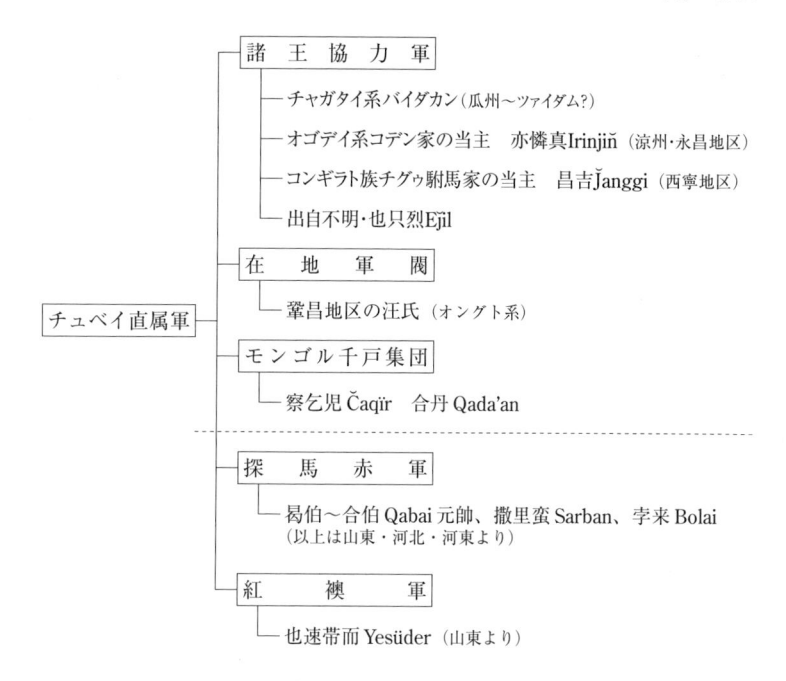

```
チュベイ直属軍 ─┬─ 諸 王 協 力 軍
              │    ├─ チャガタイ系バイダカン（瓜州～ツァイダム?）
              │    ├─ オゴデイ系コデン家の当主　亦憐真 Irinjin（涼州・永昌地区）
              │    ├─ コンギラト族チグゥ駙馬家の当主　昌吉 Janggi（西寧地区）
              │    └─ 出自不明・也只烈 Ejil
              │
              ├─ 在 地 軍 閥
              │    └─ 鞏昌地区の汪氏（オングト系）
              │
              ├─ モンゴル千戸集団
              │    └─ 察乞児 Čaqïr　合丹 Qada'an
              ┈┈┈┈┈┈┈┈┈┈┈┈┈┈┈┈┈┈┈┈┈┈┈┈┈
              ├─ 探 馬 赤 軍
              │    └─ 曷伯～合伯 Qabai 元帥、撒里蛮 Sarban、孛来 Bolai
              │        （以上は山東・河北・河東より）
              │
              └─ 紅 襖 軍
                   └─ 也速帯而 Yesüder（山東より）
```

図 1　チュベイ軍の構成

でもあるから、兄弟はマー・ワラー・アンナフルより後退するとき、父と同じ道筋を逆に東進し、あるいはホタンの地で大元ウルス軍と合流したとも考えられるが、いずれも推測の域を出ない。確実なのは、結局この作戦が失敗したことである。その結果、大都周辺へ帰還したことが明らかな漢人部隊とおそらく同様に、兄弟は東に後退して、これ以後、河西西半の地に根拠するようになったと推測される。なお、至元二五年（1288年）以後も二度、「ホタンの玉」にからんでチュベイが登場する[55]。このことから、ホタンに至るルートが大元ウルス中央部からはチュベイの担当地区と見なされていた可能性はあるものの、ホタン自体の領有を想定することは難しい。

　兄弟の定かにわかる活動は、前記の至元二五年（1288年）以降、対カイドゥ・ドゥア戦に関してである。この前年、東方三王家がナヤンを盟主に大叛乱をおこし、それに呼応したカイドゥは翌二五年より本格的な攻勢を開始する。したがって、大元ウルス側の前線司令官としての兄弟——とくにチュベイの姿がこ

第7章　ふたつのチャガタイ家

ののち記録の上で目立つのは、状況としてはうなづける。ただし、クビライとカイドゥ両派の軍事衝突は、あくまでアルタイ～ハンガイのモンゴリア戦線が表舞台で、河西-ビシュ・バリク戦線はいわば影にすぎず、しかも元貞二年(1296年)ころには、カイドゥ側の軍事圧力も去ったらしい。とはいえ、当時の兄弟の立場を理解する意味から、1288～96年のあいだ、記録上その麾下に配属ないし協力したことがあきらかな面々を図化すると、前頁に掲げた図のようになる（図1）。

　図中、破線より上側は、いずれも現地の河西とその近辺に根拠することが確認ないし推定されるもの。現地協力部隊といったところか。下側については、若干の説明を要する。まず探馬赤軍は、かつてムカリ国王のもと華北の制圧の先兵となり、金朝覆滅後は、山東・河北・河東に散居していたその後裔たちを再組織したもの[56]。のこる紅襖軍とは、金末、楊安児・李全に率いられた漢人武装集団（水滸伝のモデルとなった集団）で、李全の養子李璮が中統三年(1263年)クビライ政権の転覆を企てて敗れたさい降伏したものである。どちらもそのままでは、当地の不安定要因ともなりかねない存在であったから、厄介ばらいもかねて、その武力を南宋征討、河西、雲南に転用したのである。したがって、所属としては、政府軍系ということになる。これに、チュベイ兄弟がマー・ワラー・アンナフルより引き連れてきた1万ばかりの手勢が中核となったと思われる。つまり、都合6種類の所属・人種を異にする混成部隊がチュベイ配下にまかされていた。さきに前線司令官と述べたのは、そのためである。

　では、実際の戦闘はどうであったか。じつは漢文史料では、チュベイ軍の出撃はわずかに二度、記録されるだけである。ひとつは、前記期間の初年、至元二五年(1288年)のカイドゥの侵攻のとき[57]。いまひとつは、あきらかにカイドゥ陣営のジャライル族千戸長 Gankī-kūrkān＜Janggi-güregen とおぼしき章吉なる人物が至元二七年(1290年) 甘木里 (Qamul～Qomul)、すなわちハミを攻撃した時[58]。しかし、『集史』クビライ・カアン紀にはこういう記事がある[59]。

　　カイドゥ、ドゥアの方面では、いつも斥候たち (qarāūlān) が接触に及んだものであったが、しかし、戦闘はなかった。カアンの治世の末に、ドゥ

314

4 「チュベイ領」の形成へ

アは一度、軍に臨み、チュベイがおり12万人を率いて守っている境界とsübeにやって来た。ドゥアは彼に対し夜襲をかけようとした。しかし、チュベイはさとり、その夜、ドゥア軍の先鋒に対して進み、3〜4,000人を殺した。ドゥアもまたその夜、知らせをうけ、全軍を率いて出陣し、明け方に双方あいまみえ、互いに多くを殺しあった。チュベイは、アジキとアーナンダに知らせることなく、急ぎ進発していたので、抗することができず、逃走した。アジキは知らせをうけると、アーナンダに進発するよう知らせをやったが、彼らの集結と進発をもってドゥアは退いており、軍は彼に及ばなかった。ドゥアがカアンの軍に大胆であるわけは、この事件であった。カアンは〔知らせを〕うけると、アジキを罪にいたらしめ、9度笞打った。そして恩寵を与えられ、軍の上に確固となしてつかわした。アジキはいまに至るまでその地におり、その境上をしろしめしている。チュベイの兄であるカバン（アカ）は、この戦闘よりしばらく前にみまかっていた。

　まさしく、ドゥア対チュベイ、アジキのチャガタイ裔どおしの一戦であった。末尾にいうカバンの逝去は、『元史』では至元二六年（1289年）まで生存が確認されるから[60]、とうぜんそれ以後のこと。したがってこの会戦も1290年代のこととなる。この一文は、河西-ビシュ・バリク戦線での実戦の模様を伝える唯一の記録である。そしてまた、このころ漢文献に出伯・朮伯・朮白の文字で現われる人物が、アルグの子チュベイにほかならぬことを保証する貴重な記事でもある。この記事からするかぎり、このときの大元ウルス軍の陣立ては、
　　前衛チュベイ——中段アジキ——後詰アーナンダ
となっていたように受けとれるが、それはどうしてであろうか。
　ここで、大元ウルスの支配体制について、若干述べておきたい。クビライは政権確立後、嫡出の4子のうち、早世した長子ドルジをのぞく3子をもってモンゴル帝国のうち直接に統轄する領域を三分し、それぞれに一方をゆだねるかたちを採った。事実上の嫡男となった第二子チンキムはみずからの膝下にとどめ、燕王に封じて（のち、皇太子）あらたにQol-un ulus（腹裏）となった中央ブロック（中書省管轄地域）の庶政の代表者（中書令・知枢密院事）に据えた。第

315

第7章　ふたつのチャガタイ家

　四子ノムガンは北平王となして北方ブロック（モンゴリア本土）の全軍馬をゆだね、第三子マンガラは安西王として即位前のクビライの私領であった京兆府（現西安市）を中心とする西方ブロック（陝西・四川・甘粛・ティベット）を15万のモンゴル軍団とともにゆだねた。こうした版図の三分割方式、ないしは中央軍団以外にふたつの大駐屯軍を派遣することはすでにモンケ時代、その三人の弟クビライ（東）、フレグ（西）、アリク・ブケ（本土）の配置において見られたが、クビライはそれを踏襲しつつ、嫡子三人を起用してより強固な軍事支配をもくろんだのである。

　さて、前引の文中に見えるアーナンダは、西方ブロック担当のマンガラの嗣子で、第二代の安西王となった人物である。河西－ビシュ・バリク戦線は、彼の「安西王国」の担当なのであった。西方ブロックに含まれる河西には、すでに述べたコデン家が西夏の故領をそっくり引き継いで地方政権化していた。コデンの子ジビク・テムルのクビライ派への参加が、辛くも同地方を大元ウルス治下にとどめる決め手となり、大元ウルス成立後も彼は河西の軍事を牛耳り、行政にも再三、口を出した。この厄介な中型王権のうえに、クビライはさらに安西王という大型の王権と軍事力を乗せて、大元ウルスの西面全域の安定をはかり、かつは軍事行動への督戦部隊としたのである。ところが、ジビク・テムルは至元二〇年（1283年）ころ、突然に政治の表面から姿を消す。失脚したとも、他界したとも定かでない。ともかく、かわってアジキが、「安西王国」内の河西地区（それは一面で甘粛行省）の筆頭王族たる地位についた。『集史』が大元ウルス内の12行省に言及し、その末尾の「カムジュウのシン」、すなわち甘州を首府とする甘粛行省をアジキの住地と述べ[61]（アジキの所領として特定されている山丹は、匈奴時代から清代・現代にいたるまで史上に名高い祁連山北麓の軍馬牧場群をおさえたことを結果として意味し、加えて政治・軍事上で指導的位置にあるのであれば、そのまま山丹の西隣にひろがる大オアシスの甘州一帯を掌握することも容易であった）、アジキ自身を「すべての皇子たちのなかで最年長であり、今日、きわめて偉大にして重要な人物である[62]」と語るのは、まさしくそのためである。そのいっぽう、チュベイも河西－ビシュ・バリク前線部隊の主帥として遇せられていたことも確実である。前述の漢文史料が語る軍事指揮権のみならず、

4 「チュベイ領」の形成へ

『集史』はクビライ・カアン紀とテムル・カアン紀の両方で、大元ウルス版図西端の有力者として、チュベイとアジキの名前をはっきりと並記する[63]。つまり、少なくとも河西の前線ではアジキとチュベイが肩を並べる二頭立ての布陣であったと考えてよいのではないか。そのさい、中央アジアから東来したばかりのチュベイはおそらく来到諸集団を率いて最前線にあり、クビライ政権成立以来の大元ウルス派たるアジキは、同じく既存のオゴデイ系のコデン家とカダアン家そしてチグゥ系コンギラト駙馬家などのうえに立って、後方に控える布陣をとったのであろう。以上を図化すれば、当時の河西地区には、だいたい、

安西王アーナンダ──アジキ、チュベイ──一般の右翼諸王家

と、三段階の王権ないし軍事力が存在していたと見られる。前記の陣立ては、これに即応するものであろう。

結局、『集史』の対ドゥア戦以外に、河西-ビシュ・バリク戦線では本当にめぼしい軍事衝突は、あと1・2回程度しかなかったのであろう。しかし、戦闘はなくとも、戦闘配備はつづいた。むしろ、この間およそ20年、一貫して対カイドゥ派の最前線がチュベイにゆだねられた意味の方が大きかった。『黒城出土文書』漢文文書巻、138-139頁に載る2件の長大な文書は、カイドゥ陣営との大会戦の前年にあたる大徳四年（1300年）の当時、チュベイが同方面でもった重要性をよく示している。その過程を通じて、チュベイは麾下の諸勢力、とりわけ前線に集中配備されたチャガタイ諸裔に対し、指導力を強めることができたと推測されるからである。「権力」の発生・固定のひとつのパターンである。次の記事は、東西紛争が終結する直前の1302年ころ、河西の防衛体制がどんな具合であったかをうかがわせてくれる[64]。

〔大徳六年（1302年）、一一月〕戊午、河西の寧夏の善射軍を籍して親王阿木哥（アムガ）に隷せしめ、甘州の軍は、諸王出伯（チュベイ）に隷せしむ。

「親王阿木哥（アムガ）」とは、成宗テムルの兄ダルマバラの庶長子である。ダルマバラには3子あり、アムガの下の嫡出の2子が、のちの武宗カイシャンと仁宗アユルバルワダである。当時、カイシャンは中央ブロック所属の軍団を率いてアルタイ方面の最前線に派遣され、カイドゥの嗣子チャパル、その弟オロス、そし

第7章　ふたつのチャガタイ家

てメリク・テムルらと対陣していた。そして、後方のオノン・ケルレン地区には、嗣子なく逝去した北安王ノムガンの旧封を継いで、皇帝テムルとダルマバラ両人の長兄カマラとその子イェスン・テムル（のちの泰定帝）が晋王として北面軍を率いていた。ところが、おそらく両軍団の中間には、なんと安西王アーナンダも進駐していた[65]。本来ならば、彼はチュベイら西面軍の総攬者のはずである。成宗テムルは、おそらくカイドゥ末年（1301年）の大攻勢に対処して、すでにやや軍事的圧力の薄らいだ河西から、アーナンダの安西王国軍を引き抜いて（これには涼州・永昌のコデン王家軍も同道したらしい[66]）モンゴリア戦線に投入し、帝国の三大軍団をあげて、決戦を挑んだものと考えられる。その結果、応急措置として河西でとられた布陣が前引の記事であった。河西地区の首府である甘州の軍団はチュベイが率い、その後ろ備えに中央ブロックからアムガを寧夏に派遣し、無主の永昌・京兆をにらむ二段構えを採ったと推測される。

　ところが前引の記事のうち「甘州の軍」が問題なのである。じつはこのとき、大元ウルス側は甘州以西の防衛をすべていったんは放棄する方策にでていたらしい。その根拠は次の記事である[67]。

　　〔大徳七年（1303年）〕六月己丑、御史台の臣、言えらく、「瓜・沙の二州、昔より辺鎮の重地たり。いま、大軍は甘州に屯駐し、官民をして反って辺外に居らしむるは、宜しきにあらず。乞う、蒙古軍万人を以って険隘に分鎮せしめ、屯田を立てて以って軍資に供すれば、便たらん」と。これに従う。

文中の「大軍」とは、チュベイ麾下の諸軍団。そして、甘州より沙州までは直線でも550km。大元ウルス軍は、戦力に比して戦線が長大になりすぎ破綻をまねくのを恐れて、前線部隊すべてを甘州に集結させ、チュベイに一任したとおもわれる。しかも、この方策はこれよりすでに10年前から実施されており[68]、むしろ上の記事は情勢の緩和に伴なう甘州以西への再進出を述べたものらしい。

　さらに、次の『站赤』の記事は、この当時チュベイがどれほどの権限をもっていたかの例証となる。

4 「チュベイ領」の形成へ

　大徳七年〔1303年〕二月十九日、中書省奏すらく、「軍上の諸王・駙馬、事の緩急を審かにせずして、一槩に使を遣す。及び万戸・千戸と干礙なき人も、並びに鋪馬の差箚を給せらる。以故に、站赤の兀魯思の輩、役に応じて困乏せり。臣、議し得たるに、乞う、今後諸王・駙馬・元帥・万戸・千戸に、もし給駅の事のいまだ出伯の議を経ざるものあらば、行するを得ざれ。今すでに委命し前去しめたるは、方に站赤消乏せるの際に当たればなり。但凡不急の務は、就ち出伯をして較計せしめん」と。聖旨を奉じたるに準されたり。

　とくに地域にことわりはないが、まず河西のこと、それも内容から見ておそらくエツィン・ゴール・ルートを通る有名な軍事専用道路の納憐站（上都より黄河湾曲部の北縁の東勝を経て、エチナ地区を通り、ハミを経由して西へ向かう急使専用の秘密の駅道）のことかと思われる。前線にあったモンゴル諸王らが使者をむやみと派遣し、万戸・千戸といった政府軍系の将校まで駅馬の使用許可証を与えられたため、駅伝を負担するモンゴル人戸（あえて兀魯思というからには、とうぜんモンゴル人と解すべきであろう。なお、「站赤・兀魯思の輩」と並列に読むことも可能であるが、採らなかった）が疲弊した。その対策として、チュベイにチェックさせ、急務以外の駅馬使用はやめさせた[69]、というのである。駅伝はモンゴル支配のかなめであり、軍事扱いであった。かねて河西一帯の駅伝はアジキにゆだねられていた。河西の站赤の淵源は始祖チャガタイが、オゴデイ時代、自分の投下領の太原に属する太和嶺から本拠のイリ渓谷まで30站を敷設したことにさかのぼる[70]。大元ウルス成立後も、それまでの経緯が尊重されてチャガタイ裔の所管とされたのであろう。それがチュベイの手に移ったということは、とりもなおさず、河西の軍事代表者、ないしは少なくともチャガタイ諸裔の筆頭人たる地位が、アジキからチュベイにかわったことを意味している。いっぽう、すでにこのころになると、アジキは記録の上でもかつての面影を失っているのがよく見てとれる。彼は、3年後の大徳一〇年（1306年）一一月の記事を最後に史料から姿を消す[71]。かたや、アジキといれかわるかのように、同年の四月の時点ですでに、はっきりとチュベイに「甘粛等の地の軍站事」の一任が

第7章 ふたつのチャガタイ家

正式に命じられる[72]。成宗テムルの末年ちかく、チュベイは河西の第一人者となったと見てさしつかえないであろう。

ところで、紛争終結となれば、問題はその後である。1304年の講和後も、いぜんとして対峙の形勢がつづいたアルタイ戦線はさておいて、河西では戦時下の臨時措置でひとたびは放棄した先述の甘州以西の地へ再進出がはかられた。それがはたしてどうすすめられたのか、具体的な記録はあまりのこされていない[73]。しかし、武宗カイシャンが登極したばかりの大徳一一年（1307年）、チュベイが「瓜州・沙州の屯田浦戸の漸く丁と成りし者、乞う所部に隷せんことを」と上言したのに対し、中書省は、「瓜州は諸王の分地なりと雖も、その民、駅伝に役せらる。出伯（チュベイ）の言、よろしく従うこと勿るべし」と答申している[74]。中書の言い分は、瓜州はたしかにモンゴル王の所領だけれども、そこの住民は政府が定めた義務としての駅伝に徴用されるように、あくまで公民であって私有民ではない。なれば、チュベイの気儘にはまかしがたい、というわけである。ただし、これには、「これに従う」、あるいは「従わず」の一句が書き添えられていず、はたして中央行政府たる中書省と地方王権たるチュベイと、どちらの主張が裁可されたか定かでない。また、文中の、瓜州を所領としたという「諸王」も、チュベイ自身とは限らず、ワン・クッションおいて、チュベイ麾下の諸王の誰か、ということも充分に考えられる。しかしいずれにせよ、要は紛争終結より3年あまりのち、瓜州がチュベイ系列の所領になっていた、という事実である。そして後述するごとく、1310年代以降になると、結果としてくだんの粛州文殊山を含む河西西半の地は、たしかにチュベイ一門の天地であったと見なされる。されば、同地の戦後処理は、紛争終結とちょうどあい前後して、いまや河西を牛耳ることとなったチュベイの思惑しだいであったろう。空地となっていた甘州以西、とりわけ祁連山の南北の好牧地が、短時日のうちにチュベイ一門を筆頭とするチャガタイ系諸集団の所領に塗りかえられていったとしても、自然の成り行きであった。河西「チュベイ領」といういい方が成り立つならば、その形成の直接の起縁は、ここにこそ求められるのではないか。

時間は少し前後するが、チュベイはアジキがいまだ在世中とおもわれる大徳八年（1304年）、威武西寧王の王号を授与された（本書第6章）。この王号は、第

3ランク（金印駝紐）で、けっして高いとはいえぬものではあった（ただし、それでもその当時の全王家中で6番目）。しかし、近隣のティベット方面担当の西平王アウルクチ、その子の鎮西武靖王テムル・ブカが、庶流とはいえクビライ家の出身にもかかわらず、第4ランク（金渡銀印駝紐）であるのに立ちまさり、河西チャガタイ裔諸王としては最高の処遇であった。もとより、この受封は長年の従軍に対する褒賞の意味もあったであろう。しかし、チュベイとその一党にとっては、河西西半におけるその立場が、大カアンから承認されたまたとないあかしと映ったことであろう。そして大徳一一年（1307年）、テムル没後の宮廷闘争で、アーナンダに逆転勝利したカイシャンによって、チュベイは一躍、最高ランクの一字王号である豳王を授与され、名実ともに大元ウルス治下のチャガタイ系諸集団の頂点に立つことになった。このとき、アーナンダは殺されて安西王国は取り潰しになった。安西王の私領そのものは、兄カイシャンによって皇太子に踞えられたアユルバルワダに与えられたが、もはやかつてのごとき大元ウルスの西面全域をおおいつくす大型の王権・軍事力は存在しなくなった。前述のチュベイ配下の所領形成は、こうしたもうひとつの好条件にも恵まれていたわけで、急速に大カアン以外は誰の制肘もうけることのない独自の王領の色合いを濃くしたと思われる。

　ちょうどそのころ、中央アジアでは、ドゥア一族とカイドゥの嗣子チャパルとのあいだで熾烈な覇権争いが展開され、結局チャパルとアリク・ブケ家のメリク・テムルらは中央アジアを離脱することとなって、ドゥア家の覇権が確立した。これ以後、こちらのチャガタイ諸裔は、大カアンの権威を承認する以外、他のいかなるモンゴル王の支配下にも入ることはなかった。チャガタイ・ウルス、もしくは俗に「チャガタイ・カン国」の成立と見なされるゆえんである。こうして、40年あまりつづいたモンゴル帝国の紛乱は、14世紀初頭、ともかくも東西ふたつのチャガタイ系政治集団の並立という落し子を生んで、幕をおろしたのである。

第7章 ふたつのチャガタイ家

まとめとその後

　チュベイは、1310年前後にみまかり、その跡目は、『集史』『ムーイッズ』ともに、15子中の5番目に名を記すノム・クリが継ぎ、囗王を名乗った。ノム・ダシュ・タイジは、その嫡男である（本章第6章）。
　『元史』諸王表等を見ると、チュベイの受封を皮切りに、第二代囗王ノム・クリの時代（1313-20年ころ）、河西在住のチャガタイ諸裔の受封が順次おこなわれ、第三代ノム・ダシュ・タイジの時代（1321-28年）に、次のようにその格付けが確定したことがわかる。

　　チュベイ系囗王（第1ランク）──トレ系西安王（第2ランク）──バイダカン系安定王・アジキ系威遠王（第3ランク）──ババ系無王号（第6ランク）

　チュベイ系を筆頭に各王家間の上下関係は明瞭である。ただし内戦終了後は、大都の中央政府にとって、彼らはもはや辺境勢力の意味しかもたなかったためか、史料の欠如はさらにひどく、これ以上さしたることはわからない。ただ、僅かな例外として、かの「高昌王世勲碑」に、このころ喃荅失王なる人物が甘粛の諸軍を総攬したと見える（ただし、虞集が撰した漢文のほう。ウイグル文面では欠損してわからない）。まさしく、ノム・ダシュ・タイジである。そして、もうひとつの例外が、冒頭に述べた『重修文殊寺碑』である。
　すなわち、チュベイの囗王受封より20年あまり、チュベイ嫡統を盟主とするチャガタイ集団の河西西半の領有が安定期をむかえていたと想像される泰定三年（1326年）、ノム・ダシュ・タイジは粛州郊外の文殊山文殊聖寺の古跡の復興にみずからあたった。それは、彼の妻子のほか、「諸衆の兄弟子孫ら、衆の宰相官員および百姓ら」、すなわち一門諸王と甘粛行省の官民あげての事業であったという。その竣工に臨んで、発願者たるノム・ダシュ・タイジはみずからの名のもとに重修の功徳を記念した碑文を立て、その文面劈頭にて、父祖以来

まとめとその後

みずからまでの地位を、「チャガタイの金輪宝位」(おそらくチャクラ・ヴァルティン思想にもとづく表現。なお、同「碑」自体がチンギス・カン以来クビライまでの大カアン位を同じく「金輪宝位」と表現し、また『元典章』巻一に載る大元ウルス歴代皇帝の即位の詔などの当時の公式文書でも、皇帝位が「宝位」と漢訳されている。このことから推せば、まさに"チャガタイ・カン位"のこととなる)と誇ったのであった。その由来をたずねれば、これまで縷々述べてきたごとく、アルグ以来の血統と分裂したチャガタイ家の一半という政治的経緯の二点において、たしかに相応の根拠と背景が認められ、けっして虚勢の言ではなかった。また、文殊寺の再建が、同「碑」がいうように同族諸王ともどもの帰依にもとづく行為であったとすれば、そこで語られるノム・ダシュ・タイジのことばは、それら同族諸王にとっても首肯しうる発言であったことになろう。

では、現実面においても、そのことばのような実質を備えていたであろうか。いま、わずかにのこる記録から、1328年の天暦の内乱によって新設された王家も含め、14世紀なかばころの元代河西西半の状況を表にまとめてみると、次のようになる。

表1 14世紀なかばころの河西西半の諸王家

	王家	ランク	始封年	血統	本拠地・遊牧地
1	豳王家	1	1307年	ノム・クリ系	甘州(?)～粛州～赤斤站附近
2	西寧王家	2	1329年	スレイマン系	沙州～苦峪(曲尤?)
3	粛王家	1	1329年	コンチェク	ハミ～バルクル地区
3′	威武西寧王家	3	1334年	イリクチ系	
(4)	豫王家	1	1328年	アラトナシリ	西番～陝西
5	西安王家	2	1333年	アラトナシリの弟ダルマ	
6	安定王家	3	1313年	トガン、ドルジバル	ツァイダム方面
7	威遠王家	3	1323年	アジキ系	山丹
8	封号なし	6	1317年	ババ系	?

新立の王家は、2・3・4である。4の豫王アラトナシリは、エル・テムルと

第7章　ふたつのチャガタイ家

むすんで大都派の巨魁となった人物で、その論功行賞として■王と並ぶ一字王号を与えられた。2と3のチュベイ系傍流の受封は、おそらくアラトナシリと組んだ結果だと思われる。これ以後アラトナシリは、雲南征討やティベット進駐、さらには元末の紅巾軍征討のためチャガン・ノール、六盤山、京兆府駐屯[75]と、中央政界を握ったエル・テムルと内外呼応するかのような八面六臂の活躍を元末政治史上に記録する。しかし、■王家も、大元ウルス宮廷の北走をわずか3年後にひかえた至正二五年（1365年）、かの東方三王家らとともに皇太子アユルシリダラに協力して、軍閥孛羅帖木児（ボラドテムル）の打倒に参加し、健在ぶり[76]を示している。つまり、河西チャガタイ諸裔にふたつの中心ができたわけではなく、アラトナシリ個人が河西グループの枠を飛びだして、いわば時の権勢者として元末政局に浮上したため、記録上、アラトナシリの活躍が目につくのにすぎない。上表のうち、4を括弧でくくったのはそのためである。

　とはいえ、叙上の諸王家が、■王家のもとに、たしかにひとつのまとまりを形成していたかどうかというもっとも肝腎な点が、じつは定かでない。ただ、チュベイ系統である1〜3'については、ノム・クリの時代に3のコンチェク所管地域の駅站問題にかかわって1の当主ノム・クリが大元ウルス当局と折衝し、また2と3'の二王家についてはともどもに大カアンと接触したモンゴル語文書が現存する（本書第6章）。したがって、まずはこの三王家については、一門ということもあり、1の■王を中心に連携があったと見てさしつかえないであろう。しかし、のこる5〜8については、管見のかぎりでは2の西寧王家の王府創設のさい、6の安定王家の四人王傅の体制に倣ったという記事[77]が僅かに相互の関係を推測せしめるだけで、ほかに記録は見あたらない。また、そもそも王家といっても、それは大元ウルス中央政府がモンゴル王族集団に対する格付け、あるいは賜与などにおける資格のあかしとして、一種の王族統制の意味も含めて外からあてはめた枠であって、いわば記録の上での見かけの姿にすぎない場合もありえる。王号を授与されなくとも、実際には遊牧集団をしかと保有していた例もある（本書第6章）。であれば、実態面から今のところ定かにいえるのは、山丹以西の地にチャガタイ諸裔の王家・集団が少なくとも七つは存在したこと、そのうちチュベイ系の三王家は、粛州・沙州・ハミをむすぶ

三角形の地域をおさえて、これら河西グループのなかでひとつの確たるまとまりを構成していたと推測されること、そして、その周囲の東・南二方面に、5～8の四王家が取り巻く形になっていたこと、以上である。とはいえ、この三点のうえに、既述の大元ウルス政府による■王以下の諸王家のあきらかな序列化をはじめ、チュベイからノム・クリをへてノム・ダシュにいたる三代の政治・軍事上での盟主的働きを勘案し、さらに元明交替期の洪武一三年（1380年）の明軍の河西経略が、実質上で■王家討伐作戦にほかならなかったという事実などの諸点を重ねあわせてみると、ひとまず、「チュベイ・ウルス」とでも称しうるような、ゆるやかながらもひとつのまとまりがやはり存在していたのではないか、と推測されるのである。

　大元ウルス治下の他のウルス、たとえば左翼最大のオッチギン家のばあい、タガチャル―ナヤン―トクトアとつづく嫡統家（遼王）以外にも、少なくとも二つの王家が大カアンから承認され、そのほかにも王号をもたない複数の王統・集団が存在した。大元ウルス治下には、こうした複数の同族遊牧集団の連合体、すなわち「ウルス」が10個あまり確認される。その実態は残念ながら不明な点が多いが、少なくともあまり強固な内的結束は認められず、せいぜい一人の当主を共通の盟主とする同族政治グループといった色合いが濃い。であれば、"チュベイ・グループ"も、「ウルス」と称してさしつかえない存在ではなかったろうか。くだんのノム・ダシュ・タイジの「チャガタイの金輪宝位」なることばは、そうした「チュベイ・ウルス」の当主を意味すると考えるとき、充分に了解されるように思われる。

　もっとも、彼らは、西の「ドゥア・ウルス」、いわゆる「チャガタイ・カン国」のごとく、独立にちかい主権を主張したわけではないし、ドゥアがチャパルの廃位を宣言したおりのごとく、諸王360余人もの大勢力を糾合しえたわけでもまたなかった[78]。さりとて、その「チャガタイ・カン国」にしても、ドゥアの子で英主とされるケベク（1318-26）あたりまでは、加藤和秀が述べたように「しばらく統一と安定を享受しえた[79]」が、1330年代にはすでにまとまりを失っていた。つまり、ようやく基礎固めを終えたと思ったとたん、権力そのものの存在が薄れてしまうのである。もっとも、1340年代の末には、周知のよう

第7章　ふたつのチャガタイ家

にトゥグルク・テムルが出現して、新たな政治集団を再結成している。いわゆる「モグーリスターン王国」である。つまり、"ドゥア・グループ"とでもいった遊牧集団群そのものは、ひきつづき存続していたのである。されば、"カン国"あるいは"遊牧国家"とは何か、との問いはひとまず別として、規模の大小こそあれ、この遊牧集団群という点では、西の「ドゥア・ウルス」も東の「チュベイ・ウルス」も、本質的に同質のものであったといわざるをえない。以上を要するに、14世紀初頭以降の河西〜中央アジア情勢は、西にドゥア家を中核とする大きな遊牧集団群がまずひとくくり、そしてその東にチュベイ家を中心にやや小規模ながらももうひとくくりと、都合ふたつのグループが並存し、その間のウイグリスタンには両者の力が重複していたと見れば、おそらく実態に近いのではなかろうか。

　ふたつのグループの確たる区別は、中華本土をおさえる政権が明に代わったあとも同様に生きつづけた。洪武二〇年代（1387-96年）、ハミを根拠地に河西西半に強盛を振るったクナシリはチュベイ傍流の威武西寧王家の人であった。彼は、洪武五年（1372年）の明軍の征討によって後退してきたと思われる豳王家残派を吸収し、一門の盟主にとってかわったと推測される。ヘーニシュが転字・訳注を施し、小田寿典が和訳を試みたいわゆる甲種本『華夷訳語』所載の「納門駙馬の書[80]」は、「チュベイ・ウルス」の存在とその後のこうした経緯を踏まえるとき、素直に了解できるのではないか。洪武年間にあっては、明の対河西方面への姿勢は強圧的であったが、永楽政権が誕生して基本政策が制圧から羈縻に転換したとき、河西の各集団はあらたに忠順王の称号を明より受けた威武西寧王家のもと、それぞれ「衛」の名分を与えられて、形の上では明皇帝をいただくことになった。しかし、西のイリアス・ホージャ麾下のチャガタイ集団は遂にこれとは無縁であった。かたや、元代の諸王家・諸集団が変身したとおぼしき明代の「西北諸衛[81]」の動きを通観してみると、結局チュベイ裔たるハミ王家を中心に動いており、明側もハミ王家を通してこれら諸衛をコントロールしている様子がよく見てとれる。要するに、元代では「王」の名分で記録にあらわれたものが、明代ではその麾下の「衛」という集団の形で登場するのである。いわゆる元明交替のあおりで、チュベイ嫡統たる豳王家は史上から

姿を消したが、チュベイ裔を中心とするまとまりは消えておらず、中華本土をおさえた政権が西方へ開いた窓口としての役割も元明両代を通じてほぼ同様であった[82]。

　最後に、「チュベイ・ウルス」といった枠組みが明代でも生きつづけていた一証として、『紀録彙編』所載の『平番始末』巻上にのる次なる記事を引きたい。これは、弘治六年（1493年）ハミに侵攻した「モグーリスターン王国」のうちのトゥルファン王家のアフマドが、その2年後の弘治八年（1495年）、沙州の罕東左衛の只克都督以下の頭目に送ったという勅書である[83]。

> 在前、我が祖宗拝荅児主人の子孫、哈密(ハミ)に在りて往来し、你(なんじ)が沙州・瓜州の大小人民、皆な管束に属し、好物を進貢し、和気住坐せり。此の地原、これ我が祖宗の住みたる地方なり。如今、我得たるに、何に縁りてか前例に照して進貢せざるや。這(こ)らの気悩に因りて、所以(ゆえ)に来りて你を搶(なんじ)せり。今後、若し人を差して投順し、我と駞馬を進めれば、便たらん。然らずば、便(すなわ)ち人馬を動かして来り問罪するなり。

文中の拝荅児主人とは、まさしくバイダル・エジェン Baidar-ejen の意。チュベイの祖父に相違ない。ハミをおさえたアフマドは、みずからもチャガタイ裔であることを盾に、ことさらに大元ウルス時代のチャガタイ一族の「分裂」よりもさらにもうひとつ前のバイダルの名をもちだして、バイダルとその子孫たるチュベイ一門を「我が祖宗」と強弁し、その旧属たる沙州・瓜州の面々に対し、ハミ王家と同様の服属を強要したのである。つまり、アフマドのことばを裏返していえば、それ以前、沙州・瓜州の罕東左衛、赤斤衛などは、代々チュベイ系のハミ王家のもとにあって、その「管束」をうけつつ、「和気住坐」していた。そして彼らが住む「此の地原」は、まさしく「我が祖宗の住みたる地方」、すなわち「チュベイ領」なのであった。時に、ハミ王家も最末期のこと、すでにチュベイ系の血は絶えて、「これと同祖[84]」[『明史』安定衛伝]という理由から大元ウルス時代の安定王家の後身たる安定衛から陝巴が選ばれて後嗣となった矢先の出来事であった。この陝巴の継襲といい、陝巴の襲封に際して安定王家の当主の千奔が嫉妬して反対したことといい（おそらく千奔は、それまで

第7章　ふたつのチャガタイ家

目下であった陝巴が、一門の盟主たるハミ王家を継ぐことで自分がその風下に立つことになるのを嫌ったのであろう）、そして前記のアフマドの言といい、大元ウルス時代以来の因縁とつながりが、このころになってもまだかなり現実味のあるものとして彼ら自体のなかで認識されていたことをよく示している。

こうしたハミ王家も陝巴を継いだその長子の拝牙即(バヤジド)を最後に史上から姿を消す。アフマドの長子マンスールの勢力に呑みこまれてのことであった。時に正徳九年（1514年）。チュベイの大元ウルス来到より230年あまり、「チュベイ・ウルス」の形成より200年ほどのちのことである。

以上、「重修文殊寺碑」を偽とする理由も見いだせぬままに、分析と推論を重ねてきた。援用した材料は、『集史』『ムーイッズ』『元史』『明実録』といった、いわばメジャーではあるけれども東西の官撰編纂物のなかの、さらにおおむねは断片的な記事である。極論すれば、傍証の寄せ集めにすぎないともいえるだろう。じつは、彼ら自身が一人称で語る記録は、当の「重修文殊寺碑」だけである。しかし、同「碑」はそれらさまざまな傍証が語る脈絡のなかに置いて、いささかも不自然さを感じさせないように思われる。真と考えるゆえんである。

14世紀末、クビライ家の没落とともに、モンゴル帝国は解体にむかい、旧帝国の各部分で新たな国家や「民族」の形成がなされた。中国史上の明代にあたる14-17世紀の河西・中央アジアも、そうした転換期にあたる。しかし、パミール以西はさておき、河西西半を含むいわゆる東トルキスタンについては、主として史料上の制約から不明な点が多く、じつは歴史の概況としての枠組づくりさえ、いまだ充分には果たされていないように見える。*Ta'rīḫ-i Rašīdī* という現地ペルシア語年代記をもついっぽう、いぜん重要な情報源たる漢文史料が、ひとつには記録編纂者を含む中国側全般の同地域に対する理解度の不足のため、そして何よりも記述そのものが明代史の外被を鎧うため、容易に実態が把握しがたい。それを解く糸口として、モンゴル時代にまでさかのぼって、そこからの連続面に留意しつつ明代の同地方に関する諸記録を読み換えていく作業も有効だろう。本章は、そのためのひとつの試案でもある。

注

1) 張維『隴右金石録』巻五。
2) 加藤和秀「チャガタイ・ハン国の成立」『足利惇氏博士喜寿記念オリエント学・インド学論集』、日本オリエント学会編、1978年。のち『ティームール朝成立史の研究』に再録。
3) P. Pelliot, Le Hōja et le Sayyid Husain de l'Histoire des Ming. *T'oung Pao.* vol. 38, 1948.
4) 拙稿「𨤲王チュベイとその系譜」『史林』65巻1号、1982年（本書第6章）。
5) В. В. Бартолъд, Очерк истории Семиречъя. *Сочинения*, II-1. Москва, 1963 : В. В. Бартолъд, Кулътурнои жизни Туркестана, *Сочинения*, II-1. Москва, 1963 : W. W. Barthold, Čaghatai-Khān, *the Encyclopaedia of Islam*, I st ed., Leiden, 1913, vol. 1, p.814, and so on.
　　植村清二「察合台汗国の興亡」一〜四、『蒙古』一一二-五号、1941-42。佐口透「チャガタイ・ハンとその時代」上・下『東洋学報』二九巻一・二号、1942など。
6) [ǦTS, f.170a]
7) [*Qazvīnī* 3, pp.17, 91]
8) W. W. Barthold, *Turkestan down to the Mongol Invasion*, Gibb Memorial Series 5, London, 1968, p.483.
9) [ǦTS, f.201a]
10) 本田實信「十三・十四世紀のペルシア語文献に見えたるモンゴル・トルコ語——-miši なる語尾を有する術語（1）——」『ユーラシア文化研究』一号、1965年、107-108頁。『モンゴル時代史研究』422-424頁。
11) [*Qazvīnī*, vol.3, pp.64-65]
　　『元史』巻五、世祖本紀、中統四年二月壬子朔。
12) [ǦTS, f.169b]
13) [*TVB*, p.76]
14) 注53) 参照。
15) [ǦTS, f.203b]
16) op. cit.
17) [ǦTS, f.174b]
18) [ǦTS, f.211b]
19) [ǦTS, ff.249b-250a]
20) 本田先揭論文、106-107頁。『モンゴル時代史研究』420-422頁。
21) 同上、96頁。407-408頁。
22) [ǦTS, f.174b]

第7章　ふたつのチャガタイ家

23) [*TVB*, P77, 11.3-5]
24) Ğamāl al-Qaršī, *Mulḥaqāt al-Surāḥ,* ed. В. В. Бартолъд, текст I, Съб., 1898, стр. 139. 加藤先掲論文、146頁。
25) Geng Shimin et J. Hamilton, L'incription Ouïgoure de la Stèle Commemorative des Iduq qut de Qočo, *Turcica*, tome 13, 1981, p.16. なお、「高昌王世勲碑」に名高い至元一二年のドゥアとブズマによるカラ・ホジョ攻撃について、『元史』巻一二七、伯顔伝の「至元二十二年秋、宗王阿只吉失律、詔伯顔代総其軍」と連動させ、アジキが「失律」してバヤンBayanと主将交代させられたという至元二二年（1285年）のことではないかとする考えが古くからある。屠寄『蒙兀児史記』巻七六、奥魯赤伝などで表明されたこの意見は、ここで詳述しないが、それなりの関連史料もあるいっぽう、至元一二年についてもドゥアらの進攻を語る記録もあって、現在のところいずれとも決着しがたい。両次の進攻があった可能性もある。
26) 『ムーイッズ』には、ベク・テムルにこうコメントされている。「このベク・テムルは、ドゥアより年長であった。カイドゥとのいさかいで、カアンのもとに赴き、その後ドゥアが王（pādšāh）となった」[*Mu'izz* P,f. 31b]
27) [*TVB*, p.77, 1.8]
28) [*TVB*, p.77, 1.25]
29) [*TVB*, p.78, 11.10-11]
30) P. Pelliot, *Notes on Marco Polo*, vol. 1, pp.262-263. なお、戦闘年次を1260年、1276年とする異本もある。
31) 『元史』巻一三、世祖本紀、至元二一年三月丁巳。
32) 安部健夫『西ウイグル国史の研究』彙文堂、1953、100-102頁。恵谷俊之「カイドゥの乱に関する一考察」『田村博士頌寿記念東洋史論叢』、1968、97-98頁。なお『双渓酔隠集』巻二、後凱歌詞自序では乱の勃発は至元一三年。
33) F. W. Cleaves, The Sino-Mongolian inscription of 1335 in memory of Chang Ying-Jui, *HJAS*, vol. 13, 1950, p.24 and p.97.
34) 『元史』巻一六二、李忽蘭吉伝など。
35) [*ĞTS*, f.60b]
36) [*ĞTS*, f.213b] なお、アリク・ブケの夏営地・冬営地の名称については検討すべき点がある。
37) 『元典章』巻一、詔令、大徳改元。
38) [*ĞTS*, f.174b] なお『ムーイッズ』によれば、モアトゥゲンの長子バイジュの孫のBūğīは、「バラクと戦争をし、アバカのもとにやってきた」という。[*Mu'izz* P,f. 29b]
39) 『元史』巻一五、世祖本紀〔至?〕元二五年一二月丙子、同二六年六月辛巳。
40) 屠寄『蒙兀児史記』巻七五、也不干伝、四行目割注。佐口透「河西におけるモンゴル

封建王侯」『和田博士還暦記念東洋史論叢』、1951、265頁。
41) ［ǦTS, f.174b］
42) ［TVB, p.76］
43) 『元史』巻七、世祖本紀、至元九年七月戊寅。
44) 佐口透「河西におけるモンゴル封建王侯」265頁、参照。
45) 『元史』巻七、世祖本紀、至元七年七月乙卯。
46) ［TVN, f.178b］［TVB, p.500, 11.1-2］。なお、トレ・オグルも含め、カイシャン即位前後の大元ウルス政局の変転については、ヴァッサーフ自筆本かとみられるヌール・オスマニイェ所蔵の写本をもとに根本研究をすでに終了しており、「大元ウルスの三大王国」上（『京都大学文学部研究紀要』34，1995年）の続篇として公刊を予定している。
47) 『元史』巻九、世祖本紀、至元一三年一月戊子。
48) ［Muʿizz P, f.41b］
49) ［Šuʿab, f.125b］
50) ［ǦTS, f.208b］
51) 『山右石刻叢編』巻三六、潞州学田記。
52) ［TVB, p.518］
53) 兄のカバンが1282年（『元史』巻一三三、旦只児伝）。チュベイは翌83年（同巻一二、世祖本紀、至元二〇年一月辛酉）。
54) 『元史』巻一二三、拝延八都児伝。
55) 『元史』巻二〇五、姦臣伝、桑哥伝、至元五年。同巻二二、武宗本紀、至大元年一月己卯。
56) 例えば、哈伯とともに探馬赤軍を率いてチュベイに従った忙漢は、有名な「探馬赤五部将」のうち、平陽に駐屯した按扎児（アンチャル）の子であった。『元史』巻一二二、按扎児伝。
57) 『元史』巻一五、世祖本紀、至元二五年一月癸卯。
58) 『元史』巻一六、世祖本紀、至元二七年一月己未。
59) ［ǦTS, f.211a-b］
60) 『元史』巻一五、世祖本紀、至元二六年五月壬辰。
61) ［ǦTS, f.207b］
62) ［ǦTS, f.208b］
63) ［ǦTS, f.217a］
64) 『元史』巻二〇、成宗本紀、大徳六年一一月戊午。
65) Abū al-Qāsim ʿAbd-allāh ibn Muḥammad al-Qāšānī, Taʾrīḫ-i Ūljāītū, ［TUS, f.22b］
66) 『元史』巻一九、成宗本紀、元貞二年三月甲戌。
67) 『元史』巻二一、成宗本紀。
68) 『元史』巻七、世祖本紀、至元二九年（1292年）九月癸酉の条に、「沙州・瓜州の民、

第7章　ふたつのチャガタイ家

　　　甘州に徒る。詔して、甘・粛の両界に於いて地を画して耕せしめ、力無き者は給するに牛具・農器を以ってせよと」。
69)『元史』巻二一、成宗本紀、大徳七年二月丁丑にも同内容あり。
70) 佐口透「河西におけるモンゴル封建王侯」、256頁。
71)『站赤』五、大徳一〇年（1306年）一一月。
72)『元史』巻二一、成宗本紀、大徳一〇年四月丁未。
73) 例外は、同上大徳八年二月辛卯に、「諸王出伯の所部軍に命じて、薛出合出谷に屯田せしむ」とある。
74)『元史』巻二二、武宗本紀、大徳一一年七月癸亥朔。
75)『元史』巻四五、順帝本紀、至正一八年一〇月丙寅。同巻一八三、王思誠伝。
76)『元史』巻一四一、察罕帖木児伝、「丞相也速（イェス）の兵、東鄙に屯し、魏・遼・斉・呉・豫・圞の諸兵、西辺に駐し、云々」と見える。遼・斉・呉は東方三王家、魏・豫・圞はアムガ家、アラトナシリ、そしてチュベイ家の各王号。
77)『元史』巻三六、文宗本紀、至順三年三月己卯。
78) Qāshānī, p.40.
79) 加藤和秀「ケベクとヤサウル──チャガタイ・ハン国支配体制の確立──」『東洋史研究』四〇巻四号、1982、80頁。
80) 明洪武刻本『華夷訳語』、涵芬樓秘笈第四集所収。E. Haenisch, *Sino-Mongolische Dokumente vom Ende des 14. Jahrhunderts*, Berlin, 1952, S. 14. 小田（永元）寿典「明初の哈密王家について──世祖のコムル経営──」『東洋史研究』二二巻一号、1963、16-18頁。
81) ハミ衛・安定衛は、元の威武西寧王家と安定王家。赤斤衛・罕東左衛については、系譜上は王家とのつながりをうかがわせる記録はないが、次に引くアフマドのことばは、両衛がチュベイ家の影響下の集団であったことを推測させる。なお、『明史』沙州衛伝において、沙州衛の指揮使に任ぜられたのは困即来と買住のふたりであり、「蒙古王子阿魯哥失里」ではないから、衛とモンゴル王とをむすびつけるのは一見むずかしいようにみえる。しかし、ハミ衛・安定衛の例を見ても、王家側は王号を得て、その麾下の頭目に衛の指揮官の官職が与えられている。つまり、衛の背後には、実際の支配者たるモンゴル王族が控えていたのであり、沙州衛も同様と考えられる。だからこそ、沙州衛伝は、その冒頭に「蒙古王子阿魯哥失里」の遣使朝貢の記事を書き、次に困即来、買住の帰順を記したのであろう。
82)『站赤』五、延祐元年閏三月六日。
83) 馮家昇等編『維吾尔族史料簡編』上、新華書店、1958、136頁参照。
84) ハミ王家と安定王家を同祖と述べる例は、『明実録』天順八年（1464）五月丁丑の条にもある。

哈密地面の使臣、苦児魯海牙、奏すらく、「先に本国の王、死して嗣なきに因り、乩加思蘭、其の地を侵拠せんと欲す。訪得したるに、西番の阿児察安定王、国王と同じく一祖より出ず。現に兄弟七人有り。乞う、一人を選取して来らしめ、国事を主どらしめんことを」と。

[**追記**] 本章の原載論文が1983年に公刊されたのち、3年後に「重修文殊寺碑」のウイグル文面についての釈読が発表された。耿世民・張宝璽「元回鶻文《重修文殊寺碑》初釈」『考古学報』1986年2期、253-264頁、2 pl. である。碑刻拓影も掲載され、筆者としては1982年の前稿「豳王チュベイとその系譜」(本書第6章) の準備段階から是非とも見たいとおもい、83年・86年の中国滞在のおりに訪求せんとして果たせなかった同碑ウイグル刻本とその内容を、ようやく知ることができ雀躍した。ウイグル文の中身は、ほぼ予想どおりであった。ただし、耿・張両氏は釈読に専念され、本碑の漢文・ウイグル文の両方を通じた歴史上での側面・意義に関しては、踏み込もうとされなかった。あるいは、この碑のもつ重要性について、かならずしも十分に了解されていなかったのかもしれない。それも、ある意味で仕方のないことであり、歴史分析と把握は別の仕事だろう。本章の掲載にあたっては、同碑ウイグル文も踏まえたかたちで原載論文を完全につくりかえることもありえたが、ひとつには研究展開上の時間性をきちんと保持しておくほうがむしろ意味があると考えたこと、いまひとつはウイグル文面なしでも原載論文の内容と分析はほとんど変わりないこと、この2点からあえてそのままにした。この点、ご了解をいただきたい。

第8章

西暦1314年前後の大元ウルス西境
──『オルジェイト史』より

はじめに

　本章は、西暦1314年前後に天山北麓一帯で起きた大元ウルス軍とČaγatai-ulus軍との武力衝突に関連して、最も詳細な経緯を伝える同時代ペルシア語年代記『オルジェイト史』 *Ta'rīḫ-i Pādšāh-i Sa'īd Ġiyāṯ al-Dunyā va al-Dīn Ūlǧāītū Sulṭān Muḥammad* のうち、両軍の陣容・配置を詳述する箇処を原写本にもとづいて校訂・翻訳して紹介し、そこに列挙される人名・地名についてペルシア文と漢文を二大史料群とする13・14世紀モンゴル支配時代関連の本源諸史料より関係記事を捜求して歴史・文献上の同定を試み、14世紀初頭の大元ウルス西境に関する従来の理解に対して修正案を提示する。

　アム河南北における Hülegü-ulus 軍との攻防とあわせ、Esen-Buqa 当主時代（1310-1318年）の Čaγatai-ulus 東西両面での軍事紛争については、すでに C. M. D'Ohsson, J. von Hammer-Purgstall, A. Vámbéry, E. E. Oliver, B. B. Бартольд, R. Grousset, G. Spuler、植村清二らが言及し、最近では再び加藤和秀、T. Allsen が触れし、1986年秋、南京開催の元史国際討論会では劉迎勝が特に対大元ウルス戦に絞り漢文史料も利用して事件経過を概述した[1]。にもかかわらずあえてまた検討しようとするのは、ひとつには上記の先業は劉を除きい

ずれも経過を簡単に記すか、論述の都合上述べるにとどまり、ただ Бартольд だけが若干の鍵となる地名に留意した跡が窺えるほかは、一言一句の文献検討に深入りしなかった結果、類似記事のない具体状況の解明・把握が従来逸せられたままになっているためであり、いまひとつには、以下の理由で不十分であったふたつの前稿（本書第6・7章）を補うためでもある。

同書当該箇処には、筆者がさきに言及した Čaγatai 系 Čübei 家に関連する見逃せない記事があり、前二稿ではそれに気づきながらも、原写本を参覧できない条件下で、特に人名・地名等の読字・校訂に強い疑問を感じさせる既存の Hamblī 刊本［*Ta'rīḫ-i Ūlġāītū*, ed. Mahīn Hamblī, Tehran, 1969］だけに依拠する不安から、ことさらに言及を廻避した。『オルジェイト史』には、A.H.752年 Rabīʻ II 月末日［25, VI, 1351 A.D.］の奥付のある Istanbul の Aya Sofya 図書館所蔵本［MS 3019/3, folio 135-240］と19世紀頃における Ch. Schefer 旧蔵の Bibliothèque Nationale 所蔵本［MS Supplément persan 1419, 164 folios］[2] のふたつの写本だけがいまのところ知られている。『オルジェイト史』自体は、同書のなかに見える最も晩い年次が718/1318-19年［S 205b/13, P 108a/17］であることから、Öljeitü（治世703-716年/1304-16年）の弟で後継者の Abū Saʻīd 当主時代（716-736年/1316-1335年）初期頃の著作と考えられており、したがって S 本は著作よりさほど年を経ない極く早い時期の古写本といえ、校訂の底本とするにふさわしい。P 本は S 本よりの直接の筆写とするにはなお検討の余地を残すが[3]、読み取りにくい S 本の綴字を確定する上で役に立つ。いま幸いにして両写本を利用する便宜を得、加えて Hamblī 刊本に先立つ1年前に同じ Tehran 出身の M. Parvisi の手になる同書全文への校訂・独訳・付注・解題が Göttingen 大学へ博士論文として提出されていたことを知った［Maryam Parvisi-Berger, *Die Chronik des Qāšānī über den Ilchan Ölğāitū* (1304-1316), *Edition und kommentierte Übersetzung,* Dissertation zur Erlangung des Doktorgrades der Philosophischen Fakultät der Georg-August -Universität zu Göttingen, Göttingen, 1968][4]。内容を検討してみると、手書による校訂は Hamblī 刊本を上回り、独訳も草稿かと思わせる未消化で文意の通りにくい『オルジェイト史』に対して、意図して原文に密着せず、その当否は別として、簡明を旨とした苦心の意訳となっている。イラン文献学

からの言及を特徴とする長文の解題と422条の注記も利点が多い。有用さは疑いない。しかし反面、頻出する固有名詞や特殊用語、とりわけトルコ・モンゴル語彙に関しては、Hamblī刊本と共通する面を否定できない。S本は同時期のペルシア語古写本と同様に、各単語の上・下の点があまり厳重に付されず、rasm（上・下の点を取り去った字形）でしか綴られないこともしばしばある。Arabo-Persianの単語はともかく、Turco-Mongolianあるいは漢語起源等の単語の場合、読字ないし翻字自体がまず容易に決めがたい上に、しかもおおむねそれらの単語こそ、当然のことながら歴史状況と深刻・密接にかかわる人名・地名・部族名などのkey wordであり、その一語一語が他の厖大な同時代諸語文献との厳密かつ慎重な照合・同定作業を要する。十全な歴史状況の把握なしには、満足しうる校訂・翻訳もまたなしがたい。ペルシア語文献というもの、モンゴル王廷の記録であり、東方Čaγatai-ulusや大元ウルス関係の記事も異例なほど豊富に含む『オルジェイト史』の校訂・訳注に関して、二人のイラン人女性が残した課題の解決はモンゴル帝国歴史研究の側にゆだねられているといってよい。本章がそうした同書利用の事例研究の意味をもちえれば幸いである。

I

イスタンブル写本を底本とした校訂案

　S f. 224a, ll.5-25；P f.131b, l.16-132a, l.19. S本にアラビア文字のGは存在せず、P・Čも稀に見えるのみで、K・B・Ğが使われる。ĞTSに顕著なDのḊ表記等は見られず、語末のYがしばしばY̱と表記される程度である。校訂はペルシア語としてK・B・Ğのままではいかにも不自然なArabo-Persianの単語や明らかにG・P・Čと読んだに違いないTurco-Mongolianの単語等は変えたが、固有名詞等はそのままにした。翻字ではS本のまま示すことを原則とし、rasmの場合は筆者が想定する字をイタリクで示した。なお以下、本章でモンゴル語として転写形を示す場合、文語形式の慣例に従った。

```
 5 سبب
 6 ديگر انك لشكرگاه قان بجيركا بر سرحدّ ثغور مسلسل و مرتبط چون
 7 انگشتان پهلو به پهلو نشسته اند و سپاه ايسنبوقا روى با روى موازى
 8 ومحاذى ايشان يورت دارند و اوّل برابر ايسنبوقا و ابوكان پسر دوا. در يورت
 9 او كوكهوى از چريك قان طوغاجى جينسانك پسر بوقا وينشآ۰ با دوازده
10 تومان چريك يورت و مقام دارد كه يايلاميشى او بجانب ييسون مورانست
11 و قشلاميشى بمرحله۰ قوباق و متعاقب او جونقور وانك پسر ثوتغاق بهادر
12 از استخوان قبچاق كه نوكر بايان جينسانك بزرك بود بفتح ديار و بلاد
13 منزى و ننكياس در جنب او با پنج تومان بيورت قونغولتو و الايتاق نشسته
14 و برابر او شتره اوغول پسر ججكتو و نوكرش قوتوقو بهادر با چريك خود در مقابل
15 او ست و فرود ايشان پسران جوباى نمغولى و بيانتاش و كونجاك پسر قبان
16 با دوازده تومان در يورت سيكجو تا قامل و ولايات ايغورستان مقيمند
17 و مواجهه۰ ايشان ايمل خواجه برادر ايسنبوقا پسر دوا با دو تومان ساكنست
18 اينها مقدمه و منقلاى جانب غربى و جنوبى لشكر قان اند و اگرنه از جانب
19 مشرق و شمال و حدود ديار ختاى و ننكياس در جنب يكديگر متعاقب نشسته اند
20 چون انگشتان دوش بدوش و چون دندانها۰ شانه پهلو بپهلو مثلا در بارس
21 كول بلارغى پسر كيوكجى مينكقانك با عساكر متكاثر يورت و مخيم دارد برابر
22 او قوتوقو نشسته و در قامل پسر قبان با سپاهى بزرك مقيم و مقابل او
23 سبغان زيرك و احمد امير تومان مواجهه نشسته و در ديار توبوت جاتاى
24 پسر مغولطاى دووين شاه۰ ساكن و مقابله۰ او جانكجول بخشى با اميرى هزاره
25 مقيم
```

『オルジェイト史』イスタンブル写本

逐語試訳

　一方、Qān の陣営は *jerge* となり指々が並び合うように境界上に連なり続いて駐し、Esen-Buqa の軍士はそれに面と面を向かい対して幕営地を有した。まず、Esen-Buqa と Kūk-hūī というその幕営地にいる Du'a の子 Ebügen に対して、Qān 軍のうち Buqa 元帥の子 Toγači 丞相が12万人隊の軍とともに幕営・屯住地を有する。その夏営は Yisün-mören 方面に、冬営は Qobuγ の宿場にある。それに続いて、その傍に Manzī と Nankīyās の諸地域の征服において Bayan 大丞相の *nökör* であった Qïpčaq 族の Tūtġāq-Bahādur の子 Ğūnqūr 王が5万人隊とともに Qūnqūltū と Alāyī-tāq の幕営地に駐した。それに対して Čečegtü の子 Šatra-uġūl とその *nökör* である Qūtūqū-Bahādur が自軍とともに彼に正対する。それらの下方には、Čübei の諸子 Nom-Qulī と Buyan-Daš および Qaban の子 Könčeg が12万人隊とともに Sügčü の幕営地から Uigūristān 諸地方に住し、彼らの面前には Du'a の子にて Esen-Buqa の兄弟 Emil-Ḥvāġa が2万人隊とともに居る。これらは Qān 軍の西・南面の前衛（*manglai*）であ

337

り、他方、東・北面および Hitāī と Nankīyās の疆域についても、指々が肩を並べるように、また櫛の歯が比び合うように互いの傍に続いて駐した。例えば、Bars-köl には Güyügči Mingγan の子 Bularγi が増援諸軍とともに幕営・帳幕地を有し、それに対して Qūtūqū が駐した。Qāmul には Qaban の息子が大軍とともに住し、それに正対して Sabġān-zīrak と Aḥmad 万人隊長が面前に駐した。Tūbūt の諸地方には Muġūlṭāi 都元帥の子 Ǧātāī が居り、その正対に Ǧānkǧūl-Baḫšī が一人の千人隊長とともに住する。

語注

6　QAN/Qān　モンゴル時代およびそれ以後のペルシア語文献では ḫān と明確に区別され、Ögödei、Möngke および Qubilai 以下の大元ウルス皇帝のみに使用され、モンゴル皇帝を意味する。とくに、大元ウルス皇帝を示す場合、しばしば固有名詞を冠せず、QAN とのみ書く。ここでは第八代皇帝の仁宗 Ayurbarwada を指す。S 本ではただ1箇処 [237a/11, P153a/1] QAĀN とするのを除き、他処はすべて QAN。M. E. Quatremère, И. Н. Березин, E. Blochet 等の早期の『集史』諸刊本で QAĀN の形が採られ周知となっているが、手許の写本を見ると、1433年書写 L 本、16世紀書写とされる P 本、最古の収蔵日付が1620年の Tm 本では QAĀN であるものの、1317年書写 S 本は QAN、14世紀書写 La 本では QĀN。А.А.Ализаде は S 本を見ながらも一貫して QAĀN を採り、ほぼ同じ条件の K. Jahn のみ QĀN とする。『集史』と近いと思われる『五分枝』Šu'ab-i Panǧgāna[5] で主に QĀN でありながら、同書をおそらく主な典拠として A.H.830/1426-27 A.D. に Ḥāfiẓ-i Abrū が編纂し、後人が追加した『高貴系譜』Mu'izz al-Ansāb では QAĀN とあることからも、モンゴル時代14世紀には通常 QAN ないしは QĀN と書かれていたものが、ティムール朝治下で QAĀN と改められた可能性がある。QAĀN の綴りは、ウイグル文字表記の qaγan、パクパ字の qa'an、『元朝秘史』の ᢉ合罕 qahan、ᢉ合阿納 qa'an-a（locative）等との対応を連想させる。『世界征服者史』Ta'rīḫ-i Ǧahān-Gušā の最古写本 Bibliothèque Nationale 所蔵 Supplément Persan 205 [A. H. 689, Ẕu'l-Ḥijja, 4/8, XⅡ, 1290 A. D. の日付あり] では QAĀN と綴られるか

ら［Qazvīnī I 付載 f.174b の写真 8 行目］、ティムール朝の史官がウイグル文字ないしモンゴル語を意識し Ğuvainī の綴字を復活・固定させたことも考えられ、今後一層の諸写本蒐集により見定めたい[6]。

　ĞYRKA/ğīrgā＞m. jerge「狩りの布陣」、「列状の布陣」。Doerferは「勢子の輪。軍事；敵軍包囲のための円形あるいは半円形の布陣。序列」の語義を与え［Doerfer I：477-480］、Parvisi は Kreisförmiger Anordnung「円形配置」と訳す。ただここでは大元ウルスの全軍が（半）円形の包囲陣を布いたと解するのは無理である。『秘史』では、者児格連 jergelen 列、者児格迭扯 jerge-deče 班列裏、者児格額児 jerge-'er 依次、者児格突児 jerge-tür 列位裏、者児格額児 jerge-'er 列着、者児格突児者児格連 jerge-tür jergelen 次序裏列着、者児格列克先 jergelegsen 列了的、者児格迭徹 jerge-deče 次序行［1/11b, §19, 711；3/12a, §108, 2712；5/12a, §151, 4608；5/24a, §155, 4816；5/29b, §159, 4918, ；8/46a, §208, 8112, 8113；9/9b, §213, 8324；続1/32b, §255, 10512］と、共通して「列状」を示唆する。依次、次序裏、次序行と傍訳された三例も、Cleaves は "in [parallel] ranks" "in the row" "from the rank"［Cleaves 1982：80, 149, 197］と訳し、その第 1 例について小沢重男は「《つぎつぎに》ではなく《一緒に平行して》」と注し「一連して」と訳す［小沢下：218］ように、「列」を含意する。とくに小沢が注意した例は、『集史』に「その後その年の冬を AWNḤAN 王汗は KLWRAN/Kelüren 方面より前に移動して QWBH-QYA/Quba-qaya への途上を行きつつ、他のものたちも彼の踵を追って移動し、ĞRKH/jerge となって行った」［ĞTS 80a/20-21］とあり、『聖武親征録』に「冬、汪可汗は兵を分かち、〔自ら〕怯緑憐河より忽八海牙山を指して先発し、部衆は後に列を成して進む」[cf. Pelliot et Hambis：419, n.3]とまったく同内容が載り、明白である。（半）円形にこだわる必要はなく、むしろ本稿引用文全体が jerge の好例となろう。

　8　ABWKAN/Abūgān＞m. Ebügen　『集史』Čaγatai 紀本文には見えず、附系図に Du'a 10 子の 8 番目に APWKN と見える［ĞTS 171a］。Šu'ab 120a に同じく 8 番目に ABWKAN, "BWK'N。Mu'izz P 32b に 14 番目 AWBWKAN。のちの Čaγatai-ulus 当主 Jingši（1334-38年）、Yesün-Temür（1338-39年）の父。

339

〈世續碑〉に「〔延祐〕二年〔1315年〕、也先不花の將、也不干・忽都帖木児と赤麥干の地に戰う」とある也不干 Ebügen か。

9 KWKHWY/Ham. AWKWKHWY, Par. 'WKWKHWY/*Kūk-hūī*＞m. *Kög-hoi*？ Hamblī と Parvisi はともに前の AW/ū と一語と見るが、本處記事のやや後に「〔Esen-Buqa は〕自分と同腹の兄弟でもある ABWKAN/*Ebügen* と KBK/Kebeg を強力で血に餓えた１万人隊の軍とともに KWKHWY の方面に派遣した」[S 225b/8-9, P 135b/11-12. Ham., Par. ともに KWLHWY と讀む] とあり、Kūk-hūī なる地名である。*hūī* を『秘史』の槐 *hoi* 林と解せば、「青い森」。〈世續碑〉に「〔大徳〕四年〔1300年〕秋、畔王禿麥 *Tögme*・斡魯思 *Oros* 等、邊を犯す。王〔＝創兀児 *Čong'ur*〕、敵を濶客の地に迎う。其の未だ陣せざるに及んで、王は其の軍を以て直ちに之を搏つ。敵、支うる能わず。之を逐いて金山を踰えて乃ち還る」と見える濶客 *Kög*～*Köke* の地は、屠寄のいう「今の賽音諾顔部中の左末旗右翼右後旗兩界に枯庫嶺あり。即ち此の闊客の地」[蒙兀児史記 102/5a・b] かどうかは別として、少なくとも金山＝Altai 以東に位置するので、Esen-Buqa 陣營のうち Kūk-hūī だけが異常に東方に突出してしまうことになり、不適當。むしろ1375年はじめ、Sayram から Čarïn に達したティムールの第三次モグーリスターン遠征軍に對して時のモグーリスターンの實權者 Qamal al-Dīn が自軍を集結させた KWK-TPH/*Kök-tepe* [*Šāmī*：69/10] ないし KWK-TWPH/Kök-töpe [*Yazdī*：151b/2, 207b/7] の方が Ili 河東に位置することになり可能性がでてくる [Cf. Semirechyé[7]；139-140]。

TWĠAĠY ĠYNSANK/*Tụ̄ġāġī Ġīnsāng*＞*Toγači-čin*(g)*sang* 本書では704年/1304-05年の初出 [S 152a/16, P 26b/5-6] を皮切りに頻出する。植村は「チンサンは丞相である。元史宰相表には見當らないが、仁宗即位の際、中書右丞相知樞密院事に任ぜられた脱火赤抜都児こそ、恐らくその人に相違あるまい。彼は一三一五年（延祐二年）に威寧郡王に封ぜられて、金印を賜はってゐるが、それは恐らくイセンブカ追討の功によるものであらう。しかし延祐四・五年の交には、彼はまた叛したことが元史本紀に見えてゐる。その事情は一切不明である」[植村３：66] と簡潔に述べ、佐口透が D'Ohsson への訳注にて「元朝史料の丞相知樞密院事脱火赤抜都児をさすか」[帝國史６：236、注１] とする。両

氏がいう（A）『元史』巻二四、至大4年（1311年）三月記事中の「中書右丞相知枢密院事」は中書右丞相だけに訂正する要があるが（知枢密院事はつづく鉄木児不花 Temür-buqa の冠称）、この記事を最初に本紀には（B）同二五、延祐二年（1315年）一〇月「丁丑、脱火赤を封じて威寧郡王と為し金印を賜う」、（C）同二六、延祐四年（1317年）二月「丙寅、諸王の部、脱火赤の乱に値い、百姓貧乏なるを以て鈔十六万六千錠・米万石を給してこれを賑わす」、（D）同年六月壬子「安遠王醜漢* Čuqan・趙王阿魯禿 Aruγtu、叛王脱火赤の掠むる所と為る。各おの金銀・幣帛を賜う」、（E）同年七月庚辰「叛王を討ちて功有る句容郡王床兀児 Čong'ur 等に金銀・幣帛・鈔を賞すること各おの差有り」、（F）延祐五年（1318年）二月庚申「叛王脱火赤を討ちたる戦功を賞し、諸王の部の察罕 Čaqan～Čaγan 等に金銀・幣・鈔を賜うこと差有り」と見え、（G）劉敏中〈趙王先徳加封碑〉『中菴集』元刻本巻四「〔至大〕三年〔1310年〕…趙王（尤安 Ju'an）一日、王傅脱歓 Toγan・司馬阿昔思を召して謂いて曰く、「先王〔闊里吉思 Körgis＜Georges〕、卜羅 Bolad に旅殯す。……五月、戌辺の淇陽王月赤察児 Öčičer・丞相脱禾出八都魯を過ぎる。卒五百人を仮りて其の行を衛らしむ。七月、殯所に達す」（『元史』巻一一八、阿刺兀思剔吉忽里伝附闊里吉思伝にもほぼ同文）、（H）〈勅賜康里氏先塋碑〉『黄金華先生文集』巻二八続藁五に武宗 Qaišan 時代の至大三年（1310年）頃のこととして「辺将脱火赤、新軍〔万人〕を以て宗王丑漢* Čuqan に益さんことを請う。延議して王〔＝康里脱脱 Qangli Toγto〕を俾て往きて其の資装を給せしめんとす。王、言えらく「時、方に寧謐たり。宜しく挑変して事を生ぜしむるべからず」と。辞して行かず。遂に丞相禿忽魯 Tuγluγ 等二人を遣わして往きてこれに給せしめ、幾んど以て変を激す」（『元史』巻一三八、康里脱脱伝にほぼ同文。〔　〕内はそれに拠る）とあるほか、『站赤』には本処記事と直接関係する駅伝敷設記事中に大元ウルス北面の最突端地区の守将として、同五皇慶元年（1312年）一一月一八日「脱火赤の地」、同二年（1313年）一〇月一四日「脱火赤八禿児・寛徹〔後掲の Čübei の姪 Könčeg。西面突端の将〕の地」「迤北の脱火赤の脱禾孫 todqasun」、同月二三日「脱火赤・寛徹の地」と見える。同書六延祐元年（1314年）三月一五日の「宝児赤 baγurči の脱火赤」は別人か。管見の限り、彼の出自にかかわる情報は本処記事のほか

見ない。(C) (D) (E) (F) による1317-18年の叛王脱火赤が植村がいうように本処の Toγači と同一人である可能性は、(D) の安遠王醜漢は (H) の宗王丑漢に当たるので、きわめて濃いといえる。本書での初出は704/1304-05年の Du'a との協同作戦による Čabar 追い落とし (後述) なので、Toγači は Qaišan 即位以前の Altai 進駐軍の一人として成宗 Temür 時代から同方面にあったことになる。仁宗即位にあたって Toγači と後掲の Čongγur という旧 Qaišan 麾下の二人の北面辺将がともに右丞相を遙授していること (A) は、かつて握りかけていた帝位を兄 Qaišan 軍団の進撃に屈して一旦は譲らさるをえず、Qaišan 治世4年間でも皇太子に指名されながらも隠微な暗闘がつづいた Ayurbarwada にとって、明らかに Qaišan 系列と見られるこの二人を懐柔する意味があったのだろう。本処記事の14年後には Čongγur の第三子 El-Temür[8] が Qaišan の次子 Tuγ-Temür を擁して泰定帝 Yesün-Temür 系の政府を打倒する (天暦の内乱)。本処の Toγači と叛王脱火赤とが同一であるならば、その叛乱は本処記事の2年後、延祐三年 (1316年) におきた Qaišan の長子 Qošila の Altai 地区ないし Čaγatai-ulus への逃入と無縁ではない可能性がでてくる。その場合、本処記事の二人の北面辺将 Toγači と Čong'ur は割れ (E)、Qošila に附いた Toγači は史料の上からは姿を消す結果となったことになる。

　BWQA WYNŠĀy/m. *Buqa Önšai* Parvisi は Boga WNYŠA とするが、2語目の綴字前半はウイグル文字モンゴル文で WYN と表記する「元」に相当し [Cf. Cleaves 1951：53, 1.1]、「元帥」の正確な転写。『集史』では、WNKŠY [S 206b/17]、WANŠY [130b/8, 10]、WA*N*KŠAY [98b/11, 12, 13. なお1.11の WAYKŠAY の最初の Y は N の誤記]、ĞWNKŠY [95b/22]、YWNKŠY [96a/21]、YWNKŠAY [97a/5] と、6箇処に6様の綴字が見られ、かつ初例に「万人隊 *tūmān* > *tümen* のアミールを……〔という〕」、第2・3・4例に「……の意味は万人隊のアミールである」、第5例に「即ち全軍のアミールである」、第6例に「その意味は Hitāi の言語で万人隊のアミールである」と語釈が附く。Doerfer [*Doerfer* IV：42, 229-230] は WANGŠAY と YWNGŠAY の両項目を掲げるが、当該箇処に必ずしも良質の『集史』刊本が存在するとは限らないため例示した変異形の綴字が十分でなく、かつ第4例を落とす [Cf. Pelliot 1930：

42-44, 43 n.1]。第1例について、Rašīd の語釈から着想して Blochet ［Blochet：App.46］、Yule ［Yule¹ Ⅲ：120 n.1］は wang＝万 wan を想定したが、Pelliot ［Polo Ⅱ：858］が峻拒するとおり。漢文史料では、たとえば『元史』巻一三、至元二一年（1284年）六月「庚申、蒙古都元帥府を改めて蒙古都万戸府と為し、砲手元帥府を改めて砲手万戸府と為し、砲手都元帥府を回回砲手軍匠万戸府と為す」や、また個別の具体事例でも同一の軍団内に正三品中の武散官である昭勇大将軍（『元典章』巻七、吏部一、〈資品〉一覧表の武散官正三品には乱れがあり、『元史』巻二一、百官七に従う）[9]の位階をもつ都万戸と、正三品下の昭毅大将軍をもつ副都万戸とが並立する場合がしばしば確認され[10]、両職を『元典章』巻七、吏部一、〈内外文武職品〉一覧表で捜すと、正三品軍職の項にはその職名が見えず、代わって元帥と副元帥が挙がる。元帥が実際上で万戸長であり、とりわけ都万戸と名称上も互用されることがわかり、Rašīd 語釈が事実であることを裏づける。ただしいま Buqa 元帥を特定できない。当代東西文献に同名の人物はおびただしく、逆に特定するにはいずれも材料不足である。例えば『ヴァッサーフ史』に BWQA BWŠA なる人物が見え ［Hammer-Purgstall¹：edition 12/20, übersetzung 25, TVB：20］、劉がすでに述べたように BWŠA は TWŠA の誤記で Buqa 大師の意である可能性が高いが ［劉 1984：31, 35n.9。なお TWŠA/tūšā＞t'ai-shih については Buell：122-124, Serruys：372-374 を見よ］、本処の Buqa 元帥と同一であるかどうか関連づける記録を見出せない。

 10　YYSWN MWRAN/Ham. YYSTWN MWRAN, Par. BYSWN-Mūrān（B は rasm のみの意）/m. Yisün-mören 九河の意。『元史』巻一二〇、朮赤台伝に至元一三・四年（1275・6年）以後の Širegi 等の叛乱に関連して「又た嘗て失烈吉 Širegi・要木忽児 Yobuqur を野孫漠連に破る」と見える野孫漠連 Yesün-mören か。Бартольд は Esen-müren と読み、Irtiš の支流とし ［Semirechyé：133］、後人の言及すべてそれに従うが、明らかにWが読み取れ、Esen とするのは無理である。

 11　QWBAQ/Ham. FWTAQ, Par. QWNAQ/Qūbāq＞Qobuγ　Бартольд は「冬営地は Qobuq の岸辺にあった」［Semirechyé：133］とこの地名を正しく把握し、Allsen は明らかにそれに拠って Hamblī を Khobakh と訂正する［Allsen：

343

259, 277 n.116］。同地は Ǧuvainī によって Emil とともに即位前の Ögödei の yurt とされ ［Qazvīnī I : 31, Boyle¹ I : 43, 43 n.14, 184］、その登臨後は同じく Emil とともに庶長子 Güyüg の ordo の所在地とされ ［Qazvíní I : 217, Boyle¹ I : 262］、さらに〈耶律公〔希亮〕神道碑〉『危太樸集』（劉氏嘉業堂刻本）続集巻二でも「火孛」は「定宗潜邸湯沐の邑」の葉密里 Emil 城とともに「定宗の幼子の大名王」（大名は Güyüg 家の華北投下領）たる「宗王火忽」（Hoqu. Šu'ab, 124b : HWQW, 'WQ̇W）の所領と書かれる（『元史』巻一八〇、耶律希亮伝にほぼ同文）など、Ögödei-ulus の中心地であった。後世ジューン・ガル時代にも主要な牧地となり、その後は Volga から帰ったトルグート親王の一王家（北路右翼旗）の営地となり、現在は和布克賽尓蒙古自治県として新疆維吾尓自治区におけるモンゴル人集住地区の一中心となっている[11]。

　ǦWNQWR WANK/Ham. ǦWNQWR DANK, Par. Ǧūnqūrdang/Ǧūnqūr-wāng＞Čongɣur-wang〈世績碑〉の創兀児、『元史』巻一二八、土土哈伝の牀兀児、『元史』本紀等の牀兀児。有名な Qïpčaq 軍団長。『集史』Qubilai 紀に「Qubilai-qān の大アミールの一人であった TWQTAQ の子 ǦWNKQWR」と見え ［S 208a/23・24］、Temür 紀にも西方辺将として ǦWNKQWR の名が二度見えに ［S 217a/7, 14］。『集史』の NK/ng は漢文文献と一致し、さらに漢字表記からすると Čong'ur が指示されるだろう。WANK は P 本では DANK と明らかに綴り、Ham., Par. はそれに拠るが、S 本では後出 DWWYNŠÃy の例のように W と D とは弁別しがたい。本事件に先立つ Qaišan 時代の至大二年（1309年）正月己亥に牀兀児に与えられた「句容郡王」の王 wang と見る ［Cf. ǦTS 97a/2, 4 では LY-WANK 遼王、97b/26 には LY-ŠY-WANK 遼西王などの例がある。Doerfer IV : 41-42］。

　TWTĠAQ BHADR/Ham. TWTĠAQ BHADR, Par. TWNĠAQ Bahädor/Tūtgāq-bahādur＞Tudɣaɣ-baɣatur　前掲の父。彼の伝記は〈世績碑〉〈紀績碑〉および両者に依拠する『元史』巻一二八、土土哈伝参照。本書にはもう1箇処 TWNQAQ＞TWTQAQ ［S 225a/16, P 135a/11］と見える。『集史』では前引の Qubilai 紀の記事と Temür 紀即位時の主要人物を列挙した箇処の二度見え、その綴字は TWQTAQ, TWTQAQ ［ǦTS 208a/23, 215a/13］、TWQTAQ ［ǦTLa

66a/8。なお後処は脱文〕と定まらない。Blochet〔*Blochet* 500, 587〕は TWQTAQ に統一し、Boyle〔*Boyle*² : 286, 320〕も Toqtaq と転写する。漢文文献での表記は大別二様あり、彼の在世中の記録と彼の所有戸に係わる記事の場合は「禿禿合」あるいは「禿禿哈」〔『元史』巻一三、至元二一年五月己酉；巻一四、同二四年一一月辛丑；巻一六、同二八年正月壬戌；巻一八、元貞元年七月辛卯；巻一九、同二年二月庚戌；巻三九、後至元二年四月甲午；巻九五、「食貨」3、歳賜；巻一一七、牙忽都伝。『元典章』巻四九、刑11/13a；『至正金陵新志』巻八、戸口；『万暦応天府志』巻二、郡紀中〕、本事件直前の皇慶元年（1312年）に死去した閻復の撰になる〈紀績碑〉以降、および天暦の内乱(1328年)後に大元ウルス朝廷の実権を掌握した Čongγur の第三子 El-Temür 専権時代に撰文・立碑された〈世績碑〉以後の記録、ないしは Qïpčaq 軍団系列下の人物の碑伝類では「土土哈」あるいは「吐土哈」〔世績碑；紀績碑；『元史』巻一二八、土土哈伝；巻一二二、鉄邁赤伝附塔海伝；巻一三五、乞台伝；巻一三八、燕帖木児伝；太師大平王定策元勲之碑（『馬石田文集』、明刊本巻一四/6b-11a；『元文類』巻二六/18b-32a）；『至正金陵新志』巻三、金陵表、至元二三年；「吐土哈」は『元史』巻一三〇、不忽木伝のみ〕[12]。『元史』巻一八、元貞元年(1297年) 三月「丙辰、月児魯・禿禿の軍に炒米万石を給す」と見える禿禿は月魯那衍 *Ürlüg-noyan*、即ち Arlad の Üs-Temür と並記されるから、おそらくその第三子でのちの広平王の脱脱哈（脱禿哈、禿土哈とも表記する。明らかに混同しないよう配慮した漢字表記）で同名異人。Pelliot は Toqtoγa～Toqto'a の変異形と処理したこともあるが〔Pelliot 1930 : 24〕、『集史』の一形 TWTQAQ/ *Tūtqāq* を *Kāšgarī* の tūtgāq にあてたのがおそらく最終結論だろう〔*Pelliot et Hamis* : 97-98〕。漢字表記からも『集史』の二形のうち TWTQAQ の方が無理がなく、本処の TWTĠAQ は Pelliot 推論を逆に立証する。なお、Tudγaγ が Bayan の南征に従軍したとする記録は他に見ない。

12　Bāyān Čīn(g)sāng-i buzurg 平宋で名高い Ba'arin 族の伯顔。Cf. Cleaves 1956 : 185-303。

13　M*N*ZY va N*N*KYAS/Ham., Par. : MYRY va BYKTAŠ/*Manzī va Nankīyās*＞m. *Manǰi, Nangγiyas* 周知のように『集史』で Manzī（漢語の蛮子に由来する）は漢児すなわち北 China 住民の、Nankīyās はモンゴル人の、それぞ

れ南方 China およびその住民に対する呼び名とされ、skr. Mahācīna という古くからのインド方面での呼称に由来する Mācīn と同義とされる［ǦTS 95/1-2. Cf. Pelliot 1913 : 460-466, Polo I : 274-275, Cleaves 1956 : 226-227 n.252］。Nankīyās は1305年 Hülegü-ulus 君主 Öljeitü の Philippe le Bel に宛てたウイグル文字モンゴル文による国書の中に Nangγiyas と綴られる［Letters : 55, 73-74, planche IX, X］。なお『集史』でモンゴル人本来の言い方とされた Nangγiyas は、烏珠留若鞮単于と称した第18代匈奴単于（B. C. 8-13 A. D.）の本名「囊知牙斯」ときわめて近似する。彼は呼韓邪の子で王莽時代に「莽、中國の已に平ぐも唯だ四夷のみ未だ異なる有らざるを念い、乃ち使者を遣わして黄金・幣帛を齎らしめ、重く匈奴の単于に賂し、書を上まつら使めて言えらく「聞くならく中国は二名を譏すと。故に名、囊知牙斯を今、名、知に更む。聖制を慕い従えばなり」と」と漢風の名に変えたという［『漢書』巻九九上王莽伝上。同九四下匈奴伝下にも同趣旨の文が載る。彼の子は烏鞮牙斯、または王昭君所生の末弟は伊屠知牙師といい、三人の語尾は明らかに共通する］。元代での Nangγiyas、あるいは -dai をつけた南家台、囊家台、囊家歹、囊加歹等との近似は驚くばかりである。

QWNQWLTW/Ham. QWNQWRTW, Par. QWNQWLTW/Qūnqūltū＞m. Qonggiltu or Qongqurtu？窪地、谷間の意か。地名特定できず。

ALAYYTAQ/Ham. ALAYTAQ, Par. WALA-BPTAQ（B,P は rasm の意）/Ālāyī-tāq＞Alayi-taq？ S・P 両本とも 2 字分の Y の rasm が見える。alai は行列、葬列、パレード、戦列、軍隊［Zenker : 85, Radloff I : 353-354］。もし Ala-taq（斑色の山）の誤記ならば、大アルメニア王の避暑地で歴代 Hülegü-ulus 君主の夏営地となった西北イラン Vān 湖近くの有名な Alā-tāg［Cleaves 1949 : 404, 本田1976 : 81-108］はもとより異地としても、後世の Šajara-yi Turk に Esen-Buqa あるいは Tuγluq-Temūr の支配地として Kāšgar, Yārkand, Ūigūristān（ないし Muġūlistān）とともに挙がる Alā-tāg［Desmaisons, text 155, 157, traduction 165, 166］や『西域同文志』巻四、14b-15a、天山北路準噶爾部所属諸山に見える（蒙）Alaγ-aγula が考えられるが（現今 Ili 周辺に少なくとも三箇処の有名な Ala-tau がある）、別名とせざるをえない。Alai range はもとより不適当。『秘史』巻八、2a、§198、7308；巻八、4a、§198、7322；続集巻一、36b、

§257, 10533 に見える阿舌来 Arai の山名を「舌」のない阿来 Alai と読めば、前2箇処では明らかに Altai 山南に位置するので、候補となる。あるいは〈世繽碑〉に「〔大徳元年、創兀児〕還りて阿雷河に次す。孛伯抜都の軍と相い遇う。孛伯抜都なる者は海都 Qaidu の遣わして八隣 Ba'arin を援けしめる所の者なり。阿雷の上に山有り。甚だ高し。孛伯これに陣す」と見える阿雷* Alai 河のほとりの高山も可能性がある。示教を乞う。

ŠTRH AĠWL/Par. ŠTRH Oġul/Šatra-uġūl＞Šadra-oγul『集史』Čaγatai 紀に次掲の JJKTW の両子の一人（おそらく長子）として ŠADYA [ĞTS 170a]、SADYR [ĞTLa 11a] と見え、Blochet は苦しんで ŠADBAN と創作し [Blochet: 161]、Boyle はそれに拠り Shādbān と読む [Boyle[2]: 137]。しかし Šu'ab 121a に ŠATRA, S'DR-' と明記され、Mu'izz P 35b も踏襲して ŠATRA と綴る。本書と一致する Šātrā～Šatra が適当だろう。ĞTS の綴字の状態は Š ADRA の誤記である可能性を十分に感じさせる。Šātrā～Šatra＞Šadra は chess の意の m. sitar-a＜Pers. Šatarang, S. catur-anga [Lessing 720a] か。『元史』巻一九、大徳元年（1297年）七月辛未の「沙禿而」、同二一、大徳一〇年（1306年）正月丙寅の「沙都而」と同名同人である可能性もある。なお Šu'ab は『集史』と同様、彼の代で記述が終わるが、Mu'izz になると非常に多くの子孫が列挙され、本事件以降も中央アジアで彼の系統が繁栄したことが窺える。

ĞĠKTW/Ham. ĞĠKTW, Par. HĠKTW/Ğiġiktū＞Čečegtü Čaγatai の庶子 Močiyebe の子。ĞTS では Čaγatai 紀の本文・附系図 [170a, 171b] とも7番目に書かれる。Blochet, Boyle が第9子とするのは、ĞTS の本文には見えず、附系図で10・11番目に初めて現われる BWK BWQA/Büg-Buqa と NWMQW-LY/Nom-Qulï が ĞTLa 以降の写本で次第に本文の中に繰り込まれてしまった結果である。Šu'ab 121a も GTS 附系図と同様。ただし Mu'izz P 35b は6番目に Nom-Qulï、9番目に Büg-Buqa を入れるが、Čečegtü の順番は変らない。特に Blochet 刊本は14世紀書写とされる La, 837/1433年書写の L 両本を参照しながらも、最も晩く最も改文の多い16世紀書写とされる P 本（Blochet 自身は14世紀と考えた）を重視した。Šu'ab 121a は「この ĞĠKTW は SČKTW/Sečegtü とも呼ばれた」と傍注し、Mu'izz も踏襲する。〈世繽碑〉に「〔大徳〕二

第8章　西暦1314年前後の大元ウルス西境

年（1298年）、北辺の諸王都哇 Du'a・徹徹禿等、潜師して急に至り、我が火児哈禿の地を襲う」と見える Čečegtü は、少なくとも現在知られている史料では当時 Du'a 麾下に同名の別の諸王が存在した形跡はないので、彼である可能性が高い。

15　ĠWBAY/Ham. ČWPAN, Par. Ğūbāī/Ğūbāī~Čūbāī>Čübei Hamblī は Hülegü ulus の権臣 Amīr Čopan に引きづられた結果。同様のことが『集史』刊本にもある。Qubilai の挙兵と政権奪取の混乱期、Ariγ-böke を裏切って、Čaγatai-ulus を再興した Alγu の次子。漢文文献では出伯・朮伯・朮白。泰定三年（1326年）に粛州酒泉の西南の石窟群から成る文殊山の霊場を Čübei の嫡孫で当主の Nom-Daš taysï が改修した記念の漢維合璧碑〈重修文殊寺碑〉では主罷[13]、ČWB'Y/Čübeï ［漢文10行目、ウイグル文7行目。ウイグル文字二字目は耿世民・張宝璽附拓影では不明確。耿の転写 cubay は W と読んでいる。Cf. 耿・張：257、末尾拓影］。Marco Polo に後掲の兄 Qaban と Qubilai 辺境兄弟王として登場し、Pelliot まで長く疑問だったことでも有名 [Cf. Polo I : 262-263, Chapitre C Ⅶ : 92-93, 杉山1982、1983]。

NMĠWLY/Ham. LMĠWLY, Par. LMĠWLY/Num-Ġūlī>Nom-Qulï 本書で見える他の二処［S 152a/16, 25, P 26b/6, 19］でも S・P 両本とも語頭は L だが、内容から N とする。Čübei の後継者。『集史』Čaγatai 紀 NWM-QWLY [S 170a, 171b]、Mu'izz P 37b NWM-QLY はともに15子の5番目。Šu'ab 122a NWM-QWLY は6番目。漢文文献では南忽里・納忽里・喃忽里・南木忽里・那木忽里。〈重修文殊寺碑〉では喃忽里、Nom-Qulï ［ウイグル文は拓影では判読しにくい。耿・張1986：257、263］。Cf. Chapitre C Ⅶ : 93。

BYANTAŠ/Buyān-Taš>Buyan-Daš ĠTS 170a では BWYWN-TAŠ、171b の附系図では BYAN-TAŠ で、いずれも Čübei 15子の6番目。Blochet 刊本の BWTWN-TAŠ [Blochet : 176]、Boyle の Nom-Dash [Boyle² : 144]、Hambis の Būtū-nomtaš [Chapitre C Ⅶ : 61] は誤り。Šu'ab 122a は BWYAN-TAŠ, BWY'N-T'S で5番目。Mu'izz P 37b は8番目に置き、BWYALNA-TAŠ という特殊な形で綴られるが、Mu'izz L 38b は順番は変わらず、rasm のみだが BWYANTAŠ と読める形。Mu'izz P の綴字中間の要素 LNA は N の語

尾形を見誤ったためだろう。管見の限り、漢文文献に彼の名を見つけない。

KWNĞAK/*Kūnğāk*>*Könčeg*『集史』、*Šuʿab*に見えず、*Muʿizz* P 37aで始めてAlγuの長子Qabanの三子のうち最初に現われる。漢文文献では寛徹。Cf. 杉山1982。

QBAN/Ham. QYAN, Par. Qapān/*Qaban*『集史』ではQABAN [ǦTS 170a, 171b]、QBAN [203b]。*Šuʿab* 122a：QABAN, Q'B'N。*Muʿizz* P 37a：QBAN。漢文文献では合班、哈班。Cf. *Polo* I：262-263, 杉山1982。

16　SYKJW/Ham. SYKḤW, Par. SYKḤW/*Sīk-jū*>*Süg-čü* 粛州。管見の限り、『集史』ではČinggis紀の西夏攻撃に関してSJW/*Su-čū* [S 115b/7] と見えるのみ。10世紀の *Ḥudūd al-ʿĀlam* ではSWKJWとSḤJWの両様が異地として別箇に挙げられ [Minorsky：85, 232]、11世紀の *Gardīzī* では17世紀書写のCambrige大学所蔵写本によるとSYḤJWと読み取れる [Martinez：197, L1 /12。なおMartinez自身が*Sax-Čau* (137/ 7 - 8) とするのは誤読]。一方、やや時代が降る Ḥāfiẓ-i Abrū, *Zubdat al-Tavārīḫ* からの抜粋による Šah-Ruḫ の遣明使節旅行記では三箇処ともSKČW/*Sukčū* [Maitra：15, 17, 33]。本処記事のSYKJWは *Gardīzī* の綴字に近い。同時代のモンゴル文・ウイグル文での粛州の例を瞥見すると、敦煌莫高窟144窟（Pelliot No.6）に残る粛州から来た巡礼者たちが至治三年（1323年）に墨書したウイグル文字モンゴル文による落書き5行目にはSWYKČW/*Süg-čü* [*PTH* I：planche 12, Kotwicz：240-247, *Monuments Préclassiques*：33]、泰定三年（1326年）の立石〈重修文殊寺碑〉ではウイグル碑面13行目にやや鮮明さを欠くもののS(W)YKČW/*Süg-ču* [耿・張1986：258、末尾拓影]、至正二一年（1361年）に酒泉東門に立石された〈大元粛州路也可達魯花赤世襲之碑〉の3・11・12・18行目に *Süg-čü* [耿：466-447。附載の拓影ではまったく判読不能]、莫高窟217窟（Pelliot No70）に残るウイグル文字とパクパ文字によるウイグル語刻文ではSWYKČW-B'LYQ/*Sükčü balïq* [Kara：56, 58。転写はKaraのまま。以上 Cf. 森安1983：225-226]。本処の綴字はSwYKJW/*Süg-čü* の意だろう。

17　AYMLḤWAJH/*Īmil-ḫvāja*>*Emil-ḫvāǧa*『集史』S 171a、*Šuʿab* 120aに列挙されるDuʿa 10子の中には見えず、*Muʿizz* P 32bで初めてDuʿaの21子

349

の15番目に現われ、かつ TWQLQTYMWR/*Tuqluq-Temür* の父とされる。Tuγlüγ-Temur の父とするのは Šāmī、Yazdī も同様〔*Tauer*：13/28, *Yazdī*：81b/16〕。

20　BARS KWL/*Bars-Köl*　現今の Barkul 巴里坤（哈薩克自治県となっている）。〈賈公神道碑〉〔『道園学古録』巻一七、8b-9a、『類稿』巻四〇、29a〕に「至大二年（1309年）、上〔＝Qaišan〕大いに北方軍に貲す。内府の金帛を出すこと鉅万。使を択ぶに、将に指すに公の典故に明習し、軍中の事宜を知り、又た能く心を用い、労倹を憚からず、任ずるに足る者有るを以て、因りて遼陽行省平章に命じてこれと偕に軍中に即き、太師月赤察児 *Öčičer* と定議してこれに給せしむ。公、和林〔Qara-〕Qorum の北、金山・亢海 *Qangγai*・八児思闊等処を偏歴し、恩食均しく布せられ、人情胥な悦び、辞声を異とする無く、名は北境に溢る。守辺の諸侯王、其の廉慎なるに服し、累章して以聞す」と見える八児思闊は Bars-köl であり、そこにいう Qaišan 時代の北・西両面の駐屯大元ウルス軍の状況は本処記事と軌を一にする。なお『元史』巻一五、至元二五年（1288年）正月癸卯の「八立渾」は Barkul に近い表記。Cf. *Polo*：83-86。

21　BLARĠY/*Bularγi*『元史』巻一三五、明安伝によれば、次掲の Qanglï 族の明安 *Ming'an*＜*Mingγan* の次子は孛蘭奚 *Bularqi*～*Bularγi* といい、昭武大将軍（正三品上）・中衛親軍都指揮使から銀青栄禄大夫（正一品）・大尉に至ったという。ひるがえって、『元史』本紀より孛蘭奚の記事を捜すと、(A) 巻二二、大徳一一年（1307年）六月「戊申、特に尚乗卿の孛蘭奚・床兀児 *Čong'ur* に授けて並びに平章政事たらしむ」、(B) 同七月「壬申、御史大夫鉄古迭児 *Tegüder*・中書平章政事床兀児 *Čong'ur*・枢密副使孛蘭奚に命じて即位を以て祇んで太廟に謝せしむ」、(C) 巻二六、延祐四年（1317年）七月壬午「特に中衛親軍都指揮使孛蘭奚に大尉を授く」、(D) 巻二七、至治元年（1321年）七月「癸未、太尉孛蘭奚を封じて和国公と為す」、(E) 巻三七、至順三年（1332年）八月「乙卯、燕鉄木児 *El-Temür*、中宮の旨を奉じて駙馬也不干 *Ebügen* の子歓訛哈赤・太尉孛蘭奚・句容郡王答隣答里*Darindari*・僉事小薛 *Söse*…等に金銀・幣鈔を賜いて差有り」と五箇処に見える（『元史』巻一三三、孛蘭奚伝は別人）。以上の『元史』本紀において武宗 Qaišan 以降、El-temür 専権時代まで

軍事中枢にあったように窺知される孛蘭奚が、本処記事によって仁宗 Ayurbarwada 時代に実際に西辺軍団長として最前線におり、しかも明安伝によれば父 Mingγan は Qubilai 時代より西面 Beš-balïq 方面最前線にいて大徳七年(1303年)に戦死したというから、その後の前線指揮は貴赤 güyügči 親軍都指揮使司達魯花赤 daruγači (のち万戸) となった長子の帖哥台 Tegetei ではなく、次子の Bularγi がおそらく引き継いで本事件まで10年間駐屯し続けていたことになる。さらに本処記事に北面最前線軍団長として見える Čongγur が即位前の Qaišan とともに以前から西モンゴリアに進駐していたことから考え、Čongγur と Mingγan・Bularγi 父子は北・西両面のすべての大元ウルス軍団の前線に当初から並び立つ存在であり、それが Qaišan 即位時における殊遇 (A) (B) となったこと、また Bularγi の güyügči 軍団と Čongγur の Qïpčaq 軍団とは、本来自身の手勢を豊富にはもたなかったと推測される Qubilai が長期にわたって熱心に作りあげた大元ウルス皇帝直属の親兵部隊 (近代概念でいう常備軍 Standing Army に相当するか否かは今後徹底検討されるべきであろう) のうちでも遊牧戦闘力として意味をもつ稀少な存在であり (元史等の漢文文献の表面に目立つ漢人・南人兵団はおおむね実は屯田・兵站用人員で内陸アジア地域での戦闘には立てない)、そのため両軍団とも対 Nayan、対 Qadaγan、対 Qaidu・Du'a、さらにこの対 Esen-Buqa と、大元ウルスの命運にかかわる主要戦役には必ず投入され、その結果として Qïpčaq 軍団系だけでなく、Bularγi もまた次第に政治地位を高め (C)・(D)、遂には El-Temür が Qaišan に遺児政権を樹立した時、Bularγi もその政権の要員として参加していたらしいこと (E)、以上の諸点が判明する。これらの手掛りを与えてくれる本処記事は大元ウルス内部政局の考証にも有益な情報といえる。なお、bularγi は、遺失物の意 [Polo I: 112-114, 本田1982: 365-375]、漢文文献に見える術語「孛蘭奚」の読み・意味もこれにより有力な一証を得る。

　　KYWKĠY MYNKĠANK/*Güyügči Mingγan* この人物は *Marco Polo* の記述と『元史』が完全に一致する例として非常に名高い [*Polo* I: 66, 572-573, II: 778-779]。明安伝によれば、*Mingγan* は至元二二年 (1285年)、モンゴル軍 8,000を領して別失八剌哈思 *Bešbalaqasu* (m. *balγasu*(n)) は当時のパクパ字モンゴ

第8章　西暦1314年前後の大元ウルス西境

ル文碑でも balaqad（pl.）と表わす。Cf. Monuments 'Phags-pa 諸処）＞Beš-balïq に至り、Qaidu軍と連年交戦した。その派遣はおそらく至元二二年（1285年）Čaγatai系Ajiqi の Qara-qočo 戦失敗後、代行した Bayan に同行したもので、現地で Čübei に従ったのだろう。Mingγan が率いた貴赤 güyügči 軍団は、元来「民の蕩析して居を離れ、及び僧道・漏籍の諸色人の差徭に当たらざる者、万余人」［明安伝］から成る毛色の変わった諸族混成部隊で、出身からは必ずしも遊牧系軍団とはいえないが、平時は早脚・健脚者 güyügči の名の如く、特技を生かして猟犬の飼育管理にあたり［Marco Polo ; Benedetto : 86］、結果として機動性に富む特殊訓練部隊であったと思われる。『通制条格』巻二八、11b-12a に至元二八年（1291年）一一月二二日、灤河以西地区の狩猟に関して御史台が貴赤明安 Güyügči Ming'anと合議しているのは、güyügči が狩猟関係であった証拠となる。また güyügči 集団の居処がおそらく灤河以西の大元ウルス皇帝直属の夏営地（いわゆる金蓮川を中心とする地区）の内に設定されていたことも窺知される。ここに示される Qanglï と大元ウルス皇帝の狩猟関係者の二つの要素から注意すべきなのは、Qanglï 王族出身で大元ウルス皇帝直属の sibaγuči（鷹匠）集団の長であった阿沙不花 Aša-Buqa である。彼は Rašīd によれば大元ウルス皇帝の主要夏営地の一つであったという野狐嶺［HW*N*KAN DBAN/ *Hūnagān-dabān*＞Hünegen-daban～Ünegen-daban. ČTS : 95a/22-23］附近の桃山一帯で昔宝赤 sibaγuči 集団専用の牧地を構え、牧地内に鷹食提供用の3,000の民戸を存置するなど、Qubilai の膝下で確乎たる基盤を築き、Qubilai 末年に Altai 方面遠征に出た皇孫 Temür に配属・従軍したまま遠征帰還部隊の軍事力を背景に樹立された成宗 Temür 政権の一翼を担うことになった。Temür 崩後の政争では Darmabala＜skr. Dharmapāla の寡婦 Dagi とその愛児 Ayurbarwada に一旦、大都を掌握させる側に回ったが、両者の実子・実兄である Qaišan がモンゴル本土諸王の支援を背景に北・西両面軍団を率いて進撃してくると、Qaišan 自身の指名もあって直接会談し、両勢力の和合を実現せしめた。Qaišan 時代には平章政事に再任され、康国公（Qanglï に因む）にも封ぜられ、おそらくその sibaγuči 軍団が昇格して Qanglï 族軍団の意で広武康里侍衛親軍都指揮使司と漢称され、本事件に先立つ5年前の至大二年（1309年）に死去した［〈勅

賜康里氏先塋碑〉『金華黄先生文集』巻二八、1、『元史』巻一三六、阿沙不花伝]。Marco Polo によれば、対 Nayan 戦の主力は sibaγuči 軍団であった。この Aša-Buqa 麾下 sibaγuči 軍団と Mingγan・Bularγi 父子麾下の güyügči 軍団との関係がどうであったか直接言及する記事をまだ見つけていないが、猟犬係の後者は鷹匠たる前者の組下にあって同じく瀠河以西に居処を置き、平時は大元ウルス皇帝への狩猟奉仕を分担していたのだろう。瀠河以東の武平路に居処する Qïpčaq 軍団が黒馬乳の作製を平時職掌として哈剌赤 qarači と呼ばれたこととあわせ[14]、この三つの本来は下級の、しかし大元ウルス皇帝直属の特殊職掌部隊は類似のパターンで上昇し、結局大元ウルス後半期の中央政局を左右・掌握することになる。なお Marco Polo に Mingγan の兄弟として見える Bayan について Pelliot は、『集史』Qubilai 紀の北・西面の辺将を列挙した中に見える綴字判読の困難な「BABANKWBWKǦY の子 NNKYADAY」[ǦTS 208a/24] を「Bayan güyükči の子 Nangiyadai」と読み (Blochet: 501 に拠る Boyle[2]: 286 が Nayan Küyükchi とするのは根拠に乏しい)、息子とされた Nangiyadai を『元史』巻一三一に伝のある Naiman 族の有力武将囊加歹 Nangγitadai にあて、伝にいうその父の名「麻察」と Bayan が合致しないことに苦慮する [Polo I: 66]。考証前半は賛成でき、今後『集史』Nangγiyadai の考証・同定に成功すれば、Marco Polo、『元史』および本書のみならず、『集史』までが連関することになる。

23　TWBWT/Ham. TWBWṢ, Par. Tūbūt/*Töböd*〜*Többöt*〜*Töpüt* TIbet のこと。イスラーム文献では通常 TBT と綴られ [ex. ǦTS 208a/28]、従来 Tubbat/Tibbat/Tubbit と読んでいたが [Yule[2]: 917-918]、ここでの形は Qara-balγasun 碑文ソグド文の *Twp'wt*、Orqon 碑文その他の *Töpüt* [cf. 森安1987：48、65]、あるいは『秘史』の脱卜都惕 *Töbödöd* 西番毎 (pl.) [続 I、§260、10730] 等と同系列の、明らかに W/ö,ü を含んだ発音を指示する。本書における Turco-Mongolian の単語の綴字は、『集史』以上に Turco-Mongolian の発音ないしはウイグル文字表記と相応する形で書かれており、文章の猥雑・晦渋と対極の特徴である。

　　　ǦATAY/P .ǦANTAY, Ham. ǦANTAY, Par. Ǧāntāi/*Čātāī*>*Ča'atai*？ S 本の綴字の中に P 本が明示する N があるかどうか (あっても rasm)、手許の写

353

真では判然としない。今はかりに Čaγatai の変異形と見て Čātāi とするが定案
でない。

　　MĠWLTAY DWW YN-ŠAy/Ham. MĠWLTAY DWDYN-ŠAR, Par. Mu
ġūltāi Dūdīnša'/*Muġūltāī Dūūīn-šai*＞*Muġūltai*～*Mongγoltai-duönšai* S 本では
DWW YN-ŠAy のうち3字目の W が D と弁別しがたい。P 本は D に写し、
Hamblī・Parvisi はそれに従う。しかし、W YNŠAy は明らかに既述の *önšai*
「元帥」であり、DW は「都」の転写に相違ない [cf. Doerfer Ⅲ, 207] から、「都
元帥」の意。漢文文献で近似の名をもつ10人ほどを消去法で処理すると、(A)
『站赤』二、至元一〇年（1273年）六月「十八日、兵刑部侍郎伯禿 *Baiju* 奏すら
く、〔乞 or 可〕失呵児 *Kis'ar*～*Kisqar* or *Kas'ar*～*Kaskar*＞*Kāšgar*・斡端
'Odon＞Hotan の地、玉を産す。……省臣、已に擬して本処の官、忙古觯抜都
児をして官物の内より脚價を支して運来せしむ」、(B)『元史』巻一三三、旦
只児伝「〔至元〕十九年〔1282年〕、諸王哈班 *Qaban*・元帥忙古帯の軍に従いて
斡端 *'Odon* に至り、叛王兀廬*Uluγ* 等と戦い、これに勝つ」、(C)『大元馬政
記』8a「〔至元〕二十年〔1283年〕正月四日、丞相火魯火孫 *Harqasun* 奏すらく、
忙兀觯抜都の軍二千人、人ごとに馬三匹を給す……」、(D)『元史』巻一二、
至元二〇年三月「辛酉、諸王合班・弟の忙古帯の所部の軍士の戦功に銀鈔・幣
帛・衣服を賞すること各おの差有り」、(E) 同年一〇月丁酉「忙兀帯、蒙古・
漢軍を増して辺を戍らんことを請う。これに従う」、(F) 同年一一月「己卯、
諸王朮伯 *Čübei*・蒙古帯等の請に従い、也禿古等に銀鈔を賞して以て戦功を旌
す」、(G) 同二二年（1285年）「諸王阿只吉 *Ajigi*・合児魯 *Qarluγ*・忙兀帯・宋
忽児 *Songqul*・阿沙 *Aša*・合丹 *Qada'an*・別合刺 *Bei-Qara* 等及び官戸の河西
に散居する者に羊馬價鈔三万七千七百五十七錠・布四千匹・絹二千匹を賜う」、
(H) 同二四、皇慶二年（1313年）七月「丁未、諸王火羅思迷 *Hvārazmī*・脱歓
Toγan・南忽里 *Nom-Qulï*・駙馬忙兀帯に金二百両・銀一千二百両・鈔一千六
百錠・幣帛を賜い、各おの差有り」と、以上7箇処が残る。人名表記上、忙古
觯・忙古帯・忙兀帯の形は *Mangγutai* を表わし、蒙古帯 *Mongγoltai* と異なる
ように考えがちだが、実際には蒙と忙は互用される [ex. 也速忙可↔也速蒙哥。
耶律禿花の曽孫忙古帯は『元史』で蒙古歹、忙古歹と書かれ、『元文類』巻四一、経世

II

大典序録、政典総序、征伐、建都では蒙古台〕。(A)(C)、(B)(D)(F) は少なくともそれぞれ同一人物であろう。内容上、(D)の「諸王合班・弟の忙古帯」は奇異だが、(B)(F) との明白な連関から、「諸王合班・弟爪伯・忙古帯」の脱文か、或いは「弟」は(H)の「駙馬」の意か。(G)(H) は (B)(D)(F) に近い。地理上は(E)が不明なほかは残りはすべて河西関連と見られ、うち (A)(B) は同地である。時間上は(H)が離れる。以上すべてが同一人である可能性も存する。本処の Muġūltāī 都元帥とは、地理上の近似、Čübei 家との連関の示唆だけでなく、(B)「元帥忙古帯」からも接点が得られる。『集史』Abaqa 紀に「その時、Muġūltāī という名のものが Qān より遣わされた Tūrkistān の šaḥna であった。Barāq はその地位に坐わるよう Amīr Bekmiš を派遣した。Muġūltāī は Qān 陛下の許に赴き事態を上奏した。Qān は大 Amīr の Qoniči という名のものを Bekmiš を殺害し、šaḥna の職に踞えるために派遣した。Barāq は一人の amīr を 3 万人とともにその駆逐のために進ませた。Qoniči は敵しえぬことがわかったため、Ḫitāī に帰還した。Barāq の軍隊は Hutan を劫略した」〔ĞTS 243a/29-243b/3, cf. 劉1985：47、54〕と見える Muġūltāī＞Mongɣoltai が、Hotan～'0don との関係から、上記の少なくとも (A)(B)(C)(D)(F)((G)・(H)も？) と同一人物である可能性は十分にある。

III

歴史上、本処記事から以下ふたつの点が引きだせる。第一は、従来ほとんど不明とせざるをえなかった1300年代と1310年代の Altai 以西における大元ウルス側の情況について、僅かではあるが確実な手掛りをえたことである。Qaidu 晩年の対大元ウルス戦場は Altai-Qangɣai 間にあった。それは、同方面にある Ariɣ-Böke 旧領の大半を継承した Melig-Temür が、1296年に兄の Yobuqur と Möngke の孫 Ulus-Buqa、および Ariɣ-Böke 旧臣で一時期 Qubilai の重臣ともなっていた Dordaqa～Dorduqa 〔ĞTS 21a/14-20：TWRTAQA, ĞTS 217a/25, 217b/6：DRDQH, Šu'ab 132b/136b：TWRTAQA, 朶児朶懐・朶魯朶海・朶而朶海・朶

第8章　西暦1314年前後の大元ウルス西境

児朶海・朶児朶哈・朶児答哈〕が Qubilai 死去に安心して成宗 Temür に降附したのちも、依然 Qaidu・Du'a 陣営にとどまったからである。その結果、Qaidu のモンゴル本土攻撃は可能となった。1301年 Qaidu の死去後、後継と期待された Oros ではなく、Čapar を推して Ögödei 諸派の分裂を導いた Du'a は東西講和を主導しつつ大元ウルス皇帝と結んだ。本書によれば、704/1304-05に「彼〔=Čapar〕の駆逐のため、〔Du'a〕は Qān から助力と恩寵を求めた。Toγači 丞相と Čübei の子 LMĠWLY/*Nom-Qulï*、YABĠR-Bahādur は10万人隊の勇敢な兵士とともに ČWL/*čöl* を越えて、Du'a と合するよう命令（farmān）が発せられた」[S 152a/15-17, P 26b/4-7]、「Toγači と Du'a の叔父の子である LMĠWLY/*Nom-Qulï* は、Du'a と合すると、増大した諸軍と一緒に Čapar を追跡し、諸方から進んで彼を求めた」[S 152a/25-152b/2, P 26b/18-27a/2] と、大元ウルス軍と Du'a との協同作戦による Čapar 追討が明記される。Toγači 丞相は本処記事でも大元ウルス北面軍の主将、Nom-Qulï は同様に大元ウルス西面軍の主将である。YABĠR-Bahādur はいま成案がない。北・西両面の主将が越えた *čöl* は『站赤』の「西面川両接界地」「川地東西両界」[五、皇慶元年（1312年）11月18日]「彼方川石の地」[六、延祐元年（1314年）6月23日]「西辺川地」[同年7月18日] におそらく相当する。Čapar は東・南からの大元ウルス両軍、西からの Du'a 軍の三方から包囲されたことになる。この直後、Du'a は Ili 河谷上流の Čaγatai 家歴世の QNAS/*Qunās* 草原に大クリルタイ qūrïltāy-i buzurg を挙行して Čapar を廃す [S 153a/16~, P 27b/19~]。Čapar の失墜と Du'a の制覇は Du'a 単独の力によるのではなく、大元ウルス軍との合作の産物であった。上記記事が本書における Toγači と Nom-Qulï の初出である。この間、Altai 方面の大元ウルス軍総司令官 Qaišan は同地区に駐営を続け[15]、1306年 Irtiš 方面へ出た。『元史』巻二二、武宗本紀の冒頭は手際よく概述する。

〔大徳〕十年（1306年）七月、脱忽思圈*Toquz⁺⁺⁺の地より按台 *Altai* 山を踰え、叛王斡羅思 *Oros* を追いて其の妻孥・輜重を獲、叛王也孫禿阿 *Yesün-to'a* 等及び駙馬伯顔 *Bayan* を執う。八月、也里的失 *Erdiš* の地に至る。諸降王禿満 *Tuman*～*Tümen*・明里鉄木児 *Melig-Temür*・阿魯灰 *Al*

356

II

γui 等の降るを受く。海都 Qaidu の子の察八児 Čapar、都瓦 Du'a～Duwa の部へ逃ぐ。尽く其の家属・営帳を俘獲す。按台山に駐冬す。降王禿曲滅 Tögme、復た叛す。与に戦いこれを敗る。北辺、悉く平ぐ。十一年春、成宗の崩ずるを聞く。三月、按台山より和林〔Qara-〕Qorum に至る。諸王・勲戚、畢く会す。

Čapar と Oros は、[5] Qasi (-n or -dai) の子 Qaidu の子、Tögme は[1]Güyüg の長子 Hvājaoγul の長子 [Šu'ab 124b]、Tuman は[7] Melig の長子 [Šu'ab 127b]、Al γui は[3] Küčü の長子 Širemün の子 Boladči[16)] の子 [Šu'ab 125b]、Yesün-to'a は Melig-Temür の第3子 [ĞTS 214a/13, Šu'ab 137b] か或いは[6] Qada'an の子の也孫脱〔『元史』巻一〇七、宗室世系表。Šu'ab 127a には見えない]。Melig-temür の長子 MYNKQAN/Mingγan [ĞTS 214a/13] は本書にて 25, II, 708/14, VIII, 1308 に Hülegü-ulus に投じたことが知られるものの [S 171a/21-22, 229a/7, P 55b/17, 140b/10]、他子は全く不明であり、武宗紀は各系の代表者を列挙していることから、後者か（人名左肩の数字は Ögödei 諸子の順番）。Ögödei の 7 人の子のうち、[4] Qaračar 系は嗣子なく絶え、実質6系のうち[17)]、[2] Köden の系統だけは Möngke・Qubilai に与して涼州永昌を本拠に Tangγud 河西地方に別の集団を維持した。残る西方 Ögödei 旧領方面の5系すべてがたたかれたことになる。Qaidu 時代、Qaidu 自身は Talas-Sayram 間に駐営し、Du'a は Ili 河谷を本拠としたと見られる。Du'a 領と Melig-Temür 領の間に Qaidu 家を除く Ögödei 4系の居処が集中し（Emil-Qobuγ は Güyüg 系、Irtiš は Melig 系）、Du'a により Talas 地区を失った Čapar・Oros も来ていた。この Ögödei 家歴世所領への大元ウルス軍の全面侵攻と Ögödei 諸派の降伏が一過性ではなかったことは、本処記事によって確実となる。〈世縝碑〉〈紀縝碑〉が述べるように、Čongγur は Qaišan 軍団の先鋒部隊長であった。その彼が、武宗紀にいう Irtiš 戦役よりすでに7～8年経過した1313/14年にも依然 Ögödei 領方面に屯駐しつづけている。上揭両碑では、Čongγur は1307年成宗死去に東還する Qaišan に従い、武力即位に成功すると、すぐに任地に戻った。Toγači もまた前述704/1304-05 の Čapar 挟撃作戦のあとも本処記事の Qobuγ-Irtiš？（後揭記事では彼の āgrūq

《兵站》は Erdiš にある）に駐屯をつづけたと見られる。本処記事の Čongɣur の営地が比定できないのは残念である。しかし副将の Čongɣur が Toɣači の後方にいるとは考えにくい。Toɣači が Melig 系・Güyüg 系の本拠を制圧し、おそらく Čongɣur はさらに前方にあったのだろう。そして両者の兵数を単純合計すると、17万というやや信じがたい大兵団による軍事制圧であった。いわゆる Ögödei-ulus と呼びうる政治結束は、まさにそれこそによって終に同方面から消えたのである。Qaišan-Ayurbarwada 時代に大元ウルス皇帝のもと Činggis 一族の融和・合一が東西諸文献で唱われる背後には、大元ウルス皇帝直属軍団の長期にわたる大規模な旧 Ögödei 領進駐があった。以後、Ögödei 諸系は、Alɣui が代表する³ Küčü 系は襄寧王、Tuman が代表する⁷ Melig 系は陽翟王、⁵ Čapar 系は汝寧王と、いずれも河南に設定された投下領に因む王号を代々授与され、² Köden 系荊王などとともに大元ウルスの枠内で各系個別に把握される情況が固定する。この大元ウルスの北面軍団と Čaɣatai-ulus の境界に関して注目される記事が本処記事のやや後に、「Turkistan 地方の果てにある BWLAD/Bolad の町の šaḥna であった Qūlǧūq は、Toɣači のもとより〔遣わされていたが〕、奇襲の企てに気づき、急いで Toɣači のもとへ逃げ、彼に A-LANS？の悪魔たちの来襲について知らせた。Toɣaci はすぐに出立し、自分の兵站（āgrūq）の廬舎を ARDŠ/Erdiš の川より引具して夏営地〔yāylāq〕SĠRY̱/m. Saɣuri？〔「掃里」、居処〕の山麓にて——その前には HWLYATW/m. Huliyatu という名の河音高い一河であり、水量多い一流が、聳え立つ一山の麓と石の多い或る場所をめぐって流れる——1万の勇敢で手錬れの軍とともに敵の到着を待ち構えた」〔S 224b/12-18, P 134a/15-134b/3〕と両軍全面開戦直前 Boro-tala の主邑 Bolad も大元ウルス側に属していた[18]。既引の〈趙王先徳加封碑〉に丞相脱禾出八都魯 Toɣači-Baɣatur が500人の護衛をつけて達せしめたという Körgis の殯所「卜羅」Bolad は、この Bolad であり、時期も上記記事とそう遠くない。Bolad は Büri の所領で名高い Čaɣatai 家ゆかりの町であった。Bolad より Ili 河谷までは Sayram 湖と Tarki 山口があるだけである。大元ウルス北面では、Čaɣatai-ulus 軍の布陣線は Ili 河谷を出ていない可能性が高い。開戦後、大元ウルスの北面軍が「Čaɣatai の ulūs と urūg の yūrt であ

II

る夏営地 TLAS/*Talās* と冬営地 AYSNKWK/*Īsan-kūl*＞*Esen-köl*」（Бартольд は Issik-kul とする［*Semirechyé*：133］。即ち TM 94D 135 モンゴル語文書の *Isig-köl*。cf. *Haenish: 33 Monuments Préclassiques*：224-225）［S 227a/15-16, P 138a/2-3］をすぐ陥すのも理解できる。不明な Kūk-hūī は Ili 河谷中の Tarki 山口寄りに求めるべきだろう。或いは1305年前後、Du'a との間に Tarki をもって大元ウルス北面軍との境界とし、その東西を各自制圧する協約が交わされていたのかもしれない。

　第二は、大元ウルス西面の甘粛・Uiġuristan 情勢に関する新情報がえられることである。とりわけ注目されるのは、Čübei 一門が粛州から Qomul そして Uiġuristan までをおさえ、しかも12万という大軍団を擁していたことである。Nom-Qulï の子 Nom-Daš taysï（*ĠTS* 171b では Nom-Qulï の子として枠は書かれながら、「知られていない」と傍注され、*Shu'ab* 122b では NWM-TAŠ、NWM-T'S/*Nūm-Tāš*＞*Nom-Daš* と明記されるのは注目される）自身により粛州文殊山に〈重修文殊寺碑〉が立石されたのは、粛州地区が Čübei 宗家の *yurt* に相違なかったためであり、さらに同碑の中で Nom-Daš が「Čaγatai の位に坐す Nom-daš taysï/Čaγaday orun-ïnta olurmïš…」［耿・張：ウイグル文５行目、257］と自称するのは、本書に従えば7～10万を動員する Esen-Buqa 陣営以上の軍事力を保有していたからである。『ヴァッサーフ史』には Öljeitü 即位のさいに送られてきた史上名高い講和の使者たちは、Qā'ān と13の āīmāq、諸王 Qaidu の Čapar と Du'a, Qoniči と TRSW, Čübei と Qaban, Qutluġ-ḫvāja の許より来たという［*TVB*：475/12-13］。大元ウルス、Qaidu-ulus、J̌oči-ulus、Čübei 兄弟、現 Afġan-turklstan の Čaγatai 西面軍の５グループである。Čübei 家は Qaidu-ulus と並び扱われる。至元二二・二三年（1285/86年）の Ajiqi の太原路後退後、「邠王木〔＝朮〕伯、兵を西陲に総ぶ」［〈析津陳氏先塋碑〉張養浩『帰田類稿』元刊本巻九、9a］情況は、本処の Nom-Qulï を経て、「至治中〔1321-23年〕、喃荅失王と同じく甘粛諸軍を領す」［〈世勲碑〉漢文面。『学古録』巻二四、8b、『類稿』巻三九、5a、『隴右』巻五、60b、原石〔党寿山九九〕はみな喃荅失王。『元文類』巻二六、4bのみ喃荅失里。宗室世系表の表記と同一となり、*Nomdaširi* と読まざるをえないが誤記だろう。ウイグル文面は当該箇処欠損］と、Nom-Daš taysï 時代も同様であった。両

359

第8章 西暦1314年前後の大元ウルス西境

属する Uiguristan をはさんで1300年の初頭以降、ふたつの Čaγatai 集団が東西に並存したことは疑いない。Čübei 家は嫡統の闕王家（粛州）のほか、1330年代に沙州に西寧王家を分立させ、かつ後嗣の絶えたらしい Qaban の子 Könčeg の跡を Čübei の末子が継いで、のち明代 Qomul 王家となる［杉山1982］。西寧王家の血統上の祖 Buyan-Daš が本処記事で宗家の兄 Nom-Qulï と並記される有力者であったことがはじめて確認できる。明代 Qomul 王家の Qomul 在住の淵源も、本処記事によって名義上の祖であるらしい Qaban の子 Könčeg の Qomul 居住に確実に溯ることが判明する。Könčeg の Qomul 居住については、本書の開戦記事に、「かくして「敵どもをその幕営地（*yūrt*）から駆逐しろ。彼らの夏営地（*yāylāq*）と冬営地（*qïšlāq*）を自分の所有に奪え」との Qān の勅書（*yarlïγ*）の命令（*ḥukm*）が届いた時、Toγači 軍は相手を3ヶ月行程まで駆逐し、自分の所有に奪った。ǦWBAY/*Čübei* の息子たちの兵士は40日行程して Qāmul まで取り、敵をその幕営地（*yūrt*）から遠ざけた」[S 226a/6-10, P 136a/14-18]と、本処記事と矛盾するような記事が見える。Qāmul は誤記か、或いは Čübei の諸子 Nom-Qulï, Buyan-Daš らが粛州・沙州方面から達したと解するか、どちらかである。しかし、Könčeg の Qomul 在住は1314年には確実である。従来『站赤』六、延祐元年（1314年）閏三月六日に「寛徹言えらく、塔失の城に站を立つるは、去年、奏して準されたり」、同七月に「是の月、中書省奏すらく、邇者、議したるに、元と僉したる站戸を将って答失城に発遣して站に当つ。数内に四枝〔枝は集団、兵団の意。m. *aimaγ* か *jigür* の訳語〕の滅吉憐の民の或いは阿八赤 *abači*・昔宝赤 *sibaγuci*〔阿八赤を人名と見て Abači の siba-γuči とも読める〕に属すると称し、因りて以て役を避くる者有り。諸王南忽里 *Nom-Qulï* の来文に拠るに称すらく……」と1314年の前年1313年には遅くとも Könčeg および Nom-Qulï が「塔失の城」「答失の城」を保有していたことが知られていた。同城は、『経世大典』地理図に哈密 Hami＞Qomul の右隣に見える塔失八里 *Taš-balïq* に相違なく、明代の『畏兀児館訳語』の他失八里/*Taš-balïq*/石頭城［庄垣内：117］に当たり、かつ滅吉憐 *Megrin*〜*Begrin*［Rašīd は BKRYN. *ǦT*S 29a-29b］が近住する点、『明実録』に「野乇克力 wild-*Megri*」が分屯する「〔他〕失把力哈孫 *Taš-balqasun*」（balqasu(n) は t. balïq のモンゴル語

II

［明代西域史料：494-5。他処もあり］と元・明時代一連の情況が窺知された。Qāmul を明記する本書と情況を示す『站赤』との東西文献の一致により、Könčeg の遅くとも1313年ころの Qomul 地区保有は確実である。本処記事による西面全体の形勢は、大元ウルス側は Nom-Qulï と Buyan-Daš が粛州・沙州に本拠を置き、前線は北から Bars-köl に Bularγi の *güyügči* を中核とする増強部隊、Qomul に Könčeg、タリム盆地南辺に Ğātāī が配置され、一方 Esen-Buqa 側は Emil-Ḫvāğa が本軍で、Bularγi に対して（つまり Boγdo-aγula 北麓に、の意だろう）Qutuqu、Könčeg に対して（同様に Boγdo-aγula 南麓に、の意か）Sabgān-zīrak と Aḥmad、Ğātāī に対して Ğānkğūl-baḫšī が前線にいる形である。要するに Uiguristan は、Qubilai 時代「〔Qarā-ḫuğū は〕Uīğūr たちの町であり、そこには佳きワイン（šarāb）があり、Qān と Qaidu の境域の間にあって、両方に与し、双方の側に仕えている」［ĞTS 208a/26-27］、「Qān と Qaidu の間を境域とする Uīğūristān 地方とその他の諸地方」［ĞTS 350/9-10］と Rašīd が明言するように、開戦までは、両属状態がつづいていたと見てよい[19]。『集史』では同方面ではただ一度の会戦を除き実戦はなかったと述べ［ĞTS 21la/22-29］、既引の Čapar 追討戦でも Du'a と Nom-Qulï が協同している。Ögödei 系追い落としは、Čaγatai 同族である両派にとって共通の利益だったろう。結局、甘粛河西から天山以西まで、Čaγatai 一族が横に連鎖し Čaγatai 家の天地となったのだから。1314年以降の開戦でも、北面での激闘とは逆に実戦したかどうか疑わしい。Nom-Qulï の父 Čübei の時代でも実は実戦を窺わせる記事はきわめて少ない。大元ウルス皇帝と Qaidu という強者の直接対決の傍で、やむをえず対立の姿勢を Du'a・Čübei の両派がとりつづけたのが真相であったのかもしれない。ただし、1314年の開戦の直接の結果として、1310年代の後半に、ウイグル・イディクト高昌王家が「兵を火州〔*Qara-*〕*Qočo* に領し、復た畏兀児城池を立つ」［〈世勲碑〉］という新情勢が生まれてくる。

第8章　西暦1314年前後の大元ウルス西境

おわりに

　大きな政治推移の中で本処記事を眺めると、[1]Darmabala の寡婦 Dagi とその両子 Qaišan・Ayurbarwada を忌避する成宗 Temür の后 Bulγan-qatun の強い要請による Qaišan の懐寧王受封と Altai 派遣および Dagi・Ayurbarwada 母子の懐孟就居（懐孟は Qubilai-Jingim-Darmabala と継承された Qubilai 家私領）、[2]Qaidu 死去による Du'a の講和主唱と大元ウルス側への通応、[3]Du'a による Ögödei 系列の排斥と大元ウルス軍との協同による Čapar 追討、[4]Du'a の即位、[5]1306年の Qaišan 軍による Irtiš 戦役と Melig-Temür・Ögödei 諸派の投降、Čapar の Du'a への投降、[6]1307年初頭の成宗死去と夏の Du'a の死去、[7]Bulγan-qatun の要請による安西王 Ānanda の招致と、Melig-Temür と組んだ Ānanda の大都宮廷制圧、[8]Dagi 母子の推立による大都首脳部の Ānanda 打倒、[9]Qaišan の Qara-qorum 集会とその進撃、[10]Ayurbarwada の Qaišan への譲位（以上1307年）、[11]7～10の間の Du'a-ulus 内での混乱と Könčeg・Talïγu の即位と死去・打倒、[12]1310年の Esen-Buqa 即位による Du'a-ulus の安定、[13]1311年 Qaišan の急死と Ayurbarwada の即位、[14]仁宗による北・西両面軍懐柔、[15]1314年東西開戦、[16]Ayurbarwada による Qaišan 遺子の追い出しと Qošila の Altai 地区への逃入、[17]おそらく Toγači の Qošila 推立による Altai—甘粛—陝西の騒乱、[18]仁宗の子 Šidibala 即位に対するモンゴル貴族の不満とその暗殺、晋王 Yisün-Temür の即位、[19]1328年 El-Temür 以下の旧 Qaišan 系軍団のクー・デタと Qaišan 次子 Tuγ-Temür の推立、[20]Čaγatai 軍の支援をうけた Qošila の進撃とその暗殺——という、ほぼ30年の激動のちょうどなかばにあたる。Altai 以西の情勢と大元ウルス中央政局とは密接に連動していた。『オルジェイト史』には、その手掛りとなる記事がかなり残り、良写本からの精査・検討を経ていない『ヴァッサーフ史』の当該記事とも彼此対校して確実な事実を剔出していく必要がある。今後の責めとしたい。

おわりに

注
1) 口頭報告の限りでは、1310年代から1320年代の Altai 以西方面の総述である。
2) F. Tauer, Les manuscrits persans de bibliothèques de Stamboul. *AO*, 3-3, Prague, 1931, 473, no. 382. В. В. Бартольд, Записки Восточнаго Отделения Ниператорскаго Русскаго Археологическаго Общества, 18, 1907-08, 0119-0123. E. Blochet, *Catalogue des manuscrits persan de la Bibliothèque Nationale*, Ⅰ, Paris 1905, 283, no. 450. do., *Bibliothèque Nationale, Catalogue de la collection des manuscrits orientaux, arabe, persans et turc, formé par M. Ch. Schefer, publié par Blochet*, Paris 1900, 95, fn. 1419.K. Jahn, Study on Supplementary Sources for the Mongol History of Iran, *Aspects of Altaic Civilization*, edited by D. Sinor, the Hague 1963.
3) Parvisi は直接の筆写と副次依存のふたつの可能性を並記する [Par, Einleitung, 5]。筆者は現在結論に達していない。
4) 小野浩からこの存在と所在を教示された。
5) Topkapı-Sarayı Müzesi, Kütüphanesi, Ahmet 2937。全227葉。太古よりモンゴル時代に至るユダヤ、ムスリム・アラブ、モンゴル、フランク、チーンの5種族の歴代諸王統を図示したペルシア語系譜集。アストラハン王 Qāsim Sulṭān 旧蔵写本で、発見者 A.Z.V. Togan によれば、15世紀にマー・ワラー・アンナフルで筆写された。特にモンゴルの部分 (96a-148a) は、Dūbūn Bāyān から Ḡāzān-ḫān までのモンゴル王族男女計 1,129人（名が未記入の37人も数えた数字）が挙がり、Činggis-qan の先祖と後裔の名・系統に関する根本史料となる。多くの人名は、各枠内（男は矩形、女は円形）の上半に朱書によるウイグル文字、下半に墨書によるアラビア文字の二種で綴られる。各ウルス歴代首長は金字によるアラビア文字だけである。また Güyüg を除く Činggis 以降の各 Qān と Joči・Čaɣatai・Tolui・Ariɣ-böke および Hülegü 以降の各 Hülegü-ulus 首長には、詳細な后妃・将臣一覧表が附く。Togan は本書が不明の『集史』第三巻の一部を構成すると考えたが、内容上、『集史』、とりわけ各 dāstān のはじめに附された系図との密接な関係は疑いないものの（1317年書写の最古・最良の *ǦTS* との比較。*ǦTLa* 以降では附系図が未記入の場合が多く、改字・改文・誤字・誤入も次第に強くなる）、たとえば Qaišan に成書当時の Qān と傍注されたり、個々の人名にも明らかに1310年以降に置かざるをえないものもあるなど、Togan 説には慎重にならさるをえない。内容上、とくに目につくのは Güyüg を Qān に立てず、Ögödei（彼自身も Qān ではなく ḫān と書かれる）諸裔の一系として処遇する一方、Ariɣ-böke を Temür のあとに歴代 Qān と同格で立項していることである（Mu'izz も踏襲する）。『集史』も Qubilai 紀第3章を Ariɣ-böke 伝にあて、特別の配慮を示しているが、モンゴル帝国史全体の構想にもかかわる問題であり、また本書ないし本写本成立の由来を考える上でも注意すべき点であろう。その他、個々の箇処には徹底究明すべき点もかなり認められる。とはいえ人名の綴

363

第8章　西暦1314年前後の大元ウルス西境

字は極めて明瞭であり、体裁上、近似する *Mu'izz al-Ansāb* P本ではすでに崩れた場合の多い人名を『秘史』や漢文表記等と比較しつつモンゴル帝国史の基礎資料として確定していく上にも役に立つ。モンゴルの部分だけでなく他の四部分も『集史』諸国史の部分等と比較検討する必要があるだろう。本書はいわばモンゴルの世界支配の理念と情報を図化したものといえ、内容の検討・利用・普及を図るのはもとよりながら、徹底した文献解析を行ない、その性格・流伝を明らかにし、モンゴル帝国史の生きた証人としての本書の全貌を見極めたい。A. Zeki Veldi Togan, The composition of the history of the Mongols by Rashīd al-Dīn, *CAJ*, 7, 1962, 68-71 ; Reşîd-üd-Dîn Ṭabîb, *Islâm Ansiklopedisi*, 9, l964, 710 ; *Umumî türk tarihine giriş*, Ⅰ, 1946, 258, 370, 381, 453 ; *Tarihde usul*, 1950, 58, 211.Karl Jahn, The still missing works of Rashīd al Dīn, *CAJ*, 9, 1964, 116-119. 本田實信、「ラシード全著作目録」について、『西南アジア研究』23、1984年、72-74頁。『モンゴル時代史研究』383-386頁。

6）『集史』諸写本の利用には本田實信から多大の恩恵を受けた。

7）同書の利用には、V.T. Minorsky によるすぐれた英訳を活用した。

8）El-Temür は15歳より10年あまりモンゴリア出軍中の Qaišan の kešig＜käzik に侍し、仁宗時代はじめには周王とされた Qošila の「常侍」に任じられている〔〈勅賜太師秦王佐命元勲之碑〉『馬石田文集』明刻本巻一四3b、『元史』巻一三八、燕鉄木児伝〕。

9）元の階官の名称は金制をそのまま引き継ぐ。

10）例えば、Jalair と Hügüšin 両族の将帥を戴く二頭立の軍団である「河南淮北蒙古軍都万戸府」の場合、二頭立て構成であることを撰文の骨子とする孛朮魯翀〈河南淮北蒙古蒙軍都万戸府増修公廨碑銘〉〔『中州名賢文表』巻三〇、2b-4a。『菊潭集』(『藕香零拾』所収)巻三、42a-43a は前者からの引用〕では、撰文時点の都万戸が Jalair の察罕鉄穆爾 Čaγan-Temür で昭勇（正三品中）、副都万戸が Hügüšin の昔置（里 or 禮）伯吉で昭毅（正三品下）と対句風に並置大書される。後者は自らが山西開喜の本拠に立碑した〈遷修洞霞観記〉〈忽神公神道碑〉〔ともに山右石刻叢編〕の末尾で息子八撒児 Basar とともに全肩書を刻石したが、彼自身は副都万戸で息子は万戸であった。「河南淮北車団」4万戸のうち、二つの万戸はこの父子がそれぞれ長であったわけである。このことから都万戸・副都万戸は自身が万戸長であり、かつ複数の万戸を束ねた軍団の長・弐でもあったことになる。なお、この軍団の概略は松田孝一「河南淮北蒙古軍都万戸府考」『東洋学報』68-3・4、1987年、37-65頁。

11）馬大正、伊犁考古散記、『伊犁河』1983-3。張承志、関于阿力麻里・普剌・葉密立三城調査及探討、翁独健紀念『中国民族史研究』北京、中国社会科学出版社、1987、149-162 など。

12）太田彌一郎「元代の哈刺赤車と哈刺赤戸──『探馬赤戸』の理解に関って──」『集刊東洋学』46、1981年、1-14頁より文献・出典等、裨益した。

注

13) 1986年訪中旅行の途次、偶然に恵まれて本碑漢文拓片を瞥見しえた。ウイグル文面は見ることができなかった。耿・張では「主〔伯〕」とするが [263]、筆者には〔罷〕の上辺・右辺の残跡が見え、『隴右金石録』の「龍」字のみから正解をその3年前に筆者に教示された佐藤長の慧眼にあらためて驚いた。cf. 杉山1983：694 n.1.

14) 明代内蒙古諸部落には元代の職掌を集団名称として採った場合が幾例かある。喀喇慎 Qaračin、錫伯沁 Sibaɣučin は、明らかに qarači, sibaɣuči に由来する。ただし、これは名称上の一致であり、系譜上の現実を伴なったかどうか確実な文献立証を果たした例を聞かない。

15) Qaišan の営地については、Pelliot が読んだ1305年（乙巳、大徳九年）10月18日 Jiramutu より Tibet に出されたパクパ字モンゴル文の令旨 (üge) 文書 [Pelliot 1949: 621-624, Monuments 'Pags-pa : 38-42] と馬児年（丙午、大徳一〇年（1306年）、即ち Irtiš 戦役の時）7月21日「把不匣納」* Babuqana ? より山西霍山に出されたモンゴル語直訳体白話漢文の令旨碑 [『山右石刻叢編』巻三〇、6 a- 7 a、蔡美彪・元代白話碑集録には著録されていない。cf. 入矢義高、蔡美彪氏編「元代白話碑集録」を読む、『東方学報』二六、1956、225.] のふたつの現物が残る。両地ともいま成案がない。

16) Šuʻab 125b には Alɣui ら 4 兄弟について、Alɣui と Qoniči に「Qaidu のもとにいたが今は Melig-Temür とともに Qān のもとに赴いた」と傍注があり、Qadai には「Qān のもとにいた〔いるの誤記？〕」、Sadur に「Qān のもとにいる」と傍注がある。Muʻizz P 41b は、最後の Sādūn について「Qubilāī-qāʻān のもとにいる」と少し手を入れ、他は同文。

17) 『元史』巻九五、食貨三、歳賜の条では、Ögödei 一門に与えられる年額賜与が均しく6等分されている。

18) 『元史』巻一三五、徹里伝に「成宗の時、盗、博落脱児の地に拠る。命じて兵を将いてこれを討ち、三千余人を獲、其の酋長を誅して還る」とあるのは、Temür 死去の直前、Qaišan の Irtiš 戦役直後の同地をいうのかもしれない。また Berlin の TM 214 文書は数少ない中央アジア発見のモンゴル語命令文書の一で、羊の年 (qonin jil) に Berke-Temür（ないしは Big-Temür）が出した üge (m. 言葉。Qān の命令が jarliɣ、諸王以下はすべて üge) である。発令地が Bolad であるため、従来 Čaɣatai-ulus 文書であるとされてきた [H. Franke : 7-14, Haenish : 36, Monuments Préclassique : 212-213]。しかし冒頭は qan-u jarliɣ-iyar の定型文言で、しかも抬頭して始まり、かつ内容は Iduɣ-qud 以下、yučing（右丞）、sočing（左丞）等が続出する。再検討を要する。

19) 本書704/1304-05年、成宗との協約を果たした Duʻa が大クリルタイを開いた時の言葉の中に「BYŠ BALQ/Biš-balïq の境域であり、我らが王国と ulus (mulk va ulūs) の王領地 (ḫāṣṣa) である QRA HWĠW/Qara-qojo」とある [S150b/3, P 23b/8-9] からといって、Qara-qojo を Duʻa 固有領となったと考える必要はないだろう。逆に本処記

365

第8章　西暦1314年前後の大元ウルス西境

事では大元ウルス側＝Čübei 一門側の立場で記すから Uiguristan は Čübei 一門が占有したように見える。事実は両属だろう。『集史』Temür 紀に大徳改元の頃（1297年）、「QRA HWJH/*Qarā-qūja* の境域にいる Ānanda と Ajiqi と ǦWBAY/*Čübei*」とあるのも軍事進駐の状態である［*ǦT*S 217b/5］。

［追記］　2004年の時点で最低限の補記をしたい。筆者が本章の原載論文を1987年に発表したのち、本文中で触れた劉迎勝は、「皇慶・至治年間元朝与察合台汗国和戦始末」『元史論叢』5、1993年、13-49頁を公刊し、ついでそれに関連して『西北民族史与察合台汗国史研究』南京大学出版社、1994年を出版した。あわせて参照されたい。

漢文史料
虞集

〈句容郡王世績碑〉、『道園学古録』四部叢刊所収至正元年刊本巻二三、7 a-15a。『道園類稿』元人文集珍本叢刊所収至正五年刊本巻三八、1 a-15b。蘇天爵『元文類』四部叢刊本巻二六、7 a-18b。［世績碑］

閻復

〈枢密勾容武毅王紀績碑〉、蘇天爵『元朝名臣事略』台湾国立中央図書館蔵元統刊本巻三、3、巻三、5 b-9 a。繆荃孫輯校『藕香零拾』所収『静軒集』3/17a-20a〈枢密勾容武毅王碑〉は前者より引用。［紀績碑］

虞集

〈高昌王世勲碑〉、『道園学古録』巻二四、6 a-10a。『道園類稿』巻三九、1 a-7 b。『元文類』巻二六、1 a-7 a。張維『隴右金石記』巻五、58b-63a。黄文弼「亦都護高昌王世勲碑復原并校記」『文物』1964-2、34-42。党寿山「亦都護高昌王世勲碑考」『考古与文物』1983-1、96-100。耿世民「回鶻文亦都護高昌王世勲碑研究」『考古学報』1980-3、515-529、Geng Shimin et James Hamilton, L'Inscription ouïgoure de la Stèle commémorative des Iduq Qut de Qočo, *Turcica* 13, 1981, 10-54。卡哈尔・巴拉提、劉迎勝「亦都護高昌王世勲碑回鶻文碑文之校勘与研究」『元史及北方民族史研究集刊』八、1984年、57-106頁。［世勲碑］

＊これ以外の漢文文献は省略する。

先行研究
Allsen, T.

The Yüan Dynasty and the Uighurs of Turfan in the 13th Century, *China among Equals*, Univ. of California Press, 1983, 243-280, especially 259.

Бартольд, В. В.

Очерк истории Семиречья, Сочинения, Т. II-1, Москва, 1963. V., T. Minorsky tr., History of the Semirechyé, *Four Studies on the History of Central Asia* I, Leiden, 1956, 73-165.

D'Ohsson, C. M.
  Histoire des Mongols, Amsterdam, 1852, T. IV, 556-558. 佐口透訳『モンゴル帝国史』6、平凡社東洋文庫、1979、229-231、235-236。

Grousset, R.
  The Empire of the Steppes, tr. Walford, N., New Brunswick, 1970, 340.

Hammer-Purgstall, J. von
  Geschichte der Ilchane, II, Darmstadt, 1843, 231-232.

加藤和秀
  「ケベクとヤサウル——チャガタイ・ハン国支配体制の確立」『東洋史研究』40-4、1982年、58-84頁、特に68頁。のち『ティームール朝成立史の研究』に再録。

劉迎勝
  「皇慶、至治年間元朝与察合台汗国和戦始末」『国際元史学術討論会論文提要』、南京、1986年、193-195頁。

Oliver, E.E.
  The Chaghatai Mughals, *JRAS*, 20-1, 1888, 72-128, especially 105-106.

Spuler, G.
  Die Mongolen in Iran, Leipzig, 1939, 114-115.

植村清二
  「察合台汗国の興亡（三）」『蒙古』8-12、1941年、63-74頁、特に66-67頁。

Vámbéry, A.
  Geschichte Bochara's, Pesth, 1872, 171.

参考文献

Bendetto, L. F.
  Marco Polo, Il Millione, Firenze, 1928. [*Benedetto*]

Blochet, E.
  Djami el-Tévarikh, Histoire générale de monde par Fadl Allah Rashīd ed-Din, tome II, Leiden-London, 1911. [*Blochet*]

Boyle, J. A.
  The History of the World-Conqueror by 'Ala-ad-Din 'Ata-Malik Juvaini, 2 vols, Manchester, 1958. [*Boyle*[1]]
  The Successors of Genghis Khan, New York, 1971. [*Boyle*[2]]

Buell, P. D.

第8章　西暦1314年前後の大元ウルス西境

　　Sino-khitan administration in Mongol Bukhara, *Journal of Asian History*, 13-2, 1979, 121
　　-151.
Cleaves, F. W.
　　1949　The Mongolian names and terms in *the History of the Nation of the Archers* by
　　　　　Grigor of Akanc', *HJAS*, 12-3・4, 400-443.
　　1951　The Sino-Mongolian inscription of 1338 in memory of Jigüntei, *HJAS*, 14-1・2, 1
　　　　　-104. 32pl.
　　1956　The biography of Bayan of the Bārin in the *Yüan Shih, HJAS*, 19, 185-303.
　　1982　*The Secret History of the Mongols*, 1, Harvard Univ. Press.
Demaisons, P.I.
　　Histoire des Mongols et des Tartares par Aboul-Ghâzi Béhâdour Khân, Amsterdam, 1970.
　　[*Demaisons*]
Doerfer, G.
　　Türkische und Mongolische Elemente im Neupersischen, Ⅰ～Ⅳ, Wiesbaden, 1963, 1965,
　　1967, 1975.
Fanke, H.
　　Ein Weiteres Mongolisches Reisebegleitschreiben aus Čaγatai（14. Jh.）, *Zen-
　　tralasiatische Studien* 2, 1968, 7-14.
耿世民
　　「回鶻文《大元肅州路也可達魯花赤世襲之碑》訳釈」『向達先生紀念論文集』、新疆人民
　　出版社、1986年、440-454頁。
耿世民・張宝璽
　　「元回鶻文《重修文殊寺碑》初釈」『考古学報』1986年2期、253-264頁、2 pl.
Haensch, E.
　　Mongolica der Berliner Turfan-Sammlung. Part 2 : *Mongolische Texte der Berliner Turfan
　　sammlung in Faksimile*, Berlin, 1959.
Hambis, L.
　　*Le chapitre CⅦ du Yuan che : les généalogies impériales mongoles dans l'histoire officielle de
　　la dynastie mongole*, Leiden 1945 [*Chapitre C*Ⅶ]
Hammer-Purgstall, J. von
　　Geschichte Wassâf's, Persisch herausgegeben und Deutsch übersetzt, 1, Wien, 1856. [*Ham-
　　mer-Purgstall* 1]
本田實信
　　1976　「イルハンの冬営地・夏営地」『東洋史研究』34-4、81-108頁。のち『モンゴル
　　　　　時代史研究』に再録。

1982 「モンゴルの遊牧的官制」『小野勝年博士頌寿記念東方学論集』、龍谷大学、359-375頁、同上。

加藤和秀

「チャガタイ・ハン国の成立」『足利惇氏博士喜寿記念オリエント学・インド学論集』、東京、1978年、143-160頁。のち『ティームール朝成立史の研究』に再録。

Kara, G.

Petites inscriptions ouigours de Touen-houang, *Hungaro-Turcica*, Bedapest, 1976, 55-59.

Kotwicz, W.

Quelques données nouvelles sur les relations entre les Mongols et les Ouigours, *Rocznik Orientalistyczny* II, Lwów, 1925, 240-247.

Lessing, F. D.

Mongolian-English Dictionary, Bloomington, 1973.

Ligeti, L.

Monuments Préclassiques 1, Budapest, 1972.

Monuments en Écriture 'Phags-pa : Pièces de chancellerie en transcription chinoise, Budapest, 1972.

劉迎勝

1984 「阿里不哥之乱与察合台汗国的発展」『新疆大学学報・哲学社会科学版』1984年2期、29-37頁。

1985 「至元初年的察合台汗国」『元史及北方民族史研究集刊』9、1985年、45-56頁。

Maitra, K. M.

A Persian Embassy to China, New York, 1970.

Martinez, A.P.

Gardīzī's Two Chapters on the Turks, *Archivum Eurasiae Medii Aevi*, II, 1983, 109-217.

Minorsky, V. T.

Ḥudūd al-'Ālam, London, 1937.

森安孝夫

1983 「元代ウィグル仏教徒の一書簡――敦煌出土ウィグル語文献補遺――」『内陸アジア・西アジアの社会と文化』、1983年、209-231頁。

1987 「中央アジア史の中のチベット――吐蕃の世界史的位置付けに向けての展望」北村甫教授退官記念論文集『チベットの言語と文化』、冬樹社。

Mostaert, A. & Cleaves, F.W.

Les lettres de 1289 et 1305 des Ilkhan Aryun et Öljetü à Philippe le Bel, Harvard Univ. Press, 1962 [*Lettres*]

第8章　西暦1314年前後の大元ウルス西境

小沢重男
『元朝秘史全釈』下、東京、風間書房、1986年。[小沢下]
Pelliot, P.
   1913   Sur quelques mots d'Asie Centrale attestés dans les textes chinois, *JA*, 11-1, 451-469.
   1920   *Les Grottes de Touen-Houang*, Ⅰ, Paris. [*PTH*]
   1930   Notes sur le "Turkestan" de M. W. Bartold, *TP* 27, 12-56.
   1949   Un rescrit mongol en écriture 'Phags-pa, Tucci, G., *Tibetan Painted Scrolls*, Ⅱ, 621-624.
   Polo   *Notes on Marco Polo*, Ⅰ-Ⅲ, Paris, 1959, 1963, 1973.
Pelliot, P. et Hambis, L.
   Histoire des compagnes de Gengis Khan, Ⅰ, Leiden, 1951. [*Pelliot et Hambis*]
Serruys, H.
   The Office of Tayisi in Mongolia in the fifteenth Century, *HJAS*, 27, 353-380.
庄垣内正弘
『『畏兀児館訳語』の研究——明代ウイグル口語の再構——』神戸市外国語大学『内陸アジア言語の研究』Ⅰ、1983年。
杉山正明
   1982   「闍王チュベイとその系譜」『史林』65-1、1-40頁。(本書第6章)
   1983   「ふたつのチャガタイ家」京大人文研共同研究班報告『明清時代の政治と社会』、651-700頁。(本書第7章)
Yule, H.
   Yule[1]   *Cathay and the way thither*, Ⅰ-Ⅳ, London, 1915, 1913, 1914, 1916.
   Yule[2]   *The Book of Ser Marco Polo*, Ⅰ・Ⅱ, London, 1921.

第4部　モンゴル時代をめぐる文献学研究への道
　　　——命令文・碑刻・系譜・刊本・写本

第9章

モンゴル命令文研究導論
——真定路元氏県開化寺聖旨碑の呈示をかねて

はじめに

　13・14世紀のモンゴル世界帝国時代、モンゴル大カアンの命令をジャルリク jarliγ（M. おおせ、命令＜T. yarlīq.）、その他の皇后・諸王以下大臣・諸将らの命令をウゲ üge（M. ことば）といい、モンゴル治下の諸地域や周辺諸国に発出された。これら複数の命令者から不時に出されたモンゴル命令文は、遵守遂行すべきものとして絶大の権威をもった。なかでも、唯一至上の君主である大カアンの jarliγ はその他のあらゆる命令とは全く別次元の絶対命令であった[1]。モンゴル支配層の間には創祖チンギス・カン Činggis-qan のヤサ（M. jasa(γ)＜T. yasa(q)。札撒。ペルシア語史書では yāsā(q)。『元史』では大法令と訳す）と箴言（bilig）とが遵則となったといわれるが、支配諸国民をも包みこんだ法体系を遂に整備することはなかったので、これらの折々に出される命令文がモンゴル治下の諸地域における法規制の根源ともなった。

　これらの jarliγ や üge はまず口頭でモンゴル語によって発せられ、普通にはウイグル文字で書写されたのち、非モンゴル語の人間・地域を命令対象とする場合には、しばしば当該地域の言語・文字に訳された。従って、文書化された命令文のうち、モンゴル語と非モンゴル語転訳との対訳形式のものも相当数あ

372

はじめに

ったと考えられる。またモンゴル政権の初期には特にアラビア文字ペルシア語によってはじめから文書化されたことも少なからずあったと推測される。同様に初期には中華方面への下令に限ってモンゴル語より漢訳された文書だけが単独で送付されたらしいが、ただしこの場合にはウイグル文字による添え書きが必要であった[2]。さらに、支配層までもが急速にトルコ語化したジョチ・ウルス Joči-ulus では、時代が降ると当初からトルコ語で文書発令される事例も現われる[3]。転じて、元代中国・ティベットでは元帝室の篤い帰依を受けて帝師・国師と尊称されたティベット高僧たちも命令者となりえたが、彼らの命令原文はティベット語で綴られている[4]。

これらの諸言語による命令文は、あまり多数ではない文書現物のほか、碑刻やその拓本、ないしは碑影・拓影および各種石刻書・地志類への移録や、さらに各種の諸語典籍への直接・間接の引用など、様々な形で伝えられている。また、その内容も、対外国書や各モンゴル王家の書簡など支配者間の政治文書をはじめ、各種の布告・諭旨・叙任・旅行証明・保護特許・免税免役・土地物産寄進など多岐にわたる。とりわけ、宗教関係者とその庇護にかかわる事例が頭抜けて多い。文書・碑刻などの"もの"としての命令文の保持・伝存がはかれやすい場合とそうでない場合という物理条件も見逃せない。

こうした様々な状態・言語・内容にわたるモンゴル期の命令文については、それぞれが第一級の資料価値をもつことからも、ほぼ19世紀なかば頃より、欧米・ロシア＝ソ連・トルコ・イラン・中国そして日本においてモンゴル学・トルコ学・イラン学・中国学の専門研究者がそれぞれの立場・関心から文献蒐集・解読分析を行なってきている。いまかりに、使用言語・文字・伝存状況によって群別すると、ほぼ次のようになる。

　　1．ウイグル文字モンゴル語の文書・碑刻・典籍
　　2．ウイグル文字モンゴル語と直訳体白話風漢文との対訳合璧碑刻
　　3．ウイグル文字モンゴル語とペルシア語との対訳合璧文書
　　4．ウイグル文字モンゴル語とアラビア語との対訳合璧文書
　　5．パクパ文字モンゴル語の文書・碑刻
　　6．パクパ文字モンゴル語と直訳体白話風漢文との対訳合璧碑刻

7．ウイグル文字トルコ語の文書

　8．アラビア文字アラビア語の文書・典籍

　9．アラビア文字ペルシア語の文書・碑刻・典籍

　10．ティベット語の文書・碑刻

　11．ティベット語と直訳体白話風漢文との対訳合璧碑刻

　12．モンゴル語直訳体白話風漢文の碑刻・典籍

　13．文語・吏牘漢文の碑刻・典籍・書簡

　14．パクパ文字文語漢文の碑刻・典籍

　15．ラテン語訳の国書・書簡

　16．ロシア語訳の文書・典籍

　1および3～6のモンゴル語については、リゲティ L. Ligeti による集成［Ligeti 1972a, 1972b］が、12については蔡美彪による集成［蔡録］が出現し、大きな便宜を与えてくれている。まだ、近年わずかずつではあるが中国本土・ティベット・イラン・ソ連において文書・碑刻の新出が報告・仄聞されている。

　さて、これまでの研究を概して言えば、命令文に使用されている言語ごとに、また命令対象地となったロシア・イラン・東西トルキスタン・中国などの地域ごとに、別箇に行なわれてきた傾向が色濃い。また、言語・文献学処理が主体で、歴史分析にまであまり立ち入らなかった傾向も否定しがたい。翻って、これらのモンゴル期命令文はモンゴル帝国の政治・統治の実際を直接に示すまたとない史料群である[5]。用語・概念・体式などの諸点において、これらの命令文には共通した側面がある。これらの命令文を網羅して総合検討し、そこに共通する側面を摘出しつつ個別差・地域差・時代差を読み取ってゆくことは、それぞれの命令文を正確に解析する上にも、またモンゴル帝国全体を理解する上からも、是非とも必要である。しかし、一個人をもってこれら諸語によるすべての命令文に通暁し、かつそれらをペルシア語・漢文を二大史料群とするモンゴル時代の諸語原典史料からの歴史・言語情報と根本から照合してゆくことは至難である。現実には、前掲の群別の一群、ないしは同種の二・三群について、他群の状況に目を配りつつ、確実に悉皆検討してゆくのが現時点で可能にして有効な態度であろう。いつの日かモンゴル時代命令文を網羅して総合検討をす

る第一歩として、いまはまず語義・内容を逐語対証しうる対訳形式で、従来からの研究蓄積も少なからずあり、さらに関連する史料も豊富で内容・状況も把握しやすい前掲６の蒙漢合璧命令文から基礎検討の牛歩を始めたい。

1　蒙漢合璧命令文をめぐる概況

　蒙漢合璧の命令文は1990年の時点で13件について釈読が試みられている。いずれもパクパ字モンゴル語と直訳体白話風漢文とによる完全対訳形式で、すべて元代の仏寺・道観・神廟に授与された保護免税免役状を石に刻したものばかりである。大元ウルス成立以前の時期については、蒙漢完全対訳のものは今のところ知られていない。またパクパ字以外でモンゴル語を表記した漢語との対訳式の合璧碑としては、ウイグル文字による有名な《張応瑞碑》《竹温台碑》《忻都公碑》などがあるが、いずれも14世紀になってからの漢文雅文を原文とする漢蒙対訳碑であり、しかも命令文ではない。さらに、直訳体白話風漢文による対訳を伴なわないパクパ字モンゴル語命令文については、文書現物も３件これまで知られているものの、蒙漢対訳合璧となると碑刻ばかりという特徴がある。そもそも立石しているのが、いずれもその教団の祖庭ないしはその地方で屈指の拠点寺観・祀廟ばかりで、どこにでもある代物ではない点も注意を要する。つまり、蒙漢完全対訳形式の合璧命令文には、時期・文字・内容・伝存状況に著しい共通点が見られる。なぜこれほど似通ったものばかりなのかは大きな問題である。既知の13件の蒙漢完全対訳命令文碑に関する簡単な文献情報を、７件の直訳体白話風漢文による対訳を伴わないパクパ字モンゴル語命令文の情報とともに本章末尾に列挙する。

　では、こうした蒙漢完全対訳命令文碑はどんな点で有用であろうか。ごく当たり前のことまで含め、あらためて整理すると次のようになろう。

（１）蒙漢完全対訳資料として。逐語完全対訳である有用さはいうまでもない。対訳資料にも各種あり、前述の14世紀での一群の漢蒙対訳碑刻は漢文原文にモンゴル語をすり寄せたものである。そのモンゴル語は漢語原文に

第9章　モンゴル命令文研究導論

対して必ずしも厳密な意味での逐語訳とはなっていない。モンゴル語原文のものでは、『元朝秘史』の漢字音写モンゴル語本文とその旁訳とが巨大な蒙漢完全対訳資料ではあるが、モンゴル語漢字音写、直訳たる旁訳、節ごとの簡訳とも明初の翰林院にて、おそらくいわゆる甲種本『華夷訳語』の編纂と深い係りをもってなされたものである。従って、これらの合璧碑は、最も早期の蒙漢完全対訳の事例である。

（2）モンゴル時代モンゴル語資料として。13・14世紀のモンゴル語資料には有名な《イェスンゲ Yesüngge 王紀功碑》（いわゆるチンギス・カン碑石〔ストーン〕）をはじめとするウイグル文字で表記された碑刻・文書および若干の典籍とその断片［おおむね Ligeti 1972b に集成されている］のほか、前述（1）の合璧のもの、ラシードゥッディーン Rašīd al-Dīn『集史』Ǧāmi' al-Tavārīḫ をはじめとする同時代のペルシア語史書や Muqaddimat al-Adab などの辞書類に見えるアラビクで表記された語句・語彙、『事林広記』所収「至元訳語」（ないしは蒙古訳語）をはじめ元曲等に散見する漢字で表記された語彙などがある。直接に、それらの語義・訳語の確定に役立つ。

（3）パクパ文字資料として。至元六年（1269年）にクビライ Qubilai の命でパクパが創製した方形字ないしはパクパ字と呼ばれる文字については、現存する資料を言語で大別すると、モンゴル語命令文をはじめ各種のモンゴル語を表記したもの（僅かながらトルコ語を表記した例もある）[6]、「上天眷命、皇帝聖旨」の定型句で始まる雅文漢訳版の命令文[7]をはじめ各種の漢語・漢字を音写したもの、に二分される。パクパ字は「国字」として制定されたといわれるが、用途に著しい限定・傾向が認められる点やモンゴル語書写はもとより漢字音写にさえも不必要なほどことさら別字を立てる点、またウイグル文字との兼ね合いは果たしてどうであったのかなど、実はまだ未詳な点が多い。蒙漢合璧碑はそれらの問題を解く糸口となろう。

（4）元代漢語資料として。直訳体白話風漢文で書かれた記録は、相当数が碑刻の形で残る命令文［蔡録がおおよそ集成］をはじめ、『元典章』『通制条格』を筆頭とする元代の政書や各種典籍において、純モンゴル語直訳［国師の法旨の場合はティベット語の直訳］・幾らか吏牘化したもの・節略ないし

吏牘化が著しいもの・文語化したものなど、様々な水準のものが広汎に存する[8]。モンゴル語原文と逐語対証しうる蒙漢合璧命令文は、言語資料としても、また文書分析の上からも、これら一切の検討の出発点にすべきものであろう。なお、蒙漢合璧命令文のなかに引かれる地名・人名・官職名の漢字音のパクパ字表記は、対応する漢字を確実に伴う点、このパクパ字音写は発令者である皇帝・后妃・諸王側の中央政府吏員の処理と考えてまず間違いない点、この二つの点から考えて、前述の「上天眷命」型の雅文漢訳版命令文でパクパ字音写と合璧のものとあわせ、最も確実な漢字音表記といえる。

（5）歴史資料として。これらの蒙漢合璧命令文碑は幾つかの条件をすべて兼ね備えた極めて特別な存在であり、こうした命令文が発令・対訳され、かつ刻石・立碑されるには、それぞれの碑が特別の事情を背負っている。こうした個々の事情を無視してこれらを真に理解することはできない。それらの事情を解明することは元代の政治・社会・宗教を分析する上で飛び抜けて重い意味をもつ。また文書学の立場から見ても、クビライ期に確立された元代命令文の最も整った形を示す実例となる一方、では元代のモンゴル命令文のすべてがこうしたパクパ字表記モンゴル語原文と直訳体白話風漢文対訳との一対の形で発令されていたのかどうか、漢訳は発令内容を文書化する当初からパクパ字表記と同時に行なわれたのか、もしくは交付・伝達のいずれかの段階で作成されたのか、そもそも漢訳したのはどんな人間か、などさまざまな問題・疑問がある。こうしたことは、各合璧命令文に見られるモンゴル語と漢訳との微妙な誤差や時代偏差を、単に純言語処理の問題として扱いうるかどうかにとどまらない。モンゴル期、とくに元代の文書行政から、統治組織・地域支配の根幹にまでかかわる問題をはらむ。さらに命令文に使用される各種の歴史語彙は、モンゴル官制・法制・税制についてはもとより、中国史に通有の社会・経済上の用語・概念を蒙漢両語で置換・説明する無二の有用性をもつ。

ようするに、言語・歴史・文書・年次のどの面からも最も確実かつ重層した実例であり、他の各種文献群を検討する基礎となるものであろう。ただし、今

第9章　モンゴル命令文研究導論

のところ知られている13件はすべて碑刻であって文書原物ではないこと、従って文書としての書式・体例をはじめ必ずしも原文書そのままかどうかは確かでないこと、いいかえれば改字・改文・改行・誤刻・誤脱などが全くありえないとはいい切れないこと、つまり石刻としての配慮・分析も必要であること、以上の諸点に留意しなければならない。以下、実例を提示する。そうした実例を隈なく把握するためには、各碑それぞれがかかえる状況を知悉することが必要であると考えるので、できる限り丁寧に、検討の素材となる関連資料を提供するよう心掛ける。

2　実例の提示

1314年の真定路元氏県開化寺アユルバルワダ聖旨碑

　河北省元氏県は石家荘から南へ30km、邢台・邯鄲へむかう途上に位置する。元氏県に関する地方志は、近刊の中国科学院北京天文台主編『中国地方志聯合目録』35頁によれば、崇禎一五年（1642年）刊『元氏県志』六巻・順治六年（1649年）刊『元氏県続志』不分巻・乾隆二三年（1758年）刊『元氏県志』八巻末一巻・光緒元年（1875年）刊『元氏県志』一四巻首一巻末一巻・民国20-22年（1931-33年）鉛印『元氏県志』16篇の五種が知られている。その最後に編纂された民国『元氏県志』「数」篇21葉と22葉の間に、元代に建てられた蒙漢合璧碑の拓本の写真が掲載され、かつ写真の上下に「元碑」「蒙文碑」と横書きし、右左に「現に開化寺内に立つ」「此の碑の漢文・蒙文、書法は均しく工整なり。民国五族共和、蒙文は極めて重要に関わる。故に影して篇に附して以て文学(がくもん)を研究する者の考紀に備う」と縦書きで添え書きする。20世紀に編纂された中国地方志の場合、例えば日本留学帰りの人を中核に農村改革の実験が推進された同じ河北省の定県地区の民国二三年（1934年）刊『定県志』二二巻首一巻がその最も際立った例だが、紋切り型の従来の中国地方志から脱し、各種の創意を凝らして、明らかに近代歴史学あるいは歴史編纂学の影響を看取できる例がままある。そうした地方志のなかでも、このような碑刻の拓影を掲載する例は極

めて稀である。碑陽の上半部には、ブヤントゥ・カガン Buyantu-qaɣan（福徳あるカガンの意）の諡号で呼ばれた第 8 代モンゴル皇帝アユルバルワダ Ayur-barwada[9]（中華式廟号は仁宗）のモンゴル語命令文がパクパ文字で刻され、下半部には直訳体白話風漢文による対訳が見える。漢訳の方はすでに蔡録63°、65頁に移録されているものの、モンゴル語についてはこれまで利用したものがいなかった。

　民国『元氏県志』によれば、この蒙漢合璧碑は元氏の城内の南西隅に位置する開化寺に存する。残念ながら現状については情報をもたない。河北、ことに正定地区の碑石に関する極めてすぐれた石刻書である沈濤の『常山貞石志』には、開化寺にある12の碑刻を録する。それらから、この寺は隋代以前に創建され、元代に至るまで元氏県のみならず華北仏教の地方拠点として絶えることなくつづいてきていたことがわかる。沈濤は同書巻一九、6 b - 9 a に本碑について次のようにいう。

　　開化寺聖旨碑。　　碑は高さ七尺八寸、広さ三尺四寸五分、上截に蒙古字を刻す、二十四行。下截に聖旨を刻す、二十六行。行ごとの字は等しからず。正書。額は拓を失う。陰あり。延祐元年〔1314〕四月十五日に立つ。今、元氏県開化寺に在り。
　　聖旨は録さず。　　右の碑、立石の年月なし。旨はまさに仁宗の延祐元年に降りしなるべし。歳は甲寅に次す。故に虎児の年と曰う。月潤歹は太宗の名。史は窩潤台に作る。完者篤は成宗の廟號。史は完澤篤に作る。訳音に軽重あるも、惟だ相い近き者を取りてこれを用うのみ。一定の字なきなり。
　　碑陰。　　前に題名二行。両列に分かつ。中間に見知事および大衆等の題名を為す。共に八列。後に銜名ならびに年月、八行。一列を為す。下に商税務・石匠等の題名を為す。両列。額に開化寺の三字を題す。並びに正書。延祐二年〔1315〕九月初九日。
　　宣授奉議大夫・大司農承の蘇禎、宣授武略将軍・金牌千戸の柳政。　　右は第一列。　　古燕の蒙古訳史の楊徳懋、陽を書す。槐陽の楊嘉会、書

す。在城の趙顕、管軍百戸・在城西街の李伯祐。　　右は第二列。

僧名は録さず。将仕郎・大理金歯等処宣慰使司都元帥府都事の李友直、真定路元氏県の典史の范郁、司吏の賈克仁、王守忠、劉従政、斉日新、進義副尉・真定路元氏県尉の陳伯顔察児 *Bayančar*、于居仁、劉吉善、敦武校尉・真定路元氏県主簿の蕢璒、承務郎・真定路元氏県尹・兼管諸軍奥魯勧農事の董天爵、忠顕校尉・真定路元氏県達魯花赤・兼管本県諸軍奥魯勧農事の牧民 *Mumin?*、光教雄辯大師・提点講主の恵文、寺主の普宣等、立石す。　　延祐二年九月初九日　　右は第一列。　　商税務。提領の曽元正、大使の李徳義、副使の商汝厲、攢典の李徳懋。　　順徳等路の鉄冶提挙司提領の岳仲賢、岳聚。　　右は第二列。　　匠名は録さず。(以下の按語は略す)

ようするに、本碑は碑身文面のみで高さ2mを優に越える巨碑であること(聖旨碑は螭首・亀趺を普通もつ。従って、本碑全体はおそらく地高3mを超えるものであろう)、碑陰には元氏県のダルガ〔チ〕であるムーミン[10]、県尹の董天爵以下、この碑の立石にかかわった元氏県の官吏・有力者、および開化寺の提点講主の立場にある光教雄辯大師恵文と寺主の普宣以下の僧衆らの題名が列挙されること、立石の時期は延祐二年九月初九日、すなわち皇帝の聖旨(ジャルリク)が発令されてから1年5箇月ほどを経た重陽の吉日であったこと、などがわかる。

　碑陰の情報の中で最も興味深いのは、古燕の蒙古訳史の楊徳懋が「陽を書」し、槐陽の楊嘉会が「書」した、と記されていることである。この意味するところはあまり明瞭でない。楊徳懋が碑陽のモンゴル語パクパ字を書丹(刻字原稿を朱書すること)し、楊嘉会が漢訳版の字を書丹したとも、あるいは沈濤の按語(省略した部分)にいうように、移録文の字句どおりに受け取って楊徳懋が碑陽全体を書丹し、楊嘉会がのこる碑陰を書丹したとも考えられそうである。ただし、前者のように考えると、碑陰の筆写者が不明となってしまうので、他に決定材料がない現在、移録文どおりに考えるのが無難だろう。とはいえ、楊徳懋は単に刻石のため原文書を筆写しなおしただけなのか、それとも「蒙古訳史」であることを重視して漢訳者も楊徳懋と考えるべきなのか、この点は大き

な問題である。というのは、モンゴル語命令文の漢訳は一体だれが、どの場面でしたのか、という設問と密接にかかわるからである。皇帝の許で発令・文書化される段階で、すでに漢訳版も作成されていたと決めつけるのならば、楊徳懋はパクパ字と漢訳字を筆写しなおしただけになる。しかし、そうだとすると、『元史』百官志に諸路総管府ごとに訳史一人を置いた、というのは一体どういう意味になるのだろうか。やはり「蒙古訳史」というからには、パクパ字を筆写するだけではなく、漢訳したと考えるほうが自然ではなかろうか。陝西部陽県の光国寺にある1318年パクパ字モンゴル語と直訳体漢訳の合璧命令文碑 ［蔡録：72˚、75；Chavannes 1908：pl. 26］には、末尾に「郷士の白克中の訳・書丹、並びに額」とある。この場合、白克中は訳文の書丹をしたとも見えなくはないが、それではパクパ字の書丹者は不明となってしまうので、やはり漢訳とパクパ字・漢字の書丹および額もすべて白克中の手になるとするのが素直だろう[11]。この例自体は、「郷士」でさえ翻訳とパクパ字書写は可能であったと考えるべきなのか、それとも白克中という人物が特別なのかは、さだかにしえない。しかし、少なくとも中央ではなく地方でも漢訳を行なえた事例にはなるだろう。そこから類推しても、楊徳懋が本碑の正面上下両截の筆写だけでなく、漢訳文を作成した可能性は否定できない。なお、楊徳懋に冠する「古燕」は燕京、すなわち大都地区を意味する古称だろう。ただし、楊徳懋が当時大都地区に居住していたことを意味する（すなわち楊徳懋は中央書記局の吏員であった、と解する）のではおそらくなく、古燕を本貫の地として元氏県が所属する真定路総管府に一人いるべき「蒙古訳史」に在職中であったと解するのが自然だろう。アユルバルワダの聖旨の原文書は通常ならば路治の真定（清朝以後は正定）を経由して元氏県から、さらに開化寺へと交付されたと推測されるので、楊徳懋が真定で中央から降されてきた原文書を少なくとも目睹した可能性は十分ある。一方、楊嘉会に冠する「槐陽」とは、元氏県の南を東流する槐水の陽の意だろう。すなわち槐水の北に位置する元氏県そのものを指す雅名と見られる。すると、本碑の正面は原文書の交付にも立ち合った可能性の高い真定路総管蒙古訳史に在職中の楊徳懋が少なくとも文書の刻石にあたって書丹し、現地の立石関係者を列挙する碑陰については同じく現地の楊嘉会が書丹したことになる。

第9章　モンゴル命令文研究導論

　さて、本碑のモンゴル語文面の文脈・用語は元代聖旨の典型といえるものである。ただし、二点について検討を要する。ひとつは、チンギス・カンの君主号をカン qan とせずに qa'an と表記している点である。周知のとおり、カガン～カアン～カーン qaɣan～qa'an～qān、合罕・哈罕・合汗の帝号は、第二代のオゴデイ Ögödei が自己の専称として採用したもので、おそらく往昔の鮮卑・柔然・突厥の可汗・可寒、ḫāqān 号の復活といわれている。チンギス自身は qan とのみ称した。当代の漢文文献でも成吉思汗・真吉思汗などであり、ペルシア語史書でも Ǧīnkkīz-ḫān～Ǧīnkīz-ḫān と表記される。歴代モンゴル皇帝では、オゴデイの長子である第三代のグユク Güyüg の1246年ローマ教皇インノケンティウス4世 Innocentius IV 宛て国書において、そのウイグル文字モンゴル語の印文中で qan、その印文にほぼ対応する本文冒頭のアラビア文字トルコ語の箇所で ḫān と表記される [Pelliot 1923：15, 16, 22, pl. 1, 2]。これはグユク自身が qan と称した動かぬ証左だが、すべての当代ペルシア語史書でもグユクについては ḫān とのみあって、けっして qa'ān～qān とは表記されない。グユク時代までは qaɣan～qa'an～qān 号はオゴデイの専称であったことになる。漢訳でオゴデイを合罕皇帝とするのは合罕がオゴデイのみを指す固有名詞に近い称号だったからである。ところが、第四代のモンケ Möngke からクビライ Qubilai 以下の大元ウルス皇帝はすべて qaɣan～qa'an～qān＜Per. qa'ān～qān である。結果として、モンケがオゴデイの専称を自分にも使い、さらにクビライがそれを踏襲したため、クビライの血脈である歴代の大元ウルス皇帝は皆 qaɣan～qa'an～qān 号を受け継いだことになる。クビライ時代になると、在世中にその皇帝を本名で呼ぶことを避けたので、クビライ以後は qaɣan～qa'an～qān といえば、在位中のモンゴル皇帝を意味した。『集史』以後のペルシア語史書において、クビライ以降の時期に関して、単独で qān～qa'ān とあれば、実際上「大元ウルス皇帝」を意味してしまうのはそのためである [杉山1987：28]。少なくとも同時代の官撰記録から判断する限り、創祖チンギス・カンは qan とのみ称し、またそのことについて大元ウルス Dai-ön yeke mongɣol ulus とフレグ・ウルス Hülegü ulus の官員には周知・徹底していたはずである。合璧も含め、パクパ字モンゴル語命令文でも、チンギス・カンはほとんどの場合

qan と表記されている。ところが、管見の限り、この碑のほか陝西鄠県の祖庵鎮にある全真教の祖庭、熬屋大重陽万寿宮遺趾碑林に現存するトラ年（延祐元年甲寅、1314年）7月28日付のアユルバルワダの保護免税免役状碑刻（蒙漢合璧。後掲の一覧表のI-5）、ウシ年（至元二六年己丑、1289年）6月30日付の甘粛涇州水泉寺宛てクビライの命令文碑（パクパ字モンゴル語のみ。一覧表のII-2）、ウサギの年（大徳七年癸卯、1303年）3月29日付の河東延祚寺宛てソセ Söse 大王令旨碑（パクパ字モンゴル語のみ。一覧表のII-3）の合計4例で、チンギス・カンが qa'an と表記されている [以上のことについては蔡1986a：236-239にも詳述されているが、筆者と少し論旨を異にする]。しかし、熬屋万寿宮碑をのぞく両碑のパクパ字には、全体にわたって明らかに抬頭の誤りや誤刻が頻見し、その表記は信頼しにくい。qa'an とあるのも軽率なミスである疑いが濃い。本碑のパクパ字もまた、次に述べるように文書体例上から逸脱する点がある。ただひとつ残る熬屋碑に qa'an と刻されている理由は今のところただちに確定しがたいが、これらを典拠に元代においてチンギス・カンの表記法が qa'an と qan の両様ありえたとするのは、おそらく拡大解釈であろう。逆にいえば、本碑のパクパ字刻文は、注意不足の点を否定しがたい。

　もうひとつの疑問点は、命令文書としての形態上の問題、とくに抬頭についてである。各行の最上位に mo̊ṅka deṅri, yeke su, qa'an, jarliq およびチンギス以下の歴代皇帝の名が列なるのは通常だが、それらの"聖なる語"とともに、普通の単語も並んでいる。しかも、14行目の deṅri は最上位への改行がされていない。この碑のモンゴル語文面は、通例に従って"聖なる語"を最上位に置こうとする意志は認められるものの、厳格ではなく、加えて"聖ならざる語"が最上位に位置してしまうのを避けようとはしていないわけである。その点漢訳の方はすべての"聖なる語"について、三字分をきっちりと抬頭している。モンゴル文についても抬頭さえすれば十分であったのだが、この点は、碑陽の上半にパクパ字、下半に漢訳を、それぞれあまり極端に違わない大きさの文字と碑面で（拓本では上半が縦1m33cm、下半が95cm）並べて刻石しようとするあまり、"聖ならざる語"についても最上位に改行しなければ碑面の中におきまりきれなかったのかもしれない。とはいえ要するに、モンゴル文面の形状は原

第9章 モンゴル命令文研究導論

文書どおりであるかどうか、大いに疑わしい。刻石のための原稿を書写した楊徳懋が、蒙古訳史の職にいながら、"聖ならざる語"を最上位に置いてしまうことの意味を知らなかったとは少し考えにくい。漢訳の方では非の打ちどころなく抬頭しながら、パクパ字モンゴル文では一転して実におおらかであるのは、一体何を語るのか。あるいは、当時たいていの人は漢訳しか見ず、モンゴル語原文のパクパ字については、合刻さえしてあればそれだけで十分に権威が感じられ、逐一、克明に見ることはなかった（ないしは見れなかった）のかもしれない。また結果として、この碑が"聖なる語"と"聖ならざる語"を混在させながらも遂にこわされないままでいたことは、大元ウルス政権はのちの大清グルン政権ほどにはこうしたことに神経過敏ではなかったことを示す証拠のひとつにはなるだろう。

歴史研究の立場から見ると、この碑のなかで真定路をモンゴル語でチャガーン・バルガスン Čaqa'an balaqasun＞Čaɣaɣan balɣasun「白い城」と呼んでいることは極めて注目に価する。というのは、完全同時代のラシードゥッディーン『集史』の中で、「真定府 ǦNDYNFWLY/Ǧindīnfūlī〔lī は衍字ないしは lū 路のことか〕の町はヒタイの大きな町の一つで、モンゴルたちはそれをチャガーン・バルガスン ǦǦAN-BLǦSWN/Ǧaġān-balġasūn＞Čaɣān-balɣasun と呼んでいる」〔ǦTS, f. 178a/29-f. 178b/1. Boyle 1971：165, n.16. 1317 年の書写といわれるイスタンブル本では、よほど強く Č を指示したい場合をのぞき、通常 Č の音も Ǧ が表わす〕と述べられ、全く一致するからである[12]。しかもよく知られているように、マルコ・ポーロ Marco Polo という名の誰かの旅行記に、涿州から太原府への途次にある大都市を achbaluch、すなわちトルコ語の Aq-balïq「白い城」と呼んでいる〔Boyle 1971：165, n.16；Pelliot 1959：8-9. ペリオがいうように、この一節はラムージオ Ramusio 本のみに現われる。なお、この点について蔡1988：842-843にも言及〕。前後関係からこの大都市は明らかに真定である。この碑は、真定がモンゴル語やトルコ語を話す人々から「白い城」と呼ばれていたことを確定するばかりでなく、ラシード『集史』といわゆるマルコ・ポーロ旅行記というモンゴル時代の二大文献を裏付ける。

この開化寺に授与された保護免税免役状の中で、開化寺を代表してその名が

挙げられている二人のうちの一人、通濟英辯大師・講主の堅吉祥については、丁紹基『求是齋碑跋』巻四、25a・b に全く同じ称号・肩書のままでその塔銘（塔は仏僧の"墓"にあたる。塔銘はその側面に通常は刻される）が著録されている。本文は移録されていないが、賀宗儒の撰になるこの塔銘には文宗至順元年（1330年）乙酉月と刻されている。死没から立塔までの時間を推測することはむつかしい。とはいえ、開化寺のような大寺の代表者であるから、死後茶毘に付されてのち長い時間、塔を立てないままであったとも考えにくい。おそらく至順元年を遡ること1・2年くらい前に堅吉祥は死去していたと見て大過ないだろう。この聖旨の降附・立石ののち15年ちかい間、堅吉祥は開化寺の代表者であったことになる。さらに、『常山貞石志』巻一七、25a-29a に碑陽全文が移録される《大元真定路元氏県開化寺重修常住七間佛殿記》（前述の賀宗儒の撰。大徳一〇年（1306年）丙午一二月乙巳の建碑）には、モンゴル治下での重修の中心人物として「寺僧の都綱の堅公」が特筆されている。一方、これと一緒に名の挙がる「賢公・讓公・定公」は、その碑陽末尾の題名に見える「堂長の徳賢、堂長長老の文讓、堂長の智定」にそれぞれあたることはまず間違いない。すると、「都綱の堅公」も同様に、題名中に見える「重修七間殿見住持・堂長都綱・襲五大部經沙門の福堅」にあたることになる。七間殿の重修の中心となり、1306年の時点でその住持でもあった福堅が、アユルバルワダの聖旨に指名されている通濟英辯大師・講主の堅吉祥であるかどうかは大いに興味深い。というのは、元代は「某吉祥」という僧名が多い。この当時、例えばサンスクリットの Ratnaśrī がウイグル語およびそれを通して多くの仏教語彙を採り入れたモンゴル語で Aratnaširi となり、漢訳では「阿剌忒納失里」と音訳されたり、または「宝吉祥」と意訳されるような事例がしばしば目につく。ただし、元代に広汎に見える漢字一字名に付す「吉祥」がすべてサンスクリット・ウイグル・モンゴル各語の-śrī＞-širi とかかわりがあるかどうかは今後の問題ではあるが。もしこの聖旨碑の堅吉祥が《七間殿記》の福堅と同一人物ならば、同様に聖旨に指名されているもう一人の「演法顕密大師・講主の詮吉祥」も《七間殿記》碑陽題名中の「寺主・講主の恵詮」に同定しうる可能性が俄然高くなる。先述したように、『常山貞石志』に引くこの聖旨碑の碑陰題名に、寺側の立石代表

第9章　モンゴル命令文研究導論

者として「光教雄辯大師・提点講主の恵文」の名が見えたが、この人物が《七間殿記》碑陽題名中の「官門講主の恵文」にあたることは間違いなく、この例からもこの碑と《七間殿記》に見える僧名とは濃密に重なり合うことが十分に予想されるからである。

さて、民国『元氏県志』所載の拓影は十分に使用に耐えるものであるが、京都大学人文科学研究所には三種の本碑正面の拓本が蔵せられ、それらはいずれも実に鮮明である。この碑のパクパ字と漢訳字はともに、深くしっかりと堅牢な碑石に刻み込まれていることがわかる。漢訳はモンゴル語原文に正しく対応しており、モンゴル語原文の厳密な意味を把握するのに役立つ。この碑のパクパ字モンゴル語については、1987年3月に筆者が英文で紹介し［Sugiyama 1987］、翌1988年9月に蔡美彪が『考古』誌上に中国文で発表した［蔡1988］。両者の内容はほぼ同一である。筆者は京都大学人文科学研究所蔵の拓本の写真を載せ、蔡は北京大学蔵の柳風堂旧拓の写真を載せる。本章では、拙論をほぼ踏襲しながら、英文であったため十分に引用・言及できなかった碑陰などの情報をあらたに補った。また漢文面については、イリンチン Yekemingγatu Irinčin にも移録があり［亦隣真1982：174］、ゾグラフは翻訳を試みている［Зограф1984：105-107］。以下、すべてのパクパ字モンゴル語の翻字（transliteration）と転写（transcription）にあたっては、Ligeti 1972a の方法におおむね準拠する。

モンゴル語翻字

1　mȯṅ-k'a d'eṅ-ri-yin k'u-č'un-dur

2　ye-kä su ja-li-yin 'i-h 'än-dur

3　qa'an jar-liq ma-nu

　　　4　č'ä ri 'u-dun no-yad-da č'ä-rig ha-ra-na
　　　　　ba-la-qa-dun da-ru-qas-da no-yad-da
　　　　　yor

　　　5　-č'i-qun ya-bu-qun 'äl-č'i-nä d'u1-qa-que

6　jar-liq

7　jiṅ-gis qa'a-nu

8 ''äo-k'äo-däe qa·a-nu
9 sä-č'än qa·a-nu
10 ''äŏ1-jäe-t'u qa·a-nu
11 k'äu-läug qa·a-nu ba jar-liq-dur do-yid 'är-k'ä-·ud sän-šhi-ṅud ''a-li-ba ''al-ba qub-č'ir-i ''äu
12 lu ''äu-jän deṅ-ri-yi jal-ba-ri-ju hi-ru-·är ''äo-gun ''at'u-qayi k'· äg-däg-sän "a-ju-·ue
13 'e-du-·ä bär bäo-·ä-su 'u-ri-da-nu
14 jar-li-qun yo-su-·ar ''a-li-ba ''al-ba qub-č'i-ri ''äu-lu ''äu-jän deṅ-ri-yi jal-ba-ri-ju hi-ru-·är
15 ''äo-gun ''a-t'u-qayi k'·än č'a-qa·an ba-la-qa-su-na qari-ya-t'an ''u̲än-ši-hu̲ä-nä bu-k'un k'ay-hu̲-zhi säu-mä
16 dur ''a-qun t'uṅ-ji-·iṅ-bän-tay-šhi-giṅ-jäu-gän-gäi-zi̲ṅ yen-hu̲-hen-mi-tay-šhi-giṅ-jäu-cu̲än
17 gäi-zi̲ṅ t'ä-ri-·u-t'än do-yid-da ba-ri-ju ya-bu-·ayi
18 jar-liq ''äôg-bäe 'ä-dänu säu-mäs-dur gä-yid-dur ''a-nu 'el-č'in bu ba-·u-t'u-qayi u-la·a ši-·u-su bu
19 ba-ri-t'u-qayi c'aṅ t'am-qa bu ''äôg-t'u-gäe säu-mä-dä 'e-lä qa-riya-t'an qa-jar u-sun baq t'ä-gir-mäd dem k'ä
20 bid qa-la-·un 'u-sun gi̲y-den-k'u ha-ran ''a-du-·u-sun ya-·ud k'ä-di a-nu k'äd k'äd bär bol-ju bu-li-ju t'a-
21 t'a-ju bu ''ab-t'u-qayi k'u-č'u bu k'u-rgä-t'u-gäe 'e-dä ba-sa do-yid
22 jar-liq-t'an g·ä-ju yo-su ''äu-gä-·un ''äue-läs ''äue-lä-du-·ä-su ''äu-1u-·u ''a-yu-qun mud
23 jar-liq ma-nu
24 ba-rs jil ju-nu t'ä-ri-·un za-ra-yin har-ban t'a-bu-na tay-du-da bu-k'ue-dur bi-č'i-bäe

第9章　モンゴル命令文研究導論

モンゴル語転写と逐語訳

1　mȯnka̱　dėṅri-yin ku̱ču̱n-dür
　　とこしえの　天　の　力　において

2　yėk̠e　su　ǰali-yin　'ihe'en-dür
　　大いなる　威福の輝きの　　加護　において

3　qa'an　ǰarliq　manu
　　カアンなる　おおせ　←われらの

　　　　4　čeri'üd-ün　noyad-da　čerig　haran-a　balaqad
　　　　　　諸軍　のノヤンたちに　　軍　人たちに　　諸城

　　　　-un　daruqas-da　noyad-da　yor-
　　　　　の　ダルガたちに　ノヤンたちに　行く

　　　　5　čiqun　yabuqun　ėlčin-e　du'u1qaqui
　　　　　　ところの　行くところの　使者たちに　聞かせるところの

6　ǰarliq
　　おおせ

7　J̌iṅgis　qa'an-u
　　チンギス　カアン　の

8　Öködei̱　qa'an-u
　　オコデイ　カアン　の

9　Sečen　qa'an-u
　　セチェン　カアン　の

10　Ölǰei̱tü　qa'an-u
　　オルジェイトゥ　カアン　の

11　Külüg　qa'an-u　ba　ǰarliq-dur　doyid　erke'üd　sen-šiṅ-ud　aliba
　　　クルク　カアンのおよび　おおせで　トインたち　エルケウンたち　先生たち　すべての

alba　qubčiri　ü-
貢納　畜税

12　lü　üǰen　dėṅri-yi　ǰalbariǰu　hirü'er　ögün　atuqayi　ke'egdegsen　aǰu'u̱i̱
　　見ないで　天を　　祈り　　祝福を　与え　あれかし　といわれた　のであった

2 実例の提示

13　ėdü'e　ber　bö'esü　uridan-u
　　今　　も　であれば　　先　　の

14　jarliq-un yosu'ar aliba alba qubčiri ülü üjen deṅri-yi jalbariju hirü'er
　　おおせの きまりどおりに すべての 貢納　畜税　見ないで　天　を　祈り　祝福を

15　ögün atuqayi ke'en Čaqa'an balaqasun-a qariyatan u̯en-ši-hu̯en-e
　　与え あれかし と　チャカーン バラカスンに 属するところの 元 氏 県 に

　　bukun　kay-hu-zï　süme
　　あるところの　開　化　寺　　てら

16　-dür　aqun　Tuṅ-ji 'iṅ-ben ṭay-šï giṅ-ju̇ gen-gei-ziṅ Yėn-hu̯
　　においているところの 通 濟 英 辯 大 師 講 主 堅 吉 祥 演 法

　　hėn-mi ṭay-šï giṅ-ju̇ c̣u̯en-
　　顕　密　大　師　講　主　詮

17　gei-ziṅ　teri'üten　doyid-da　bariju　yabu'ayi
　　吉　祥を　　頭ともつ　トインたちに　つかんで　行くところの

18　jarliq　ögbei　eden-ü　sümes-dür　geyid-dür　anu　ėlčin　bu̯
　　おおせを さずけた これらの てらでらにおいて 家々において←彼らの 使者たち な

　　ba'utuqayi　ula'a　ši'üsü　bu̯
　　下馬するように　駅伝馬 あてがいもの　な

19　barituqayi caṅ tamqa bu̯ ögtügei̯ süme-de ėle qariyatan qaJar
　　つかむように 倉税 タムガ税 な さしだすように てら に およそ 属するところの 地

　　usun　baq　tegirmed　dėm　ke-
　　水　　園林　ひきうす　店　みせ

20　bid qala'un usun giy-dėn-ku haran adu'usun ya'ud kedi anu
　　　　温　水　解典庫　人間　畜類　どんな もの←彼らの

　　ked　ked　ber　bolju　buliju　ta-
　　誰　　誰　でも　なりと　奪い　引っ

21　taju bu̯　abtuqayi　ku̯čü bu̯ kurgetügei̯　ėde　basa　doyid
　　ぱって な　取るように　力　　な　及ぼすように これらの　また　トインたちは

第9章　モンゴル命令文研究導論

22　jarliq-tan　ge'ejü　yosu　üge'ün　üiles　üiledü'esü ülü'ü
　　おおせをもつものたち といって　ことわり ないところのことごとを　行なえば でないか

　　　ayuqun mud
　　　恐れる そのことらを

23　jarliq manu
　　おおせ←われらが

　　　　　　24　bars　jil　jun-u　teri'ün　zara-yin　harban
　　　　　　　　虎　年　夏の　あたまの　月　の　10

　　　　　　　　tabun-a　Tay-du-da　buküi-dür　bičibei
　　　　　　　　　5　に　大都　に　いる　時に　書いた

モンゴル語総訳

1　とこしえの天の力のもとに
2　大いなる威福の輝きの加護のもとに
3　カアンなるわれらがおおせ。
　　　　4　諸軍のノヤンたちに、軍人たちに、
　　　　　　諸城のダルガたち・ノヤンたちに、
　　　　5　ゆきかよう使者(エルチ)たちに聞かせる
6　おおせ
7　チンギス・カ(ア)ンの
8　オコデイ・カアンの
9　セチェン・カアンの
10　オルジェイト・カアンの
11　そしてクルク・カアンのおおせにおいて、仏僧(トイン)たち・ネストリウス教士
　　たち・道士たちは、すべての貢納・畜税を
12　顧みずに、天を祈り祝福をささげるように、といわれたのであった。
13　今であっても、以前の
14　おおせのきまりどおりに、すべての貢納・畜税を顧みずに、天を祈り祝
　　福を

15　ささげるように、とチャガーン・バルガスンに属する元氏県にある開化寺てら
16　にいる通済英辯大師講主堅吉祥・演法顕密大師講主詮
17　吉祥をはじめとする仏僧たちにもってゆくべき
18　おおせをさずけた。これらの諸院、彼らの住居に、使者たちは下馬しないように。駅伝馬・供応物は
19　とらないように。地税・商税はさしださないように、てらにおよそ属する土地・園林・ひきうす・店ルバーグ・みせやどや・
20　浴場・解典庫しちや・人間・畜類を、彼らのどんなものでも、誰が誰であろうとも、奪い引ったくったりして
21　取らないように。力は振わないように。またこれらの仏僧たちも、
22　おおせをもっているものたちだといって、無理なことごとをすると、それは恐ろしいぞ。
23　われらがおおせは、
　　　　24　虎年、夏の初月の15〔日〕に大都にいる時に書いた。

漢訳の移録

1　長生天氣力裏。
2　大福蔭護助裏。
3　皇帝聖旨。軍官毎根底。軍人毎根底。管城子的達魯花赤・
　　4　官人毎根底。過往的使臣毎根底宣諭的
5　聖旨
6　成吉思皇帝
7　月闊歹皇帝
8　薛禪皇帝
9　完者篤皇帝
10　曲律皇帝聖旨裏。和尚・也里可温・先生毎。不揀甚麼差發
　　11　不著。告
12　天祝延

13 聖壽。麼道有來。如今依着在先
14 聖旨體例裏。不揀甚麼差發不着。告
15 天祝延
16 聖壽者。麼道。屬眞定路的元氏縣裏有的開化寺裏住持
　　　17 通濟英辯大師講主堅吉祥・演法顯密大師講主
　　　18 詮吉祥爲頭兒和尚每根底。賽把行的
19 聖旨與了也。這的每寺院裏。房舍裏。使臣休安下者。鋪馬・
　　　20 祗應。休要者。地稅・商稅。休與者。但屬寺家的水土・
　　　21 園林・碾磨・店・鋪席・浴堂・解典庫・人口・頭疋。不
　　　　　揀甚
　　　22 麼他每的有呵。不揀阿誰。休扯拽奪要者。休使氣
　　　23 力者。更這和尚每。有
24 聖旨麼道。無體例勾當做呵。不怕那甚麼。
25 聖旨俺的。
　　　　　26 虎兒年四月十五日。大都有時分。寫來。

漢訳の日本語訳

1　長生の天の気力にて
2　大福廕の護助にて
3　皇帝の聖旨。軍官らに、軍人らに、城子を管する達魯花赤・
　　　4　官人らに、過往する使臣らに宣諭する
5　聖旨。
6　成吉思皇帝、
7　月闊歹皇帝、
8　薛禅皇帝、
9　完者篤皇帝、
10　曲律皇帝の聖旨に、和尚・也里可温・先生らは、いかなる差発にも
　　　11　著けず、
12　天を告し、

13 聖寿を祝延せしめよ、といったのであった。いま以前の
14 聖旨の体例に依って、いかなる差発にも着けず、
15 天を告し、
16 聖寿を祝延せしめよ、といって、真定路に属する元氏県にある開化寺に住持する
　　17 通済英辯大師・講主の堅吉祥、演法顕密大師・講主の
　　18 詮吉祥を頭とする和尚らに賷（たまわ）り把（も）て行く
19 聖旨を与えた。これらの寺院に、房舎に、使臣は安下するな。鋪馬
　　20 祇応は要（もと）めるな。地税・商税は与えるな。およそ寺家に属する水土・
　　21 園林・碾磨（ひきうす）・店（やどや）・鋪席（みせ）・浴堂・解典庫（しちや）・人口・頭疋は、いかなる
　　22 彼らのものがあっても、誰であっても、扯拽（ひっぱ）って奪い要（と）るな。
　　　氣力（ちから）を
　　23 使うな。更に這（こ）の和尚らは、
24 聖旨があるといって、体例のない勾当（こと）を做（す）れば、怕（こわ）くないだろうか。
25 俺（われら）の聖旨は、
　　26 トラ年の四月十五日、大都にいるときに書いた。

注――――――――
1）ジョチ、チャガタイ、フレグの各ウルスの君主の命令も正式にはモンゴル語でüge と呼ばれたと考えられる。ペルシア語史書には、フレグ・ウルス君主の命令について yarlīg というトルコ語 yarlïq をそのまま使った語が頻見する。しかし、これはあくまでフレグ・ウルス国内用での場合ではなかろうか。対外国書では、その冒頭句で依然 üge と称している。さらに、このペルシア語の yarlīg の語自体、ウルスの君主の「ことば」そのものを意味するというよりも、勅許状などの文書化したものを指すのではないか。しばしば目にする yarlīg va tamḡā の表現は字義どおりの「おおせと印」では実際の意味をなさず、「印璽を押印した勅諭状」のことだろう。元代漢文文献に頻出する「璽書」とは、このことである。この形に近い yarlīg va āl-tamḡā の語句はまさにモンゴル語の al tamɣatai jrly「金印つき勅諭状」[1320年のフレグ・ウルス君主 Abū Saʻīd Bahādur hān の勅諭。この命令文書の冒頭も Busayid baɣatur qan üge manu「（ア）ブサイド・

バートル・カンなるわれらがことば」である。cf. Pelliot 1936：37-44, pl. 29-31； Cleaves 1953：1-107；Ligeti 1972b：258-263] に相当するからである。モンゴル語で書かれた命令文書の冒頭定型句において、各ウルスの君主が自分のことばを jarliγ と表現する初例は、今のところジョチ・ウルス君主のトクトガ Toγtoγa [脱脱] のパイザの刻文である [Позднеев 1897：150-151, Ligeti 1972b：284-285]。フレグ・ウルスでは遂に使用されず、チャガタイ・ウルスでも確実な例としては1369年に発令されたイリヤース・ホージャ Iliasqoja ＜ Iliyās ḥvāǧa にまで降ってしまう [Ligeti 1972b：216-217]。その際、問題となる qan-u jarliγ-iyar/Berke [or Beg] temür üge manu で始まるヒツジの年10月の末の8日付のトゥルファン発現文書 [Ligeti 1972b：212-213] は、従来のようにチャガタイ・ウルス文書とするのはむつかしく、おそらく大元ウルス治下での発令と見られる。Yisün temür-ün Jrlγ-iyr で始まる同じくトゥルファン発現文書 [Ligeti 1972b：208-209] の冒頭の君主を近年チャガタイ・ウルス君主イェスン・テムルと解する意見が有力視されているが [Clark 1975]、依然大元ウルス皇帝の泰定帝イェスン・テムルである可能性は消えていない。各ウルスの君主が自己の命令をモンゴル語で jarliγ というかどうかは、その君主が大カアンの権威を承認しているかどうかの指標となる。なお、ジョチ・ウルスでは、例えばトクタミシュ Toqtamïš の1392/93年発令のウイグル文字トルコ語文書冒頭で Toqtamïš söz-üm 「トクタミシュなるわがことば」と表現するようになる [Оволенский, 1850]。söz は明らかにモンゴル語 üge の置き換えである。13・14世紀以後も中央アジア・キプチャク草原・イランでは長くモンゴル命令文書の様式が主にトルコ語で保存・踏襲され、君主は sözümüz～sözimiz 「われらがことば」と複数を使い、王子・諸王以下の命令者は sözum～sözim 「わがことば」と単数を使って区別するようになる。

2)『黒韃事略』徐霆疏。「漢人・契丹・女真諸亡国に行する者は祇だ漢字を用う。移剌楚材これを主どる。郤ち又た後面の年月の前に鎮海が親ら回回字を写く。「某人に付与す」と云う。」

3) Усманов, М., А Жалованные акты джучнева улуса XIV～XVI вв., Казан, 1979. Grigor'ev, Arkadij P., Grants of Privileges in the Edicts of Toqtamïš and Timur-qutluǧ, *Between the Danube and the Caucasus*, ed. by György Kara, Akadémiai Kiadó, Budapest, 1987, 85-104. Shamil Muhammedyarov and István Vásáry, Two Kazan Tatar Edicts : Ibrahim's and Sahib Girey's Yarliks, ibid., 181-216. Vásáry, Ⅰ. *Chancellery of the Golden Horde*, Budapest.

4) いわゆるシャルゥ文書 Ža lu documents [Tucci, *Tibetan Painted Scrolls*, Ⅱ, 670-706] のほか、中華地域にもある。例えば、山東長清の巨利霊厳寺に国師管着児咸蔵 *Dkon mchog rgyal mtsan* が授与した寺産安堵状の碑。碑の上半にティベット語原文、下半に直訳体白話風漢文対訳が刻される。Chavannes 1908：pl. 28, 29 [pl. 29 はシルヴァン・

注

レヴィ Sylvain Lévi の転写・試訳の手稿]、王克1981：47-48、図2・3、常風玄1984：511-518参照。

5）Григорьев, А. П.：1978は、各文字・各語のモンゴル命令文を通観して文書学分析を試みている注目すべき著作である。

6）ベルリン・トゥルファン・コレクションのうち、トグルク・テムルと読めそうな人物から発令されている üge 文書 [TD II 203] に押印された四角形の朱印。パクパ文字によるトルコ語で o-ron qud-luq bol-sun と3行に刻される。Cf. Ligeti 1972b：227-228. Facs：Haenisch, E., *Mongolica der Berliner Turfan-Sammlung* II, 29, n. B2.

7）「上天眷命、皇帝聖旨」で始まり、「故茲詔示。想宜知悉 ／ 故に茲に詔もて示す。想うに宜しく知悉すべし」で終わる聖旨を当時の「北方」で「漢兒字聖旨」といったと、陶宗儀『南村輟耕録』巻二〇、「漢兒字聖旨」の項に見える。

8）И. Т. Зограф が数件の直訳体漢文碑を中心に用語分析を試みており [Зограф 1984]、十全にはほど遠いものの注目される。

9）彼の名の綴りは、ル・コック Albert von Le Coq がトゥルファンで入手した有名なウイグル文字モンゴル語木版印刷の『ボディチャルヤーヴァターラ Bodhicaryāvatāra 注釈』*Bodistw-a čari-a awatar-un tayilbur* による。なお、この書は、皇慶元年壬子にあたるネズミの年、夏の頭月の初一日（西暦1312年5月7日）よりアユルバルワダの命で大都白塔寺で印刷ののち頒布されたものであるが、その中でアユルバルワダを「広大な国の80番目の大主」aγui ulus-un nayadaγar yeke eǰen と尊称している。80は8の美称であり、チンギス・カンより歴代の大カアンを数えている [Cleaves 1954：54, 85, 120-122, n. 309, n. 312]。

10）牧民という愉快な名は、漢字音からすると、あるいはイスラーム信徒を意味するアラビア語の mu'min に当てることができるかもしれない。ただし、もしそうであっても、このダルガ（チ）がムスリムであったかどうかはわからない。

11）訳者の名がわかる事例はきわめて少ない。管見の限り、大阪外国語大学に蔵せられる石濱文庫（故石濱純太郎の旧蔵書）に碑陰のみの拓本があり、その末行に「皇慶元年〔1312年〕壬子十月□日、臣張世凱等立石幷題額　臣楊衍福譯　儒學教諭劉德懋書丹」と見える。この碑陰には河南原武県のダルガである愛忽都魯 Ai-qutuluq 以下の官吏・里正・社長・人戸まで含めた極めて大量の人名が刻される。その中にも楊衍福の名が見え、全体の第三位に置かれて「將仕郎原武縣主簿楊衍福」とある。これによれば、県の主簿の楊衍福がなんらかの訳をしたことになる。しかし、肝心の碑陽がわからない。パクパ字モンゴル語聖旨碑なのか、パクパ字雅文漢文聖旨碑なのか、どちらもありえる。後者ならば、「譯」は翻訳の意味ではなく、漢字への転写のことになってしまう。そこで、乾隆『原武県志』を見ると、巻七、職官、2葉裏-3葉表には、「元縣尹張世凱・劉拝都」の項に次のように見える。

第9章　モンゴル命令文研究導論

　　按ずるに、大德十一年（1307年）七月、孔子に加號して大成至聖文宣王と爲し、天下に頒告す。其の誥命の詞、碑に學宮に勒する者あり。原武縣尹の張世凱、皇慶元年壬子十月、石を立て額に題す。碑陰に官銜を具列す。従仕郎・原武縣尹・兼管本縣諸軍奧魯（アウルクayruγ）勸農事の張世凱と稱す。石は猶お未だ泐（石がさけること）さず、考す可き也。皇慶は大德の後に在り。舊志が張を商の前に列するは、誤つるに似たり。今、改正す。元制、縣ごとに並びに達魯花赤一員・尹一員を設く。達魯花赤は印を收め、尹は封署す。皇慶年閒（1312-1313年）に忠勇校尉・原武縣達魯花赤・兼管本縣諸軍奧魯勸農事の愛忽都魯あり。碑刻に見ゆ。舊志は失載す。今此に記す。

　石濱文庫の拓本が、ここにいう碑刻と同一であることは、皇慶元年壬子一〇月という立石の年月やアイ・クトルクと張世凱との二人の肩書が拓本のそれと全く一致することから疑いの余地がない。石濱文庫の拓本は、大德一一年（1307年）に武宗カイシャンQaišanが閻復に起草せしめ、その漢字音をパクパ文字で寫して中華全土に頒布した《加封孔子制詔碑》の碑陰であった。この詔は曲阜孔子廟の大成門前に現存する漢字とその音を表わすパクパ字との逐字並記の有名な巨碑をはじめ、相当数の碑刻が中国各地の孔子廟に現存し、また各種の石刻書に厖大な移録ないし著録がある。それらのあるものは漢字・パクパ字の並刻・合刻であり、あるものは漢字のみ刻される。ところが羅常培・蔡美彪合編『八思巴字與元代漢語〔資料彙編〕』には、図版9に「(原武)加封孔子制（一）」として、まさしくこの碑の正面の拓影が掲載されている［羅・蔡1959］。上半はパクパ字漢字音写、下半は「上天眷命」で始まる閻復起草の雅文聖旨である。以上のことからすると、原武県の主簿の楊衍福は、パクパ字を漢字に引き戻す作業をしたか、あるいはパクパ字を刻石用に書写したか、どちらかになる。碑陰拓本に「儒學教諭劉徳懋書丹」とあるのだから、引き戻し作業だけをした可能性の方が高いかもしれない。碑陽拓影ではこの碑の題額はパクパ字で書かれている。ところが、碑陰拓本では「臣張世凱等立石并題額」と題額者は県尹である張世凱か、ないしは少なくとも楊衍福とは別人のような書き方がされている。楊衍福以外でも、漢字とパクパ字の置き換えはできたわけである。「楊衍福譯」の意味するところは、ますますささやかなものとならざるをえない。漢字音写のパクパ字を原漢字に戻すだけならば、例えば『蒙古字韻』程度のきわめて簡便な手引さえあれば事足りる。蒙古訳史が配属されていない原武県では、主簿である楊衍福がパクパ字・漢字の置き換え作業を担当せざるをえなかったのはうなづける。われわれは、不慣れな（?）楊衍福が手引書を睨みながら、原文書のパクパ字を刻石用にあらためて筆写し、それを原漢字に逐一、引き戻していく姿を想像すればよいのであろうか。

12) 至正一六年（1356年）丙申にあたる猴兒年三月一六日に大都より真定路平山県天寧万寿寺に出されたアユシリダラAyuširidara＜skr. Āyurśrīdharaの皇太子令旨に見える「察罕城子」は、まさにその音・意訳であろう［蔡録：91°、95］。

附　命令文リスト
I　すでに釈読が試みられた蒙漢完全対訳命令文碑13件
1．ネズミの年（至元一三年丙子、西暦1276年）正月二六日、龍門禹王廟 Mangγala 令旨（üge）碑。京兆府にて。（陝西省韓城県）

拓影：Chavannes, *Inscription* Ⅸ, planche 19；Poppe, *Monuments*, plate 1, 48-49.

研究：Lewicki, 16-19；Poppe, *Monuments*, 46-47, 67-90；亦隣真（Yekemingγatu Irinč in）1963/1983, 359-381；Ligeti 1972a, 20-24.

漢文：Chavannes, *Inscriptions* Ⅸ, 376-378；蔡録23°, 25；Зограф, 91-93。

2．タツの年（至元一七年庚辰、西暦1280年：年次比定は杉山）一一月初五日、盩厔重陽万寿宮 Qubilai 聖旨（jarliγ）碑。大都にて。（陝西省周屋県）

拓影：羅・蔡；Haenisch, *Steuergerechtsame*, Tafel 3（ただし厳密な意味では録文に近い）。

研究：Haenisch, *Steuergerechtsame*, 60-61, 65-66, 71-73；Ligeti 1972a, 25-31.

漢文：Haenisch, *Steuergerechtsame*, 60-61, 65-66；蔡録22°, 23.

3．ウシの年（至元二六乙丑、西暦1289年；ないしは至元一四年丁丑、西暦1277年）正月二五日、交城県石壁山玄中寺 Qubilai 聖旨（jarliγ）碑。大都にて。（山西省玄中寺）

拓影：常盤大定・関野貞『支那文化史蹟』8（再版『中国文化史蹟』8、1976）、65；小沢、10-11の間に挿入；H. Franke, 50, 54.

研究：小沢、9-33；H. Franke, 49-57；Ligeti 1972a, 34-37.

漢文：小沢、30-32；H. Franke, 54-57.

4．トラの年（延祐元年甲寅、西暦1314年）四月一五日、真定路元氏県開化寺 Ayurbarwada 聖旨（jarliγ）碑。大都にて。（河北省元氏県）

拓影：民国『元氏県志』；Sugiyama 1987, plate 2；蔡1988, 843.

研究：Sugiyama 1987, 17-24；蔡1988, 842-845.

漢文：蔡録63°, 65；亦隣真1982, 174；Зограф, 105-106.

5．トラの年（延祐元年甲寅、西暦1314年）七月二八日、盩厔重陽万寿宮 Ayurbarwada 聖旨（jarliγ）碑。察罕倉 Čaγan-Jang にて。（陝西省周屋県）

拓影：Bonaparte, ⅩⅢ, 3；Poppe, *Monuments*, plateⅡ./趙崡『石墨鐫華』6（録文）

研究：Gabelentz, 1893, 1-21/1840, 225-227；Wylie 1862, 461-471；Pauthier, 772-774；Бобровников, 41-50；Позднеев, Лекций 87-116；Devéria, 40-42；Lewicki, 20-23；Poppe, *Monuments*, 48-50；長田、21-30；Ligeti 1972a, 43-48.

漢文：趙崡『石墨鐫華』；Бобровников, 30-50；Chavannes, *Inscriptions* Ⅴ. 422-426；Chavannes, 1904b, 81-82；馮40-41；長田24-30；蔡録64°, 66；中野145-157；Зограф, 97-99；道略743.

6．トラの年（延祐元年甲寅、西暦1314年）七月二八日、彰徳路安陽県善応儲祥宮 Ayur-

397

barwada 聖旨（jarliγ）碑。察罕倉 Čaγan-jang にて。(河南省安陽県)

拓影：Chavannes, *Inscriptions* IV, planche 24 ; Poppe, *Monuments*, plate III ; 蔡録、挿図 4．

研究：Lewicki, 20-23 ; Poppe, *Monuments* 51-53 ; Ligeti 1972a, 49-53.

漢文：『安陽金石録』; Chavannes, *Inscriptions* IX, 407-408 ; 馮41-42 ; 蔡録65°, 67 ; Зограф 99-101.

7．トラの年（延祐元年甲寅、西暦1314年）七月二八日、盩厔重陽万寿宮孫徳彧あて Ayurbarwada 聖旨（jarliγ）碑。察罕倉 Čaγan-jang にて。(陝西省周屋県)

移録：Haenisch, *Steuergerechtsame*, Tafel Ⅰ．

研究：Haenisch, *Steuergerechtsame*, 58-59, 62-63, 66-70 ; Ligeti 1972a, 54-61.

漢文：蔡録66°, 68 ; 武樹善『陝西金石志』28/12b-13b ; 道略742-743.

8．ウマの年（延祐五年戊午、西暦1318年）四月二三日。鄜陽県光国寺 Ayurbarwada 聖旨（jarliγ）碑。上都にて。(陝西省鄜陽県)

拓影：Chavannes, *Inscriptions* IX, planche 25.

研究：Lewicki, 23-26 ; 山崎, 111-119 ; Ligeti 1972a, 62-66.

漢文：Chavannes, *Inscriptions* IX, 418-420, planche 26 ; 馮, 51-52 ; 蔡録72°, 75 ;『陝西金石志』28/15a.b.

9．トリの年（至治元年辛酉、西暦1321年）一〇月一五日、濬県天寧寺 Kun dga' blo gros rgyal mtshan dpal bzang po 法旨（hua-ji）碑。大都にて。(河南省濬県)

研究：常風玄/照那斯図506-511.

漢文：熊象階『濬県金石録』; Chavannes, *Inscriptions* IX, 410-413 ; 馮52-53 ; 蔡録 74°, 77.

10．トリの年（至治元年辛酉、西暦1321年）一一月初一〇日、易州龍興観 Dagi 皇太后懿旨（i-ji）碑。大都にて。(河北省易県)

拓影：Бобровников ; Poppe, *Monuments*, Plate IV.

研究：Бобровников, 116-129 ; Poppe 1939, 239-243 ; Poppe, *Monuments*, 54-55, 96-100 ; Ligeti 1972a, 67-72.

漢文：蔡録、75°、78 ; Зограф, 101-103.

11．元統三年ブタの年（乙亥、西暦1335年）七月一四日、鄒県繹山仙人宮 Toγon-Temür 聖旨（jarliγ）碑。上都にて。(山東省鄒県)

拓影：Sugiyama 1988, Plate.

研究：Sugiyama 1988.

漢文：蔡録83°, 87.

12．至元二年ネズミの年（丙子、西暦1336年）七月一二日、許昌県天宝宮 Toγon-Temür 聖旨（jarliγ）碑。上都にて。(河南省許昌県)

命令文リスト

　　　拓影：照那斯図・道布、挿図.
　　　研究：照那斯図・道布、49-54.
　　　漢文：同上
13．至正一一年ウサギの年（辛卯、西暦1351年）二月二八日、鷙屋重陽万寿宮 Toγon-Temür 聖旨（jarliγ）碑。大都にて。(陝西省周屋県)
　　　移録：Haenisch, *Steuergerechtsame*, Tafel 2.
　　　研究：Haenisch, *Steuergerechtsame*, 59-60, 63-64, 70-71；Ligeti 1972a, 77-82.
　　　漢文：蔡録89˚、93；道略808.

II　すでに釈読が試みられた白話風漢文対訳を伴なわないパクパ文字蒙古文命令文7件

1．至元〔貳〕拾年（癸未、西暦1283年）四月二三日に執照、永寿県呉山寺あての安西王（Ānanda）白話風漢文令旨碑に添えられた同年二月一五日禁止命令。発令地不明。(陝西省永寿県)
　　　拓影：Bonaparte XⅡ, planche 1；Poppe, *Monuments*, plate Ⅴ.
　　　研究：Devéria, 7-18；Poppe, Monuments, 56-57；Ligeti 1972a, 32-33.
　　　(漢文：Bang/Devéria, 18-30；蔡録29˚, 31.)

2．ウシの年（至元二六年乙丑、西暦1289年）六月三〇日、涇州水泉寺 Qubilai 聖旨（jarliγ）碑。上都にて。(甘粛省涇川県)
　　　拓影：蔡1986a, 243.
　　　移録：張維『隴右金石録』5.
　　　研究：蔡1986a, 231-243.

3．ウサギの年（大徳七年癸卯、西暦1303年）三月二九日、河東延祚寺 Söse 令旨（üge）碑。大都にて。(山西省芮城県磨澗村)
　　　拓影：蔡1986b, 2-3の間.
　　　研究：蔡1986b, 45-56.

4．ヘビの年（大徳九年乙未、西暦1305年）九月三〇日、ティベット Ža-1u 寺あて懐寧王 Qaišan 令旨（üge）原物。Jiramutu(?)にて。(いわゆる Ža-1u 文書の1つ)
　　　写真：Pelliot, 622.
　　　研究：Pelliot, 621-624；Ligeti 1972a, 38-42.

5．西暦1312～1317年の間のいつか。広東曲江南華禅寺あて Ayurbarwada 聖旨（jarliγ）原物。裱装ミスにより末尾を欠く。(広東曲江南華寺)
　　　写真：照那斯図, 230-231.
　　　研究：照那斯図, 221-232.

6．西暦1312～1317年の間のいくつか。円覚寺あて Ayurbarwada 聖旨（jarliγ）原物。5と混在する裱装ミスにより5と同様に末尾を欠く。(広東曲江南華寺)
　　　写真：照那斯図, 231-232.

第9章 モンゴル命令文研究導論

研究:照那斯図, 221-232.
7. 至正二年（壬午、西暦1342年）月日を欠く、成都青羊宮 Toγon-Temür 聖旨（jarliγ）碑。発令地を欠く。(四川省成都市四川省博物館)
拓影:韓124.
研究:韓123-135; Ligeti 1972a, 73-76.

参考文献

Бобровников, А. А. Грамоты вдовы Дармабаловой и Буянту-хана, писанныя к вадратным письмом, съ присовокуплениемъ о бщихъ замѣчаній объ этомъ п исьмѣи догадокъ о значеий надписи на Мангутской пещерѣ А. А. Бобровник ова, съ дподненіями В. В. Григорьева, *TVOIRAO* 16, 50-76, 1870.

Bonaparte, Prince Roland, *Documents de l'époque mongole des X IIIe et X IVe siécles,* Paris 1895.

Boyle, J. A., *The Successors of Genghis Khan,* New York 1971.

蔡美彪『元代白話碑集録』北京、科学出版社、1955年。[蔡録]

——、「涇州水泉寺碑訳釈」『元史論叢』3、1986年。[蔡1986a]

——、「河東延祚寺碑訳釈」『蒙古史研究』2、1986年。[蔡1986b]

——、「元氏開化寺碑訳釈」『考古』1988年9期。[蔡1988]

常風玄「元代法旨碑四種」『中国民族関係史研究』1984年、501-524頁。(うち1321年のモンゴル文は照那斯図訳、501-511頁)。[常風玄/照那斯図]

Chavannes, Ed., Inscriptions et pièces de chancellerie chinoises de l'époque mongole, *TP* V, 1904, 357-477; VI, 1905, 1-42; IX, 1908, 297-428.

陳垣編・陳智超・曽慶瑛校補、『道家金石略』北京、文物出版社、1988年。[道略]

Clark, L. V., On a Mongol Decree of Yisün Temür (1339), *CAJ* 19-3, 1975, 194-198.

Cleaves, F. W., The Mongolian documents in the Musée de Teheran, *HJAS* 16, 1953, 1-107, 2 pl.

——, The Bodistw-a Čari-a Awatr-un tayilbur of 1312 by Čosgi Odsir, *HJAS* 17-1・2, 1954, 1-129. 2 pl.

Devéria, G., Notes d'épigraphie mongole-chinoise, avec une notice de M. W. Bang; *JA* VIII, 1896, 94-128; 395-443.

馮承鈞『元代白話碑』上海、商務印書館、1932年。

Franke, H., Eine Unveröffentlichte 'P'ags-pa=Inschrift aus T'ai=yüan, *Asiatische Forschungen,* Band 17, *Collectanea Mongolica, Festschrift für Professor Dr. Rintchen zum 60 Geburtstag,* Wiesbaden, 1966.

Gabelentz, H. C. v. d., Versuch über eine alte mongolische Inschrift, *Zeitschrift für die*

Kunde des Morgenlandes Ⅱ, 1839, 1-21 ; ibid., Ⅲ, 1840, 225-227.

Григорьев, А. П., Монголская дипломатика ⅩⅢ-ⅩⅤвв, Ленинград 1978.

Haenisch, E., *Steuergerechtsame der chinesischen Klöster unter der Mongolenherrschaft,* Leipzig 1940.

韓儒林「成都蒙文聖旨碑考釈」『穹廬集』(原載 Studia Serica Ⅱ, 成都、1946年、137-148頁)、南京、1982年、123-135頁。

亦隣真「読一二七六年龍門禹王廟八思巴字令旨碑」『内蒙古大学学報』1963年1期(『蒙古史研究論文選集』4、呼和浩特、1983年)。

──、「元代硬訳公牘文体」『元史論叢』1輯、1982年。164-178頁。

照那斯図「南華寺蔵元代八思巴字蒙古語聖旨的復原与考釈」『中国語言学報』1983年1期、221-232頁。

照那斯図・道布、「天宝宮八思巴字蒙古語聖旨碑」『民族語文』1984年6期、49-54頁。

Lewicki, M., *Les inscriptions mongole inédites en écriture carrée, Collectanea Orientalia* 12, Wilno 1937.

Ligeti, L., *Monuments en écriture 'Phags-pa : Piéces de chancellerie en transcription chinoise,* Budapest 1972. [Ligeti 1972a]

──, *Monuments Préclassiques,* 1, ⅩⅢᵉ et ⅩⅣᵉ siècles, Budapest 1972. [Ligeti 1972b]

羅常培・蔡美彪、『八思巴字与元代漢語〔資料彙編〕』北京、科学出版社、1959年。

中野美代子、『砂漠に埋もれた文字──パスパのはなし』(塙新書38)、東京、塙書房、1971。

長田夏樹、「元仁宗皇帝聖旨の白話に就いて」『神戸外大論叢』1-1、1949年、21-30頁。

Оволенский, М. А., Хана золотой орды Тохтамьша кь польскому королю ягайлу 1392-1393 года, Казан 1850, 1-72.

小沢重男「山西省交城県石壁山玄中寺の八思巴文字蒙古語碑文の解読」『東京外国語大学論集』9、1962年、9-33頁。

Pautier, G., *Le livre de Marco Polo, citoyen de Venise,* Paris 1865, 2vols.

Pelliot, P., Les Mongols et la papauté, documents nouveaux édités, *Revue de l'Orient Chrétien* 23, 1922-23, 3-30 ; 24, 1924, 225-335 ; 28, 1931-32, 3-84.

──, Un rescrit mongol en écriture 'phags-pa ; Tucci, G., *Tibetan Painted Scrolls* Ⅱ, Roma 1949, 621-624.

──, Les documents mongols du Musée de Teherān, Athār-é Irān 1, 1936, 37-44, pl. 29-31.

──, *Notes on Marco Polo* Ⅰ, Paris 1959.

Poppe, N. N., *The Mongolian Monuments in hp'agas-pa Script,* tr. Krueger, R., *Göttinger Asiatische Forschungen,* Band 8, Wiesbaden 1957 (原1941)。

Позднеев, А. М., Лекций по истор монгольской литературы, читанныя ордина

第9章 モンゴル命令文研究導論

рнымъ профессоромь спб. университета въ 1896/97 академическо мь годх Записаль и издал ь студенть Х. П. Кристи. Ⅱ, St. Petersburg, 1897.

杉山正明、「西暦1314年前後大元ウルス西境をめぐる小札記」『西南アジア研究』27、1987年、24-56頁（本書第8章）。

Sugiyama, M., The'Phags-pa Mongolian Inscription of the Buyantu-qaγan's Edict in Yuanshi xian 元氏県, belonging to *Č'aqa'an balaqasun, Zinbun*, 22, 1987, 17-24.

——, The 'Phags-pa Mongolian Inscription of Toγon-temür qaγan's Edict, *Memoirs of the Research Department of the Toyo Bunko*, 46, 1988, 1-6.

王堯「山東長清大霊巌寺大元国師法旨碑考釈」『文物』1981年11期。

Wylie, A., Ancient inscription in Chinese and Mongol, Translations of the China Branch of Royal Asiatic Society, New Series, Tom Ⅴ, 1855, 65-81.

——, *Restoration of the Mongolian Inscription*, Shanghai (no date).

——, Sur une inscription mongole en caractères P'a-sse-pa, *JA* 19-4, 1862, 461-471.

山崎忠、「1318年の八思巴字蒙古語碑文解読——陝西部陽県光国寺碑——」『言語研究』26-27、1954年、111-119頁。

Зограф, И. Т., Монголско-китайская интерферения, Москва 1984.

第10章

山東鄒県嶧山仙人宮の聖旨碑

はじめに

　嶧山（えき）は、孟子の故郷で名高い山東省鄒県の東南およそ15km、見渡すかぎりの平原の中に突如、大地から湧き出したように聳え立っている。海抜は555m、周囲は10kmあまりという。奇岩・巨石が重なり合って一山を形成し、見るからに異様な雰囲気が漂い、古くから神霊の地とされてきたのもよくわかる。『詩経』や『書経』禹貢にその名が登場するのをはじめ、秦の始皇の東巡の際、最初に刻石したいわゆる「嶧山刻石」で特に名高い[1]。元代には、全真教の拠点となり、仙人万寿宮のほか、いくつかの道観が山中各所に営まれ、「常に千指に盈つ[2]」るほどの道衆が聚居したという。その遺趾は今日もなお目にすることができる。山頂ちかくに、元統三年（1335年）に時の大カアンである順帝トゴン・テムル Toγon-Temür が発した蒙漢合璧命令文を刻する巨碑が現存する。碑陽には、上方およそ3／4の碑面を使ってパクパ文字モンゴル文31行が刻され、のこる下方およそ1／4の碑面に直訳体白話風漢文による対訳31行が見える。漢訳の方はすでに蔡録83°、87頁に移録されているものの、モンゴル語についてはこれまで知られていなかった。

　明・清・民国時代の各種の石刻書や石刻目録類には、この碑はほとんど著録

403

されていず、わずかに呉式芬『攈古録』巻19、32葉裏に、「仙人万寿宮勅書。蒙古書。下層は正書。山東鄒県。元統三年七月十四日[3]」と見えるのが目を引く程度である。山東省全域にわたる現地調査をしたはずの『山左金石志』にも全く見えない。近刊の『道家金石略』1188頁には漢訳文が移録されているものの、蔡録からそのまま引用したものである。一方、碑陰についても、管見のかぎりでは、同じく『攈古録』巻19、34葉裏に、「勅仙人万寿宮碑。陳繹曽の撰、并びに正書。山東鄒県。後至元二年二月。元統万寿宮勅書碑の陰」と著録されるのみである[4]。中国科学院北京天文台主編『中国地方志聯合目録』294-295頁によれば、鄒県に関する地方志は、嘉靖『新脩兗州府鄒県地理誌[5]』以後、民国鉛印本『鄒県地理志』まで、すべて8種が知られるが、そのうち筆者が直接に確認できた4種については、本碑について全く触れていない。概していえば、石刻書・地方志全般を通じて、嶧山の諸碑については、不思議なほど手薄いといわざるをえない[6]。誰にとっても魅力の的であるはずの秦始皇の「嶧山刻石」が存在しないことが周知であったため、かえってわざわざ峻険な嶧山に登ってまで他碑を採拓するほどもない、とされたためであろうか。蔡美彪の移録は北京大学に蔵されていた拓本に明らかにもとづくが[7]、もし彼の移録文がなければ漢訳文すら知りえなかったわけであり、あらためて蔡録の有用さに敬意を表したい。

1　本碑の特徴と注目点

さて、本碑は碑陽・碑陰とも表面の磨滅がひどく、直接に碑石から刻字を読み取ることはむずかしい。もともと、本碑の文字の刻入はさほど深くはなかったらしいことは一見して容易に推測される。元代の碑刻はふつう、極めて堅牢な碑石に、しかも非常に強く深く刻されている。パクパ字の場合は特にその点がいちじるしい。本碑は元代パクパ字刻入碑としては、珍しく浅い彫りであり、パクパ字・漢字とも一画ごとの線も必ずしも明瞭ではない。碑石・刻字とも見事な出来映のものが多い蒙漢合璧命令文碑のなかでは、文字の刻入という点に

1　本碑の特徴と注目点

限っていえば、本碑はあまり立派な碑石とはいえない。本章で呈示するパクパ字・漢字の移録は2種の碑陽拓本にもとづくものであるが、じつのところ拓本からの判読でさえもけっして容易でなかった。また、碑陰については、碑陽以上に磨滅が激しく、全く読み取ることができない文字のほうが多い。ほとんど意味を汲み採れない文面ではあるが、わずかに残る文字から判断すると、どうやら碑陽の内容と連動し、その雅文表現らしき箇所も認められる。参考のために、本章末尾に移録文を添付する。

　こうした磨滅による判読の困難さとは別に、本碑のきわだった特徴は、パクパ字モンゴル文と漢字訳文の双方に、他の蒙漢合璧命令文の諸碑にはほとんど見られない誤記・誤写、さらに今にわかには決定しがたい疑問点が認められることである。たとえば、パクパ字モンゴル文24行目には、漢字「宮」を表わすものとして gäun と gäuṅ の2種の表記が刻される。もとよりこれは gäuṅ でなければならない。また、嶧山仙人万寿宮の代表者として名の挙がる李道実・呉志全・呉道泉のうち、後二者の称号中に tuṅ-wi という全く同じ表記が見える。これでは二人とも「洞微」の称号を有していたことになってしまう。しかし、漢訳文面を見ると、呉志全は「洞微」だが、呉道泉は「通微」となっている。碑陰は既述のように読み取ることのできる文字が少ないが、この二人の称号については、幸いにもしっかりと判読できる。それによると、碑陰での二人の称号は碑陽漢訳文でのそれと同様である。さらに、後に掲げる元代嶧山関連の「繹山爐丹峪重修長生観記」でも、呉志全の称号中に「洞微」の2字が確認でき[8]、一方、やはり後述の「増修集仙宮記」碑陰題名によって呉道泉についても「通微」の称号を帯びていたことが裏付けられる。つまり、パクパ字面22行目の2ヶ所に刻される tuṅ-wi のうち、呉志全についてはそのとおりであるが、呉道泉に関しては「通微」の対音である tʻuṅ-wi と刻さなければならなかったはずである。

　こうした n と ṅ、t と tʻ といった程度の、いわばささいな誤写ないし誤刻は、通常の生活の場面ではしばしば起こりうることではあろう。ただし、モンゴル語・直訳体漢訳・文語漢文のいずれを問わず、パクパ字で表記された元代命令文の碑刻・文書を通観すると、ひとつにはこうした命令文は蒙古訳史などのそ

第10章　山東鄒県嶧山仙人宮の聖旨碑

れを専職とする政府機構の正式の吏員の手によって転写ないし書写されるのがふつうであったこと、そしてもうひとつには、元代においてとくに大カアンの聖旨は至上の権威と実効とを発揮したから、その転写・書写、さらには刻入にあたっては極めて厳重・細心な注意が払われたと推測されること、このふたつの点から、本碑を除く他の大カアン命令文では、誤刻が頻出する特定の碑刻、および qan と qa'an のような特殊な事情を背負っている或る種の語彙[9]をわずかな例外として、ふつうはこうしたささやかな誤りさえ、実はほとんど見られない。この点をとらえて、本碑のように元代も末期になると、パクパ字による皇帝聖旨の書写・刻石にさいしても、以前ほどの注意を払わなくても済むほどパクパ字が当たり前のものになったと解することができるのかもしれない。あるいは、命令文文書の作成や立碑という特別な事柄がいわば日常化して、気軽なミスも出現するようになったとも、いえるのかもしれない。

　しかし、こうしたケアレス・ミスに近い誤りとは次元の異なる問題が、本碑には3ヶ所も見られる。それは、本来は漢語表現でしかありえない語句が、漢字音そのままにパクパ字に写し取られた形でモンゴル語原文の文脈の中で使用されていることである。まず第一は、パクパ字面21行目に刻される čäu-či ＞ ču̇-či である。この語は漢訳文面22行目の「住持」の対音である。パクパ字面を先入観なしに眺めれば、ču̇-či の語はつづく李道実の称号に冠せられる肩書のひとつ、すなわち名詞と見えなくもない。名詞ならば、漢字音を転写してモンゴル語の中に使ってもおかしくない。ところが、元代のモンゴル語命令文の通例では、当該箇処は「〜に住持する」と動詞として見做さなければ解釈しにくい文脈である。例証として、本碑以外の蒙漢合璧命令文における相当箇処での用例を年次順に列挙すると、次のようである。

　1　ネズミの歳〔至元一三年丙子、1276年〕正月二六日、龍門禹王廟マンガラ令旨碑。
　　　Yü-ųaṅ-mėw-dür aqun Giaṅ jin-žin　禹王廟裏住持的姜眞人
　2　ウシの歳〔至元二六年乙丑、1289年；ないしは至元一四年丁丑、1277年〕正月二五日、交城県石壁山玄中寺クビライ聖旨碑。

1　本碑の特徴と注目点

　　Ši-bi-zï-dur aqun 'An sïṅ-lü　石壁寺有的安僧録

3　トラの歳〔延祐元年甲寅、1314年〕四月一五日、真定路元氏県開化寺アユルバルワダ聖旨碑。

　　Kay-hu-zï süme-dür aqun Tuṅ-ji 'iṅ-ben tay-šï　開化寺裏住持通濟英辯大師

4　トラの歳〔同上〕七月二八日、懿州重陽万寿宮アユルバルワダ聖旨碑。

　　Tay-čuṅ-yaṅ wan-šiw gün-dür basa he-ṳeṅ gün-gôn-dur aqun sen-šïṅ-ud

　　大重陽萬壽宮裏並下院宮觀裏住的先生毎

5　トラの歳〔同上〕七月二八日、彰徳路安陽県善応儲祥宮アユルバルワダ聖旨碑。

　　Šėn-'iṅ jü-seṅ güṅ-dür aqu ṭi-dem Baw-γṳo hen-jin γuṅ-gew tay-šï

　　善應儲祥宮裏住持的提點葆和顯眞弘敎大師

6　ウマの歳〔延祐五年戊午、1318年〕四月二三日、郜陽県光国寺アユルバルワダ聖旨碑。

　　……ki'ed sümes-dür aqun Fu giaṅ-jü　……等寺院裏住的福講主

7　トリの歳〔至治元年辛酉、1321年〕一〇月一五日、濬県天寧寺クンガロトギェルツェン帝師法旨碑。

　　Ṭen-niṅ-zï süme-dür aqu giaṅ-jü Laṅ gei-ziaṅ　天寧寺裏住持的講主朗吉祥

8　トリの歳〔同上〕一一月初一〇日、易州龍興観ダギ皇太后懿旨碑。

　　……Ü-cṳen gôn-dur aqun ṭi-dem Ṳaṅ ʒin-šėn　……玉泉觀裏有的提點王進善

9　至元二年ネズミの歳〔丙子、1336年〕七月一二日、許昌県天宝宮トゴン・テムル聖旨碑。

　　Ṭen-baw gün-dür aqu Miṅ-jin gṳan-dïy tay-šï　天寳宮裏有的明眞廣德大師

いずれも共通して「～-dur（-dür）aqu(n)……某処にいる誰々」のモンゴル

407

語原文に対して、「○○（裏）住（持）（的）△△」ないしは「○○有的△△」の漢訳である。本碑も漢訳文については「○○裏住持△△」の形であるから、上掲のパターンからはずれていないことになる。翻って、本碑モンゴル文だけをこうした慣例から切り離して眺めれば、既述のように čü-či を名詞と見て、「仙人万寿宮において、住持洞誠……李道実・明道……呉志全・通微……呉道泉をはじめとする道士たちに」と解することも、言語上では許容されるではあろう。あるいは、言語上の問題とはせずに、「～にいるところの」を意味する aqu（n）を誤って落としたとの別解釈も完全に排除することはできないではあろう。蒙漢合璧命令文碑13例のなかで、モンゴル文面に čü-či が使われる例は、本碑以外にもう１例ある。それは、現在知られている蒙漢合璧命令文碑としては最も晩い至正一一年ウサギの歳（辛卯、1351年）二月二八日付の蟄屋大重陽万寿宮トゴン・テムル聖旨碑である。ただしそこでは、聖旨を授与される焦徳潤の漢字27字にもおよぶ長大な肩書のひとつとして、ちょうどそのなかほどの位置に見える。純粋に名詞である漢字「住持」を音写したものにすぎない。また、本碑モンゴル文面の čü-či が、「住持する」の意味で完全にモンゴル語化しているならば、čü-či -kü（n）の形でなければならないであろう。要するに、今のところモンゴル語に漢語「住持」が流入しているのか、あるいは単に漢語名詞の音写にすぎないのか、決定材料が不足している。ただし、モンゴル皇帝以下が発したモンゴル語が原文であるという形式を一貫して厳守する蒙漢合璧命令文において、モンゴル語 aqu（n）が使われるべき位置にまごうかたなき漢語「住持」の音写が平然と使われてしまっていることは事実であって、元代の文書作成やその刻石・立碑の問題にとどまらない大きな波紋を投げかけずにはおかない。

　第二の点は、同じ21行目に、李道実の肩書のなかで漢語「充」の音写 č'uṅ >čuṅ がそのまま使われていることである。これは、発令者の皇帝トゴン・テムル、ないし現実にはモンゴル語文の作成・書写者によって、李道実の長い称号・肩書のなかの一語と見做されたためではあろう。とはいえ、厳密にいえば「充」は漢訳面で明らかなように、本来は「充つ」という動詞でなければならないだろう。もとより、それをモンゴル語で表現しようとすると文脈が繁雑に

1 本碑の特徴と注目点

なりすぎて、漢語の発音どおりにすべてを音写してしまう方が簡便であったことは事実であり、無理からぬところだが。

　第三の点も、第二点と同種の問題である。22-23行目に、gäu č'uṅ t( ) ＞ gü-čuṅ-t( ) とあるのは、末尾が判読できないものの、明らかに漢訳面の「俱充提(舉)」に対応している。末尾の漢字は別碑によって「舉」であることが裏付けられるので[10]、パクパ字も gäu č'uṅ t (i-k'äu)＞gü-čuṅ-t(i-kü) であったことになる。漢文面の「俱充提舉」の意味は、呉志全と呉道泉の二人が「俱もに提挙に充てらる」ことであるから、この両人の肩書ではない。しかし、パクパ字モンゴル文では漢字を音写しただけであり、もはや肩書と見分けがつかない。しかし、いったん先に肩書がついている人名のあとに、さらにまた肩書がつづくわけはないので、これは誰の目にも異様なはずである。見た目の異様さは、前述の「čuṅ 充」とは比較にならない。ただし、この点から拡大解釈して、本碑では漢文面がまず作成され、次にパクパ字モンゴル文がその訳として作られたとするのもゆきすぎであろう。次に述べるように、漢文面にも問題がある。前述の第二点も含め、本来は名詞としては扱えない語を漢字音写で済ませている問題は、むしろモンゴル文作成の技術・技倆、ないしはこの特許状の作成・交付にいたる手続き上の問題にかかわると考える方が無理がないだろう。

　手続き上でいえば、本碑に刻される李道実・呉志全・呉道泉の姓名・称号・肩書・立場の字句は、当の嶧山仙人万寿宮からか、ないしはその上級の全真教団の長、さらには道教全体の管轄官庁である集賢院から官庁にさしだされた申請書などでの表現に依拠しているはずだからである。

　漢訳面で気になるのは、28行目である。仙人万寿宮所有の不動産・動産への負課を禁ずるこの箇所では、モンゴル語では「……-deče aliba alban qubčiri bu abtuqayi 〜からすべての貢納・賦税を取るな」とあるにもかかわらず、漢訳では「……醋・麪、不揀甚麼、休科要者。……醋・麪は、なんでも、科要するな」となっていて、「-deče 〜から」と「alban qubčiri アルバ税・クプチュル税」とが訳されていない。そもそも、不輸不入特権の条項にかかわって、本碑モンゴル文のように「-deče aliba alban qubčiri」の形を採るのは、他にはタ

409

ツの歳(至元一七年)一一月初五日付とトラの歳(延祐元年)七月二八日付の孫徳彧あての、どちらも蠡屋万寿宮に現存する両碑の2例しかない。その2例では、「……(等)、不揀甚麼差發、休要者」と漢訳されている。「-deče」に対応する語を明示しないのは同じだが(「於……根底」と漢訳すれば語法上はよいが、間にはさまれる不動産・動産の列挙が長すぎるため、句作りとしては避けたいのだろう)、「alba qubčiri」については「差發」とはっきり対訳語を示している。本碑の漢文面では、「科要」にその意味を込めているのだろうか。

　また、漢訳面31行目の「聖旨」は、モンゴル文では正しく「jarliq manu われらがおおせ」と書かれているのだから、「聖旨俺的」とすべきところである。

　ようするに、モンゴル語面・漢訳面のいずれにおいても、本碑には粗雑な点、あるいは元代命令文の体例から逸脱する点が目につく。本碑の翌年にあたる後至元二年ネズミの歳(丙子、1336年)七月一二日付の許昌県天宝宮トゴン・テムル聖旨碑もまた、誤写・漏れが多い。このことは、既述のように普及・馴れの面も否定できないが、書写者・翻訳者の質が時代が降るにつれて低下したことも意味するのであろう。

　体例上、本碑で目立つのは、文宗トク・テムル Toq-Temür を示すジャヤガトゥ・カアンが先例として挙げられていること、免税・免役対象としてムスリム識者ダーネシュマンド dānišmand (アラビア語のウラマー 'ulamā にあたるペルシア語)を意味する dašman が挙げられていないこと、および末尾の紀年に十二獣暦だけでなく、中華風の元号年次が並記されていることである。文宗については、モンゴル語原文単独でしか伝わらない命令文、およびモンゴル語原文を伴なわない直訳体白話風漢文命令文までをも視野に入れて検索すると、順帝の後至元三年丁丑(1337年)まではその名が聖旨のなかに挙げられ、至正元年辛巳(1341年)以降はまったく見えなくなる。これは、順帝トゴン・テムルによる文宗トク・テムルへの忌避に対応する。トゴン・テムルにとって、亡父コシラ Qošila 殺害ののち政権を奪った叔父トク・テムルは敵であって、魁儡皇帝から自立した権力者となったとき、態度を鮮明にしたのである。また、聖旨のなかにダーネシュマンドを免税・免役対象の一として挙げるかどうかは、歴代皇帝ごとに明確な態度の差が認められるが、順帝トゴン・テムル時代につい

1 本碑の特徴と注目点

ては同一年の発令でさえもまちまちであり、全く一貫していない。本碑に見えないからといって、この年にムスリム識者が居住するイスラーム施設についてはただの１ヶ所も免税・免役特権をもつところがなかったというわけではないだろう。さらに、年次に中華風の元号が並記されるのは、いまのところモンゴル語面では本碑からであるが、直訳体白話風漢文のみの命令文では、元貞二年猴児年（丙申1296年。蔡録38°、40頁参照）から出現し、以後は断続して現われて、文宗トク・テムルの至順元年庚午（1330年）からは、並記の場合と十二獣暦単記の場合とがあい半ばするようになる。

なお、本碑がその免税内容のなかに、地税と商税を意味する caṅ と tamqa を述べないのは注目される。誤脱なのか、あるいは本当に嶧山仙人万寿宮はこの２種の基本税を免除してもらえなかったのか、まことに興味深い。

さて、元代の嶧山にかかわる碑刻は、管見の限り本碑以外に以下の９碑がある。

1 連観国撰・吉亨書并篆、「創建三清殿記」延祐二年（1315年）八月一五日。［道略1147-48］

2 *趙天麟撰・張仲寿書并篆、「白雲五華宮記」延祐五年（1318年）三月二八日。［道略750-51］

3 劉之美撰「詔祀嶧山殿記」延祐九年（1322年）一〇月。［嘉靖『新脩兗州府鄒県地理誌』巻二］

4 *李之紹撰・劉廣書・趙孟頫篆、「仙人万寿宮重建記」至治二年（1322年）一一月望日。［道略762-63］

5 *鄧志明撰・趙子昻〔孟頫〕書・張濤齋〔仲寿〕篆、「崇徳真人之記」至治壬戌（二年。1322年）一一月一五日。［道略763-64］

6 *朱象先撰・張仲寿書・李邦寧篆、「明徳真人道行之碑」至治二年（1322年）一一月望日。［道略765-66］

7 李之英文・李元彬書・孔思晦篆、「昭恵霊顕真君廟記」元統三年（1335年）一一月吉日。［道略1186-87］

8 国祚篆額・陳繹曽撰・呉祥書、「増修集仙宮記」後至元二年（1336年）

第10章　山東鄒県嶧山仙人宮の聖旨碑

季春中旬有五日。[道略783-86]

9　*李元彬撰・蔡思中書并篆、「繹山爐丹峪重修長生観記」至正四年（1344年）一一月甲辰日。[道略1206-07]

（*は筆者が拓本によって確認できたもの）

これらの諸碑を通読すると、嶧山は金元交替の混乱期に周辺里人の避難地となり（ちなみに、いわゆる五胡十六国期などでも名高い）、王重陽七弟子のひとり劉長生の弟子である王貴実が庵居してから全真教団の一拠点となった。その後、その道統が史志道・李志椿とつづいて、本碑に見える李道実に至った。クビライ時代にあたる史志道のころ、嶧山の各所に仙人万寿宮をはじめとする諸施設の営建が始まったが、李道実の時代になって急速に整備されたようである。この間、至元二九年（1292年）には史志道が寿王より明徳真人を授号され、至大元年（1308年）には旁系の王志順が同じく寿王より遠塵通妙純徳真人を授号され、さらに年次は不明だが、李志椿が脱脱大王より明真和陽崇徳真人を授号された。先の寿王はトリチュ Toričuミ、のちの寿王はナイマダイ Naimadai、脱脱大王は有名なトクトガ Toqtoγ-a で、いずれも嶧山をその所轄にもつ益都路全体の投下領主であるオッチギン Otčigin 王家のその時の当主である。嶧山は李道実の時代に仙人万寿宮を本宮に山中各所に道観・庵廟が林立し、全盛を迎えた。本碑聖旨はまさしくその頂点を示すものであった。李道実が嶧山を越えて山東一円においてかなりな有力者であったらしいことは、上掲の諸碑から窺い知れる。彼が立石の中心となった碑刻はいずれも、趙孟頫をはじめとする当代の著名人がかかわっているのもその一証である。

本碑のパクパ字モンゴル文については、1988年に筆者が京都大学人文科学研究所蔵の拓本にもとづき英文で紹介したが、そのおりは漢訳面にはあまり言及しなかった。それは依拠した拓本のうち最下方が欠け、漢訳文全体を移録することができなかったためである。今回、あらたに碑陽全体を採拓した別種の拓本を利用する便に恵まれ、漢訳文の移録を試みるとともに、パクパ字モンゴル文の再検証もおこなった。その結果、蔡録の漢訳文の移録は筆者前稿で使用した拓本と同様に、おそらくは一部欠損などの不十分な拓本に依拠しており、時

にはパクパ字面から漢字面を推測したのではないかとさえ考えられる箇処もあることがわかった。苦しい作業を試みた蔡美彪の労をここに銘記したい。

2 聖旨の蒙漢両文

モンゴル語翻字

1　môṅ-kʻa deṅ-ri-yin kʻu-čʻun-dur
2　yekä su ǰa-li-yin ˙i-hʻän-dur
3　qa˙an ǰar-liq ma-nu
　　　4　čʻä-ri-˙u-dun no-yad-da čʻä-rig ha-ra-na ba-la-
　　　5　qa-dun da-ru-qas-da no-yad-da yôr-čʻi-
　　　6　qun ya-bu-qun ʼel-čʻi-nä dˑul-qa-quẹ
7　ǰar-liq
8　ǰiṅ-gis qa-nu
9　"äo-kʻäo-däẹ qaˑa-nu
10　sä-čʻän qaˑa-nu
11　"-äôl-ǰäẹ-tʻu qaˑa-nu
12　kʻäu-läug qaˑa-nu
13　bu-yan-tʻu qaˑa-nu
14　(g)ä-gʻän qaˑa-nu
15　qu-(tʻu)q-tʻu qaˑa-nu
16　ǰa-yaˑa-tʻu qaˑa-nu
17　rin-čʻän-dpal qaˑa-nu ba ǰar-li-ˑud-dur do-yid ʼer-kʻä-ˑud sän-šhi-ṅud
　　　"a-li-ba "al-ba qub-čʻi-ri "äu-lu "äu-jen
18　deṅ-ri-(yi) ǰal-ba-ri-ǰu hi-ru-ˑär "äo-gun "a-tʻu-qayi kʻäg-däg-säd
　　　"a-ǰu-ˑuẹ ʼe-du-ˑä bär bäo-ˑä‐su ˑu-ri-da-nu
19　ǰar-liq-un yo-su-ˑar "a-li-ba "al-ba qub-čʻi-ri "äu-lu "äu-jen
20　deṅ-ri-(yi ǰal)-ba-ri-ǰu

413

第10章　山東鄒県嶧山仙人宮の聖旨碑

21　bi-da-na h(i-ru-ˈä)r ˮäo-gun ˮä-tʻu-qayi kˮän yi-du-lu thiṅ-jiw
　　jhiw-huän yi-šan sän-žin wan-šiw-gäuṅ-dur čäu-či tuṅ-šiṅ jin-ciṅ
　　tʻuṅ-huän tay-šhi čʻuṅ čuṅ-jin
　　　　22　t(ay-dh)iy liṅ-ˈin jin-žin mun-hä-bun-cuṅ du-ti-dem
　　　　li-taw-ši miṅ-taw-gue̯-dhiy tuṅ-wi tay-šhi u-ji-cu̯än
　　　　tuṅ-wi ji-häu tay-šhi u-taw-cu̯än gäu-čʻuṅ
　　　　23　t(i-kʻäu)tʻä-ri-ˈu-tʻän sän-šhi-ṅud-dä u-ri-du yo-su-ˈar
　　　　ba-ri-ju ya-bu-ˈayi
24　jar-liq ˮäôg-bäe ʼe-dä-nu gäun-gôn-dur gä-yid-dur ˮä-nu ʼel-čʻin
　　bu ba-ˈu-tʻu-qayi ʼu-laˈa ši-ˈu-sun bu ba-ri-tʻu-qayi ʼe-dä-nu
　　gäuṅ-gôn-dur ʼe-lä qa-ri-ya-tan jhaṅ-ten
　　　　25　qa-jar ʼu-sun baq tʻä-gir-mäd gäy-den-kʻu dem kʻä-bid
　　　　qa-la-ˈun ʼu-sun šir-gä kʻäo-näôr-gä-dä-čʻä ˮa-li-ba
　　　　ˮal-ban qub-čʻi-ri bu ab-tʻu-qayi kʻäd kʻäd bär bol-ju kʻu
　　　　26　čʻu bu kʻur-gä-tʻu-gäe ya-ˈu kʻä-ji ˮa-nu buli-ju tʻa-tʻa-ju
　　　　bu ab-tʻu-qayi ʼe-dä ba-sä sän-šhi-ṅud
27　jar-liq-tʻan (kʻä)-ju yo-su ˮäu-ğa-ˈun ˮaue-läs bu ˮaue-läd-tʻu-gäe
　　ˮäue-lä-du-ˈä - su ˮäu-lu-ˈu ˮa-yu-qun mud
28　jar-liq ma-nu(ˮu̯ä)n-tuṅ qu-r-tʻu-ˈar hôn qa-qayi jil (na)-mu-run
　　tʻä-
　　　　29　ri-ˈun za-ra-yin (ha)r-ban
　　　　30　däôr-bä-nä šaṅ-du-da bu
　　　　31　kʻue-(dur) bi-cʻi-bäe

モンゴル語転写と逐語訳

1　mönkӓ denṙi-yin ku̯čun-dür
　　とこしえの　天の　力において

2　yeke su jali-yin ʼiheˈen-dür
　　大いなる　威福の　輝きの　加護において

2 聖旨の蒙漢両文

3 qa'an   jarliq   manu
　カアンなる　おおせ　←われらの

　　　4 čeri'üd-ün noyad-da čerig haran-a bala-
　　　　諸軍　の　　ノヤンたちに　軍　　人たちに　諸城

　　　5 qad-un daruqas-da noyad-da yorči-
　　　　の　　　ダルガたちに　ノヤンたちに　行く

　　　6 qun yabuqun elčin-e du'ulqaqui
　　　　ところの　行くところの　使者たちに　聞かせるところの

7 jarliq
　おおせ

8 Jiṅgis qan-u
　チンギス カン の

9 Öködei qa'an-u
　オコデイ カアン の

10 Sečen qa'an-u
　セチェン カアン の

11 Öljeitü qa'an-u
　オルジェイト カアン の

12 Külüg qa'an-u
　クルク カアン の

13 Buyantu qa'an-u
　ブヤントゥ カアン の

14 (G)ege'en qa'an-u
　ゲゲエン カアン の

15 Qu(tu)qtu qa'an-u
　クトゥクトゥ カアン の

16 Jaya'atu qa'an-u
　ジャヤアトゥ カアン の

第10章 山東鄒県嶧山仙人宮の聖旨碑

17 Rinčen-dpal   qa'an-u   ba   jarli'ud-dur   doyid   erke'üd
   リンチェンパル カアンの および 諸命令において トインたち エルケウンたち

   sen-šiṅ-ud   aliba   alba   qubčiri   ülü   üjen
   先生たち すべての 貢納 賦税 見 ないで

18 deṅri-(yi) jalbariju hirü'er ögün atuqai ke'egdegsed
   天を 祈り 祝福 与え あれかし といわれた

   aju'ui   edü'e   ber   bö'esü   uridan-u
   のであった 今 も であれば 先の

19 jarliq-un   yosu'ar   aliba   alba   qubčiri   ülü   üjen
   おおせの きまりどおりに すべての 貢納 賦税 見 ないで

20 deṅri-(yi jal)bariju
   天を 祈り

21 bidan-a h(irü'er) ögün atuqai ke'en Yi-du-lu Tïṅ-jiw Jïw-huen
   われらに 祝福 与え あれかし とて 益都路 滕州 鄒県

   Yi-šan Sen-žin wan-šiw-güṅ-dür ču-či Tuṅ-šiṅ jin-ciṅ tuṅ-huen
   嶧山 仙人 万寿宮 にて 住持 洞 誠 真 静 通 玄

   tay-šï čuṅ-čuṅ-jin
   大師 充 崇 真

   22 t(ay-d)ïy liṅ-'in jin-žin mun-he bun-cuṅ du-ti-dem
      大 徳 霊 隠 真 人 門 下 本 宗 都 提 点

   Li-taw-šï Miṅ-taw gui-dïy tuṅ-wi tay-šï
   李 道 実 明 道 貴 徳 洞 微 大 師

   U-ji-cuen Tuṅ-wi ji-hü tay-šï U-taw-cuen gü-čuṅ-
   呉 志 全 〔通〕微 致 虚 大 師 呉 道 泉 倶 充

   23 t(i-kü)   teri'üten   sen-šiṅ-ud-de   uridu   yosu'ar
      提(挙) 頭ともつ 先生たちに 先のきまりどおりに

   bariju   yabu'ai
   つかんで 行くところの

416

2 聖旨の蒙漢両文

24 jarliq ögbei eden-ü gün-gôn-dur geyid-dür anu elčin bu
   おおせ さずけた これらの 宮 観 において 家々において←彼らの 使者たち な

   ba'utuqai ula'a ši'üsün bu barituqai eden-ü gün-gôn-dur
   下馬するように 駅伝馬 あてがいもの な つかむように これらの 宮 観 において

   ele qariyatan jian-ten
   およそ 属するところの 荘 田

   25 qajar usun baq tegirmed gey-den-ku dem kebid
      地 水 園林 ひきうす 解典庫 店 みせ

   qala'un usun širge könôrge-deče aliba alban qubčiri
   温 水 酢 麹 から すべての 貢納 賦税

   bu abtuqai ked ked ber bolju ku-
   な 取るように 誰 誰 でもなりと 力

   26 čü bu kurgetügei ya'u keji anu buliju tataju bu
      な 及ぼすように いかなる もの←彼らの 奪い 引っぱって な

   abtuqai ede basa sen-šin-ud
   取るように これらの また 先 生 たち

27 jarliq-tan (ke'e)jü yosu üge'ün üiles bu üiledtügei
   おおせをもつものたち といって ことわり ないところの ことごと な 行なうように

   üiledü'esü ülü'ü ayuqun mud
   行なえば でないか 恐れる そのことら

28 jarliq manu (ue)n-tun qurtu'ar hôn qaqai jil (na)mur-un te-
   おおせ←われらが 元 統 3番目 年 ぶた 歳 秋 のあ

   29 ri'ün zara-yin (ha)rban
      たまの 月 の 10

   30 dörben-e Šandu-da
      4 に 上都 に

   31 buküi-(dür) bičibei
      いる ときに 書いた

417

第10章　山東鄒県嶧山仙人宮の聖旨碑

モンゴル語総訳

1　とこしえの天の力のもとに
2　大いなる威福の輝きの加護のもとに
3　カアンなるわれらがおおせ。
　　　4　諸軍のノヤンたちに、軍人たちに、諸城
　　　5　のダルガたち・ノヤンたちに、ゆき
　　　6　かよう使者(エルチ)たちに聞かせる
7　おおせ
8　チンギス・カンの
9　オコデイ・カアンの
10　セチェン・カアンの
11　オルジェイトゥ・カアンの
12　クルク・カアンの
13　ブヤントゥ・カアンの
14　ゲゲエン・カアンの
15　クトゥクトゥ・カアンの
16　ジャヤアトゥ・カアンの
17　そしてリンチェンパル・カアンのおおせにおいて、仏僧(トイン)たち・ネストリウス教士たち・道士たちは、すべての貢納・賦税を顧みずに
18　天を祈り祝福をささげるように、といわれたのであった。今であっても、以前の
19　おおせのきまりどおりに、すべての貢納・賦税を顧みずに
20　天を祈り
21　われらに祝福をささげるように、と益都路滕州鄒県嶧山仙人万寿宮において住持（する）洞誠真静通玄大師充崇真
　　　22　大徳霊隠真人門下本宗都提点李道実・明道貴徳洞微大師呉志全・通微致虚大師呉道泉俱充
　　　23　提(挙)をはじめとする道士たちに以前のとおりにもってゆくべき

24 おおせをさずけた。これらの宮観、彼らの住居に使者たちは下馬しないように。駅伝馬・供応物はとらないように。これらの宮観におよそ属する荘田・
25 土地・園林・ひきうす（バーグ）・解典庫（しちや）・店・みせ（やどや）・浴場・醋・麹からどんな貢納・賦税を取らないように。誰が誰であろうとも、力は
26 振るわないように。彼らのどんなものでも、奪い引ったくったりして取らないように。またこれらの道士たちも、
27 おおせをもっているものたちだといって、無理なことごとを行なわないように。行なうと、それは恐ろしいぞ。
28 われらがおおせは、元統3年ブタ歳、秋の
29 初月の
30 14〔日〕に上都に
31 いる（ときに）書いた。

漢訳の移録

1 長生天氣力裏。
2 大福廕護助裏。
3 皇帝聖旨。軍官毎根底。軍人毎根底。管城子達魯花赤・官人
4 （根）（底）。往來使臣毎根底
5 宣諭（的）
6 聖旨。
7 成吉思皇帝
8 月闊台皇帝
9 薛禪皇帝
10 完澤篤皇帝
11 曲律皇帝
12 普顔篤皇帝
13 潔堅皇帝
14 護都篤皇帝

15　扎牙篤皇帝
16　亦憐眞班皇帝聖旨。和尚・也里(可)(温)・先生每。不(揀)甚麼差發。(休)
　　　　17　當者。告
18　天祝壽祈福者。麼道說來。如今依着在先
19　(聖)(旨)(體)例。不揀甚麼差(發)・休當者。(告)
20　天。
21　咱每根底祝壽祈(福)者。麼道。益都路滕州鄒縣繹山仙人萬壽
　　　　22　宮裏住持洞誠（眞）（静）通玄大師充崇眞大德靈隱眞人門
　　　　23　下本宗都提點李道實・明道貴德洞微大師吳志全・通微
　　　　24　致虛大師吳道泉。俱充提(擧)。爲頭先生每根底。依先(體)(例)(?)
　　　　25　把行的
26　聖旨與了也。這的每宮觀・房舍裏。使臣每休安下者・鋪馬・祇(應)
　　　　27　休着要者。但屬他每(宮)觀裏的莊摩摩田・水土・園林・碾磨・解
　　　　　(典)
　　　　28　庫・店舍・鋪席・浴堂・醋・麵。不揀甚麼。休科要者。不揀是誰。
　　　　　休
　　　　29　倚(氣)力者。不揀甚麼他每的。休奪要者。更這先生每。有(　)
30　聖旨麼道。無體例勾當。休做者。做呵。他每不怕那甚麼。
31　聖旨。元統三年猪□兒年七月十四日。上都有時分。寫來。

漢訳の日本語訳

1　長生の天の気力にて
2　大福廕の護助にて
3　皇帝の聖旨。軍官らに、軍人らに、城子を管する達魯花赤・官人ら
　　　4　に、往来する使臣らに
　5　宣諭する
6　聖旨。
7　成吉思皇帝、
8　月闊台皇帝、

2 聖旨の蒙漢両文

9 薛禅皇帝、
10 完沢篤皇帝、
11 曲律皇帝、
12 普顔篤皇帝、
13 潔堅皇帝、
14 護都篤皇帝、
15 扎牙篤皇帝、
16 亦憐真班皇帝の聖旨〔に〕、和尚・也里可温・先生らは、いかなる差発にも
　　17 当てるな。
18 天を告し、寿を祝し福を祈れ、といった。いま以前の
19 聖旨の体例に依って、いかなる差発にも当てるな。
20 天を告し、
21 われらのために寿を祝し、福を祈れとて、益都路滕州鄒県繹山仙人万寿
　　22 宮に住持する洞誠真（静）通玄大師にして崇真大徳霊隠真人の門
　　23 下の本宗の都提点に充てらるる李道実、明道貴徳洞微大師の呉志
　　　　全、通微
　　24 致虚大師の呉道泉、倶に提（挙）に充てらるるが頭となる先生らに、
　　　　まえの〔体例〕に依って
　　25 把(もっ)て行く
26 聖旨を与えた。これらの宮観に、房舎に、使臣は安下するな。鋪馬・祇〔応〕は
　　27 要(もと)めるな。およそ彼らの〔宮〕観に属する荘田・水土・園林・碾磨・解〔典〕
　　28 庫・店舎・鋪席・浴堂・醋・麪は、いかなる〔ものも〕、科要するな。誰であっても、
　　29 〔気〕力に倚るな。いかなる彼らのものも、奪(と)い要るな。更に這(こ)の先生らは、
30 聖旨が有るといって、体例の無い勾当(こと)を做(す)るな。做(し)たら、彼らは怕(こわ)くな

第10章　山東鄒県嶧山仙人宮の聖旨碑

いだろうか。
31　聖旨は、元統三年ブタ年の七月一四日、上都にいるときに書いた。

※（　）は判読できないもの、□は空格をあらわす。（　）で括りながら文字を記すものは、推測されるものを示す。

注─────────────

1）李斯の書というが、よく知られているように原石は唐代にすでになく、北宋期の唐拓による摹刻がいま西安碑林に現存するほか、元代以後しばしば重刻された。どれも秦代の原石には遠いといわれる。

2）朱象先撰、張仲寿書、李邦寧篆「明徳真人道行碑」至治二年（1322年）一一月望日立石。[道略765-766]

3）年次順に配列した『攈古録』を地域別に仕立てなおした『金石彙目分編』にも、その巻一二、35葉裏に同様の著録がある。

4）光緒『鄒県続志』巻一〇、金石志下に、「元至元三年、勅祭繹山万寿宮碑。繹山に在り」と見えるのは、本碑碑陰を１年誤って著録したものであろう。

5）嘉靖『新脩兗州府鄒県地理誌』巻二・三・四には他書には見えない金元時代の碑刻が数多く移録されている。とりわけ、巻二、古今記文、山川類には、「秦嶧山碑」につづいて延祐九年（1322年）冬一〇月立石にかかる里人劉之美撰「詔祀嶧山碑記」、および金の大定丙申歳（一六年、1176年）の「鄒嶧山図記」の二碑が移録され、本碑に至るまでの嶧山の状況を知る貴重な手がかりとなる。

6）『攈古録』以外では、繆荃孫『藝風堂金石文字目』が嶧山関係の数碑（とくに元碑）を著録する。ただし、本碑は見えない。

7）蔡美彪「北京大学文科研究所所蔵元八思巴字碑拓序目」北京大学『国学季刊』7-3、1950年、405頁。北京大学所蔵拓本は繆荃孫旧蔵のものを含むので、繆氏所蔵目録である前記の『藝風堂金石文字目』には本碑の名は見えないものの、蔡美彪が依拠した本碑拓本はあるいは繆氏旧蔵であったのかもしれない。

8）「増修集仙宮記」碑陰題名では呉志全の称号が呉道泉と同じく「通微」となっている。ただし、並記される呉道泉が「呉志泉」と書かれているように、この碑については道略の移録文に不審な点があり、この碑そのものの誤記か、あるいはむしろ道略の移録ミスかもしれない。

9）本書第9章、382-383頁参照。

注

10) 本碑の翌年に立石された「増修集仙宮記」碑陰では二人とも本宮提挙である。[道略 786頁]

[**追記**] 2004年の時点でいくつかの補足をしたい。筆者は本碑について、まず Masa'aki Sugiyama, The 'Phags–pa Mongolian Inscription of Toγon–temür qaγan's Edict, *Memoirs of the Research Department of the Toyo Bunko*, No.46,1988 を作成し、3年後に本碑について別の拓本も利用しつつ補正・追加をおこない、日本語で公刊した。それが原載論文であり、本章はそれをほぼそのまま踏まえる。その後、1991年に中国のジョナスト Junast が、1997年には蔡美彪が、ともに1988年の英文論文を利用・検討した。照那斯図『八思巴字和蒙古語文献』Ⅱ，文献彙集、東京外国語大学アジア・アフリカ言語文化研究所、1991年。蔡美彪「元代道観八思巴字刻石集釈」『蒙古史研究』5、1997年。さらに、1998年になって『歴代鄒県誌十種』北京、中国工人出版社、1995年を入手したところ、未見の鄒県の地方志をも集載してあり、嶧山関連の碑刻についても有益な情報が盛られていた。道光一四年『鄒県志稿』金石、光緒一八年『鄒県続志』芸文志、民国二三年『鄒県新志』（残稿）芸文・金石は、殊に役に立つ。本章の記述もそこでのデータを補う必要があるが、あえて1991年の原載論文を示すにとどめた。ただし、民国二三年『鄒県新志』には、この聖旨碑の碑陰全文が録文されており（同書689頁）、碑陽の聖旨の理解にも不可欠である。そこで、1991年の原載論文の末尾に付した碑陰拓本からの文字起こし（磨滅がひどく、ごく少数の文字しか読みとれなかった）に、その録文を埋めこみ、それなりの復元案を呈示することとした。

嶧山仙人宮の聖旨碑陰の移錄案

1　敕鄒邑繹山萬壽宮住持碑

2　元統三年七月既望　時巡開平

3　皇帝若曰惟有　我元惟祖惟宗欽崇大道修眞之士蠲厥祖庸祈年錫福故常是式以佑　朕躬惟鄒繹山仙人所居萬壽

4　之宮乃師乃徒　汝護持守必恭　凡而宮宇使馹往來罔頓罔供田園林澤磑磨館肆弛厥徭征凡百孰何毋敢恃強毋

5　或奪攘凡爾師徒毋將恃　朕言越憲章惟時越逾汝則不恭國有法程九月既望萬乘式安

6　皇帝還京御明仁殿侍臣請祠申錫寶鑪十有二月爰集眞信于繹之陽奉制酬饗

7　昊天上帝設詞如方　笈琅函上報于昭寵光洞誠眞靜通玄大師臣李道實明道貫德洞微大師臣吳志全通致虛

8　大師臣吳道泉等拜手稽首曰大哉王言其在茲宮未之前聞粵昔秦皇荒遊侈辭且以不朽

9　今天子遵　祖憲共明神錫民福甚盛德也其可無豊碑碩詞以焜耀萬世遣其徒明眞安靜冲和大師童道安來徵辭乃作

10　頌曰惟　皇坦蕩體自然山藏瀚納玄又玄　帝十一世恢中天紫壇巍巍　　閟神宮金泥玉檢皇岱宗

11　昊天上皇德旣同　太上含淳曰眞人心通太一役萬神祈年錫福宣靈文繹山孤桐奉朝陽仙人道士持寶鑪雲璈碧落聲

12　琅琅雨暘時若年谷登大道無爲民以寧　天子萬年八表清

13　至元二年二月　　　國子（助敎）陳繹曾撰　幷書

第11章

草堂寺闊端太子令旨碑の訳注

はじめに

　西暦5世紀の初頭、後秦の姚興に迎えられた鳩摩羅什 Kumārajīva が駐錫したことで名高い草堂寺は、西安市街より南南西へ直線距離にして35 kmあまり、終南山の巨大な山波の北麓、特に圭峰山の脚下に在る。南向する主殿を囲む東西走廊には、20あまりの碑石が鑲嵌され、そのうち東側走廊に《大朝皇太子令旨重修草堂寺碑》が現存する。この碑石には4通のモンゴル時代の漢訳命令文が刻される。うち3通はモンゴル帝国第二代皇帝オゴデイ Ögödei の次子コデン Köden の令旨、1通は現地の軍司令官の鈞旨であり、いずれも金朝覆滅後にあたる西暦1240年代に草堂寺がモンゴルの庇護下で修復されることに関連する。本碑文については、すでに銭大昕が『潜研堂金石文跋尾』に卓抜な解説を書きのこし、蔡美彪は『元代白話碑集録』に幾つかの有益な注記を付して4通それぞれの全文を迻録した。筆者はこの2人のすぐれた先業を拝読するたびに、本碑石を実見することを念願としてきたが、幸運に恵まれて精査の機縁を与えられた。その結果、本碑石は13・14世紀モンゴル支配時代史研究にとって根源史料となるだけではなく、さらに漢語史・モンゴル語史・文書学・石刻学などの諸方面にも有益な材料を提供することがわかった。そこで本章では、まずこ

第11章　草堂寺闊端太子令旨碑の訳注

の碑石自体と命令文について最低限度必要な分析と釈読を試み、大方の批正を仰ぎたい。

1　碑石の簡介と試訳

　現在、碑石は走廊壁中に嵌め込まれているため、碑陰は見えない。銭大昕・蔡美彪のほか、本碑を著録する畢沅『関中金石記』巻八、呉式芬『攗古録』巻一七とも碑陰には言及しないので、銭大昕・畢沅が在世した乾隆・嘉慶時代にはすでに現在のように碑陰が見れない状態になっていたのかもしれない。現石は縦およそ150 cm、横61 cmの縦長の矩形で、はたしてこの形が刻石当初からのものであるか、ある時点での壁中への鑲嵌の結果であるかは、今はさだかにわからない。最上部に碑額が「皇太子令旨重修草堂寺碑」と篆字で横書き・左行に刻され、さらに碑面全体を上下4截に仕切って4通の命令文が刻されるが、その第1截目の第1行目に「大朝皇太子令旨重修草堂寺碑」と碑題が繰り返されている。

　本碑に関する銭大昕の解説は、他の諸碑の場合でも多くそうであるように、彼が初めて注目したものでありながら、後人によって訂正する余地がないほど、周到なものである。やや長文だが、あえて全文を読み下す。

　　令旨重修艸堂寺碑丁未年十月　　右、令旨重修艸堂寺碑。碑は四段に分かつ。上の両段は、闊端太子令旨と称す。一は癸卯年五月と題し、一は乙未年十一月と題す。下の一段は皇太子令旨と称し、丁未年四月と題す。最下の一段は鐵哥火魯赤都元帥の鈞旨と称し、丁未年十月と題す。今、鄠縣の艸堂寺に在り。乙未なる者は、元の太宗の七年なり。癸卯なる者は、太宗の十五年なり。此の碑の癸卯の令旨、乙未の令旨の上に轉刻す。蓋し摹勒上石せし時、其の次を失なう耳。丁未なる者は、定宗の二年なり。碑に谷輿皇帝と云う。史に定宗の名は貴由と称す。谷輿と聲、相い近し。太宗紀に中原の諸州の民戸を以て諸王に分賜すと。其の古輿と云う者も亦た定宗を謂

う。谷・古の聲も亦た相い近き也。元史の耶律禿花傳に、太傅總領也可那延に拜せらる。萬戸の札剌兒・劉黑馬・史天澤を統べて金を伐つ。西河州に卒す。子の朱哥、嗣ぐ。仍って劉黑馬等の七萬戸を統ぶ、と。碑に兩つながらに猪哥胡秀才と稱し、一は朱哥那衍と稱し、一は也可那衍と稱す。皆、耶律朱哥を謂う也。朱哥は既に父の職を襲う。故に亦た也可那衍の稱有り。胡秀才は當に是れ朱哥の賜號なるべし。別に一人有るには非ざる也。劉黑馬傳に、太宗、始めて三萬戸を立つ。黑馬を以て首と爲す。辛丑、改めて都總管萬戸を授け、西京・河東・陝西の諸軍を統べしむ。萬戸の夾谷忙古歹・田雄等、並びに節制を聽す、と。碑に或は劉黑馬と稱し、或は劉萬戸と稱す。實は一人也。田雄傳に、癸巳、鎭撫陝西・總管京兆等路事を授く、と。碑に或は田拔覩兒と稱し、或は田八都魯と稱す。皆、田雄を謂う也。史に賜名の八都魯を云わず。此れ以て史の闕を補う可し。碑に鐵哥丞相有り。又、帖哥都元帥有り。兩人、同時・同名なり。然れども皆、元史列傳の鐵哥に非ず。元人の同名なる者は甚だ多し。當に年代に依てこれを斷ずべし。牽混して一と爲す可からざる也。上の二道は、鈐するに東宮皇太子の寶を以てす。最下の一道は、副元帥の印を鈐す。鐵哥の署銜は都元帥たり。而るに印文に副元帥と稱す。蓋し副元帥由り進擢せらるも、尙お未だ印を換えざる耳。第一・第四段の印文の旁に畏吾字有り。是れ批押の類に似たり。碑に窩魯朶と云う。即ち斡耳朶なり。苔剌花赤は、即ち達魯花赤なり。以て猪哥の即ち朱哥、鐵哥の即ち帖哥、拔都兒の即ち八都魯に至りては、即ち一碑の中に亦た前後互いに異なる。蓋し譯音に初めより定字無し。當時の文移の往復、亦た畫一たる能わざる也。鐵哥丞相は史に見えず。且つ闊端太子の位下に在り。則ち是れ遙授にして眞の相に非ず。

いうまでもなく、錢大昕は拓本を見つつ、それへの跋文の形で述べている。今、拓影と見較べると、錢大昕の解説の見事さにあらためて驚く。ただし、2点の誤解がある。ひとつは、第2截の令旨の發令年次「乙未年」を太宗オゴデイの第7年、すなわち西暦1235年と文字どおりに受け取り、癸卯年（1243年）發令の第1截令旨と配列が逆であると考えたことである。しかし、內容から見ると、

第11章　草堂寺闊端太子令旨碑の訳注

　第2截の令旨は第1截の令旨を踏まえている。この点は、畢沅『関中金石記』が、「其の第二格は乙未と稱するも、當に乙巳の誤りと為すべし。是れ淳祐五年なるは、令旨の上下・來歷に就きてこれを觀れば自ら見れり。然らざれば、則ち乙未は端平二年と爲り、淳祐癸卯に前だつこと更に八年、修寺の事と何ぞ渉らん。此れ則ち刊字の時の誤り也」とするのが妥当だろう。呉式芬は特に何も触れず、蔡美彪は疑問符号つきで、「未」を「巳」に訂正する。第2截令旨の冒頭にいう「已降令旨文字」とは第1截令旨のことであるから、「乙未」は「乙巳」の誤刻とするのが無理がない。もう一点の疑問は猪哥と胡秀才とは同一人物とはしえないことだが、それについては別稿にて述べたい。

　さて、蔡美彪の移録には、若干の脱文があり、また改行・抬頭を示していないので、文書体式を把握するためにも、以下に碑刻そのままの形で各全文を移録し、あわせて現代日本語訳を試みる。訳文はたとえ生硬でも、逐語訳を心掛ける。語注はその後に一括して示す。

〈第1截〉

　　大朝皇太子令旨重修草堂寺碑
1 天地底氣力裏
2 　闊端太子令旨。道與猪哥・胡秀才・
3 　　劉黑馬・田拔覩兒・大小官員・諸
4 　　色人等。據草堂禪寺、多歲故
5 　　舊、有損壞去處、欲行修完、僧
6 　　衆數少、獨力不前。金長老說將
7 　　來也。如文字到日、這草堂禪
8 　　寺長老幷衆僧、與我告
9 天祈福祝壽者。仰欽依
10 聖旨大條理、不得損壞
11 佛像寺舍、科差搔擾僧人。如
12 　　你每
13 *我底令旨不肯聽從時分、將

1　碑石の簡介と試訳

14　　　來說底理落底。
15天識者。准此。
16　　　癸卯年五月十七日
17　　　　SWYMA YYN……

〈現代日本語訳〉

1 天地のちからのもとに
2　　コデン太子のことば。ジョゲ、胡秀才、
3　　　劉黒馬、田バートル、大小のやくにん、いろ
4　　いろな人らにいう。草堂禅寺については、ずっと古くからの
5　　　ものだが、こわれたところがあり、修理をしたいけれど、僧
6　　　侶が少なく、独力ではゆかない、と金長老が言いにやって来
7　　　たぞ。文書が届いた時には、この草堂禅
8　　　寺の長老や僧たちは、われらのために
9 天を告し、幸福・長寿を祈れ、とおおせて、
10 カアンのおことばの大条理どおりに、
　　　　　　　　　　　　　イェケ・ヨスン
11 仏像・寺舎をこわしたり、科税・調発して、僧たちをさわがすな。もし
12　　おまえたちが
13 われらのことばに従おうとしないときは、つれて
14　　来て言わせて決着をつけることを
15 天よ知られかし。コレヲウケヨ。
16　　癸卯年〔1243年〕5月17日
17　　　süme-yin……（寺の……）

〈第2截〉

1 天地氣力裏
2　　闊端太子令旨。道與猪哥・胡秀才・劉黒
3　　馬・田八都魯・和尙八都魯・幷其餘
4　　大小荅剌花赤・管民官・*官軍人等。
5　　前者金長老奏告、草堂禪寺、已降

第11章　草堂寺闊端太子令旨碑の訳注

6 　＊令旨文字、修整去來。今敎宣差馬
7 　珪、不妨本職、提領修蓋。於姚小底
8 　處見管不蘭奚內、選揀年壯可以
9 　出氣力男子壱伯人、不蘭奚牛貳
10　拾頭、若有主人識認了底、却行補
11　數。但是係官人匠內、差撥木匠同作
12　頭等捌人・瓦匠參人・鐵匠弐人・埿匠貳
13　人。除作頭外、每年輪番交替者。這
14　不蘭奚人・匠人、官倉內支與粮食、休
15　敎闕。合用底竹子、於本地分有底竹
16　子、就便使用。若你每官人、爲是與
17　＊我告
18天祈福祝壽底、怎生般添助氣力、修蓋
19　房舍多少閒數底、你每識者。那
20　寺上與氣力來底官人姓名、馬珪
21　奏將來者。仍仰欽依
22皇帝聖旨大條理內處分事意、無得科
23　差搔擾僧人、侵占寺院田土。如違、究
24　治施行。這的本文字、金長老收執、
25　無得爲與這文字上收拾停藏說謊
26　來歷不明底醻人者。
27　　乙＊未年十一月十日

〈現代日本語訳〉

1 天地のちからのもとに
2 　コデン太子のことば。ジョゲ、胡秀才、劉黒
3 　馬、田バートル、和尚バートルならびにその他の
　　　　　　　　　　ホシャン
4 　大小のダルガチ・管民官・管軍人らにいう。
5 　さきに金長老が奏上した草堂禅寺は、すでに
6 　ことばの文書をくだして、修繕にゆかせた。今、宣差の馬

430

1　碑石の簡介と試訳

7　珪にその職務にさしさわりなく、修建を取り仕切らせ、
8　姚小底のところで現在管理しているブラルキの中から、壮年で
9　ちからをだせる男100人、ブラルキの牛20頭を選び、
10　もし所有主が認定したものは、すぐに数を補添する。
11　およそ公有の工匠から、木工と作事頭ら
12　8人、瓦工3人、鉄工2人、泥工2人を調発し、
13　作事頭以外は、毎年輪番で交代せよ。この
14　ブラルキの人と工匠には、官有穀倉から食糧を支給し、
15　欠かせるな。使用する竹は、この土地にある竹から
16　しかるべく使う。もしおまえたちやくにんが、これら
17　われらのために
18 天を告し、幸福・長寿を祈るものたちのために、かなりのちからぞえをし、
19　多くの建物を修建したならば、おまえたちが知れ。その
20　寺にちからを出したやくにんの姓名を馬珪が
21　奏上してもって来い。なお、おおせて
22 カアンのおことばの大条理(イェケ・ヨスン)のなかの決定趣旨どおりに、科税・
23　調発して僧たちをさわがせたり、寺の土地を占拠したりするな。たがえ
　　　たならば、
24　きっと罪にあてる。この原文書は金長老が受け取るが、
25　この文書をさずけたからといって、ウソをつき
26　履歴がわからない悪人を取り込み隠したりするな。
27　　乙巳年〔1245年〕11月10日

〈第3截〉
1 皇太子於西涼府西北約一百
2　里習吉灘下窩魯朶處、
3　鐵哥丞相傳奉
4 皇太子令旨。教對金長老、道與
5　鐵哥都元帥・也可那衍・

431

第11章　草堂寺闊端太子令旨碑の訳注

6　　劉萬戸・和尙萬戸・抄剌
7　　千戸等官。有草堂寺
8　　金長老告、不蘭奚一百
9　　人幷匠人一十五人闕少
10　　穿着・粮食。你每覷當、
11　　休教闕少者。逃走了底
12　　不蘭奚人、你每却補與
13　　數者。欽奉如此。
14　　丁未年四月初十日
15　　　　傳奉

〈現代日本語訳〉

1　皇太子は西涼府の西北およそ100
2　　里の習吉灘のところのオルドにおり、
3　　テゲ丞相(チンサン)がお伝え申し上げる
4　皇太子のことば。金長老に対して
5　　テゲ都元帥(ドゥオンシャイ)、イェケ・ノヤン、
6　　劉万戸、和尙万戸(ホシャン)、チョラ
7　　千戸らのやくにんにいわせる。草堂寺の
8　　金長老が、ブラルキ100
9　　人と工匠15人は
10　　着衣・食糧が足りないと言う。おまえたちは面倒を見て
11　　足りなくないようにしろ。逃亡した
12　　ブラルキの人は、おまえたちがすぐに補添して
13　　数をそろえろ。欽奉スルコトカクノゴトシ。
14　　丁未年〔1247年〕4月10日
15　　　　お伝え申し上げる

〈第4截〉

1　谷與皇帝福蔭裏。帖哥火魯赤都元帥

1 碑石の簡介と試訳

2　　　　鈞旨。道與朱哥那衍幷京兆府達魯花
3　　　　赤・管民官・課税所官么小的。於今年四
4　　　　月初十日、有鐵哥對帖哥火魯赤・朱哥
5　　　　那衍・總管萬戸・*爪難千戸等傳奉
6 皇太子令旨、據草堂寺金長老*〔告〕不蘭奚
7　　　　壱伯人・匠人壱拾伍人闕少穿着・
8　　　　粮食。你每覰當、休交闕少者。逃走
9　　　　了的不蘭奚人、你每却補與數者。除
10　　　欽依外、今據金長老告稱、欽奉前
11 皇太子令旨內處分事意、有各管官司、竝
12　　　不曾應副。乞詳酌事。仰朱哥那衍
13　　　就便行下各管官司、欽依前項
14 皇太子令旨內處分事意、仰依理應副與者。
15　　　無得遲滯。據此項議指揮。
16　　　　右劄付金長老。准此。
17　BWR〔A〕LQYN
18　　　　　W AWDQA（N?）
19　丁未年十月廿八日

〈現代日本語訳〉
1 グユク・カンの威福(す)のもとに、テゲ・コルチ都元帥(ドゥオンシャイ)の
2　　　　ことば。ジョゲ・ノヤンおよび京兆府のダルガ(キンジャンフ)
3　　　　チ・管民官・課税所官の么小的にいう。ことし4
4　　　　月のはじめの10日にテゲがテゲ・コルチ、ジョゲ・
5　　　　ノヤン、総管万戸、爪難千戸らに対してお伝え申し上げた
6 皇太子のことばに、草堂寺の金長老〔のいうところ〕によると、ブラルキ
7　　　　100人・工匠15人は着衣・
8　　　　食糧が足りない。おまえたちは面倒を見て足りなくないようにしろ。
　　　　　逃亡
9　　　　したブラルキの人は、おまえたちがすぐに補添して数をそろえろ。

433

10　　　ツツシンデ従ウノハモトヨリナガラ、いま金長老のいうところによると、さきの
11 皇太子のことばのなかの決定趣旨をつつしんでおうけしたのに、それぞれのかかりの役所では
12　　　どれも全く給付してくれない。どうかお取りはからい下さい、という。ジョゲ・ノヤンにおおせて
13　　　しかるべくそれぞれのかかりの役所に下し文をして、前記の
14 皇大子のことばのなかの決定趣旨どおりに、おおせてきまりどおりに給付しわたせよ。
15　　　ぐずぐずするな。この件については、指示を協議しろ。
16　　　　　右、金長老ニ箚モテ付ス。コレヲウケヨ。
17　　　buralqin（ブラルキたち）
18　　　-u udqa（n）（の善果？）
19　　　丁未年〔1247年〕10月28日

【語注】

Ⅰ/1　天地底氣力裏

モンゴル時代命令文の冒頭は、*möngke t(e)ngri-yin kücü(n)-dür*（とこしえの天のちからのもとに）で始まるのがよく知られ、漢訳の場合もその直訳形「長生天（底）氣力裏」が目につく。本碑の「天地（底）氣力裏」の形、ないしはその類似形について、既知の漢訳命令文の実例を検索すると、本碑の第1・2截以外では、乙巳年（1245年）一〇月二二日付の蓋屋万寿宮宛てのコデン太子令旨［蔡録：(11) 12］の「天地氣力」、庚戌年（1250年）一一月一九日付の蓋屋万寿宮宛ての弥里杲帶 Mergidei 太子令旨［蔡録：(15) 16］の「天地底氣力裏」（この2通は蓋屋万寿宮趾の碑林に現存する《大蒙古國累朝崇道受命之碑》辛亥1251年七月初九日立石の第4截の右側と左側）、牛児大徳五年（1301年）三月一四日付の霊寿祁林院宛ての皇后（ブルガン・カトン *GT*S 214b / 24, *TV*S 302a / 4, *TV*B 498 / 9 ; *Būlūgān ḫātūn* > *Buluγan qatun,* 卜魯罕皇后）懿旨［蔡録：(45) 47］の「天地

1　碑石の簡介と試訳

的氣力裏」、以上の3例のみが確認されるにすぎない。この漢訳句のもとのモンゴル語としては、t(e)ngri qajar-un kücü(n)-dür が想定されるが、既知のモンゴル語命令文およびそのトルコ語・ペルシア語・ティベット語転訳版のなかでは、いまのところ、(möngke) t(e)ngri-kücü(n)-dür の形ばかりで、天と地との双方を並べる本碑のような形は用例がない。ただし、『元朝秘史』には、次のように天地を並記する文脈が11箇処にわたって見られる。

①騰吉舌里　中合札舌剌　古出捏箋克迭周　額舌兒客禿　騰吉舌里迭捏列亦㮣抽　額客　額禿格揑　古舌兒格周
　tenggiri qajar-a gücü nemekdejü erketü tenggiri-de nereyitčü eke etügen-e gürgejü
　天地行氣力被添着、威勢有的天行被題着、母地行到着／天地にちからぞえされて、威勢ある天に名ざしされて、母なる地に達せしめられて［巻三-22葉裏、113節］

②騰吉舌里　中合札舌兒　額耶禿〔勒〕都周　帖木只泥　兀魯孫額㮣　孛勒禿孩客延
　tenggiri qajar eyetü[l]düjü temüjin-i ulus-un ejen boltuqai ke'en
　天地商量着、人名行國的主人敎做麼道／天地が相談して、テムジンを国の主人となせ、と［巻三、38葉裏、121節］

③騰吉舌里　中合札舌剌　古出　捏箋周　亦赫額克迭額速
　tenggiri qajar-a gücü nemejü ihe'ekdesü
　天地行氣力添着、被護助呵／天地にちからぞえされて、護助されれば
　［巻三、49葉表、125節］

④騰格舌理　中合札舌侖　亦赫額勒　箋迭禿該
　tenggeri qajar-un ihe'el medetügei
　天地護助知道者／天地の護助を知ろしめせ［巻五、34葉裏、163節］

⑤迭額列　騰格舌理　中合札舌侖　亦赫額勒　箋迭禿該
　de'ere tenggeri qajar-un ihe'el medetügei

第11章　草堂寺闊端太子令旨碑の訳注

上天地的護助知道者／上なる天と地の護助よ知ろしめせ［巻六、25葉裏、177節］

⑥騰格⁵理　中合札⁵刺　古出　捏篾克迭周

tenggeri qajar-a güčü nemekdejü

天地行氣力被添助着／天地にちからぞえされて［巻八、44葉裏、208節］

⑦蒙客　騰格⁵理因　古純突兒　騰格⁵理　中合札⁵刺　古出奥⁵合　捏篾克迭周

möngke tenggeri-yin gücün-tür tenggeri qajar-a güčü auqa nemekdejü

長生天的氣力裏、天地行力氣被添着／とこしえの天のちからのもとに、天地にちから・つよさをそえられて［巻九、31葉表裏、224節］

⑧騰格⁵理　中合札⁵侖　札牙安　察黑

tenggeri qajar-un jaya'an čaq

天地的命時／天地の命の時［続集巻一、4葉表、248節］

⑨⑩騰格⁵理　中合札⁵刺　古出　捏篾克迭周

tenggeri qajar-a güčü nemekdejü

天地行氣力被添着／天地にちからぞえされて［続集巻一、45葉表・同47葉表、260節］

⑪騰格⁵里　中合札⁵刺察　札牙阿禿　脱⁵劣克先　戈⁵劣額速泥

tenggeri qajar-ača jaya'atu töröksen görö'esün-i

天地行命有的生了的野獣行／天地より命もちて生まれたけものを［続集巻二、57葉表、281節　秘史の転写はRachewiltzに依拠］

その一方、『元朝秘史』には、*möngke tenggeri-yin kücün-dür* の形、ないしはそれに準ずる形が、前掲の⑦のほか、次の12箇処に見える。

（a）　蒙客騰格⁵理　篾迭禿該

möngke tenggeri medetügei

長生天知道者／とこしえの天よ知ろしめせ［巻六、12葉表、172節］

（b）（c）（d）蒙客　騰格⁵理迭　亦協額克迭周

möngke tenggeri-de ihe'ekdejü

1　碑石の簡介と試訳

長生天行被護助着／とこしえの天に護助されて［巻七、3葉裏、187節、巻八、29葉裏、203節、続集巻二、4葉表、265節］

（e）　蒙客騰格^舌理迭　古出　阿兀^中合　捏篾^克迭周

möngke tenggeri-de güčü a'uqa nemekdejü

長生天行氣力氣力被添着／とこしえの天に力・つよさをそそられて［巻八、9葉裏、199節］

（f）　蒙客　騰格^舌理迭　額兀顚　只羅阿　捏格^克迭罷者

möngke tenggeri-de e'üden jilo'a negekdebe-je

長生天行門牽胷被開了也者／とこしえの天に門と手綱が開けられたぞ［巻八、43葉裏、208節］

（g）　蒙客　騰格^舌理宜　札^勒把^舌里周

möngke tenggeri-yi jalbariju

長生天行禱告着／とこしえの天に祈願して［巻一〇、18葉裏、240節］

（h）　蒙客　騰格^舌理因札^兒里^黑　罕札阿^舌里惕　鳴詁列木

möngke tenggeri-yin jarliq qan ja'arit ügülemü

長生天的聖旨、皇帝神告毎說有／とこしえの天のおおせ、カン〔とする〕おつげはいう［巻一〇、28葉表、244節］

（i）　蒙客　騰格^舌理迭　翊協額^克迭額速

möngke tenggeri-de ihe'ekde'esü

長生天行被護助呵／とこしえの天に護助されれば［続集巻一、36葉表、256節］

（j）　蒙客　騰格^舌里　赤　篾迭

möngke tenggeri či mede

長生天、你知／とこしえの天よ、なんじ知れ［続集巻二、5葉表裏265節］

（k）　蒙客　騰格^舌理迭　古出捏篾^克迭周

möngke tenggeri-de güčü nemekdejü

長生天行氣力被添助着／とこしえの天に力をそそられて［続集巻二、11葉表267節］

（l）　蒙客　騰格^舌理因　古純突^兒　^中合罕阿巴^中合因　速突^舌兒

437

第11章　草堂寺闊端太子令旨碑の訳注

　　möngke tenggeri-yin güčün-tür qahan abaqa-yin su-tur
　　長生天的氣力裏、皇帝叔叔的福蔭裏／とこしえの天のちからのもとに、
　　カアンなる叔父上の威福のもとに［続集巻二、28葉裏〜29葉表、275節］

要するに、『元朝秘史』には、天のみと天地双方に依拠する二つの型がともに存在するわけである。⑦のように両者が並存する場合さえある。天地並置型をモンゴル語命令文をはじめとする非漢語命令文に実例がないからといって、少数の漢訳命令文のみに見られる特殊例と片付けるわけにはいかなくなる。とはいうものの、前掲の『元朝秘史』での諸用例をよく見較べると、möngke tenggeriで始まる型については、⑦（h）（l）に顕著だが、祈願・発令・奏上のさいにおける冒頭の定型句として使われている様子が看取できる。とりわけ、（l）の場合、ロシア遠征中のバトゥBatuから叔父オゴデイ・カアンの許へ使者を通じて送られてきた上奏文を、そのまま引用している形である。もとより『元朝秘史』の性格・成書年代の不確定さから、この用例をもってただちに1235-38年ころの実例とすることはできないが、「möngke t(e)ngri-yin küčü(n)-dür／qa'an-u su-dur長生天底氣力裏、皇帝福蔭裏」という、ほぼモンケMöngke時代より定型化が明確に認められる令旨・懿旨・鈞旨のばあいの常套表現が使われていることは注目されてよい。そこで、本碑に見える「天地（底）氣力（裏）」の型について立ち返って考えてみると、本碑の2例を含めた先掲の5例のうち、時期・場所ともにかけはなれている1301年発令のブルガン皇后懿旨のほかは、いずれも、コデン太子ないしはその嗣子メルギデイ太子の令旨に限ってみられること、発令対象は当時の京兆府（現西安）西郊の全真教祖庭の蕅屋万寿宮と本碑の草堂寺であり、ごく近地であること、その年次は1243年から50年というモンゴル命令文全実例の中でも極めて早期の例であること、そして政治上でいえば、オゴデイ没後モンケ即位前の時期に集中していること、以上4点が注意される。とりわけ、コデンの令旨にかかる本碑の2例と蕅屋碑の1例、計3例に絞っていえば、グユク Güyüg の即位前にあたる1243、45年の発令であるのは印象深い。というのは、モンゴル命令文冒頭の定型句としてよく知られた既述の möngke t(e)ngri-yin küčü(n)-dür の最初の使用例は、実

はいままで知られている限りでは、1246年に第三代皇帝となったばかりのグユクがローマ教皇インノケンティウス四世 Innocentius Ⅳ に送った国書の印璽だからである［Pelliot 1922-23：22, pl.2］。コデンはオゴデイの有力後継候補であり兄グユクが推戴されたクリルタイ（蒙古国会）で、コデンも候補の一人に挙げられた。そのコデンが父帝死後の政治空白期に自分の勢力圏内にあたる陝西地区に発令した令旨冒頭が天地並置型であり、逆にオゴデイ死後に実子コデンと対立を深めていた母后ドレゲネ Döregene の強力な支援によって強引に即位した実兄グユクが使ったのが天単独型であったことは、まことに興味深い。そこでさらに念のため、möngke t(e)ngri-yin küčü(n)-dür の漢訳形「長生天（底）氣力裏」の初期使用例を列挙すると、やはり意外なほどに年代が降る。

（1）　丁未年（1247年）二月□日付の趙州太清観宛てソルコクタニ Sor-qoqtani 懿旨［新道教考：92、道略：840-41］
　　　「長生天的氣力裏、谷裕皇帝福蔭裏、唆魯古唐妃懿旨」（本文は漢文雅文）
　　　　　　　　　　　　　グユク

（2）　壬子年（1252年）九月□日付の汲県太一広福万寿宮宛てクビライ Qubilai 大王令旨［新道教考：86、道略：841］
　　　「長生天底氣力裏、蒙哥皇帝福蔭裏、忽必烈大王令旨」（同上）
　　　　　　　　　　　モンケ　　　　　　　ママ

（3）　甲寅年（1254年）五月二八日付の燕京宣聖廟宛て六盤山口子より発令のクビライ大王令旨［析津志輯佚：200］
　　　「長生天氣力裏、蒙古皇帝福蔭裏、忽必烈大王令旨裏」（本文はモンゴル語
　　　　　　　　　　　ママ　　　　　ママ　　　　　　ママ
　　　直訳体白話風漢文）

（4）　同年七月一日付の同廟宛てクビライ大王令旨［同書：同処］
　　　「長生天氣力裏、蒙哥皇帝福蔭裏、忽必大王令旨裏」（同上）
　　　　　　　　　　　　　　ママ　　　　ママ　　ママ

（5）　丁巳年（1257年）□月初一〇日付の鹿邑県太清宮宛てカイドゥ Qaidu 太子令旨［光緒『鹿邑県志』巻一〇下、芸文、18葉表-19葉裏、Chavannes 1908：368-371, pl.16, 蔡録：(19) 20］
　　　「長生天底氣力裏、蒙哥皇帝福蔭裏、海都太子令旨」（同上）

クビライ政権成立後になると、猴児年（庚申1260年）六月一四日付の彰徳上清正一宮宛て開平府より発令のクビライ聖旨［蔡録：(36) 38。4通合刻の第1截。

第11章　草堂寺闊端太子令旨碑の訳注

この聖旨を元貞二年丙申1296年に繋年する蔡美彪案は訂正を要する］を皮切りに、この形が固定する。モンゴル時代命令文は「möngke t(e)ngri-yin küčü(n)-dür／長生天（底）氣力裏」で始まるという通念は、実のところ、おおむねモンケ時代以降、とりわけクビライ政権成立後（それも明らかに文書形式を整備・統一しようとしたクビライ政権下で、おそらくは意図して採用した結果として）の状況に無意識にもとづいていたことになる。いま問題としているグユク即位前については、漢訳形「長生天（底）氣力裏」の用例は皆無である。グユク即位後モンケ即位前でも、前掲の（1）のただ一例しか見られない。とはいえ、ここから逆に本碑の天地並置型を過大視して、グユク即位前はこちらの形が通常であったなどということもまたできない。なぜなら、命令文に限定できるわけではないが、紹定六年（1233年）にオゴデイ朝廷に赴いた南宋の彭大雅の実見記である『黒韃事略』に、当時のモンゴルでの様子として、「其常談必曰托著長生天底氣力、皇帝底福蔭」という有名な記事があるからである［彭大雅の撰の部分。蔡録：(21) 22の注2にも引用］。さらに、『山右金石記』（光緒15年山西通志本）巻八、1葉表−2葉表に載せる《霍州經始公廨橋道碑》に、「蒙古丁酉〔1237年〕。舊と州署に在り」として、その案語に原文冒頭部分を引用して、「生長天之力中、皇帝福䕃裏、拔獨大王令旨。(以下略)」と見える。霍州を含む山西南路（元代の平陽路）一帯は、丁酉の前年にあたる丙申年（オゴデイ八年、1236年）に発表された華北戸口のモンゴル王族・族長・将領・顕官への分与（いわゆる丙申年分撥）によって、ジョチJoči家一門に賜与されたので、発令者の拔獨大王とはジョチの次子バトゥのことになる。彼は当時、ロシア・東欧遠征の主将として西征の途についたばかりであったはずであるから、はるか遠征地から新所領へ発令してきたことになる。冒頭句の6字のうち、「之」「中」については、「底」「裏」の誤写といえるかどうか、決しかねる。この碑刻自体が権威の裏付けのために拔獨大王の令旨を部分引用している形なので、文面に乱れがあるとしても、碑刻そのものか『山右金石記』か、いずれの問題であるかわからない（2004年の時点での補正として、同碑については、現存する碑刻およびその拓本について確認したところ、冒頭の一行は「長生天之力中」であった。道光五年重修『直隷霍州志』、巻三五、20葉表-21葉裏にも同文）。しかし、多少の文言の乱れや間接引用である点を

1 碑石の簡介と試訳

割り引いたとしても、引用文自体を否定することはできまい。概況を語る『黒韃事略』と命令文の具体事例に準ずる《霍州碑》との両面から、モンゴル命令文冒頭に「長生天（底）氣力裏」を冠する仕方は、すでにオゴデイ時代に成立していたと見るのが穏当であろう（先掲（1）のバトゥ上奏文は、『元朝秘史』での用例であるため、1235–38年頃の実例とするのを避けたが、前述の《霍州碑》と発令の状況・年次・文面はきわめて近似しており、案外に現実を反映しているものかも知れない）。これに関連して、「長生」を欠いた「天底（もしくは的）氣力（裏）」の形が、実はごく早い時期から3例確認できる。

（ア）高麗高宗一八年（オゴデイ三年、1231年）一二月二日の高麗宮廷に対するモンゴル使者の牒文 [高麗史巻二三、高宗二]
「天底氣力、天道將來底言語、所得不秋底人、有眼瞎了、有手没了、有脚子腐了／天のちから〔のもとに〕。天道が（もしくは天が道って）もってきたことば。うけてもかえりみざる人は、眼があればめしいとなれ、手があればなくなれ、足があればくされ」（牒文はモンゴル語直訳体白話風漢文）

（イ）甲辰年（1244年）五月□日付の交城県石壁山玄中寺宛てオングト Önggüd 公主懿旨・オングト駙馬鈞旨 ［宋沙蔭・簡声援『浄土古刹玄中寺』中国展望出版社、1985年、104–105頁に録文あり。玄中寺三門入口向かって右側に嵌め込まれている］
「天的氣力裏、皇帝福蔭裏、公主懿旨・駙馬鈞旨」（本文は漢文雅文）

（ウ）庚戌年（1250年）五月付の涇陽県重陽延寿宮宛て牒文 ［道略：768］
「天底氣力、大福蔭裏、唆魯古唐妃懿旨裏、懸帶御前金牌宣授敎門提點勾當、（以下略）」（本文は漢文雅文、途中で引用する旭烈（フレグ Hülegü）大王令旨はモンゴル語直訳体白話風漢文）

ただし、この形をただちに「長生天（底）氣力裏」に準ずる形ないしは節略形と見做すことができるかどうかは、慎重さを要する。2字目の「底」が類音・意味通で「地」に通じうることを完全に排除できないからである。とくに（ア）は「天底氣力」の直後に「天道云々」が続くので、十分に考えられる。また

441

「底」でなく、(イ) のように「的」の場合でも、音通としてまったくありえぬこととはいいきれない。たんに「長生」を欠くだけなのか（モンゴル語命令文でも、例えば時代が降るが、雲南昆明市西郊の玉案山の筇竹寺に現存する後至元六年（1340年）発令の雲南王アルク Aruγ 阿魯のウイグル文字モンゴル文令旨碑の冒頭は、möngke がない *tngri-yin kücün-tür* である［Cleaves 1965：43-49, Kara 1964：150, 包祥 1980：45-46, 道布 1981：201, 203、Ligeti 1972b：59］。また最近に蔡美彪によって釈読された、大徳七年癸卯（1303年）に比定される兎年の三月二九日付の河東延祚寺ソセ Söse 令旨碑の第1行目も同様である［蔡1986：47・51-52］。後者はパクパ文字で何と右から左へ行が送られる。漢訳なし）、漢訳の字数や音通を重視して「底」を「地」と見做し、「天地氣力裏」に通じるとするか否か、それ次第で既述の論点も様相を変える。その一方、この「天底」型を「長生天底」型・「天地」型いずれかに準ずる形と見るか、あるいは3型それぞれ別箇に扱うか、どちらかにしても、判で押したように同型ばかりであるクビライ時代以降にくらべ、大元ウルス成立以前、とりわけグユク時代以前については、モンゴル語原文も漢訳版も用語・字数などかなり選択の幅があったことがわかる。ただし、大元ウルス以前の実例はいままでのところ、決して多くはない。コデン王家の漢訳令旨に限り、突出しているように見える本碑の「天地」型も、モンゴル語原文・漢訳版をはじめ、トルコ語訳版などによるモンゴル命令文の実例がもう少し報告されれば、けっして稀少ではなくなるかも知れない。天と地とを並置する仕方は、周知のように、突厥キョル・テギン Köl-tegin 碑・ビルゲ・カガン Bilgä-qaɣan 碑にすでに確認され、内陸アジアに住むトルコ・モンゴル語系の言語を話す人々には、特異ないいまわしではなかったと推測されるからである。

I／2　令旨

　13・14世紀モンゴル支配時代のモンゴル語でしたためられた命令文書・碑刻において、大カアンの命令についてのみジャルリク *jarliγ*（おおせ、命令）と呼称し、その他の一族諸王・后妃・族長・将相らの命令についてはウゲ *üge*（ことば）と呼称して、明確に区別する。*jarliγ* は、モンゴル時代以前からすでに君主の命令の意味で内陸アジア世界で使われていたとおぼしきトルコ語ヤル

1 碑石の簡介と試訳

ルク yarlïq をそのまま使用したもので、至上の命令者である大カアンの命令に限り、トルコ語からの借用語の jarliγ を使い、その他の一族諸王以下かなり多数にのぼる各種命令については、ひとしくモンゴル語の「ことば」を意味する普通名詞 üge を使った点に、両者を峻別したいということさらな意図を読み採ることもできるだろう。一方、漢訳命令文では、大カアンの命令を聖旨、皇太子・太子・大王・諸王・投下（遊牧集団ないし、特にその領袖）の命令を令旨、皇太后・皇后・妃子・公主の命令を懿旨、駙馬・丞相・大臣・省堂・諸将・総管の命令を鈞旨、帝師・国師を含む僧道の権威者の命令を法旨と別称する。要するに、漢訳版では、モンゴル語原語 jarliγ をすべて聖旨と訳しながら、üge については、中国での習慣に従い、発令者の立場によって訳しかえたわけである。《林縣寶嚴寺碑》第1截の甲辰（1244年）年四月二八日付の「茶罕官人 Čaγan noyan 言語」［蔡録：(8) 9］をはじめとする各種の漢訳命令文そのものやその文中に見られる「言語」の諸例、あるいは『元典章』などに引用されるモンゴル命令文（言）・上奏文（言）を意味する「言語」の表現は、この üge の字義どおりの漢訳と推測される。さて漢訳「令旨」の最初の使用例は、管見の限り、先述の『山右金石記』所載《霍州經始公廨橋道碑》所引「拔獨大王令旨」ではあるが、これは間接・部分引用であって、現在我々が知りうる直接・確実な全文実例となると、本碑が事実上の初例といえる。本碑4段の各所にわたって見える「令旨」の用法をモンゴル語原文を仮想して検討してみると、合計8ヶ所の「令旨」の表現のうち、まず命令文冒頭のⅠ/2・Ⅱ/2の2ヶ所については、そのモンゴル語原語は üge と見て大過はないだろう。もとより、「令旨」命令文を漢字音が逆流した形でリンジ lingji と呼称する用例もなくはないが、それらはいずれも時代が降る14世紀での例である。のこるⅠ/13・Ⅱ/6・Ⅲ/4・Ⅳ/6・Ⅳ/11・Ⅳ/14については、それぞれの原語が書かれたものとしての文書を意味する bitig (かきもの) であった可能性も配慮せねばなるまい。というのは、パクパ字モンゴル文と直訳体白話風漢文の二体による完全合璧命令文の初例として名高い《陝西省韓城縣龍門禹王廟マンガラ Mangγala 令旨碑》では、冒頭の「令旨」の原語は üge でありながら、令旨文書そのものを指す文中と末尾の「令旨」のモンゴル語原語は bitig だからである［Chavannes

1908：376-378, 381, pl.43, Lewicki 1937：16-19, Poppe 1957：46-47, 67-90, 亦隣真 1984：370、Ligeti 1972a：20-24, 蔡録：(23) 25]。しかし、本碑では「文字」Ⅰ/7・「令旨文字」Ⅱ/6・「這的本文字」Ⅱ/24・「這文字」Ⅱ/25の表現が同時に存在する。「文字」は文書を意味するから、その原語としてはbitigを想定せざるをえない。従って、「令旨」と「文字」が並存するⅡ/6を除くⅠ/13・Ⅲ/4・Ⅳ/6・Ⅳ/11・Ⅳ/14の5ヶ所の「令旨」についても、原語はやはり*üge*を想定する方が素直ではなかろうか。本碑で「令旨」とあれば、文書化した令旨ではなく、口頭で発したコデン太子のことばそのもの、ないしはその内容と解するわけである。文脈上、本碑に見えるすべての「令旨」と「文字」の用例に対し、それぞれ「ことば」と「かきもの」の訳を当てても、特に不自然な箇処は生じないように見える。Ⅱ/6の「令旨文字」については、*üge bitig*の字句どおりの直訳であったとも（この場合、既知のモンゴル語命令文にはこの表現が見当らないのが難点となる）、あるいは原文には*bitig*とのみあったのを言葉を補って漢訳したとも、いずれともいまは決定を控えざるをえない。ただし、漢訳命令文での同趣旨の表現として、二番目に古い癸未年（1223年）九月二四日付のチンギス・カンが丘処機に与えた二つ目の命令に、「丘神仙が奏知して来たことは、まことに大変よろしい。我はさきにすでに聖旨文字をおまえに与えた／丘神仙奏知來底公事、是也曒好。我前時已有聖旨文字與你來」［蔡録：(2) 2］とあるのが注意される。これに先立つ最古の同年三月付の保護免税免役命令が、その後段で、「右、神仙の門下に付し、収執せしむ」［蔡録：(1) 1］と、聖旨を文書化して授与することを自ら明言しているので、この九月二四日付命令文に見える「聖旨文字」とは、まさしくそれに対応する。半年後の時点においても発令者たるチンギス・カン、ないしは漢訳者が、以前に与えた聖旨は文書に仕立てたものであったことを明確に意識している表現といえる。ひるがえって、「已に令旨文字を降し」と述べる本碑Ⅱ/6もまた、モンゴル語原語の如何とは別に、少なくとも漢訳者としては、ほぼ半年前に授与された令旨が、口頭のみのものでなく、文書化された令旨であったことを「令旨文字」で明示していることになる。

Ⅰ/14 理落

他に用例を見ない。ただし、「理落」から連想されるのは、「理會」ないし「發落」といった語彙である。「理會」は「わかる、さとる」の意で、モンゴル語 mede-ないし uqa-（漢訳ではしばしば「識」ないし「省會」）に近いと思われる。一方、「發落」は『元典章』等にも用例が見え、「落着かせる」といった文書用語である。ここでは「理落」を「理會」ないし「發落」の誤りとはせず、両語の合成と見て訳す。

Ⅰ/15 天識者

「識者」は本碑以前に、（1）癸未年（1223年）九月二四日付の丘処機宛てチンギス聖旨に「好的歹的、丘神仙你就便理、合只你識者／よいのも悪いのも丘神仙おまえがしかるべく裁き、おまえだけが知れ（もしくは「わかれ」）」、（2）『高麗史』所引1231年の牒文に「若要廝殺、你識者／もしたたかいたいなら、おまえはおもいしるぞ」、（3）乙未年（1235年）七月初一日付の李志常宛てオゴデイ聖旨に「你底言語不信底人、你識者／おまえのことばを信じない人は、おまえが知れ」の3例がある。一方、元代の蒙漢合璧碑では、龍児年（庚辰1280年）一一月初五日付の蟄屋万寿宮李道謙宛てクビライ聖旨の「*bida uqad-je* 俺毎識也者／われらはわかるぞ」[Ligeti 1972a：31, 蔡録：(22) 23。蔡録が1268年に繋年するのは訂正を要する]、虎児年（甲寅1314年）七月二八日付の蟄屋万寿宮孫徳彧宛て仁宗アユルバルワダ Ayurbarwada 聖旨の「*bida uqad-je* 咱毎識也者」[Ligeti 1972a：61, 蔡録：(66) 69]の2例が目につく。uqa-は「わかる、さとる」の意。問題は、（1）（2）（3）と本碑の漢訳の原語がはたして uqa-かどうかである。少なくとも（1）（3）の場合は、「知る、わかる」とともに「知ろしめす」の意をもつ mede-の希求形 medetügei に見える。本碑Ⅱ/19の「你毎識者」もそうだろう。漢訳命令文で、本処のように「天」が「識者」の主語となる用例はほかに見ないが、『元朝秘史』には既掲のごとく「蒙客騰格^ᵗ理篾迭禿該 *möngke tenggeri medetügei* 長生天知道者／とこしえの天よ知ろしめせ」[巻六、12葉表、172節]の例が見える。また同じく既掲の「騰格^ᵗ理　^中合

445

第11章 草堂寺闊端太子令旨碑の訳注

札㕵侖 亦赫額㔹 箆迭禿該 tenggeri qajar-un ihe'el medetügei 天地護助知道者／天地の護助よ知ろしめせ」［巻五、34葉裏、163節］、「迭額㔹列 騰格㕵理 ㆗合札㕵侖 亦赫額㔹 箆迭禿該 de'ere tenggeri qajar-un ihe'el medetügei 上天地的護助知道者／上なる天と地の護助よ知ろしめせ」［巻六、25葉裏、177節］も同類の句作りである。本碑の「天識者」を『秘史』を典拠に tengri medetügei の漢訳と考えれば、「……決着をつけることを天よ知られかし」と訳せよう。ただし、その場合、『秘史』163・177両節の２例はともに「哈赤 ㆗合㕵里兀㔹忽宜 hači qari'ulqu-yi 恩〔177節は還報〕回的行 恩返しするのを」という直接目的句を先行させているのがいささか気にかかる。本碑の「將來說底理落底」も、「天識者」の直接目的と考えることができるから文章構造上は合致するのだが、問題は『秘史』の用例は返恩というプラス・イメージの行為について天地に照覧を求める場合に使われているからである。ひるがえって、前述の元代蒙漢合璧碑での用例は、命令文末尾に付加する威嚇の文言であり、本碑の場合も「如你毎……天識者」の全体が威嚇表現と見れなくもない。この点を重視するならば、*tengri uqaqun-je*〔*uqad* の *d* は複数を表わす。ただし、*uqaqun-je* という実例はない〕ないしは *tengri medemü-je*〔この句も実例を見ない。*medemü-je* 単独ならば『秘史』241・272両節に「箆迭木者 知有也者」とある〕を仮構し、「天はわかるぞ」もしくは「天は知っているぞ」と解することもできよう。ただし、この場合は「理落底」で前文が終わり、「天識者」は独立句と見做すことになる。そうすると、「底」の処理がむつかしくなってしまう。しかし、実はこうした懸念は不要のようである。というのは、命令文の末尾に「〜を天よ知られかし」と締めくくる有名な実例があるからである。それはフレグ・ウルス君主のオルジェイト・スルターン Ūlğāītū Sulṭān＞Öljeitü Soltan がフランス王フィリップ四世 Philippe le Bel に宛てた1305年付のウイグル文字モンゴル語の国書である。モンゴル帝国の東西和合を伝えるパリ国立図書館蔵のこの名高い書簡では、その末尾に、「いま／われらにまたなんじらにも和合しないものを／天の力のもとにともに彼らの上に結びて立ち向かわんことを／天よ知られかし *Edüge／bidan-ṯur ba tandur ber ülü joqilduqun-i／tngri-yin küčündür büriyer deger-e anu ömerin bayiquyi／*tngri medeṯügei」［Mostaert et Cleaves 1962：82-84, Ligeti 1972b：

254] と書かれ、直後に年次・発令地が記される。*tngri medetügei* の直接目的として *bayiqu* までの前文を *yi*「～を」で受けている形である。本碑より半世紀以上のちのものであり、またこのモンゴル語から本碑の漢訳へただちに結びつけられるものではないが、前引『秘史』のモンゴル語・漢訳とあわせ考えると、モンゴル期命令文漢訳版でもこうした表現が採られることはありえたと考えて差し支えないのではなかろうか。

Ⅱ/18-19　怎生般……多少……

「怎生般」は「怎么様」の意で「どのように」、「多少」は「どれほど」を表わす、どちらも本来は疑問詞。そのまま訳せば、「どのようにちからぞえしたか、修理した建物はどれほどの間数だったかを」となる。ここでは、Ⅱ/16の「若你毎官人」以下「閙數底」までが「你毎識者」の条件節と見て、「怎生般」は「かなり」、「多少」は「多くの」の意で使われていると考え試訳する。

2　碑に刻された文書としての分析

　さて、本碑全体を眺めると、そこに語られる内容の史料価値とはひとまず別箇に、次の諸面においてもそれぞれ有益な点をもつ。
　（1）　文書として。大元ウルス成立以前において、これだけ整ったモンゴル命令文書の実例はきわめて数少ない。幾つかの角度から文書分析が可能である。例えばまず、ごく早期の文書からすでに各種の聖なる語句の抬頭がなされていたことが確実となる。「天地」「天」「聖旨」「佛」「我」「皇帝」は最上位に抬頭されている。特に「佛」の最上位抬頭は注目される。それに対し、1・2截において、発令者たる「闊端太子（令旨）」は、最上位より1字分低く抬頭されている。この点は元代文書にも踏襲される基本となる。にもかかわらず、Ⅰ/8・Ⅱ/17の「我」、Ⅱ/6の「令旨文字」、Ⅰ/7・Ⅱ/24・Ⅱ/25の「文字」は抬頭しない。さらに、4截において「谷與皇帝」とコデンを指す「皇太子」とがともに最上位に抬頭されているのは最大の不審点、ないしは注目点である。

第11章　草堂寺闊端太子令旨碑の訳注

次に、1・2截に「東宮皇太子寳」、4截に「副元帥印」と銭大昕がいうとおりの押印がある。「東宮皇太子寳」は縦横ともに9.5cm、「副元帥印」は縦横とも7.2cmである。印文はともに九畳篆。1・2截の「東宮皇太子寳」はどちらも同じ大きさなので、以上3ヶ所の押印は原文書にあった現寸のまま刻されたと見てよいだろう。現在までに目睹しえた大元ウルス成立以前の官印を列挙すると、次のとおりである。

① 「監國公主入／宣差河北／都總管之印」

銅印現物。縦10.8、横10.7、厚1.0、高6.3cm、重1,400g。平らな長方形の鈕（印の把手）の上に「上王／王に上る?」の2字を刻す。印文は陽刻の九畳篆、3行14字。印の中央の「差」と「河」の間に、漢字1字分の大きさでウイグル文字モンゴル文2行がある。監国公主とはチンギスの三女でオングト Önggud 族長アラクシ・ティギト・クリ *Alaquš-tigid-quri* の継嗣孛要合 *Boyoqa* に嫁したアラカイ・ベギ *Alaqai-begi* のこと。［以上の記述は『中国内蒙古北方騎馬民族文物展』出品図録、日本経済新聞社、1983、101頁に主に依拠する］

② 「中書／省印」

山西交城県玄中寺三門の入口より向かって左側壁中に鑲嵌される辛卯年（オゴデイ三年、1231年）一二月□日付の中書省（といっても、金朝覆滅のため南伐するオゴデイに扈従する耶律楚材がこの直前にみずからの書記局をこう呼称することを許されたもの）公拠碑石の末尾。年月にかけて押印されたものの刻出。縦横とも8.8cm。印文は九畳篆、2行4字。宋子貞「中書令耶律公神道碑」［『元文類』五七］に「即日、中害省印を授け、其の事を領せしむ」というまさにその現物。［未著録・未公表］

③ 「宣差○○／○○之印」（○は判読できない）

鄒県孟廟に現存する《蠲免亞聖後差發箚付碑》碑陽上截の丁酉（オゴデイ九年、1237年）一一月二六日付の札魯火赤也可那演 *jarɣuči yeke noyan* 胡都虎（*Šigi*）*Qutuqu*・斡魯不 *Orbu* ら札魯火赤那演の言語の末尾。日付と重なって押印してあるのを刻出。縦横とも8.0cm。印文は九畳

篆、2行8字。[蔡録：(40) 42。蔡録は大徳元年丁酉1297年に繋年するが、本文書は前々年の乙未年の華北戸口調査およびそれに基づく前年丙申年の戸口分撥を遂行したシギ・クトクらジャルグチが、わずか4年前に開封城中より指名救出したばかりの第51代襲封衍聖公孔元措の上申を踏まえ、孔家のほか、顔家・孟家についても税役免除を認可した根本史料であるから、1237年に相違ない。ただし、この繋年の誤りは阮元『山左金石志』や呉式芬『攈古録』同『金石彙目分編』がすでにそうである]

④ 「鳳翔／府印」

戊戌年（オゴデイ一〇年、1238年）閏四月一八日付の《鳳翔長春觀公據碑》[蔡録：(5) 5・拓影(1)]の公拠本文冒頭と末尾の年月に重ねたところの計2ヶ所に押印されたものの刻出。ただし、蔡録拓影からは大きさ不明。印文は九畳篆、2行4字。

⑤ 「皇帝／之寶」

庚子年（オゴデイ一二年、1240年）三月一七日付の《済源十方紫微宮懿旨碑》[蔡録：(6) 7・拓影(2)]の末尾。年月に重ねて押印してあるのを刻出。蔡録拓影からは大きさ不明。印文は九畳篆、2行4字。

⑥ 「○○○／○○／鎮國印」

山西交城県玄中寺三門入口の向かって右側壁中に鑲嵌される甲辰年（1244年）五月□日付のオングト公主懿旨・駙馬鈞旨の末尾。月日にかけて押印されたものの刻出。縦11.2、横10.9cm。印文は九畳篆、3行8字。印の中央にウイグル文字2行。[未著録・未公表]

⑦ 「宣諭倚付／漢地掌教／道門之印」

壬子年（モンケ二年1252年）四月二七日付の《安邑長春觀箚付碑》[蔡録：(16) 17]の末尾、月日に重ねたところ、および山西平遙崇聖宮趾東側壁に鑲嵌される《太平崇聖宮給付碑》上截の癸丑年（モンケ三年、1253年）正月□日付[蔡録：(18) 19]の末尾、年月に重ねたところ、同碑下截の壬子年（1252年）七月初五日付[蔡録：(17) 18]の末尾、年月に重ねたところ、以上3ヶ所に押印されたものの刻出。Chavannes 1908：pl.14–15の拓影に拠る。大きさ不明。印文は九畳篆、3行12字。この印は李志常

が使用したもの。

彭大雅『黒韃事略』に「其の印は宣命之寶と曰う。字文は疊篆にして方徑三寸有奇」と見えるが、上掲の7件は「皇帝之寶」以下、皇帝の印璽以外のものも大きさは別とすればほぼそのいうとおりである。加えて、どの例も年月日に重ねて押印されている。本碑も、「傳奉」の第3截以外は必ず発令者であるコデンとテゲ・コルチの押印があり、年月日に重ねて押捺してある。モンゴルの各命令書は、その発令者固有の印の押捺があって発効したらしいこと、押印箇所は年月日のところと定められていたことが判明する。王国維は『黒韃事略』前引箇処に案語を付して、「印文に宣命之寶と云うは、實に金人の舊制を用うるなり。金史世宗紀に、大定二十二年三月丙子、初めて宣命之寶を製る。金・玉各一と」という。本碑の2印を含め、モンゴル政権はごく早期からおそらく金制に倣って方形の疊篆漢字印を使用したことになる。ただし、1246年のローマ教皇宛てグユクの国書に2ヶ所押捺された印璽は（これが先述の *möngke tngri-yin kücündür* 使用実例の最初だが）、ウイグル文字モンゴル語6行、縦横14.5cmの方印であった。方印は中国式であり（中央アジア以西は円印ないし水滴形の印）、上掲の方形疊篆漢字印とその点は同工であるが、少なくともモンゴル文印と漢字印との2系統あったわけである。中国方面で確認される諸例がすべて漢字印だからといって、このことをモンゴル帝国全体にまで敷延することはもとよりできない。ほぼ同時期の文書において、弟コデンが陝西に発令した漢訳文書押印が漢字印であり、皇帝となった兄グユクのペルシア語国書の印璽がウイグル文字モンゴル語文印であったことは興味深い。

文書としての第三点の利点は、第1截と第4截末尾にウイグル文字モンゴル文が添書されていることである。『黒韃事略』徐霆の疏には、「回回に行する者は、則ち回回字を用う。鎮海これを主どる。回回字は只だ二十一箇の字母あり。其の餘は只だ偏・旁の上に就いて湊成す。漢人・契丹・女眞諸亡國に行する者は秖だ漢字を用う。移剌楚材これを主どる。即ち又た後面の年月の前に鎮海が親ら回回字を寫く。『某人に付與す』と云う。此れ蓋し專ら楚材を防ぐなり。故に必ず回回字を以て驗と爲す。此れ無くんば則ち文書を成さず。殆んど

2　碑に刻された文書としての分析

之をして鎮海を經由せしめ、亦た互相(たがい)に檢柅す可から使めんと欲すればなり」と述べる。回回方面には回回字文書を使い、チンカイ Činqai が掌握する一方、中国方面には漢字文書を使用し、耶律楚材が取りしきったが、文書後尾の年月の前にチンカイが「誰々に与える」と回回字で記入した。それは楚材の専行をはばむためで、回回字の添書がなければ文書とならなかった。あらゆる文書は結局チンカイを通過する仕組みで、チンカイ・楚材二人の相互チェックにもなりえたという。もとより、この記事はオゴデイ時代の中央書記局の状況である。文中の「回回字」を本碑に刻されるのと同じウイグル文字を意味すると解するか、あるいはアラビア文字と考えるべきか、やや微妙である。ウイグル文字の基本字形は16字だが、4字母・14子音と考えれば、18字となる。さらに付点によるŠなどを想定すれば、21前後になろう。一方、アラビア文字は現在のペルシア語では28字を数えるものの、この当時Gはまだ存在せず、ČとPも稀であり、その他の文字も付点のつかない字形（rasm）だけで考えれば、21前後に減ることも考えられる。とはいえチンカイがウイグルないしケレイト人であったことを勘案すると、ここにいう回回字はウイグル文字とするのが無理がないだろう（もとより、徐霆の見聞が当時のモンゴル宮廷全体を見通した結果であったかどうかはわからないわけで、このことからただちにアラビア文字ペルシア語のモンゴル宮廷における利用度を低く見ることはできまい）。ウイグル文字であるならば、本碑はまさに徐霆の叙述のとおりとなる。また、たとえアラビア文字であったとしても、漢字文書に非漢字の添書をすること、さらにその位置は年月日の前後という骨子は類似することになる。なお、第1截・第2截に刻されたふたつの命令が発せられたころ、チンカイはコデンの許にかくまわれていたはずである。年月日の後に記入されている第1截の添書は、当のチンカイ自身の手にならなかったとはいい切れない歴史状況下にさえ、実はある。ただ残念ながら、第1截の場合、「東宮皇太子寶」との重複部分がほとんど読めず、『黒韃事略』がいうような「某人に付與す」と記されていたかどうかわからない。実際の文書では、朱印・墨書であったろうから判読に困ることはなかったろうが、重複する両者をともに石に刻するのは困難である。刻工はおそらく漢族であったろうから、重複箇処については印文を優先するのは仕方ない。むしろ、印との重

451

複箇処にもわずかながらもウイグル文字らしき痕跡が刻されながら、しかもそれはモンゴル語としては意味をなさない程度にしか存在しないことは、逆にこのウイグル文字が後人の追刻ではないことを証する。その点では、第4截のウイグル字の方が微妙である。徐の疏がいうとおり、年月日の前に刻されているものの、重複していないからかえって後人刻出の疑もなくはない。しかし、本文と年月日・押印のあいだにあらかじめしかるべきスペースが用意されているように見える。また最末尾に見える尻尾状の太い刻線はきわめて不可解だが、あるいは本来ウイグル文字2行目の末尾に連続する語末の右払いの-A ないし-N を表記するのではないかとも思える（つまり、文書原物ではちゃんと連続して書かれていたが、刻石時点においてスペース不足になり、最末尾に不足分を添刻したと考えるわけである）。やはりこちらも、原文書からすでにあったとして差し支えないのではないか。

　（2）　モンゴル語直訳体命令文への展望。4通の文章は語句や部分だけを見ると、純直訳・直訳風・白話・文語風・純文語が混在している。クビライ以後の元代直訳体命令文がモンゴル語原文に対し1語ごと対応する漢語に置き換え、さらに全体としてモンゴル語の語序まで忠実に再現しようとしているのとは趣きを異にする。にもかかわらず、これら4通もふつうの文語漢文では全くなく、異様な漢文といわざるをえない。モンゴル語からの漢訳であることは動かない。チンギス以降モンケ時代までの漢訳命令文はいずれも程度の差こそあってもこうした文章である。そして対応するモンゴル語原文と対訳のものは今のところ知られていない。一方、元代直訳体命令文にはパクパ文字モンゴル語原文と合璧のものが1990年の現在まで13例発表されている。その13例の対応語句を応用すれば、直訳体漢文だけの場合でもそのモンゴル語原文を再構するのは、じつのところそれほど困難ではない。発令文の内容も同時期のチャガタイ、フレグ、ジョチ各ウルスでの命令文や国書にくらべてじつに画一化されている。そこに発令者たるモンゴル人独自の発想や考えはほとんど認められない。大元ウルス治下で確立されたパクパ字モンゴル語命令文およびその直訳体漢訳版は不自然なほど作為性が強いといわざるをえない。それに対して、クビライ出現以前の命令文は文体・用語・内容ともにクビライ以後ほど画一化していない。また、

2 碑に刻された文書としての分析

　元代命令文の場合はほとんど軍官・行政官全般に布告するかたちを採るのに対して、モンケ時代までの命令文の方はどれも宛先に特定の個人名を指定し、指令内容も個別・具体性に富む。従来、「モンゴル語直訳体」の名で13・14世紀の命令文漢訳版全体を括ってきたが、クビライ以前と以後では歴然と性格を異にする。クビライ以前のものは、例えば「初期直訳体」とでも命名し、クビライ以後のそれと区別して検討してみる必要があるのではなかろうか。本碑の4通は、その格好の材料となると考える。

　（3）　ウイグル文字モンゴル語の用例として。第1・第4截に刻された先述のウイグル文字の添書はモンゴル文としてまことにささやかなものではあるが、1225年のイェスンゲ Yisüngge 紀功碑（いわゆるチンギス・カン碑石）、1240年の済源紫微宮懿旨碑添書についで3番目に古いウイグル文字モンゴル語の実例である。第1截は「süme-yin／寺の」としか読み取れない。第4截のうち「BWR〔A〕LQYN-W／buralqin-u／ブラルキたちの」は間違いない。主文中に見える「不蘭奚」に対応する。「遺失物、遺畜、逃亡者」を意味するこの語については、ペルシア語文献に burālgū と見え、漢文文献の「孛蘭奚」「不蘭奚」と、とくに語末の音が一致しないことで従来論議があった。筆者は先に、『オルジェイト・スルターン史』に大元ウルス軍指揮官として登場する Burālgī なる人物が『元史』に見える孛蘭奚と同一人物であることから、元代漢籍に「遺失物」の意味で散見する「孛闌奚」「不蘭奚」の原音として burālgī ＞buralqi～buralyi を想定して構わないことを述べたが［杉山1987：40-41, 本書8章］、本碑によって直接の確証をえた。'WDQ'（N）については疑問がある。語末に N があるかどうかも不明。漢蒙合璧の《忻都公神道碑》に「積善」の対訳として sayin udq-a と使用例が見られる udqa か［Cleaves 1949：68, 132］。

　（4）　碑刻として。本碑は前後4年にわたって与えられた4通の文書をのちに一括して合刻したものである。刻石・立碑の時期は不明。しかしおそらく第4截の丁未年（1247年）一〇月二八日ののち、或る時間が経過して草堂寺の修復がなった頃、その前後に上石されたのだろう。仏寺・道観に授与されたモンゴル命令文は幾通かをまとめて合刻立石する場合がむしろ多いが、本碑と鄠屋万寿宮《大蒙古國累朝崇道之碑》［蔡録（1）（2）（3）（4）（11）（15）附録二：

第11章　草堂寺闊端太子令旨碑の訳注

（1）（2）（3）。最下截の同碑序の末尾に辛亥（1251年）七月初九日に万寿宮みずからが立石したことを記す。同碑に合刻された命令文書の最後のものが庚戌年（1250年）一一月一九日であるから、約8ヶ月後の立石である］のいずれかがそれらの嚆矢である。この碑全体を通じて見逃せないのは、4 截の文字すべてが明らかに同一人物の筆蹟であることである。しかも、第1・2・3 截それぞれの縦の長さは全く同一であり、第4 截も第1 截とその上の横書きの碑題とをあわせた縦の長さと全く一致する。いいかえれば、碑題・1・2 截と3・4 截とはちょうど碑石の半分ずつに仕切られている。このことは、本碑4 通は刻石のために、あらためてそれぞれのスペースをほぼ均等に仕切った上で書写されなおしたことを意味する。つまり、原文書そのままではない。3箇所の押印はもとどおりとしても、各截の抬頭・改行・行数・行ごとの字数などが原文書のままである保証はない。それは誤字・誤脱、さらには改字・改文もありうることを示す。ただ、抬頭・改行については、少なくとも書丹・刻石・立碑の時点での認識を示すとはいえるだろうが、文書原物の伝存が極めて少ない状況のため、こうした碑に刻されて伝わる「準文書」にかかる期待や比重はどうしても大きいが、所詮はあくまでも碑刻であって、とくに文書体式などの点について過度の信頼は禁物であることがわかる。なお、この碑石そのものに関して、最上部に碑題が横書されていることから判断して、螭首・亀趺ははじめからなかったのだろう。

　本章では本碑の文献学・石刻学上の検討に徹する意味から、いささかでも内容・歴史展開にかかわる語句・事項については、それが文面の解釈に必須と考えられる場合でも、あえて触れなかった。歴史分析は別稿にて行いたい。

文献一覧

Chavannes, Ed., Inscriptions et pièces de chancellerie chinoises de l'époque mongole, TP 9, 1908, 297–428, 30pl.

Cleaves, F. W., "The Sino-Mongolian Inscription of 1362 in Memory of Prince Hindu," *HJAS* 12, 1949, 1–133, 27pl.

Cleaves, F. W., "The lingǰi of Aruγ of 1340," *HJAS* 25, 1964／65, 31–79, 1pl.

Kara, G., "L'inscription mongole d'Aruγ, prince de Yün-nan (1340)," *AOH* 17, 1964, 145–173,

5pl.

Lewicki, M., *Les inscriptions mongoles inédites en écriture carrée*, Wilno, 1937, 72pp.

Ligeti, L., *Monuments en écriture 'Phags-pa. Pièces de chancellerie en transcription chinoise*, Budapest 1972, 170pp. 〔1972a〕

Ligeti, L., *Monuments préclassiques* Ⅰ. XⅢe et XⅣe siècles, Budapest, 1972, 295pp. [1972b]

Mostaert, A. et Cleaves, F. W., *Les lettres de 1289 et 1305 des Ilkhan Arγun et Öljeitü à Philippe le Bel*, Cambridge, Mass., Harvard Univ. Press, 1962, 104pp., 12pl.

Pelliot, P., "Les Mongols et la papauté, documents nouveaux édités, traduits et commentés avec la collaboration de MM. Borghezio, Massé et Tisserant," *Revue de l'Orient Chrétien* 23, 1922-23, 3-30.

Poppe, N. (tr. and ed. John R. Krueger), *The Mongolian Monuments in hP'ags-pa Script,* Wiesbaden 1957, 159pp., 12pl. ,9figs, 1map.

Rachewiltz, I., *Index to the Secret History of the Mongols,* Bloominton, Indiana, 1972, 347pp.

包祥「1340年昆明蒙文碑銘再釈読」『民族語文』1980年 4 期、43-51頁、図 3 。

蔡美彪『元代白話碑集録』北京、科学出版社、1955年、133頁、図 4 。〔蔡録〕

蔡美彪「河東延祚寺碑訳釈」『蒙古史研究』 2 、1986年、45-56頁、図 1 。

陳垣『南宋初河北新道教考』北平輔仁大学、1941年、112頁（1962年に新版、1989年に第 2 次刷）。
　　〔新道教考〕

陳垣編、陳智超・曽慶瑛校補『道家金石略』北京、文物出版社、1988年、1379頁、図16。〔道略〕

道布「回鶻式蒙古文《雲南王蔵経碑》考釈」『中国社会科学』1981年 3 期、199-210頁。

亦隣真「読1276年龍門禹王廟八思巴字令旨碑―兼評尼古拉・鮑培的訳注」『内蒙古大学学報』社会科
　　学版、1963年 1 期（『蒙古史論文選集』 4 、呼和浩特、1984年、359-381頁）。

杉山正明「西暦1314年前後大元ウルス西境をめぐる小札記」『西南アジア研究』27、1987年、24-56頁。
　　（本書第 8 章）

熊夢祥撰、北京図書館善本組輯『析津志輯佚』北京古籍出版社、1983年、264頁。

[追記] 2004年の時点で、二つの点につき最低限度の補遺・修正をおこないたい。第 1 点は、モンゴル命令文の冒頭定型句の初期使用例について。すなわち、宮紀子「モンゴルが遺した「翻訳」言語――旧本『老乞大』の発見によせて」上、『内陸アジア言語の研究』ⅩⅧ、2003年、86頁に示されたように、『東文選』に次の二つの用例がある。

（ 1 ）同書、巻六一、金敞「輿中山稱海兩官人書」
　　伏惟、長生天氣力、蒙古大朝國四海皇帝福蔭裏、大官人閣下起居千福。
（ 2 ）同書、巻六二、朴暄「答唐古官人書」
　　伏惟、長生天氣力、蒙古大朝國皇帝福蔭裏、帥府大官人閣下茂膺千福。

これらはいずれも、オゴデイ時代に高麗からモンゴルあての書簡のなかでモンゴルからの文言の引用文として記されたものであり、当時すでにモンゴルで「長生天氣力」の冒頭表現が存在していた傍証

第11章　草堂寺闊端太子令旨碑の訳注

となる。『黒韃事略』と霍州碑にもとづいてオゴデイ時代には成立していたはずとした推測を補強する。

第2点は、草堂寺碑の第1・第4截のウイグル文字について、第1截の süme-yin のつづきの一語は bičig と、第4截の buralqin-u のつづきの一語は TWQ'＝to γ a(n) の誤刻と見なせないかとの、いずれも松井太からの示教をえた。そうであるならば、それぞれ「寺への文書」「ブラルキたちの数」ということになり、どちらも命令文の内容と合致し、まことに巧みな案といわざるをえない。十分な可能性のある案としてここに記す。

第12章

東西文献によるコデン王家の系譜

はじめに

　モンゴル帝国第2代大カアンのオゴデイ Ögödei の次子コデン Köden の系統は、モンケ Möngke の即位、クビライ Qubilai の即位の二度にわたる政争のさい、他のオゴデイ一門とは袂を分って二度とも勝利側に付き、旧西夏領に独自のウルス ulus を保持した。カイドゥ Qaidu が天山北麓を中心に糾合したのは、コデン家を除くオゴデイ諸系であった。コデン家は創祖コデンがサキャ・パンディタ Sa-skya Paṇḍita とパクパ 'Phags-pa の最初の保護者となったことをはじめ、ティベットとの関係も深く、また地勢上、大元ウルス Dai-ön yeke mongγol ulus と中央アジアや雲南方面とを結ぶ枢要な位置を占めた。モンゴル帝国の構成と歴史展開を考える上で看過できない存在ではあるものの、ちょうど東西の文献の狭間にあたり、この王家そのものを対象とする特別にまとまった記録は見当らない。王家の歴史の概容なりとも辿るためには、まず歴代の世系を把握する必要があるが、その作業の基本資料となる『元史』巻一〇七、宗室世系表とラシードゥッディーン Rašīd al-Dīn『集史』Ǧāmi ʿal-Tavārīḫ オゴデイ・カアン紀 Dāstān-i Ūktāī-qān 冒頭の系譜とに出入があり、その他の関連記事も錯綜して容易に定めがたい。屠寄は『蒙兀兒史記』巻三七、一四八

第12章 東西文献によるコデン王家の系譜

にコデン家歴代について、『元史』の諸記事を中心に巧緻きわまる文献考証をおこなっている。アンビスによる『元史』宗室世系表の訳注（Hambis, L., *Le chapitre CVII du Yuan che : Les généalogies impériales mongoles dans l'histoire chinoise officielle de la dynastie mongole*. Avec des notes supplémentaires par Paul Pelliot, Leiden 1945）は、屠寄の同定をほとんど踏襲する一方、特に人名の転写に関しては『集史』ブロシェ E. Blochet 校訂本を参閲するほか、ティムール朝での系譜史料『高貴系譜』*Muʿizz al-Ansāb* との対校をパリのフランス国立図書館所蔵写本（Bibliothèque nationale, Ancien fonds persan 67）に依拠して行ない、参照すべき点をもつ。なかでも、ペリオの署名入り付注は有益である。とはいえ、あくまで『元史』宗室世系表に対する注記の枠を超えるものではなく、主に扱う漢文情報も編纂文献からのものに限られる。一方、近年、13・14世紀モンゴル時代史研究にかかわる史料状況が急速に良化し、ペルシア語史書については『集史』イスタンブル写本をはじめとする古写本の参照が必須の要件となり、系譜史料としては『集史』と深い関係にある『五分枝』*Šuʿab-i Panǧgāna* 利用の道も開かれた。また、漢文史料についても、元刻本などの影印・出版がすすみ、これと並行して各種の碑刻資料が新史料源として活用しやすくなった。屠寄、ペリオ、アンビスらにくらべ、現在は原典史料の上では格段に恵まれていることとなった。そこで、本章では、現在すすめつつある全モンゴル王族系譜研究の一環の意もこめて、あえて問題点の多いコデン王家を取り上げ、現時点において手許で利用できる各種の東西史料を調査して、極めてささやかな基礎作業を試みたい。行論にあたっては、史料間の疑問・不一致はそのまま呈示し、今後の利用に供することを旨とする。

1　東方の系譜史料

『元史』巻一〇七、宗室世系表は闊端太子位の項に、こう列挙する。

闊端	滅里吉歹王	也速不花大王		

1　東方の系譜史料

蒙哥都大王	亦憐眞大王	
只必帖木兒王		
帖必烈大王		
曲列魯大王	汾陽王別帖木兒	荊王也速也不干

よく知られているように、『元史』宗室世系表と極似したモンゴル王族系譜が陶宗儀『南村輟耕録』巻一、大元宗室世系に載り、コデン系について下のようにほとんど同一である。

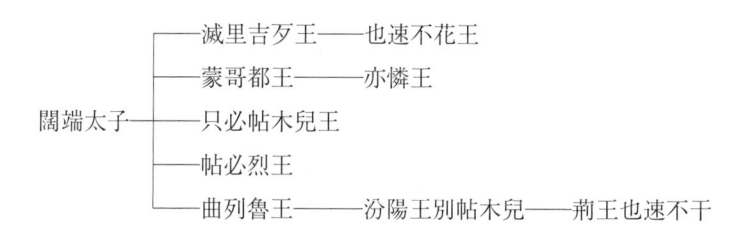

```
           ┌─滅里吉歹王───也速不花王
           ├─蒙哥都王────亦憐王
闊端太子───┼─只必帖木兒王
           ├─帖必烈王
           └─曲列魯王────汾陽王別帖木兒───荊王也速不干
```

『輟耕録』では、固有名詞の漢字表記に乱れがあるほか、各王の称号がすべて「王」となっている。ただそれは『輟耕録』は大元宗室帝系のすべてを通じて称号を「王」に統一し、「大王」の表現を使わないからにすぎない。その点では、むしろ「大王」と「王」の二つを使いわける『元史』宗室世系表の方が微妙な問題を含む。コデン家で「王」とだけ称される2人のうち、滅里吉歹 Mergidei は後述するように第2代の当主と考えられる。只必帖木兒 Jibig-Temür は第3代ないし第4代の当主でクビライ政権成立に寄与し、クビライ時代において帝国全体でも際立った有力者であった。逆に、「大王」と称される5人のうち、帖必烈 Tebile? と曲烈魯 Kürlüg? 両人は系譜史料に現われる以外にはとんど事蹟が伝わらない人物である。『元史』宗室世系表全体を通観してみると、「王」と称される方が少数だが、そのなかにチンギス・カンの次弟ジョチ・カサル Joči-Qasar が搠只哈兒王、その孫で第4代当主のシクドゥル Šigdür が勢都兒王、カチウン Qači'un 家の第2代ないし第3代当主でクビライ政権成立の主力となったフラクル Hulaqur が忽列虎兒王、モンケの子ウルン・タシュ Ürüng-Taš の後嗣で叔父シリギ Širigi らとともにクビライに反

第12章　東西文献によるコデン王家の系譜

逆したサルバン Sarban 撒里蛮王、安西王アーナンダ Ānanda の後嗣で叛乱未遂事件をおこしたウルク・テムル Ürüg-Temür が月魯帖木児主と、むしろ有力者が目立つ。かえって、系譜史料以外にその名が伝わらないような人物の場合は、「大王」であることが多い。前掲の「王」と称せられる有力者の実例5人のうち、ジョチ・カサルはチンギス・カンの競争者で部衆の大半を没収されたことは『元朝秘史』に名高い。シクドゥルはナヤン Nayan に附いてクビライに敵対行動を取った。フラクルを除く4人には「王」と筆誅される理由がある。ひるがえって、コデン家の場合、メルギデイはモンケ即位直前にだけ記録が残り、モンケ即位に加わったコデン家の人物としては、『元史』憲宗本紀や『集史』、そしてティベット語史料ともに一致してモンゲドゥ Mönggedü 蒙哥都の名をあげる。メルギデイがモンケ即位前後に他界ないし失脚したか、あるいは反モンケ派であったことを仄示する史料状況である。ジビク・テムルについては、クビライ政権が確立したのち、大元ウルス政府や出先官憲と衝突・対立する漢文記事が実に多い。ジビク・テムルは政権樹立の重大な功績者ではあるが、それだけ逆に中央の意向に服さず、忌避された結果、「王」とことさらに貶められたことも考えられる。ただし、フレグ・ウルス Hülegü ulus 第2代のアバカ Abaqa のように少なくとも現在までに知られている文献ではクビライ政権に不都合な点を見い出しにくい有力者でありながら、阿八哈主と表記されている例もある。アバカの子で第4代フレグ・ウルス君主となったアルグンがそのすぐ下に阿魯大主と表記されているのだから、なおさらである。単純な誤記や気まぐれの場合もあるかもしれない。「大王」「王」別称の問題は『元史』宗室世系表のすべての用例を検討した上で割り出さねばならず、コデン家の二人について、今のところは「王」称は貶忌の意を含むことも十分あることだけ留意したい。

　さて、『元史』宗室世系表トルイ Tolui 諸系の歳哥都 Sögedü 大王位の項には、

　　荊王脱脱木児――荊王也速不堅

と、コデン家当主と見られる二人の人物が混入している。『輟耕録』も也速不堅を也達不堅と明らかに誤写するほかは全く同じである。「荊王」という封号

は、旧南宋領の分与のさいコデン家に投下領として与えられた洞庭湖西辺の常徳路（現湖南省常徳市）にちなむ名称であり、この王号をもつ人物はコデン系であることが予想される。ところが、屠寄は『蒙兀兒史記』巻一四八、歳哥都の項で奇抜な解釈をする。『元史』巻二一、成宗本紀四、大徳七年（1303年）八月辛亥に、「諸王脱鐵木而の子也先博怯の所部らに鈔六千九百餘を賜う」と見える諸王脱鉄木而と也先博怯の父子に世系表の二人をあてるのである。アンビス訳注の当該箇処に付するペリオの注記も屠寄の解釈をそのまま引用する [Hambis 1945：104-105]。この解釈には、ひとつの根拠がある。『集史』によれば、至元一三年（1276年）モンケの子シリギを戴いてアルマリク Almalïq の大元ウルス軍陣中で叛乱を起こした主謀者のトク・テムル Tūq-Tīmūr＞Toq-Temür はソゲドゥの子であった [ĞTS, 177a, 203b-204b]。従って、『元史』宗室世系表のソゲドゥの項に見える荊王脱脱木児をこのトク・テムルの誤記と見做すこと自体は十分にありうる解釈といえる。弱点は、脱脱木児・也速不堅の２人とも荊王と冠称されていることである。そこで也速不堅を『元史』宗室世系表コデン家の末尾に見える荊王也速也不干とは別人であることを証するために、脱脱木児・也速不堅と同じ父子関係を示すかと見える諸王脱鉄木而・也先博怯の父子の記事に着目したのであろう。しかし、この２組の漢字表記された人名を考えると、前二者は Toq-Tömür～Toq-Temür, Yesü Bügen～Yesü Bögen、後二者は Toq-Temür, Esen-Böke～Esen-Böge となり、双方を同一と見做すのはかなり苦しいといわざるをえない。また、ソゲドゥの子トク・テムルは叛乱後の内紛ですぐに殺害されており [ĞTS, 203b-204b]、それより20数年を経た大徳七年に「諸王脱鐵木兒の子の也先博怯」と表現するのも『元史』本紀の通例に反して不自然だろう。『集史』『五分枝』『高貴系譜』において、ソゲドゥの子トク・テムルの子はいずれも Tūgān＞Toγan 一人である [ĞTS, 177b：Šuʿab, 129b：Muʿizz P, 47b]。この三書で屠寄が引く脱鉄木兒・也先博怯の父子にふさわしいのは、チャガタイ Čaγatai 家アルグ Alγu の遺児で有名なカバン Qaban、チュベイ Čübei 兄弟の末弟にあたるトク・テムル Tūq-Tīmūr と、その子エセン・ブケ Esen-Böke である。子の名については、『集史』イスタンブル本で AYSN BWKA [ĞTS, 170a, 171b]、『五分枝』ウイグル文字で ʾYSʾN

461

第12章　東西文献によるコデン王家の系譜

BWK'、アラビア文字で AYSAN BWKH [*Šuʿab*, 122a]、『高貴系譜』ではパリ本・ロンドン本ともに AYSN BWQA [*Muʿizz* P, 37a：*Muʿizz* L, 38a] と綴られる。名の前半の要素はいずれも Esen と読めるが、後半の要素については『集史』『五分枝』では Böke〜Böge〜Büke〜Büge、『高貴系譜』では Buqa となる。『高貴系譜』はティムール朝での編纂であるから、『集史』『五分枝』に従うべきであり、也先博怯と一致する。屠寄の案は成立しない。

『元史』宗室世系表ソゲドゥの項に見える荊王脱脱木児と荊王也速不堅とは、両者とも荊王と冠称されているのだから、コデン家の一部が混入したと見るのが素直だろう。この二人は『元史』巻一〇八、諸王表、荊王の項にそろって、

也速不堅。

脱脱木兒。

脱脱火赤。□□□年に封ぜらる。至順二年（1331年）來朝す。

　　　　　　〔□の部分は三字分、黒く塗りつぶされている〕

と見えるのに対応する。荊王也速不堅は、『元史』巻二九、泰定本紀一、泰定元年（1324年）「九月乙酉、也速不堅を封じて荊王と爲し金印を賜う」と見え、泰定帝イェスン・テムル Yesün-Temür 即位後に最高の一字王号である荊王を与えられた也速不堅に相違ない。彼は同本紀二、泰定四年（1327年）七月癸亥に、「岐王鎖南管卜、荊王也速也不干の其の分地を侵すを訴う」と見える荊王也速也不干と明らかに同一人物である。コデン家の本拠地は永昌路と西涼州とを主邑とする涼州平原一帯であるので、青海西寧方面に所領を構えるコンギラト Qonggirad 族チグゥ Čiγu 駙馬家（代々のこの族長に元室より皇女が来嫁し、山東濮州の投下領にちなんで鄆国公主といった。岐王は本拠西寧にちなむ王号で、族長が名乗った）と所領紛争を起こすのは地勢上よくわかる。『永樂大典』巻一九四二一に引かれる『經世大典』「站赤」の天暦二年（1329年）四月二七日以下の項に、鎮南管卜岐王位下に属する火兒忽禿 qoruqtu？・紅城兒の両站と荊王也速不干位下の蒙古七站が一路接連していると見えるが、その状況は同一であり、当然その両方に見える荊王也速也不干と荊王也速不干とも同一人物である。荊王也速不堅、荊王也速也不干、荊王也速不干は同人異訳である。この前後に『元史』

1　東方の系譜史料

本紀に登場するそれらしき人物の記事を既引のものを除いて列挙すると次のようである。

〔延祐四年（1317年）正月〕戊辰、諸王也速也不干・明安答兒 Ming'andar の部に糧三月を給す。
〔天暦元年（1327年）十一月丁丑〕荆王也速也不干、使を遣わして檄を傳えて襄陽に至らしむ。
〔至順二年（1331年）二月甲戌〕荆王也速也不干、犛牛を貢す。
〔同年四月〕壬戌、樞密院の臣、言えらく、「雲南、事已に平ぐ。鎮西武靖王搠思班 Čosbal 言えらく、蒙古軍および哈剌章 Qara-jang・羅羅斯 Lolos 諸種人の叛せし者、或は誅せられ或は降る。已に略ぼ定むと雖も、其の餘黨、山谷に逃竄し、必ず其の反側せざる能わず。今、請う、荆王也速也不干および諸王鎖南等を留め、各おの所部を領して屯駐せしむること、一・二歳、以て威重を示さん」と。これに従う。
〔同年十一月癸未〕荆王也速也不干、犛牛四百を獻ず。

5箇処とも也速也不干である。さらに、虞集の撰にかかる《孫都思氏世勳之碑》はコデン王家に配属されたスルドゥス Suldus 族千戸長ソルカン・シラ Sorqan-Šira、チラウン・バートル Čira'un-Ba'atur 父子の後裔を伝える名高い根本史料だが、そこでも也速也不干と表記されている［四部叢刊本『道園學古錄』巻一六、『道園類稿』巻三九］。同碑は、碑自身が語るところによると、至順二年（1321年）四月、スルドゥス族長家の嫡裔健都班 Gaindu-dpal？が侍御史に陞せられたことにより、その曽祖父母以下に追贈し、それを碑に勒して西涼州の先塋に立てることになり、当時、奎章閣侍書学士であった虞集が文宗トク・テムル Toq-Temür の勅命で撰文したものである。そのもとづくところは、健都班の同僚であった治書侍御史の馬祖常が「述した所の家世・歳月・官簿・行事の實」であったという。従って、そこでの表記は信頼してよいだろう。也速不堅・也速不干ではモンゴル語として意味をとりにくいので、「九老」の意 Yesü-Ebügen に対応する也速也不干が人名表記としても無理がない。この点については、『元史』宗室世系長コデン家の項に対する屠寄の考証、およびそれを引

463

第12章　東西文献によるコデン王家の系譜

くアンビス・ペリオとも同様に考えている［蒙史37-3b、Hambis 1945：75-76］。
　荊王脱脱木児は、『元史』巻三四、文宗本紀三、至順元年（1330年）正月丁丑に、「荊王の子の脱脱木児を召して闕に赴かしむ」と見え、荊王イェス・エブゲンの子である。『元史』巻三八、順帝本紀一、後至元元年（1335年）閏一二月には、「壬辰、宗室脱脱木児に詔して、荊王を襲封せしめ、金印を賜う。命じて忙來諸軍を掌り、王府官屬を設立せしむ」とあり、先掲のイェス・エブゲンの事蹟と年月の上で重複しないことから、父の荊王位を継承したことがわかる。『元史』諸王表が也速不堅・脱脱木児の順番にしているのは本紀の諸記事に符合する。ひるがえって、宗室世系表ソゲドゥの項は、コデン家当主を示す二人の荊王を冠称させたまま、そのうえ父子の順を逆にするという二重の誤りを犯しているわけである。本来ソゲドゥ家の項に入れるべき叛王トク・テムルと荊王脱脱木児とがたまたま同名であったために、まず混入がおこり、さらに誤入のさいに、既存のソゲドゥ家の系譜にはその名の該当者が見当らなかった荊王也速不堅は処理に窮してやむなく子とされたのであろう。

　『元史』宗室世系表のもととなったのが『経世大典』「帝系篇」であり、「歳賜録」も参照していることは、宗室世系表コデン家の直前の記事で判明する。『経世大典』は至順二年（1331年）五月に完成、翌年三月に奉呈されているから、後至元元年（1335年）閏一二月に荊王を継承した脱脱木児は、その時点では荊王ではなかった。つまり、『元史』宗室世系表のコデン家の項は『経世大典』「帝系篇」そのままの状態を伝え、一方、ソゲドゥ家への荊王脱脱木児・荊王也速也不堅の混入は『経世大典』以後の所産とせざるをえない。それがはたして明の『元史』編纂官の手になるかどうかは、同様の混入が至正二六年（1366年）完成とその自序で称する『輟耕録』大元宗室世系にも見られるので、微妙な問題である。ただし、混入した荊王也速不堅の表記が諸王表での表記と一致し、さらに泰定本紀の荊王受封時の表記とも一致する。そのことは、『元史』宗室世系表における『経世大典』以後の付加部分と諸王表との関係、さらには両者の情報源を窺知する手掛りの一つとして注意される。

　諸王表の荊王の項の最後に見える脱火赤 Toγači〜Toqoči を系譜上、どう位置づけるか材料がない。『元史』巻三九、順帝本紀二、後至元三年（1337年）一

一月丁巳に、「脱脱木児に詔して脱火赤荊王の位を襲わしめ、仍て其の妃の忽剌灰*Qurqui に命じて同じく兀魯思 ulus の事を治せしむ」と見え、実在したことは裏付けられる。しかし、脱脱木児との血縁上の関係、荊王位継襲の前後は不明とせざるをえない。屠寄は前引の記事で脱脱木児がはじめて荊王を継承したと見做し、その2年前にあたる既引の後至元元年（1335年）閏一二月壬辰の脱脱木児の荊王襲封の記事を脱火赤の誤記と考え、さらに両者を兄弟と解する［蒙史37-4 a］。柯紹忞『新元史』巻一一一、太宗諸子、闊端太子の項、およびアンビス・ペリオも全くこれを踏襲する［Hambis 1945：75-76, 153-154, Hambis 1954：28-29］。しかし、脱脱木児が父の荊王イェス・エブゲンの在世中に入朝した至順元年（1330年）正月丁丑の記事までをも脱火赤の誤記とせざるをえない屠寄の案には、無理が目立つ。諸王表の脱火赤の条に「至順二年〔1331年〕来朝す」とあるのにとらわれすぎた解釈であり、脱火赤については後述するように屠寄の案を成立せしめない新出の碑刻資料が存在する。

以上、『元史』宗室世系表を中心とする東方の系譜史料から得られるコデン王家の世系をまとめると、次のようになる。

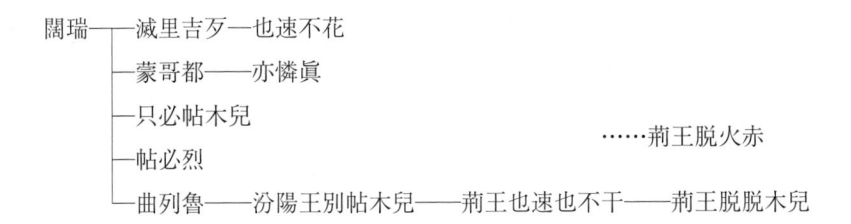

```
闊瑞──┬─滅里吉歹──也速不花
      ├─蒙哥都──亦憐眞
      ├─只必帖木児
      ├─帖必烈                              ……荊王脱火赤
      └─曲列魯──汾陽王別帖木児──荊王也速也不干──荊王脱脱木児
```

2　西方の系譜史料

『集史』オゴデイ・カアン紀、第1部、「Ūktāī の息子たちと彼の孫たちの話」において、コデンの家系は次のように述べられている［ĜTS, 134b］。

第2子 Kūtān。Munkkū-Qān は彼に Tankqūt の地方において yūrt を与え

た。そして一軍とともにそこへ遣わした。彼には三人の息子があった。次に具細する。

Mūnkātū。彼の母は……であった。

Kūtān。……ハトゥンから来誕した。そして一人の息子をもった。彼の名はKūtan。系図（šaġara）ではYīsū Būqāである。

Ġīnk-Tīmūr。……が彼の母であった。そして彼には息子たちがいた。彼らの名前は知られていない。

Ūktāī-QānとKīūk-Hānの子孫たちがMunkkū-Qānに陥穽と策謀を考えた時に、Kūtānのこの子孫たちは彼の旧友・同志であったので、その一団を罪にあて、彼らの軍を取りあげ分与したさい、彼らについては抑圧を及ぼさず、彼らが保有する諸軍を彼らの上に確固とした。そしてTankqūtの地方に彼らのyūrtがあったので、Qūbilāī-Qānとその息子Tīmūr-Qānはそのまま（bar qarār）Kūtānのūrūġをそこに置いた。そして彼らもまた旧来どおりにQānの友・支持者であり、その命令に服している。そして彼らの事行はQānの恩寵のお蔭のもとで全き光輝と秩序をもっている。平安アレ。

ここに見える家系を文章にいうとおりに図示するとこうなる。

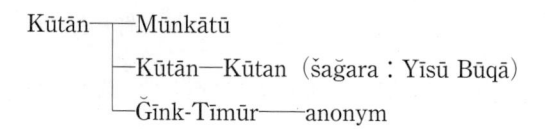

```
Kūtān ─┬─ Mūnkātū
       ├─ Kūtān ─ Kūtan（šaġara：Yīsū Būqā）
       └─ Ġīnk-Tīmūr ── anonym
```

ところが、『集史』では文章によるオゴデイ家の世系が述べられたあと、第1部の末尾に、「Ūktāī Qānの子孫の具細。この後に彼らの諸分枝（šuʻab）が図表（ġadval）に描かれた」と大書して、表に仕立てた系譜がつづいている。イスタンブル本では各人物の間を結ぶ系線が描かれていず、次にそのままの形で示す。

2 西方の系譜史料

```
Kūtan      Mūtkū (sic) >Mūnkatū
                                    Kūrlūk
           Yīsū-Būqā
                                    MMBWLH
           Ğink-Tīmūr
```

アリーザーデ校訂本では、KūrlūkとMMBWLHの二人をYīsū Būqāの子として系線で結ぶが［Rašīd／Али-заде：41］、はたしてそれでよいのか、イスタンブル本と比較対照できる別のすぐれた古写本を利用できない現時点では定かでない。本文と図表で最も食い違うのはコデンの第二子である。本文に従えば、コデンの第二子の系統は父子とも初代のコデンと同じ名を称したことになる。しかも三代目のコデンについては「系図（šaǧara）ではYīsū Būqāである」と述べ、実際に「図表（ǧadval）」では1世代を繰り上げているものの、Yīsū Būqāと書かれる。『集史』自身がモンゴル王族の世系の編纂にあたって、文章で綴られたものと図表化した王統図との少なくとも二つの系統の原資料を利用したことを吐露しているわけで、その点でも極めて注目される。第三子Ğink Tīmūrについては、本文で名が不明の息子たちがいたと述べられているのにもかかわらず、図表では何も記されていない。あるいは、図表で出現するKūrlūkとMMBWLHの両名がその息子たちであるのかもしれない。

『集史』は、系統の異なる2種の情報をあえて調節しないまま並記してくれているわけである。とはいえ、『集史』に見えるオゴデイの7人の息子たちのうち、長子グユクGüyüg、第五子に置かれるカシ（ダイ）Qaši～Qašidai、第六子に置かれるカダアンQada'an、第七子に置かれるメリクMeligの4つの系統については実に豊富な人名を記載するのにくらべ、簡略きわまりない。のこる第四子カラチャルQaračarの家系は現実に子孫が繁栄せず、第三子クチュKüčüの家系は初代クチュと嫡子シレムンŠiremünがオゴデイの後継者に擬せられながらもモンケの命令でシレムンが殺害されたのちは急速に衰えた。『集史』がこの2系について簡略であるのは現実にそうだからである。それに反して、コデン家の簡略ぶりは、『集史』の情報蒐集力が東方については大元ウル

第12章 東西文献によるコデン王家の系譜

スの中枢を除くとやはり及びにくいことをよく示している。

さて、『集史』が伝える2種の世系を『元史』宗室世系表と比較してみると、『集史』の方がやや簡略であり、内容上も一見すると大きく食い違うようである。しかし、仔細に見ると、意外に一致点・近似点がある。『集史』のMūnkātū は『元史』の蒙哥都に相違ない。『集史』のĞīnk-Tīmūr も付点の位置を変えれば『元史』の只必帖木児に対応するGībik Tīmūr と読める形である。『集史』で問題となったYīsū Būqā は、『元史』で滅里吉歹の子とされる也速不花にあたる。さらに、『集史』図表で出現する Kūrlūk は、『元史』でコデンの末子に位置づけられる曲列魯と明らかに同名である。もう一人のMMBWLHについても、一見したところでは『元史』の帖必烈との隔りは大きいように感じるが、『集史』語頭の MM は TY の誤記であることも十分にありえる形であり、TYBWLH ならば Tebüle と読め、『元史』の帖必烈が表わすTebileに接近する。『元史』に見えるコデンの5子のうち、滅里吉歹ひとりが表面上は『集史』に対応しない。しかし、これもメルギデイが『集史』本文にいう2代目のコデンを名乗っていれば、闊端―滅里吉歹―也速不花の形は『集史』本文と一致する。

メルギデイが父と同じコデンと呼ばれていたことは皆無とはいえない。後述するように、メルギデイの名は『元史』宗室世系表以外では、碑に刻されたいずれも漢訳の令旨2通の発令者として見えるのみである。その1通は年月不明であり、のこる1通はモンケ即位直前の庚戌年 (1250年) 一一月の発令である。一方、初代のコデンはジュヴァイニー 'Alā al-Dīn 'Aṭā Malik Ğuvainī 『世界征服者の歴史』 Ta'rīh-i Ğahānguša およびそれを典拠とする『集史』によれば、兄グユクの在位中 (1246年の陰暦7月から48年の陰暦3月まで) にファーティマFātima という妖女の呪術のために病魔に犯され他界した [Qazvīnī 1, 200-201: ĞTS, 182a]。ところが、ラシードは『集史』チンギス・カン紀末尾に、チンギス・カンの129の千人隊とその遺産としての分与について述べたのち、オゴデイがカアンとなると本来はトルイ諸子の管下にあった四千戸を自分の一存でコデンに与えたことを語り、つづいてこういう [ĞTS, 132b]。

この事のために、KūtānとTūlūī-Ḫānの子孫との間に全き友誼（dūstī）が生じた。Ūktāī-QānのurūgのMunkkū-Qānに対する反抗のさい、Kūtanは異心をなさず、このためMunkkū-Qānも彼らの諸軍を分配した時、叙述がなされたように、Kūtā(n)のものについては彼の上に確固とした。

　モンケ即位後のKūtanは初代のコデンではありえない。また既引のように、『集史』コデン家系を語る冒頭でモンケが初代のコデンをタングトに派遣したとあるのも、初代と2代目の二人のコデンの存在による混乱と考えれば了解できる。さらに、『元史』巻三、憲宗本紀、二年壬子（1252年）夏、オゴデイ系諸王の分遷と遺産分割にかかわる有名な記事では、コデン家に関して、「蒙哥都、および太宗皇后の乞里吉忽帖尼は擴端の居る所の地の西」と見えるが、この擴端も初代のコデンと解すると苦しくなる。

　『集史』のコデン家に関する知見はクビライ時代までにとどまるが、その限りでは『元史』宗室世系表と対応する点が多い。このことは、両者の情報源が案外に近いことを示唆する。最も食い違うのは、『元史』はコデンの子を5子とし、『集史』は3子とする点である。元末の成書という『紅史』 *Deb ther dmar po* には、「コデン Go-dan の子にはジビク・テムル Ji-big-the-mur ら3人がある」と述べ、イェケ・トプチアン Ye-ke-thob-can＞Yeke Tobči'an に依拠するという［紅史：27、稲葉・佐藤：80］。『集史』はその序においてモンゴルの『金冊』*Altan Debter* を典拠とすると明言しており、『紅史』のモンゴルの項も『金冊』に近いモンゴル史料にもとづいているとなると、3子とするのが正しいとせざるをえなくなる。それに従えば、『元史』宗室世系表において、コデン5子のうちの曲列魯と帖必烈は『集史』図表のように、本来はコデンの孫の世代であったものが、誤って子の世代に繰り上ってしまったことになる。以上の東西系譜史料に見える対応関係をまとめて図示すると、次のようになる。

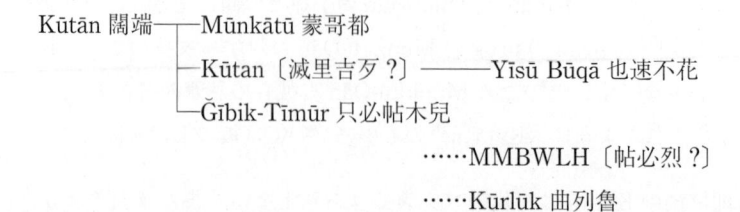

第12章　東西文献によるコデン王家の系譜

```
Kūtān 闊端 ─┬─ Mūnkātū 蒙哥都
            ├─ Kūtan〔滅里吉歹?〕─── Yīsū Būqā 也速不花
            └─ Gībik-Tīmūr 只必帖木兒
                                    ……MMBWLH〔帖必烈?〕
                                    ……Kūrlūk 曲列魯
```

ところが、『五分枝』モンゴル族の項には、次のように、『集史』と大きく異なる家系が描かれている〔Šu'ab, 124b-125a〕。

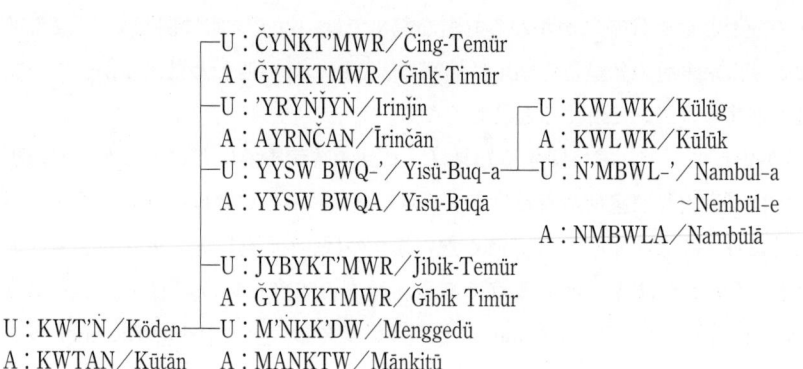

```
                    ┌─U：ČYNKT'MWR／Čing-Temür
                    │  A：ĞYNKTMWR／Ğīnk-Timür
                    ├─U：'YRYNJYN／Irinjin
                    │  A：AYRNČAN／Īrinčān
                    ├─U：YYSW BWQ-'／Yisü-Buq-a ┬─ U：KWLWK／Külüg
                    │  A：YYSW BWQA／Yīsū-Būqā  │  A：KWLWK／Kūlūk
                    │                          └─ U：N'MBWL-'／Nambul-a
                    │                             ~ Nembül-e
                    │                             A：NMBWLA／Nambūlā
                    ├─U：JYBYKT'MWR／Jibik-Temür
                    │  A：ĞYBYKTMWR／Ğībīk Timūr
U：KWT'N／Köden ─────┴─U：M'NKK'DW／Menggedü
A：KWTAN／Kūtān       A：MANKTW／Mānkitū
```

〔U：Uiɣur Script　A：Arabic Script〕

『五分枝』の第3部モンゴル王族の項は、各人名が朱書によるウイグル文字と墨書によるアラビア文字の2種の表記で示される。『五分枝』の序文は同書がラシードの著作であるようにいうが、現在ただ一つ知られているイスタンブルのトプカプ・サライ博物館の図書館所蔵写本〔Topkapı-Sarayı Müzesi Kütüphanesi, MS. Ahmet No.2937〕を見る限りでは、同じくトプカプ・サライ図書館蔵の1317年の奥書をもつ最古最良の『集史』古写本（いわゆるイスタンブル本）とはかならずしも一致しない。上の系図において最も大きなちがいは、コデンの子が三人から五人にふえていることである。人数だけならば、『元史』宗室世系表と同じとなった。増加した2人のうち、コデンの第4子に置かれるイリンチンは『集史』イスタンブル本には全く登場しない。その名は、明らかに『元

470

史』宗室世系表に蒙哥都の子と見える亦憐真に対応する。また、第２子とされるジビク・テムルは新出というよりも、『集史』で名の綴りが不明確であったǦīnk-Tīmūr～Ǧībīk-Tīmūr を、第２子にジビク・テムル Ǧībīk-Tīmūr、第５子にチン・テムル Ǧīnk-Tīmūr と、別の２人として書きわけたのではないか。第２子ジビク・テムルの綴りは、ウイグル文字・アラビア文字とも、鮮明に J̌ibig-Temür と読むべきことを指示している。『集史』の綴りの曖昧さはない。『元史』等に名高い東方の有力諸王只必帖木児の名を正確に知っていなければ書けない。『集史』でも、クビライ・カアン紀において諸王 Ǧīnk-Tīmūr～Ǧībīk-Tīmūr がアリク・ブケ Arïq Böke 派の処罰にあたって重要な役割を演じているが [ǦTS, 202a-203b]、『五分枝』の編者ないし筆写者はこちらをジビク・テムルと見なして書き加え、『集史』系図の末子については、チン・テムルと写本の綴りどおりに読んでそのまま残したのであろう（チン・テムルの読みについては、オングト族でオゴデイ時代のホラーサーンで書記官として活躍した同名の人物に引きづられたか）。研究の挙句の苦肉の一案という印象さえ抱かせられる。第三子イェス・ブカに二人の息子を系線でつなげるのは、『集史』イスタンブル本には見られなかった。この点については、『集史』原本ではあるいはそうなのかもしれない。とはいえ、息子とされた二人の名も、『集史』イスタンブル本とは微妙に異なる。系図全体を見ると、第二子ジビク・テムルと第４子イリンチンを取り除くと、『集史』イスタンブル本の図表のほうと全く同じ形となる。『集史』本文にいう二代目のコデンを捨て、第二子にジビク・テムル、第四子にイリンチンというクビライ時代からテムル Temür 時代に活躍した著名な人物を新入させたのは、典拠となる特別な資料があったのか、あるいは研究の結果なのか、定かでない。ただし、追加された二人がいずれも『元史』宗室世系表と対応することは極めて注目される。

　『五分枝』モンゴルの項の全体にわたって、挙げられている人名は『集史』成書の14世紀初頭の知見としておおむね妥当ではあるものの、『集史』イスタンブル本では得られない人名や新情報の追加もかなりある。コデン家の場合もその例に漏れない。また、各人名の綴りも、『集史』イスタンブル本のそれよりも後世のティムール朝期の史書におけるそれと類似する場合がしばしばある。

第12章　東西文献によるコデン王家の系譜

『五分枝』が『集史』と極めて近い関係にあることは疑いないが、『集史』などを典拠に再編集した印象が濃い。14世紀前半期における『五分枝』原書の存在までをも疑う根拠も必要も今はないけれども、現『五分枝』写本がティムール朝崩壊前後の書写であることは考慮にいれなければならない。

　ティムール朝の系譜史料『高貴系譜』では、さらに次のように変わる。系譜集としての体裁・形式等が『五分枝』と極似するパリ本を掲げる［*Mu'izz* P, 40b, 41b］。

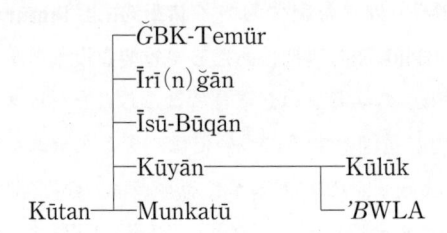

```
                  ┌─ǦBK-Temür
                  ├─Īrī(n)ǧān
                  ├─Īsū-Būqān
                  │         ┌─Kūlūk
                  ├─Kūyān───┤
Kūtan─────Munkatū           └─'BWLA
```

系図の形は『五分枝』と同じであるが、コデンの第二子を Kūyān とする点、およびコデンの二人の孫をその Kūyān の子とする点が目につく。Kūyān は明らかに nuqṭa すなわち付点の誤りで、Kūtān とすべきところである。そのほか、Īsū Būqān の語尾の N、'BWLA の語頭は、誤写ないし誤読である。ǦBK-Temür の名の前半も不明確といわざるをえない。Kūlūk の綴りは、『集史』の Kūrlūk と異なり、『五分枝』と同じである。第二子にコデンを示すとおぼしき Kūyān を入れるのは、『集史』イスタンブル本の本文にいう家系と一脈通じるところがある。また、コデンの孫二人を『五分枝』のようにイェス・ブカの子としないのは、あるいは当時は利用できた『集史』別本に依拠するのかもしれない。要するに、『五分枝』を踏まえつつ、若干の創意を加えたものか。全体としては、個々の人名の綴りが不正確になっている。なお、ティムール朝期の写本かと思われるパリ本において『五分枝』とは別の情報が述べられていることは、逆に『五分枝』がティムール朝で創作されたのではないこと、いいかえれば『五分枝』原書の存在を想定するのに有利な一証となる。

　『高貴系譜』ロンドン本およびインドのアリガル・ムスリム大学マウラーナ・アザド図書館に蔵せられる2種の写本では、いずれもパリ本の Munkatū が消

え、Īrī(n)ǧān は Ābūkān＞Ebügen と誤写されている。Īsū-Būqān の語末の N は踏襲され、各人名はほとんど上下の点が付けられていない [*Mu'izz* L, 41b, 42b：*Mu'izz* A-41, 81, 83：*Mu'izz* A-42, 79, 81]。この3種の写本はムガル朝での書写であり、ロンドン本のみが歴代君主の肖像画を描くほかは、内容・体裁とも実に似通っている。パリ本との隔りは大きく、コデン家についても、ムガル朝ではいかにモンゴル王の名がもはや読めなくなっていたかを示す例証となる以外にあまり有益な点はない。

　モンゴル期からティムール朝、さらにはムガル朝までの西方の系譜史料に伝えられたコデン家の系譜は、結局コデンの孫の世代までにとどまる。同王家について原典史料として意味をもつのは『集史』の2種の情報と『五分枝』であるが、内容上で異同・発展が見られた。その一方、両書に登場する人名は『元史』宗室世系表とはとんど共通し、さらに人数の上でもコデンの孫の世代までに限っていえば、追加情報のある『五分枝』では7人、『元史』宗室世系表では8人が記載される。後者に見える汾陽王別帖木児 Beg-Temür の汾陽王受号は、延祐七年（1320年）のことであるから、『集史』が奉呈された1310年ころの知見としては、東西の系譜史料が伝える人数は同じことになる。コデン家の家系に関する東西の編纂文献の知見は、人数・人名とも実はあまり大差がない。このことは、モンゴル帝国の東西宮廷に、『元史』宗室世系表にいう『十祖世系録』のようなチンギス・カン以前の系譜ばかりでなく、チンギス以降に帝国各地に拡散した諸王家の血統についても、共通した情報、ないしは何らかの王統資料が存在したことを想定させる一材料となる。

3　碑刻などの関連記事

　コデン家歴代の当主がどう継承されたかはむつかしい問題である。大元ウルス中期以降については、漢文史料で荊王を受号したと記される人物を当主と考えて大過ないであろうが、王号という明確な指標を背負わない形で史料に登場してくるそれ以前の段階では、危険な作業となる。とくに、モンケ即位、クビ

ライ即位という政変がかかわる場合はなおさらである。屠寄『蒙兀兒史記』の考証はまことに見事ではあるけれども、同時期に複数の同系諸王の活動記事が重なる場合、判断は恣意に傾かざるをえない。王号に縋れないとなると、のこる手段はモンゴル王族などが発令した命令文である。発令者の名が明記されるほか、発令年月日・発令地が末尾に記されるので、最も確実かつ疑いようのない典拠となる。これらの命令文は、碑に刻されて伝わることが多い。もとより、発令・伝存ともに偶然に左右される。しかも、発令する権限は各王家の当主だけとは限らない。ただし、現在までに原石・引用など様々な形で伝わるモンゴル期命令文を通観すると、とくに碑に刻されて仏寺・道観・神廟などに立石されたものの場合、王族については各王家の当主とおぼしき実力者の発令にかかるものばかりである。そうでなければ、本領安堵や各種の保護特権を授与しても現実に有効でないであろうし、また授与された宗教側も巨費を投じて刻石・立碑する意味がない。以下、近年利用の便が急速に整いつつある碑刻資料のなかから、コデン家歴代とおぼしき命令文を捜求し、それらを中心に『元史』『集史』以下の典籍史料から得られる情報とつきあわせてみる。

初代コデン　彼が他界したのは、既述のように『世界征服者の歴史』『集史』によればグユク在位中のことであった。陝西省鄠県の草堂寺に現存する《大朝皇太子令旨重修草堂寺碑》第3截には、丁未年（1247年）四月一〇日に発令されたコデンの令旨が刻されている［杉山1990：91、口絵28・29（本書第11章）］。その日まではコデンは在世していた。従って、彼の他界は、その時から翌1248年の陰暦3月までの約1年間に絞られる。各種のティベット語編纂文献やその影響をうける明清時代のモンゴル語文献、さらに『佛祖歴代通載』などの仏教側漢文典籍には、コデンがモンケ即位後も在世したかのように述べるが、それはモンゴルとティベット仏教の出会いの"縁起譚"のなかで伝説化したコデンの姿であり、史実ではない。あるいは『集史』が述べるように、コデンの子・孫に同じくコデンと呼ばれる王がいたことを反映している場合もあるかもしれない。

第二代メルギデイ　『元史』宗室世系表にコデン長子として滅里吉歹王と見えるほか、典籍史料には全く登場しない。ところが、陝西省盩厔大重陽万寿宮

3 碑刻などの関連記事

遺趾（現在は鄠県に属する）の碑林に現存する《大蒙古国累朝崇道受命之碑》辛亥年（1251年）七月初九日立石の第3截の右方には「彌里呆帶太子」の令旨が刻される［北図拓本彙編48-17、道略444・図11に拓影。蔡録：(15) 16、道略446に録文[1]］。庚戌年（1250年）一一月一九日の発令である。同碑同截左方には乙巳年（1245年）一〇月二二日付の「闊端太子」の令旨が刻される［拓影は同前。蔡録：(11) 12、道略446に録文］。ともに全真教祖庭の保護にかかわる一連の命令である。「彌里呆帶太子」は明らかにコデン家の人物であり、宗室世系表の滅里吉歹の異訳に相違ない。注目されるのは、父コデンと同じ「太子」と称していることである。『元史』宗室世系表でも太子と称するのは朮赤 Joči 太子、察合台 Čaγatai 太子、闊列堅 Kölgen 太子、闊端太子、闊出 Küčü 太子、昔列門 Širemün 太子、脳忽 Naqu 太子（グユクの次子）、小薛 Söse 太子（泰定帝イェスン・テムルの第3子）、允丹蔵卜*Yondan-dzangbu 太子（同4子）・燕帖古思 El-Tegüs 太子（文宗トク・テムルの次子）、太平訥 Taipingnu 太子（同3子）の11人にすぎない。『輟耕録』でもチンギス庶子の兀魯赤*Uruči を太子とし、逆に泰定帝の諸子には言及しないほかは、全く同じである。いずれも皇帝の子か、さらにはコデン、クチュ、シレムンのように皇帝位の相続者に擬せられて、時には「皇太子」と呼ばれることもあった人物ばかりである。「太子」は「大王」より明らかに上位である。メルギデイはコデン太子の「太子」、すなわち相続者であったのだろう。靸屋碑のメルギデイ令旨の命令内容は、陝西京兆地区を握るキタイ系耶律禿花家の当主（太傅総領・也可那延 yeke noyan の称号を継承する）宝童以下の有力軍閥・全官員に大重陽万寿宮の修建とそこの道衆の庇護を命ずるものである。文中には「令旨の到れる日、仰せて已に降したる聖旨・令旨の處分の事意に欽依して、道衆を率領して、俺が與（われらがため）に天を告し聖壽の無疆を祝延せよ」と述べ、自分の命令はチンギス・カンの聖旨（ジャルリク）、父コデンの令旨を受け継ぐことを明言している。コデン家の当主でなければ不可能である。さらに文末の威嚇文言には、「你毎は這の金寶文字を與（あた）えたが爲（ため）に、却って做賊（悪事をすること）・説謊（ウソをつくこと）の歹（わる）い人を隠匿すれ阿、歹（わる）くないだろうか」と見える［蔡録は末語を「不反那甚麼」と移録するが、道略は「反」を「歹」とする。こちらに従う］。「金寶文字」は金の印璽を押捺した文書を意味する。モンゴル

475

語の altun tamɣatai bičig の意である。金印を所持するのは各ウルスの長だけである（現実にメルギデイが保持していたのは、草堂寺コデン碑の第１・２截に模勒される父コデンの「東宮皇太子寶」であった可能性さえある）。メルギデイがコデンの後継者であったことは疑いない。

メルギデイに関して、銭大昕『十駕齋養新録』巻一五、「朝城縣令旨碑」にもう一つ注目すべき記録が伝えられている。

> 朝城縣の興國寺に令旨碑あり。一は合刺査 Qaračar 太子の令旨たり。猴兒年三月初七日、和林（Qara）Qorum 城子の寺裏て寫來。一は皇子忽察 Hvāga＞Qoja 大王の令旨たり。乙巳年九月初三日、合刺腦兒 Qara-naɣur 〔裏て〕寫來。一は密里吃臺太子の令旨たり。年月を見ず。皆な一碑に刻す。合刺査なる者は、太宗の第四子の哈刺察兒なり。忽察なる者は、定宗の長子の忽察大王なり。密里吃臺なる者は、闊端太子の子の滅里吉歹王なり。本と太宗の孫なるも、當時また太子と通稱するなり。第三道の旨に「公主百戸 Baiqu・駙馬會都 Qaidu の地面裏ある朝城縣」と云う。按ずるに食貨志に「鄆國公主位、丙申年〔1236年〕濮州三萬戸を分撥す」と。朝城は濮州の屬縣たり。即ち其の分地なり。又公主表に「甕吉八忽*Onggi-Baiqu 公主、赤窟 Čiɣu の孫の懷都 Qaidu 駙馬に適く」と。懷都は、即ち碑の稱する所の會都。聲あい近きなり。其の「□曬歹・嚴相公に道輿す」という者は、東平行臺の嚴實の子の忠濟なり。其の匣合 Qaɣa(n) 皇帝と稱して、成吉思皇帝の後、□□皇帝の前に在るは、則ち太宗なり。〔中略〕而して末の一道も亦た必ず定宗の后の稱制の時に在り。蓋し憲宗の時、太宗の子孫は皆な擯斥せられて復た事を用いず。

密里吃台太子がメルギデイにあたることは疑いない。その令旨の発令年次を定宗グユクの皇后オグル・ガイミシュ Oɣul-Γaimiš 監国時代（1248-50年）かと推測する銭大昕の洞察力は驚くべきである。「□□皇帝」をグユクを表わす貴由・古与・谷与・谷裕と読んだのか、あるいは闊㢠碑を知っていたのかもしれない。コデン家の華北投下領は山東の東昌にあり、文中にいうコンギラト族チグゥ駙馬家の投下領である濮州とは隣り合わせである。本拠地も既述のように隣接す

る。メルギデイの権限はコンギラト族チグゥ家の所領にも及んだ（のこるカラチャルとホージャ・オグルが朝城県の興国寺に発令しえた背景には、コデン家をのぞくオゴデイ諸系が丙申年（1236年）の分撥のおり、グユクを代表者として大名に投下領を設定されていることが考えられる。大名は濮州の西隣である）。メルギデイの命令対象に挙がる2人のうち、厳実は東昌・濮州を含む東平全体の現地統轄者であるから当然として、厳実の上位に書かれる□囉歹は朶囉歹ではなかろうか。『集史』によれば、コデン・ウルス創設のさい、トルイ家所属からコデンへ譲られた4個の千人隊のうち、筆頭に挙げられているのはジャライル族千戸長ドロダイ・ノヤン Dūlādāi-Nūyān であった [ĞTS, 132b]。彼はオゴデイ時代の首相の役を果たしたイルガイ・ノヤン Ilγai Noyan の実弟であり、『元朝秘史』に名高いチンギス・カンの95千戸のうち第40番の朶囉阿歹 Dolo'adai＞Dolodai にあたるとみられる。コデン家へ配属される以前は、オゴデイ朝の燕京代表であった可能性も高く[2]、さらにティベット語史料『紅史』に1239年に初めてティベットへ侵攻したモンゴル将軍として名高いコデンの将 rDorta nag にあたることさえ考えられる。メルギデイの権力は豁屋碑に明示されるように陝西を制圧していたばかりでなく、山東までをも威圧していたことが窺われる。なお、阮元『山左金石志』巻二一、元石、「興国寺舎利塔令旨碑」には、メルギデイの令旨は蒙漢合璧（モンゴル文はこの当時であるから当然ウイグル文字で書かれていることになる）であるかのように著録されている。『山左金石志』は現地での調査・採拓を踏まえて著録されているから確度は高い。ただし、おそらく現存しない。まことに残念である。

第三代モンゲドゥ　『集史』モンケ・カアン紀、第2章に、対立のさなかでモンケ推戴に直接参加した顔触れが次のように列挙され、コデン家ではモンゲドゥが見える [ĞTS, 187b]。

　　Munkkū-Qān のもとにいた王子たちアミールたちは次のようである。Barkāī（＞Berke）と大アミールたちから Harqāsūn。左手の王子たちから Ğūğī-Qasār の諸子〔と〕Yīsūnkka、Qāğīūn の子 Ïlğitāī、Ūtğī-Nūyān の子 Tāčār、Bilkūtaī〔BKKWY sic〕の諸子。すべて Ğīnkkīz-Hān の甥

477

たちであった。右手の王子たちからは、Ġaġatāī 諸裔から Qarā-Hūlākū、Qān の諸子から Qadān、諸孫から Mūnkadū と Kūtān の子。Munkkū Qān の兄弟 Qūbīlāī、Hūlākū、Mūka、Alīġ Būkā がすべて集まり、彼の幸いなる即位のときに各人が着座をなす（sāūrāmīšī bi-kunad）にはどうするか考慮した。

「Mūnkadū と Kūtān の子」は、『世界征服者の歴史』では、「Kūtān の諸子」とだけあって、モンゲドゥと特定していない [Qazvīnī 2, 30]。モンケ即位の政変にモンゲドゥがコデン家を代表してモンケ側についたことは、既に簡単に述べた『元史』巻三、憲宗本紀、二年夏の有名なオゴデイ系諸王の分遷記事によって裏付けられる。全文は次のようである。

> 夏、和林に駐蹕す。諸王を各所に分遷す。合丹 Qada'an は別失八里 Beš Balïq の地に、蔑里 Melig は葉兒的石 Erdiš 河に、海都 Qaidu は海押立 Qayalïq の地に、別兒哥 Berke は曲兒只の地に、脱脱 Toγto は葉密立 Emil の地に、蒙哥都および太宗の皇后乞里吉忽帖尼は擴端の居る所の地の西に。仍て太宗の諸后妃・家賚を以て親王に分賜す。

これに関連して、『集史』モンケ・カアン紀、第2章、「王子たちとアミールたちが Munkkū-Qān の御許より自分の居宅に帰還するいとまごいをしたこと、彼は十分な尊敬・敬意・恩寵をもって彼らを出立せしめられたことの記」に次のように見える [ĠTS, 191a]。

> Kūtān の諸子について、そして Ġadaqān-Uġūl と Malik-Uġūl それぞれについては、Qān の諸オルドと居宅から一つのオルドをハトゥンたちとともに恩賜なされた。

『元史』憲宗本紀に見えるオゴデイ諸裔のうち、少なくともモンゲドゥ、カダアン、メリクの三人については恩賞としての処置であった。憲宗本紀にいう「太宗の諸后妃・家賚」は、『集史』にいうハトゥンつきのオルド1箇ずつのことにあたる。以上の記事で注目されるのは、モンケ推戴に参加したコデン系に

3　碑刻などの関連記事

ついて、『世界征服者の歴史』『集史』とも注意深く必ず「Kūtān の諸子」と複数で記述していることである。モンゲドゥ1人ではなく、少なくとももう1人は参加していたことを意味している。それがメルギデイであったかどうかは知るべくもないが、この当時すでにコデン家では諸子が並立する状況になっていたことは窺知される。

　モンケ時代におけるコデン家とモンゲドゥについて、ティベット語史料が役立つ。1252年にしたためられたパクパの書簡では、「王子モンゲドゥ Mong-go-ta もやってきて、〔我々を〕庇護した。モンケ・カアン Mon-go gan が即位し、諸方にこの真のヤサを布告した」[Szerb 1980：18-19]と見える。パクパは、1251年に伯父サキャ・パンディタがコデン家の本拠涼州で入寂したのちも、当地にとどまっていた。パクパが伝えるモンケ即位前後におけるモンゲドゥの動向は、確実な証言といえる。さらに、『紅史』には即位以前のクビライとパクパの出会いを語る有名な一節がある　[紅史：43、稲葉・佐藤：119]。

　　後に皇帝クビライ Go pe la が六盤山 Lu-pa'i shan に在わしたときに、北方の王子モンゲドゥ byang-ngos-pa'i rgyal-bu Mogo-du〔Mong-gor sic〕とラマ・パクパとは共に行って謁見しようとした。そこで〔クビライは〕喜んで北方の王子のもとへモンゴルの100騎の一団を行かせてサキャの人〔＝パクパら〕を迎えた。

『元史』巻二〇二、釈老伝によれば、パクパがクビライにはじめて謁したのは、癸丑年（1253年）、15歳のときであった。クビライは1253年に分地として与えられた京兆地区に入り、同年秋、臨洮より雲南・大理遠征に出発した。『元史』世祖本紀では、いち早く北還したクビライは翌甲寅年（1254年）の夏五月庚子に、六盤山に駐したと見える[3)]。ただし、前年の遠征に出発する直前の夏も、京兆西北方の六盤山で駐営したことは、後年の安西王家の夏営地が六盤山であったことからも十分にありえる。モンゲドゥとしては、パクパをクビライに会わせることだけが目的ではおそらくなかったろう。コデン、メルギデイと2代つづいて、陝西はコデン家の影響下にあり、そこへクビライが属僚と遠征軍を率いて大挙来到した。しかも遠征経路となるティベット東部は、コデン家の担

第12章　東西文献によるコデン王家の系譜

当地区であった。モンゲドゥ自身が六盤山へ赴いたかどうかは、上の記事では定かでない。しかし、少なくともクビライの使節とは会見している。従来より、陝西・甘粛のいわゆるタングト地方からさらにティベットまで権益をもつコデン家とモンケ新体制の一翼を担うクビライとの折衝・調節は、もとよりモンケ即位のクリルタイで話し合われていたではあろうが、現地での合意・確認も不可欠である。直接・間接を問わず、この会談が当時の政治情勢のなかでもつ意味は大きい。むしろパクパとの会見は、クビライにとって遠征経路の安全と今後のティベット経営のための布石の一つにすぎまい。モンケの推戴参加とその前後のパクパ庇護、さらにクビライとの（直接？）談合の三点から、モンケ時代においてモンゲドゥがコデン家当主であったと考えて大過ないであろう。

なお、前引の『紅史』の記載に関連して、『佛祖歴代通載』巻二二（至正七年刻本）には次のように見える。

> 初め世祖、潜邸に居り、西國に綽理哲瓦 Chos-rje-pa 〔サキャ・パンディタのこと〕道徳あるを聞き、これに見えんことを願う。遂に西涼に往って使を遣わし、廓丹大王に請う。王、使者に謂いて曰く、「師は已に入滅せり。姪の發思巴 'Phags-pa あり。此れ聖壽と云う。年は方に十六、深く佛法に通ず。請う以て命に應ぜん」と。

廓丹大王はコデンを表わすが、もとより初代のコデンではなく、現実にはモンゲドゥである。初代のコデンが東西に名高いばかりに、その直後の後継者とその事蹟まで彼のこととして伝わったことはありえよう。しかし、既述のように、『集史』でも2代目・3代目のコデンと名乗る人物がいたという。メルギデイばかりではなく、モンゲドゥまでもがそう呼ばれていたことを完全には否定できない。

第四代ジビク・テムル　モンゲドゥは屠寄が引証するように、『元史』巻一三五、月挙連赤海牙伝に、

> 月舉連赤海牙、畏兀兒なり。憲宗に従いて釣魚山を征す。命を奉じて麹蘗を修めて以て師の疫を療す。白金五十兩を賞せらる。繼いで太子満哥都に

従いて雲南を征す。戰いて數しば勝つ。中統三年〔1262年〕、火都、答離と叛す。兵を領して與に討ちてこれを平ぐ。

と見え、モンケの末年（1259年）から中統三年にいたるまでの前後3年間のいつか、雲南へ遠征している。その後、記録には全く姿を見せない。ちょうど入れかわるように、ジビク・テムルが東西の文献で活躍する。彼は1260年から約4年間つづくクビライとアリク・ブケとの帝位継承戦争でクビライ側につき、とくにコデン家の旧タングト領内で行なわれたアラムダル 'Alamdārとクンドゥカイ Qunduqai 麾下のアリク・ブケ軍とカダアンおよびカピチュ Qabiču 麾下のクビライ軍との決戦では、所属民ごと陝西へ一時退去せざるをえない被害にあいながらも、クビライ派の勝利に貢献した。その後、彼がクビライ政権西面の実力者として強大な権力を振ったことは各種の漢文史料に頻繁に見えるが、ここでは扱わない。問題はジビク・テムルがいつまで当主であったかである。既述の虞集《孫都思氏世勳之碑》では、コデン王家の継承と歴代のスルドゥス族チラウン・バートル家の関係をこう語る。

赤老溫八都兒 Čila'un Ba'atur の子の阿刺罕 Alaqan も亦、恭謹を以て上〔チンギス・カン〕に事う。上、嘗て創を被ること甚し。阿刺罕、百方これを療す。七日にして愈ゆ。事は信史に具す。太宗皇帝の時、太子闊端に命じて河西に鎭せしむ。阿刺罕の子の鎖兀都 Soγudu～So'udu、太子に従う。子を生む。只必帖木兒 Jibig-Temür 王と曰う。鎖兀都の夫人の牟忽黎 * Muquli を保母と爲す。太子、薨ず。只必帖木兒、嗣ぐ。河西に塡る。鎖兀都の子の唐台〔古の誤記〕觶 Tangγutai を以て怯薛 kešig 官および屬する所の軍匠・保〔鋪の誤りか〕馬・諸民を領せしむること五十餘年。內は府事に贊じ、外は邊職に著わる。年を績すること七十六にして殂す。西涼州に葬らる。其の夫人の忽都鰗 Qudutai、伯要眞 Baya'ujin 氏。能く婦職を修めて以て其の夫を相く。年六十にして殂す。其の墓は永昌府に在り。子男、凡そ幾人。健都班は其の長子なり。王府・怯連口 ger-ün kö'üd・奴都赤 nutuγči・八兒赤 ba'urči・昔保赤 siba'uči・哈赤 qa〔ra〕či？・軍民諸色人匠を領す。至治二年（1322年）、朝列大夫・永昌路總管を授けらる。泰

第12章　東西文献によるコデン王家の系譜

定二年（1325年）、中順大夫に遷り、本路達魯花赤 daruγači を授けらる。二年〔三年の誤りか〕、亞中大夫・王傅府尉に進めらる。天暦〔暦は道園類稿に従う〕元年（1328年）、皇帝、入りて大統を正す。明年、也速也不干刑〔刑の誤り〕王、入覲す。其の行に従う者五十人を薦めて天子の宿衞に備えしむ。健都班、寔に第一人に居る。奏對、旨に稱う。

コデンから直接ジビク・テムルが継承したかのようである。ジビク・テムル以後もイェス・エブゲンまで当主の名が挙げられない。チラウン・バートル家の歴代を中心に叙述したためであろうか。

屠寄が考証するように［蒙史37-2b〜3b］、ジビク・テムルに関する記事は、至元二二年（1285年）ころで途絶え、25年を経た至大三年（1310年）八月己巳に突然、「諸王只必鐵木兒の貧なるを以て、仍て西涼府の田を以てこれに賜う」『元史』巻二三、武宗本紀〕と現われて、その後は全く消える。空白の25年間には、『元史』本紀において至元二五年（1288年）より宗室世系表の亦憐真に相当するとおぼしきイリンチンが対カイドゥ Qaidu およびドゥア Du'a 戦のなかで浮上し（至元二五年正月癸卯、二七年正月己未、元貞元年（1295年）二月癸卯、同二年三月甲戌、六月丙寅、八月乙卯）、大徳二年（1298年）正月辛未に入朝途上で他界している。ジビク・テムルは失脚した気配が濃厚ではあるが、軍事遠征などにイリンチンを代行者としたといえなくもない。ただし、後述するようにイリンチンの当主継承はまず間違いない。とはいえ、前掲《孫都思氏世勳之碑》のなかで、タングタイ（ジビク・テムルの乳兄弟 kökeldaš であったかもしれない）がケシク以下のコデン家内外を総攬して50年以上に及んだという記事も無視できない。ジビク・テムルは中統元年（1260年）に記録に登場し、前述の至大三年（1310年）までは在世していたとすると、ちょうど50年となる。碑ではタングタイの在世中にジビク・テムルが没落したとは記されていない。ジビク・テムルが当主、ないしそれに近い立場でありつづけた可能性を完全に排除することはできない。

第五代？イリンチン　『隴右金石録』巻五に《鞏昌府城隍廟令旨碑》として次のような令旨が移録されている。

天的気力裏て、皇帝の福蔭裏て、志璘眞大王〔「令旨」の脱落?〕。便宜總管府の官人毎根底、鞏昌府裏屬する咱毎的城隍が壊れて了有、麼道〔脱文?〕、這の文書が到い呵、聖旨の體例裏依って、氣力を添えて修理せよ。恁毎根底說いに將って去かせ了也。令旨は、馬兒年十一月初一日に永昌府に有る時分に寫來。

　相当な誤字・脱字・脱文を想定しなければ了解しにくい文面ではあるが、モンゴル命令文の基本骨格は備えている。永昌府は至元九年（1272年）にジビク・テムルの新城に与えられた名であり、コデン家当主の主城である。発令者の志憐眞大王はそのままでは読めず、意憐眞大王の誤写であろう。つまり、コデン家のイリンチンと考えられる。馬兒年は、至元一九年壬午（1282年）と同三一年甲午（1294年）のどちらかとなる。前述の『元史』本紀に見えるイリンチン関連記事の年次からすれば、後者が適当か。令旨の内容は、オングト Önggüd 系の軍閥汪氏が実質上、独立地帯を形成する鞏昌府（便宜総管府は汪氏一族の属僚官庁）への指令であり、強力な権能をもつ王でなければ不可能である。コデン家と汪氏とはもともと初代汪世顕がコデンに帰附したえにしをもつ。コデン家の本拠永昌府に冬営しながら汪氏の本拠鞏昌府に発令できたイリンチンは、少なくとも令旨を発令した1294年から他界する1298年までは当主であったのだろう。なお、武樹善『陝西金石志』巻二六の《井眞人道行碑》には、陝西耀州の五臺山にいた全真教徒の井徳用に「亦隣眞大臣令旨」が授与されたことを伝える〔この道行碑は道略には見えない〕。令旨は諸王の命令をいい、大臣の場合は鈞旨と漢訳されるから、臣は王の誤写に相違ない。耀州五臺山には丙午歲（1246年）二月初五日付のコデンの令旨があり［陝西金石志25-14 b～15 a、道略1078］、コデン家とは無縁でない。「亦隣眞大王」は、おそらくこのイリンチンであろう。ただし、残念ながら年次が判明しない文章である。

　イェス・エブゲンまで　イリンチンからイェス・エブゲンの間はよくわからない。『元史』巻二六、仁宗本紀、延祐四年（1317年）閏正月辛卯に汾陽王に封ぜられた別鉄木児 Beg-Temür は、宗室世系表において曲列魯の子で荊王イェス・エブゲンの父とされる汾陽王別帖木児であり、二字王号とはいえ王号を授

第12章　東西文献によるコデン王家の系譜

与されたのだから、当主と見なすこともできる。泰定元年（1324年）九月乙酉におけるイェス・エブゲンの荊王受封は、泰定帝イェスン・テムルのクー・デタ即位のさいの一字王号乱発と解されるから、ベク・テムルとイェス・エブゲンの間の継承はなめらかに説明できるかに見える。ところが、前掲の《井眞人道行碑》には、「至治改元（1321年）、大哥赤荊王、洞陽眞人の號を贈る」という一節がある。ベク・テムルとイェス・エブゲンの真只中に割込む形であり、しかも荊王と称する。『元史』諸王表の荊王の項にその名が見えないだけでなく、大哥赤はここ以外には全く見えない。大哥赤では読みにくいので、火哥赤 Hügeči？あるいは土哥赤 Toγači？の誤写かもしれない。この人物が投げかける問題はいまのところ処理できる材料が見当らない。また、イリンチンの他界以後、ベク・テムルの汾陽王受封以前の時期についても決定材料を欠く。大徳七年（1303年）七月乙酉の条に、「諸王曲而魯等の部に鈔・幣を賜いて差あり」と見える曲而魯が汾陽王ベク・テムルの父とされる曲列魯であったとしても、宗室世系表がいうクルルク―ベク・テムル―イェス・エブゲンの3代の血統を証するだけのことである。加えて、少なくとも1310年まではジビク・テムルが存命していたのだから、事態は極めて複雑・微妙といわざるをえない。現在の史料状況では解決できない。

　　トク・テムルとトガチ　イェス・エブゲン以後について、既述のように屠寄は『元史』本紀の2箇処の脱脱木児をあえて脱火赤と読みかえ、トガチを経てトク・テムルが荊王を継承したと考えた。しかし、山西永楽宮には上截に兎児年二月初三日、昌平県で発令された脱帖木児荊王の令旨、下截に猴児年四月二四日、大都で発令された脱火赤荊王の令旨、計2通のモンゴル語直訳体白話風漢文の令旨を刻す碑石が現存している［『永樂宮』図版200、宿白1963：54-55、道略804-5］。1960年におこなわれた永楽宮の調査は『文物』1963年8期に特集されたが、宿白「永楽宮調査日記――附永楽宮大事年表――」にはこの2通の令旨がともに移録されている。宿白は蔡美彪の考証に拠るとして、上截の脱帖木児令旨の兎児年を順帝至元五年己卯（1339年）、下截の脱火赤令旨の猴児年を文宗至順三年壬申（1332年）に当てる。蔡美彪の考定は明らかに屠寄、柯紹忞、ペリオ、アンビスの考えに従ってトガチを先としトク・テムルを後としたもの

3 碑刻などの関連記事

である。しかし、上截の令旨のほうが下截の令旨よりも後年であるというのも奇妙である。モンゴル時代の命令文を刻する碑は、幾通かを一括して刻する合刻碑である場合がむしろ多いが、管見の限り上方から下方へ、同截の場合は左方から右方へ年次順に刻される例ばかりである。上截のトク・テムル令旨は三宮提点・保和沖妙崇教真人丁道融に授与され、下截のトガチ令旨は三宮提点・保和崇徳明義大師蕭道遇に授与されている。この碑陰は、最近公刊された『道家金石略』ではじめて移録文が公表されたが、それによると、至正七年（1347年）一一月初六日の立石にかかる。関係者の名は2群にわけて挙げられ、そのうち丁道融を戴く1群は前半に、蕭道遇を戴くもう1群は後半に刻されている。明らかに碑陽の2通の令旨にそれぞれ対応するように仕切られている。かつ蕭道遇の方が後輩で、立石に直接たずさわっている形である。そこで、『道家金石略』に集録されている諸碑のなかから、この2人の道士の名を求めると、延祐四年（1317年）正月上元吉日立石の《永樂宮聖旨碑》碑陰には「明德大師提擧蕭道遇」「保和沖妙崇眞大師提點丁道融」と見える［727-28］。さらに後至元二年（1336年）の立石かと考えられる《純陽萬壽宮提點下院田地常住戸記》には、この時点での永楽宮関係者が位階順に列挙されるが、その第5位に「保和沖妙崇眞大師宮門提點丁道融」、第14位に「明德大師提擧蕭道遇」と見える［792］。明らかに丁道融が蕭道遇よりも上位者でありつづけている。蕭道遇が永楽宮を代表して下截のトガチ荊王令旨を受領する三宮提点（提点は総轄・取締りのこと）の立場になったのは、上截のトク・テムル荊王令旨を丁道融が受領して以後のことと考えざるをえない。碑に刻されている順番どおり、上截のトク・テムル荊王令旨がまず降付され、その後、下截のトガチ荊王令旨が降付されたのである。トク・テムル荊王令旨の兎児年は、蔡美彪の考定のとおり、後至元五年己卯（1339年）に当てて『元史』本紀の記事と抵触しない。トガチ荊王令旨の猴児年は、それ以後で立石の至正七年（1347年）までとなるから、至正四年甲申（1344年）に当てられる。

屠寄が荊王継承をトガチ、トク・テムルの順と強読した理由の一つは、『元史』巻九二、百官志八、永昌等処宣慰使司都元帥府の項に次のように見えるからであった。

485

第12章　東西文献によるコデン王家の系譜

　　至正三年〔1343年〕七月、中書省奏すらく、「闊端阿哈 Köden-Aqa の分か
　　つ所の地方は、西番に接連す。脱脱木児すでに没して自りの後、人の承嗣
　　する無し。達達人口・頭匹、時に西番の劫奪・殺傷を被る。深く未便と爲
　　す」と。遂に永昌等處宣慰使司都元帥府を定置して以てこれを治す。

荊王トク・テムルは至正三年（1343年）までに他界して、コデン家本拠の涼州
平原一帯は無主となってしまった。屠寄がこの記事に依拠してコデン家滅亡と
考えたのは仕方がない。ただし、これはあくまで涼州方面のことである。第3
代当主モンゲドゥが雲南へ赴いているように、コデン家の諸王が涼州平原以外
の地に拡散していなかった保証はない。永楽宮令旨碑の荊王トガチ令旨は、中
書省が上奏したまさにその翌年の至正四年甲申（1344年）の発令であった。し
かも、その発令地は大都である。発令日付の四月二四日は、通常の遊牧集団な
らばすでに冬営状態から離れている時期である。一方のトク・テムル令旨の場
合、二月初三日の発令であり、従って大都北郊の昌平県にトク・テムル自身は
冬営して、一時期本拠の永昌方面を離れていた（いいかえれば順帝宮廷への伺候
のため上京しており、国許を留守していた）と解釈できるのとは事情を異にする。
荊王トガチには涼州平原で生活する意志がなかったのだろう。彼の本拠地は知
るべくもないが、四月二四日でも大都を離れないとなると、中国本土内か、あ
るいは彼自身が都市貴族化、ないしは宮廷貴族化してもはや遊牧生活のなかに
身を置けなくなっていたのかもしれない。ベク・テムルが汾陽王を名乗り、ト
ク・テムルとトガチ自身とが永楽宮に発令していた点を重視するならば、山西
省南部の平陽路のどこかにコデン家の飛び地が存在したことも考えられる。平
陽路はオゴデイ時代にジョチ Joči 一門に分与されたが、クビライ時代にその
実質は消え、例えば平陽路東部の太行山中の上党盆地一帯はオゴデイ系クチュ
の後裔かと推定される小薛 Söse 大王の牧地となっている[4]。

　上のことを前提にすると、『元史』本紀においてトク・テムルは後至元元年
（1335年）閏一二月壬辰に荊王を襲封し金印を授与されていながら、既述のよう
に、二年後の後至元三年（1337年）一一月丁巳に、「脱脱木児に詔して脱火赤荊
王の位を襲わしめ、仍て其の妃の忽剌灰に命じて同じく兀魯思 ulus の事を治

486

せしむ」と、あたかも荊王位を2度襲封したように見えることも解決できる。屠寄は後至元元年の記事をトガチと読みかえて二つの記事の調節をはかったわけだが、後至元三年の記事は、その字句どおりトガチ旧属のモンゴル部衆をトク・テムルとトガチの妃クルクイの共同管理下に移す意味に取って差支えない。その部衆はもともとクルクイ妃が実際には掌握していたのだろう。それに関連して、トク・テムルが2年前に荊王を襲封した時、「忙來諸軍」を掌るように特に指定されていることが注意される。「忙來」は地名とも見えるが、モンゴル語 manglai ではなかろうか。『元朝祕史』に manglai、『集史』等ペルシア語史書に mankqalaī～manglaī～mankqala～manqalāī～mankqalāī などと表記されるこの語は、額・顏面・正面などの本義からさらに前哨・前衛などの軍隊用語としても使われる [Doerfer Ⅰ：501-502]。トク・テムルが荊王襲封のさいに管掌を命じられたのが「前衛の諸軍」であったとするとよく状況が説明される。既述のように、彼の父イェス・エブゲンは雲南へ進駐していた。トク・テムルは荊王襲封時にまず父の指揮下の雲南駐屯軍を引継ぎ、2年後、別地のトガチの属民も手中に収めたのではないか。それがコデン家本拠の涼州平原一帯であったならば、『元史』本紀の記事に矛盾はなくなる。

　トガチは謎めいた人物である。『元史』諸王表、荊王の項には、イェス・エブゲン、トク・テムル、トガチの順で記され、しかもトガチの襲封年次は黒く塗りつぶされている。その上で、「至順二年（1331年）來朝す」と付記されているから、屠寄らをますます混乱させた。至順二年に文宗トク・テムルの許へ入朝した時、雲南に屯駐しているイェス・エブゲンが荊王であったから、トガチが荊王であるはずがない。塗りつぶされた彼の襲封年次は記述の順番からすれば至順二年以前のこととなる。しかも、荊王としては末尾に挙げられる。トガチは以前に1度荊王となって失脚したのち、トク・テムルの没後、再び荊王に帰り咲いたのだろうか。あるいは文宗時代にはふたりの荊王が並存していたのか。既述の至治改元（1321年）時の大哥赤荊王が土哥赤の誤写ならば、このトガチである可能性すら生じてくる。もしそうならば、荊王位は英宗シディバラ Šidibala の新政、その暗殺と泰定帝イェスン・テムルの登極、その急死と天曆の内乱後の文宗新政という3度の政変のたびごとにそれに符節をあわせて浮沈

第12章　東西文献によるコデン王家の系譜

していたことになる。モンケ即位・クビライ即位の時もコデン家当主位はやはり変動した。鍵はトガチであるが、今は全く憶測の域を出ない。

おわりに

『元史』巻四三、順帝本紀六、至正一四年（1354年）五月には、「荊王答兒麻失里 Darmaširi に命じて闊瑞〔端の誤記〕阿合 Köden-Aqa に代わりて河西に鎮し西番の賊を討たしむ」と見える。荊王ダルマシリは、天暦の内乱以後の政局の中心人物となったチャガタイ系の豫王アラトナシリ阿剌忒納失里 Aratnaširi の弟で、前年の至正一三年（1353年）一二月癸丑に兄の進封の後をうけて西安王を受封した答兒麻 Darma しか適当な人物が見当らない。その同定の当否にかかわりなく、上の短い記事によってコデン家歴世の本拠地はトガチが赴任することがないまま、荊王の封号とともにコデン系以外の王族にゆだねられることとなったことはわかる。これ以後、コデン家とその王統にかかわる記載はいまのところ史料に見えない。

今後、碑刻やティベット語文献などから新情報が発見されることは十分にありえる。それまでの暫定案として以上の結果をまとめておく。

```
              ②
           ┌─Mergidei      Yesü-Buqa
    ①      │③                ⑤                              ⑥?
   Köden─┼─Mönggedü       Irinčin                            ⑨
           │④                                          ······Toγači
           └─Jibig-Temür──Tebile
                          ┊    ⑥?         ⑦            ⑧
                          └Kürlüg  Beg-Temür  Yesü-Ebügen  Toq-Temür
```

〔○内は推定される歴代当主の順番を示す〕

注

1) 孫星衍『寰宇訪碑録』巻一一、元、「玉清宮摹刻聖旨碑」および呉式芬『攈古録』巻一七、元、同条に見える「彌里杲帶太子令旨」は、この斡屋碑を誤って著録したもの。北図拓本彙編50-106、道略447を見ると、『山左金石志』巻二一、元石、「玉清宮摹刻聖旨碑」の記載が正しいことがわかる。
2) 『析津志輯佚』197-8、学校の条に記載される太宗五年癸巳（1233年）の聖旨は燕京廟学における蒙漢両語教育を命ずる極めて注目すべき命令文であるが、その宛名の筆頭人は朶羅鯑である。
3) 『析津志輯佚』200、学校の条に移録される即位前のクビライ令旨2通のうち、甲寅年（1254年）五月二八日発令のものは、六盤山口子で書かれている。世祖本紀を裏付ける。
4) 蔡美彪「河東延祚寺碑訳釈」『蒙古史研究』2、1986年、46-47頁。

文献表

Rašīd al-Dīn, *Ğāmi' al-Tavārīh*, Джами ' ат - Таварих, Том Ⅱ, частъ 1, критический текст А. А. Али - заде, Москва 1980. ［Rašīd／Али - заде］

陳垣編、陳智超・曽慶瑛校補『道家金石略』北京、文物出版社、1988年。［道略］

蔡巴・貢噶多吉著、東嘎・洛桑赤列校注、陳慶英・周潤年訳『紅史』西蔵人民出版社、1988年。

蔡美彪『元代白話碑集録』北京、科学出版社、1955年。［蔡録］

Hambis, L., *Le chapitre CVIII du Yuan che,* Leiden 1954.

稲葉正就・佐藤長訳注『フウラン・デプテル』法蔵館、1955年。

杉山正明「草堂寺闊端太子令旨碑の訳注」『史窓』47、1990年（本書第11章）。

Szerb, J., Glosses on the œuvre of Bla-ma 'Pags-pa：Ⅱ. some notes on the events of the years 1251-1254, *AOH* 34／1-3, 1980.

山西省文物管理工作委員会編『永樂宮』北京、人民美術出版社、1964年。

熊夢祥撰、北京図書館善本組輯『析津志輯佚』北京古籍出版社、1983年。

第13章

西夏人儒者高智耀の実像

はじめに

いわゆる元末、至正二六年（1366年）の成書とその序でいう陶宗儀『南村輟耕録』は、巻二に「高学士」の項を設け、モンゴル治下で儒学容認と儒者免役を実現せしめた立役者として高智耀をたたえて、次のように述べる。

　国朝の儒者は、戊戌〔1238年〕の選試より後、所在、存恤に努めず。往往、混じて編氓と為す。一札十行の書を奉ずるに至って、学校を崇び、秀芸を奨し、戸籍を正し、徭役を免ず。皆、翰林学士高公智耀の奏陳の力なり。公は河西の人。今、学校中に往往これを祠るもの有り。

『元史』もまた、巻一二五に高智耀の伝を立て、彼が初期のモンゴル為政者に儒学と儒者の意味を啓蒙し、儒者の徭役免除を獲たこと、クビライ Qubilai 時代には戦争捕虜となった儒者が奴隷にされていることを上奏し、数千人を救出したことを強調する。このふたつの記事が典拠となって、従来、元代の儒者庇護に道を開いた人物として、高智耀の名はよく知られている。しかし、儒者免役に至る状況や経緯の詳細、高智耀自身の具体像となると、じつはあまりよくわかっていない。とりわけ、彼が旧西夏国人であることと儒者庇護との間に、

はたして関係があるのか、あるいはないのか、未詳である。

　一方、モンゴル時代において、亡国の民となった旧西夏人たちがいったいどうなったのか、という興味深い問題については、これまでにある程度の文献調査が試みられ[1]、西夏遺民の後裔たちの現地調査も報告されている[2]。なかでも、もっともめざましい成果は、安徽省合肥市南門外の鄔余大郢をはじめ、同市近郊一帯に元代タングト駐屯軍団の子孫が聚居し、総計五千人以上に達すること、さらに2種の族譜が伝わり、それは明清・民国を通じてしばしば重修されてきたものであることが判明したことである[3]。合肥一帯の駐屯軍がタングト人であることは、自身が当地出身のタングト人であり、元末の至正一八年（1358年）に出身地からほど遠くない安慶路（現安慶市）に鎮守して、陳友諒の大軍に攻囲され、落城のおり自勁・入水して果てたことで名高い余闕が、その遺著『青陽文集』で明言しており[4]、文献上では予想できたことではあった。それが実態調査によって裏付けられたばかりでなく、さらに明清時代から現在に至るまで元代の状況が残存していたという驚くべき事実が明確になったわけである。

　本章では、こうしたモンゴル時代における旧西夏人たちの活動を探る試みの意もこめて、西夏遺民の中でも、もっとも際立った事例といってよい高智耀について、関連文献を捜求し、その実像に接近する手掛かりを得たいと考える。

1　『廟学典礼』冒頭のヒツジ年の聖旨

　『廟学典礼』巻一には、まずその劈頭に「儒人を選試して差を免ず」の項を立て、オゴデイÖgödei時代のいわゆる戊戌の選試を命じる丁酉年（1237年）八月二五日付の文語漢訳命令文を載せたのち、「秀才は差発を免ず」の項名で、羊児年に高智耀に授与された聖旨を引用する。その内容はモンゴル時代の儒者免役に関する根本資料であり、他書にはみられない。『廟学典礼』は、この直後より中統二年（1261年）以降の本篇が年次順で始まる体裁となっており、構成上からもこの羊児年聖旨がモンゴル政権にとって儒者政策の嚆矢となった戊

491

第13章　西夏人儒者高智耀の実像

戌選試と並ぶ重要な意味をもっていたことがわかる。また、モンゴル語直訳体白話風漢文によるモンゴル命令文としても、この聖旨の文脈・文体・内容・表現などには注目すべき点が多い。『廟学典礼』は、今のところ、四庫全書本のみが知られ、当然のことながら、全体にわたって清朝での改字・改文が認められる。この羊児年聖旨もそうである。そこで、まずはじめに読解に最低必要な補訂を加えた本文を示した上で、次に現代日本語訳を試みる。

　　羊児年三月初一日、欽奉聖旨条画節該一欵、応州城裏・村子裏的達噜噶斉・官人毎、過往宣使毎。已前的聖旨、如今也罷了者。咱毎的聖旨裏、和尚毎、葉爾羌〔也里可温の誤解〕毎、先生〔毎〕、達什愛満〔達失蛮の誤解〕毎的体例裏、漢児・河西秀才毎、不揀甚麼差発徭役、不〔ふつうは休〕教当者。秀才的功業習学者、説来的。聖旨体例裏、這的毎河西田地裏住坐的高智耀為頭児秀才毎、執把行打的聖旨与了也。這秀才毎、鋪馬・祇応休拿者。地産・物業・不揀他毎是甚麼、休争奪〔者〕。無体例的気力、休教到者。這秀才毎兄弟・孩児毎、秀才的功業好生習学者。這秀才毎、却〔倚の誤写ないし脱落か〕着文字、有聖旨、不是秀才阿〔呵の方がふつう〕、差発根底趂閃、将別人自己休隠蔵者。別人根底、無体例的気力休教到者。若隠蔵無体例気力到〔呵〕、不怕那甚麼他毎。聖旨俺的、羊児年二月二十六日、青山子根底有時分写来。至元十六年二月、浙東道提学司、齋擎前件、検会到大興府、欽奉聖旨、至十月十五日、宣慰司開読。

【訳】ヒツジ年の三月はじめの一日に、つつしんでおうけしたジャルリクjarliγの箇条書きの節略の一件に、
あらゆる州城に村にいるダルガチたち・ノヤンたちに、ゆきゆく使者(イルチ)たちに。以前のジャルリクは、いまでもまあよいぞ。われらのジャルリクによって、「仏僧ら・ネストリウス教士ら・道士ら・ムスリム識者らのきまりによって、〔旧金領の〕漢人・旧西夏人の秀才〔＝書生〕らは、すべての差発・徭役に当てさせるな、秀才の仕事を学ばせよ」とあった。ジャルリクのとおりに、これらの旧西夏の地方に住む高智耀をかしらとする秀才たちに、取って持ってゆくジャルリクをさずけたぞ。この秀才たちは、駅伝馬(ウラク)・

供応物を納めるな。土地・財物は、何物であろうと、争い取るな。無理な力をいたらしめるな。この秀才(シュス)たちの弟・子らは、秀才の仕事をよく学べ。この秀才たちは、文書を盾にしてジャルリクがあるからと、秀才でないのに、差発から逃れたり、別人を連れてきて自分は隠れたりするな。別人に対して無理な力をいたらしめるな。もし、隠れたり、無理な力を及ぼしたら、こわくないだろうか、彼らは。われらのジャルリクは、ヒツジ年の春のなかばの月の最後の六日に、青山子にいる時に書いた。

至元十六年〔1279年〕二月、浙東道儒学提挙司は、前項を携えてやって来て、大興府にて檢照した。つつしんでジャルリクをおうけして、十月十五日になって、宣慰司が布告した。

さてヒツジ年は、丁酉年（1237年）から至元一六年（1279年）までの間に、丁未（1247年）・己未（1259年）・辛未（1271年）の三度ある。それぞれ、グユク Güyüg 時代・モンケ Möngke 時代・クビライ時代と、状況がまったく異なる。さらには、丁酉年の上限にこだわらなければ、オゴデイ時代の乙未（1235年）も考慮にいれなければなるまい。しかし、次のふたつの文献上の証拠から、クラビイ時代の至元八年（1271年）辛未に相違ない。

第一の証拠は、『元典章』巻一七、戸部三、戸計、籍冊、戸口条画に関係条項が一括掲載される至元八年三月の聖旨である。『通制条格』巻二、戸令にも全く同文が見えるこの聖旨は、オゴデイ時代の金朝覆滅直後に実施された乙未年（1235年）の戸口調査、およびモンケ即位翌年の壬子年（1252年）に行なわれた再調査を踏まえ、クビライ政権が至元七年（1270年）に華北全域の戸口を対象に調査・確定した結果を示すもので、元代漢地の戸籍に関する大綱・細目が箇条書きで網羅されている。その末尾近くに、「儒人戸」の項があり（通制条格は儒人戸計）、次のように見える。

中統四年〔1263年〕に分揀を経ずして附籍・漏籍せし儒人、或いは本と是れ儒人にして、壬子年に別に名色を作りて附籍せし〔もの〕、并びに戸頭が身故せし子弟にして読書す〔るもの〕、又た高智耀が収拾し到(た)る駈儒は、仰せて実に従って分揀せしむ。能く〔通制条格は委に〕文学に通ずるものは、

例に依って差を免ず。文学に通ぜざる者は、収係して一例に〔通制条格は一例なし〕差に当つるの外、諸色の人戸下の子弟にして読書して深く文学に通ずる者は、止だ本身の雑役〔通制条格は差役〕を免ずるのみ。

ヒツジ年の聖旨にいう「已前的聖旨、如今也罷了者」とは、ここに見える壬子年に儒者を別戸籍で登録したことに対応するのだろう。「已前的聖旨」がモンケのジャルリクならば、「咱毎的聖旨」は、クビライのジャルリクとせざるをえない。『至正集』巻四四、上都孔子廟碑に、「憲宗、悉く漢地・河西の儒戸の徭役を除す」とあるので、この推測はおそらく動かない。すなわち、「羊児年三月初一日」に欽奉した「聖旨条画の節該の一欸」である問題の聖旨が、『元典章』『通制条格』の至元八年三月の戸口条画とまったく同時期のものであったことが推知される。

その推測をより確実・直接に裏付ける第二の証拠は、虞集『道園類稿』巻二五に載る「重建高文忠公祠記」である。江西龍興路（現南昌市）の東湖書院に建てられていた高智耀の祠を、至正五年（1345年）に改築した記念碑であるこの文には、前半に高智耀の事蹟、後半に祠廟改築の顛末が記される。そのちょうど前半と後半をつなぐ箇処において、次のように見える。

> 至元八年に旨あり。若に曰く、「凡そ儒人にして壬子年に別籍に在り、中統四年に未だ籍せられず、及び漏籍の者、併びに高智耀が諸の駆虜より贖いし者は、尽く閲実せしめ、文学ある者は其の家を復す。凡そ民家の子の文学に通ぜし者は、其の身を復す」と。著して令甲と為す。天兵の宋を滅ぼす時に及んで、鼙鼓の声、未だ城邑に絶えず、而して絃誦の習、戸庭に輟まず。章甫・縫掖の于于然、彬彬然として以て其の専門・名家の学を脩むるを得る者は、則ち又た公賜の及ぶ所なり。古の先師を郷に祠る者、或いは他国の先師を取りてこれに合す。而して東南の学、間ま公を祠る者あり。

『元典章』『通制条格』に見える至元八年三月の条項と全く同内容が語られた上で、この聖旨が根拠となって、江南の儒者は南宋領がモンゴルに接収された

のちも安寧であったという。『廟学典礼』がその冒頭に本篇とは別枠で高智耀に与えられたヒツジ年の聖旨を掲載する理由はここにあったわけである。さらに、聖旨の引用にひきつづいて、至元一六年に浙東儒学提挙司が大興府（旧中都のこと。大都新城は当時なお建設中であり、新城内に孔子廟が完成するのは至元二四年のことであった[5]）に赴いて文書確認とクビライの認可をうけた上で、浙東道宣慰司が布告したと述べるのは、まぎれもないその証拠となる。高智耀が元代儒者の庇護者と元末に喧伝される理由も、つまりはこの点にあるのだろう[6]。

　ひるがえってヒツジ年の聖旨の内容から、至元八年当時、高智耀は旧西夏領に在住しており、当地の儒者たちの代表者であったことがわかる。このころ、漢地の儒者の頂点に立つべき曲阜の孔家は、第51代衍聖公の孔元措が1252年に没したあと、内紛を経て53代の孔治が実権を握っていたが、クビライ幕閣の姚枢などから、「先聖大賢の後、詩書通ぜず、義理究めず、凡庶と等し[7]」と忌避されて、衍聖公の襲封を認可されないままにとどまっていた。その襲封はクビライ一代の間には遂に実現せず、元貞元年（1295年）新帝テムル Temür に至って、ようやく認可された。従って、南宋が接収された至元一三年から一六年当時において、河西地方の儒者代表高智耀に授与された至元八年の聖旨が旧江南領内の儒者たちに好都合な先例として転用されたのは、状況としてはよくわかる。とはいえ、高智耀はなぜ旧西夏領の儒者を代表するほどの力を持ちえたのであろうか。また、曲阜孔家の低落期とはいえ、彼に与えられた聖旨が全中国に有効でありえた背景には何があるのか。

2　『廟学典礼』割注の高智耀の伝記

　『廟学典礼』は前引のヒツジ年聖旨のあとに、割注の形で詳細な高智耀の伝記を載せる。『元史』高智耀伝よりもはるかに詳しく、また生彩にとむ。前述の「重建高文忠公祠記」には、東湖書院の高智耀の祠にその家伝が刻石されたこと、さらにはその第三子の高睿について「国史家伝」があったことをいう。『元史』高智耀伝がこれらを材料としたか否かは定かでないが、ともかく元末

第13章　西夏人儒者高智耀の実像

に近い時期の何らかの記録を踏まえた可能性が高い。一方、『廟学典礼』の成書年次は不明であるものの、年代順に列挙される文書群は大徳五年（1301年）を最後とする。確証はないが『廟学典礼』割注の高智耀の伝記の方が『元史』高智耀伝よりもむしろ先行して成立したのではないか。そこで次に、内容上から適宜に幾つかに仕切って全文を読み下す。

　Ⅰ　高学士は、諱は智耀、字は顕道、河西の中興路の人なり。世々、西夏の顕族たり。曽祖の某、蕃科第一に擢でらる。祖の某、仕えて大都督府の尹に至る。父の某、仕えて中書右丞相に至る。夏は蕃・漢二科を設けて以て士を取る。蕃科は経賦、漢と等し。特だ文字、異なるのみ。公、巍然として第に擢でられ僉判を授けらる。未だ大用に及ばざるに、天兵西役し、夏人、国を挙げて帰附す。公、隠れて賀蘭山に処る。

　Ⅱ　哈干皇帝〔ふつうは哈罕皇帝。Qaγan qan、すなわちオゴデイのこと〕嘗て西夏の故との大臣の家に賢なる子孫の在る者ありや否やを問う。公を以て対う。召見せらるるや、上、存撫して公を左右に留む。公、性は恬退を楽い、未だ幾くならずして復た旧隠に帰る。

　Ⅲ　時に庫徳太子〔ふつうは闊端太子。オゴデイの次子コデン Köden〕西涼に鎮し、民間をして伝置を立てしめ、士も亦たこれに与す。衆、公に請う。遂に乗駅して千里を走り藩府に詣る。進見するも遽かには儒者の事を陳じ難し。適たま太子、一笙を木上に懸け、能く吹響する者あれば大いにこれを賞さんと募る。公、募に応じて前む。太子大いに悦ぶ。公曰く、「本と家世、儒を業とし、粗ぼ音楽を知る。兵燹の余、某の家の楽工、尚お存する者多し」と。公に因て〔この二字、疑いあり〕乗駅して往きてこれを取らしめんとす。公、遂に言えらく、「西州に士多し。昔、皆な復を給せらる。今、伝を置くこと、編氓と等し。乞う与めに蠲免せられんことを」と。太子これに従う。公、旨を奉じて帰りて楽工を取り、復た西涼に往く。太子、喜びてこれを官せんと欲す。公、就かず、重賞を受けて帰る。

　Ⅳ　これを久しくして、蒙克皇帝〔ふつうは蒙哥皇帝〕即位す。公、復た儒人差役の事を以て北上して奏陳すらく、「儒者の能くする所は、三綱五常

もて国を治め天下を平す。古より以来、これを用いれば則ち治まる。一日として無かる可からざる者なり。故に国家を有つは其の徭役を蠲して以てこれを養成す」と。因て堯・舜・禹・湯・文・武・周公・孔子の道の世に補する有りて、区区たる技術者の能く万一たる所に非ざるを備陳す。上曰く、「是れ有るか。此れ至美の事なり。前に未だ朕の与めに言う者あらず」と。遂に詔して漢地・河西の儒戸の徭役は悉くこれを除きて与る所なからしむ。

Ⅴ　色辰皇帝〔ふつうは薛禅皇帝。Sečen qaγan、すなわちクビライのこと〕潜潘に居り。公、帕克巴国師〔ふつうは八思巴。'Phags-pa、すなわちパクパのこと〕に因て進見し、仏教を首論す。帝、大いに悦ぶ。公曰く、「釈教は固とより美なるも、天下を治むるに至ては、則ち儒者の道あり」と。又た反覆して其の然る所以の者を論ず。帝、甚だこれを異とし、公を用いるの意あり。

Ⅵ　即位するに及んで符印を刻して公に付す。凡そ漢北・河西の儒戸は、悉く公に委ねてこれを鎮ぜしむ。公より〔この字、疑いあり〕文を給して以て験と為す。時に漢北・淮蜀の儒人、多く駆者と為る。公、奏して曰く、「儒を以て駆と為すは、古より是れ無きなり。帝、方に古道を以て天下を治む。宜しくこれを除くべし」と。上、其の奏を可とす。公に命じて旨を奉じて以て行なわしむ。前後に釈きて民と為るを得る者、幾ど三四千人。此を以て権勢に忤う。或ひと上に愬えて曰く、「高秀才の釈く所の者は、多く儒に非ざるなり」と。上、公を詰す。公、対えて曰く、「これを金に譬うれば、また浅深あり。これを金に非ずと謂うは可ならず。儒者の学問も亦た高下あり。これを儒に非ずと謂うも亦た可ならず」と。上、これが為めに釈然たり。

Ⅶ　時に庶事草創にして、綱紀いまだ張らず。公、奏して曰く、「前代に御史台あり。天子の耳目と為る。官常を粛し、治具を整う所以なり。誠に闕く可からず」と。上、宰臣に命じて其の事を記せしむ。越えて明年、命じて御史台を立てしむ。実に公の議を用うるなり。

Ⅷ　これを久しくして、権臣の儒戸をして民と与に徭役を給せ令めんと欲

する者あり。公、奏して曰く、「昔、孟嘗君は一列国の陪臣たるのみにして、尚お士を養うこと三千人。今に至るまでこれを多とす。今、陛下は富有にして、四海は皆な臣妾たり。儒は其の中に在りて、万分の一なるのみ。これを除くも何ぞ政に補せんや。然れどもこれをして安意して講習し、幼は学び壮は行い、治理の助と為さ使むれば、其の効、亦た多からざらんや。陛下、何ぞ此を惜しみて為さざるや」と。上、以て然りと為し、権臣の議、遂に格めらる。

Ⅸ 未だ幾くならずして、上、公に命じて西夏中興等路提刑按察使と為さしむ。公、廉勤を以て自ら将に事に処せんとす。公、僧の戒律に違い官法を撓む者あるを允す。有司、敢て誰何する莫し。公、駅を遣してこれを奏せしむ。旨を奉じて詰治すること少しも貸さず。境内、これが為めに粛然たり。其の直にして撓まざること、類ね此の如し。任を解かれて入覲す。

Ⅹ 上、方に人の命を将って北行する者を択ぶ。公、毅然として行かんことを請う。上、公に方略の如何なるを問う。公、一一、上の為めにこれを陳ず。大いに上の意に称う。行かんとする比おい、病を以て終る。上、甚だこれを哀悼す。公、年六十有六。西夏の駙馬の梁氏の女を娶る。子の長寿は仕えて僉江淮等処行枢密院事に至る。睿は今、江南浙西道粛政廉訪使たり。

以上の内容を、その時々の状況や関連記事と照合しつつ、要点と注意点を整理してみたい。

Ⅰ 西夏の大臣の家に生まれ、中華風の教養人であったこと。西夏国の滅亡後、隠棲した賀蘭山は首都興慶府（元代の中興路）のすぐ近くである。西夏王の離宮もそこにあり、興慶地区といってよい。亡国後の興慶には、もと西涼の守将でチンギス・カン Činggis-qan に降った西夏人の斡扎簀が民政副官として臨んでいた。『元史』巻一三四、朶児赤伝によれば、斡扎簀と高智耀は懇意の仲であったらしい。高智耀は、他郷に流寓していたわけではない。

Ⅱ オゴデイ即位（1229年）後、旧西夏国官僚の代表として一旦はオゴデイの許へ出仕した。その点に関連して、注目すべき記事がある。それは、『元史』

巻六六、礼楽志二、制楽始末の冒頭に、「太祖の初年、河西の高智耀の言を以て西夏の旧楽を徴用す」と見えることである。太祖は太宗の誤りである。高智耀は新帝オゴデイに滅亡したばかりの旧西夏国の制楽を勧めたわけである。旧金朝の礼楽が孔元措の上奏で曲阜を所轄に含む厳氏軍閥の本拠東平に保持することが公認されるのは、オゴデイ十年（1238年）のことであった。高智耀は旧西夏官僚の中でもっとも早くオゴデイ新体制に取入った人物であっただけでなく[8]、典礼や儒学の問題では競合関係にある孔元措に対しても10年ちかく先行していたことになる。

Ⅲ　オゴデイの次子コデンが旧西夏領を与えられて、西涼府に本拠を据えたのは、金朝滅亡後の1235年に開催された1回目のクリルタイにおける東西遠征の決定の結果と見られる。第三子クチュ Kücü を主将とする対南宋遠征の右翼軍主将として、コデンにタングト・ティベット・四川方面の担当が割り当てられたからである。同年の2回目のクリルタイでは、帝国全土に新都カラ・コルム Qara-qorum を中心とする駅伝網の整備も決定されたが、コデン領内で儒者も駅伝に徴用されたというのはこの事態に即応する。高智耀が新支配者コデンとの直接交渉でタングト地方の儒者免役を獲得したのは、オゴデイとの場合と同様に、楽工を引き換えにしていた。しかも、その楽工は高家伝来の私有民であり、亡国後も維持していたのだから、彼はとても一介の隠士ではない。コデンにとっても、西夏の旧都興慶地区に居座る旧西夏国人の有力者である高智耀との接触は、むしろ望むところであったろう。

Ⅳ　モンケが即位すると、早速、儒人免役の再認可のためにカラ・コルム方面へ北上した。モンゴルでは、新帝が即位すると、従来の各種発令は無効となり、再発行を要することをよく知っていたわけである。その結果、漢地もあわせて儒戸免役となった、とする。これは、モンケ二年（1252年）の壬子年籍で儒戸は別籍とされたことに対応する。漢地の儒戸免役までをも高智耀の力であったとしえるか否かは慎重さを要する。この年に他界した孔元措とその周辺の政治力を考慮する必要があるからである。

Ⅴ　即位前のクビライとは、パクパを通じて謁見した。パクパ自身がもともとコデンおよびその子のモンゲドゥ Mönggedü の庇護下にあり、東方領を担

第13章　西夏人儒者高智耀の実像

当することとなったクビライとは1253年に六盤山で初めて会見した[9]。高智耀がクビライと会ったのがパクパと同時期であったかどうかまではわからないが、高智耀がまず仏教を論じたのちに儒者に言及したというのは、クビライとパクパとの接点が何であったかを暗示する。パクパが伯父サキャ・パンディタ Saskya Paṇḍita に従って涼州に来住したのは1247年のことである。パクパと高智耀がクビライとの会見以前から知り合っていたことは十分に考えられる。1253年にパクパはわずか15歳であったといい、高智耀はXにいうように66歳をもっておそらくは至元八年ないしは九年に他界しているから、1253年には46・7歳であった。二人の年令には親子ほどの差がある。その二人がクビライ即位後はともに政権中枢にかかわることになるのである。

　Ⅵ　クビライ政権下で漢地・河西の儒戸の統轄者となったことは、「重建高文忠公祠記」にも「公に命じて専ら漢・夏の諸儒の事を領せしむ」と見える。モンゴルは宗教を一種の政治団体として扱い、そのうちの際立った人物に職権を刻した公印を授与してその宗教に属する人間を取り仕切らせ、彼らに対する各種の命令・叙任・証明書などの交付権を委任した。モンケ時代における中華方面の全仏教者に対する海雲、同じく全道教者に対する李志常、さらにクビライ時代における帝国全土の全仏教者に対するパクパがそれである。高智耀は儒学・儒者という"宗教団体"の長とされたわけである。彼はその権限を精一杯活用して駆奴から儒者を救出した。その地域は、『典礼』では漢北・淮蜀、『元史』高智耀伝では淮蜀、「祠記」では西北とずれがある。しかし、彼が儒者まがいの人間まで強引に儒戸登録をして告発されたこと、さらにクビライに詰問され、詭弁めいた返答をしたことについては、三つの記録ともまったく一致する。ヒツジ年の聖旨の末尾において、非儒者の差役のがれと戸籍の胡魔化しを警告されている伏線はここにあるのだろう。高智耀の行為は儒者救済に名を借りた一般の俘虜救済の美事にとどまらず、おそらく自己の勢力拡大の思惑もあったのだろう。それは「祠記」がわざわざ「噫あ漢夏の地は、方数千里。数千人をして道を学びて以て朝廷無窮の用に備う能ざらんや。此れ公の深意なり」と苦しい弁明をせざるをえなかったことが逆証する。この駆俘解放の時期は、『元史』巻四、世祖本紀、中統二年（1261年）四月丙午の「詔して、軍中に俘と

500

する所の儒士は贖いて民と為すを聴す」の記事、およびそれに直接対応する『通制条格』巻三、戸令、「儒人被虜」の項の鶏児年四月一五日の聖旨節該、さらに既引の至元八年三月の「戸口条画」に見える中統四年（1263年）における儒人選定・戸籍登録の語句により、中統年間のことであった。アリク・ブケ Arïq-Böke との帝位継承戦争が継続し、さらにアリク・ブケ派や南宋にも連絡を取った李璮の叛乱が起きたクビライ政権初期の混乱期を突いて行なわれたわけである。高智耀の地盤である河西は、1261年アリク・ブケ派との戦場となり、そこでの勝利がクビライ派の最終勝利の一因ともなり、また李璮の叛乱鎮圧をも容易にする政治情況を生んだ。高智耀はコデン家と親しく、河西の旧西夏国人を主導することができ、かつ漢地全体の儒者の上に立っていた。その彼の駆け引きにも似た申し出には、財務部門からの当然の抗議があっても、クビライとしては容認せざるをえなかったであろう。

　Ⅶ　御史台の設置は至元五年（1268年）であるから、高智耀の上奏は至元四年（1267年）のことである。高智耀自身、およびその第三子の睿、さらにその子の納麟 Narin が御史台系列の官歴を履む由縁となる。

　Ⅷ　この一節は、管見の限り他史料には見えない。「権臣」は明らかにアフマド Aḥmad ないしはその属下の張易・張恵などの財務部門の関係者を指す。Ⅶが至元三年であるから、記述が年次順であるならば、至元三年正月壬子に制国用使司が立てられており、Ⅷはそれ以後のこととなる。すでに中統五年（1264年）正月癸卯には、儒人も仏僧・道士・ネストリウス教士・ムスリム識者（Pers. dānishmand, Arab. ‘ulamā）の宗教専従者と同様に、生業に応じて地税か商税を納め、徭役は免除と定められていた[10]。それを儒戸については一般民戸なみに徭役徴発しようとしたのを高智耀が阻止したというわけである。内容だけに着目すれば、あるいは『通制条格』巻五、学令、廟学に、曲阜孔廟にかかわって中書省が奏したと見える大徳九年（1305年）八月初四日付の案件の中に、「在後、阿合馬が省に坐せし時分に、「孔夫子の子孫は多い。只だ他らをして自ら看守せしめん」とて、その戸計を撥して軍站民戸と做して差に当てたのであった」というのと関連があるかもしれない。制国用使司が格上げされて尚書省となり、アフマドが平章尚書省事となったのは至元七年（1270年）正月丙午の

501

第13章　西夏人儒者高智耀の実像

ことである。

Ⅸ　西夏中興等路提刑按察使となった高智耀が仏僧の不法を掣肘できず弾劾されたことは、王惲『烏台筆補』「西夏中興路按察使高智耀の不当を弾ずる状」(『秋澗文集』巻八六) に次のように見える。あえて全文を読み下す。

> 切かに惟うに、按察司の行う所、軽きは則ち奸邪を弾劾し、重きは則ち暴乱を抑按す。使と為る者、努めて剛明・知体にして、事に臨んで為す有るを要す。故に風彩の加うる所、百城震粛す。今、体察し得たるに、西夏中興路提刑按察兼勧農使の高智耀は、資性は罷輭にして為す有るを聞かず。仏に事え僧を敬す。其の楽しむ所を酒り、其の心行を迹ぬれば、一に有髪の僧なる耳。既に風憲の材に乏しければ、搏撃の任に処し難し。兼ねて河西の土俗、大半は僧祇なり。初め智耀の来官するを聞くや、已に望風・軽易たり。故に理任〔履任と同じ〕已来、行う所は淹阻し、略ぼ憚られず。教化を宣明し、民の疾苦を問い、一道を鎮静せんと欲望するも難きかな。近ごろの習良和尚等の事の如きは、此れ其の験なり。合に別に材能を選んで以て厥の職を代うることなかるべけんや。然らずんば、復た別に区処ありと雖も、既に其の人に非ず、恐らくは終に震畳する能わざらん。惟だに朝廷の威重を虧損するのみならず、五郡冤抑の民をして一経に訴に赴き、彼の強暴なる者をして怨を前時に加え、而して平民をして狭咎に転罹せしめん。其れ或は之をして強いて因而に別に事端を生ずるを為さしむるは、尤も未便と為す。参詳するに、此に至れば人を択びて代うるは、宜しく緩なるべからざるに似たり。此れに拠いては、合に糾呈を行うべし。

高智耀が弾劾されたことについて、『元史』高智耀伝、「祠記」ともに全く言及しない。『典礼』割注が高智耀を擁護しながらも、弾劾・解任の事実を伝える方がむしろ異例であり、割注全体に対する信頼を抱かせる。王惲の弾劾文から、タングト地方が「大半は僧祇」であったこと、高智耀自身もまた「有髪の僧」であったこと、そのため馴合い状態になり、提刑按察使の職務遂行は無理であったこと、さらに割注にいう「僧の戒律に違い官法を撓む者」とは「習良和尚」という仏僧であったことがわかる。『元史』世祖本紀には次のような関

2 『廟学典礼』割注の高智耀の伝記

連記事が見える。

 A　(至元七年三月庚子) 尚書省の臣、言えらく、「河西の和糴は、応ゆる僧人・豪官・富民、一例にこれを行わん」と。

 B　(同年十一月) 癸未、西夏提刑按察司・管民官に詔諭して、僧徒の民田を冒拠するを禁ぜしむ。

 C　(同八年三月) 己丑、西夏中興等路行尚書省を立て、趙海を以て参知行尚書省事たらしむ。尚書省に命じて天下の戸口を閲実し、条画を頒して天下に諭せしむ。

Bの「西夏提刑按察司・管民官」は高智耀以下を指す。ABCを通じて、河西地方が仏僧を中心に無統制の状態にあり、それに対し財務庁たるアフマド以下の尚書省が手を伸ばして、遂に行尚書省の設置にまで至ったことがわかる。王惲の弾劾は、彼の監察御史在職期間から至元九年(1272年)を降らないので、上記の間のころとなる。さらにCにいう戸口条画は既述の『元典章』『通制条画』に列挙される至元八年三月の戸口条画のことである。つまり、『典礼』のヒツジ年の聖旨は、高智耀の解任前後に降されたものであり、その内容も解任される高智耀に、彼の河西地方に対する権限を少し残してやった程度の意味になる。翻って、高智耀とパクパとの接点が仏教であったのも当然のことと解される。そもそも元代の帝師・国師の制は西夏ですでに行なわれている。パクパに国師号、さらには帝師号を導入する橋渡し役を果たしたのが高智耀であった可能性さえあるだろう。

 X　結局、実現せずに彼の死をもって終った「北行」については、『元史』高智耀伝に詳しい。西北藩王が遣使入朝してクビライの漢化を咎めたとして名高い記事である。『典礼』割注には、命を携えての北行とだけ記され、「祠記」でも、「世皇、北方に諭すること有るを将って選びて以て使と為すも、未だ行かずして疾を以て薨ず」というにとどまる。『元史』高智耀伝にのみ見える有名な詰問の語は、今のところ他の文献による裏付けを見出せない。高智耀が北行を志願したのは明らかに解任後の失点回復のためである。解任は至元八年(1271年)三月前後と考えられるので、彼の死去は同年中か、もしくは翌年とす

503

第13章　西夏人儒者高智耀の実像

るのが妥当だろう。なお、彼の子について、「祠記」は長寿と睿のほかに長子がおり、蚤世したことを伝える。この点、銭大昕『元史氏族表』唐兀、高氏の項の世系は、他処と同様に、まことに見事な出来映だが、追加する必要がある。また、『典礼』割注が、睿について現在、江南浙西道粛政廉訪使であるというのは、高睿は大徳四年（1300年）に南台侍御史に昇格しているので、掲載する最後の案件が大徳五年（1301年）六月であることとあわせ、『廟学典礼』編書の時期を推知する一証となる。高睿自身が『廟学典礼』の成書にかかわった可能性さえあるだろう。

　さて、以上を通じて、際立って目につくのは、高智耀はオゴデイ以降、つねにそのときのモンゴル大カアンないしは河西・陝西地方の実権者と直接の関係を保持していることである。なかでも、旧西夏領の支配者となったコデン王家との関係は陰に陽に無視できない。モンケに即位後すぐ謁見しているのも、モンケ推戴派として『集史』に特記されているモンゲドゥとの連絡を窺わせる[11]。クビライとパクパとの接触についてもまた、モンゲドゥの存在を考えないわけにはいかない。さらに、初期クビライ政権において高智耀の存在が一段と高まる背景として、アリク・ブケ軍に本拠西涼を蹂躙されながらもクビライ派の与党となってその勝利に貢献したモンゲドゥの弟ジビク・テムル Jibig-Temür の力が想起される。ジビク・テムルは、クビライ時代の中半期までクビライ帝国の西方の実力者として巨大な存在でありつづける。旧興慶の中興路一帯に本拠をもち、河西地方にとどまる旧西夏国人たちの頂点にいた高智耀はコデン家とクビライ政権の間を自在に動けたのであろう。土地柄・家柄からおそらく諸言語にも通じ、さらにオゴデイ―モンケ時代の故事にも通じた高智耀は、青年期に入ったばかりの帝師パクパにとっても、さらに新国家建設事業に乗り出そうとしていたクビライにとっても有用な存在であったろう。北京図書館所蔵の十巻本西夏文『金光明最勝王経』は、周知のように、賀蘭山中の寺廟で乙未年（1245年）から丁未年（1247年）に雕印された。時ちょうどコデン在世中であり、直接の徴証はないが、このとき「賀蘭山に隠処」していた「有髪の僧」である高智耀が無縁であったとは思えない。西夏では僧人は税役とも免除であり、史料で明示されないが、モンゴル時代になってもクビライ時代初期までは河西は

どうやらそのようである[12]。高智耀にとって儒者免役の交渉はそのついでであったのかもしれない。

至元八年（1271年）におそらくは解任と前後して高智耀に授与されたヒツジ年の聖旨は、高智耀自身にとってはさほど重要であったとは思えないが、官戸免役を当然としてきた旧南宋領の士大夫階層にとっては、歴代大カアンとのえにしをもち、今上クビライとその帝師パクパとも親しい高智耀の特許状は絶好の典拠であった。江南における彼の祠廟建設は、ここに端緒をもつこととなった。

おわりに

虞集の撰にかかる「重建高文忠公祠記」は、その後半で興味深い話を伝える。天暦二年（1329年）、江西湖東道粛政廉訪使となった高智耀の孫ナリンは任地の龍興の東湖書院に至り、礼殿の東廡に西向して高智耀の木主が祠られているのを見た。彼は再拝したのち、「是れ我が先大父なリ。謙して敢えては言う所あらず」といった。士民は智耀の祠を増修し、彼の像を置いて礼し、三年後には副提学・前進士の高若鳳が智耀の家伝を祠に刻石した。至正五年（1345年）、新任廉訪使の劉沙剌班は東湖書院に講学し、「東廡の祠、未だ安からずと為す」といって、智耀の祠を礼殿の前方右側に遷し、周・程ら九儒と同列に踞え、室を別にして、すべて東向させた。一ヶ月ほどして工事がおわり、その記を虞集に求めたという。

関係者のうち、中心となる劉沙剌班・李守仁・寧夏脱脱はいずれも西夏人であった。孫ナリンも含め、龍興東湖書院の高智耀祠廟は旧西夏人脈で作られていた。高智耀が御史台設置の進言者であり、彼自らも提刑按察使となったことが直接の由来となり、さらに彼に授与されたヒツジ年の聖旨が結果として江南儒戸庇護に道を開いたことが加わって、旧西夏系の人物が江南の御史台関係で生きてゆきやすい状況が生じていたのであろう。とりわけ、龍興はチンギス・カンの次弟ジョチ・カサル Joči-Qasar 王家に与えられた西夏王子の後裔であ

第13章　西夏人儒者高智耀の実像

る李恒が、カサル家投下領の山東淄莱の軍団（多くは旧李璮軍団）を率いて進出・屯駐したところだけに[13]なおさらであったはずである。至正五年の祠廟重修の責任者劉沙剌班と撰文者虞集とは、集の国子監時代の門生と教授の間柄であった。虞集はこの三年後、劉沙剌班が江西廉訪使の任を終えたとき、その去思碑を撰した。劉沙剌班は、祠廟重修と同年、師のためにその文稿の重刊を大元ウルス朝廷に奏請した。すでに至正元年（1341）に刊刻していた『道園学古録』に対し、遺漏やその後の文章も集め、文体別に分類したのが『道園類稿』であった[14]。『類稿』のみに載る「重建高文忠公祠記」そのものもまた、旧西夏人脈の産物といえる面をもつ。

　祠廟重修と同じ年、居庸関に過街塔が造営され、その洞壁に六体の文字による陀羅尼が刻された。西夏文は77行である。この事業には、この前年に中書平章政事となって大都に戻っていた智耀の孫ナリンが参画していた。高智耀の崇仏は依然生きていた。ナリンはこののち南台御史大夫などを歴任し、江浙・江西・湖広の軍馬を総攬し、元末江南争乱の矢面に立って奮迅する。そのことは『元史』巻一四二、納麟伝だけでなく、『輟耕録』巻二三、「省台を譏す」「造物に報復あり」にも記される[15]。高智耀に対する儒学・儒者の擁護者というイメージと称讃はナリンの活動によって、元末江南において不動のものとなる[16]。

注

1）銭大昕『元史氏族表』。陳垣「元西域人華化考」。佐口透「モンゴル帝国時期のタングート」『史学雑誌』59-12、1959年。札奇斯欽「説〈元史〉中的唐古特—唐兀惕」『中国辺政』12-3、1963年。湯開建「元代西夏人物表」『甘粛民族研究』1986年1期。同「元代西夏人的政治地位」『甘粛民族研究』1987年1・2期。史金波「蒙元時期党項上層人物的活動」『民族史論叢』1987年1期。湯開建・馬宏祥「元代西夏人的歴史貢献」『青海社会科学』1987年6期。

2）李范文「西夏遺民調査記」『寧夏社会科学』試刊号、1981年。『西夏研究論集』寧夏人民出版社、1983年に再録。

3）史金波・呉峯雲「西夏後裔在安徽」『安徽大学学報』哲学社会科学版、1983年1期。同「元代党項人余氏及其後裔」『寧夏大学学報』1985年2期。

4）『青陽先生文集』（四部叢刊本）巻四、「送帰彦温赴河西廉使序」。

5）馬祖常「大興府学孔子廟碑」『元文類』巻一九。
6）冒頭で引用した『輟耕録』にいう「一札十行の書」が、はたしてこのヒツジ年の聖旨を指しているかどうかは定かでない。
7）姚燧「姚文献公神道碑」『牧庵集』巻一五。陳高華「金元二代的衍聖公」『文史』27、1986年。
8）『元史』巻一二四、李楨伝によれば、西夏国族の子である李楨は、「既長、入為質子、以文学得近侍、太宗嘉之、賜名玉出干必闍赤。十年〔1238年〕從大将察罕下淮甸、……楨、奏尋訪天下儒士、令所在優贍之」と見え、高智耀との関係の有無が注目される。察罕チャガンは幼時よりモンゴルに養育された有名なタングト人武将である。
9）杉山正明「東西文献によるコデン王家の系譜」『史窓』48、1991年、195-196頁。（本書第12章、479頁）
10）『元史』巻五、世祖本紀、至元元年（1264）正月癸卯。『元典章』巻二四、租税、納税、種田納税、中統五年正月の記事および『通制条格』巻二九、僧道、商税・地税、中統五年正月に同文（八月一六日丁巳に至元と改元）。
11）前掲拙稿、194-195頁（本書第12章、477-478頁）。
12）『元史』巻七、世祖本紀、至元七年（1270年）九月、「丙寅、括河西戸口、定田税」。
13）虞集『道園類稿』巻二四、「宗濂書院記」。
14）劉元珠「道園類稿在元史研究上的価値」『国際元史学術討論会論文提要』南京、1986年、28-29頁。
15）王毅『木訥齋文集』巻三、「上高納麟大夫書」および李祁『雲陽集』（明弘治刊本）巻六、「美大尉高公詩序」にも有益な言及がある。王毅・李祁ふたりとも江南の士大夫である。
16）南宋皇室の陵墓をあばいたことで悪名高い楊璉真加は、河西僧であった。臨安開城後、江南釈教総統となり、旧南宋領の仏教の統轄者として仏教興隆につとめた。また、崖山に追いつめて南宋亡命宮廷にとどめを刺したモンゴル軍の主将の一人は、西夏王子の後裔李恒であった。彼らを筆頭に、政治・軍事・宗教の諸面において、旧南宋領の江南における旧西夏国人たちの活動はめざましく、一層の検討・考究を必要とする。

［追記］高智耀に関連して、正徳『松江府志』巻三二、「遺事」に、「元翰林学士高公智耀、嘗奏崇学校、正儒者戸籍、免徭役。後学宮皆像而祠之、知府張之翰為之賛」と記され、その張之翰「高公智耀像賛」の全文が載る。さらに、高智耀の祠についての重要な史料として、『呉都文粋続集』（四庫全書本）巻三に高若鳳の撰文にかかる「高文忠公専祠碑」の全文が載り、末尾に至正元年（1341年）二月立石と記される。高睿や高ナリンに触れるのはもとより、范文正公すなわち范仲淹についても言及するなど、至正期ころにおける高智耀に対するイメージがうかがわれる。

第14章

ヌール・オスマニイェ所蔵ペルシア語古写本

イスタンブルの旧市街、多くの観光客で賑わう通称グラン・バザール t. Kapalı Çarşı の東側入口の手前に、市内でも屈指の大モスクであるヌール・オスマニイェ Nūr Osmaniye が聳え立つ。その奥まった一隅に昔ながらの姿を保つ図書館には、3721の架蔵番号（新番号2799）をもつ極く薄い小振りのペルシア語古写本が収蔵されている。1920年代に4次にわたりイスタンブル市内各処に所蔵されるペルシア語史書の古写本を調査したプラハの有名なイラニスト、フェリクス・タウアー Felix Tauer は、その調査記録の中でこう述べている[1]。

著者不明（ハーフェゼ・アブルー Ḥāfiẓ-i Abrū）『集史続編』 *Zail-i Ğāmi' al-Tavārīḫ* 医師ラシードゥッディーン Rašīd al-Dīn の『集史』 *Ğāmi' al-Tavārīḫ* の続き。スルターン・シャールフ・バハードゥルの命令で書かれた。イルハンのオルジェイト・ホダーバンダ（治世703-16／1304-16）とアブー・サーイード・バハードゥル（治世716-36／1316-35）の治世の歴史を扱う著作。

ヌール・オスマニイェ3721　皮装、77葉。(17.5×25 cm)、27行 (11.5 cm)。紙は白く薄い。三つの異なる手の文字。1-38葉はナスヒー体、39-62葉と63-77葉はナスターリーク体。黒と赤のインク。著作はふたつの dāstān (＝本紀) に分けられ、それぞれが3章に分かれる。日付なし。9世紀〔ほ

ぼ西暦15世紀にあたる〕。

　要するに、ヌール・オスマニイェ蔵No.3721写本は、重要なペルシア語史書古写本が集中するイスタンブルでも、ほかに同じものの見当らない唯一の珍しい写本であること、内容はガザン・ハン Ġāzān-ḫān＞Γazan-qan の後のふたりのフレグ・ウルス君主オルジェイト Ūlǧāītū＞Öljeitü とアブー・サーイード Abū Saʿīd＞Būsain の治世記録であり、ラシードゥッディーン『集史』の続編としてティムール朝第3代君主シャー・ルフ Šāh-Ruḫ（在位1409-47年）の命で作られた史書であること、著者の名は見えないがシャー・ルフ治下の宮廷史家で歴史編纂事業を推進したハーフェゼ・アブルーに帰せられそうであること、そして、このヌール・オスマニイェ蔵No.3721写本そのものは成書とさほど年を経ない同じ世紀のうちに書写された（従って原書に近いと考えることのできる）古写本であること、以上である。筆者なりにこの写本に当たった限りでは、上のタウアーの考えは肯ける。本章で取りあげたいのは、タウアーが言及しなかったこの写本の中味と有用性である。

　ところで、われわれは同じく『集史続編』の名で呼ばれるもうひとつのペルシア語史書を知っている。それはまさしく、ハーフェゼ・アブルーの編著にかかる一大通史『ハーフェゼ・アブルー全書』Maǧmūʿa-yi Ḥāfiẓ-i Abrū と『全史』Maǧmaʿ al-Tavārīḫ（『歴史精髄』Zubdat al-Tavārīḫ は第4部ティムール朝史の別称）の中に収められているものである。ハーフェゼ・アブルーは既存の史書を改訂を加えつつ取り入れて浩瀚な上の両書を編纂したが、ラシード『集史』とシャーミー Niẓām al-Dīn ʿAlī Šāmī『勝利の書』Ẓafar-nāma をつなぐこの部分は、ハーフェゼ・アブルー自身の手になると見られている。内容上は、オルジェイト以降ジャライル朝君主フサイン1世 Ḥusain（在位1374-82年）までを扱う。筆者が直接に目にした限り、たとえばトプカプ・サライ博物館蔵バグダード・キョシュキュ（Topkapı-Sarayı Müzesi Kütüphanesi, Baġdād köşkü）No.282『ハーフェゼ・アブルー全書』古写本をはじめとする諸写本において、いずれもこの部分の劈頭には一見してそれとわかるように『集史続編』の書名が明示される[2]。われわれが従来利用してきたハーンバーバー・バヤーニーに

よる活字校訂書『ラシード集史続編』 *Ẕail-i Ǧāmiʿ al-Tavārīḫ-i Rašīdī*, ed. Ḫānbābā Bayānī. Tehran, 1317／1938, 1349／1970 は、『ハーフェゼ・アブルー全書』『全史』から抜き出したものにほかならない[3]。

では、この同じ書名を冠せられた両者を比べてみると、まず至極当然のことではあるが、ヌール・オスマニイェ蔵写本はオルジェイトとアブー・サーイードのふたりの治世だけを扱うのに対し、『ハーフェゼ・アブルー全書』・『全史』からの抽出書（以下、抽出書と略す）は、アブー・サーイード没後のフレグ・ウルス諸君主からさらにフレグ・ウルス解体後のイランの小地方諸政権をも扱い、ティムールの時代にいたる。抽出書が、『ハーフェゼ・アブルー全書』・『全史』全体の中で、メイン・テーマとなる王朝創業者ティムールの一代記への"つなぎ"の役目をもって書かれたことは、容易に想像される。しかし、そうした構成上の違いとは別に、何より注目すべきことは、両者ともに扱うオルジェイトとアブー・サーイードの治世に関して、両者の記述が必ずしも一致せず、ヌール・オスマニイェ蔵本だけにあって、抽出書には見えない記事がかなり認められることである。とくに、それはヌール・オスマニイェ蔵本の前半にあたるオルジェイト紀ではなはだしい。同写本後半のアブー・サーイード紀は各節のタイトルをそれぞれ抽出書と同じくズィクル zikr と称し、記事も完全に一致するところが多い。ところがオルジェイト紀のうち、そのタイトルをやはりズィクルと称する 6–17葉と27 b–28葉 a は抽出書の記事とよく符合するものの、それ以外の部分はほとんど一致しない。とくにタイトルにヒカーヤト ḥikāyat を名乗り、かつそれぞれの冒頭に紀年を冠する18–27葉 b と 28 b–33葉は、じつはカーシャーニー『オルジェイト史』ʿAbd-Allāh b. Muḥammad al-Qāšānī, *Taʾrīḫ-i Pādšāh-i Saʿīd Ġiyāṯ al-Dunyā va al-Dīn Ūlǧāītū Sulṭān Muḥammad* を引き写し、ほとんどその節略といっても差し支えないほどなのである。

ヌール・オスマニイェ蔵本は、葉数の上でオルジェイト紀とアブー・サーイード紀とがちょうど半分ずつの構成になっている。書体の上でも、タウアーが注意したように、前半のオルジェイト紀はただひとりの手できちんと一貫した文字で書写されているのに対し、後半のアブー・サーイード紀については39–62葉と63–77葉は明らかに別人の手で書写されている。とりわけ39–62葉は、

しばしば字が乱れ、あるいは複数の人の手かとも思えるほどである。つまり、外見からもヌール・オスマニイェ蔵本は、異なった仕様のふたつのダースターン dāstān（＝本紀）がまったく同じ分量で並存するように仕組まれている。はじめからふたりのフレグ・ウルス君主だけを取りあげて、対置するように意図して作成されたことは明白である。少なくとも、抽出書とは別の意図・動機で作成されていることは疑いない。

さて、以上のことをどう考えたらよいか。まず、ごく当たり前のことながら、シャー・ルフ時代前後にラシード『集史』の続編は少なくとも2種は作られたこと、とりわけオルジェイトの治世に関しては当時『オルジェイト史』と抽出書の2系統の情報があったこと、この2点は確実である。ただし、ヌール・オスマニイェ蔵本と抽出書との関係については、いまのところ何らかの見通しを立てることさえ筆者にはむつかしい。ひるがえって、従来ほとんど利用されなかったこのヌール・オスマニイェ蔵本の実際上の利用価値を考えると、抽出書との不一致の箇所を克明に読み込み、把握・分析することはもとよりながら、例えば『オルジェイト史』の節略引用部分について、『オルジェイト史』の根本写本が14世紀中葉頃の筆写と考えられるアヤ・ソフィア Aya-Sofya 蔵古写本（No.3019／3. 現在は他の多くのモスク附属図書館所蔵本と同様にスレイマニイェ附属図書館 Süleimaniye Camii, Kütüphanesi に統合管理されている）ただひとつしか実質上で知られていない現状[4]では、この15世紀書写のヌール・オスマニイェ蔵本に見える引用は十分に比較検討に価する。とくに固有名詞の綴りは、直接の有用性をもつ。筆者がかつてアヤ・ソフィア蔵写本を利用して取りあげた1314年前後の中央アジアにおけるチャガタイ・ウルス軍と大元ウルス軍の軍事衝突について、ヌール・オスマニイェ蔵本は節略しながらも鍵となる重要な人名・地名・職名などの語句をよく列挙する。なかでも、前稿でアヤ・ソフィア蔵本からの読み取りや翻字に苦しんだ YYSWN MWRAN＞m. *Yisün-mören*, TWTGAQ BHADR＞*Tūtgāq-Bahādur*＞*Tudγaγ-Baγatur*, ALAYY TAQ＞*Alayi-taq* などの重要語句は、ヌール・オスマニイェ蔵本でも同じ綴りであった[5]。そもそも、抽出書ではほとんど具体記述のないこの軍事紛争について、ヌール・オスマニイェ蔵本が『オルジェイト史』からの節略引用部分の中でも

第14章 ヌール・オスマニイェ所蔵の古写本

とりわけ熱心に引用していること、それ自体がひとつの謎ではあるけれども。

実は、ヌール・オスマニイェ蔵 No.3721 古写本の写真は、故小林高四郎によって第2次世界大戦のさなか日本へもたらされ、数奇な運命を辿って、現在は東洋文庫にしかと所蔵されている。筆者は1987年この写真を閲覧し、かすかに胸に高鳴るものを感じた。表紙に明記される架蔵番号、そして77葉というフォリオ数は、タウアーのいう『集史続編』ヌール・オスマニイェ蔵 No.3721 古写本であることを示していた。遠峰四郎による小林高四郎将来古写本撮影の目録にも「ラシードの集史補遺」と挙げられている[6]。1988年の夏、三菱財団の資金援助を受けて、筆者としては二度目のイスタンブル所在ペルシア語古写本の調査を行なった折、最大の眼目であったトプカプ・サライ博物館附属図書館とスレイマニイェ附属図書館での仕事をひとまず終え、ほっとした8月17・18の両日、ヌール・オスマニイェを訪ねた。ヌール・オスマニイェ附属図書館はトプカプ・サライ博物館附属図書館と同様、依然として独立の図書館で、その蒐集図書はスレイマニイェ附属図書館の統合管理下に入っていない。昔のままの同図書館には筆者のほかに閲覧者の姿はなく、高い丸天井の下は、戸外の熱暑・喧騒とは一変して爽涼・静寂の別世界であった。ここでの2日間は忘れがたい。架蔵番号3721写本は上品な小じんまりとした古写本であった。その日まですでに20日間あまり、多くのモンゴル時代・ティムール朝時代のすぐれた古写本ばかりを集中閲覧する幸せに恵まれ、ペルシア語古写本について言葉に明瞭に置き換えることのできない程度のもやもやとしたものではあったが、何とはなしの"鑑識眼"がその一時期だけそれなりに出来かかっていた筆者には、この写本はやはりティムール朝時代の、しかも比較的に早い時期の古写本であることは間違いないように見えた。

ヌール・オスマニイェ蔵 No.3721 写本の細部にわたる検討はこれからの課題であり[7]、本章はあくまでこの写本が従来通行していた『集史続編』とは異なることだけを紹介するにすぎない。内容目録を挙げるわけでもなく、史料紹介としては異様なものとなったが、かつてタウアーが行なった調査の質の高さ、そして小林高四郎の慧眼と情熱、その両事もまた、この場を借りて紹介するに価する研究史という名の歴史であると考える。ふたりの先学に心よりの敬意を

込めて。

注

1) F. Tauer, "Les manuscrits persans historiques des bibliothèques de Stamboul," *Archiv Orientální* 3-3, 1931, 473-474.
2) バグダード・キョシュキュ No.282 写本では 699b-744 葉が当該部分であり、劈頭の 699 葉 b の極めて美麗な題額のなかに *Ẕail-i Ğāmi' al-Tavārīh-i Hvāğa Rašīd al-Dīn* と書名が挙がる。また、上と並ぶもうひとつの『ハーフェゼ・アブルー全書』の善写本であるダーマード・イブラーヒーム・パシャ Dāmād İbrāhīm Paşa No.919 写本（現在はスレイマニイェに移管）も 750b-799 葉がそれであり、やはり冒頭の 750 葉 b の題額の中に *Ẕail-i Ğāmi' al-Tavārīh-i Hvāğa Rašīd* と金字で飾られている。
3) この校訂書にはタウアーの徹底して厳正な批評がある。F. Tauer, "Le Ẕail-i Ğāmi' u-t-tawārīh-i Rašīdī de Hāfiẓ-i Abrū et son édition par K. Bayani, I-V," *Archiv Orientální* 20, 1952, 39-52 ; 21, 1953, 206-217 ; 22, 1954, 88-98, 531-543 ; 23, 1955, 99-108.
4) 杉山正明「西暦1314年前後大元ウルス西境をめぐる小札記」『西南アジア研究』27、1987年、25-26頁（本書第8章、335頁）。
5) 同上、34-37（本書第8章、343-347頁）。
6) 遠峰四郎「小林学士将来東洋学書目録（一）ペルシア文古鈔本撮影目録」『東洋学報』32-1、1948年、108頁。
7) 次の写本も注目される。*Ẕail-i Ğāmi' al-Tavārīh*. MS, Leningrad, AN SSSR, D 66-2 (a 566).

索　引

1．この索引作成にあたっては、あくまで便宜面を重視し、たとえばチンギス・カンやクビライ、『集史』や『元史』など頻出する語彙は、余程の重要な言及がある場合を除いて、原則として採らなかった。
2．また、各語彙も日本語表記がなされているものについては五十音順に並べ、それに関連する漢字表記などは各項に（　）で括って付した。
3．アルファベットのみの人名・地名・用語などは別にＡＢＣ順に並べた。

ア行

アーナンダ………………149, 315, 321
アイ・クトゥルク(愛忽都魯)………395
アイマク(枝児)………………188, 222
アウルク(奥魯)………………………396
アカ(兄)………………119, 279, 315
アカ・イニ(一族)……………………293
アカ・ベイ(アカ・ベク、阿哈伯)
　　　………………………246, 278〜280
アジキ(阿只吉)…77, 106, 116, 296, 308〜
　　310, 312, 315, 316, 319, 322, 354
足の痛み………………………………65
アシャ(阿沙)…………………………354
アジャシリ(阿者失里)………264〜266
アシャブカ(阿沙不花)………………352
アス……………………………………157
アスタイ(阿速歹)……64, 75, 77, 80, 97,
　　108, 236, 270, 271, 273
アゼルバイジャン……………………117
アバカ………………………293, 297, 460
アビシュカ……76, 77, 103, 116, 296, 309
アブー・サーイード………166, 235, 510
アブジア・コテゲル…………………114
アフマド……161, 262, 304, 327, 328, 501,
　　503
アフロユーラシア世界…………………3
安部健夫………………………………300

アミール(将領)………………………66
アムール………………………………56
アムガ(阿木哥)………………317, 318
アム(阿母)河…………………291, 293
アム(阿母)河等処行尚書省…………132
アヤチ(愛牙赤)………………………206
アユシリダラ…………………………396
アユルバルワダ…152, 180, 205, 321, 379,
　　395
アライ(阿来)…………………………347
アライ(阿雷河)………………………347
アラカイ・ベギ………………………448
アラクシ・ティギト・クリ…………448
アラトナシリ(阿刺忒納失里)…262, 308,
　　309, 323, 488
アラビア文字…………………………204
アラムダル……………86, 87, 89, 112, 115
アラン・ゴア…………………………243
アリーザーデ校訂本…………………467
アリガル・ムスリム大学マウラーナ・アザド図書館………………………472
アリク・ブケ…62, 64, 69, 84, 101, 106,
　　107, 113〜118, 291, 316, 501
アリク・ブケ・ウルス………………301
アリク・ブケの所領…………………301
アルカシリ(阿魯哥失里)……………273
アルグ……110, 116〜119, 155, 254, 277,
　　288, 290, 291, 293, 294, 299, 311, 323
アルクイ(阿魯灰)……………………356

515

索 引

アルグン……………………………48
アルグン河………………56, 210, 214
アルタイ………………50, 52, 291, 301
アルタイ山(按台山)……49, 53, 55, 356
アルタイ山中の隘路…………………52
アルタイ諸山……………………………49
アルチ・ノヤン………………………65, 74
アルチダイ……………………28, 41, 48
アルチャト(阿児査禿)………………137
アルトゥ(阿魯禿)……………………341
アルパ・カーウーン…………………235
アルバ税………………………………409
アルマリク…………50, 299, 300, 309
アレッポ………………………………117
安徽省合肥市南門外…………………491
安西王………………………146, 151, 316
安西王アーナンダ(阿難答)……208, 209, 318, 460
安西王国………………146, 147, 209, 316, 321
安西王府…………………146, 147, 151, 153
安定衛…………………………305, 327
安定王…………………………………305
安定王家………………………323, 327
アントム………………………………300
アンビス………………205, 284, 458, 461
安邑長春観……………………………449
アンチ(按赤)〔猟戸〕…………………222

イェグゥ…………………………47, 78, 82
イェケ・カダアン………………75, 106, 107
イェケ・デレスン(也可迭烈孫)……67, 69, 87
イェケ・トプチアン……………………469
イェケ・モンゴル・ウルス……………14
イェケ・ヨスン(大条理)…………429, 431
イェジル………………………………106
イェス…………………………………110
イェス・エブゲン……………………484
イェス・モンケ(也速忙可・也速蒙哥)……290, 354

イェスン・テムル(泰定帝)……261, 318, 394
イェスン・トア………………………292
イェスン・ノヤン……………………50
イェスンゲ(移相哥・亦孫哥・邪相哥)…44, 65, 74, 78, 79, 82, 105～107, 113, 114, 203, 211, 217, 226, 279, 453
イェスンゲ王紀功碑…………………376
イェニセイ河…………………………49
威遠王〔家〕……………………322, 323
イキレス駙馬家…………………74, 138
イキレス部……………65, 66, 80, 114
懿旨……………………190, 441, 443
石田幹之助……………………150, 167
石濱文庫………………………………395
イスタンブル…………………………23
イスタンブル本…………………76, 204
移刺楚材………………………394, 450
一字王号………………………………262
イッズッディーン(愛祖丁)…………174
伊屠知牙師……………………………346
威福……………………………………433
威武西寧王〔家〕…274, 281, 320, 323, 326
イブン・バットゥータ………………166
イラン文化圏…………………………152
イリアス(イリヤース)・ホージャ…326, 394
イリクチ(亦里黒赤)…246, 248, 250, 251, 266, 278, 280
入矢義高………………………………365
囲猟……………………………………222
イリンチン(亦憐真・亦隣真)…208, 266, 386, 401, 482
イリ渓谷……32, 50, 53, 56, 116, 288, 299, 307, 309
イル(仲間)……………………………66
イルチ(使者)……………221, 226～228, 319
イルチタイ・ノヤン…………………65
イルティシ……………………………117
イルティシ河……………………49, 53

索 引

イルティシュ流域……………56
允丹蔵卜太子……………475
允禿思帖木児……………303
印璽……………450
印造宝鈔庫……………158
インノケンティウス四世……439

『ヴァッサーフ史』…6, 162, 262, 276, 293, 295, 297, 298, 304, 308, 359
ウイグリスタン………53, 137, 301, 326
ウイグル……………161
ウイグル王家……………22, 296
『ウイグル（畏兀児）館訳語』………360
ウイグル地方……………51
ウイグル文字………190, 198, 204, 373
ウイグル名族……………47
ウェスタン・インパクト………5
ヴェトナム……………64, 68
ヴェネツィア……………128
植村清二……………119, 334
ヴォルガ……………117
于居仁……………380
ウゲ（言語）………224, 442, 448
烏珠留若鞮単于……………346
『烏台筆補』……………502
乳母……………108
右翼（西方）…29, 34, 55, 65, 75, 106, 109, 225
右翼のアミール……………106
右翼の万戸……………55
右翼軍……………55
右翼軍団……………34, 65, 71, 108
右翼諸王……………54
右翼諸子ウルス……………57
鄆余大郢……………491
ウラク（駅伝馬）……………492
ウラジーミルツォフ……………28
ウラマー……………410
ウリャンカダイ（兀良合台）…64, 67, 68, 70, 104

ウルウト郡王家……………74, 138
ウルウト族……………65
ウルク（兀盧）……………111, 354
ウルク一族……………64
ウルク・テムル（月魯帖木児）……460
ウルクゥイ・カラカルジト流域…41, 48
ウルクダイ（兀魯忽帯）………112, 300
ウルク・ノヤン（月魯那衍）……345
ウルス（兀魯思）…28, 31, 38, 48, 111, 187, 210, 319, 325, 465
ウルスの首長……………106
ウルチ（兀魯赤）……………475
ウルルング……………214
ウルン・タシュ……………64
ウルン・テムル（玉龍鉄木児）…209, 210
ウルングゥ……………52
ウルングゥ河……………53, 301
雲南……………64
雲南・大理遠征……………66, 77, 103
雲南王アルク阿魯……………442
雲南梁王離宮……………151

衛……………273
「衛」の名分……………326
英宗シディバラ……………258
永昌……………310, 318
永昌王府……………151
永昌縣志……………151
永昌城……………153
永昌府……………483
永昌路……………462
永寧王……………108
永楽宮……………486
永楽政権……………326
『永楽大典』………174, 181, 183, 276, 305
永楽帝……………268
嶧山……………403
嶧山刻石……………403
易州……………182
駅站……………276

517

索引

益都……………………………79,80,99
莱軍民都達魯花赤 ………………217
益都淄莱新軍万戸 ………………218
益都・淄莱軍団 …………………227
『益都金石記』…………193,194,223
益都軍閥 ……………………………99
益都路 ………………………………73
疫病 …………………………………96
亦児撒合 …………………………206
亦失班 ……………………………309
エジル(亦只里・也只里)〔大王〕……103,
　　193,207,208,228,239
エスル(也速児)……………………79
エセン・エムゲン(也先帖木児)……204,
　　205
エセン・ブカ(也速不花) ………276,470
エセン・ブケ ……………………461
恵谷俊之 …………………………300
エチナ地区 ………………………319
エツィン・ゴール ………………319
越王 ………………………………308
謁裏大王…………190〜192,196,228
海老沢哲雄 …………………………63
エビ・ノール ……………………307
エブゲン(也不干) …………340,350
エミル(葉密立)……………… 52,478
エミル・コボク地方 ………… 51,52
エミル河 …………………………311
エミル河流域 ………………………32
エムゲン …………………… 203,213
エリゲン(也里慳・燕里干) ……208
エルグネ(也児古納・也里古納・也魯古
　　那)〔河〕………201,210,211,214,222
エルグネ・ムレン(額児古揑木嗹) …210
エルケシリ ………………………273
エルチン(燕真) ……………………88
エルディシュ(也里的失・葉兒的石)……
　　356,478
エルディシュ河の地方 ……………49
エル・テムル ……………262,308,323

塩引 ………………………………162
燕王 ………………………………315
宴会 …………………………… 69,153
燕京 ………………… 96,105,113,139
燕京行省 …………………… 120,132
燕京行台 …………………………132
燕京等処行尚書省 ………………132
エンケ・テムル(安克帖木児)…248,266,
　　269,283
延春閣 ……………………………163
エル・テグス(燕帖古思太子) ……475
衍聖公 ……………………………495
エル・テムル(燕鉄木児) ………350
延祐改元の詔 ……………………176
延祐改元の詔赦 …………………179
園林 ………………………………150

オイラト ……………………………33
オイラト諸部族 …………… 114,301
王 …………………………………460
王惲 ……………… 108,113,502,503
王貴実 ……………………………412
瓮吉剌八忽公主 …………………476
甕吉剌帯 …………………………208
王堯 ………………………………402
王国維 ……………………………450
黄金の氏族 …………………………28
王座 …………………………………53
王座＝帳殿 …………………………49
王座の所在地 ………………………49
王子 ………………………………236
王志順 ……………………………412
應地利明 ………………………口絵36
応州 ………………………………182
王守忠 ……………………………380
応昌 ……………… 93,138,157,300
甕城(おうじょう) ………………157
王昭君 ……………………………346
応昌城 ……………………………151
王村店 …………190,201,222,227,228

518

索 引

王重陽 …………………………412
「王」の名分…………………………326
王府 ……………………………257,258
王府尉 …………………………258
王府司馬 ………………………258
王傅 ………………38,47,222,257,258
王璧文 …………………………159,162
王莽 ……………………………346
欧陽玄 …………………………98
汪良臣 …………………………113
王領地 …………………………365
おおせ(聖旨) ………190,222,372,442
太田彌一郎 ……………………364
オグル・ガイミシュ ……………476
オゴデイ(月濶歹・窩濶台) …28,34,37, 38,40,51〜53,71,72,144,290,379, 425
オゴデイ・ウルス……32,52,75,301,312
オゴデイ・カアン ………………57
オゴデイの初封地 ………………51
オゴデイ王家……………………75
長田夏樹 ………………………401
小沢重男 ………………………370,401
オスマン朝 ……………………6
愛宕松男 ………………………164
小田寿典 ……243,245,269,270,283,326
オチチェル(月赤察兒) ……………350
オッチギン ………40,41,43,44,63,81
オッチギン・ウルス …44,45,47,56,111
オッチギン王家……74,99,101,112,139, 211,325,412
オッチギン・ノヤン……………65,210
オトラル ………………………268
オドン(斡端) …………276,312,354
小野浩 …………………………26
オノン・ケルレン ………………30,318
オノン河畔 ……………………30
オラダイ ………………………114
オルブ(斡魯不) ………………287,448
オルグナ……76,77,106,109,116,118,120,

290,292,294,309
オルジェイ(完沢)太傅右丞相 ………222
オルジェイト(完澤篤) …………379
オルジェイト・スルターン ………446
『オルジェイト史』…21,209,276,334,510
オルダ ……………………………49,109
オルド(本営・幕営・斡児朶・斡耳朶・
　　窩魯朶)〔地〕……49,50,51,66,103, 134,141,145,153,163,166,295,360, 427,432,478
オルド(斡児朶)城 ………………153
オルド・バリク …………………153
オルトク商人 …………………161
オロス ……………………………157
オロス(斡羅思・斡魯思) …317,340,356
オロス軍団 ……………………157
オロチン(斡羅陳) …………115,300
恩赦 ……………………………179,180

カ行

カーン・キン……………………73
カアン …………………………382
カアン位 ………………………106
海雲 ……………………………500
回回字 …………………394,450,451
改元の詔敕 ……………………180
厓山の戦い ……………………218
カイシャン(海山)……149,152,205,208, 209,225,321
カイドゥ(海都) …51,112,119,209,219, 230,242,254,279,289,292〜297, 299,300,310〜314,317,347,357
カイドゥ(懐都) …………………476
カイドゥ王国 …………………119,120
「カイドゥの国」…………………301
カイドゥ兄(アカ) ………………294
開平 ……………93,107,112,120,144
開平クリルタイ ………………106,109
開平城 …………………………154

索　引

開平府 …83, 103, 106, 113, 134, 135, 138, 150
開封 ……………………………71, 98, 130
『華夷訳語』甲種本……………326, 376
槐陽 ……………………………………381
カイラル ………………………45, 48, 210
夏営〔地〕 …………31, 49, 95, 301, 360
ガカイ(哈海)…………………………115
架閣庫管勾 ……………………………159
可汗 ……………………………………382
可寒 ……………………………………382
河間路 …………………………………216
郝経………………………96, 99, 100, 107～109
霍山 ……………………………………365
鄂州〔の役〕 …63, 64, 69, 70, 92, 94, 95, 97, 134, 135
岳聚 ……………………………………380
『郝文忠公集』…………………96, 99, 100
岳仲賢 …………………………………380
岳璘帖木児 ……………………………102
何元錫 …………………………………194
賈克仁 …………………………………380
カサル……………34, 37, 39, 40, 45, 48, 63
カサル・ウルス…42, 44, 45, 56, 210, 211, 212, 214, 215
カサル王家………………………74, 101
カサル家投下領 ………………216, 506
カサル家本領 …………………………209
カサル系 ………………………………304
ガザン ……………………………………87
火児忽禿 ………………………………462
賈似道 ………………………63, 95, 107
カジュ …………………………………230
瓜州 ……………………………320, 327
火州 ……………………………296, 361
賈洲傑 …………………………150, 151
賀宗儒 …………………………………385
柯紹忞 …………………………5, 82, 465
ガズニーン ……………………………302
河西 ……………………………262, 310

カダアン(合丹)〔大王〕 64, 107, 113, 114, 207, 211, 212, 219, 228, 236, 311, 354
カダキ・セチェン ………………76, 77, 296
カチウン ………………28, 37, 39, 41, 48, 63
カチウン・ウルス ………………………56
カチウン王家 ………74, 76, 101, 205, 272
夏都 ……………………………………169
河東延祚寺 ……………………………383
加藤和秀 ………………………325, 334, 369
カトルメール ……………………………8
カバン(合班・哈班)…250, 255, 276, 277, 290, 293, 295, 297, 315, 349, 354
カビチュ …………………………115, 481
雅文漢訳版 ……………………………376
夏牧 ……………………………184, 223
河北山東蒙古軍都元帥府…………80, 239
華北投下領 ……………………………228
カマラ …………………………………318
カムジュウのシン ……………………316
カヤリク(海押立) ……………………478
鹿邑老子太清宮 ………………198, 230
科要 ……………………………………410
カラ・キタイ ……………………50, 51
カラ・コルム……62, 69, 84, 89, 102, 112, 113, 120, 143, 144, 153, 164, 209, 300, 301, 499
カラ・コム中央政府 …………………115
カラ・コルム朝廷 ………………102, 105
カラ・コルム廃都 ……………………133
カラ・フレグ ………………76, 77, 116, 290
カラウン・ジドゥン(哈剌温只敦) …47, 55, 66, 134
カラチャル(合剌査) ………50, 75, 113, 476
カラ・バルガスン(合剌八剌合孫) …135
カラ・ホジョ(哈剌火州) ……………296
カラジャン(哈剌章) …………………463
賀蘭山 …………………………496, 498, 504
カルピニ ………………………………49, 166
カルルク(合児魯)〔軍〕………51, 184, 354
カン ……………………………………382

索　引

官印 …………………………448	岐王銷南管卜 ……………………462
ガン河 ……………………213	魏源 …………………………5
カンクリ …………………157	綦公直 ……………………219
カンクリ・トクト（康里脱脱）………341	キシュラク……………………31
漢軍 …………………………70	キセリョフ，C.B. ………………214
管軍百戸 …………………380	『危太樸集』………………344
漢語…………………………10	『帰田類稿』………………359
漢江 …………………………73	吉祥 ……………273, 385, 391
管勾 ………………………159	乞八 ………………………309
カン国（監国）………………44, 326	吉亨 ………………………411
監國公主 …………………448	亀趺 ………………………380
監察御史………170, 172, 177〜179, 181	儀天殿 ……………………152
漢児 ………………………345	キプチャク …………………157, 311
漢兒字聖旨 ………………395	キプチャク草原……………6, 32, 49, 56
ガンジャク ………………292	金浩東………………………26
完者篤 ……………………379	丘処機 …………………44, 444
甘州 ………………………318	旧西夏国 ……………………22
冠州 …………………………80	旧西夏人 …………………491
甘粛涇州水泉寺 …………383	『求是齋碑跋』………………385
甘粛行省 …………………276	鳩摩羅什 …………………425
韓儒林 ……………………401	教会堂 ……………………162
『漢書』………………………346	郷士 ………………………381
「漢人」………………………227	鞏昌24城 …………………113
漢人軍閥 ……………………80	鞏昌府 ……………………483
漢人歩兵部隊………………97	匈奴国家 ……………………19
漢水〔流域〕………………68, 70, 73	匈奴時代 …………………152
漢地 ………………………114	許瀚 ………………………195
管着児咸蔵 ………………394	漁関 …………………………68
『関中金石記』………………426	『許瀚年譜』…………………195
関帝廟 ……………………228	玉案山筇竹寺 ………………442
罕東左衛 …………………327	玉座 …………………………51
歓忒哈赤 …………………350	曲兒只 ……………………478
咸寧荘 ……………………157	曲列魯・曲烈魯 ………459, 470
カン・バリク ………142, 162, 163	御史台 ……………158, 170, 177
漢文史料 ……………………12, 15	去思碑 ……………………506
咸平 ………………………206	玉龍棧 ……………………67, 69
『寰宇訪碑録』………194, 195, 489	許有壬 ……………………212
刊本学 ………………………13	居庸関 …………20, 160, 181, 182
	居庸関過街塔 ……………181, 506
岐王 ………………………462	居庸北口 …………………183, 184

521

索 引

キョル・テギン碑 …………………442
キルギズ……………………33, 301
キルギズ地方 ………………………113
祁連山 ……………288, 310, 320
『紀録彙編』………………100, 327
『金華黃先生文集』…………217, 238
金国遠征 ……………………34, 55
金国親征………………………71
『金冊』………………………469
金山 …………………………350
鈞旨 …………………190, 441, 443
キンジャンフ(京兆府)……89, 112, 136, 146, 149, 316, 318, 324, 433
金城県 ………………………182
『金石彙目分編』………………195, 422
近代大学 ………………………7
近代歴史学 ……………………10
禁地 …………………144, 145, 157
金朝政権 ………………………71
金長老 ………………………429
金の中都 ………………………131
金寶文字 ………………………475
金輪宝位 ………………………323
金蓮川 ………………………352

クイカ・ムレン…………………96
「グーヤーンク」………………137
苦峪(曲尤?) ……………………323
クシカ ……………64, 75, 76, 77
クシカイ ………………………76
クシダル(火失答児)………226, 227
虞集……………98, 463, 494, 505, 506
苦児蘭 …………………………273
クタトミシュ …253, 257〜260, 262, 269, 272
口子(くち) ………………171, 175, 183
クチャ・ブルダク ………………114
クチュ(闊出)〔太子〕……73, 311, 475, 499
グチュルク ……………………51
クトゥク(胡都虎) ………………448

クトカ小通事 ……………………230
クナシリ(忽納失里・兀納失里)……245, 246, 248, 250, 251, 266, 273, 274, 277, 282, 283, 326
クネース …………………50, 309
クビライ ……14, 40, 62, 63, 107, 291, 316
クビライ王府……………………85
クビライの南進策………………97
クプチュル税 …………………409
グユク(谷奥)〔皇帝〕……37, 76, 81, 382, 438, 447
グユク・カン ……………47, 433
グユクチ(貴赤)……………351, 352
グユクチミンガン(貴赤明安)……352
句容郡王 ………………………344
グラン・バザール ………………508
クリエン ………………………214
クリルタイ …………100, 101, 103, 155
クルムシ(忽林失)……65, 74, 92, 93, 106, 110, 115, 138
クルン山 ………………………48
クレゲル山 ……………………40
桑原隲蔵 ………………………11
『攟古録』………195, 196, 404, 426
軍事体制 ………………………56
軍隊の分配 ……………………50
クンドゥイ古城 ………………214
クンドゥズ ……………………298
クンドカイ ……………………112
軍脳児 …………………………67
軍律 …………………………211, 237

景愛 …………………………213
荊王 …………………………358
荊王イェス・エブゲン …………464
瓊華島 ……………141, 143, 152, 153
荊山 ……………………68, 69, 91, 100
京師二十二倉 …………………159
邢州 …………………………83
邢州会同 ……………………91, 95

系図 …………………………………467
『経世大典』 ………………………183
『経世大典』「帝系篇」 ……………464
恵詮 …………………………………385
『藝風堂金石文字目』 ……………422
恵文 …………………………………386
経歴〔司〕 ………………159, 171, 175
ケシク ………………………………220
ケシクテイ ……………………………30
ケフテイ …………………………65, 74
ケベク ………………………………325
ケルレン(怯魯剌・怯魯連)…67, 208, 209
ケルレン河 ………………………44, 56
ゲルンコウ(怯連口・怯憐口) …235, 481
ケレイデイ(結来歹) ………………271
県尹 …………………………………380
元刊本雑劇三十種 …………………231
堅吉祥 ………………………………385
阮元 ………………191, 193, 194, 196
厳氏〔幕府〕 ……………………80, 85
元氏県 ………………………………378
『元史』宗室世系表 ………………243
『元史』地理志 ……………………216
『元史』百官志 ………………158, 258
『元史氏族表』 ………………218, 504
『元史新編』 …………………………5
『元史続編』 …………………………5
『元史訳文証補』 …………………5, 103
厳実 ……………………………………80
ケンジャンフ ………………………147
県主簿 ………………………………380
元帥 ……………………………342, 354
懸帯御前金牌 ………………………441
元代石刻資料 ………………………189
『憲台通紀』 ………………………217
『元代白話碑集録』 ………………425
県達魯花赤 …………………………380
厳忠済 ……………………………80, 84
玄中寺 ………………………441, 448, 449
『元朝秘史』 ……10, 33, 55, 210, 233, 235, 236, 287, 338, 376, 435
『元典章』……20, 142, 158, 169, 172, 176, 198, 217, 221, 225, 229, 258, 343, 345, 376, 493, 494, 503
健都班 ………………………………463
『原武県志』 ………………………395
『元文類』 ……………146, 180, 182, 209
兼併戸 ………………………………164
遣明使節 ……………………………268
元明善 ………………………………109
乾隆『淄川県志』 …………………237
権力中枢 ………………………………20

固安 …………………………………156
コウ(可兀) …………………………235
黄 ……………………………………215
興安嶺 …40, 43, 45, 47, 48, 53, 55, 56, 73, 139
高睿 …………………………495, 501, 504
黄河の南流 ……………………………84
黄河渡河 ………………………………69
黄花鎮千戸所 ………………………181
広寒宮 …………………143, 147, 152
合罕皇帝・哈罕皇帝 ………382, 496
『高貴系譜』 ……………………26, 204
光煕門 ………………………………160
『孝経直解』 ………………………234
公據 …………………………………449
紅巾軍 ………………………………324
紅襖軍 ………………………………314
洪鈞 …………………………5, 103, 211
康熙『淄川県志』 …190〜193, 195〜197
興慶 …………………………………504
皇慶改元の詔 ………………………180
興慶府 ………………………………498
孔元措 ………………………449, 495, 499
皇江 ……………………………………73
鉤考局 …………………………………86
黄忽児玉良(晃火児月連・黄兀児于量)…307

523

索　引

交趾………………………………67
『紅史』………………469, 477, 489
孔思晦……………………………411
杭州……………………68, 69, 227
高秀才……………………………497
杭州城……………………………130
合州………………………………62
公主必列怯………………………271
公主百戸…………………………476
高昌王世勲碑………………296, 322
高昌偰氏…………………………102
高昌偰氏家伝……………………98
紅城児……………………………462
行省………………………………168
膠水………………………………215
興聖宮……………………………152
耿世民…………………256, 296, 368
黄艸泊……………………………307
皇太子…………………………315, 475
皇太子アユルシリダラ…………324
皇太弟の宝………………………47
孔治………………………………495
高長寿……………………………504
高智耀…………………23, 500, 505
高智耀祠廟………………………505
光緒『鹿邑県志』………………230
皇帝の玉座………………………106
皇帝之寶………………………449, 450
『校訂隷釈存疑』………………193
コウト（可兀煬）………………235
高ナリン（高納麟）……501, 505, 506
江南行御史台……………………129
江南行台………………………170, 177
江南戸鈔…………………………226
江南投下領……………………227, 228
広寧………………………………37
羔麋店……………………………157
孔廟………………………………162
合賓帖木児………………………303
広平路……………………………216

口北……………………………184, 185
「口北」の地……………………182
高麗……………………65, 78, 82
高麗国……………………………105
『高麗史』…………111, 143, 441, 445
高梁河……………………………141
興和〔路〕…………………135, 182
后を立つる詔……………………180
コウン（可温）…………………235
顧炎武……………………………25, 190
古燕………………………………381
ゴービル…………………………8
呼韓邪……………………………346
「国王」称号……………………99
黒山………………………………47, 213
黒山頭古城……………………151, 213
国祚………………………………411
国師…………………221, 394, 503
国子監……………………………162
国書………………………………452
国書の印璽………………………439
国信使……………………………107
『黒韃事略』………166, 394, 440, 450
国邑………………………………257
五戸絲……………………………224
ココチュ（闊闊出）………205, 300
後市………………………………153
呉式芬……………………195～197, 404
呉志全……………………………405
胡秀才……………………………429
呉祥………………………………411
胡粋中……………………………5
呉澄………………………………217
国家体制…………………………56
コデン（庫徳・廓丹・庫徳・闊端）〔大
　王・太子〕…198, 279, 310, 311, 425,
　429, 438, 457, 470, 475, 480, 496, 499
闊端阿哈…………………………486
コデン・ウルス…………………310
コデン王家…76, 106, 113, 151, 153, 316,

524

318, 504
五投下 …74, 78〜80, 84, 92, 93, 106, 114, 115, 132, 138, 139
呉道泉 …………………………405
ことば …………………………442
近衛軍団…………………………55, 156
小林高四郎 ……………………512
『五分枝』…19, 24, 26, 204, 205, 236, 253, 260, 267
『呉文正集』……………………217, 239
戸部 ………………172, 173, 179, 181
庫坊 ……………………………182
古北口 …………………………182, 183
虎北口 …………………………182
古北口千戸所 …………………181
駒井和愛 ………………………141
コムル(甘木里)…………242, 269, 314
『五涼考治六徳集』……………151
コルギス(闊里吉思)……………341
ゴルク(封禁地)…………………145
コルクチ …………………………78
コルゲン(闊列堅太子)〔家〕…35, 37, 38, 112, 302, 303, 475
コルゲン系 ………………………305
コルコスン(火魯火孫)………47, 354
コルチ ……………………………106
コルチ・ノヤン…………………65
コルン(中央)……………………34, 225
コルン(中央)・ウルス……28, 55, 57, 63, 77, 109, 129
鼓楼 ………………………………163
鼓楼大街 …………………………159
根幹の地……………51, 115, 120, 188
コンギラダイ(弘吉剌帯)………208
コンギラト軍 ……………………93
コンギラト家 ……………………74
コンギラト族長家 ………………84
コンギラト嫡統家 ………………149
コンギラト駙馬家…………74, 138
コンクラト〔部〕………………65, 66

渾源口 …………………………182
コンチェク(寛徹)……245, 246, 249, 250, 257, 258, 262, 275, 276, 280, 296, 324, 341, 349
コンチェク・ドルジ ………250, 275, 277

サ行

蔡思中 …………………………412
済南………………………………79
『済南金石志』…………………194
蔡美彪…167, 190, 365, 396, 400, 422, 425, 455, 485
サキャ・パンディタ …457, 479, 480, 500
佐口透 ………8, 30, 33, 243, 276, 302, 340
沙州 ………272, 311, 318, 324, 327, 361
沙州衛 …………………………273
沙静州 …………………………182
佐竹靖彦 ………………………164
佐藤長 …………………………489
差發 ……………………………410
サマルカンド …………………144, 312
左右警巡二院 …………………158, 159
左右両翼ウルス〔体制〕…29, 38, 63, 113, 119
左右両翼制………………………65
左右両翼六ウルス………………55, 111
左翼(東方)…29, 34, 55, 77, 106, 109, 120, 225
左翼軍〔団〕………34, 37, 45, 55, 65, 70
左翼諸王 ………………………54, 84, 300
左翼諸弟ウルス…………………57
左翼のアミール…………………106
左翼の王子たち…………………66
左翼の万戸………………………55
サライ …………………………144
ザラフシャン流域………………50
サリク・ウイグル(撒里畏兀児)……305
サルギス ………………………47, 102
サルジュタイ(散朮觶)…………218

索 引

サルバン(撒里蛮)…76, 296, 300, 301, 460
山海関 ……………………………182
三河地方 …………………………214
散関………………………………68
サンクトペテルブルグ本…………76
三軍団方式 ……………………70, 71
『山左金石志』 …………191～196, 404
『山左碑目』 …………191～193, 195, 196
『山左訪碑録』 ……………………194
三十分の一税 ……………………161
山西永楽宮 …………………233, 484
山丹〔州〕………………309, 310, 323, 324
三年一任 …………………………225
『山右金石記』 …………………440
『山右石刻叢編』 …………234, 364, 365

ジェベ ……………………………50, 51
『詩経』 ……………………………403
シクドゥル(失都児・実都而・勢都児)
〔大王〕…202, 203, 206, 207, 208, 211,
216, 226
紫荊関 ……………………………182
紫荊関千戸所 ……………………182
『滋渓文稿』 ……………………220
『至元訳語』 ……………………235
只克都督 …………………………327
四庫全書本………………………23
史志道 ……………………………412
寺主 ………………………………380
淄州都達魯花赤 …………………217
至正『金陵新志』 ………………345
『至正集』 ………………………212
四川 ………………………62, 64, 69, 70, 83
淄川〔県〕………190, 191, 201, 215, 218
七萬戸 ……………………………427
叱責 ……………………………66, 73
司天台 ……………………………162
史天沢 ……………………………85
シバグチ(昔宝赤)………………352
斯波義信 …………………………165

ジビク・テムル(只必帖木児)…106, 113,
120, 151, 311, 316, 459, 470, 504
ジブゲン …………………………45, 47
シムルトゥ・ノール ………………114
シムルトゥ・ノールの戦 …………142
志茂碩敏……………………………26
シャーミー ………………………509
シャー・ルフ………6, 26, 243, 247, 268
ジャイフーン ……………………291
シャヴァンヌ ………………190, 270, 271
ジャウクト(爪忽都)…65, 67, 70, 134, 135
ジャウトゥ(ジャウドゥ) …65, 75, 77,
106, 300
斜街 ………………………………159
刁吉児 ……………………………174
綽理哲瓦 …………………………480
ジャサ〔ク〕(扎撒・札撒) ………236, 372
赦罪の詔 …………………………180
社稷壇 ……………………………162
謝稚柳 ……………………………270
シャドル(沙禿而・沙都而)………347
写本学………………………………13
ジャマール・カルシー ……………296
『站赤』 ………………174, 183, 276, 305, 354
ジムチ …24, 171, 173, 175, 177, 178, 182,
183
ジャライル ………………………221
ジャライル家………………………99
ジャライル国王 ……………115, 137
ジャライル国王家……………74, 132, 138
ジャライル〔部〕…………………50
ジャヤガトゥ・カアン ……………410
シャルゥ文書 ……………………394
ジャルグチ(断事官) ………………132
ジャルグチ・イェケノヤン(札魯火赤也
可那演)……………………………448
ジャルリク…171, 175, 179, 182, 198, 372,
442
ジャンギ(章吉) …………………314
『ジャンチスカンの歴史』……………8

526

索引

シャントン（昌童）〔大王〕	108, 233
ジュヴァイニー	50, 51
『十駕斎養新録』	216, 476
『秋潤先生文集』	108
醜漢	341
秀才	492
『集史』	6, 7, 9, 15, 24, 34, 87, 96
『集史』イスタンブル本	19, 66
十字街	163
『集史続編』	508
重商主義	161
住持	406, 408
柔然	382
集団越冬	109
住冬	142, 184
終南山	425
12行省	316
周良霄	99
ジューン・ガル	344
寿王	412
宿営地	145, 150
粛王	274, 281
粛王家	323
粛王寛徹	245, 275, 277
粛州	324, 349, 359, 361
粛州酒泉	288
粛州文殊山	320
粛清門	160
粛政廉訪司	178
宿白	484
朱子学	25
朱象先	411
シュス（供応物）	493
酒泉	256
首長	279
『授堂金石跋』	193
首都警察	157
首都圏	20, 158, 169
朱文藻	192〜196
ジュムクル	113

『周礼』	141
『周礼』型都城	153
『周礼』考工記	129, 139
狩猟地	145
ジュルジャ	65
ジュンガリア	53
順州	157
順帝トゴン・テムル	403
順天軍閥	220
『順天府志』	181
巡遊地	145
ジョアン（兆安）	341
省	168
招遠	215
庄垣内正弘	370
松花江	56
『常山貞石志』	385
詔敕	177
詔書	176, 177, 179
尚書省	168
尚書断事官	218
商汝厲	380
葉盛	5
商税	162
商税務	379, 380
『小張屠焚兒救母』	231
商挺	85, 89, 112
上都	93, 120, 149, 150, 157, 168
蕭道遇	485
上党地区	312
『牆東類稿』	167
上都開平府	153
焦徳潤	408
上都路	135, 168, 169, 183, 184
襄寧王	358
常備軍	351
常風玄	400
昌平県	181, 486
昌平站	183, 184
小濮州	84

527

索引

照磨 …………………………………159
襄陽 ………………………64, 70, 72, 73
『勝利の書』 ……………………………509
鐘楼 …………………………………163
上路 …………………………………146
諸王層 …………………………………74
諸王入覲の詔 ………………………180
諸王柏木児 …………………………226
『書記規範』 ……………………………166
『書経』禹貢 …………………………403
食邑 …………………………………224
ジョゲ ………………………………429
諸子ウルス ………29, 40, 54, 63, 74, 81, 104
書誌学 …………………………………13
諸子弟ウルスの創設 …………………56
徐松 …………………………………270
女真族 …………………………218, 219
ジョチ(朮赤)〔太子〕 …28, 33, 34, 37, 38,
　　48, 49, 53, 290, 475
ジョチ・ウルス ……19, 32, 56, 120, 169,
　　229, 373
ジョチ・カサル ………………28, 65, 505
ジョチ・カサル王家 …75, 78, 100, 116〜
　　118, 189, 203
ジョチ家 …………75, 100, 116〜118
ジョチ家東方部分 ……………………109
ジョチ家発祥の地………………………50
ジョチのウルク ………………………106
ジョチの初封地…………………………49
女直 ……………………………………65
ジョナスト(照那斯図) ………………401
汝南 ……………………………64, 84, 95
汝寧王 …………………………………358
初封地 …………………………………48
淄莱軍団 ………………………………218
淄莱路奥魯総管 ………………………218
白鳥庫吉 ………………………………11
司吏 …………………………………380
シリア …………………………………97
シリギ …………………………………300

シリギの乱 …………………………299
『事林広記』 ……………………235, 236, 376
ジルワダイ ……………………………300
シルヴァン・レヴィ ……………………394
シレムン(昔列門太子) ………………475
晋王 …………………………208, 318
晋王イェスン・テムル ………………209
晋王家 …………………………………209
親近の軍 ……………………………67, 70
『新元史』 …………………………5, 82, 465
神国思想 ………………………………25
『申斎文集』 ……………………………239
神山長生万寿宮 ………………202, 216
壬子年籍 ………………………………499
真州 …………………………………107
信州路 …………………………………227
信州路永豊県 ………………226, 227
信州路ダルガチ ………………………225
新城 …………………………………215
清朝考証学 …………………………5, 25
神通寺遺趾 …………………………239
真定 …………………………………381
真定府 …………………………………384
真定路 …………………………………216
秦の始皇 ………………………………403
森林狩猟民 ……………………………33
仁宗アユルバルワダ …179, 180, 225, 317

隋唐時代の長安 ………………………129
『水東日記』 ………………………………5
鄒県 …………………………………403
枢密院 ………………158, 178, 183, 184
スグンチャク ………………………137, 138
スドゥン・ノヤン ……………………106
図表 …………………………………467
スルターニヤ ………………………144, 307
スルターン・シャー(速丹沙) …270〜273
スルドゥス(孫都思) …………………463
スルドゥス(孫都思)氏世勲之碑……463,
　　481

スルドゥタイ（遬都台）……………218
スレイマニイェ附属図書館………511
スレイマン（速来蛮）…260, 262, 269, 271
　　～273

西安王家………………………………323
西安王答児麻…………………………309
『西域水道記』………………………270
『西域同文志』…………………307, 346
西苑………………………………………152
斉王府司馬……………………………225
『清河集』………………………………238
西夏人……………………………………23
西夏族……………………………………218
西夏文『金光明最勝王経』…………504
斉化門……………………………………163
棲霞………………………………………215
済源十方紫微宮………………………449
制国用使司……………………………501
青山子……………………………………493
青山磯……………………………………96
『斉乗』……………………………………215
『清浄の園』………………………………7
西蜀…………………………………………68
清真寺……………………………………162
誓詞………………………………………106
『西陲石刻録』…………………………270
成宗………………………………………342
成宗テムル…………179, 197, 301, 317
清池………………………………………156
西道諸王…………………………54, 106
聖なる空間……………………………153
聖なる語…………………………383, 447
斉日新……………………………………380
西寧………………………………84, 310
西寧王…………………………269, 281
西寧王家…………………………323, 360
西番毎……………………………………353
西平王アウルクチ……………………321
西方ブロック…………………………316

西方文献…………………………………10
西北イラン……………………………117
西北問題……………………………………5
西北ユーラシア…………………………75
『斉民要術』……………………………223
『青陽文集』……………………………491
西涼………………………………………480
西涼州……………………………112, 462
西涼府……………………………432, 499
『世界征服者史』………………………338
世界帝国…………………………………14
『世界の叙述』…………………………128
世界連邦…………………………………14
石家荘……………………………………378
赤窟………………………………………476
石匠………………………………………379
積水潭……………………141, 143, 153, 159
赤斤衛……………………………………327
赤斤站附近……………………………323
『析津志』………………………………181
『析津志輯佚』………………230, 455, 489
石抹咸得卜……………………………230
セチェトゥ（薛徹禿）…………………218
セチェン・カアン（薛禅皇帝）（クビライ）
　　……………………………………497
浙東道儒学提挙司……………………493
セミレチエ……………………………311
セルテゲイ（薛児帖該）………………224
宣慰司……………………………………493
前衛………………………………………487
宣徽院……170, 171, 175, 177, 179～181,
　　183, 184
前期直訳体………………………22, 202
詮吉祥……………………………385, 391
センゲシリ（省哥失里）…………264, 265
『潜研堂金石文跋尾』…………………425
『陝西金石志』…………………………483
陝西行省…………………………………89
陝西四路………………………………136
千戸所……………………………………182

529

索引

千戸制 30
宣差 430, 448
『全史』 509
塼甃(せんしゅう) 157
泉州 161
宣使 159, 220, 222
宣政院 158
銭大昕 5, 7, 218, 425, 426, 476, 504
遷転制 220
千人隊 35, 55, 101
千人隊制度 30
千人隊長 37, 38, 47, 77
全寧 138, 149
陝巴 327
鮮卑 382
宣府 181
宣撫使 85, 86, 89
宣撫副使 85
禅文化 25
千奔 327
遷民鎮千戸所 182

総管 220, 227
爪難千戸 433
総管府 219
曽慶瑛 400
『双渓酔隠集』 143, 307
曽元正 380
草原の道 56
奏差 159
草市 160
宋子貞 84
曹州 80, 84, 216
曹州済陰県 239
曹州タマチ(探馬赤)軍 221
草堂寺 22, 198, 425
掃里 358
惣領 111
添え書き 373
即位の詔 180

続雲南通志稿 151
ゾグラフ 190, 386
ソゲドゥ(歳哥都) 461
ソセ(小薛)〔大王・太子〕 311, 350, 475, 486
蘇天爵 220
ソナムガング(鎮南管卜岐王) 462
ソランカ 65
ソルカン・シラ 463
ソルコクタニ(唆魯古唐妃) 108, 441
ソ連 12
ソンコル(宋忽児) 354
孫星衍 194, 195
孫徳彧 445

タ行

ダーネシュマンド 410
ダアリタイ・オッチギン 221
大アルメニア王 346
ダイオン・イェケ・モンゴル・ウルス(大元大モンゴル国) 14
太液池 141, 143, 146, 147, 152, 153
大衍の数 139
大王 235, 236, 459, 460, 475
大カアン 55, 87, 118, 120
大カアン位 105
大カアン側 112
大カアンの親征 72
太原 292
大元 14
太原府 384
大元ウルス 11, 14, 16, 19, 40, 63, 84, 120, 168
大元ウルス書式 202
大元粛州路也可達魯花赤世襲之碑 349
大元の国号 133
『大元馬政記』 173, 178, 183
大興府 493, 495
泰山 190

索　引

太子 ……………………235, 236, 256, 475
太子府 ………………………………152, 153
大ジャサ〔ク〕………………………236, 237
『大ジャンギズカンの歴史』…………………7
大聖寿万安寺 …………………………162
『太祖実録』……………………………272
タイチュウタイ(太丑台) ……………115
ダイチン(大清)グルン …………………5
泰定帝イェスン・テムル　→イェスン・
　テムル
大都 ……………………………120, 168
ダイドゥ ……………155, 162, 163, 168
大同 ……………………………………181
大同路 …………………………………182
大徳改元 ………………………………301
大都新城 …………………………133, 163
大都路 …………………168, 169, 183, 184, 185
大都路総管府 ……………………158, 159
大都宣課提挙司 …………………158, 162
大都督府 ………………………………496
大都南城 ………………………………229
大都兵馬司 ………………………157, 158
大都留守司 ………………………158, 163
大内 ………………………………152, 153
大寧路 …………………………………182
太廟 ……………………………………162
大傅總領也可那延 ……………………427
太平訥太子 ……………………………475
太平崇聖宮 ……………………………449
大法令 …………………………………372
大明宮 …………………………………146
大モンゴル国……………………………14
大ヤサ …………………………………201
太和嶺千戸所 …………………………182
太和嶺 ……………………………182, 319
タガチャル(塔察)〔国王〕…45, 47, 64, 65,
　　68, 69, 72, 74, 78, 79, 81, 82, 90～92,
　　94, 98, 100, 101, 104～109, 112, 114,
　　115, 118, 120, 139, 210, 236, 325
タガチャル・ノヤン………66, 67, 70, 279

高橋文治 …………………………202, 230
ダギ ………………………………152, 180
多言語原典史料…………………………17
多元複合の世界連邦 …………………120
タジークの国 …………………………106
タシュ(答失・塔失)城 …………285, 360
タシュバリク(他失八里・塔失八里)……
　360
タシュバルガスン(他失把力哈孫) …360
タス・コルチ(塔思火魯赤) …………239
田中淡 …………………………………186
タブリーズ …………………………117, 144
タマ軍 …………………………………227
タマ兵 ……………………………201, 221, 228
タムガ …………………………………162
タムガ税 ………………………………162
田村実造 ………………………………105
ダラカン(荅刺罕)丞相 ………………222
タラス …………………………………292
タラス会盟 ………………………155, 292
陀羅尼 …………………………………506
タリム盆地南辺 ………………………361
ダリンダリ(答隣答里) ………………350
ダルガ ……………………………390, 395
ダルガチ(荅刺花赤・達魯花赤・達魯花
　赤)……217, 219, 222, 224～226, 351,
　427, 430
タルキ山口 ……………………………307
タルバガタイ〔地方〕………………32, 52
ダルハン ………………………………106
ダルマ(答児麻) ………………………488
ダルマシリ ……………………………488
ダルマバラ ……………………………317
タングト ……………………………65, 157
タングト王族 …………………………218
タングト人 ……………………………491
タングト地方 ………………………84, 113
檀州 ……………………………………181
段松苓 ……………………………191～194, 196
耽羅 ……………………………………211

531

索　引

チーン……………………………………363
知印………………………………………159
チェリク(軍)……………………………67
チェンメン(前門)………………………133
乳兄弟………………………………108, 482
チグゥ駙馬…………………………310, 462
チグゥ駙馬家……………………………84
竹温台碑…………………………………375
螭首………………………………………380
地図………………………………………88
血の神聖…………………………………57
チノス(赤納思)…………………………209
チャガーン・バルガスン………384, 391
チャガタイ(叉合歹・察合台)〔太子〕…
　　28, 34, 37, 38, 40, 50, 53, 254, 279,
　　290, 319, 475
チャガタイ(叉合歹・察合台)の金輪宝
　　位………………………254, 288, 325
チャガタイ・ウルス…19, 21, 32, 56, 120,
　　169, 254, 283, 301, 312
　　もうひとつのチャガタイ・ウルス…21
チャガタイ王家……………75〜77, 107, 120
チャガタイ・カン位……………………323
チャガタイ家の分裂……………………309
チャガタイのウルク……………………106
チャガタイの初封地……………………50
チャガン(察罕)…………………………341
茶罕官人…………………………………443
チャガン(察罕)城子……………………396
チャガン・ゾド…………………………212
チャガン・テムル(察罕鉄穆爾)………364
チャガン・ノール(察罕脳児)…182, 324
チャガン・ノヤン…………………65, 74
チャクラ……………………65, 74, 103, 104
チャパル(察八児)………317, 321, 325, 357
チャブイ………………………93, 105, 138
『中菴集』………………………………341
駐営地……………………………………145
中央アジア情勢…………………………21

中央軍団…………………………………34
中央ブロック……………………315, 317, 318
駐夏……………………………………80, 142
中華人民共和国…………………………12
中興路……………………………………504
『中国全史』……………………………8
『中国歴史地図集』第七冊……………214
中書戸部…………………………………172
中書左丞姚文献公神道碑………………88
中書省……158, 168, 170, 173, 177, 179〜
　　181, 183
塾屋大重陽万寿宮遺趾碑林……………383
忠順王……………………………………326
駐冬………………………………………80
『中堂事記』……………………108, 113, 134
抽分官……………………………………182
抽分地……………………………………183
抽分羊馬…………………………………178
抽分羊馬官………………………………171
チュベイ(出伯・朮伯)……205, 242, 243,
　　245, 252, 255, 277, 288, 293, 295, 297,
　　315, 317, 320, 327
チュベイ一門……………………261, 268
チュベイ・ウルス…………325, 326, 328
チュベイ家………………………21, 276, 326
チュベイ集団……………………………277
チュベイ領………………………………320
チュンドウ(中都)……105, 133, 142, 149,
　　154, 160, 163, 495
チュンドウ(中都)旧城……………133, 163
チュンドウ(中都)行台…………………132
『長安志図』……………………………147
張維………………………………253, 255, 256
張易………………………………………501
張応瑞碑…………………………………375
張起巌……………………………………220
釣魚山…………………………………62, 92
張恵………………………………………501
趙顕………………………………………380
重建高文忠公祠記……494, 495, 500, 505,

532

506

長江 …………………………73,98
張弘範 ……………………218,220
長山 ………………………………215
洮児河 …………………………41,56
丁字街 ……………………………159
張柔 ……………68,69,218,220,230
重修皇慶寺記 …………………270
重修文殊寺碑……253,255,256,259,288,
　　289,322,328,348,349
『長春真人西遊記』…………………44,52
張承志 ……………………………364
朝城縣興國寺 …………………476
長城ライン ………………………152
萇璚 ………………………………380
張世凱 ……………………………395
朝鮮王朝 ……………………………4
張仲寿 ……………………………411
趙天麟 ……………………………411
張濤齋 ……………………………411
張徳蕘 ……………………………190
趙敦武先塋記 …………………305
長白山 ……………………………218
牒文 ………………………………441
張宝璽 ……………………………368
趙孟頫 ……………………………411
趙良弼 ………………………………85
直沽 ………………………………159
直訳体白話風漢文 ………………150
勅令 ………………………………67
チョスベル(鎮西武靖)王搠思班 ……463
チョラ千戸 ………………………432
チョングル(床兀児・牀兀児・創兀児)…
　　340,341,344,347
チラウン・バートル ……………463
陳繹曽 ……………………………411
チンカイ(鎮海) ………394,450,451
陳垣 …………………………400,455
チンギス・カハン ………………33
チンギス・カン(成吉思汗・真吉思汗・

真吉思皇帝) ……………28,254,382
チンギス・カン一族 ………………57
チンギス・カン王国 ………………19
チンギス・カン(成吉思汗)城 …151,213
チンギス・カンの国造り …………55
チンギス・カン碑石 ……………214
チンキム …………………………315
陳高華 ………………154,156,164,186
陳智超 ……………………………400
チン・テムル ……………………471
沈濤 ………………………………380
陳バヤンチャル(伯顔察児) ……380
陳友諒 ……………………………491

ツァイダム ………………………323
通過税撤廃 ………………………161
通恵河 ……………………………159
通政院 ………………………178,183
『通制条画』………………………503
『通制条格』…167,173,178,180,183,198,
　　209,221,222,224,238,376,493,494,
　　501
痛風 …………………………65,66,67

帝位継承戦争 …………62,76,105
デイヴィド・モーガン ……………7
程鉅夫 ……………………………176
『定県志』…………………………378
提控案牘 …………………………159
帝国支配と世界戦略 ………………90
帝国主義列強 ………………………9
帝国動乱 ……………………………94
帝国の基本形 ……………………109
帝国の分有支配〔体制〕……………57
帝師 …………………………221,503
帝師パクパ …………………504,505
『程雪楼文集』………………176,180
提点 ………………………………485
提点講主 ……………………380,386
『定襄金石攷』………………203,238

索 引

丁道融 …………………………485
丁寧口 …………………………182
ティベット支配…………………22
ティベット密教…………………162
ティベット問題…………………23
ティムール〔朝〕……4, 21, 144, 243, 248, 249, 251, 267, 268, 510
提領 …………………………380
デイルアタ(鱒亦児阿塔) ………79
的本 …………………………158
テクシ …………………………305
テグデル(鉄古迭児) ……290, 350
テゲ(鉄哥) …………………206
テゲ・コルチ・ドゥオンシャイ(テゲ・コルチ都元帥)………………433
テゲタイ(帖哥台) ……………351
テゲ・チンサン(テゲ丞相) ……432
テゲ・ドゥオンシャイ(テゲ都元帥)……432
『輟耕録』 …………………459, 506
鉄門関 …………………………182
鉄冶提挙司提領 ………………380
テビレ(帖必烈) …………459, 470
テブ・テンゲリ …………………33
テムゲ・オッチギン ……28, 38, 45, 48
テムゲ・オッチギン家 …………272
テムル …………………………495
テムル・ブカ(鉄木児不花) ……321, 341
テムルン …………………………138
テメチ(帖麦赤)(ラクダ飼い) …156
デレケイ …………………………81
デレケイ駙馬 ……65, 66, 74, 79, 106, 114
俺(元宗) ………………………105
伝国の璽 …………………………5
典史 …………………………380
天識者 …………………………445
天山 …………………………53
天山北路…………………56, 117, 309
田バートル …………………429
天暦の内乱 ………261, 262, 281, 308, 323

ドゥア(都瓦・都哇)…209, 254, 276, 279, 288, 289, 295〜298, 301, 310, 314, 315, 321, 325, 348, 357
ドゥア・ウルス(チャガタイ・カン国)…325
ドゥア王国 …………………254, 289
ドゥア家 ……………21, 276, 321, 326
ドゥア集団 …………………283
統一クリルタイ …………118, 119, 292
冬営〔地〕…31, 49, 146, 212, 213, 301, 360
『道園学古録』 ……………209, 506
『道園類稿』 ……204, 209, 226, 494, 506
東嶽大帝 …………………………190
投下 ……………………………20, 187
投下領〔主〕…20, 79, 80, 203, 216, 224, 412
東宮皇太子 ……………………448
トゥグルク・テムル ……………326
トゥクルク(土魯) ……………300
『道家金石略』 ……………400, 404, 485
トゥゲン(禿干) ………………238
竇建徳 …………………………218
道光『鉅野県志』 ………………138
東湖書院 ……………494, 495, 505
東西分裂 ……………………………21
東西両文献群 ………………………11
桃山 …………………………352
倒鈔庫 …………………………159
鄧志明 …………………………411
登州 …………………………215
当主 ……………………259, 262, 325
塔出 …………………………206
当主の座 …………………………111
東勝 …………………………68
東昌路 …………………………216
陶宗儀 …………………………490
董天爵 …………………………380
東道諸王 …………………………54, 107
東道の兵 …………………………103
冬都 …………………………169

索　引

唐の長安城 …………………152	トグルク・テムル ……………395
頭正 ……………………………171	都元帥 …………………………354
東部諸王 ………………………224	都綱 ……………………………385
道布 ………………………442,455	トゴン(脱歓) …………………115
東平 …………79,80,81,84,95,499	トゴン・テムル ………………157
東平軍閥 ………………………99	都省 ……………………………171
東平五十四城 …………………80	土城 ……………………………157
東平路 …………………………79	都總管 …………………………448
東方 ……………………………120	トタク ………………………64,75
東方三王家……63,74,76〜78,92,94,98,	突厥 ……………………………382
100〜107,111,114,115,120,205,	トデ ……………………………47
206,210,313,324	トトカスン(脱脱禾孫)………183,341
東方文献 ………………………10	都万戸 …………………………364
トゥメン(禿満) ………………356	トプカプ・サライ博物館 ……6
トゥルファン王家 ……………327	ド・マイヤ ……………………8
トゥルファン盆地 ……………53	トリチュ ………………………412
ドーソン ………………………8	トルイ …30,34〜36,57,64,71,102,290,
遠峰四郎 ………………………512	301
頭輦哥国王 ……………………115	トルイ王家 …………69,75,78,100
トガチ(脱花赤)〔大王〕………486	トルグート親王 ………………344
トガチ荊王 ……………………485	ドルジ ……………………115,315
トガチ・バートル(脱火赤・脱火赤禿	ドルジバル(朶児只班)…………305
児・脱火赤抜都児・脱禾出八都魯)	ドルドガ(朶児朶哈・朶児朶海・朶児朶
……………271,340,341,358,464	懐・朶児答哈・朶魯朶海)…355,356
トカ・テムル …………………296	ドルブル河 ……………………213
トガン(脱歓) ………267,305,341,354	トレ(禿剌) …………205,226,308,322
屠寄 ………5,210,211,218,302,457,461	ドレゲネ ………………47,81,102,439
トクチ(脱忽赤)…201,217,219,220,221,	朶列納 …………………………205
225,227	ドロアダイ ……………………230
徳州 ……………………………216	ドロダイ(朶囉歹) ……………477
トグス・テムル ………42,245,251	ドロダイ・ノヤン ……………477
トクタ・クーン ………………236	ドロン・ノール ………………132
トクタミシュ …………………394	『敦煌芸術叙録』 ……………270
トクチ(禿忽赤) …………205,216,217	敦煌莫高窟………………21,270,349
トク・テムル ………290,300,461,486	ドン ……………………………117
トクト ……………………211,212	
トクトア ………………………325	**ナ行**
トクトガ(禿禿哈・脱脱)〔大王〕……75,	
208,345,394,412	ナイマダイ(乃蛮台、乃馬歹)…110,111,
トクメ(禿曲滅・禿麥)………340,357	207,208,211,412

535

索引

ナイマン ……………………51, 108
ナイマン部族 ……………………50
内蒙古呼倫貝爾盟展覧館 ……………239
那珂通世 ……………………11, 47, 82
中村淳 ……………………202
ナク(脳忽)太子 ……………………475
ナチン ……………………138, 139
ナチン駙馬 …65, 66, 74, 92, 93, 106, 114
ナヤン(乃顔)…40, 92, 111, 206, 207, 211, 212, 219, 228, 236, 325
ナリク ……………………296, 312
ナリン・カダアン ……76, 105, 106, 107, 113, 114
ナリン(納憐)站 ……………………319
ナンキヤス(南宋) ……66, 67, 81, 96, 129
ナンギャダイ(南家台・囊加歹・囊家歹・囊家台・囊加真)…218, 346, 353
南口 ……………………171, 182, 183
南口千戸所 ……………………181
南忽里 ……………………348, 354
ナンシー・シャツマン ……………165
南征策 ……………………85
南宋遠征 ……………………68
『南村輟耕録』 ………206, 238, 395, 490
南皮 ……………………157
南北口 ……………………181
南北口等処抽分羊馬官 ……………171
南北問題 ……………………169

ニウリン・テギン(紐林的斤) ………203
ニクーダーリヤーン ……………………302
ニクベイ ……………………76
ニクベイ・バハードル ……………297
二大史料群 ……………………10
『日下旧聞考』 ……………………160
日本 ……………………25
日本遠征 ……………………219

ヌール・オスマニイェ ……………23, 508

ヌトゥク(ヌントゥク・ヌントク)(営盤) ……………………32, 222

寧夏 ……………………318
寧夏脱脱 ……………………505
ネグデイ ……………………226
ネグベイ ……………………296
ネケル ……………………159

囊知牙斯 ……………………346
「納門駙馬の書」 ……………………326
ノムガン ……………155, 299, 300, 301, 316
ノム・クリ(那木忽里・南木忽里・納忽里) ……246, 252, 253, 256, 259, 260, 262, 266, 268, 276, 277, 287, 288, 322, 324, 348
ノム・ダシュ(喃答失・喃荅失里)〔タイジ〕〔太子〕……253, 254, 256～260, 262, 283, 288, 289, 322, 325, 359
ノヤン号 ……………………280
ノヤン層 ……………………74
嫩江 ……………………41, 56

ハ行

バーグ ……………………152, 153
ハーフェゼ・アブルー ………265, 266
『ハーフェズ・アブルー全書』 ………509
『バーブル・ナーマ』 ……………144
バーリシュ ……………………162
バーリン族長家 ……………………75
バーリン(八隣)〔部〕……………65, 347
バアトル ……………92, 96, 105, 137
バイジュ(伯朮) ……………………354
拝郊台 ……………………157
パイザ ……………………394
梅村坦 ……………………270
バイダカン(拝荅寒・伯答罕)…305, 307, 322
バイダル ……………………254, 288, 290

536

索　引

バイダル・エジェン(拝荅児主人) …327
買得用 ……………170, 171, 175, 181
バウルチ(宝児赤) ………………341
莫高窟 ……………………………273
「莫高窟造象記」 ………………270
白克中 ……………………………381
博州タマチ(探馬)赤軍 ………221, 314
白塔寺 ……………………………395
漠南 ………………………………67
バグ ………………………………150
パクパ(發思巴)…457, 479, 480, 497, 500, 503
パクパ字 ……150, 190, 193, 198, 199, 376
白馬甸 ……………………………182
伯木児王 …………………………226
漠北 ………………………………70
白羊口 …………………171, 181, 182
白羊口千戸所 ……………………181
白蓮教軍 …………………………157
馬珪 ………………………………431
バサル(八撒児) …………………364
『馬石田文集』 ………………217, 345
ハタイ ……………………………129
馬大正 ……………………………364
發落 ………………………………445
バトゥ……49, 77, 100, 117, 166, 290, 291, 309, 438, 440
バトゥ家 …………………………144
バトゥ(拔獨)大王令旨 …………443
馬得志 ……………………………151
馬乳 ………………………………67
羽田亨 ……………………………286
ババ(諸王八八)〔大王〕……302～304, 322
バハードル・ノヤン……………96
バブシャ(八不乂・八不沙・八不砂)〔大王〕……190～192, 195, 201, 203, 205, 207～211, 220, 222～224, 228,
ハミ ………………………242, 305, 324, 326
ハミ王家 ………………………326, 327
ハミ～バルクル地区 ……………323

ハミルトン ………………………296
林俊雄 ……………………………167
バヤジド(拝牙即) ………………328
馬邑県 ……………………………182
バラカチ(八剌哈赤) ……………157
バラク………119, 292～297, 299, 301, 307
原山煌 ……………………………167
パリ ………………………………128
馬亭 ………………………………85
ハルガスン(哈剌哈孫) …………222
バルクル(巴里坤) ………………319
バルジク …………………………65, 75
バルスキョル(八児思闊) ………350
バルトリド, B. B. ………9, 21, 289
ハルハ河 ………………………40, 48
バルラス部 ………………………50
ハンガイ(亢海) …………………350
ハンガイ山 ………………………301
蕃科 ………………………………496
パンザーロフ ……………………211
蛮子台 ……………………………208
班師の議 ………………………96, 99
樊城 ……………………67, 68, 70, 73
版図の三分割方式 ………………316
范仲淹 ……………………………218
伴当 ………………………………159
ハントム・ノヤン ………………96
范郁 ………………………………380
般陽路 …………201, 203, 215, 216
万戸 ………………………………55
万人隊 ……………………………337
万寧故宮 …………………………144
万暦『応天府志』 ………………345

ピーター・ジャクソン …………118
東諸侯 ……………………………108
東トルキスタン …………………251
碑刻史料 …………………………17
『秘史』 …………………34, 36, 49
妃子屼(妃子曲屼) ………………270

索 引

ビシュ・バリク(別失八里)……53, 132, 301, 304, 309, 478
ビシュ・バリク戦線……………310
ビシュバリク(別失八里)等処行尚書省…132
ヒタイ………………………51, 65
ヒタイの皇帝趙官……………64
ヒタト………………………129
左……………………………55
左手…………………………55
左・中・右の三軍団方式………55
畢沅…………………………426
『百万の書』…………………128
百戸長………………………219
繆荃孫………………………181, 422
『廟学典礼』…23, 198, 491, 492, 495, 496
ビルゲ・カガン碑……………442
ビルゲ・テムル(別児怯帖木児)……245, 264〜266, 273
ヒルヒラ河……………………214
ヒルヒラ城趾群………………214
碑楼口千戸所…………………182
邠王…………………………260, 263
豳王〔家〕…245, 252, 281, 321, 323, 326
ヒンサイ……………………128
ヒンドゥ(忻都)公神道碑……375, 453

フートン(胡同)……………139
ファーティマ…………………468
フィリップ四世………………446
ブイル湖畔……………………245
馮雲鵷………………………194
馮承鈞………………………190, 400
『フウラン・デプテル』………489
フェルガーナ盆地……………50
武億…………………………192〜196
副都万戸……………………364
腹裏…………………………129, 177
フサイン1世…………………509
福山…………………………215

武宗カイシャン………………180, 308, 317
武昌…………………………98
ブジル………………………65, 74, 132
ブズマ(卜思巴)……………295〜298
再び宋国両淮制置使に与える書……100
プチ・ドラクロワ……………7
『佛祖歴代通載』……………474, 480
ブハーラー……………128, 293, 295, 297
駙馬カイドゥ(會都)…………476
駙馬桑哥苔思…………………271
ブヤン・ダシュ………………260
ブヤン・テムル(不顔帖木児、卜煙帖木児)……260, 262, 263, 281, 305
ブヤントゥ・カガン…………379
ブユル・ノール………………41, 48
フラクル………………………107, 114
フラダイ(忽剌帯)……………223, 295
フラチュ(忽剌出)……………208
プラノ・カルピニ……………7
ブラルキ(不蘭奚・李蘭奚)……225, 350, 351, 431, 453
フランク………………………363
ブリ……………………77, 290, 296, 307, 309
ブリヤトン(不里牙屯)………238
ブルガン(卜魯罕)皇后………434
ブルガン・カトン……………434
フルン・ノール………………44, 210
フルン・ブユル地方……42, 45, 47, 48, 56
フレグ(旭烈)…90, 97, 101, 104, 106, 116〜119, 155, 291, 292, 316, 441
フレグ・ウルス……4, 19, 21, 87, 120, 144, 169, 207, 209, 229, 235, 267, 298, 302
フレグ・ウルス領……………120
フレグ家………86, 87, 117, 119, 307
フレグの西征軍………………75
フレグ・ハン…………………8, 107
ブロシェ………………………76, 250
ブロシェ刊本…………………76
文宗…………………………262
文宗トク・テムル……………261

538

索　引

分封〔地〕……………………40, 49
分民………………………34, 49, 50
分有支配……………………………20
汾陽王ベク・テムル（別帖木児）……473
分領支配……………………………20

丙申年の分撥………………37, 216
米倉関………………………………68
平則門……………………………163
兵站〔基地〕…………………98, 358
『平番始末』………………………327
兵部…………170, 173, 175, 180, 181
平陽路……………………………486
平遙崇聖宮………………………449
炳霊王……………………………190
炳霊王廟……190, 191, 201, 222, 227, 228
ヘーニシュ………………………326
ベク・テムル（別鉄木児）…294, 295, 297, 301, 302, 309, 483, 486
別合剌……………………………354
ヘラト〔の史学〕……6, 243, 251, 267, 268
ペリオ, P. ……9, 135, 205, 242, 243, 245, 248, 250, 255, 256, 269, 283, 288, 458, 461
ベルグテイ……………30, 35～37, 41
ベルグテイ王家…………75, 77, 107, 114
ベルグテイ・ノヤン………65, 110, 279
ベルケ………106, 107, 116～119, 155, 292
ベルゲ（別里哥）（証明書）………170, 174
ペルシア語…………………………10
ペルシア語国書…………………450
ペルシア語史料……………………13
ペルシア語史書……………………15
ベルリン大学………………………7
ベレジン……………………………9
ヘンリー・ユール……………………9

ホージェンド……………………295
ホージャ・ギヤースゥッディーン…268
ボイル, J. A. …………………76, 236

忙安倉……………………………182
宝位に登る詔……………………180
法旨……………………………376, 443
包祥…………………………442, 455
宝鈔総庫…………………………162
鳳翔長春觀………………………449
彭大雅……………………………440
法容叔……………………………194
蓬莱……………………………215
忙來……………………………487
ホエルン………………………30, 36, 38
ボオルチュ…………………………55
ホグ（火忽）……………………311, 344
『牧菴集』………………………239
北魏時代…………………………152
北安王……………………………301
北京…………………………163, 164, 181
北京城……………………………156
北京遷都…………………………268
『北京図書館蔵中国歴代石刻拓本彙編』
　……………………………………190
濮州…………………………84, 216
北斉の鄴都………………………129
牧地……………………………50, 145
ボグド・オーラ……………………53
北平王…………………………155, 316
北方ブロック……………………316
牧民……………………………380
保護特許状………………………228
ボゴル……………………………137
ホジャ（忽察）…………………476
ホシャン……170, 171, 175, 176, 177, 179, 181, 184
ホシャン（和尚）バートル………430
ホシャン（和尚）万戸……………432
戊戌選試………………………490, 491
ポスト・モンゴル時代…………4, 244
ホタン→オドン（斡端）
ホタンの玉………………………313
北口……………………………171, 182

539

索 引

北口千戸所 …………………181
李朮魯獅 ……………………364
蒲台 …………………………215
『ボディチャルヤーヴァターラ注釈』 …
　395
保定路 ………………………182
ホトン ………………………139
李伯抜都 ……………………347
李要合 ………………………448
舗馬 …………………………174
ホラーサーン ……117, 293, 297, 304, 471
ホラズミー（火羅思迷）…………354
ホラズム ……………………297
ボラド城 ……………………307
ボラド（孛羅）大王 ……………271
ボラドチ ……………………311
ボラド・テムル ………………263
堀川徹 ………………………284
ボルチャ ……………………106
ホルチン諸部 ………………215
ボロ（卜羅）…………………341, 358
ボロ・タラ …………………307
ボロド・テムル（孛羅帖木児）………324
本田實信…………11, 16, 23, 166, 167, 284

マ行

マー・ワラー・アンナフル …21, 32, 56,
　291, 297, 298, 314
麻察 …………………………353
マシュー・パリス ………………7
まち（城子）…………………171
松川節 ………………………202
松田孝一 ……………………165, 364
松村潤 …………243, 245, 260, 270, 283
間野英二 ………………144, 244, 284
マフムード・ヤラワチ ……………132
マルコ・ポーロ………9, 128, 147, 152, 154,
　162, 164, 211, 277, 298, 299, 384
万億綺源庫 …………………162

万億広源庫 …………………162
万億賦源庫 …………………162
万億宝源庫 …………………162
マンガラ ………113, 146, 149, 300, 316
マングタイ（忙兀帯・忙古帯・忙古鮞・
　蒙古台・蒙古帯）〔都児〕……354, 355
マングト ……………………65
マングト郡王家 ………………74, 138
マンジ〔地方〕………………129, 292
万寿山 ………………………143
マンスール …………………328
マンチュリア …………44, 45, 48, 56

ミールホーンド …………………7
三上次男 ……………………151
右 ……………………………55
右手 …………………………55
右手の軍 ……………………49
都ダルガ〔チ〕…217, 219～222, 225～227
都ダルガチ総管府 ……………227
宮崎市定…………………63, 95, 97
宮沢知之 ……………………167
宮紀子 ………………口絵35, 455
ミュゼ・ギメ …………………256
妙応寺 ………………………162
明王朝 ………………………251
民国『山東通志』 ……………195, 196
民国『昌楽県続志』 ………205, 238, 305
民国『淄川県志』 ……………237
『明史』 …………………242, 272
『明史』西域伝………………305
『明実録』 …242, 243, 251, 264, 265, 269,
　283, 305
明宗コシラ …………………203
明初の中都 …………………130
明代ハミ王 …………………269
明代ハミ（哈密）王家 …21, 242, 274, 281,
　283, 288, 289

『ムーイッズ』 ………………24, 267

索引

『ムーイッズ』パリ本………247, 272, 273
『ムーイッズル・アンサーブ（高貴系譜）』
　………………………………21, 243, 303
ムーミン………………………………380
ムカリ…………………………55, 78, 221
ムカリ国王……………………65, 96, 314
ムガル朝………………………6, 26, 273, 473
ムケ……………………………………50
ムスリム・アラブ……………………363
ムスルマン……………………………230
ムバーラク・シャー…116, 120, 292, 294
　～296, 299, 302
村田治郎………………………141, 153, 167

盟主……………………………119, 279
メスルの門……………………………291
メルギデイ（滅里吉歹・密里吃薹・彌里
　杲帶）〔太子〕……300, 301, 318, 321,
　434, 438, 459, 470, 475, 476
面朝後市………………………………159
メンリ・テムル（免力帖木児・明里鉄木
　児）……………………………269, 356

『蒙兀児史記』…5, 210, 218, 302, 457, 474
蒙漢完全対訳命令文…………………375
蒙漢合璧命令文………………………22
孟琪……………………………………73
『蒙古史』………………………………8
『蒙古字韻』……………………199, 396
蒙古探馬赤……………………221, 222
『蒙古訳語』……………………235, 376
蒙古訳史………………………379, 381
孟子……………………………………403
モグーリスターン（王国）……21, 43, 66,
　248, 326, 327
モゲ（摩歌・莫哥など）〔大王〕……64, 75,
　77, 96, 97, 107
文字……………………………………444
モスク…………………………………162
モダイ・アバチ（抹台阿巴赤）………273

モチ・イェベ…………………290, 304, 305
森田憲司………………………………238
森の民…………………………………49
森安孝夫………………………237, 256, 369
モンケ（蒙克・蒙哥）〔皇帝〕…14, 40, 62,
　72, 77, 80, 202, 290, 291, 309, 496
モンケ王家……………………………75
モンケ・カアン………………………64, 73
モンケ死去……………………………95
モンケ・テムル………………292, 300
モンゲドゥ（蒙哥都・諸王莫哥都など）…
　76, 90, 92, 470, 499, 504
モンケ本軍……………………108, 115
モンケ本隊……………………………70, 96
モンコ・カルジャ……………………65, 74
モンゴリア……………………………95
モンゴリア本土………………………113
モンゴル王権…………………153, 161
モンゴル軍……………………………65, 70
モンゴル語直訳体白話風漢文…22, 175,
　198
モンゴル国家…………………………57
モンゴル語文書………………………17
モンゴル時代……………………4, 25
『モンゴル時代史研究』……11, 16, 17, 23
モンゴル時代命令文…………22, 6, 189, 198
モンゴル襲来……………………11, 25
『モンゴル人の歴史』…………………8
モンゴル世界連邦……………………14
モンゴル帝国……………………14, 16
『モンゴル帝国史』……………………8
モンゴル帝国の基本構造……………57
モンゴル本土…………………………64
文殊山…………………………253, 288
文殊山文殊聖寺………………………322
文書学…………………………………13
門番……………………………………157

541

索 引

ヤ行

ヤイラク……31
ヤガン・シャー(養阿沙・牙罕沙)…270, 271~273
ヤグ(敵)……66
訳史……159, 381
野狐嶺……352
ヤサ……211, 237, 372
箭内亙……28, 40, 42, 82, 109, 211
山崎忠……402
耶律楚材……143, 448
耶律鋳……143, 307
耶律トカ(禿花)……354, 475
耶律メンスゲ(綿思哥)……230

ユーラシア史……57
ユーラシア世界……3
ユーラシア世界史……63
ユーラシア大交流圏……14
ユーラシア帝国……3
遊牧移動圏……32
遊牧ウルス……31, 259
遊牧君主……55
遊牧系の諸国家……19
遊牧国家……34, 55, 326
遊牧集団……257, 259
遊牧所領地……47
遊牧幕営地……111
遊牧本領……73, 84, 228
ユダヤ……363
楡林站(楡林駅・余林駅)→余林駅

余……170
楊安児……314
楊衍福……395
楊嘉会……379
姚興……425
洋州……68

耀州五台山……483
姚小底……431
姚燧……88, 146, 180
姚枢……85, 86, 146, 239, 495
陽翟王……358
楊徳懋……379
『養蒙文集』……239
豫王……262
豫王家……323
余闕……491
ヨブクル……197, 300, 301
余林駅(楡林駅)…170, 171, 175, 181, 184

ラ行

莱州……215
『雷塘盦主弟子記』……192, 193
莱陽……215
ラオディ(老的)……208
駱駝嶺……182
羅常培……396, 401
羅振玉……270
ラシードゥッディーン……7, 34
『ラシード集史続編』……510
羅羅斯……463
藍玉庵……42

李惟忠……217
李逸友……151
理會……445
陸上帝国……72
李嶼……218
李昶……84
六盤山……64, 68, 70, 83, 89, 99, 112, 136, 146, 149, 300, 324, 479, 500
六盤山開成宮……151
六盤山口子……489
リゲティ, L.……374
李元彬……411, 412
李恒……217

542

索 引

李行省	99
李好文	147
李斯	422
李之英	411
李志常	500
李之紹	411
李守仁	505
李志椿	412
李世安	218
李世顕	218
李世雄	218
李全	314
李総管	201, 217, 220
李祖年	194
李璮	80, 99, 100, 217, 218, 220, 314, 506
李治安	237
立后・立太子制	141, 147
李庭	219
李庭芝	100
李道謙	445
李道実	405, 412
李徳義	380
李徳懋	380
李伯祐	380
李邦寧	411
李保	218
劉秉忠	154
柳貫	217, 218
劉吉善	380
龍慶州	181
劉迎勝	334, 369
龍興	505
劉国傑	219
劉黒馬	429
劉沙刺班	505, 506
劉之美	411
劉従政	380
隴州	68
『柳待制文集』	239
劉太平	86, 87, 89, 112

劉長生	412
隆鎮衛親軍都指揮使司	181, 184
劉徳懋	395
隆鎮千戸所	181
劉賡	411
劉伯源	201, 222, 227
劉敏中	341
柳風堂旧拓	386
隆福宮	152
竜紋瓦当	213
柳林	145
遼王	212, 325, 344
梁王離宮	153
遼河	56
両京往還	182
両京制	133
涼州	479
遼西王	344
遼の南京	131
遼陽	182
両淮制置使	100
理落	445
霖雨	68, 72
林駅	170
リンジ	443
リンチェンパルカアン	416
ルースィ	157
礼義山	90
霊巌寺	394
令史	159
令旨	190, 201, 443
令旨文字	444
麗正門	163
霊囿	152, 162
『歴史精髄』	509
連観国	411
廉希憲	85, 89, 109, 112
連水	99, 100

543

索　引

廉訪司 …………………………………178

路 ………………………………………168
ローマ教皇インノケンティウス 4 世……
　382
『隴右金石録』………………253, 255, 482
録事司 ………………………………201, 220
蘆溝橋 …………………………………160
ロシア …………………………………56
ロシア–キプチャク草原………………117
ロシア・東欧遠征………………………77
ロシア・ヨーロッパ遠征………………49
蘆児嶺千戸所…………………………181
ロンドン本 ………………………67, 76
ロンドン本a………………………66, 76
ロンドン本『ムーイッズ』…………273

ワ行

淮安 …………………………………98, 100
ワイン …………………………………361
若松寛 …………………………………239
和田清 …………………………………264
ワハン渓谷 …………………………298
和布克賽尓蒙古自治県………………344
和林 …………………………208, 350, 357

A

Abū Sa'īd………………………………335
Abū Sa'īd Bahādur ḫān………………393
aġruq …………………………………357
Aḥmad ……………………………338, 361
aimaq …………………………………359
Aǰiqi …………………………………352
al-tamɣatai ǰrlɣ………………………393
Ala-taq ………………………………346
alai ……………………………………346
Alayi-taq …………………………337, 511
alban …………………………………409

Allsen, T. ……………………………334
Altan uruq ……………………………28
altun tamɣa–tai bičig ………………476
Amir Bekmiš …………………………355
Amir Čopan……………………………348
Aq-balïq（白い城）……………………384
Aqa-bey～Aqa-beg……………………279
Aratnaširi……………………………385
Ayurbarwada …………………………352

B

Baiǰu …………………………………354
Baraq …………………………………355
Bars-Köl ………………………338, 350, 361
Baski……………………………………113
Bayan〔大丞相〕…………………337, 352
Bayan güyügči ………………………353
Benedetto, L. F.………………147, 367
Berke-Temür …………………………365
Beš-balïq ………………………351, 352
Bešbalaqasu …………………………351
Biš-balïq ……………………………365
bitig（かきもの）……………………443
Blochet, E. ……………………343, 367
Bolad …………………………………358
Bonaparte, Prince Roland …………400
Boyle, J. A. …………………………367
Buell, P. D. …………………………368
Bug-Buqa ……………………………347
Bularɣi …………………………338, 350, 361
Buqa Önšai …………………………342
buralqi～buraɣi ……………………453
Busayid baɣatur qan ………………393
Buyan-Daš ………………………337, 348, 361
Buyan-Taš ……………………………269

C

Ča'atai …………………………………353
Čapar ………………………………342, 356
Čarin …………………………………340

Čečegtü ·······················337, 347
Chavannes, Ed. ········394, 400, 449, 454
Clark, L. V. ······················400
Cleaves, F. W. ···339, 368, 394, 400, 442, 454
čol ·····························356
Čongɣur ·······················342, 358
Čübei ·························337, 348

D
dai-ong ···························235
D'Ohsson, C. M. ·················340, 334
Dabsun-naɣur ·······················307
Dagi ·····························352
Darindari ·························350
Darmabala ·························352
David Morgan ······················26
Demaisons, P. I. ···················368
Deveria, G. ·······················400
Doerfer, G. ·············287, 339, 342, 368
Dordaqa～Dorduqa ···················355
Dū lī Šānk ························96
Du'a ·····························337
Dubun Bayan ·······················363

E
Ebügen ·······················337, 339, 350
ečige ····························279
eke ·····························279
El-Temür ·······················342, 350
Emil ·····························344
Emil-Ḫvăǧa ·················337, 349, 361
Erdiš ····························358
Ergüne ···························210
Esen-Buqa ···················334, 337, 346
Esen-köl ·························359

F
Fānk Čīnk（樊城）·····················72
Fanke, H. ·························368

Franke, H. ························400

G
Gabelentz, H. C. ····················401
Ǧānkǧūl-baḫsi ·····················361
Gardīzī ···························349
Ǧātāī ·························338, 361
Ǧāūqūt ···························135
Ġazan-ḫān ························363
Grigor'ev, Arkadij P. ···············394
Grousset, R. ······················334
Ǧūnqūr ···························337
Güyüg ···························344
güyügči ··························361
Güyügči Mingɣan ···············338, 351

H
Habil-Timür ······················303
Haenisch, E. ···············368, 395, 401
Hāfiẓ-i Abrū ·····················338
Hambis, L. ·······················368
Hammer-Purgstall, J. von ······334, 368
ḫāqān号 ···························382
Histoire des Mongols de la Perse ·····8
Ḫitāī ····························338
Ḫotan ···························354
Ḥudūd al-'Alām ···················349
Hülegü-ulus ···············334, 346, 357
Huliyatu ·························358
Hünegen-daban ····················352

I
Iduɣ-qud ·························365
Il Milione ····················128, 147
Ili ·····························346

J
ǰarliɣ ···························372
ǰasa (ɣ) ·························372
ǰerge ·························337, 339

545

索引

J̌ingsi ……339
J̌iramutu ……365
ȷasaq～ȷasaq ……236

K
Kara, G. ……369, 442, 454
Kāšġar ……346, 354
Kereidei(結来歹) ……274
kešig＜kāzīk ……364
kö'ün ……236
Kög-hoi ……340
kökeldaš ……108
Kök-tepe ……340
Könčeg ……337, 341, 349, 360
Körgis ……358
Kötwicz, W. ……369
Küčü(屈朮・曲朮) ……274
Kūk-hūī ……337

L
laškar va ūlūs ……58
Lessing, F. D. ……369
Lewicki, M. ……401, 455
Ligeti, L. ……167, 369, 394, 401, 455

M
Māčīn ……346
Mahācina ……346
Mahin Hamblī ……335
Maitra, K. M. ……369
manglai ……337, 487
Manzī ……337, 345
Marco Polo ……353
Martinez, A. P. ……369
Maryam Parvisi-Berger ……335, 339
Melig-Temür ……355
Mingɣan ……351, 352, 357
Minorsky, V. T. ……369
Möciyebe ……347
Mongɣoltai–duönšai ……354

Mostaert, A. ……369, 455
mu'min ……395
Muġūlistān ……346
Muġūltāī 都元帥 ……338
Muqaddimat al-Adab ……376

N
Nangɣiyadai ……353
Nangɣiyas ……337, 338, 345
Nayan ……353
nökör ……337
Nom-Daš tayzi ……348, 359
Nom-Quli ……337, 347, 348, 356, 361
Notes on Marco Polo ……255, 337, 347, 348, 361

O
Ögäširi ……272
ögä(于越) ……272
Ögödei-ulus ……358
Oliver, E. E. ……334
Öljeitü ……335, 346
önsai ……354
oɣul ……236

P
Pautier, G. ……401
Pelliot, P. ……365, 370, 382, 394, 401, 455
Philippe le Bel ……346
pisar ……236
Poppe, N. N. ……401, 455

Q
qāmlamīšī ……67
Qaban ……337, 338, 348, 349
Qābīl-Tīmūr ……303
Qaišan ……352, 356
Qāmul ……338
Qarā-huǧū ……361
Qara-qočo ……352, 361, 365

546

索　引

qarači ……………………353
Qaračin ……………………365
Qāsim Sulṭān ……………………363
Qïpčap ……………………337, 344, 351
Qobuγ ……………………337, 343
Qol-un ulus（腹裏）……………………315
Qomul ……………………359, 360
Qonggiltu ……………………346
Qongqurtu ……………………346
Qoniči ……………………355, 359
Qorum ……………………357
Quba-qaya ……………………339
qubčiri ……………………409
Qudaq（哈荅）……………………115
Qūlġūq ……………………358
Qunqultu ……………………337
Qutluġ-ḫvāġa ……………………359
Qutuqu ……………………338, 361
Qūtūqū-Bahādur ……………………337
Qutuqu（忽都忽）……………………115
Qunās ……………………356

R
Rachewiltz, I. ……………………455
Ratnaśri ……………………385
rDorta nag ……………………477

S
Sabġān-zīrak ……………………338, 361
Šāh-Ruḫ ……………………349
šaḫna ……………………355, 358
Sānk Yānk Fū（襄陽府）……………………72
Šatra-uġūl ……………………337, 347
Sayram ……………………340
saγuri ……………………358
Serruys, H. ……………………370
sibaγuči（鷹匠）……………………352, 365
Siregi ……………………343
sočing ……………………365
Sösë ……………………350

söz ……………………394
sözümüz～sözimiz ……………………394
sözum～sözim ……………………394
Spuler, G. ……………………334
sübe ……………………315
Süg-čü ……………………337, 349
Sükčü balïq ……………………349
Szerb, J. ……………………489
šāhzāda ……………………236

T
Taičutai ……………………115
Talas ……………………357, 359
Tavārīḫ-i Guzīda Nusrat-nāma ……………………26
Többöt～Töböd～Töbödöd～Tübüt……………………338, 353
Togan, A. Z. V. ……………………363
Töpüt ……………………353
Toγači ……………………342, 357
Toγači-čin (g) sang ……………………340
Toγači 丞相 ……………………337, 356
Tudγaγ-baγatur ……………………511
Tuqluq-Temür ……………………350
tutqa'ul ……………………183
Tūtġāq-Bahā dur ……………………337
Tuγ-Temür ……………………342
Tuγluq-Temür ……………………346

U
üge ……………………365, 393
üge bitig ……………………444
Uiguristan ……………………337, 346, 361, 366
ulūs va laškar ……………………58
Ulus-Buqa ……………………355
Us-Temür ……………………345

V
Vámbéry, A. ……………………334
Van 湖 ……………………346
Volga ……………………344

547

索　引

W
Woods, J. E. 26
Wylie, A. 402

Y
YABGR-Bahādur 356
Yarkand 346
yarlïġ 393
yarlïġ va al-tamġā 393
yarlïġ va tamġā 393
Yazdī 350
Yesün-Temür 339, 342
Yesu-Buqa（也速不花）............110
Yisün-mören 337, 511
Yobuqur 343, 355
yučing 365
Yule, H. 370
yūt＞ɉud 212

Б
Бартольд, В. В. 334
Бобровников, А. А. 400

Г
Григорьев, А. П. 395, 401

З
Зограф, И. Т. 395, 402

О
Оволенский, М. А. 401

П
Позднеев, А. М. 402

У
Усманов, М. 394

著者略歴

杉山　正明（すぎやま　まさあき）
　　京都大学大学院文学研究科教授
1952年　静岡県生まれ。
1979年　京都大学大学院文学研究科博士課程単位取得退学、
　　　　京都大学人文科学研究所助手。
1989年　京都女子大学文学部講師を経て同助教授。
1992年　京都大学文学部助教授・同教授を経て現職。

主要著書
『大モンゴルの世界──陸と海の巨大帝国』（角川書店、1992年）、『クビライの挑戦──モンゴル海上帝国への道』（朝日新聞社、1995年）、『モンゴル帝国の興亡』上・下（講談社、1996年）、『遊牧民から見た世界史──民族も国境もこえて』（日本経済新聞社、1997年。日経ビジネス人文庫、2003年）など。

東洋史研究叢刊之六十五（新装版　3）
モンゴル帝国と大元ウルス

2004年2月29日　第一刷発行
2014年5月26日　第三刷発行

著　者　　杉　山　正　明
発行者　　檜　山　爲次郎
発行所　　京都大学学術出版会
606-8315　京都市左京区吉田近衛町69京都大学吉田南構内
　　　　　電話 075(761)6182　ＦＡＸ075(761)6190
　　　　　URL http://www.kyoto-up.or.jp/
印刷所　　亜細亜印刷 株式会社

©Masaaki Sugiyama, 2004　　　　　Printed in Japan
ISBN978-4-87698-522-7 C3322　定価はカバーに表示してあります

本書のコピー、スキャン、デジタル化等の無断複製は著作権法上での例外を除き禁じられています。本書を代行業者等の第三者に依頼してスキャンやデジタル化することは、たとえ個人や家庭内での利用でも著作権法違反です。

ORIENTAL RESEARCH SERIES No.65

The Mongol Empire and Dai-ön Ulus

By
SUGIYAMA Masa'aki

Kyoto University Press
2004